中国社会科学院创新工程学术出版资助项目

国家社科基金重大特别委托项目
西南边疆历史与现状综合研究项目·档案文献系列

中国社会科学院创新工程学术出版资助项目

国家社科基金重大特别委托项目
西南边疆历史与现状综合研究项目·档案文献系列

清前期云南督抚边疆事务奏疏汇编

（卷 五）

邹建达　唐丽娟◎主编

社会科学文献出版社
SOCIAL SCIENCES ACADEMIC PRESS (CHINA)

本卷目录

1947　大学士仍管云贵总督昭信伯李侍尧《奏报阅验营伍情形折》
乾隆四十二年七月十三日

大学士仍管云贵总督昭信伯臣李侍尧跪奏：为奏报阅验营伍情形，仰祈圣鉴事。

窃臣奉命调任云贵总督，整饬营伍是臣专责。兹自永昌回省，随将本标三营、城守一营官兵逐加考验：千把、外委年力富强，弓马合式，均堪造就。合操演阵亦尚如法，牌刀跳舞便捷。惟兵丁步箭拉扯不满，撒放无力。骑射身法不稳，弓力更软。小队连环步伐参差，施放亦觉迟缓。点验军装、马匹，完好足额，尚无残缺疲瘦。营伍俱系中等，虽不至于废弛，但总督亲标为两省官兵则效，技艺必须出色，始能领袖外营。城守近在省垣，首先观法，全在本营将备平时训练有方。

今查自乾隆三十八、九两年以后，督标副将以至都守，或因委署别缺，或因轮派防边，职守虚悬，止有昭通镇标守备百福留驻省城，代理三营事务，一人兼顾，本不能料理裕如，而任暂职卑，究难责其整顿。臣现已各就地方营制酌量改委，分别撤回，严饬将备督率练习，以冀改观，务期一律精纯，仰副我皇上策励戎行之至意。

所有臣阅过本标及城守营伍情形，理合恭折具奏，伏乞皇上睿鉴。谨奏。

朱批： 知道了。

（《宫中档乾隆朝奏折》第三十九辑，第361～362页）

1948　大学士仍管云贵总督昭信伯李侍尧、云南巡抚裴宗锡《奏请裁盐井冗员折》
乾隆四十二年七月十九日

大学士仍管云贵总督昭信伯臣李侍尧、云南巡抚臣裴宗锡谨奏：为请裁盐井冗员，以归实效事。

窃照设官分职，全在名实相孚，难容冗滥。今查滇省白盐井所属之白石谷井，系雍正九年开设，相距白井十五里，其地从无灶房、衙署，现与白井提举同驻一方，所有该井卤水，历系架立木槽，流归白井大使经管之观音井添补煎额，为数亦甚无几，本井大使并无经手专办之事。此一员者，实属冗设。又黑盐井所属之复隆井，开自前明，向系黑井提举兼管。嗣于雍正九年，专设大使一员稽煎查灶，以佐不逮。但该井相距提举驻扎地方路止十里，且该提举现有黑井大使同驻稽查，尽可兼顾，并无鞭长莫及之虞，不必另置专员。此一员者，亦属闲曹。

臣等彼此商酌，与其素餐备位，徒有虚名，何如去冗节浮，可期实济。应请将白石谷井大使、复隆井大使二缺均行裁汰，以归实效。如蒙俞允，所有现任大使董元、席世荣二员，俱请仍留滇省，遇有相当之缺补用。其裁汰归并一切事宜，容臣等详晰定议，另行具题办理。是否有当，相应合词恭折奏请，伏乞皇上睿鉴训示。谨奏。

朱批：该部议奏。

（《宫中档乾隆朝奏折》第三十九辑，第 428 页）

1949　云南巡抚裴宗锡《奏报遣犯在配脱逃折》
乾隆四十二年七月十九日

云南巡抚臣裴宗锡谨奏：为奏闻遣犯在配脱逃事。

窃照改遣人犯在配脱逃，案于乾隆三十六年三月内，钦奉谕旨："此等脱逃遣犯，即应查明各乡贯，迅速移知该本省严行缉拿。而经过省分，亦当知照，一体协缉务获，一面奏闻，便于降旨等因。"钦遵在案。

兹据署楚雄县知县韩培详报："该县安置改遣军犯黄贤章，系湖北蒲圻县人，因纠伙肆窃案内审依积匪猾贼例，改发云南极边烟瘴充军，面刺'改遣'字样，乾隆三十七年十二月二十九日解发到配，于四十二年六月二十日乘间脱逃。"等情。造册详报到臣。除飞咨经过省分及原籍邻封一体查缉，并通饬滇省各属严速协拿务获，办理逾限不获，即将疏脱职名照例查参外，所有改遣军犯在配脱逃缘由，理合恭折奏闻，伏乞皇上睿鉴。谨奏。

朱批：览。

（《宫中档乾隆朝奏折》第三十九辑，第 436 页）

1950　云南巡抚裴宗锡《奏报查阅本标营伍情形折》
乾隆四十二年七月十九日

云南巡抚臣裴宗锡跪奏：为奏报查阅本标营伍情形，仰祈圣鉴事。

窃臣奉命调任云南巡抚，额设亲标左右两营官兵，有随时校阅之责。兹将本标两营官兵逐加考验：千把、外委年力强壮，弓马去得，均堪造就。兵丁合操，阵式尚属整齐，牌刀跳舞及一切杂技亦颇便捷。旗纛、器械俱属鲜明坚利，马匹亦皆足额膘肥。惟演放连环鸟枪，出声进步未能齐集，并有步箭开弓不满、马箭架势不合款式者。臣体察其故，皆由近年两营参游守备或因委署别缺，或因轮派防边，所遗营务更代无常，官非本任，即难望其训练改观。今经督臣李侍尧各就地方营制酌量改委，分别撤回，现在臣标将备俱系本任人员。臣已严饬督率兵丁，勤加练习，务期各项技艺一律精纯，以仰副圣主整饬戎行之至意。

所有臣阅过本标营伍情形，理合恭折具奏，伏乞皇上睿鉴。谨奏。

朱批：知道了。

（《宫中档乾隆朝奏折》第三十九辑，第436~437页）

1951　云南巡抚裴宗锡《奏报丙申年二运第二起京铜开帮日期折》
乾隆四十二年七月十九日

云南巡抚臣裴宗锡谨奏：为恭报京铜开帮日期，仰祈圣鉴事。

窃照滇省办运京局铜斤，自四川泸州开帮日期，例应奏报。兹据署云南布政司事按察使汪圻详称："丙申年二运第二起委员张志元，领运正耗余铜七十三万六千三百斤，又带解运员张楫、关基泰、吴维鏋等挂欠正耗余铜八万八千三百二十六斤零，于乾隆四十二年四月十八日，在泸州全数兑足开帮。"等情前来。除飞咨沿途各省督抚催儹前进，依限赴京交收，并咨明户、工二部外，所有丙申二运第二起京铜全数开帮日期，理合恭折奏报，伏乞皇上睿鉴。谨奏。

朱批：览。

（《宫中档乾隆朝奏折》第三十九辑，第437页）

1952　云南巡抚裴宗锡《奏报黔省委员办运滇铜扫帮出境日期折》
乾隆四十二年七月十九日

云南巡抚臣裴宗锡谨奏：为黔省委员办运滇铜扫帮出境日期，循例奏闻事。

窃照各省委员赴滇采办铜斤，往来俱有定限。钦奉上谕："嗣后到滇办运运行，即着该抚具奏，如有无故停留贻误者，即行指名参究。"等因，钦遵在案。

兹据署云南布政司事按察使汪圻详称："贵州委员开泰县知县李华钟，采买白羊、金钗二厂高低铜三十九万六百六十斤，以乾隆四十一年八月二十三日，该委员领足白羊厂铜斤之日起限，扣至四十二年三月十八日限满。今于本年五月初十日，全数运抵平彝县扫帮出境，计逾限一个月二十日。实因农务方殷，夫马稀少，以致稽延，并非无故逗留迟延，实属有因，应请免议。"等情。详请核奏前来。臣覆查无异，除飞咨贵州抚臣转饬接替，催儹赶运，依限交收，并咨明户部外，所有贵州委员李华钟办运铜斤扫帮出境日期，理合恭折具奏，伏乞皇上睿鉴。谨奏。

朱批： 览。

（《宫中档乾隆朝奏折》第三十九辑，第438页）

1953　云南巡抚裴宗锡《奏报钦奉谕旨将土夷老年眷属三名赏给为奴谢恩折》

乾隆四十二年七月十九日

云南巡抚臣裴宗锡谨奏：为恭谢天恩事。

窃臣接大学士伯管云贵总督臣李侍尧札知："滇省安插各土夷，经钦差大学士公阿桂遵旨会同查明情形，酌请分别办理具奏一折，准军机大臣议覆，奉旨：依议。赖君赐眷属七名，着赏给李侍尧。黄国宾眷属六名，着赏给图思德。老乖眷属三名，着赏给裴宗锡。老梦眷属二名，着赏给敖成。钦此。"知会到臣。

伏思此项夷户，均系罪人妻孥，例应照要犯子孙，赏给功臣之家为奴。今因人数无多，仰蒙圣慈，就近分赏，并及微臣。除将老乖眷属三名领回严加约束外，理合恭折叩谢天恩，伏乞皇上睿鉴。谨奏。

朱批： 览。

（《宫中档乾隆朝奏折》第三十九辑，第439页）

1954　云南巡抚裴宗锡《奏报滇省地方情形折》

乾隆四十二年七月十九日

云南巡抚臣裴宗锡谨奏：为奏闻事。

窃照滇属地方六月望前雨水禾苗情形，经臣节次具奏在案。时交夏杪秋初，全在雨旸应候，始于大田有益。兹据各属禀报，六月十八九、二十、二十三四五暨二十七八等日，连得时雨，高下田畴均有积水。七月初二、初六、初九等日，省城又叠沛秋霖，势甚优渥，远近普沾。现在早稻含苞，晚禾起节，弥望青葱，其余山种杂粮并皆长发畅茂。

得此雨润日暄，可卜丰登预兆。目下乡闱届期，应试士子纷纷来省，虽食指渐增，而市粮充足，尚无价贵之虞。通省民情极为宁谧。理合恭折奏闻，伏乞皇上睿鉴，并将六月分粮价另缮清单敬呈御览。谨奏。

朱批：知道了。

（《宫中档乾隆朝奏折》第三十九辑，第439～440页）

1955　大学士仍管云贵总督昭信伯李侍尧
《奏报遵奉上谕及现在办理缅匪情形折》
乾隆四十二年七月二十七日

大学士仍管云贵总督昭信伯臣李侍尧跪奏：为钦奉谕旨，恭折奏覆事。

窃臣于乾隆四十二年七月二十六日，接准军机处大学士于敏中字寄："乾隆四十二年七月十一日，奉上谕：昨苏尔相来京，据称伊出来时，得鲁蕴说：'我们是一心要完事的。但如今送了你出去，从前我这里差去孟干、孟团、碎冻这些人，求天朝也赏还，就是赏我们的脸，我们也好办了。'绽拉机又说：'若不能一起都赏还我，或者先将孟团发还我们，也就有脸了'等语。前因缅匪狡诈多端，于进贡还人之事反覆不常，是以降旨，令将孟干、孟团等暂行扣留。今苏尔相虽回，而杨重英等尚未送出，此时孟干等自不便发还。如缅匪即遵檄还人纳贡，自可将孟干等遣去。若缅匪仍前游移其说，复以求还孟干等为辞，自当明白檄谕，以尔等如果投诚修贡，将杨重英送出，便可为尔奏知大皇帝加恩，将孟干等放回，以全尔等颜面。然此总因赘角牙、得鲁蕴等力主进贡还人之说，颇知恭顺，是以准所请，并不因绽拉机亦曾有言。盖绽拉机不明顺逆，从中阻挠，屡次偾事，不但违抗天朝，其情可恶，且惟知私心自利，全不顾尔缅子大局。即如前日擅拆发去阿瓦檄文，妄行具禀。此等擅专之人，实大不利于尔等，想尔等亦当知其罪恶也。又据苏尔相称，曾问过得鲁蕴送出杨重英一节。得鲁蕴说'杨重英原是要送出去的，因其从前曾有字禀天朝，要大人们四路进兵攻打，这字被我们卡子上盘获，因为他要害我们，所以如今不敢送他出去。等大事办完，此事自然也要办的'等语。又是尔等糊涂多疑之处。四路进兵攻剿，久蒙大皇帝指示机宜筹办，何待杨重英之告禀？原欲俟平定金川后即移兵分路征讨，因尔等有悔过投诚之意，遂缓进师。尔等如即速还人纳贡，自可永息干戈，并准开关贸易，即一路之兵亦不须动，复何烦四路大兵乎？惟在尔等审择祸福，若徒事多疑观望，实无益也。如此檄谕，或缅酋等将绽拉机治罪，便少一异议梗阻之人。即不然，亦足破其首鼠两端之见。李侍尧可就该处情形酌量妥办。再苏尔相到京后，朕已加恩以游击用，并令其仍往云南，交李侍尧，遇缺即行奏补。连日命军机大臣

询问苏尔相，据所称情节，与得鲁蕴极为熟识，几成交好。因思得鲁蕴等如果到关进贡
还人，彼时李侍尧自应差委妥员至关口与之接见交言，莫若即令苏尔相承办此事为妥。
因即令苏尔相驰驿回滇，听李侍尧遇缺补用，以资调度。并令军机大臣谕知苏尔相，如
得鲁蕴到关进贡，即令苏尔相前往接受，为之明白宣谕，令其随贡进京瞻觐，即着苏尔
相伴送来京。苏尔相既与得鲁蕴相熟，所言自必深信不疑。如得鲁蕴到时，朕必格外加
恩，并加恩于苏尔相。昨曾令其回原籍看视，且俟此事办完，再令随便告假回家可耳。
将此并谕李侍尧知之。此旨着由五百里发往，仍将缅匪近日有无信息，迅速覆奏。钦
此。"遵旨寄信到臣。跪读之下，仰见我皇上洞烛缅夷情伪，万里之外悉照无遗。臣惟有
凛遵圣训，熟筹妥办，以期稍副圣主控驭远夷之至意。

查自五月间，檄谕缅夷以后，迄今尚无信息。非缘时当盛瘴，边外雨水正多，难以
行走，即系缅性多疑，未能揣度内地情形，是以迟回观望，怀疑不发。臣惟严饬关隘员
弁不动声色，静以俟之。将来缅子如果恪守前檄，送还杨重英，纳款进贡，自可将扣留
之孟干、孟团等全行遣释。倘复遣人到关，游移其说，以索还孟干等为延缓之计，臣即
钦遵训示，缮就檄文，一面奏闻，一面即令其来人带回，明白晓谕，并令知得鲁蕴之能
明顺逆、识事机，绽拉机之大不利于其国。该缅若一旦醒悟，除去专擅之人，且晓然于
天朝之待外夷原无苛求，倘能还人纳贡，不独不加兵戈，并得开关贸易，祸福之机在伊
自取。臣思缅子虽属冥顽，当亦自知择利而从。

现在苏尔相仰沐天恩，擢用游击，自必感激奋勉。伊留缅七载，深悉彼处夷情。俟
其到滇，臣谨将谕旨窾要之处一一指示，即令驰赴腾越，随同提臣海禄就近候信。得鲁
蕴如果到关还人进贡，即着苏尔相接见，先行宣示皇上柔远深仁，俾知瞻觐天颜，沾恩
益加优渥。得鲁蕴既与苏尔相熟识，自必情愿随贡进关，臣即遵旨令苏尔相伴送入都，
以坚其信。此时关外既无消息，臣惟持以审慎，不露端倪。将来缅子倘果输诚，臣即相
度机宜，以葳全局。

所有遵奉谕旨及缅子尚无信息并臣现拟办理情形，谨缮折由四百里迅速覆奏，伏乞
皇上睿鉴训示。谨奏。

朱批：知道了。

（《宫中档乾隆朝奏折》第三十九辑，第 499～502 页）

1956　大学士伯管云贵总督李侍尧、云南巡抚裴宗锡《奏报云南府通判张楫、文山县知县杨尧臣年迈才庸，请旨分别勒休、改教折》

乾隆四十二年七月二十九日

大学士伯管云贵总督臣李侍尧、云南巡抚臣裴宗锡谨奏：为通判、知县年迈才庸，

请旨分别勒休、改教，以肃吏治事。

窃照通判一官，虽系府佐闲曹，亦有分司之事，必须精力强健，方克胜任。至知县身膺民社，理烦治剧，尤须才称其职，始于地方有裨。

兹有云南府通判张楫，安徽贡生，由知州降补今职。该员从前历署正印，办事尚属勤奋。自上年委署路南州以来，料理地方诸务每多竭蹶，虽履历止开六十一岁，察其精力已衰，不能振刷，州篆固已撤回另委。而郡倅亦非年迈所宜，未便任其恋栈，致滋贻误。

又文山县知县杨尧臣，山东进士，由河西县调任今职。该员在滇有年，向来办事尚知黾勉，近见遇事迂拘，才非肆应边疆要缺，难期振作有为，殊不胜民社之任。但系进士出身，年力未衰，以之秉铎，犹堪称职。

臣等会同商酌，并据司道等揭报前来。相应请旨将云南府通判张楫勒令休致，文山县知县杨尧臣改补教职，以肃吏治。如蒙俞允，所遗云南府通判，应归部选之缺，滇省现有应补人员。其文山县员缺，例应在外拣调，统容遴员，另行办理，并将改教之杨尧臣照例给咨赴部引见，恭候钦定。臣等谨合词恭折具奏，伏乞皇上睿鉴，敕部查照施行。谨奏。

朱批：该部知道。

（《宫中档乾隆朝奏折》第三十九辑，第 521 页）

1957　云南巡抚裴宗锡《奏报查明乾隆四十一年分滇省盐课银两完欠实数折》

乾隆四十二年七月二十九日

云南巡抚臣裴宗锡谨奏：为查明盐课银两完欠实数，循例奏闻事。

窃照各省每年完欠钱粮，例应随奏销时分晰查明，核实具奏。

今值云南省奏销乾隆四十一年分盐课银两，行据布政使孙士毅、驿盐道沈荣昌详称："各属应征乾隆四十一年盐课、薪本盈余等项银四十二万六千六百九十二两零，内已完银三十四万一千七百七十八两零，未完银八万四千九百一十三两零。又未完三十六、七、八、九等年参欠薪本、薪食盈余银二十万一千一百五十五两零。"

查此项未完银两，系各属在井在店堕运堕销盐斤及商民积欠未完之项，业蒙具奏，请将堕运堕销盐斤分限八年带销，其商民积欠未完银两，分限五年带征。奉部覆准，分案饬行遵办。所有乾隆四十一年分应征正课薪本及盈余银两，造具完欠细数清册，详送具奏前来，臣逐一覆核无异，除恭疏题报，并将各册咨送部科查核。其未完银两，饬令上紧催征外，臣谨恭折奏闻，伏乞皇上睿鉴。谨奏。

朱批：览。

（《宫中档乾隆朝奏折》第三十九辑，第536～537页）

1958 大学士伯管云贵总督昭信伯李侍尧《奏报办理咨部换给土司刀士宛宣慰司印信折》

乾隆四十二年八月初三日

大学士伯管云贵总督昭信伯臣李侍尧跪奏：为奏闻事。

本年五月二十二日，臣会同大学士公阿桂奏请裁撤普安营折内，附请将刀士宛赏袭宣慰土司，令其仍管车里原辖地方，以靖九龙江内外各猛之心。经军机大臣会同部臣议准覆奏，奉旨："依议。钦此。"钦遵。

臣查刀士宛现与其兄刀维屏羁禁省城，当即饬司放出，随带前来。臣率同司道面加晓谕："此番大皇帝格外天恩，念尔从前被胁投江，不肯随同逃窜，继又力劝尔兄投归伏罪，尚知畏法，具有天良，是以令尔袭宣慰土司之职，仍辖车里一带，尔须感戴皇恩，出力报效，抚辑夷众，宁静地方。尔父及一切家口，自应招同居住。至刀召厅、召猛乃等，皆滋事匪徒，不容任其潜匿江外，应即设法擒献。所有十二版纳俱仍受尔约束，不得恃势欺凌，致启争衅。如有紧要事件，或内地兵役骚扰，准尔据情径禀总督衙门，毋得隐匿不报，干犯国法。"刀士宛伏地流涕，叩首禀称："士宛全家获罪，法无可贷，不想复受大皇帝天高地厚之恩，既免刑诛，又复原职，生生世世，顶戴鸿慈，敢不遵奉面谕，招来父亲同居，尽心竭力，安抚夷众？至刀召厅、召猛乃，素行无赖。从前士宛父兄受其愚弄，举家飘散，身陷大辟。此等匪徒，不独获罪天朝，即士宛一家亦衔恨入骨，若听其窜伏江外，势必仍遭毒累。今士宛沐恩赏职归里，即当踹访下落，设法诱回，缚送省城，以除后患，以报皇仁。"等语。查其情状，实出至诚。臣即将从前刀士宛投回呈贮司库之宣慰司印信给发，饬委粮储道徐嗣曾带赴普洱，会同迤南道王銮、普洱镇总兵张和妥协办理。

查九龙江内小猛养地方，距思茅五站，距江一站，内地声势颇为连络，令其即于此地建盖房屋居住。刀氏旧有之私庄八处，前曾给与屯兵耕种，今既将屯兵复为土练，自应将私庄仍令刀士宛管理，每年应征条编秋粮，即着刀士宛按数解缴思茅同知衙门收纳。

至刀维屏，究属有罪之人，仍应羁禁省垣，饬令臬司严加稽察，毋致疏虞。惟宣慰司印信，系康熙年间所颁，尚未铸有清篆，应另行咨部换给新印，以昭画一。

所有臣办理缘由，理合恭折奏闻，伏乞皇上睿鉴。谨奏。

朱批： 知道了。

（《宫中档乾隆朝奏折》第三十九辑，第 575～576 页）

1959 大学士仍管云贵总督昭信伯李侍尧《奏报前任剑川州知州现任 湖北归州知州嵇承豫承办军粮并不慎选运户， 致有逃亡，请旨将嵇承豫革审事》

乾隆四十二年八月初三日

大学士仍管云贵总督昭信伯臣李侍尧跪奏：为参奏事。

窃照云南剑川州民李士维赴顺天府衙门呈控州书萧长贵侵蚀官银，致伊办理军粮三十六石不给价值，并逃兵赵上亨充当该州书吏一案，经兼管府尹事尚书臣袁守侗等奏明，请旨交臣审办，将李士维连原呈咨解到滇。遵即行司，提集应质犯证暨一切案据，悉心查核质究，定拟解勘。去后，兹据臬司汪圻详称："卷查乾隆三十三年，剑川州承办军粮一万石运赴保山县，每石每站脚价银三钱，内有转运腾越州米五百石。嗣于三十四年五月，钦奉恩旨，每站又加银二钱。其时尚有未运到米四百五十三石五斗，自保山至腾越计程五站，应加给银四百五十三两五钱，业经前任知州嵇承豫请领讫，现有军需局报销册案。至李士维所控萧长贵等包运米八百余石，该银八千余两，质讯之下毫无凭证。即伊自运米三十六石，既无交运之人，亦无收米回照。其呈称前州王曾厚许给伊银一百两之语，质之王曾厚，据云：李士维控后，差提并未到案，更属全无影响。而赵上亨系剑川营革退字识，旋充该州刑书，案卷具在，亦非逃兵。惟讯之粮书萧长贵，据供：三十四年，有运户尹天喜等五十七户，误运米一百三十七石九斗九升，前任知州嵇承豫因运户逃亡，将保山转运腾越米石应加脚价银四百五十三两五钱扣留未发，代尹天喜等买米补运，并非粮书侵蚀。"等情。

臣查加增运脚，系奉旨恩赏之项，岂容短发丝毫？嵇承豫承办军粮，并不慎选运户，致有逃亡，理应自行赔补，何得私擅扣抵，苦累边氓？且果否买米补运，尚系粮书一面之词，此外有无克扣，尚须彻底严查，非到案究质，难成信谳。查嵇承豫现任湖北归州知州，相应参奏，请旨将嵇承豫革职，以便归案究拟。除一面飞咨湖北抚臣作速委员将嵇承豫押解来滇，严审明确，分别定拟具奏外，臣谨恭折参奏，伏乞皇上睿鉴训示施行。谨奏。

朱批： 有旨谕部。

（《宫中档乾隆朝奏折》第三十九辑，第 576～577 页）

1960　大学士仍管云贵总督昭信伯李侍尧
《奏请酌筹采办硝磺章程折》

乾隆四十二年八月初三日

大学士仍管云贵总督昭信伯臣李侍尧跪奏：为请酌采办硝磺章程，严绝透漏，以重军火，仰祈圣鉴事。

窃照火药为营中利器，防御先资，所关甚钜，是以奸民私贩，大干例禁。而附近苗疆地方囤贩硝磺，较内地加等治罪，定例尤严，必须采办之始立法稽查，不使透漏，方足以塞弊源而重边境。

乃滇省历来办理，惟听各营自行差弁向驿道衙门请票，径赴各州县采挖。地方官因系营员承办，虽有督煎之名，其实并不过问。煎熬数目既不报查，挑运经由亦无盘诘，其间采多报少，贩卖走私，势难保其必无，且查所请驿道之票，亦无缴销定限，倘不肖弁兵将票转售，任人采办，流弊更不可胜言。此即腹里各省尚且不可，何况滇处极边，壤接安南、缅甸，在在苗猓杂处，若不严立章程，漫无稽察，致使匪徒乘机私挖，透漏外夷，大非慎重边圉之道。至于配用支销，亦不按依演枪次数核定需药若干，以致各营配制参差不齐，因之三年五年，备贮之外尚有陈积。即如臣标，原系五营，业经裁去二营，枪兵岁需实不过二千四百斤，而每年仍照从前五营需药四千八百斤之数配制，加以从前大举案内广西协拨分贮药八千斤未经动用，共计积至十四年之多。若再年年添制，不独矿硐时开，稽察难周，且滇南地气潮湿，药性过陈，不堪适用，转致公费虚糜，实为无益。

臣查广东磺山，系题明招商开采，采足即封。其硝斤，亦皆地方文员招商煎办，岁有定额，与硫磺并解省局，各营请买时，报明总督衙门，行知藩司给照，赴局领买，汇价归款，经过汛口层层查核。此外，花炮铺匠并酌定额数，赴司领照买用，立法颇为周详，即枪兵每名每月演放几次，每次演放几出，用药若干，加以合操与演放炮位，皆各有一定之数。臣现在行司，仿照详议章程。如缅宁、腾越等处逼近缅地，自应永行封禁，交地方文武严密稽查，倘有私采情弊，严参治罪。其余出产硝磺处所，令该地方官会营，勘明结报，召商承办，就各营所需之数采备数年，即行封闭，俟将次用完，再行请开。设立省局验收支放，给照查核。其营中相沿差弁采挖之陋例，概行饬禁，并严谕各营核实配制，不容仍前浮滥。除备足三年外，如有多余，即饬陆续拨用，暂停造补。如此立定章程，分别查办，庶公费不致虚糜，而边地军火益昭慎重矣。

除俟藩司议详到日，另行题报外，所有臣酌核办理缘由，理合恭折具奏。

再照黔省各营支销火药亦未核实，臣现已咨会提臣，仿照滇省画一办理。合并陈明，伏乞皇上睿鉴训示。谨奏。

朱批： 好。知道了。

（《宫中档乾隆朝奏折》第三十九辑，第 578～579 页）

1961　大学士仍管云贵总督昭信伯李侍尧
《特参衰庸恋栈之腾越镇守备标左营守备萧抡第折》
乾隆四十二年八月初三日

大学士仍管云贵总督昭信伯臣李侍尧跪奏：为特参衰庸恋栈之守备，以肃营伍事。

窃臣抵任以后，驻扎永昌，就近调考迤西一带营员。据腾越镇总兵刘国梁面禀，镇标左营守备萧抡第，年已六旬，精力就衰，意欲乞休等语。词意之间似有畏臣调考情事，当即面谕该员，如果衰迈，何不早请乞休，现今檄调，未便任其规避，令其送考后再行核办。

迨臣回抵省城，据该镇以萧抡第精力衰迈，双目昏盲，详请勒休，复经臣批驳不准，始将萧抡第送验前来。臣见其两目并不昏盲，惟精力已衰，考验骑射，实属不堪。查腾越为边疆重地，守备有训练弁兵之责，似此衰庸恋栈之员，断难姑容，致滋贻误。理合参奏，请旨将守备萧抡第革职，以肃营伍。至总兵刘国梁，于亲辖标员，明知弓马不堪，既经姑息于前，复思回护于后，瞻狗之咎亦所难辞，相应附参，请旨交部严加议处。除一面追起萧抡第札付，委员接署，查明经管军械钱粮有无未清具报外，再照腾越镇左营守备，系边俸题缺，容臣另行选员题补。合并陈明，伏乞皇上睿鉴训示施行。谨奏。

朱批： 该部议奏。

（《宫中档乾隆朝奏折》第三十九辑，第 579 页）

1962　大学士仍管云贵总督昭信伯李侍尧
《奏报滇黔两省地方情形折》
乾隆四十二年八月初三日

大学士仍管云贵总督昭信伯臣李侍尧跪奏：为奏闻事。

窃照云贵两省雨水、田禾、粮价情形，经臣于六月二十九日恭折奏报在案。匝月以来，滇省雨泽应时，七月二十五六等日，又复大沛甘霖，远近各属禀报大略相同，极为普遍优渥。田禾正届扬花，得此透雨，甚为有济，即一切杂植园蔬，亦无不畅发秀茂。

— 1711 —

省城地方，先于六月初间连日大雨，山水骤发，民房有被冲倒塌者，当经逐一查勘，会折奏明，动项酌量抚恤。兹已盖复齐全，安堵如故。现在省垣中米每仓石价银一两八钱八分，尚属中平，其余各府州县报到粮价亦未增昂。贵州自六月望后，近省一带高田雨水稍缺，续于七月初十、十二、十五等日，据报连次得雨，一律沾足。早禾现已结实，晚禾亦在含胎，米价自一两一钱六分至二两二钱二分不等。两省兵民乐业，地方宁谧。臣谨恭折具奏，仰慰圣怀，伏乞皇上睿示。谨奏。

朱批： 知道了。

（《宫中档乾隆朝奏折》第三十九辑，第580~581页）

1963 大学士仍管云贵总督昭信伯李侍尧《奏报酌办裁营改设事宜折》

乾隆四十二年八月初三日

大学士仍管云贵总督昭信伯臣李侍尧跪奏：为酌办裁营改设事宜，并定摊赔分数，仰祈圣鉴事。

窃照茨通地方设立普安营以来，弁兵瘴故甚多，经臣会同大学士公阿桂查明，奏请撤去其建设营汛、仓廒等项，原动银两，议令承办之员及各该上司摊赔，以为廓修城垣、添建思茅营房之用。现准军机大臣会同部臣议覆，奉旨："依议。钦此。"钦遵。

臣伏查乾隆三十八年新设普安营，驻防马步战守兵五百名，额设都司一员，守备一员，千总二员，把总四员，外委千把六员。今既裁去普安营汛，内除都司一员毋庸复设外，其自景蒙营拨来之守备一员，千总一员，把总二员，外委千总一员，外委把总二员，马步战守兵二百八十四名，应请撤回景蒙本营，以符旧制。惟景蒙营兵弁，自分拨普安之后，原设参将改为都司令，今兵数既复前额，都司不足以资弹压，应将都司裁汰，改设景蒙营游击一员管辖。查景蒙营都司，原系部推之缺，今改设游击，仍应作为推缺，咨部请给关防，照例推补。现在营务，饬令现任都司朱瑞暂为料理，俟部推之员到营，再令交卸，同普安营裁撤之都司穆升额留滇，酌量补用。其元江营拨来马步战守兵二百一十六名，毋庸回至本营，应即拨添普洱镇右营思茅新城驻防，交思茅游击管辖，以壮边营。尚余普安营千总一员，把总二员，外委三员，均请裁汰。现任各弁，于附近营分遇缺轮补。

至思茅增驻兵丁，应行廓修城垣、增建兵房等项，查照原奏，先行饬司动拨银两，委员确估兴修，另行咨部核销外，查原建普安营署舍、卡房、仓廒等项册报，经部实准销银二万五千七百八十两四钱二厘，今拟分作十股，于承办之员及各该上司名下摊赔。

原任思茅同知张轼，系专司勘辨之员，当日并不相度地宜，于瘴气最盛之处率请建设营房，且工程又不坚固，未及三年即已蛀朽，实属办理错误，应令分赔十分之五。原任迤南道龚士模，于署司摄府，任内督办收工，不即据实查勘，应赔二分。其余建营案内尚有三分，应于原任普洱府知府谈霞、原任迤南道贺长庚、原任云南布政使王太岳、原任云南巡抚李湖、原任云贵总督彰宝、前署云贵总督现任贵州巡抚图思德名下均摊赔缴。又建仓案内，除张轼名下应赔十分之五外，应于前任普洱府知府今升迤西道唐宸衡、迤南道王銮、前任云南布政使今调广西布政使朱椿名下均摊赔补。如各该上司有无力完缴者，亦即着落原办之员张轼赔补。现在造册咨部，分别咨追，俟修建思茅城营工竣，确核报销，即将各员缴项归款，如有盈余，存贮司库，以充公用。

所有酌办改设事宜，并定摊赔分数，理合恭折具奏，伏乞皇上睿鉴训示。谨奏。

朱批： 该部议奏。

（《宫中档乾隆朝奏折》第三十九辑，第581～582页）

1964　大学士仍管云贵总督昭信伯李侍尧
《奏报派员稽查通关要隘折》
乾隆四十二年八月初三日

大学士仍管云贵总督昭信伯臣李侍尧跪奏：为派员稽查通关要隘，酌定劝惩，期收实效，仰祈圣鉴事。

本年五月二十六日，臣会同大学士公阿桂议奏严禁潞江、缅宁两处要隘一折，奉到朱批："如所议行。"又奉旁批："是，虽立章程，奉行不力，何益之有？钦此。"钦遵。仰见我皇上烛照万里、核实程功之至意。

臣遵查潞江渡口，在腾越以内，路通各关隘，实为总要之区。累年以来撤防，只派千总一员，带兵十名驻守稽查，殊属有名无实。今委永昌府司狱带役前往，并派永昌协都司带兵五十名会同稽察，常川驻守，五日具报一次。如遇江楚客民，细加盘诘，倘有眷口在腾越等处者，须问明着实下落，仍许放行。如只身无伴、行踪可疑者，不许擅放，即押交地方官问明，递回原籍。倘有私带绸缎、丝针、花纸一切货物，即将人货拿解报究，仍令该管永昌府协每月亲往确查一次具报。

至缅宁汛地方，原驻有通判一员，守备、千把等官，饬令悉照永昌、潞江实力稽查，十日具报一次。其所辖之滚弄江、篾笆桥二处，委弁率带兵役数名，五日前往侦巡一次，通判、守备十日亲往巡查一次具报，仍令该管之知府、参将，每月亲历缅宁汛、滚弄江、篾笆桥等处巡查一次，据实具报。各该文武员弁，如果实力稽察，盘获奸民，记功选擢，兵役从优加赏。半年无获官弁，记大过一次，兵役责惩。一年无获，查明分别究处。臣随时密派标员前往查访，倘敢虚应故事，或有纵放情弊，立即严参审究，重治其罪。

至从前居住近边之人，现饬地方官清查户口，照保甲之例造册取结，通报立案。如有民人回籍等事，报官给票，经该员弁验放出入。若无印票，即属新来之人，概行驱逐。倘有混放偷漏，严行参处。如此明立赏罚科条，该员弁自必尽心巡缉，实力奉行，庶可杜私越而重边防。所有臣派委稽查要隘缘由，理合恭折具奏，伏乞皇上睿鉴训示。谨奏。

朱批： 知道了。

（《宫中档乾隆朝奏折》第三十九辑，第 583～584 页）

1965　大学士仍管云贵总督昭信伯李侍尧、云南巡抚裴宗锡《奏请以琅盐井提举嵇玫升署景东直隶厅同知折》

乾隆四十二年八月初三日

大学士仍管云贵总督昭信伯臣李侍尧、云南巡抚臣裴宗锡跪奏：为要缺同知需员，恭恳圣恩俯准升署，以资治理事。

窃照云南景东直隶厅同知文德奉旨升授直隶大名道，所遗景东同知，系繁、疲、难兼三要缺，例应拣选调补。

伏查景东地处边疆，民苗错杂，直隶同知有专管钱粮、审办案件之责，非明干有为之员难资整理。臣等公同两司，在于通省同知内逐加遴选，非现居边要，即人地不宜，或参罚有碍，实无合例堪调之员。惟查有琅盐井提举嵇玫，年四十五岁，江苏监生，捐纳州同，由广西南丹土州同烟瘴俸满签升今职，于乾隆三十九年八月到任，历署蒙化、永北、直隶厅同知、广西直隶州知州印务，办理裕如。该员吏治熟谙，办事勤能，以之升补景东直隶厅同知，实堪胜任。惟本任历俸未满五年，与例稍有未符，谨遵人地相须之例，专折奏请。合无仰恳圣恩，俯念员缺紧要，准以嵇玫升署景东直隶厅同知，俟接扣期满，再请实授。不特该员感激天恩，倍加奋勉，臣等亦获收指臂之效。如蒙俞允，所遗琅盐井提举之缺，例得以试用人员署理。

查有试用提举方润，年三十二岁，江苏贡生，捐纳提举，分发云南试用，于乾隆四十一年四月到滇。该员心地明白，有志向上，现署琅盐井提举，并无贻误。即以该员请补，亦属人地相宜。仍照例试看一年，如果称职，另请实授。查嵇玫系从五品提举，请升正五品同知，例应送部引见。方润衔缺相当，毋庸送部。再嵇玫任内参罚案件，除银两已据完解及开参未准部覆外，并无参罚。方润任内亦止开参，未准部覆。二案另缮清单，恭呈御览。

臣等谨合词恭折奏请，伏乞皇上睿鉴训示。谨奏。

朱批：该部议奏。

（《宫中档乾隆朝奏折》第三十九辑，第584～585页）

1966 大学士仍管云贵总督昭信伯李侍尧
《奏报有兵丁自阿瓦脱回折》
乾隆四十二年八月初五日

大学士仍管云贵总督昭信伯臣李侍尧跪奏：为兵丁自阿瓦脱回，先行奏闻事。

窃照本年八月初一日，接提督海禄札称："七月二十五日，据杉木笼游击哈三禀据邦中山外委王之田禀，有猛卯土司解送阿瓦脱出兵丁杨发、蔡兴、唐允功三名，送交总卡，该游击亲身押赴腾越候讯，俟取供后，即行解赴省城。"等因。臣即飞札该提督，速即讯供解省。兹于八月初四日，据提督海禄、总督吴万年、刘国梁札禀，于七月二十六日，哈三将杨发、蔡兴、唐允功三名及同行进关之民张宏才、李春全二名，一并解到腾越，会同知州吴楷讯取供词，于七月三十日，自该州起程解省。

该提督等先将供词及拆阅杨发带出杨重英寄阿桂信二纸，诗二纸。臣详细察看，内称："该兵丁等俱于三十二年在木邦打仗，被贼掳去，先前看守甚严，二三年后渐次放松。欲逃回内地，装做买卖人，到老厂上遇着民人张宏才，一同商量，雇厂上烧炭民人李春全挑担引路出来。至杨重英寄阿桂书信，因杨发等于五月初十日到厂上，有旧识兵丁李贵也从阿瓦脱出，路上患病，到厂与杨发等一同居住。李贵暗地告知杨发，在阿瓦时跟随杨重英同住，闻得阿桂来到云南，今年霜降后进兵。杨重英密叫李贵出来投禀，李贵因病重难愈，将禀交杨发带出。"等语。臣再检阅杨重英寄阿桂禀词，意欲内地兴兵剪除阿瓦，而禀内并无图回内地之言。其绝句四首，与禀内词意略同，而第一首开端二语，又涉怨望，诗禀字迹亦似出两手。若论杨重英为缅匪设谋，冀开边衅，从中簸弄事端，虽丧心病狂，天良灭尽，不应至于此极。或者闻得鲁蕴欲将伊送出，自知罪重，假托献策，希图免罪。（**夹批：**大约不出此。）否则闻阿桂到滇之信，揣度瘴退后大兵进剿，借口内应，为首鼠两端之见，俱未可定。臣现在檄催弁员速解杨发等来省，再行详讯确供，一面驰奏，一面委员解京，听候谕旨办理。

再据杨发等所供，得鲁蕴要同万巳蟒办理进贡还人及贅角牙与弟兄自相残害等事，自非尽出无因。第兵丁李贵跟随杨重英已久，且书信原系李贵带出，所有缅匪近日情形，李贵必知之。更悉虽据杨发等供，李贵患病沉重，倘现在尚留厂上，自当令其入关，详询一切。查杨发等三人在厂时均与李贵熟识，臣即札知沿途，将兵丁杨发、蔡兴及民人张宏才、李春全解省，将兵丁唐允功发回腾越，交与提臣，并密札哈三妥速选派玃，同唐允功潜赴厂上，（**夹批：好。**）唤出李贵，送至臣所，备问缅匪及杨重英情事，再行具奏解京。

再查三十二年木邦打仗案内册报，兵丁杨发未出，唐允功、蔡兴列入阵亡。合并声明。

所有阿瓦脱出兵丁及民人张宏才等现从腾越解省缘由，理合先行缮折，由五百里驰递，并杨重英寄阿桂诗信四纸及海禄等录取供词，一并恭呈御览，伏乞皇上睿鉴训示。谨奏。

朱批：知道了。余有旨谕。

（《宫中档乾隆朝奏折》第三十九辑，第 620～621 页）

1967　大学士仍管云贵总督昭信伯李侍尧　《奏报复讯杨发等供词，委员解京折》

乾隆四十二年八月十六日

大学士仍管云贵总督昭信伯臣李侍尧跪奏：为覆讯杨发等供词，委员解京，恭折奏闻事。

窃照阿瓦脱出兵丁杨发、蔡兴、唐允功三名，同内地民人张宏才、李春全，由猛卯土司转送进关，带有杨重英转呈阿桂诗、禀，先准提臣海禄讯供，札会到臣。当经恭折驰奏，并将暂留唐允功发交哈三，酌量唤回李贵缘由，附陈圣鉴在案，一面饬令将杨发等解省。去后，兹据报，蔡兴在途染病身故，将杨发等三名解送前来。

臣随率同军需局员布政使孙士毅等亲加研讯，据供与提臣前取供词大略相同。惟查从前有内地民人李万全充当缅匪头目，在彼用事，今李春全之名与李万全相似，臣疑其即系李万全弟兄，再三诘问，据供并不是李万全一家，且居住州县各别，从不认识，伊止到蛮坝山烧炭生理，亦未到过阿瓦等语。

臣思杨发在缅地十年，住居阿瓦甚久，虽不能深悉底里，其外边光景有无今昔变迁，及该处一切情形，自应得知大概。又复细加讯问，据称：伊初到阿瓦，见缅匪砖城约高一丈六七尺，周围三里，共有九门，每门派一小缅目看守。迨乾隆三十九年，伊从直古回到阿瓦，见西南两面添筑一层外城，复添派四大万分管兵马地方，有西洋人在彼居住，缅人呼谓"孤拉子"，每人每月给谷两箩，替缅子造做火药、铅弹。缅地只产硝斤，其硫磺、鸟枪均向洋船买用。缅地当兵之人实在只有二三千名，其余按户挨派，若用兵多，每户又派银四十两。用兵少，即派银免兵。近来连年与暹罗、景卖等处打仗，旧派未清，又添新派，不得休息。光景不比从前，百姓甚是抱怨。伊曾到缅寺去见杨重英，因缅子派人看守，只有李贵、余腾龙两人进出服侍，伊当日止于门外望见，不得进内等语。臣诘以缅匪既传有霜降后官兵进剿之说，自必预为防备，岂肯将一路总口任听内地民人往来贸易，毫不稽查之理？并询其李贵在厂，能否唤进？据供：伊等经过一路，缅子亦设有隘口盘诘，但只须每人给银五分即便放过，不复拦阻。李贵实因病重，不能同来，如病已好，还在厂上，差人到彼，自能唤进等语。臣现复飞饬哈三，一俟唐允功唤同李贵进关，即行解赴臣所，询取确供，另行具奏解京。除将兵丁杨发同民人张宏才、李春全一面委员管解赴京，以备询问外，臣谨恭折由驿奏闻，并缮供单敬呈御览。

至此次脱出兵丁三名，查木邦案内，杨发原注失迷未出，而唐允功、蔡兴二名，册内已注阵亡，当日领兵将备凭何查报，滥请赏恤？臣现在饬局查明，另行参赔。合并陈明，伏乞皇上圣鉴训示。谨奏。

朱批：知道了。

（《宫中档乾隆朝奏折》第三十九辑，第683~684页）

1968 大学士仍管云贵总督昭信伯李侍尧、云南巡抚裴宗锡《奏报准咨查办彭理告贷案情形折》
乾隆四十二年八月十七日

大学士仍管云贵总督昭信伯臣李侍尧、云南巡抚臣裴宗锡跪奏：为奏闻事。

窃臣等于八月十六日，接准广西抚臣吴虎炳咨会："彭理家人刘升在平乐县报窃，失去银三百六十两，系伊主差赴滇省向云南等府所借，经县究出刘升盗用花消捏报情由，并起获回书四封。因系该犯一面之词，恐此外尚有不实不尽，奏请敕部传讯彭理，并交臣等就近查办。"抄录案由，咨会到滇。

臣等伏查，本年四月内，钦奉谕旨饬查彭理历官处所有无隐匿、寄顿，当经行据各属查无隐寄，出具印结，覆奏在案。今彭理既有差人来滇，向云南、东川、昭通、顺宁四府告贷之事，相隔不久，各该员因何不即禀明？查云南府知府永慧近在同城，随即传到面询。据称彭理为旧日同寅，上年遣人借贷，情不可却，因自己已有限年分赔官项七千余两尚未清交，不能多帮，是以作札回覆，送以百金，当日不曾禀出，实属愚昧等语。

臣等查同官酬应，彼此通融，事所常有，虽与饬查彭理寄顿之案无关，但迹涉嫌疑，并不禀出，殊属不合。除东川知府黄应魁业经病故外，相应请旨将现任云南府知府永慧、顺宁府知府佛尼勒、前署昭通府事镇沅州知州汪丙谦交部议处。

至彭理，在滇年久，此外各属是否亦有通那，臣等现在札司确查，并饬知粤西，业已奏明传讯彭理。如此时不即呈明，将来彭理供出行查，定即严参治罪。容俟查覆到日，另行奏闻。所有准咨查办缘由，臣等谨合词恭折具奏。

再照本日，臣李侍尧适有奏报镇远镇总兵卢光裕病故之件，由驿驰递，是以附入。合并陈明，伏乞皇上睿鉴。谨奏。

朱批：该部议奏。

（《宫中档乾隆朝奏折》第三十九辑，第700页）

1969 云南巡抚裴宗锡《奏报查明进呈采访遗编书籍情形折》
乾隆四十二年八月二十二日

云南巡抚臣裴宗锡谨奏：为钦奉上谕事。

窃臣承准大学士舒赫德、于敏中字寄："乾隆四十二年四月十二日，奉上谕：前经降旨，令将各省进到书籍，于每书面页注明年月姓氏，押以翰林院印，交总裁等详校，分别应刊应抄，其余则止存书名，汇为总目，俟校办完竣，仍即给还原献之家，俾得留藏善本，无任散佚。迩年以来，各督、抚、盐政等采访遗编，陆续奏进者均交四库全书处逐一纂办，将次告藏。除办过应行刊抄各书及已经发还外，其现在办竣及只须汇存书目各种，并应及早发还，即有尚须抄录者，正副本办毕之后，亦当陆续检发，均毋庸复留。原本着交总裁，督同总纂、提调、纂修等，即通行查检各书，开列清单，行知该督抚等，酌委妥便之员赴翰林院领回，给还藏书之家，俾得将原献书籍永远珍藏。并严饬承办各员善为经理，勿任胥役等扣留需索。至其中有经该督抚等自行购进及借本抄誊，毋庸给还本家者，亦着该督抚等于收到书籍后再行查明送缴，留备馆阁之储。将此遇便传谕各督抚等知之。钦此。"钦遵，寄信到臣。

臣查滇省僻处边隅，绅士见闻孤陋，绝少遗书。前抚臣李湖任内，遵奉谕旨广为采访，虽间有士民呈送稿本，悉皆不堪入选，当即发还本人。惟据原任武定州革职知州明安购到《玉海》一部，原任云州告病知州饶学曦购到《函史》一部，尚可备采。又李湖将自带抄录《方舆纪要》一部、宋版《六经正误》一部，一并开单奏进在案。是滇省采访遗编，仅止进过书籍四种，内《玉海》《函史》二种出自价购，其《方舆纪要》、《六经正误》二种，乃系李湖自行备带，均非本地藏书家呈献之书，似应即请敕下四库全书处检留，以备馆阁之储，毋庸领回。

缘奉廷寄谕旨，臣谨查明，缮折具奏，并另开清单恭呈皇上睿鉴。谨奏。

朱批：览。

（《宫中档乾隆朝奏折》第三十九辑，第764~765页）

1970 云南巡抚裴宗锡《奏报滇省丁酉科宾兴大典情形折》

乾隆四十二年八月二十二日

云南巡抚臣裴宗锡谨奏：为奏闻事。

窃照滇省本年八月举行丁酉科宾兴大典，仰蒙钦点正考官、翰林院编修郑际唐，副考官、内阁中书王璓来滇主试。臣职任监临，委派驿盐道沈荣昌为提调，楚雄府知府孔继炘为监试，并于通省丞倅州县内调取科甲出身者十七员循例局试，择其文理较优者八员，派入内帘房考，分卷校阅，余俱派充内外收掌及受卷、弥封、誊录、对读四所，各司其事。

自八月初八日起，头二三场点名入闱，应试士子按期齐集听点，鱼贯而入，咸知恪守条规。臣督同司道府厅按名挨次逐加搜检，并无怀挟等弊，诸生领卷入场，亦无易号、喧哗之事，场规极为肃静。十六日考试事毕，三场墨卷均经陆续誊录完竣，对读清楚，业于十九日全数封送内帘分校讫。臣谨遵定例，将闱中事务交与提调、监试二员督率办理。其场外巡查，委令臣标中军参将孝顺阿驻宿贡院门外，巡逻稽查，以昭严肃。臣即于八月二十日出闱视事。除另疏题报外，理合恭折奏闻，伏乞皇上睿鉴。谨奏。

朱批： 览。

（《宫中档乾隆朝奏折》第三十九辑，第765~766页）

1971 云南巡抚裴宗锡《奏报滇省雨水粮价情形折》

乾隆四十二年八月二十二日

云南巡抚臣裴宗锡谨奏：为奏闻事。

窃照滇省地方七月中旬以前雨水田禾情形，经臣节次具奏在案。兹据各属禀报，七月下旬得雨四五次不等，又自八月初三、初六七及十一、十六七等日，连得时雨，高下田畴均沾优渥。通省气候迟早稍有不齐，禾稻早者正皆结实垂黄，迟者尚在扬花吐穗，其余山种杂粮悉已次第成熟。得此雨润日暄，颗粒更加饱绽，转瞬登场，定臻丰稔。现在粮价中平，民夷乐业，四境亦极安恬。理合恭折奏闻，伏乞皇上睿鉴，并将七月分粮价另缮清单敬呈御览。谨奏。

朱批： 知道了。

（《宫中档乾隆朝奏折》第三十九辑，第766页）

1972 大学士仍管云贵总督昭信伯李侍尧、云南巡抚裴宗锡 《奏明滇省藩司到任，仍应一体盘查仓谷折》

乾隆四十二年八月二十二日

大学士仍管云贵总督昭信伯臣李侍尧、云南巡抚臣裴宗锡跪奏：为奏明滇省藩司到任，一体盘查仓谷，以昭慎重事。

窃照各省藩司到任，委盘仓谷，遵照督抚之例，勒限三个月盘清结报。其藩司到任，或与督抚莅任同时，或相隔未久，自可并案查办，以归简易，此通行定例也。惟是滇省常平仓谷，向归粮道经管，藩司到任，无论正署，均不盘查，相沿已久。今臣等奉命调补滇中，先后抵任，正在照例委员盘查仓谷，适新调布政使孙士毅于六月十七日到任。旋据详称："藩司衙门为通省钱粮总汇，每岁粮道征支岁秋兵粮米折各款，俱由藩司覆核奏销，而各属仓存积贮转无盘察之责，觉于体制章程未为周备。应请循照通例，一体委员代盘，俾照慎重。第本司到任，正在两院到任盘查限内，自应并入本司到任盘查扣限办理，以归简易。"等情前来。

臣等覆查，滇省仓粮虽归粮道专管，而按年奏销，仍由藩司核转，若藩司到任，不令一体盘查，殊于体制章程尚未周备。该司所详，诚为慎重仓储起见。除饬照例查办，俟盘明各属仓粮，果系实贮无亏，取具册结，并案声明，详请会核题报外，惟滇省藩司到任盘查仓谷，事属创始，相应会折奏明，著为定例，以便永久遵行。臣等谨合词恭折具奏，伏乞皇上睿鉴，敕部查照施行。谨奏。

朱批：该部知道。

（《滇黔奏稿录要》下册，第537~540页）

1973 大学士仍管云贵总督昭信伯李侍尧、云南巡抚裴宗锡 《奏参前署建水县知县孙铎等办案失职折》

乾隆四十二年八月二十四日

大学士仍管云贵总督昭信伯臣李侍尧、云南巡抚臣裴宗锡跪奏：为参奏事。

据护临安府事候补知州景椿详称："前署建水县知县孙铎，上年冬间派买仓谷，致县民邹浩领银后自缢身死一案，前署府永慧以委员柳元煜查讯，供情殊多不实不尽。因该员详到，适值交卸，移交卑护府审办。正在提审间，据尸兄邹峰呈诉：'上年孙令分派各户买谷数百石，交伊兄承买五十石，其时市价每石需银一两，县发五钱，实多赔累。邹浩因屡次差催紧迫，情愿贴银免买，于原价之外另备银五两、钱八百文，携带幼孙邹阿当、邹常贵赴县，向仓书王万年等央求，当被斥骂，留住不放。临晚，将邹阿当等安顿学宫门首。迨至夜半，邹阿当等醒，觉邹浩已死在旁。委员柳令捏作失银自缢，逼供出结等情。'查核署通海县柳元煜原详，谓邹浩领银买谷，延久不交，携银赴县，中途遗失，因之畏罪投缳，以孙令之短价勒买，混称照例，并未短发，并请毋庸置议，狗庇同官，希图外结。似此勒买毙命重情，非惟概置不究，犹复改供捏详，任意颠倒，几至民冤无伸。请将孙铎、柳元煜参革发审。"并据藩司孙士毅、臬司汪圻、迤南道王銮各揭报前来。

臣等查州县短价勒买，已干功令。此案邹浩身死未明，保无官役通同逼诈，别有致死情事。而委审之员一味回护同官，竟欲草率完案，直置民命于不问，若不彻底严究，无以儆官邪而重民命。相应参奏，请旨将前署建水县事现任宁洱县知县孙铎、前署通海县事试用知县柳元煜一并革职，以便提集案犯，严审究拟。除一面委员摘取宁洱县印信，接署查明孙铎经手仓库钱粮有无未清另报，一面提犯赴省确审，定拟具奏外，臣等谨合词恭折参奏。

再照宁洱县系烟瘴调缺，另容选员调补。合并陈明，伏乞皇上睿鉴训示。谨奏。

朱批：有旨谕部。

（《宫中档乾隆朝奏折》第三十九辑，第780～781页）

1974　大学士仍管云贵总督昭信伯李侍尧 《奏报将鹤丽镇总兵喀木齐布遵旨送部引见折》

乾隆四十二年八月二十四日

大学士仍管云贵总督昭信伯臣李侍尧跪奏：为奏明事。

窃照云南鹤丽镇总兵喀木齐布，先于乾隆三十七年在永顺镇任内，因所辖腾越协兵丁缺额一案补参统辖职名，部议降二级调用，奉旨："喀木齐布着调取来京引见。钦此。"经前督臣彰宝以龙陵留兵驻守，必须大员统领，一时无人更换，请将喀木齐布暂缓赴京，奏奉朱批："知道了。钦此。"钦遵在案。

兹查永昌以外每岁冬防，经臣会同大学士公阿桂酌议，轮派总兵一员帮同腾越镇分驻巡查，奏蒙圣鉴允行。本年，派临元镇总兵吴万年驻边防守，此外各镇均可毋庸出防。喀木齐布自应遵照前旨，送部引见。除一面行调给咨外，理合查明案由，恭折具奏。所有鹤丽镇总兵事务，臣现委曲寻协副将玛郎阿前往接署，其曲寻协副将事务，递委东川营参将孚兰泰署理。合并陈明，伏乞皇上睿鉴，敕部查照施行。谨奏。

朱批： 该部知道。

（《宫中档乾隆朝奏折》第三十九辑，第 781~782 页）

1975 大学士仍管云贵总督昭信伯李侍尧
《奏请拣发武职人员来滇差委事》
乾隆四十二年八月二十四日

大学士仍管云贵总督昭信伯臣李侍尧跪奏：为滇省武职需员，循例请旨简发，以资差委事。

窃照滇省各营将备，遇有升迁事故出缺，委署乏人，经前署督臣图思德于乾隆三十九年，奏请简发参游都守十六员来滇，虽陆续补用，尚未补完，现皆分委署事，并无闲空。缘滇省地处极边，离京较远，推升部选者到任稽迟，由军营补放者亦有经手未完，尚留川省，现在实缺人员又有俸满甄别、预保、题升、轮班，送部引见。兹届出防，应派将备二十余员，营务又须料理，递行委署，实属不敷。是以现有游都署理副参，千总代办都司事务，势不得不从权酌委。合无仰恳圣恩，敕部于满汉人员内拣选副将一员，参将二员，游击二员，都司四员，守备四员，带领引见，恭候钦定，饬令迅速赴滇，以资差委，庶于营伍有裨。臣谨会同云南提督臣海禄合词恭折具奏，伏乞皇上睿鉴训示。谨奏。

朱批： 有旨谕部。

（《宫中档乾隆朝奏折》第三十九辑，第 782~783 页）

1976 大学士仍管云贵总督昭信伯李侍尧
《覆奏查明滇省军需奏销情形折》
乾隆四十二年八月二十四日

大学士仍管云贵总督昭信伯臣李侍尧跪奏：为查明覆奏事。

窃照前署督臣图思德请销查办军需奏销册费银两一案，接准部咨，以滇省办理军需，题明委员设局，月给公费及书识饭食、心红、纸张等项共银九十两，节据造报核销。至乾隆三十九年，图思德因军需久停，奏销之案已办过十之八九，局员公费奏明裁除，其办事书识饭食、纸张，仍请照旧支给。是查办军需及年款奏销，所需纸张等费议有定款，且前此西路军营查办奏销，并无计篇给与册费之事，不便两歧，将请销银五千九百一十七两四钱五分毋庸议。所有混请另行计篇给与册费之处，应令查明，据实覆奏等因题驳。奉旨"依议。钦此。"咨行到滇，当经图思德转行确查。去后，兹据军需局员布政使孙士毅等详称："查得滇省征剿缅匪，节年动用军需银两，先于乾隆三十三年，经副将军公阿里衮会同前抚臣明德奏准，照依甘肃之例，凡采办之项，每百两扣除平银一两，遇有零星动用，详明支发，汇册报销。复于三十五年，将办理军需造销册籍应需纸张、笔墨、心红等项，统于余平支给，咨部备查各在案。缘乾隆三十四年撤兵，省城设局查办报销银米册籍，钦奉谕旨，勒限一年办竣。省局经书赶办不及，另雇清书帮同缮写、磨封、装钉，所需册费，系查照零星动用之案，详明批准支给。"等情。详覆前来。

臣查滇省军需奏销册费，在于余平项下动支，虽经奏咨有案，当日赶办，计篇给与，似非混冒。但滇省报销原系援照西路军营办理，西路既无计篇给费之例，不便两歧。此项册费银五千九百一十七两四钱五分，既不准销，应于详给请销各员及批准核销之上司名下着赔。除饬局查明，分别咨追归款外，所有臣查明办理缘由，理合恭折覆奏，伏乞皇上睿鉴，敕部查照施行。谨奏。

朱批：该部议奏。

（《宫中档乾隆朝奏折》第三十九辑，第 783～784 页）

1977　大学士仍管云贵总督昭信伯李侍尧 《奏报酌派出防官兵事宜折》

乾隆四十二年八月二十四日

大学士仍管云贵总督昭信伯臣李侍尧跪奏：为酌派出防官兵事宜，仰祈圣鉴事。

窃照滇省永昌以外陇川、盏达、张凤街、三台山及边关各隘，向派提镇带领官兵分处驻扎。嗣经臣会同大学士公阿桂酌核具奏，请于每年秋间轮派总兵一员帮同腾越镇分驻巡查，足资弹压。即自本年为始，其驻兵数目暂照向年办理。奉到朱批："如所议行。钦此。"钦遵在案。

臣查乾隆四十一年分派驻防兵共四千五百名，今岁冬防所需官兵，应照数预期调派。惟上年调拨永昌协兵一千名，致存城不敷备用，复于顺云营派兵一百名，拨至永昌，以资防守，殊多周折。兹酌量于永昌协少派一百名，顺云营多拨一百名，计陇川、盏达、张凤街需兵三千一百名内，派腾越镇兵二千一百名，永昌协兵九百名，顺云营兵一百名。又龙陵、三台山需兵一千名，即在龙陵协兵内派拨。又缅宁需兵四百名，内拨顺云营兵三百名，缅宁汛兵一百名。所需马四百匹，照旧于腾越镇派调二百匹，龙陵、永昌二协各调七十匹，顺云营调六十匹，令各本兵自行牵带赴防，喂养骑操，照例支食营糟草干，令腾越镇总兵刘国梁驻扎督防，临元镇总兵吴万年仍令帮同照料。俟出防后，令提臣海禄前往巡历一次，遇有应办事宜，驻彼办理，如无要件，即回大理驻扎衙门办事。臣于冬初，酌量前赴各边亲行查察，以资整饬。

其普洱一路，上年出防兵一千名，分驻茨通、补角二处，系调拨普洱镇标兵五百名，元江营兵二百名，并于普安营就近派兵三百名在营巡防。今普安营业经奏明裁撤，毋须在于茨通、补角分防。查一碗水地方，逼近九龙江，最为扼要，拟就该处改设大营，即于新改之思茅营拨兵二百名，景蒙营拨兵一百名，连普洱、元江应拨兵七百名，共足一千之数，令普洱镇总兵张和统领驻防。

所有臣酌派出防官兵，理合恭折具奏，伏乞皇上睿鉴。谨奏。

朱批：知道了。

（《宫中档乾隆朝奏折》第三十九辑，第 784 ~ 785 页）

1978　大学士仍管云贵总督昭信伯李侍尧《奏请以鹤丽镇标中营游击富明阿督标右营游击，遗缺即以苏尔相补授折》
乾隆四十二年八月二十四日

大学士仍管云贵总督昭信伯臣李侍尧跪奏：为请旨调补游击事。

窃臣前奉谕旨："苏尔相到京后，朕已加恩以游击补用，并令其仍往云南，交李侍尧，遇缺即行奏补。钦此。"兹苏尔相已于八月二十日到滇，臣即令其驰赴腾越，随同提臣听候差遣。

现在臣标右营游击观德久病难瘥，经臣参奏勒休，遗缺例应题补。惟是苏尔相久居缅地，熟悉夷情，补缺近边，差遣更为得力。省城离边较远，以之补授，兼顾为难。查有鹤丽镇标中营游击富明阿，正蓝旗满洲人，由三等轻车都尉发滇委用，题补今职。该员年力富强，留心营伍，堪以调补督标右营游击。所遗员缺近在迤西，应请即以苏尔相补授。一转移间，人地更觉相宜，臣亦借收臂指之效。为此恭折具奏，伏乞皇上睿鉴训示。谨奏。

朱批：该部知道。

（《宫中档乾隆朝奏折》第三十九辑，第 786 页）

1979　大学士仍管云贵总督昭信伯李侍尧、云南巡抚裴宗锡
《覆奏密饬查拿要犯折》
乾隆四十二年八月二十四日

　　大学士仍管云贵总督昭信伯臣李侍尧、云南巡抚臣裴宗锡跪奏：为密饬缉拿获犯，恭折覆奏事。

　　窃臣等于乾隆四十二年八月初七日，接准军机处大学士公阿桂、于敏中字寄："乾隆四十二年七月十八日，奉上谕：山东逆犯王伦案内归太、刘焕二要犯，俱系罪大恶极、不容漏网之人，曾经节次传谕各督抚等饬属严缉，勿视为海捕具文。乃迄今三年之久，尚未就获，即此可见地方官之不肯实心任事矣。该犯等自知罪无可逭，妄希窜匿稽诛，且虑及本省挨缉綦严，必不敢仍回原籍，即江浙等大省人烟稠密，亦恐耳目昭著，难以潜踪。惟云贵川广等边省，地既辽远，且外籍流寓者多，易于掩饰，该犯未必不改易姓名，计图避匿。着传谕边省各督抚，密饬所属设法踩访，上紧严拿务获，勿使要犯久逃显戮。仍将作何办理缘由，即行覆奏。将此遇便传谕知之。钦此。"遵旨寄信到臣等。

　　伏查归太、刘焕二犯，罪大恶极，不容稍有疏纵。乃饬缉日久尚未就获，诚如圣谕，未必不改易姓名，窜匿边地。滇省僻处遐方，多有外来流寓，而且银矿铜厂在在皆是，工丁丛杂，尤易匿匪藏奸，安知不溷迹其中，妄希幸逃显戮？况该二犯籍隶山东，语音各别，物色非难。臣等现在密饬，凡有矿厂各属，将在厂工丁逐一点验造册，责成头人出具保结。其近边要隘之潞江、缅宁等处，前因江西、湖广寄居，滇省民人向多与外夷商贩，经臣李侍尧会同大学士公阿桂奏请严为禁制，酌议派员专司稽察在案。现饬守隘各员，遇有山东口音、迹涉可疑者，务须加意稽查，毋使漏网。似此层层盘诘，实力缉拿，庶要犯匿迹无从，可期早日弋获矣。

　　所有臣等办理缘由，理合恭折覆奏，伏乞皇上睿鉴。谨奏。

　　朱批：览。

（《宫中档乾隆朝奏折》第三十九辑，第786～787页）

1980　大学士仍管云贵总督李侍尧、云南巡抚裴宗锡
《特参亏缺仓谷之昆阳州知州苏济，请旨革职审拟折》
乾隆四十二年九月初三日

　　大学士仍管云贵总督臣李侍尧、云南巡抚臣裴宗锡谨奏：为特参亏缺仓谷之州牧，

请旨革职审拟，以昭炯戒事。

　　窃照州县仓粮，理应照数实贮，难容颗粒短少。况臣等正在奏明循例盘查，额贮攸关，尤不容稍有亏缺。讵有昆阳州知州苏济者，该州应存常平仓捐输等谷八千九百七十四石零，除本年五月内详明出借谷二千六百八十石外，尚应存谷六千二百九十四石零。现经该管知府永慧亲往盘查，仅存在仓谷四千五百四十七石零，实短少谷一千七百四十余石，别无动用开除，其为亏缺无疑。兹据布政使孙士毅、按察使汪圻、粮储道徐嗣曾转据云南府知府永慧揭报前来，相应恭折参奏，请旨将昆阳州知州苏济革职，以便提同仓书人等严审，是侵是那，分别按拟究追治罪，以昭炯戒而重仓储。除一面委员摘印看守，并查明此外经手各项有无未清另报，其所遗昆阳州，应归月选之缺，滇省现有候补人员，另容遴选请补外，臣等谨合词具奏，伏乞皇上睿鉴，敕部查照施行。谨奏。

　　朱批：有旨谕部。

　　　　　　　　　　　　（《宫中档乾隆朝奏折》第三十九辑，第865～866页）

1981　云南巡抚裴宗锡《奏报丙申年三运第一起京铜开帮日期折》
乾隆四十二年九月初三日

　　云南巡抚臣裴宗锡谨奏：为恭报京铜开帮日期，仰祈圣鉴事。

　　窃照滇省办运京局铜斤，自四川泸州开帮日期，例应奏报。

　　兹据云南布政使孙士毅详称："丙申年三运第一起委员萧鸿翰，领运正耗余铜七十三万六千三百斤，又带解运员德敏挂欠正耗余铜一十二万三千七百六十二斤十三两零，于乾隆四十二年七月二十九日，在泸州全数兑足开帮。"等情前来。除飞咨沿途各省督抚催儹前进，依限赴京交收，并咨明户、工二部外，所有丙申年三运第一起京铜全数开帮日期，理合恭折奏报，伏乞皇上睿鉴。谨奏。

　　朱批：览。

　　　　　　　　　　　　（《宫中档乾隆朝奏折》第四十辑，第10～11页）

1982　云南巡抚裴宗锡《奏报丙年滇省秋成分数折》
乾隆四十二年九月初三日

　　云南巡抚臣裴宗锡谨奏：为恭报秋成分数，仰祈圣鉴事。

窃照云南通省禾稻杂粮，现届次第登场。行据藩司孙士毅将各属所报收成分数，开单汇送前来。

臣逐一确核：他郎等十厅州县县丞，高下俱收成十分；蒙化等三十一厅州县，低处收成十分，高阜收成九分；威远等十一厅州县，高下俱收成九分；大关等十七厅州县，低处收成九分，高阜收成八分；昆阳等十六厅州县，高下俱收成八分。合计通省收成，实获九分有余。至沿边各土司地方所种禾稻杂粮，据报收成亦有九分、八分不等，远近均称丰稔。除俟藩司造册详报到日，照例另疏具题外，合先开列清单，恭折奏闻，伏乞皇上睿鉴。谨奏。

朱批：知道了。

（《宫中档乾隆朝奏折》第四十辑，第 11 页）

1983 大学士仍管云贵总督昭信伯李侍尧 《奏报遵奉谕旨办理近期缅匪事宜折》
乾隆四十二年九月初五日

大学士仍管云贵总督昭信伯臣李侍尧跪奏：为钦奉谕旨，谨将现在遵办情形陈请圣鉴事。

本年八月二十七日，准大学士公阿桂、大学士于敏中字寄："乾隆四十二年八月十七日，奉上谕：李侍尧奏自阿瓦脱出兵丁杨发等带有杨重英诗、禀等因一折，自系杨重英闻缅匪欲将伊送出，自揣罪重，故具禀，以献策为名，希图免罪。大约不出乎此。至杨发供词内称赘角牙因袭位时兄弟成仇，将伊弟捆绑丢江，又与三、四两叔不和，俱行抄家；其大头目万已莽因伊女不得立正，反被逐出，心中怀恨，与其三叔同谋占夺各等语。缅甸此时或有内乱，亦未可知。但断不必因此乘衅轻举。朕前此所以不肯于缅地用兵者，原因其地气候、水土俱极恶劣，兵丁至彼，辄染疾病，非人力之所能施，并非法令之所能治，是以决计不办。既有可乘之机，而气候、水土如故，亦不宜轻为尝试。况缅匪已将苏尔相送还，俟其遣人纳贡，即可完事。若缅匪并将杨重英送出，并当准其开关交易，不可失信于外夷。设或不献杨重英，亦与大局无碍，不过不准开关，亦不值又筹另办。李侍尧此时仍当静听一切，不动声色，惟董饬所属，将各边隘实力严查密察，勿使稍有偷越。如缅匪遣人具禀，或并送贡到关，李侍尧即可随机酌量妥办。将此由六百里传谕知之。钦此。"臣敬阅之下，备蒙皇上训谕周详，以该处气候、水土俱极恶劣，即有可乘之机，不宜轻为尝试；若缅匪送出杨重英，并当开关交易，设或不行献出，亦与大局无碍，不过不准开关，亦不值又筹另办。仰见我皇上烛照无遗，筹出万全，臣自当刻刻凛遵。

伏思缅匪遣人纳贡一节，虽未可据为凭准，但既将苏尔相送出，则其悔过投诚之念自已露有端绪。臣此时惟有严饬沿边关隘，勿令稍有偷越，使缅匪自思关市不通，则无利可图，而非还人纳贡，又万不能有开关交易之事。是边隘愈严，庶几缅匪内附之念愈决。（**夹批**：此言明之矣。）臣恪遵指示，一切持以审慎。如遇该匪遣人具禀，或送出杨重英，贡象到关，臣相度机宜，一面酌量妥办，一面据实奏闻。

再臣前次因脱出兵丁杨发等三名俱与留厂未出之李贵熟识，李贵跟随杨重英最久，诗、禀又系伊转交杨发带出，必须李贵回至内地，详讯明确，方得缅匪及杨重英实在情节。是以奏明，将杨发等送京，密札提臣海禄，并饬游击哈三，选派玀，随同兵丁唐允功潜赴厂地，将李贵唤回。嗣思李贵在彼病重，存亡未定，且缅情狡诈，倘杨发等脱回后，该匪探知消息，暗地防备，兵丁唐允功到彼，致被遮留，转觉不成事体。不如只派能事玀，（**夹批**：是。）告知李贵所在，装做买卖人，径往老厂，用好语唤回李贵，较为妥协。

臣于前此拜发奏折后，密饬游击哈三，详悉开示，令渠不可轻率遣行。兹据哈三禀称："细问唐允功，据称彼时央恳土人作保，三人同到老厂，仍回阿瓦。此时若再到老厂，倘被缅匪知觉，必至遮留，不但李贵不能进关，小的亦不能回来等语。"已据哈三另派玀二名，前往老厂寻觅李贵，设法唤回。其兵丁唐允功，俟解至臣所，备细询问，倘其人稍稍明白，略悉缅地情事，即当解京备询。如系蠢愚不能懂事，其供词不外杨发所供，臣即将唐允功留于滇省，以免驿送之烦。统俟杨发回滇，照例一同安置。合并声明。

所有奉到谕旨及兵丁唐允功不复遣至老厂情形，臣谨缮折由驿覆奏，伏乞皇上睿鉴训示。谨奏。

朱批：知道了。

（《宫中档乾隆朝奏折》第四十辑，第15～16页）

夹片：再本年出防，业经臣派定镇将备弁，带领兵丁，于九月初间陆续起程前抵腾越，届期分赴防所。所有派发事宜，已于八月二十四日恭折奏闻在案。臣现拟于本月下旬，自省束装，轻骑减从，前赴各关隘稽查一切，并就近察看地方情形，如有应行酌办之处，容臣另折具奏。合并陈明。谨奏。

朱批：览。

1984 大学士仍管云贵总督昭信伯李侍尧《奏报委署镇篆折》
乾隆四十二年九月十三日

大学士仍管云贵总督昭信伯臣李侍尧跪奏：为奏闻事。

窃照云南临元镇总兵吴万年驻扎张凤街办理边务，其本任总兵事务，行委龙陵协副将罗江鳞署理在案。

兹罗江鳞应轮派出防，所有临元镇篆，查有维西协副将德光堪以委署。其维西协副将员缺，查有候补参将明福堪以署理。除分别檄委赴署外，臣谨恭折奏闻，伏乞皇上睿鉴。谨奏。

朱批：该部知道。

（《宫中档乾隆朝奏折》第四十辑，第83页）

1985　大学士仍管云贵总督昭信伯李侍尧《奏报覆查边营存积军装，急筹妥办折》

乾隆四十二年九月十三日

大学士仍管云贵总督昭信伯臣李侍尧跪奏：为覆查边营存积军装，急筹分别妥办，以清帑项而收实用，仰祈圣鉴事。

窃照乾隆三十、三十一两年大举案内，调拨京兵、索伦及各省绿营兵丁，有本未携带器械，或原带不敷，并在军营遗失损坏者，节次奏造，动用军需银十万五千余两，凯旋后未经议及作何归款，俱贮永昌、腾越、龙陵、普洱四处城楼，每年出防官兵止令携带弓刀，余即于前项军械内拨领，撤防后就近缴回。乾隆三十九年，前署督臣图思德委员查点，分别堪用、堪修、应赔、应变各款，奏明办理。内完好堪用者，约计原制价银七万七千六百九十余两，堪修者，约计原制价银九千三百余两，折坏不堪用、交营变价者，约计原制价银一万八千余两。除出师、出防损坏者议请宽免外，其余估变不敷，同修整价值，在于经管不慎各员及历任上司名下按股追赔，并行令各该营，将应修各械先于公费项下垫支修造，俟追齐赔项，给还归款各在案。

兹臣检查全卷，如应赔一款内，现任滇省营员定限四十二年底清完，其余升迁事故等员，移咨原籍任所着追，现在均无完缴。应变一款，自应照例饬发地方官，传唤牙行经纪，依限估变。今因着落营员办理不无掣肘，任催罔应，总以一时无从变卖为词。其应修各械，据原奏，行令先于公费项下垫支。

查滇省各营公费，自军兴以后，俱有长支不敷年款，臣现在清厘撙节，断不能再有余剩。垫修此项军装，若俟追赔银两缴齐再行修葺，延搁日久，窃恐残缺愈多。至完好军装，每年拨给出防兵丁佩带，原奏内声明，如有残缺，令各本营照营中修整之例，动用公粮，修好交收。在兵丁视非己物，不加爱护，任意糟蹋，而各本营公费不足，又未能随缺随修，且从前存贮城楼，归咎收藏不慎，原奏内虽有交令各镇协营择其署中空闲高燥房屋加谨收贮之语，但现据营员面禀，所存军械甚多，边郡官署限于地势，实无空闲高燥地方，是以仍贮城楼，则所称日晒风吹依然不免。似此轮番拨用，年复一年，应修者未见整新，而完好者又渐趋朽坏。前署督臣图思德清查本意，亦在归还原项。但条款虽已清厘，而筹办未能妥速，其中事势，亦颇有窒碍难行者。倘不亟行查办，斟酌变通，诚恐日渐因循，十数万帑金终归无着。

臣悉心计议，现委文武大员查验，除将炮位、火药、铅弹等项分贮各营备用，应赔之项，查案照限严追。应变各件，饬令移交地方官，依原估变价外，其应修各械原属多余，似可毋庸修理，应委员另行确估，着落地方官一并变价解交。至出防兵丁，原有本营军器，一兵一械，携带本属无难，似可无庸另给。查滇省各标营尚有出师金川原带续解，损失军装未经造补，容俟查明，造报到日，即于此案存贮完好军装按数拨给，照依原制价值，在于各该营公费内扣还，其公费不敷营分，俟有存积，陆续归补，连变价银两，一并解交藩库，归还原款。至各营领用之外，尽有多余，分贮近边，调遣亦仍有备。似此实力酌办，庶帑项不致虚悬，而军械亦归实用矣。

容俟查明，另行造册咨部外，所有臣现在查办缘由，理合恭折奏闻，伏乞皇上睿鉴训示。谨奏。

朱批： 好。知道了。

（《宫中档乾隆朝奏折》第四十辑，第83～85页）

1986　大学士仍管云贵总督昭信伯李侍尧
《奏报遵旨查办滇省实降武职人员折》
乾隆四十二年九月十三日

大学士仍管云贵总督昭信伯臣李侍尧跪奏：为遵旨查办滇省实降武职人员，仰祈睿鉴事。

窃臣接准部咨，钦奉谕旨："前次杨宁在木邦所统绿旗弁兵临阵畏葸，遇贼即行溃散，情罪甚重，严定处分，勒限一年，俾各上紧缉获，而非永以为例。滇省每届一年，即将承缉督缉之员参奏议处一次。乃彰宝、李湖从前办理错误，数年以来，文职降调者十三员，武职至有六十四员，多寡悬殊，必有别故。据阿桂查奏调署州县过多之案，云：不独湖南为然，即滇省亦系如此。由于上司等欲为属员幸免承缉处分，曲为迁就。文职所降者，人数本属无多，其中亦未必有才猷出众之员，转不必查办。武职着交部查明，将原议降调之千总以上调取引见，把总、外委等员，交李侍尧查明，验其人材、年力，尚堪驱策者，仍酌量奏闻，以原官委用。历任督抚本应随案察治，今既另行查办，姑免深求。嗣后务宜涤除积习，勿复稍涉偏畸。若再不知悛改，经朕鉴察及之，不复能曲贷也等因。钦此。"仰见我皇上一视同仁，鉴空衡平之至意。

伏查滇省杨宁溃兵一案，迄今尚未全行弋获。各该地方文武弁员不能实力查拿，厥咎维均，乃数载以来，降调名数，文职仅十三员，武职竟至六十四员之多。诚如圣谕，上司欲为文员幸免限满处分，委调他缺，曲为迁就，其于武职视为无足顾惜，遂尔概从实降，同一属员，而意存畛域办理，实属偏徇。殊不思文职中果有才具出众之员，因公降调，督抚果为爱惜人材起见，原可据实声明，邀蒙圣鉴。若暗中代为设法规避，取悦属员，即其人才能实有可取，而阳托委调之名，阴司操纵。督抚叨沐皇上委任隆恩，岂应出此？

臣抵滇时，检查官册，通省州县六十余缺，舍本任而委署他缺者多至三十余员，佐杂中互相调署，不一而足，甚有以府知事而署理州牧者，蹭分越阶，更非体制。臣以地方官必须久于其任，熟悉民情风土，办理方能裕如。若无端纷纷更调，无论缺有美恶，易启营求。即使督抚不涉偏私，而本员既存五日京兆之心，地方亦必无畏服，整齐之效，于吏治民生大有关系。臣当即严切檄谕前署藩司汪圻，将无故委调之员俱各撤归本任，以专职守。现令藩司孙士毅遵照新例，将通省调署人员按季造册，详请咨部，听候查核。臣以各该员撤回本任，系属应行清查办理之事，未经缮折入告。今钦奉谕旨，以逃兵案内处分承缉文武弁员多寡悬殊，均系从前督抚有意轩轻所致，令将降调武职各员核实查办。圣训周详，实已洞烛隐微。臣现饬令各标营，查明降调之千总以上在滇各员，送至臣所，给咨送部引见，恭候钦定。其把总、外委各员，臣调齐亲自验看，择其年力壮盛、弓马可观、尚堪驱策者，遵旨酌量以原官委用。容臣分别查办，另行具奏。

至杨宁案内未获逃兵，承缉、督缉文武各员，仰蒙圣恩免其定限议处，其续有缉获之员，并量予议叙，以示奖励。金川逃兵案内承缉、接缉处分，改照缉拿重犯未获旧例办理。皇上体恤深仁，无以复加。臣惟有严饬地方官仍照旧实力查拿，不得因奉有恩旨，转致懈于缉捕。

所有奉到通饬谕旨及臣现在遵办情形，谨据实缮折覆奏，伏乞皇上睿鉴训示。谨奏。

朱批：所奏公正。该部知道。

（《宫中档乾隆朝奏折》第四十辑，第85～87页）

1987 大学士仍管云贵总督昭信伯李侍尧《奏报刀派猷、衍杰二户免其遣回原处，仍留在省缘由折》

乾隆四十二年九月十三日

大学士仍管云贵总督昭信伯臣李侍尧跪奏：为奏明事。

窃照滇省安插边外土夷，钦奉谕旨分别查办一案，经臣会同大学士公阿桂具奏，拟将耿马土司罕朝玑、孟连土司刀派猷、猛卯土舍衍杰三起家属遣回各本处。准军机大臣议覆，奉旨："依议。钦此。"遵即转行查办。去后，兹据布政使孙士毅等详称："查得孟连、猛卯二土舍家属，系于乾隆十二年安插在省，刀派猷、衍杰及其带来家口俱已先后病故，现存刀派猷之妻杨氏、强氏，系在省所娶，生子刀上达、刀明，娶媳李氏、朱氏，皆内地民人之女。衍杰之子衍飞龙，娶民人冯世雄之女为妻，生有二女一子，年俱幼小，衍飞龙亦于乾隆四十年病亡。据杨氏、冯氏等具呈：'氏等母家籍隶昆明县，相依多年，一旦迁往，土司不特依靠无人，而且汉土语言不通，饮食各别，实难过活，情愿在省为民'，详请饬交昆明县编管。"等情。

臣查土舍刀派猷、衍杰安插在省，历今三十年之久，现存家属均系娶自内地，其子女又皆生长省城，土夷风俗素不相习，势难移居。今该氏等既愿在省为民，似可俯顺其情，准令在省居住。除批饬编入昆明县里甲，交保约束，并将罕朝玑一户，令耿马土司罕朝爱领回外，所有刀派猷、衍杰二户仍留在省缘由，理合恭折奏明，伏乞皇上睿鉴。谨奏。

朱批：览。

（《宫中档乾隆朝奏折》第四十辑，第88页）

1988　大学士仍管云贵总督昭信伯李侍尧
《奏报滇黔两省地方情形折》
乾隆四十二年九月十三日

大学士仍管云贵总督昭信伯臣李侍尧跪奏：为奏闻事。

窃照云贵两省雨水、田禾、粮价情形，经臣于八月初三日恭折奏报在案。月余以来，正值秋禾成熟之候，天气晴明，暄曝以时，兹已陆续登场。据云南藩司孙士毅汇报，通省核计，收成九分有余。夏间省城被水各户，早经酌量抚恤，盖复宁居。

至盘龙江应须挑浚、建设坝闸之处，钦奉谕旨："着照所奏办理。"臣已会同抚臣裴宗锡，逐一亲赴勘明，饬委司道确估工料，照例动支岁修积存银两，另行题报，一面乘此冬晴农隙，定于十月初一日兴工，分别修筑，俾启闭、蓄泄有资，以仰副我圣主加惠边黎之至意。现在省城中，米每仓石价银一两八钱八分，与各府州县报到粮价，均属中平。

贵州省晴雨调匀，秋禾亦经刈获。据署藩司永庆汇报，收成八分有余，米价自一两一钱六分至二两二钱二分不等。两省地方宁谧，民物恬熙。臣谨恭折具奏，仰慰圣怀，伏乞皇上睿鉴。谨奏。

朱批：知道了。

1989　大学士仍管云贵总督昭信伯李侍尧、云南巡抚裴宗锡 《再请以丽江府知府张遐龄调补普洱府知府折》

乾隆四十二年九月十三日

大学士仍管云贵总督昭信伯臣李侍尧、云南巡抚臣裴宗锡跪奏：为极边要郡亟须熟练之员，再恳圣恩俯准调补，以裨地方事。

窃照云南普洱府知府唐宸衡升任员缺，例应在外拣调。先经臣李侍尧奏请，将丽江府知府张遐龄调补。兹准部咨，以丽江、普洱俱系要缺，以繁调繁，与例不符，行令另选合例人员调补。

臣等伏查，普洱一府逼近九龙江，直达缅地，为极边烟瘴最要之缺，非在滇年久、熟悉边情、能耐烟瘴之员弗克胜任。滇省知府十四缺，除请旨简用及在外拣调各缺外，止有澄江、大理、楚雄三府系属部选。现任澄江府知府张裕谷、大理府知府张春芳，俱系甫经到任，楚雄府知府孔继炘，于边地情形素未熟谙，实无合例堪以调补之员。惟丽江府知府张遐龄，才具明干，练达老成，在滇十有七载，前任威远同知，即系普洱府属，续补永昌、龙陵同知，亦皆边地，曾办孟艮、木邦等处军需，边情极为熟悉。臣李侍尧到任之初，接见该府，询以边疆风土夷情，应对井井。因边疆重地亟需熟练之员，是以一面奏调，一面即委署事。

现在刀士宛蒙恩赏袭宣慰土司，一切稽查弹压、控驭抚绥更资熟手，舍张遐龄之外，实无堪膺此缺之员，即请旨简用。而初来边地，未悉情形，难资料理。丽江虽亦调缺，较之普洱，难易悬殊。谨不揣冒昧，再恳圣恩，俯念普洱一缺地处极边烟瘴，现有应办复设土司事宜，准以丽江府知府张遐龄调补，于地方边务实有裨益。如蒙俞允，所遗丽江府缺，另容选员请补。

臣等为边疆要郡需员起见，谨再合词恭折奏恳，伏乞皇上睿鉴，恩准施行。谨奏。

朱批：该部议奏。

1990 大学士仍管云贵总督昭信伯李侍尧、云南巡抚裴宗锡 《奏明改委管理厂务各员折》

乾隆四十二年九月二十二日

大学士仍管云贵总督昭信伯臣李侍尧、云南巡抚臣裴宗锡跪奏：为奏明改委管理厂务各员，以专责成，以重课项事。

窃照滇省近因铜短运迟，上烦睿虑，敕定章程，臣等现在严饬各厂实力奉行。但有治法须有治人，故必重其事权，专其责任。兹将通省大小各厂委员逐加查核，多系杂职微员。讯其由来，始于乾隆三十六七等年，前督臣彰宝奏准广开新厂，不论何项人员，但能认办铜斤，即令领帑管理，行之日久，并各旧厂亦遂相沿委办。继因该委员等职小分卑，难于信任，其时虚报铜斤、滥放工本之弊间复不免。故又于发给工本时，令地方正印官会同具结承领，以为后日遇有亏缺，可以责令分赔。窃思铜银各厂工本课息，大则动关钜万，小亦不下数千，而铜厂之采挖煎炼，出纳经营，尤非易事。在杂职既难深信，而令州县会同保结，徒开牵制之端，又启通融之渐，防其亏短，势未必能。如发古、万宝、狮子、万象等厂员钟作肃、张时中、陈维名，报解缺误，经臣等奏参发审，即其明验也。

臣等查地方一应经手钱粮，必归正印。而承运京铜，例系州县丞倅、正署试用人员，方准遴委。诚以身家既重，自爱必深，非甚不肖，不至罔顾廉隅，侵挪贻误。运员之与厂员，事同一例，且地方牧令呼应较灵，一切督率采煎、稽查弹压，势均便易。应请嗣后厂务悉归地方官经管，即有繁剧地方，离厂较远，正印官不能照料，必须另委专员者，亦宜改委州县丞倅等官经理，庶使事权归一，积弊可除。兹行据云南布政使孙士毅查明，通省厂务，除向系府厅州县管理，仍照旧责成妥办外，其余各厂，将现委杂职概行撤退，酌量地方远近，厂分大小，分派各府厅州县及试用正印人员接手承办，饬令上紧调剂，实力采煎。如果办铜宽裕，仍照年底汇计之例，奏请议叙。倘有短缺，即行参处，以昭劝诫，冀于铜政稍有裨益。

所有臣等酌办改委厂务缘由，理合恭折奏闻，伏乞皇上睿鉴训示。谨奏。

朱批：甚好。知道了。

（《宫中档乾隆朝奏折》第四十辑，第 186～187 页）

1991 大学士仍管云贵总督昭信伯李侍尧 《奏报起程巡查关隘日期折》

乾隆四十二年九月二十二日

大学士仍管云贵总督昭信伯臣李侍尧跪奏：为奏报起程巡查关隘日期，仰祈圣鉴事。

窃照永昌一路边关，现在轮派官兵出防，臣拟前赴各关隘稽查一切，并就近察看地方情形，先于九月初五日附折奏明在案。兹臣定于二十四日自省起程，理合恭折奏闻，伏乞皇上睿鉴。谨奏。

朱批： 览。

（《宫中档乾隆朝奏折》第四十辑，第 189 页）

1992 大学士仍管云贵总督昭信伯李侍尧
《奏复滇省各营赏借银两营运生息并无亏折折》
乾隆四十二年九月二十二日

大学士仍管云贵总督昭信伯臣李侍尧跪奏：为查明据实具奏事。

窃照前署督臣图思德具题，滇省赏借银两停止营运，收回当本、利息，以钱易银，亏折银六千四百七两零。因各标镇协营开当停当相隔年久，钱价低昂所致，请仍于余息项下开除一案，接准部咨，以"各处开当营运，银钱兼用，计经营之初及撤本之时，相隔数十余年，其中价值悬殊，似亦事之所有。但共计亏折银至六千余两之多，帑项攸关，未便率行遽免。而各属每月钱价，历来未经报部，无凭稽核。奏明，请旨交臣派员查访，各标镇协营乾隆三十六七八九等年钱易银两之时，是否钱价平贱，承办之员有无侵隐，悉心确核，据实具奏，到日再议。"等因。咨行到臣。遵即行司，分派妥员，就各该地方详细查访。去后，兹据藩司孙士毅详称："据委员云南府知府永慧等查明覆称，滇省各营赏借银两营运生息，始于雍正年间。迨乾隆三十六年奉文陆续撤回归款，相隔年分久远，钱价低昂悬殊。查乾隆三十六七八等年，各当存钱易银，如督抚两标暨云南城守营、广罗协，每两需钱一千二百八十文；曲寻协、奇兵营，每两需钱一千三百文；永北营每两需钱一千四百七十八文；提标暨大理城守营，每两需钱一千四百一十文；开化镇标每两需钱一千二百六十文；永顺镇标每两需钱一千三百六十文，实皆按照各该地市价详明出易，留心体访，其中并无虚捏，承办营员亦无侵隐浮冒。"等情。由司汇覆前来。

臣查各标镇协营以钱易银数目，均有详案可据。检查历年各地方官月报钱价，逐一确核，亦属相符。是此项亏折银两，实由停当时钱价较开当时平贱所致。据查经手承办之员并无侵冒，似属可信。前署督臣图思德请将各营以钱易银亏折银六千四百七两八钱五分七厘，在于余息项下开除，尚属以羡补不足，并非有亏帑本。

所有臣查明缘由，理合据实覆奏，伏乞皇上睿鉴，敕部核覆施行。谨奏。

朱批： 该部议奏。

（《宫中档乾隆朝奏折》第四十辑，第 189~190 页）

1993 大学士伯管云贵总督李侍尧、云南巡抚裴宗锡
《奏请准署丽江府事、候补知州吴大勋援例捐复原官折》
乾隆四十二年九月二十五日

大学士伯管云贵总督臣李侍尧、云南巡抚臣裴宗锡谨奏：为奏明请旨事。

据云南布政使孙士毅详据署丽江府事、候补知州吴大勋禀称："现年四十三岁，江苏举人，由江西新建县知县卓异，推升云南寻甸州知州，旋升丽江府知府，调署昭通府知府，因前在寻甸州任内，办理刘崇德自尽命案，相验不实，部议降二级调用。奉旨：'吴大勋着该督抚出具考语，送部引见。'于乾隆四十一年七月初八日引见，蒙皇上格外加恩，发往云南以知州用，遵于四十二年正月二十一日到滇，现奉委署丽江府印务。伏查本年二月内，吏部覆准：'贵州原任都匀府知府张继辛，因前署贵阳府任内，承审镇远府同知席缴折收屯粮未尽审出一案，部议降二级调用，引见，奉旨发往贵州，以同知补用。'该员尚未补缺，在黔禀请奏明，援照川省张三礼之例，将所将二级，照例交银一千八百两，捐复原官，仍在贵州效力。经部议覆，奉旨：'依议。'在案。今吴大勋因公降调，来滇候补知州，亦未补缺，与张继辛事同一体，情愿援照张继辛之例，将所降二级，照例交银一千八百两，捐复原官，仍在云南效力。禀恳，据情详请转奏。"等情。由司通详前来。

臣等查滇省地处边疆，兼有应办铜务，知府一官最关紧要，每遇缺出需人，难得熟练之员以资治理。该知州吴大勋居官诚谨，办事明练，前由知州历任知府，在滇有年，诸所素谙。现委暂署丽江府印务，即其旧任地方，尤见驾轻就熟，表率得宜，洵称熟练之员。原案情节亦系因公处分。今据请照张继辛之例捐复所降之级，相应仰恳圣慈，准其援例捐复原官，仍在云南补用。如蒙俞允，不特该员感激天恩，倍加奋勉报效，且边郡多一干员，臣等亦得收指臂之助。其应交捐项及饭食银两，即请就近于云南藩库交收，报部查核，另容附便搭解。臣等面商，意见相同，谨合词恭折奏请，伏乞皇上睿鉴训示。谨奏。

朱批：该部议奏。

（《宫中档乾隆朝奏折》第四十辑，第 219 ~ 220 页）

1994 大学士伯管云贵总督李侍尧、云南巡抚裴宗锡
《奏报委署道篆折》
乾隆四十二年九月二十五日

大学士伯管云贵总督臣李侍尧、云南巡抚臣裴宗锡谨奏：为委署道篆，循例奏闻事。

窃照道府缺出，遴员委署，例应随时具奏。兹迤西兵备道唐宸衡染患风痰病症，手

足麻木，步履维艰，难以供职，呈请解任回籍调理。现经批司，委员诣验。除俟取结详报到日，另疏会题外，所遗该道员缺，地近边关，驻有重镇，管辖五府三厅，政务繁要，且时有巡边之责，必须遴委干员，先行接署，以重职守。

臣等面同商酌，查有楚雄府知府孔继炘，在滇年久，办事练达，堪以暂委兼护。除饬委外，相应循例恭折奏闻，伏乞皇上睿鉴。

再迤西兵备道，系由部请旨简用之缺。合并陈明。谨奏。

朱批：有旨谕部。

（《宫中档乾隆朝奏折》第四十辑，第 220 页）

1995 云南巡抚裴宗锡《奏报滇省地方情形折》
乾隆四十二年九月二十五日

云南巡抚臣裴宗锡谨奏：为奏闻事。

窃照滇省地方八月中旬以前雨水沾足情形，及禾稻、杂粮收成均有九分以上，经臣查明，先后具奏在案。

兹据各属禀报，八月下旬至九月中旬以来，每旬得雨二三次不等，入土俱极深透。高下原隰所种早禾、晚稻并一切杂粮刈获者现已乘时登场，结实者益见颗丰粒满。农民乐业，共庆盈宁。目下市卖粮价，虽随地长落不齐，而瞬届新谷入市，可期日臻平减。时和岁稔，气象恬熙，堪以远慰圣怀。臣谨恭折奏闻，伏乞皇上睿鉴，并将八月分粮价另缮清单敬呈御览。谨奏。

朱批：知道了。

（《宫中档乾隆朝奏折》第四十辑，第 228 页）

1996 大学士伯管云贵总督李侍尧、云南巡抚裴宗锡《奏报云南布政使孙士毅愿将本身及妻室应得封典贶赠曾祖父母，据情代奏折》
乾隆四十二年十月二十日

大学士伯管云贵总督臣李侍尧、云南巡抚臣裴宗锡谨奏：为据情代奏，仰恳圣恩事。

据云南布政使孙士毅详称："乾隆四十二年五月初二日，钦奉恩诏，内外臣工俱准给与封典。士毅由广西布政使调任云南布政使，职居从二品，例得请封二代，固已宠叨非分，感激难名。惟念士毅曾祖父鼎渠、曾祖母姜氏，生前寒素，未邀纶绰之荣。今士毅躬沐覃恩，木本水源，情难自已。愿将本身及妻室应得封典，仰恳天恩貤赠士毅曾祖父母，俾遂乌私，则举家生生世世共戴圣主锡类鸿慈于靡既矣。伏请据情代奏。"等情前来。

臣等恭查覃恩旷典，原有貤封之条：外官文自藩臬以下，愿请貤封者，例应详报督抚，核明具奏。今该布政使孙士毅所详前情，核与例符。可否仰邀圣恩，准其貤赠之处，谨据情缮折代奏，伏乞皇上睿鉴，训示施行。谨奏。

朱批： 有旨谕部。

（《宫中档乾隆朝奏折》第四十辑，第 469~470 页）

1997　大学士仍管云贵总督昭信伯李侍尧《奏报查明跟随苏尔相出关之跟役刘应凤所供案情折》

乾隆四十二年十月二十日

大学士仍管云贵总督昭信伯臣李侍尧跪奏：为奏闻事。

窃照本年十月初三日，臣因督办出防事宜，行次漾濞地方，接准刑部咨文并粘单，内开：臣会同大学士公阿桂具奏缅匪送出苏尔相等跟役内，有刘应凤一名，系尹小生等私贩出关案内应行解部质审之犯，臣当即委员将刘应凤押解赴部。经刑部审拟具奏，钦奉谕旨，遵行在案。兹查刑部来咨："据刘应凤供称，有腾越州民人寸安富，曾随同该犯等，以花红、纸张驮去发卖，并曾借过刘应凤银五两，于乾隆三十八年十月间同到陇川，闻得尹小生、李萃在火烧寨地方被官兵拿获，逸犯尹得龙同刘应凤躲在箐里，寸安富不知逃往何处去了等供。咨臣饬令地方官将尹得龙寸安富缉获究报。"臣即于途次，飞札腾越州，将二犯踩缉务获，以便从严究办。

臣到腾越，据知州吴楷禀称："尹得龙在逃，尚无下落。寸安富在和顺乡家中居住，现已解到候讯。"臣即亲提严鞫，据寸安富供称："与刘应凤同村熟识，并未合伙生理。惟从前于刘应凤在家时，向伊借过银五两，未曾还得。后刘应凤屡次催讨寻衅，曾经口角相闹，是有的。至刘应凤与尹得龙等私贩出关，实不知情。"反覆刑吓，矢口不移。并将寸安富左右附近邻居再四诘讯，据供："寸安富实系长年在家，小本营生，从不出外，情愿出结。"等语。是寸安富于私贩出关一案，并无牵涉，未便因刘应凤挟嫌指扳，遂与同科。惟查和顺乡从前私贩甚多，风气不堪。今寸安富与刘应凤同村居住，又曾借过银两，其平素自必声息相通。当刘应凤私贩货物之时，寸安富岂无闻见？乃敢容隐不发，并未首告查拿，亦非善类。所借刘应凤银五两，应即追缴入官，并量予枷杖，以儆其余。至案内未获之尹得龙，系属贩私要犯，现饬腾越州严密缉拿，俟获日奏明另结。所有失察出关职名，容臣查明，咨部办理。

再据刘应凤供称，曾到老官屯面见苏尔相，求允带回，并代苏尔相买办茶叶等物，今年苏尔相带伊回来等语。是否实在情节，令臣查询，声覆报部。臣于前次奉到谕旨时，即札令苏尔相据实禀覆。兹据苏尔相禀称："在老官屯时，刘应凤曾来见过，因问尔系何人，因何来此？据称系三十八年私贩货物被拿，脱逃至此。将来若缅子送总爷回去，恳求随带进关。苏尔相覆以你探听送我进去时，跟随同回内地。至四十二年三月内，刘应凤买来茶叶一圆，苏尔相给银三钱。四月内，缅匪将苏尔相送出，遂将刘应凤带回，交明腾越州。"等语。是刘应凤供此一节，似系实情。谨一并缮折具奏，伏乞皇上睿鉴，饬部核覆施行。谨奏。

朱批：该部知道。

（《宫中档乾隆朝奏折》第四十辑，第470～472页）

1998　大学士伯管云贵总督李侍尧、云南巡抚裴宗锡《奏报委署府篆折》
乾隆四十二年十月二十日

大学士伯管云贵总督臣李侍尧、云南巡抚臣裴宗锡谨奏：为委署府篆，循例奏闻事。

窃照道府出缺，遴员委署，例应随时具奏。兹永昌府知府汤雄业，经臣等会请调补东川府知府，其永昌府遗缺，请以开化府知府特升额调补，俱蒙圣恩特允，所请现已接准部文，应即令其各赴新任，以重职守。惟特升额所遗开化府员缺，奉旨补放之张顾鉴抵任需时，必须遴委干员暂行接署，俾特升额、汤雄业得以递相交卸，早赴各任。

臣等公同商酌，查有黑盐井提举张珑，明白老成，实心任事，堪以委署开化府印务。除饬委署理，并将该提举印务另委递署外，相应循例恭折奏闻，伏乞皇上睿鉴。谨奏。

朱批：该部知道。

（《宫中档乾隆朝奏折》第四十辑，第472页）

1999　大学士仍管云贵总督昭信伯李侍尧《奏呈巡阅边隘情形折》
乾隆四十二年十月二十日

大学士仍管云贵总督昭信伯臣李侍尧跪奏：为敬陈巡阅边隘情形，仰祈睿鉴事。

窃臣于九月二十四日，自省起程赴永昌、腾越一带，照料弁兵出防，稽查各关隘是否严密，并伺察缅匪近日情形，于九月初五日奏明在案。兹臣于十月十二日抵腾越，查出防各起弁兵均已如期陆续起程，各照指定分拨地方前往驻扎。臣飞饬各该将弁，督率兵丁，于防守隘卡处所不时梭织游巡，倘有奸匪出入偷漏情事，立即严拿究办，稍涉疏纵，察出从重治罪。务期慎密周防，使缅匪莫测内地端倪，悚惕靡宁，不得不为内附求安之计。臣现在会同提臣海禄察视，近日防守边隘情形，较前似属倍加严密。

至数月以来，缅匪并无信息。惟风闻得鲁蕴自到阿瓦以后，竟未回至老官屯。绽拉机现在老官屯看守，并兼管木邦地方，故缅夷又称绽拉机为木邦万。近闻老官屯一带缅夷传言，有苏总爷回来，自必准我们开关，可以完事等语。是缅匪未尝一日不思输诚纳贡，冀望开关。总因绽拉机只图私心自利，违众把持，诚恐进贡还人，则内地准令开关，缅匪亦必将沿边用事之人撤去，所有老官屯、新街、蛮暮及木邦一带地方，不复归绽拉机管理，转与伊私情有碍，是以怂恿缅子，将得鲁蕴留在阿瓦，以便伊一人在老官屯并所属地方任意勒索财物，专擅自由。此虽系风闻缅地之言，看来不尽虚诬。

又闻缅匪每逢内地出防之时，向猛拱、猛养、蛮暮三处派兵共六百名，分布老官屯守卡。臣现令苏尔相在张凤街带兵驻守，并令不动声色，密探缅匪动静，如缅匪遣人到关，以投禀为名，窥伺内地消息，或竟有进贡象支并送出杨重英等事，即就近着苏尔相到关察看禀知，随机办理。臣在腾越，与海禄面商应办事宜，并亲往南甸沙冲口一带相度形势。查该处系虎踞关一路总汇之所，由沙冲口而东，则为龙抱、唎唻、杉木笼、陇川、张凤街，达虎踞关。由沙冲口而西，则为猛宋、黄林岗、干厓、户撒、弄贯，亦由陇川张凤街达虎踞关。是外而张凤街，内而沙冲口，均系边信往来必经之路，最为扼要。臣已严饬该二处防守弁兵，如遇关外有信，即星飞驰递，不得稍有稽延。臣回至腾越，即前赴普洱察看出防营汛情形。

查该处新裁普安营改议营制，且刀士宛甫经仰沐圣恩复职宣慰，统辖十三版纳，是否实能允服舆情，防御边境？臣抵滇后，未经亲到普洱，此次自应一体巡查，细察该处边情，悉心料理，另行缮折奏闻。

所有臣巡阅边境及探知关外现在情事各缘由，谨据实由驿驰奏，伏乞皇上睿鉴训示。谨奏。

朱批：好。知道了。

（《宫中档乾隆朝奏折》第四十辑，第473～474页）

夹片：再臣自省起程前赴永昌、腾越及南甸等处，所有经过沿途地方，晚禾均已收获。连日天气晴霁，便于曝晒，于民间堆场稻谷尤属有益。沟塍积水亦复到处充盈，现在相率翻犁，播种豆麦及一切杂粮，欢忭情形溢于陇畔。合并附奏，仰慰圣怀。谨奏。

朱批：览。

（《宫中档乾隆朝奏折》第四十辑，第 474 页）

2000　云南巡抚裴宗锡《奏报乾隆四十二年分滇省民数、谷数折》

乾隆四十二年十月二十日

云南巡抚臣裴宗锡谨奏：为钦奉上谕事。

窃照每岁仲冬，各府州县户口增减并仓谷存用各数，例应缮写黄册，具折奏闻。又准户部咨："嗣后每年奏报民数，务须确查实在民、屯数目，分造民、屯丁口各一册，即于乾隆四十二年为始办理。"等因。饬行遵照在案。

兹据布政使孙士毅会同粮储道徐嗣曾详称："云南省岁报民数，除番界、苗疆户口向不造入外，所有乾隆四十二年分通省民、屯户口，各就原编保甲逐一确查，实在大小民人二百五十四万七千三百八丁口，内男丁一百三十二万九千八百六十六丁，妇女一百二十一万七千四百四十二口。屯民男妇大小五十七万七千七百六十一丁口，内男丁二十九万四千三百丁，妇女二十八万三千四百六十一口。实贮常平社仓米、谷、麦、荞、青稞一百六十九万九百八十九石零。"分案造册，详请具奏前来。臣覆加确核无异，理合恭折奏闻，伏乞皇上睿鉴，并将民、屯丁口及仓谷总数，循例分缮黄册三本，敬呈御览。谨奏。

朱批：册留览。

（《宫中档乾隆朝奏折》第四十辑，第 489~490 页）

2001　云南巡抚裴宗锡《奏报川省委员办运锡斤扫帮出境日期折》

乾隆四十二年十月二十日

云南巡抚臣裴宗锡谨奏：为川省委员办运锡斤扫帮出境日期，循例奏闻事。

窃照各省委员赴滇采办铜锡，往来俱有定限。钦奉上谕："嗣后到滇办运开行，即着该抚具奏，如有无故停留贻误者，即行指名参究。"等因。钦遵在案。

今据云南布政使孙士毅详称："四川委员董洪周，采买滇省个旧厂锡五万九千三百六十斤，运供宝川局丁酉年鼓铸之用。该委员于乾隆四十二年三月十五日，自川省起程，例限八个月，应扣至本年十一月十五日限满。今该委员于九月二十五日，由宣威州扫帮出境，并未逾违。"等情。详请核奏前来。臣覆查无异，除飞咨经过之贵州暨四川本省一体督催攒运，并咨明户部外，所有川省委员董洪周办运锡斤扫帮出境日期，理合恭折奏闻，伏乞皇上睿鉴。谨奏。

朱批： 览。

（《宫中档乾隆朝奏折》第四十辑，第490~491页）

2002　云南巡抚裴宗锡《奏报丙申年三运第二起京铜开帮日期折》
乾隆四十二年十月二十日

云南巡抚臣裴宗锡谨奏：为恭报京铜开帮日期，仰祈圣鉴事。

窃照滇省办运京局铜斤，自四川泸州开帮日期，例应奏报。

兹据布政使孙士毅详称："丙申年三运第二起委员孙芝桂，领运正耗余铜七十三万六千三百斤，又带解运员郝守训、德敏挂欠正耗余铜九万一千八百八十七斤二两零，于乾隆四十二年八月二十九日，在泸州全数兑足开帮。"等情前来。除飞咨沿途各省督抚催儹前进，依限赴京交收，并咨明户、工二部外，所有丙申年三运第二起京铜全数开帮日期，理合恭折奏报，伏乞皇上睿鉴。谨奏。

朱批： 览。

（《宫中档乾隆朝奏折》第四十辑，第491页）

2003　云南巡抚裴宗锡《奏报滇省丁酉科武闱乡试情形折》
乾隆四十二年十月二十日

云南巡抚臣裴宗锡谨奏：为奏闻事。

窃照滇省本年十月举行丁酉科武闱乡试，臣蒙恩畀抚滇南，遵例主司试事。时值督臣李侍尧防边公出，咨准调委开化镇总兵许世亨来省，会同校阅外场。臣复派委粮储道徐嗣曾为提调，驿盐道沈荣昌为监试，并调取知县内科甲出身者四员入闱阅卷。先自十月初三日起，于外场考试马步射及开弓、舞刀、掇石诸技勇，与镇臣校定双单好字号，密记监射册内，加谨封固。十二日，外场事毕，点名入闱，扃试论策，择其文理明顺，核与挑记弓马技勇相符者，如额取中，即于十九日揭晓出闱讫。诸生应试，内外各场均知恪守条规，并无怀挟顶替暨易号喧哗之弊。所有臣考竣武场、揭晓出闱日期，除另疏题报外，理合恭折奏闻，伏乞皇上睿鉴。谨奏。

朱批：览。

（《宫中档乾隆朝奏折》第四十辑，第 492 页）

2004　云南巡抚裴宗锡《奏报滇省地方情形折》
乾隆四十二年十月二十日

云南巡抚臣裴宗锡谨奏：为奏闻事。

窃照滇省地方九月中旬以前雨水、秋获情形，经臣查明具奏在案。

兹据各属禀报，九月下旬至十月中旬以来，晴雨调匀，早晚二稻及一切杂粮，悉已收获登场，仓箱盈积，咸庆丰年。其麦豆春荞，亦皆次第播种，早者出土已有寸许。各处米粮时价，现因新谷遍市，在在称平。民夷乐业，气象恬熙，均堪仰慰圣怀。臣谨恭折奏闻，伏乞皇上睿鉴，并将九月分粮价另缮清单敬呈御览。谨奏。

朱批：知道了。

（《宫中档乾隆朝奏折》第四十辑，第 492～493 页）

2005　大学士仍管云贵总督昭信伯李侍尧
《奏陈县令谊属姻亲，请旨回避折》
乾隆四十二年十月二十五日

大学士仍管云贵总督昭信伯臣李侍尧跪奏：为县令谊属姻亲，请旨回避事。

窃臣奉命调任云贵总督，抵滇以来，接见所属各员，内有广西直隶州属之弥勒县知县邱奇，安徽副榜，由教习期满，补授今职。进谒之下，询知伊所娶，系正黄旗臣族叔、原任参领兼户部郎中李据德之女，因祖父昔年同官世好，是以联姻等语。

伏查外姻同官一省，令官小者回避，定例专指本身儿女姻亲而言，原以分属至亲，恐于考核纠参不无瞻顾。今邱奇妻父李据德，乃臣隔旗远族，邱奇虽不在回避之例，但既有瓜葛，现为上司下属，究不免迹涉嫌疑。谨援照外姻亲属之例，请旨将邱奇回避，敕部另补，庶于考核益昭慎重。为此恭折具奏，伏乞皇上睿鉴训示。谨奏。

朱批：该部知道。

（《宫中档乾隆朝奏折》第四十辑，第 546～547 页）

2006　大学士仍管云贵总督昭信伯李侍尧、云南巡抚裴宗锡《奏请定按月交铜之例折》

乾隆四十二年十月二十五日

大学士仍管云贵总督昭信伯臣李侍尧、云南巡抚臣裴宗锡跪奏：为请定按月交铜之例，以收实效，仰祈睿鉴事。

窃照滇省办运京铜及本省、外省鼓铸，岁需铜一千三百余万斤。数年以来，每多迟误。固由产铜未尽丰旺，亦缘稽查催儹立法尚未周详，以致各厂员漫不经心，获铜未能敷额。臣等到滇后，体察咨访。向来各厂每月获铜数目，系由厂员随意填报，在实心任事者自不肯稍留余力，其中不肖之员，必谓通省厂地甚夥，此盈彼绌，事有通融，一厂办铜之多寡，无关通省年额之盈亏，不妨减报营私，姑为尝试。该管上司以每月获铜原无定额，虽照常催儹，未能按月责以成数，迨至日积月累，亏短甚多，即加紧严催，甚或揭参究处，而铜斤亏数既多，赶办亦已无及。滇省铜运迟延，率由于此。

臣等现在派委妥员，分往各厂详查，每年出铜确数，据实具报，咨部存核。即请将该厂每年应获额铜，各随数目多少，画分十二股，按月计数勒交，稍有亏缺，立即严檄守催，务令如数发运。盖按月所短之数，积之日见其多，若月清一月，即偶有所亏，为数究属有限，势自易于催缴。如缺少铜斤之厂，一两月不能补足，量予记过。倘至三月以外，将本员撤回，入于铜政考成案内声明议处，另行检员管理。若能于月额之外多获铜斤，小则记功，大则议叙，亦入于考成案内办理。庶各厂员咸知随时有数可稽，上紧设法攻采，获铜当可日臻丰旺。是月额一定，则亏盈立见，该管官便于稽查，即该厂员穷于掩饰，一切透漏营私之弊自可不绝自除；且查铜厂新旧交盘，难以立限，亦由月额不清，必须通盘滚算，是以多需时日。今若按月定数，则赢余若干，亏缺若干，已如烛照数计。设遇彼此交代，原可一目了然，无从牵混，于厂务实多裨益。至厂地衰旺靡常，倘酌定月额之后，日久渐见短少，原可据实查明，或请减额，或请封闭，自当随时办理。如有子厂可以采挖，即令详请开采，以补不足。合并声明。

臣等为赶办铜运起见，酌议及此，是否有当，伏乞皇上睿鉴训示。谨奏。

朱批：该部议奏。

（《宫中档乾隆朝奏折》第四十辑，第547~548页）

2007　大学士仍管云贵总督昭信伯李侍尧、云南巡抚裴宗锡
《奏报委署道、府篆折》
乾隆四十二年十月二十五日

大学士仍管云贵总督昭信伯臣李侍尧、云南巡抚臣裴宗锡跪奏：为循例奏闻事。

窃照定例："道府等官升迁事故，悬缺需员署理者，一面遴员署理，一面随时奏闻。"等因。遵照在案。

兹云南迤南道王銮，于所属宁洱县普藤地方仇杀土弁刀应达家口一案，不能实力督缉，接准部咨，议降一级调用；又广南府知府克色礼，因患疮毒身故，现在另疏题报，所遗道府悬缺均须遴员接署。查有署普洱府知府张遐龄，老成练达，熟悉边情，堪以就近兼护迤南道篆。其广南府印务，查有候补直隶州知州庆格，才具明白，办事认真，堪以署理。除分别檄委接署外，臣等谨循例恭折奏闻，伏乞皇上圣鉴。谨奏。

朱批：该部知道。

（《宫中档乾隆朝奏折》第四十辑，第 548～549 页）

2008　大学士仍管云贵总督昭信伯李侍尧
《奏报核明微员殉难情形，仰恳特恩一体旌恤折》
乾隆四十二年十月二十五日

大学士仍管云贵总督昭信伯臣李侍尧跪奏：为核明微员殉难情形，仰恳特恩一体旌恤，以广皇仁事。

窃臣到滇后，将该省军需局有无未结尘案，饬令局员查报，内有乾隆三十三年木邦打仗一案，凡属阵亡官兵，均经造册送部议恤。惟原任永北同知胡邦佑、广南府经历许景淹二员，系跟随参赞珠鲁讷在营管理赏号，俱各未出，传系同时尽节。屡据该二员之子胡仆、许兰枝具呈请恤，经历任督抚臣节次行查实在情事，以致辗转稽延，迄今已及十年，此案仍归悬搁。

臣细核原卷，该二员曾于三十三年正月初七、十六等日先后禀报，随同参赞杀贼，兵单粮缺，情势危迫，声明竭力死守，以尽臣节，并将现存赏号、银米细数及查出官银十鞘埋藏土内，开单附呈，许景淹又将广南府经历印信，遣家人贾俊随禀赍缴，取有贾俊供词存案。臣阅其禀内，情辞极为可悯。查当日，如知府郭鹏翀、同知陈元震等俱在军营乘间脱逃，该二员独能效死弗去，而埋银送印一节，尤见临难从容，是该二员殁于

行阵，实堪相信。是以三十八年部驳军需奏销案内，前督臣彰宝等已将该二员经管赏号、埋藏饷鞘、俱各身死等情题覆准销，总缘难得确证，未敢遽行请恤。但臣思当日木邦失事，兵众仓忙，何暇顾及他人之生死？而该二员跟随仆役，俱已先期遣发，求其目击，更有何人？臣正在核查办理，适苏尔相回至内地。臣以伊在缅多年，倘该二员隐忍偷生，羁留缅地，苏尔相在彼自有见闻，因向伊详加询问。据称：凡在缅地之人皆知踪迹，惟胡邦佑、许景淹绝无影响。以此揆之，则该二员之死节足以确证。

伏睹我皇上褒忠励节，片善不遗。现在游击素克津泰、守备王呈瑞、马子建等，因苏尔相述其在阿瓦自尽，均蒙圣慈嘉悯，录及子孙。今胡邦佑、许景淹，以佐杂文员随营击贼之死靡他，更为难得，似未便以事久迹湮不为剖晰，致使隐没不彰。

兹行据司道等具详，请旌前来。臣谨会同云南巡抚臣裴宗锡合词奏恳，并将该员等原禀附折缮呈。可否仰邀圣恩，一例准予恤典，以慰忠魂，以定悬案，伏乞皇上睿鉴，训示施行。谨奏。

朱批：所奏是。该部议奏。

2009　云南巡抚裴宗锡《奏报查明本年滇省官员并无扣展公出日期折》

乾隆四十二年十月二十六日

云南巡抚臣裴宗锡谨奏：为查明官员并无扣展公出日期，遵旨汇奏事。

案照钦奉上谕："州县官概不准托故赴省扣展公出日期，其有因公派委会审及查办紧要事件，必须檄调到省者，该督抚将应行扣展之故，于年终汇奏一次，交部查核等因。"钦遵在案。

伏查州县官托故赴省，最为陋习，所当随时整饬，以肃吏治。近复以不准换帖宴会，同申严禁，尤不容稍有玩违。臣于督臣李侍尧抵任以来，留心体察，滇属各官尚无借故上省之员，现于查禁换帖、宴会等事折内循例叙入，另行具奏。兹据布政使孙士毅、按察使汪圻详称："乾隆四十二年分，滇省各官并无因公派委会审及查办紧要事件檄调到省，应于题咨案内扣展公出日期之案，无凭开单呈送。"等情前来。臣会同督臣覆加查核无异，理合遵旨缮折具奏，伏乞皇上睿鉴。谨奏。

朱批：该部知道。

2010　云南巡抚裴宗锡《奏报甄别过乾隆四十二年分滇省俸满教职员数折》

乾隆四十二年十月二十六日

云南巡抚臣裴宗锡谨奏：为汇奏甄别教职事。

窃照各省教职六年俸满，例应于年终，将保举、留任、休致员数汇折奏闻。今据布政使孙士毅会同按察使汪圻，将乾隆四十二年分云南省甄别过俸满教职人员开送前来。

臣陆续验看，查初次俸满勤职留任者一员，循分供职留任者五员；二次俸满堪膺民社保题者一员，循分供职留任者三员；三次俸满循分供职留任者一员，初次俸满休致者一员，尚未俸满休致者四员。所有乾隆四十二年分甄别过俸满教职员数，臣谨恭折汇奏，并另缮清单敬呈御览，伏乞皇上睿鉴，敕部查照施行。谨奏。

朱批：该部知道。

（《宫中档乾隆朝奏折》第四十辑，第564页）

2011　云南巡抚裴宗锡《奏报甄别过乾隆四十二年滇省年满千总折》

乾隆四十二年十月二十六日

云南巡抚臣裴宗锡谨奏：为汇奏甄别年满千总事。

窃照直省年满千总，例应详加考验，分别保送、留任、勒休，年终开单汇奏。兹乾隆四十二年分，臣标左右两营千总内，查有前次六年俸满保送回任，又满三年，例应甄别之左营左哨千总王锦一员，业经臣详加考验，该弁汉仗好，差委勤，弓马去得，堪以留任候推，咨部在案。此外并无初次俸满应行甄别及庸劣衰迈之员。理合循例具奏，伏乞皇上睿鉴，并另缮清单敬呈御览。谨奏。

朱批：该部知道。

（《宫中档乾隆朝奏折》第四十辑，第565页）

2012　云南巡抚裴宗锡《奏报甄别过乾隆四十二年滇省年满俸满佐杂人员折》

乾隆四十二年十月二十六日

云南巡抚臣裴宗锡谨奏：为汇奏甄别佐杂事。

窃照首领、佐杂等官，例应将六年俸满保举、留任、休致员数并未届俸满随时咨革者，于年底汇折具奏。今据布政使孙士毅会同按察使汪圻，将乾隆四十二年分云南省甄别过俸满佐杂人员开送前来。

臣先经陆续详加验看，并无堪以保题之员。惟查有初次俸满留任者五员，尚未俸满缘事参革者五员，勒休者二员，降调者二员。所有乾隆四十二年分甄别过俸满佐杂员数，臣谨恭折汇奏，并另缮清单敬呈御览，伏乞皇上睿鉴，敕部查照施行。谨奏。

朱批： 该部知道。

（《宫中档乾隆朝奏折》第四十辑，第 565~566 页）

2013　云南巡抚裴宗锡《奏报乾隆四十二年分云南通省城垣情形折》
乾隆四十二年十月二十六日

云南巡抚臣裴宗锡谨奏：为查明通省城垣，遵旨汇奏事。

窃照城垣为地方保障之资，钦奉上谕："着于每年岁底，将通省城垣是否完固之处缮折汇奏一次。"历经钦遵，奉行在案。今乾隆四十二年分云南通省城垣，据布政使孙士毅移行各道府确勘，分别完固、修补，覆核详报前来。

臣查滇省各府厅州县及佐杂各处，通共砖石、土城九十一座，内大关等厅州县城垣八十七座，门楼、垛口、墙垣均属完固；元江、浪穹、嶍峨三州县原坍，续塌被水浸倒城垣三座，现在委员确估办理；又昆明县省会城垣一座，城身、城楼被雨淋坍，现经估修，其余各属完固城垣，臣仍严饬该管道府督令该地方官加意保护，遇有些小坍塌，随时修补，以期巩固而资捍卫。所有乾隆四十二年分云南通省城垣情形，理合恭折汇奏，伏乞皇上睿鉴，并另缮清单敬呈御览。谨奏。

朱批： 览。

（《宫中档乾隆朝奏折》第四十辑，第 566~567 页）

2014　云南巡抚裴宗锡《奏报乾隆四十二年分滇省估变物料缘由折》
乾隆四十二年十月二十六日

云南巡抚臣裴宗锡谨奏：为查明估变物料，遵旨汇奏事。

窃照各省承办一应房屋、船只，遇有迁移裁汰，应变物料，钦奉上谕："均照工部奏定之例，随时估变，分别办理。其估变银数在二百两以下者，除按次报部外，仍于年终汇奏一次。"历经钦遵，奉行在案。

兹乾隆四十二年分，据布政使孙士毅详称："查滇省估变物料，其银数在二百两以下者，有永昌府同知衙署一所，原估加增共银一百四十七两六钱一分零，业经取具册结详咨，现候部覆，变价解缴。又峨峨县裁汰兴衣乡巡检遗存旧署一所，因所估价值短少，屡经驳令增估，俟造报至日，核明办理。又保山县潞江地方，因变军需案内建造渡船六只，因该处居民稀少，并无别渡需用，无人承买，只可拆料变价，除工匠、运费等项无可估变外，每只原估银二十六两八钱九分九厘，共银一百六十一两三钱九分六厘，现经部驳增估，另行核实详咨。此外并无应行估变房屋、船只数在二百两以下之项。"等情。详报前来。臣覆查无异，所有乾隆四十二年分滇省估变物料缘由，理合循例汇奏，伏乞皇上睿鉴。谨奏。

朱批：览。

（《宫中档乾隆朝奏折》第四十辑，第567页）

2015　云南巡抚裴宗锡《奏报川省溃兵在配并无脱逃折》
乾隆四十二年十月二十六日

云南巡抚臣裴宗锡谨奏：为溃兵在配并无脱逃，遵旨具奏事。

案照钦奉上谕："川省溃兵分发各省安插，令该督抚等务饬各州县严加拘管，勿使兔脱。仍将有无脱逃之处，于年终具奏一次。钦此。"钦遵在案。

臣查滇省原准川省解到溃兵边九业、祁大斌、王宗富、杨国秀、张贤忠、朱皋、陈满才、吕寅、王惠、柯成、袁恩容等十一名，当经分发定远、南安、宜良、富民、易门、昆阳、晋宁、呈贡、新兴、河阳、大姚等十一州县，饬交各该地方官严加拘管，勿使兔脱在案。

兹届年终，据按察使汪圻查明，滇属安插各溃兵自到配以来，均系悬带铃杆铁牌，日则派充苦差，夜则收拘空室，不与改遣人犯相聚一处，现俱安静守法，并无滋事脱逃等情，汇详前来。臣覆查无异。所有乾隆四十二年分滇省在配溃兵并无脱逃缘由，理合恭折具奏，伏乞皇上睿鉴。谨奏。

朱批：览。

（《宫中档乾隆朝奏折》第四十辑，第568页）

2016 大学士仍管云贵总督昭信伯李侍尧、云南巡抚裴宗锡《奏请以题补永北直隶同知庄肇奎升首广南府知府折》

乾隆四十二年十一月初八日

大学士仍管云贵总督昭信伯臣李侍尧、云南巡抚臣裴宗锡跪奏：为苗疆府缺紧要，谨循人地相需之例，仰恳圣恩俯准升补，以裨地方事。

窃查云南广南府知府克色礼病故，现在恭疏题报。所遗广南府，系苗疆最要之缺，例应在外拣选升调。该府地处边陲，为粤西入滇门户，兼之逼近安南，民夷错杂，在在均需该管知府弹压稽查，非精明强干之员不足以资治理。现在滇省各府，或甫经履任，或尚未来滇，此外非人地不甚相宜，即本缺亦关紧要。

臣等与两司再三酌议，一时实不得其人。惟查有题补永北直隶同知庄肇奎，年四十七岁，浙江举人，该员原系贵州贵筑首县，乾隆三十九年奏升松桃同知，部议覆准，行令给咨引见，经前署督臣图思德奏调滇省，办理永昌军需局务，题补今缺，例应给咨补行引见，嗣因边防未竣，该员在黔滇年久，又熟悉边情，料理局务，三年以来毫无错误，又因丽江府所属回龙地方验报铜矿，前督臣委令赴厂试采，该员实力筹办，不但铜斤已获成效，兼且得有银矿，于四十一年二月内采挖有成，复行奏请将该员留署丽江府，俟一年后再行给咨送部，所有采获回龙新厂银两，业经咨部，解司充拨。臣李侍尧到任以来，仍令该员随至永昌、腾越，委办边务，一切实心经理，不辞劳瘁，甚属得力。

查该员在黔省已升同知，调滇又逾三载，若当升补之时即行给咨引见，此时就该员资俸而论，亦应以知府升用。实缘边务熟手，开厂又有成效，是以留滞至今，不能脱卸。该员历署开化、丽江等府，俱系边要地方，办理均能裕如，实系才能出众之员。兹已循例给咨，令其赴部补行引见。合无仰恳天恩，俯念边郡要缺亟需干员，以之升授广南府知府，实属人地相宜。如蒙俞允，该员现已给咨赴京，即令部臣带领引见，恭候钦定。在该员叨沐殊恩，自必益加感激奋勉，臣等亦获收臂指之效。谨合词恭折具奏，另缮参罚清单恭呈御览，伏乞皇上睿鉴，训示施行。谨奏。

朱批：该部议奏。

（《宫中档乾隆朝奏折》第四十辑，第 704~705 页）

2017　大学士仍管云贵总督昭信伯李侍尧、云南巡抚裴宗锡
《奏报查议滇省铜政情形折》

乾隆四十二年十一月初八日

大学士仍管云贵总督昭信伯臣李侍尧、云南巡抚臣裴宗锡跪奏：为查议具奏事。

窃臣接准户部咨："前署云南布政使事臬司汪圻条奏滇省各铜厂新旧官交代，定以限期报部，并宁台铜厂请责巡道总理稽查一折，经部臣查议，以滇省各厂员新旧交代之际，前官所放工本，后官接催，将一年经放银两于奏销考成案内声叙已未完分数，分别议叙议处，向未另有交代文册。该署司请酌定交代期限，似一年一次盘查，尚虑难凭，则交代历年，远近不一，又当如何设法清查？且查厂地钱粮，原与州县库贮不同。如各小厂，所需工本无多，炉民交铜后始行给价，以银铜一并计算，事属了然，交代时令其按限造册，尚易遵循。至各大厂，例系预发工本，后收铜斤，工本动计一二十万两，铜斤亦每有数百万斤。工本一项，预借预放，大概在炉民者多，官贮者少。铜斤一项，厂员秤收之后，即转运各店局供铸，又系在途者多，存厂者少。立限交代，逐一盘查，势必停厂民之攻采，歇脚户之转运，又非一二月间即能完结。适一岁之中一厂有二三更替，恐无暇办理铜斤，止可核办交代。该署司所奏固为慎重工本起见，但与厂地情形是否有妨，难以遽行定议。

又各厂如系委州县以下官员管理者，责成知府专管，道员稽查。如系府厅管理者，责成巡道专管，统归布政使总理。宁台厂例属知府专管，巡道本有稽查之责，即该府距厂较远，或有未能督办之处，该道既属就近，即应承理其事。是道府均有责成，今若径令迤西道专管，转置该府于事外，是欲经理得实，而又少一稽查之员，倘有不肖炉丁透漏滋弊，诚恐巡察转未能周匝。该省厂务，近据酌定条款具奏，正在初定章程。

该署司陈奏二条，是否与厂地实在情形有益，奏明请旨，敕交臣等确实详查，妥议具奏，到日再议。"等因。咨行到滇。

臣等伏查，滇省铜厂大小四十余处，每年办获铜数，每厂自数千斤至二三百万斤不等，或运京局，或拨外省采买，或供本省鼓铸。炉民煎办交官，厂员即须起运，故存厂者少，在途者多。凡遇委员更替，存厂铜斤盘兑尚易，其起运在途之铜，必须逐处查验，更需时日。是以厂员交代，向未定有期限。然道府按年盘查，截明各任经放月日，分别已完未完数目，另行议叙、议处，于奏销铜厂考成案内逐一详晰声叙，并非任听借延牵混。今该署司汪圻奏请不拘大小各厂，旧官限三十日，新任限六十日，如铜斤数多，展限一月，虽期速清工本，但铜斤有存厂、在途之分，在出铜无多之厂尚可依期结算，而获铜较多之区，在途铜斤实属骤难稽核，即使按程按起逐一挨查，而前起数目未清，后起又复踵至，承办官势难兼顾，不得不假手吏役、家人，转恐易启弊混，且沿途城市村庄，纷纷停积铜斤，秤量点查，不独铜运稽延，亦复不成事体。设遇一岁之中二三更替，

诚如部议，止可核办交代，无暇办理铜斤，于情事实多未便。

至滇省办厂成例，责成道员、知府分别专管稽查。因视厂员品秩之崇卑，亦按厂地相距之远近，极为允当。因佐杂办理厂务每多贻误，业经臣等会折参办，一切厂务，奏明改归知府丞倅及州县等官经理。宁台厂坐落顺宁府地方，现委试用知县曹湛承办，其调剂、攻采、经收、支发，均需知府稽核督办，且顺宁府距宁台厂七站，迤西道驻扎大理府城，距厂十三站，若如该署司所奏，责令该道经管，尤属舍近就远。宁台厂仍令顺宁府专管，较为近便。应将该署司汪圻请定厂员交代及宁台厂径令迤西道专管之处，均无庸议。惟是宁台厂铜俱发至下关铜店暂为存贮，雇脚转运，向由大理府委员在店督同收发，倘稽查不密，保无盗卖、那移、抵换等弊。查顺宁府相距下关较远，难以照料，而大理府现管炉局需铜鼓铸，若令兼管收放，未免迹涉嫌疑。惟迤西道驻扎大理，距下关铜店仅止三十里，易于稽查，且系监司大员，众亦所知畏惮。应请嗣后宁台厂铜运至下关，责成迤西道就近督查收放，以昭慎重。

抑臣等更有请者，赶办铜斤备供京外鼓铸，全在铜斤出厂之后沿途稽催，承运方不致停积迟延。滇省年运京铜六百三十余万斤，如迤东之汤丹、碌碌、大水、茂麓诸厂，则由东川、寻甸两路分运，迤西之大功、宁台两厂，则由大理、楚雄、云南各府运交寻甸转发，汇归泸州水次兑发开行。自乾隆三十五年以后，京铜开帮每多逾限，虽由出产高铜短少，未能敷额，亦由向无大员专督查催之故。前经臣李侍尧会同钦差大学士公阿桂议奏，请自丙申年为始，按年逐运，加僧开帮，至庚子年赶复旧定例限。是向后京铜更当迅速毡运，不容一刻懈弛。但向来俱系地方官承运，并无大员专任督催，承运官吏未免偷安，即领运脚户，亦视为泛常，不知警惕。

臣等酌议，应请将东、寻两路自厂至泸州，责成迤东道查催，其迤西一带，自厂至省，责成迤西道催僧，自省至寻甸，责成粮道稽催，庶各路站员、脚户知有道员就近严催，不独加紧赶运，不敢复有迟误，而一切沿途盗匿、抛失诸弊，并可不绝自除。似此立法较为周备，于铜政更有裨益矣。

所有臣等查议缘由，谨恭折具奏，伏乞皇上睿鉴，敕部核议施行。谨奏。

朱批：该部议奏。

（《宫中档乾隆朝奏折》第四十辑，第 705～708 页）

2018 大学士仍管云贵总督昭信伯李侍尧、云南巡抚裴宗锡 《特参借运勒索之厂员、挟嫌诬陷之署经历折》

乾隆四十二年十一月初八日

大学士仍管云贵总督昭信伯臣李侍尧、云南巡抚臣裴宗锡跪奏：为特参借运勒索之厂员、挟嫌诬陷之署经历，以肃功令，以儆官邪事。

本年四月十三日，据署蒙化厅同知吴宁详报："厅属脚户赵映奎等将领运宁台厂员卫竟成铜三十万斤在途盗卖，奉藩司檄饬比追，转委署经历胡琰差拿到案。有举人饶湛，称系赵映奎姻亲，率领生员姚孚泰等至经历大堂肆骂，打毁衙署，放走脚户，不容解厅追比。"等情。

臣等当以地方劣衿藐官滋事，自应尽法示惩。初不疑其别有情故，即批司饬拿，并委附近之大理府提审，详革究拟。去后，因犯证未齐，未据讯详。兹据臬司汪圻会同藩司孙士毅，催提犯证解省，详委云南府知府永慧、澄江府知府张裕谷查审，悉系虚捏。

缘饶湛系蒙化厅举人，家道殷实。胡琰以武定州吏目委署蒙化厅经历，与饶湛往来认识。胡琰于本年三月内，曾差衙役罗英相邀饶湛进署，面向借银百金未允，因此挟嫌。适有赵映奎等先于宁台厂委员卫竟成任内承领铜五万斤，运至下关铜店交收。因在厂领铜，每一百五十斤短发五斤，到店交收，又多扣二斤。而自厂至店，原定每一百五十斤应给脚价银一两四钱，卫竟成私扣六钱，仅给八钱，以致铜运未清。其实赵映奎等名下承运铜斤，尚有应行找领脚价，乃卫竟成捏报盗卖三十万之多，混请比追。署蒙化厅同知吴宁转委胡琰查拿，胡琰探知赵映奎与饶湛本有瓜葛，因挟借银不遂之嫌，差役宋成瑞传到赵映奎，令其同赴饶湛家借银，以清铜价。饶湛未经借给，赵映奎立限，回家另行措办，届期未缴，胡琰即令宋成瑞向饶湛索人。饶湛以并非中保，进署声辩。胡琰出见，着落代完，并令差役锁拿管押。差役见系举人，未敢动手。胡琰即亲拉饶湛，推进班房。饶湛不依，彼此扭结。胡琰将饶湛推跌，连门碰落。胡琰遂诬以肆骂毁署，捏详泄忿。提省委审，讯出前情，将卫竟成、胡琰列揭，请参前来。

臣等查各厂铜斤，攸关京外鼓铸，全在儧运迅速，是以优定脚价。今厂员卫竟成私扣脚价几及一半，复将铜斤短发，甚至承运铜五万，捏报盗卖三十万之多，希图索诈侵渔，实出情理之外。署经历胡琰，因挟借银不遂微嫌，辄以毁署抗官诬人重罪，尤属狡诈不堪。若不严加惩究，无以速铜运而儆奸贪。相应专折参奏，请旨将前署宁台厂委员、现补会泽县知县卫竟成、署蒙化厅经历武定州吏目胡琰一并革职，以便提集案内人证，严审究拟。除一面委员看守，查明卫竟成经管厂务有无未清，另报办理。

再会泽县暨武定州吏目二缺，均系外调，另容遴员，分别题咨。合并陈明，伏乞皇上睿鉴训示。谨奏。

朱批：有旨谕部。

（《宫中档乾隆朝奏折》第四十辑，第708～710页）

2019　大学士仍管云贵总督昭信伯李侍尧《奏报甄别过乾隆四十二年分滇黔两省年满千总折》

乾隆四十二年十一月初八日

大学士仍管云贵总督昭信伯臣李侍尧跪奏：为甄别年满千总，循例汇折奏闻事。

窃照定例："绿营千总历俸六年为满，贵州苗疆千总历俸五年为满，考验甄别，于年底分晰汇奏。"等因。通行遵照在案。

今乾隆四十二年分云贵两省各项千总，经臣饬调考验，详加甄别。云南省甄别过千总十二员，内保送者一员，留任者九员，勒休者二员。贵州省甄别过千总十二员，内保送者一员，留任者七员，弓马中平、调回内地者一员，辞休者二员，勒休者二员；又现在斥革者一员。兹届年终汇奏之期，理合恭折具奏，分缮清单敬呈御览。

再照滇省尚有千总程文韬、姜正华二员，已届俸满未及考验；千总彭扬楚，现留四川办理军需报销，应俟回营甄别，另行归入下年汇奏。黔省有安笼镇标千总杨名远，乾隆四十一年即届俸满，未经送考，经前署督臣图思德声明，汇入本年甄别，屡经催调，仍未送考，明系有心规避，现已咨部斥革。

至滇省通共千总九十四员，黔省通共千总一百一十四员，现在考验甄别者，每省均止十二员，除勒休外，年力俱未就衰，弓马亦尚去得，并无姑容恋栈之员，是以不及百之三四。合并陈明，伏乞皇上睿鉴。谨奏。

朱批：该部知道。

（《宫中档乾隆朝奏折》第四十辑，第710页）

2020　大学士仍管云贵总督昭信伯李侍尧、云南巡抚裴宗锡《特参玩视交代、短少不清之署牧，请旨革职审究折》

乾隆四十二年十一月十五日

大学士仍管云贵总督昭信伯臣李侍尧、云南巡抚臣裴宗锡跪奏：为特参玩视交代、短少不清之署牧，请旨革职审究，以肃功令事。

窃照州县交代离任，例应将任内一切经手钱粮依限逐款清交，不容稍有短少。兹据署路南州知州韩濂详称："卑职于九月初十日在省接印，十七日赴路南州任，屡催前署牧方润、张楫速赴路南，三面核算交代。讵该二牧竟不来州，缘在厂铜斤节奉檄催拨运，并应解应支各项咸关紧要，只得与方润家属交收，拨运给发。除交抵外，张楫任内未交仓谷一千五百二十石零，杂款银一千五十余两，已领未发银四百七十余两，铜本脚费银四十两零，铜四千七百三十七斤零；方润任内未交仓谷二百二十余石，铜六千斤零。"等情。由该管府道揭经藩司孙士毅、臬司汪圻粮道徐嗣曾会揭，请参前来。

臣等查张楫、方润各于本任经手款项，并不早往清理，任意延宕，已属玩视，且仓粮库款以及厂本铜斤，俱有短少未交，显系侵亏那用，若非参革究审，无以肃功令而重帑项。查张楫原任云南府通判，业经勒休。方润已请补琅盐井提举，现候部覆。相应专折参奏，请旨将张楫、方润一并革职，以便严审，是侵是那，分别究追定拟。除饬司委员看守发审，并将方润所遗琅盐井提举员缺查明另办外，臣等谨合词具奏，伏乞皇上睿鉴训示。谨奏。

朱批：有旨谕部。

（《宫中档乾隆朝奏折》第四十辑，第853~854页）

2021　大学士伯管云贵总督李侍尧、云南巡抚裴宗锡《奏报委署驿盐道篆折》
乾隆四十二年十一月十五日

大学士伯管云贵总督臣李侍尧、云南巡抚臣裴宗锡谨奏：为循例奏闻事。

窃照委署道缺，例应随时具奏。兹云南驿盐道沈荣昌，于乾隆四十年大计卓异，接准部覆，行令给咨送部引见。先因清查四十、四十一等年盐斤课款奏销，未能交卸，两次咨部在案。今该员经手盐课等项及承办文武两闱提调监试均已竣事，应即委员接署道篆，俾其交代清楚，领咨赴部。

伏查驿盐道一缺，事繁责重，非干练之员难资整饬。臣等公同商酌，查有云南府知府永慧，在滇年久，明干有为，前经委护驿盐道篆，办理裕如，堪以仍委，就近兼护。除饬委外，相应循例恭折奏闻，伏乞皇上睿鉴。谨奏。

朱批：该部知道。

（《宫中档乾隆朝奏折》第四十辑，第855页）

2022　大学士伯管云贵总督李侍尧、云南巡抚裴宗锡《奏报知县才不胜任，请旨改教职折》
乾隆四十二年十一月十五日

大学士伯管云贵总督臣李侍尧、云南巡抚臣裴宗锡谨奏：为知县才不胜任，请旨改教，以重地方事。

窃照知县一官，身膺民社，必须才称其职，始于地方有益。兹臣等查有宜良县知县陈潆，年五十三岁，福建举人，归班截取选授今职，于乾隆四十年十二月初二日到任。该员因委办粤盐差竣，甫经来省接见，人甚平庸。宜良虽非剧邑，而察其回任以来办理政务，时形竭蹶，不能振作有为，难胜知县之任。未便因其现无劣迹可指，稍事姑容，致滋贻误。但该员系科甲出身，年力未衰，以之司铎，尚堪供职。

臣等面商，意见相同，并据司道府等具详前来。相应请旨，将宜良县知县陈潆改补教职，以重地方。如蒙俞允，另容给咨该员赴部引见，恭候钦定。其所遗宜良县员缺，应请照例归部铨选。除一面委员前往接署，并查明该员经手仓库钱粮有无未清另报外，臣等谨合词恭折具奏，伏乞皇上睿鉴训示。谨奏。

朱批： 该部知道。

（《宫中档乾隆朝奏折》第四十辑，第 855~856 页）

2023　云南巡抚裴宗锡《奏报滇省地方雨水田禾情形折》

乾隆四十二年十一月十五日

云南巡抚臣裴宗锡谨奏：为奏闻事。

窃照滇属地方十月中旬以前雨旸麦豆情形，经臣查明具奏在案。兹自十月下旬至十一月中旬以来，晴雨调匀，二麦、荞、豆出土已有三四寸不等，发荣滋长，渐见青葱。近日同云时布，若得冬雪优沾，更于春花有益。滇省岁征条粮银米，例于九月内开征，而花户踊跃输将。正在冬深农隙之候，臣恐各属经手胥役乘此年谷顺成，浮收巧取，苦累闾阎。先已剀切出示，遍行晓谕，并令该管各道府就近严密查察，有犯必惩，以期仰副圣主轸恤边黎之至意。现在民夷安堵，市粮时价亦皆平减，地方宁谧。臣谨恭折奏闻，并将十月分粮价另缮清单敬呈皇上睿鉴。谨奏。

朱批： 知道了。

（《宫中档乾隆朝奏折》第四十辑，第 868 页）

2024　云南巡抚裴宗锡《奏参原任临安府教授、
签升翰林院典簿赵震规避迟延赴缺折》

乾隆四十二年十一月十五日

云南巡抚臣裴宗锡谨奏：为参奏事。

窃照外官推升京职，例应依限请咨，赴部引见，难容规避迟延。讵有原任临安府教授、签升翰林院典簿赵震者，该员于上年八月内奉文推升离任，经该管道府查无未清事件，照例出具考语，移送藩司，因未取有起程日期，无从扣限详咨，由司驳查另报。乃该员潜回本籍，迁延日久，并不来省请咨。节经臣暨司道衙门严檄查催，始据该员以身染麻木病症，不能行动为词，呈报原籍大理府属之太和县转详，虽经验明属实，但该员推升离任，应即依限请咨，赴部引见，辄敢逗留在籍，任意延挨，及至例限久逾，方以患病呈请。明视滇省离京较远，因缺规避，托故迟延，未便稍事姑容，致滋效尤。兹据司道孙士毅等详揭前来，相应据实参奏，请旨将原任临安府教授、签升翰林院典簿赵震革职，以示惩儆。其所遗签升员缺，应请归部另行铨补。

再原籍地方官于该员回籍之后不即催令请咨，一任迁延，亦有不合，俟查取职名，咨部议处。至此案原准部文，行令臣衙门出考给咨，是以未与督臣会衔。合并陈明。臣谨恭折具奏，伏乞皇上睿鉴训示。谨奏。

朱批：该部知道。

（《宫中档乾隆朝奏折》第四十辑，第 869 页）

2025 云南巡抚裴宗锡《循例奏报汇奏本年滇省各项改修缓修船只折》

乾隆四十二年十一月十五日

云南巡抚臣裴宗锡谨奏：为汇奏各项改修缓修船只事。

案准部咨："嗣后例限应修各项船只，每年委员查勘，将实系朽坏、不堪驾驶及船身尚属坚固、堪以改修缓修各缘由，于年底汇折奏闻。"等因。咨行在案。

伏查滇省跬步皆山，不通舟楫，向无动项建造例限应修船只。惟查乾隆三十四年办理军需案内，保山县动项建造潞江渡船十只，旋因军务告竣，裁变六只，留存四只，遇有损坏，随时酌修，并无定限。又禄丰县动支军需余平银两添造星宿河渡船四只，甫经入册补销，部驳未结，毋庸估修。此外尚有原设渡船、定限修理在外估销者，丽江府属之金江阿喜渡渡船一只，罗平州属之江底河渡船一只，历系三年一修，所需工料银两，俱于官庄租米内征存支用，汇册报部。此项渡船，甫于乾隆四十、四十一两年先后按限修理，尚未届满三年，现在委员查勘船身，均属坚固，应俟届限，分别另办。

兹值乾隆四十二年岁底，行据布政使孙士毅查明详报前来。臣覆查无异，理合恭折汇奏，伏乞皇上睿鉴。谨奏。

朱批：览。

（《宫中档乾隆朝奏折》第四十辑，第870页）

2026　云南巡抚裴宗锡《奏报省城得雪情形折》
乾隆四十二年十一月十八日

云南巡抚臣裴宗锡谨奏：为恭报省城得雪情形，仰祈圣鉴事。

窃照滇省地方四时协序，气候温和，向届冬令，雪不多见。今省城于十一月十七日子时起，至卯时止，大雪缤纷，四郊普遍。当即派委员弁分头查勘，山高野旷之处积厚二寸有余，平畴坦壤旋积旋消，入土亦极深透。麦豆、杂粮得此冬雪滋培，甚于春收有益。询之附郭土人，咸称冬遇积雪，近岁罕觏，丰稔征兆，交口欢呼。外郡各属曾否同时得雪，虽未据有报到，但是日同云密布，势甚广远，可卜均沾渥泽。容俟查报到日，另行具奏外，所有滇南省城得雪情形，臣谨恭折奏闻，伏乞皇上睿鉴。谨奏。

朱批：知道了。

（《宫中档乾隆朝奏折》第四十一辑，第56~57页）

2027　大学士仍管云贵总督昭信伯李侍尧
《奏报巡查普洱，边隅宁谧情形折》
乾隆四十二年十二月初七日

大学士仍管云贵总督昭信伯臣李侍尧跪奏：为巡查普洱，察看边境情形，奏陈圣鉴事。

窃照普洱一路，裁撤普安营，蒙恩准复刀士宛宣慰土司之职，边境夷情是否妥协，臣未经亲到。前于十月二十日附折奏明，自腾越起程，即赴普洱巡查。

兹臣于十一月二十一日到普，刀士宛率领江内江外土弁头目二十余人先期来迎，臣当即传见该土司，举止进退颇合礼度。据称："土职既免重罪，又沐殊荣，天恩高厚，实出梦想之外。"其荣幸感激之情殊为真切。又据各土弁禀称："我等旧隶宣慰，见刀维屏举家潜逃，罪由自取，惟有叹恨怜悯，以为万无冀幸。今刀士宛蒙恩袭职，我等江上夷众无不欢忻鼓舞。"复据士宛禀称："土职于小猛养盖房居住，秋收已毕，现在赶紧兴工，遣人赴江外迎取家属。职父绍文寄来家信云：'我卧病两年，见了大皇帝恩旨，如受九霄甘露，旧病已愈十之五六。但江外户口、钱粮，去年我已承办，今年更须加意料理清楚。小猛养房屋一经盖完，便当挈家同住。至江内地土人民，责成士宛用心经理，报答皇仁等语。'"臣询之普洱镇总兵张和，备述刀士宛到江以后即赴各土弁处稽查，于安辑夷民、操习土练、查禁奸匪等事颇知认真，夷情信服。

臣因留刀士宛等在普三日，询以十三版纳事务，应对亦甚明晰。留心察看，见其小心敬惧，颇出至情；能以父兄前辙为戒，跟随夷众约束亦皆得法。是该土司才具，堪以承受天恩。九龙江内外边防，从此可期安贴。臣即酌量奖赏，反覆开导，谕以实心报效，仰答皇仁。该土司感激欢忭，叩头辞去。臣阅兵事竣，亦即起程，于十二月初四日回省。

所有边隅宁谧情形，理合恭折具奏，仰慰圣怀，伏乞皇上睿鉴。谨奏。

朱批：好。知道了。

（《宫中档乾隆朝奏折》第四十一辑，第 345~346 页）

2028　大学士仍管云贵总督昭信伯李侍尧、云南巡抚裴宗锡《请以东川府知府汤雄业升署迤南道，遗缺以澄江府知府张裕谷调补折》

乾隆四十二年十二月初七日

大学士仍管云贵总督昭信伯臣李侍尧、云南巡抚臣裴宗锡跪奏：为恭恳圣恩升署道员、调补知府，以裨边疆事。

窃照云南迤南道王銮，于普藤夷匪仇杀土弁案内，部议照不能察缉奸民例，降级调用，所遗员缺，例应在外调补。

查该道驻扎普洱，逼近九龙江，接壤外夷，水土恶劣。近又裁撤普安营，复设宣慰土司，一切沿边防守、弹压、抚绥，全借道员督率办理，非熟谙边务、能耐烟瘴之员，弗克胜任。臣等与藩臬两司公同商酌，通省道员五缺，除本缺外，粮储、驿盐二道专管粮盐，职司出纳，经理必需熟手；迤东道督办京运铜厂，亦属紧要；迤西道唐宸衡告病出缺，未蒙简放，实无可调之员。复于应升知府内逐加遴选，查有东川府知府汤雄业，年三十七岁，江苏贡生，捐纳知州，洊升知府，历任临安、昭通、永昌各缺，调补今职。该员明练诚笃，任事实心，前在永昌料理边防，颇为妥协，夷情风土经历有年，若以升授迤南道，实堪胜任。其所遗东川府员缺，亦系苗疆，例应拣调，且兼管厂局，岁运京铜三百万斤，采办、督催，必须强干精明，方能称职。查有澄江府知府张裕谷，年三十四岁，河南监生，捐纳通判，加捐知府，选补今职。该员办事勤能，心地明白，以之调补东川府知府，亦属人地相宜。惟汤雄业、张裕谷历俸均未满三年、五年，与例稍有未符。臣等谨遵人地相需之例，专折奏请，仰恳皇上俯念员缺紧要，准以汤雄业升署迤南道，张裕谷调补东川府知府，不惟该二员感激天恩，自必倍加奋勉，而臣等借收臂指之效，于边防、铜务均有裨益。如蒙俞允，汤雄业系奏请升署，另容给咨送部引见，恭候钦定，仍俟扣满年限，再请实授。张裕谷所遗澄江府缺，应归部选。合并陈明。

再照该二员参罚均在十案以内，另缮清单敬呈御览。臣等谨合词恭折具奏，伏乞皇上睿鉴训示。谨奏。

朱批：该部议奏。

（《宫中档乾隆朝奏折》第四十一辑，第 347~348 页）

2029 李侍尧《奏请陛见折》

乾隆四十二年十二月初七日

奴才李侍尧跪奏：为谨陈依恋微忱，仰恳圣慈俯准陛见，恭请恩训事。

窃奴才于乾隆三十九年冬底瞻觐天颜，迄今已逾三载。今岁春初，正拟恭折奏请，适奉恩命调任云贵总督，会同大学士公阿桂驰赴永昌查办边务，于六月初旬始回省城，蒙恩委任，将届出防，未敢遽行渎请。兹奴才抵滇视事又及一年，犬马恋主之隐日积日深，寤寐彷徨，时依黼座。

伏查普洱一路，蒙恩复设宣慰司，刀士宛感激情状实出至诚。奴才亲赴巡查，体察夷情安帖，现在另折具奏。至张凤街、虎踞关一带，壤接缅夷，今日懵驳死后，内讧外衅，日无休息，若关隘愈加严禁，彼自无从窥测。奴才前于巡阅南甸之后，即将情形恭折奏明。是两路边防俱妥协。惟滇省地方一切吏治、营务，奴才现虽据实办理，不敢稍事迁就调停，而事端琐屑，有非奏牍能曲尽者，必得跪聆圣训，方能有所遵循。

窃思缅匪如有信至，总在瘴气未起、防兵未撤之前，一届春深，边事无可筹办，奴才正可乘此时闲事简之候，驰赴阙廷，借展葵向。为此沥情奏请，仰恳圣恩俯鉴愚忱，准予陛见。约计奉到朱批，已在明年春仲。三月撤防，（**朱批**：不妨迟至四月起身。）奴才即将总督印务暂交抚臣裴宗锡署理，起程赴京，往返不过数月，回滇再办冬防，仍无迟误。奴才不胜激切待命之至，伏乞皇上睿鉴，恩准施行。谨奏。

朱批：好。知道了。

（《宫中档乾隆朝奏折》第四十一辑，第 348~349 页）

2030　大学士仍管云贵总督昭信伯李侍尧
《遵旨密陈云南学政孙嘉乐官箴折》
乾隆四十二年十二月初七日

大学士仍管云贵总督昭信伯臣李侍尧跪奏：为遵旨据实密奏事。

窃照乾隆四十年，钦奉谕旨："着各督抚于该省学政留心体察，或学问优长，不愧师儒之席，或仅循分供职，止堪胜任者，或有才识明敏，通晓吏治，可用为道府及两司者，均于学正差满回京时，各就所见，秉公据实密奏，毋得稍涉偏私等因。钦此。"钦遵在案。

兹云南学臣孙嘉乐三年报满，现已回京。臣查该学政久任户曹，与臣曾为堂属，识见办事，在司官中原属明白可用之才。臣奉旨调任云贵总督，本年三月到省，即赴永昌、腾越一带筹办边务，迤西各属岁科两试已完，留心体访，俱称学臣考校公平，生童悦服。迨臣回抵省垣，适该学臣孙嘉乐亦以科试蒇事，驻省录遗。数月以来，频与往还议论，见其处事安详，留心吏治，较之臣在部时所见更觉长进。如蒙圣恩简用，是一出色道府，再加历练，两司亦可胜任。该学臣到京复命，其才情、器局自在圣明烛照之中。

缘届三年报满之期，臣谨遵旨恭折据实密奏，伏乞皇上睿鉴。谨奏。

朱批： 知道了。

（《宫中档乾隆朝奏折》第四十一辑，第349～350页）

2031　大学士仍管云贵总督昭信伯李侍尧
《奏报遵旨查办逆书〈字贯〉折》
乾隆四十二年十二月初七日

大学士仍管云贵总督昭信伯臣李侍尧跪奏：为遵旨严查覆奏事。

十一月二十九日，臣于巡查普洱，扬武坝途次，接准大学士公阿桂、大学士于敏中字寄："乾隆四十二年十月二十一日、二十三日，奉上谕二道，内开：江西新昌县逆犯王锡侯删改《康熙字典》，大逆不法，为从来未有之事，罪不容诛。恐此书或有流传各省者，着各督抚留心访查，如有此书刷印及翻刻板片，即行解京销毁。又海成节次奏缴各书单内，并无此书。可见从前查办，原不过以空言塞责，并未切实检查。此书恐有流传他省，应一并查缴销毁之处，并遇便，谕令各省督抚知之。钦此。"臣伏读再三，仰见我皇上除邪说以正人心之至意。即恭录一分，寄知抚臣裴宗锡一体钦遵办理。

查逆犯王锡侯，身为举人，竟敢删改《康熙字典》，并直书庙讳御名，其悖戾不法至于此极！为从来逆词中所未有。臣实不胜发指心颤，恨不亲嗤其肉。所有逆书，自应于各直省迅速严查，解京销毁，毋许只字存留，以灭枭獍之迹。

查滇省从前奉到查缴应毁各书谕旨，经历任督抚行文，严饬查办。据各属覆称，滇省远在边隅，市肆并无僻书，各属亦鲜藏书之家，是以绝少违碍应毁书籍等语。虽似边省实在情形，但臣思该犯王锡侯住居江西，所造《字贯》一书，业经刊刻，固已彰明较著，尚且一时不能查出，必待为人首告始行败露，可见地方官借口实力查办，均难凭信。滇省保无一二不肖匪徒，或在江西作宦，或在江西贸易，瞥见该犯逆书，喜其新奇，携归滇省，地方官查察未周，久之即未免有抄录流传、翻刻私行之事。臣现在严饬滇、黔二省各府州县，一面向书铺逐一检查，一面晓谕绅士，如有此书，立时呈出，解京销毁，即与向来收藏之人毫无干涉。倘严切晓示之后，犹复匿不呈缴，则其人与逆犯同一肺肠，即应按律重治其罪。至各该地方官，如申覆并无此书，臣即令出具并无逆书甘结，由府具详，将来一有发觉，惟该地方官及该管之知府是问。如此，庶各属有所儆惕，不敢以虚应故事，苟且塞责。并此外有无别项违碍书籍，再行一体严查，务令不法字迹净绝根株，以肃民志。

所有奉到谕旨及现在查办情形，臣谨会同抚臣裴宗锡合词覆奏，伏乞皇上睿鉴训示。谨奏。

朱批：览。

（《宫中档乾隆朝奏折》第四十一辑，第 350～351 页）

2032 大学士仍管云贵总督昭信伯李侍尧 《奏报滇黔两省雨雪及粮价折》

乾隆四十二年十二月初七日

大学士仍管云贵总督昭信伯臣李侍尧跪奏：为奏闻事。

窃照滇、黔两省晚禾收获、粮价平减情形，经臣于九月十三日恭折奏报。嗣因巡阅永昌、腾越一带，沿途经过，目击杂粮茂盛，沟塍积水充盈。复于十月二十日途次，附折奏陈圣鉴各在案。兹自普洱往回，经由云南澄江、临安各府属及直隶元江州地方，天时晴霁，气候温和，冬至阳生，土膏萌动，蔬菜、麦豆长发青葱。省城于十一月十七、十八两日连次得雪，积厚二三寸不等，并据昭通、东川、曲靖、楚雄、武定等属先后禀报情形，约略相同，均称冬雪滋培，大于春耕有裨。民情欢忭，咸庆瑞征。现在云南省城中，米每仓石价银一两八钱八分，各属报到粮价均属中平。贵州省亦已据报得雪，晚收丰稔，粮价甚平。两省边境敉宁，兵民乐业。臣谨恭折具奏，仰慰圣怀，伏乞皇上睿鉴。谨奏。

朱批：览。

（《宫中档乾隆朝奏折》第四十一辑，第 352 页）

2033 大学士仍管云贵总督昭信伯李侍尧
《奏报查阅滇省营伍情形折》
乾隆四十二年十二月初七日

大学士仍管云贵总督昭信伯臣李侍尧跪奏：为奏报查阅营伍情形，仰祈圣鉴事。

窃照乾隆四十一年，轮应查阅云南、贵州两省营伍，经前署督臣图思德将阅过标营先后具折陈奏，其未经阅看之普洱镇标及普安、元江、顺云三营，臣到任后，接准移交。因驻扎永昌，筹办边务事竣旋省，正在夏间，是以未经阅看。

兹届冬防之候，臣亲赴腾越、普洱一带边隘巡查，顺道将前督臣未验官兵悉心校验。除普安营业已裁撤外，各营合操演阵尚属整齐，进步连环亦俱合法，马步弓箭，间有弓力较软、撒放未能结实者，千把、外委人材均属壮健，兵丁亦无老弱充数。惟普洱镇标把总赵宏绪、顺云把总魏连魁、张琯等三员，弓马生疏，当即咨部斥革。点验军装、马匹，亦皆完好足额。统计各标营等第，普洱镇标较优，顺云、元江二营次之，臣俱分别记名。官兵技艺出色者，量加奖赏，以示鼓励。弓马稍次者，面加指点，谕令练习改观。其有技艺中平、年力人材尚堪造就者，责成该管将备督率训练，勒限学习，务期一律纯熟，咸臻劲旅，以仰副我皇上整饬戎行之至意。

所有臣查阅营伍情形，理合恭折奏闻，伏乞皇上睿鉴。谨奏。

朱批：览奏俱悉。

（《宫中档乾隆朝奏折》第四十一辑，第 353 页）

2034 大学士伯管云贵总督李侍尧、云南巡抚裴宗锡《奏报云南按察使汪圻愿将本身及妻室应得封典赐赠曾祖父，据情代奏折》
乾隆四十二年十二月初八日

大学士伯管云贵总督臣李侍尧、云南巡抚臣裴宗锡谨奏：为据情代奏，仰恳圣恩事。

据云南按察使汪圻详称："乾隆四十二年五月初二日，钦奉恩诏：'内外大小各官，着照新衔封赠。钦此。'窃圻现任按察使，系正三品，定例应封二代。圻祖父母、父母固已均叨纶绰之荣，而曾祖父母未得共膺诰命，心切难安。今圻情愿将本身及妻室应得封典弛赠曾祖父宗龙、曾祖母程氏，俾遂乌私，则举家生生世世永戴圣主锡类鸿慈于靡既矣。伏请据情代奏。"等情。

臣等恭查，覃恩旷典，原有弛封之条，外官文自藩臬以下，愿请弛封者，例应详报督抚核明具奏。今该按察使汪圻所详前情，核与例符。可否仰邀圣恩，准其弛赠之处，谨据情缮折代奏，伏乞皇上睿鉴，训示施行。谨奏。

朱批：有旨谕部。

（《宫中档乾隆朝奏折》第四十一辑，第363～364页）

2035　大学士伯管云贵总督李侍尧、云南巡抚裴宗锡《汇奏盘查滇省各属仓库折》

乾隆四十二年十二月初八日

大学士伯管云贵总督臣李侍尧、云南巡抚臣裴宗锡谨奏：为汇奏盘查各属仓库事。

案照各属仓库有无亏空，钦奉谕旨，年终汇奏一次，以重责成，历经钦遵在案。

兹据布政使孙士毅详称："乾隆四十二年分滇省各属仓库，先经循照向例详明，截至八月底，分委盘查。今准据各道府州盘明结报到司，除本年额征民、屯条丁、正耗等银，例于九月开征，应归次年奏销案内查报。又云南府属之昆阳州存仓谷石有亏，澄江府属之路南州应存仓谷并库款等项交代短少，业将各本员先后详请参究，现在另办外，其余各属经征司款项下一切税课及存库急需银两，并粮款项下征存税秋兵粮，常平社仓米、谷、麦、荞等项，与夫盐款项下应征盐课银两，俱经各该道府州逐一盘察，征收、支解、存贮数目均属相符，现在并无亏空。"由司汇核，详报前来。臣等覆查无异。

伏思各属仓库钱粮，颗粒丝毫皆关国帑，本不容稍有亏空，而杜渐防微，全在随时查察。今乾隆四十二年，滇南通省除昆阳、路南二州仓库有亏，业经先后参奏究办外，其余各属仓库，虽据该道府州盘明结报，并无亏空。但典守之员贤否不一，臣等惟有督同藩司，仍不时留心查察，倘有侵亏那掩情弊，即当据实参究，以儆官邪。断不敢因甫经循例入告，稍存回护，自干严谴。所有乾隆四十二年分盘查滇属仓库缘由，臣等谨合词恭折具奏，伏乞皇上睿鉴。

再滇省止有常平社谷，并未设立义仓。又此案仓库攸关，责成綦重，臣李侍尧因赴普洱一带巡边，甫于本月初四日公竣回省，会同臣裴宗锡核办，是以出折稍迟。合并陈明。谨奏。

朱批：览。

（《宫中档乾隆朝奏折》第四十一辑，第 364 ~ 365 页）

2036 云南巡抚裴宗锡《奏报丙申年加运第一起京铜开帮日期折》

乾隆四十二年十二月初八日

云南巡抚臣裴宗锡谨奏：为恭报京铜开帮日期，仰祈圣鉴事。

窃照滇省办运京局铜斤，自四川泸州开帮日期，例应奏报。

兹据云南布政使孙士毅详称："丙申年加运第一起委员许崇文，领运正耗余铜九十四万九百九十一斤，又带解运员张钟圯、王淑旦、谢佐邦、李景钧、王瀗挂欠正耗余铜七万二千四百九十八斤零，于乾隆四十二年九月三十日，在泸州全数兑足开帮。"等情前来。除飞咨沿途各省督抚催儧前进，依限赴京交收，并咨明户、工二部外，所有丙申年加运第一起京铜全数开帮日期，理合恭折奏报，伏乞皇上睿鉴。谨奏。

朱批：览。

（《宫中档乾隆朝奏折》第四十一辑，第 368 页）

2037 云南巡抚裴宗锡《奏报买补动缺米谷，以实仓储折》

乾隆四十二年十二月初八日

云南巡抚臣裴宗锡谨奏：为买补动缺米谷，以实仓储事。

据云南粮储道徐嗣曾会同布政使孙士毅详称："滇省各属于金川军需案内，乾隆三十七年，供支押解火药弁兵口粮米二十石九升，又三十九、四十、四十一等年，供支解送箭枝并凯旋回营官兵口粮米四百八十一石八斗四升二合七勺，均经先后汇册，详请题销。查此二案，共应付米五百一石九斗三升二合七勺，内除常平项下有溢额余谷，可以拨抵之昆明等二十四厅、州、县、县丞应付米三百三十九石二斗一升八合八勺，照数开除，毋庸买补外，其常平项下并无溢谷可抵之。晋宁、呈贡、嵩明、寻甸、会泽、镇雄、武定、建水、安宁、姚州、楚雄、陆凉、赵州、弥渡、云南、文山、新平、元江、他郎、宁洱、永北、太和、邓川、鹤庆、剑川、丽江、腾越等二十七厅、州、县，应付米一百六十二石七斗一升三合九勺，折谷三百二十五石四斗二升七合八勺，应请循照成例，各按该处本年十月分市卖粮价，于司库军需银内动给领买，事竣汇册报销。"等情。造具动缺、应抵、应买数目清册，详请奏咨前来。

臣覆查无异，除册咨送部科，一面将应买前项动缺米折谷石饬照向例，于司库军需银内动支给领，各按本年十月分粮价乘时买补，以实仓储。仍俟事竣，盘明结报，另行请销。如有短价派买情事，即当据实参究外，所有滇属动缺米谷动项买补缘由，臣谨恭折具奏，伏乞皇上睿鉴。谨奏。

朱批：知道了。

（《宫中档乾隆朝奏折》第四十一辑，第369~370页）

2038　云南巡抚裴宗锡《奏请封无益之厂，以节靡费折》
乾隆四十二年十二月初八日

云南巡抚臣裴宗锡谨奏：为请封无益之厂，以节靡费事。

窃照滇省安宁州属新开九渡箐铜厂，并续采新山、阿底河、鸭子塘各子厂，自乾隆三十七年正月起，至四十一年六月止，共办获铜二十九万二千一百三十五斤。屡饬承办各员设法调剂，以期丰旺，乃出矿日微，炉户星散，无人开采，当经前署抚臣图思德查明取结，咨请封闭。嗣准部覆，以该厂出铜虽属无多，矿砂并未全绝，是否尚可设法调剂，以期丰旺，自应确查办理，且从前积欠工本案内，该厂尚欠工本银八千五百两。原以厂铜加铸，将获息扣抵清还，今无铜加铸，其欠项又当作何归结，咨内并未声叙，均难核办。行令将该厂礁硐、矿砂据实详查，如实在无矿可采，再为奏明封闭，并将该厂欠项作何完结，详筹办理等因，行司查办。去后，兹据布政使孙士毅查明，详覆前来。

臣查九渡箐并各子厂开采礁硐，矿砂既竭，实已无可再采，纵使设法调剂，不过徒靡工本，愈滋厂欠，终于铜务无补，应请准其封闭。至该厂各炉户领欠工本银八千五百两，前经奏准于各局加铸余息银内分年扣抵。今九渡箐正、子各厂虽已封闭，而各炉民现在宁台、大功、万宝诸厂开礁挖矿，所获铜斤俱归各本厂收买，原有余铜加铸，不因九渡箐厂封闭无铜，致有停炉短息之虞。况查新旧各厂借济油、米等项，共积欠银一十七万八千余两，已蒙恩旨，准于铸息银内分年带扣。其九渡箐厂欠银八千五百两，即已列入奏案积欠银数之内。应请仍照原奏，在于各局铸获余息银内分年扣补，庶厂民得以专力采煎，而帑本亦不致日久悬宕矣。臣谨据实恭折具奏，伏乞皇上睿鉴，敕部核覆施行。谨奏。

朱批：该部议奏。

（《宫中档乾隆朝奏折》第四十一辑，第370~371页）

2039　大学士管云贵总督李侍尧、云南巡抚裴宗锡《遵旨覆奏护迤西道楚雄府知府孔继忻、护驿盐道篆云南府知府永慧均堪胜道员折》

乾隆四十二年十二月十二日

大学士管云贵总督臣李侍尧、云南巡抚臣裴宗锡谨奏：为遵旨据实覆奏事。

窃臣等接准大学士公阿桂、大学士于敏中字寄：乾隆四十二年十一月初一日，奉上谕："本日李侍尧等奏迤西道唐宬衡患病解任，查有楚雄府知府孔继忻在滇年久，办事练达，现在饬委兼护等语。迤西道员缺紧要，朕已简员补放矣。至知府孔继忻，该督等称其在滇年久，办事练达，堪以暂委兼护，似其人尚能胜任。因检阅从前李湖、图思德奏到属员贤否单，俱列该员于二等，又不似实在出色之员。着传谕李侍尧、裴宗锡，查明孔继忻在任办事是否认真，其才情、识力将来能否堪胜道员之处，据实覆奏，并查明此外滇省知府内有无堪胜道缺之员，一并据实具奏。将此谕令李侍尧等知之。钦此。"钦遵，寄信前来。

臣等伏查，孔继忻系由闽省知县拿获洋盗，引见，奉旨回任，以同知题补，尚未补缺，旋于乾隆三十八年二月内，特奉谕旨，以拣调云南府知府遗缺补用，当经补授楚雄府知府。臣等抵滇以来，察其才识老干，办事认真。前因迤西道唐宬衡患病解任，需员署篆，是以会折奏明，暂委该员就近兼护，就其才情、识力将来似堪胜道员之任。

至此外滇省知府内，臣等平日留心察看，尚有云南府知府永慧，系由临安府调补今职，在滇七载有余，而调任首郡已逾五年，现复委护驿盐道篆。该员老成历练，明干有为，其居官才识，似亦堪胜道缺之员。兹奉传谕垂询，理合遵旨一并据实覆奏，并另开清单恭呈皇上睿鉴。谨奏。

朱批： 知道了。

（《宫中档乾隆朝奏折》第四十一辑，第 397～398 页）

今将滇省知府内堪胜道缺者二员开列清单，恭呈御览。计开：

楚雄府知府孔继忻，年三十九岁，山东拔贡。该员才识老干，办事认真，就其才情、识力，将来似堪胜道员之任。

云南府知府永慧，年四十九岁，蒙古举人。该员老成历练，明干有为，查其居官才识，似亦堪胜道缺之员。

（清单据《滇黔奏稿录要》下册，第 565～566 页补）

2040　大学士伯管云贵总督李侍尧、云南巡抚裴宗锡《奏报委署知府折》

乾隆四十二年十二月十二日

大学士伯管云贵总督臣李侍尧、云南巡抚臣裴宗锡谨奏：为委署知府，循例奏闻事。

窃照知府缺出，遴员委署，例应随时具奏。兹顺宁府知府佛尼勒，因帮借同官银两妄用印封，部议降一级调用。奉旨着"出具考语，送部引见。所遗员缺，应即委员前往接署"。臣等公同商酌，查有陆凉州知州韩濂，才具明晰，办事认真，堪以暂护顺宁府印务。除饬委外，臣等谨循例恭折奏闻，伏乞皇上睿鉴。

再顺宁府系极边调缺，另容拣员会办。合并陈明。谨奏。

朱批：该部知道。

（《宫中档乾隆朝奏折》第四十一辑，第 398～399 页）

2041　云南巡抚裴宗锡《奏报滇省各属得雨雪及粮价情形折》

乾隆四十二年十二月十二日

云南巡抚臣裴宗锡谨奏：为奏闻事。

窃照云南省城于十一月十七日得雪情形，先经恭折奏报在案。臣拜折后，复于十八日，连朝得雪，高阜、平原积厚二三寸不等，并据昭通、东川、曲靖、楚雄、武定等属陆续报到，十七、十八两日得雪情形，大概相同。滇中山土瘠薄，全赖冬雪滋培，春花乃能旺发。今各属气候较寒之处，多已优沾雪泽，而时序温和之地，自十一月杪至十二月初以来，晴雨亦极调匀，土膏融润，二麦、南豆弥见长发青葱，实于来岁春收均有裨益。现在粮价称平，闾阎宁谧，堪以仰慰圣怀。臣谨缮折奏闻，伏乞皇上睿鉴，并将十一月分粮价另开清单，敬呈御览。谨奏。

朱批：欣慰览之。

（《宫中档乾隆朝奏折》第四十一辑，第 400～401 页）

2042　云南巡抚裴宗锡《遵旨密奏云南学政孙嘉乐官箴折》

乾隆四十二年十二月十二日

云南巡抚臣裴宗锡谨奏：为遵旨据实密奏事。

案照乾隆四十年正月内，钦奉谕旨："着各督抚，于该省学政留心体察，其在任三年，或学问优长，不愧师儒之席，或仅循分供职，止堪胜任者，或有才识明敏，通晓吏治，可用为道府及两司者，均于学政差满回京时，各就所见，秉公据实密奏，毋得稍涉偏私等因。钦此。"钦遵在案。

伏查云南学政孙嘉乐，由户部司员奉命视学滇中。臣前任云南巡抚为时不久，与该学政晤面甚稀，只闻其考试声名颇好，而才识如何，未能深悉。本年四月间，臣复调任来滇，该学政旋亦考毕回省。留心体访，咸称历试各郡，去取公平，士心悦服。迨该学政在省，录遗之后，臣与之常相交接，察其才识明敏，办事详慎，实为部曹中通晓吏治者。倘蒙圣慈简畀外任，在道府中固属能事之员，即将来用至两司，似亦可期黾勉供职。

兹值该学政孙嘉乐三年任满，现已回京，臣谨就所见，遵旨据实密奏，是否有当，伏乞皇上睿鉴。谨奏。

朱批：览。

（《宫中档乾隆朝奏折》第四十一辑，第 401 页）

2043 云南巡抚裴宗锡《奏报截取举人难胜知县之任，请旨改用教职折》

乾隆四十二年十二月十二日

云南巡抚臣裴宗锡谨奏：为验看截取举人难胜知县之任，请旨改用教职，以重吏治事。

窃照截取举人，原以备知县之选，民社重寄，必须验其人堪胜任，方可给咨赴部。兹据布政使孙士毅将截取建水县壬申科举人、验看知县之朱艳详送前来。

臣查该举人朱艳，系乾隆三十八年准咨截取，因措备进京路费，迄今始来补验。当即详加验看，该举人履历虽止四十六岁，年力尚强，但人甚平庸，两耳又复重听，难胜知县之任，不便因其年力未衰，滥行给咨赴部。相应据实奏明，请旨将该举人朱艳以教职改用，注册铨选，以重吏治。臣谨恭折具奏，伏乞皇上睿鉴训示。谨奏。

朱批：该部知道。

（《宫中档乾隆朝奏折》第四十一辑，第 402 页）

2044 云南巡抚裴宗锡《奏报遣犯在配脱逃折》
乾隆四十二年十二月十二日

云南巡抚臣裴宗锡谨奏：为奏闻遣犯在配脱逃事。

窃照改遣人犯在配脱逃，案于乾隆三十六年三月内，钦奉谕旨："此等脱逃遣犯，即应查明各乡贯，迅速移咨该本省严行缉拿，而经过省分，亦当知照，一体协缉务获。仍一面奏闻，便于降旨。"等因。钦遵在案。

兹据署新平县知县苏椿详报，该县安置遣犯庞家娃，系甘肃固原州回民，因伙窃陕西泾阳县张奎生等家案内，审依回民行窃、结伙三人以上例，改发云贵、两广极边烟瘴充军，面刺"回贼"及"改遣"各字样，乾隆四十一年十二月初五日解发到配，于四十二年十一月二十四日乘间脱逃等情，造册详报到臣。除飞咨经过省分及原籍、邻封一体查缉，并通饬滇省各属严速协拿务获，办理逾限不获，即将疏脱职名照例查参外，所有遣犯在配脱逃缘由，理合恭折奏闻，伏乞皇上睿鉴。谨奏。

朱批：览。

（《宫中档乾隆朝奏折》第四十一辑，第402～403页）

2045 大学士仍管云贵总督昭信伯李侍尧、云南巡抚裴宗锡《奏请以云南县知县朱锦昌升署云州知州折》
乾隆四十二年十二月二十一日

大学士仍管云贵总督昭信伯臣李侍尧、云南巡抚臣裴宗锡跪奏：为恭恳圣恩升署边缺知州，以资治理事。

窃照云南云州知州员缺，先经臣等以安宁州知州卫熊章请调，业准部咨，蒙恩允准。兹卫熊章据报病故，现已恭疏具题，声明云州员缺，另容选调在案。

查该州水土恶劣，壤接耿马各土司，路通缅甸，必得老成明练、能耐烟瘴之员，方克胜任。臣等公同藩臬两司，于通省知州内逐加遴选，非现居要缺，即人地不宜，均未便轻议调补。惟查有云南县知县朱锦昌，年四十一岁，浙江嘉善县举人，捐知县即用，选授今职，于乾隆四十一年正月到任。该员才具明干，办事实心，边地情形平日颇能留意，以之升署云州知州，必能称职。惟历俸未满五年，与例稍有未符。臣等谨遵人地相需之例，专折奏请。合无仰恳圣慈，俯念云州员缺紧要，准以朱锦昌升署，不特该员感激天恩，自必益加奋勉，而臣等借收臂指之助，于边境亦有裨益。如蒙俞允，容俟准到部覆，给咨送部引见，恭候钦定。仍扣满年限，再请实授。查该员参罚，止有前署鲁甸通判任内民人周洪被殴身死，三参限满开接缉不力职名一案，未准部覆。其云南县员缺，系升补所遗，例得以试用人员署理，另容选员具题。合并陈明，伏乞皇上睿鉴训示。谨奏。

朱批：该部议奏。

（《宫中档乾隆朝奏折》第四十一辑，第 500 ~ 501 页）

2046　大学士仍管云贵总督昭信伯李侍尧、云南巡抚裴宗锡 《奏请裁冗设之昆阳州海口州同折》

乾隆四十二年十二月二十一日

大学士仍管云贵总督昭信伯臣李侍尧、云南巡抚臣裴宗锡跪奏：为请裁冗设之州同，以专责成事。

窃照云南府属昆阳州海口地方，为昆明、呈贡、晋宁、昆阳四州县下游，宣泄滇池之水，两岸沙石，每当夏雨冲入河中，易于填塞，即恐倒灌内河，为害田亩。雍正九年，前督臣鄂尔泰于修浚海口案内，题请专设州同一员，以司疏浚事宜，并定年额银二百两，为岁修之用。但自设立以来，除修理河务之外，终年无所事事。而该州同并不管辖村庄，额设书役无多，一切顾夫办料，未免呼应不灵，转滋掣肘。微员年俸有限，每年领项修浚，恐未必工归实用，尽合章程，以致旋浚旋淤，河流不能通畅。本年夏间雨水稍多，城乡间有漫溢，经臣等恭折奏明，挑挖河道，亲诣海口勘查，目击该处烟户零星，山高箐密，州同驻扎，实属闲曹，办理岁修，究不若地方正印官之易于集事。况海口相距昆阳州治仅止三十五里，该州事务本简，兼管无难。

伏思设官分职，必须名实相孚，庶无冗滥。与其素餐备位，徒有虚名，莫如去冗节浮，可期实效。应请将海口州同裁汰，岁修河务，归并昆阳州知州管理，以重责成。如蒙俞允，所有现任州同苏椿，人尚勤慎，仍请留滇，遇有相当缺出，另行补用。其原设海口州同书役，酌留二名经理工程文案，年支俸银、役食银两归款报拨，衙署并原给关防，统俟部覆至日，分别饬变缴销。是否有当，臣等谨合词恭折奏请，伏乞皇上睿鉴训示。谨奏。

朱批：该部议奏。

（《宫中档乾隆朝奏折》第四十一辑，第 501 ~ 502 页）

2047 大学士仍管云贵总督昭信伯李侍尧

《再次奏报遵旨查办逆书〈字贯〉情形折》

乾隆四十二年十二月二十一日

大学士仍管云贵总督昭信伯臣李侍尧跪奏：为遵奉谕旨，再行恭折覆奏事。

窃臣于本年十一月二十九日，接奉廷寄二道，令将江西逆犯王锡侯所造《字贯》一书严查，解京销毁，当即会同抚臣裴宗锡将现在查办情形恭折奏闻在案。

兹臣于十二月十二日，复接大学士公阿桂、大学士于敏中字寄："乾隆四十二年十一月十八日，奉上谕：朕前此谕，令各督抚查办应行销毁书籍，原因书内或有悖理狂诞者，不可存留于世，以除邪说而正人心。乃逆犯王锡侯所作《字贯》一书，大逆不法，各省俱未经办，及已叠将谕旨饬谕矣。本日，高晋奏应毁书单内亦并无此种，可见外省查办书籍，不过以空言塞责，并不切实检查。昨据海成奏续查《字贯》板片及新刷《字贯》二部，其凡例内庙讳御名一篇，另行换刻，与初次奏到之本不同。可见该犯亦自知悖逆，潜行更改，而海成已见其初刻，尚称其书无悖逆之词，实属天良澌灭，全不知有尊君亲上之义，是以降旨将海成革职，交刑部治罪。至江宁省城，与江西相隔不远，该逆犯初刻《字贯》之本，断无不传至江宁之理。高晋等此次查办应毁书籍，何以未将此等大逆之书列入？岂止查旧人著作，而于现在刊行者转置不问耶？着传谕高晋，即饬属通行访查，如有与《字贯》相类悖逆之书，无论旧刻新编，俱查出奏明，解京销毁。如有收藏之家此时即行缴出者，仍免治罪。若藏匿不交，后经发觉，断难轻宥，即该督抚亦难辞重谴矣。并着传谕各督抚一体遵照妥办，毋稍疏漏干咎。将此通行谕令知之。钦此。"

伏查逆犯所造《字贯》一书，既有初刻及续刻两种，其刷印流播，断不止现在缴呈之数部。诚如圣谕，外省查办书籍，不过以空言塞责，并不切实检查，以致不法字迹得以滋蔓流传，实堪痛恨。查黔、滇二省所行书籍，俱从楚南运至，而楚省与江西接壤，一切书籍，俱盛行江西字板，是《字贯》一书，或已潜行边徼，亦未可定。现在饬令黔、滇各地方官，照臣前次所奏办理情形，严密访查，无论《字贯》新旧二刻及此外有无悖逆等书，一经查出，概行解京销毁。倘此次严饬之后，地方官仍敢视同故套，不肯实力查办，并收藏之家不行立即呈缴，则是伊等自取重戾，臣断不敢稍存姑息，致干咎谴。

谨再会同抚臣裴宗锡合词覆奏，伏乞皇上睿鉴。谨奏。

朱批：览。

（《宫中档乾隆朝奏折》第四十一辑，第 502~503 页）

2048　大学士仍管云贵总督昭信伯李侍尧
《奏报遵旨考验降革武弁折》
乾隆四十二年十二月二十一日

大学士仍管云贵总督昭信伯臣李侍尧跪奏：奏为遵旨考验降革武弁，恭折奏明，酌量委用事。

窃臣前准部咨："钦奉谕旨，命臣承缉木邦失事案内逃兵未获降调之千总，送部引见。把总、外委，各员调齐验看，择其年力壮盛、弓马可观、尚堪驱策者，酌量以原官委用。钦此。"当即转行遵照。去后，除千总陆续行调，给咨送部引见，恭候钦定外，查自乾隆三十八年起，至四十一年止，滇省各标营革任把总、外委二十六员，内病故二员，因病不能赴考者四员，此外二十员，经臣逐一考验，年力、弓马堪以造就者十五员，理合恭折奏明，分别补用。其弓马生疏、不堪驱策者五员，谕令各归本籍。谨将堪用各弁另缮清单，敬呈御览，伏乞皇上睿鉴。谨奏。

朱批：该部知道。

（《宫中档乾隆朝奏折》第四十一辑，第504页）

2049　大学士仍管云贵总督昭信伯李侍尧
《奏报查明边隘江楚游民情形折》
乾隆四十二年十二月二十一日

大学士仍管云贵总督昭信伯臣李侍尧跪奏：为查办边隘江楚游民，仰祈睿鉴事。

窃查外省客民寄住滇境，江西、湖广人为多，而易于出入边隘，与外夷暗通商贩，亦惟此两省民人为甚。本年四月间，经臣会同臣阿桂酌定，分别办理章程，奏蒙恩准在案。嗣臣时时饬令沿边各地方严加侦缉，旋据潞江、缅宁等处陆续盘获江楚游民四五起，俱系潜赴边隘，形迹可疑，禀报到臣。

查外省民人来滇生理，随处可以谋食。乃舍内地民居稠密之区，潜赴边隘，其非安分之人可知。臣即提至省城，一一究问，除审无别故，递回原籍安插外，其有携带货物远赴边境，保无意图私贩出关情事，必须严切跟查，照春间奏定章程，分别究处。

臣此次巡阅永昌一带，面谕腾越州知州吴楷，历年江楚民人错处，该州境地为数独多，令其将查有男妇家口，业经编入保甲者，好为安抚，随时稽查外，其有游手好闲、踪迹诡秘之人，若地方官查察稍疏，即恐于山径丛杂处所窜逸出关，暗通消息，取悦外夷，为牟利营生之计，均未可知。饬令该州以清查保甲为名，不动声色，密查办理。兹据该州知州吴楷禀称："于该州地面及各土境内，访有江楚游民饶乾万、余孔怀等四十一名，俱系单身游食，毫无亲族依傍，在各村寨中出入无定，恐将来有偷越边关、不法等事，具禀前来。"臣已檄令妥协解省办理，如查无违犯别项情事，即递交江楚原籍收管，毋许出境滋事。如此，庶寄籍客户得照常安业，耳目不致生疑，而游荡单丁知现在清厘，闻风亦当裹足，似于边隘禁防较有裨益。

所有查办江楚游民情形，谨据实缮折陈奏，另缮名单恭呈御览，伏乞皇上睿鉴训示。谨奏。

朱批： 好。知道了。

（《宫中档乾隆朝奏折》第四十一辑，第 505～506 页）

2050　大学士仍管云贵总督昭信伯李侍尧《奏报拿获奸民进口探听内地消息，讯供解京折》
乾隆四十二年十二月二十八日

大学士仍管云贵总督昭信伯臣李侍尧跪奏：为拿获奸民进口探听内地消息，讯供解京，仰祈睿鉴事。

窃照本年十二月十五日，接提臣海禄来札，并据总兵刘国梁、腾越州知州吴楷禀称："十一月二十七日，把总李有贵在蛮墩卡盘获从外夷进口之内地民人番起云一名。"臣即檄令速即解省。兹据将该犯解到，臣率同司道亲提严讯，该犯初犹言词闪烁，冀图掩饰，加以刑吓，始据供称："系腾越州矣比村人，实年三十六岁，于二十一二岁时，同伊堂弟番必贵潜往木邦所管之猛故、猛卜、底马南、库美等处地方图觅生计，番必贵另往波竜厂烧炭度日。该犯在库美地方娶过夷女，每年交门户银五钱。木邦头目搭波猛将该犯放了押束，免交门户银，每年还赏土银一两，如内地小甲之类。遇缅子头目经过，该犯催办饭食，征收草料。近因缅子与暹罗打仗，所有离木邦两站之腊戍地方旧有缅兵五百名，俱已调去，只留五十名在彼。恐天朝进剿，不能抵敌，经搭波猛及在美、木收税之头目线管猛商量，令该犯暗赴张凤街打听消息，从邦中山小路进来。十一月二十五日，该犯到了张凤街。二十七日，走到蛮墩，就被盘获。"等供。

臣查该犯以内地民人潜逃外夷，居住多年，充当小头目，听候匪夷使唤，已属罪不容诛。今又胆敢为搭波猛等差遣，蓦地进口察听进兵消息，仍思出口回报，图获赏给银两，不法已极，且其所供缅地情形，总有含糊支饰。因系紧要重犯，若刑求过严，恐一时难以解京。是以一面录取供词，恭呈御览，一面委员小心妥速管解进京，请旨交军机处严加究讯，必得缅匪确情。

至该犯供内有据搭波猛及线管猛向伊告知如今困乌葛来管木邦，就是从前投在天朝土司的兄弟，腊月内可到木邦等语。臣思此次臣往腾越边外巡查，探知木邦地方已归绽拉机管理，故夷人呼绽拉机为木邦万。今据称困乌葛来管，与前闻互异，当系该匪夷等以木邦兵力单弱，从前投诚之木邦土司线瓮团现在内地，恐告知木邦地势虚实，为大兵向导，乘机进剿。是以诡称缅子用伊弟困乌葛管理木邦，则内地必疑线瓮团而不用，或竟置之于法，冀以此作反间之计，亦未可知。臣已密札大理府就近询问线瓮团，曾有弟困乌葛留在缅地与否，如果有困乌葛其人，并询其在缅地系何职分，缅子从前相待何如，亦可略识狡狯端倪。

又据供："缅子在官屯、腊戍、戛鸠、猛拱等处调兵约有二万人，与暹罗打仗，看来胜不得暹罗。"等语。是木邦等处现在兵少，畏惧内地进剿，自属实情。若内地不动声色，故示镇静，则缅匪明知内地不复加兵，转得一意抵御暹罗，且进口之番起云虽经拿获，保无另有汉奸暗通消息，使之放心撤调各处缅兵前赴暹罗，竟可无所瞻顾，遂其奸智，亦当有以潜夺其谋。臣现在札知提臣及出防之镇协各将，于沿边一带驻扎地方，日逐施演枪炮，扬播军威，并令腾越州知州声言采买粮石，预备军储，俾该匪闻风，刻刻提防，悚息不宁，亦似可以迫其畏惧，输诚之意。除盘获奸民之把总李有贵赏给缎匹，及协拿兵役酌给银两，以示鼓励外，并檄饬各该处弁兵加紧严查，毋许稍有懈弛，致干重谴。再查番起云情罪重大，臣现饬腾越州查明该犯有无亲属，严加拘禁，静候谕旨办理。

所有拿获奸民番起云，讯供解京，及臣现在办理情形，谨缮折由四百里驿递具奏，伏乞皇上睿鉴训示。谨奏。

朱批：所办皆合机宜，余有旨谕。

（《宫中档乾隆朝奏折》第四十一辑，第 568～569 页）

2051 大学士伯管云贵总督李侍尧、云南巡抚裴宗锡《奏报委署知府折》

乾隆四十三年正月十三日

大学士伯管云贵总督臣李侍尧、云南巡抚臣裴宗锡谨奏：为委署知府，循例奏闻事。

窃照知府缺出，遴员委署，例应随时具奏。兹云南曲靖府知府五德，因前在江苏常州府任内失察属员，混行出结，部议降一级调用。奉旨着臣等出具考语，送部引见，所遗曲靖府员缺，应即委员接署。

伏查该府地处冲繁，且有督催铜运、经管铸局之责，必须委署得人，方克无误。臣等公同商酌，查有迤东道白玠，前曾暂摄曲靖府印务，本系办理熟手，堪以仍委兼摄。除饬委外，理合循例恭折奏闻，伏乞皇上睿鉴。谨奏。

朱批： 该部知道。

（《宫中档乾隆朝奏折》第四十一辑，第 663～664 页）

2052　云南巡抚裴宗锡《奏报滇省续得雨雪折》
乾隆四十三年正月十三日

云南巡抚臣裴宗锡谨奏：为奏闻事。

窃照滇省地方上年冬雪普沾、春花滋茂情形，经臣节次具奏在案。

兹查腊底正初，续据远近各属禀报得雪多次，积厚不等，甚为优渥。立春以来，省城又连得膏雨入土，倍臻透润。似此腊雪春霖顺时叠沛，二麦南豆弥见长发青葱，可卜丰收有望。现在粮价称平，民夷乐业，边境亦极安恬。臣谨恭折奏闻，伏乞皇上睿鉴，并将上年十二月分通省市粮时价，另缮清单敬呈御览。谨奏。

朱批： 知道了。

（《宫中档乾隆朝奏折》第四十一辑，第 668～669 页）

2053　云南巡抚裴宗锡《奏报陕省委员办运滇铜扫帮出境日期折》
乾隆四十三年正月十三日

云南巡抚臣裴宗锡谨奏：为陕省委员办运滇铜扫帮出境日期，循例奏闻事。

窃照各省委员赴滇采办铜斤，往来俱有定限。钦奉上谕："嗣后到滇办运开行，即着该抚具奏，如有无故停留贻误者，即行指名参究。"等因。钦遵在案。

兹据布政使孙士毅详称："陕西委员洋县知县崔象豫，采办万象等厂正余铜二十一万二千一百斤，金钗厂正耗余铜一十七万三千六百斤，以乾隆四十二年二月初八日，该委员领足金钗厂铜斤之日起，限除小建四日外，扣至十二月十八日限满。今于十一月初六日，全数运抵剥隘，扫帮出境，正在限内，并未逾违。"等情。详请核奏前来。臣覆查无异，除飞咨广西、湖南、湖北、河南、陕西抚臣转饬接替，催儹赶运，依限交收，并咨明户部外，所有陕西委员崔象豫办运铜斤扫帮出境日期，理合恭折具奏，伏乞皇上睿鉴。谨奏。

朱批：览。

（《宫中档乾隆朝奏折》第四十一辑，第 669 页）

2054　云南巡抚裴宗锡《汇奏藩库实存银数折》
乾隆四十三年正月十三日

云南巡抚臣裴宗锡谨奏：为汇奏藩库实存银数事。

案照各省藩库存贮银两，例于岁底通行查核，按年按款，详细登明实数，开单缮折具奏，并造册送部备查等因，遵照在案。

兹据云南布政使孙士毅详称："乾隆四十二年分，滇省藩库实存银两，截至岁底，止现存银二百六十四万一千六百八十一两零，内除酌留经费并留存办公等银一百二万二千二百一十七两零，应留封贮、急需等银四十八万五千三百四十二两零。又已经报部酌拨，尚未奉准拨用，内又续经借动外，实存银两一百六万三千七百八两零，实应存酌拨银七万四百一十二两零。"开造清单细册，详请具奏前来。臣逐一复核，均属相符。除册送部，并另开清单恭呈御览外，理合缮折具奏，伏乞皇上睿鉴。谨奏。

朱批：览。

（《宫中档乾隆朝奏折》第四十一辑，第 670 页）

2055　大学士仍管云贵总督昭信伯李侍尧、云南巡抚裴宗锡
《奏请以元江直隶州知州宋惠绥署顺宁府知府，
遗缺以陆凉州知州韩濂升署折》
乾隆四十三年正月十五日

大学士伯管云贵总督昭信伯臣李侍尧、云南巡抚臣裴宗锡跪奏：为边缺紧要，仰恳圣恩升署知府，以资治理事。

窃照云南顺宁府知府佛尼勒，因寄覆彭理书札擅用印信官封，部议降调，遵旨送部引见。所遗员缺，例应在外拣调。

查该府地处极边，幅员辽阔，界连缅境，非精明强干之员，不足以资抚驭。臣等公同藩臬两司悉心遴选，现任知府内，欲求合例堪调者，一时实难其人。惟查有元江直隶州知州宋惠绥，年五十一岁，江苏贡生，捐纳知县，于四川资州任内病痊候补，

赴挑迟误，革职在部，具呈愿赴滇省军营效力，奏蒙恩准，乾隆三十四年四月到滇，留办军需销算，事竣奉旨开复，题补今职，三十九年七月到任，经前署督臣图思德奏升普洱府知府，已蒙恩准，旋奉谕旨："唐宸衡补授普洱府知府，宋惠绥俟引见时再降谕旨。钦此。"复经署督臣图思德将宋惠绥奏留元江本任，声明俟有边地应题缺出，再行请旨在案。该员明练强干，任事实心，边地夷情最为熟悉，以之升署顺宁府知府，洵堪胜任。其所遗元江直隶州知州，亦系烟瘴调缺，现无可调人员。查有陆凉州知州韩濂，年四十九岁，正蓝旗汉军，由工部笔帖式历任湖北沔阳州州同，推升今职，乾隆三十八年十一月到任。该员年强才裕，办事认真，以之升署元江直隶州，实属人地相宜。

惟该二员本任历俸均未满年限，与例稍有未符。臣等谨遵人地相需之例，专折奏请。合无仰恳天恩，俯念员缺紧要，准以宋惠绥升署顺宁府知府，韩濂升署元江直隶州知州，不特该员等感激鸿慈，自必益加奋勉，臣等亦得借收臂指之效，于边郡地方实有裨益。如蒙俞允，另容给咨送部引见，恭候钦定。仍俟扣满年限，再请实授。至陆凉州员缺，系升补所遗，例得以试用人员署理。应俟韩濂准升之后，另行拣补。合并陈明。

再宋惠绥、韩濂参罚均在十案以内，另缮清单敬呈御览。臣等谨合词恭折具奏，伏乞皇上睿鉴训示。谨奏。

朱批：该部议奏。

（《宫中档乾隆朝奏折》第四十一辑，第 676 ~ 677 页）

2056　大学士仍管云贵总督昭信伯李侍尧
《奏报滇黔两省雨雪情形折》
乾隆四十三年正月十五日

大学士仍管云贵总督昭信伯臣李侍尧跪奏：为奏闻事。

窃照滇黔两省雨雪、粮价情形，经臣于上年十二月初七日恭折奏报在案。

兹查十二月中下两旬，省城复又得雪数次，通省各属先后禀报得雪，俱积厚一二寸至三四寸不等。询访农民，均称滇南冬雪，有益春花，数年来从未有此沾足。盖南方地气发舒，豆麦易于出土，得雪滋培，质厚根坚，收成分外丰稔。岁底天色晴霁，渐交春令，气候温和，舆情欢畅，新年景象，物阜民熙。本月十二日，又得及时春雨，现在云南省城中，米每仓石价银一两八钱八分，各属粮价高下不等，均属中平，并无昂贵。黔省十二月分，据报得雪深透，豆麦发生，粮价平贱，闾阎交庆。两省兵民乐业，边境敉宁，实足上慰慈怀。理合恭折具奏，伏乞皇上睿鉴。谨奏。

朱批：知道了。

（《宫中档乾隆朝奏折》第四十一辑，第 677~678 页）

2057　大学士仍管云贵总督昭信伯李侍尧、云南巡抚裴宗锡《奏报遴员署理迤南道道篆折》

乾隆四十三年正月十五日

大学士仍管云贵总督昭信伯臣李侍尧、云南巡抚臣裴宗锡跪奏：为循例奏闻事。

窃照道府等官员缺，例应一面委署，一面奏闻。前因云南迤南道王銮降调，经臣等行委署普洱府知府张遐龄兼署，恭折具奏在案。兹张遐龄据报染患疟疾，医治不愈，于乾隆四十二年十二月二十一日在署身故，应俟开印后，照例具题。

查普洱逼近夷疆，急需大员弹压。当即行委道属之临安府知府德起，就近驰赴署理道篆。其张遐龄原署之普洱府知府，查有署思茅同知严秉璩，堪以就近兼署。除分别委署外，理合恭折奏闻，伏乞皇上睿鉴。谨奏。

朱批：该部知道。

（《宫中档乾隆朝奏折》第四十一辑，第 679 页）

2058　大学士仍管云贵总督昭信伯李侍尧《遵旨覆奏滇省铸出钱文搭放兵饷情形及调配流通折》

乾隆四十三年正月十五日

大学士仍管云贵总督昭信伯臣李侍尧跪奏：为遵旨查明覆奏事。

窃照滇省放给兵饷，向例银七钱三，每两以一千二百文为率。嗣因省城钱文壅积，议请加搭二成，历年遵办在案。

年来钱价递贱，各府市价每银一两换钱自一千二三百文至一千五百文不等，若照例以一千二百文搭放，兵丁暗中亏折，且各营赴局领钱，内有相距较远者，糜费脚价，赔折尤其。经大学士公阿桂会同臣恭折奏请，嗣后市价每两换钱一千二百文以内，照向例搭放，如在一千二百文以外，照数悉给银两，不准搭放钱文。部议："设炉鼓铸，原为搭放兵饷，兼以流通市肆，或钱价低昂不一，不得不设法调剂，要期兵饷、钱法两无妨碍。奏明交臣，将裁存新旧炉座，岁共铸钱若干搭放兵饷，市价在一千二百文以外，应行停止。约可余剩钱若干，有无别项支用，不致局钱壅积、有碍流通之处，通盘筹酌，具奏到日再议。"奉旨："依议。钦此。"钦遵行知到滇，当即行司确查妥议。去后，兹据布政司孙士毅会同按察使汪圻、护驿盐道永慧查明，详覆前来。

臣覆查新炉五十座，旧炉五十座，除省局二十五炉停止加卯外，其余七十五炉各加半卯，每年共该铸钱六十一万七千一百九十四串二百一十六文，内各局支放官役、廉食、物料钱九万七千二百五十四串一百九十六文，又例放驿铺、饩廪、祭祀及拨供省局、宁台厂加增铜脚，共钱三万一千余串外，余钱四十八万八千九百四十串有奇，除东川府钱价每两止一千二百文，所有东川营兵饷仍照例三成搭放钱八千八百五十余串外，尚余钱四十八万九十串有奇。查铜铅各厂，皆在万山之中，不近城市，钱价昂贵，市侩居奇，是以汤丹、碌碌各厂奏明，于东川局加搭钱文，厂民深受利益。向因铸钱无多，留供兵饷，未能普请加搭。今局钱年有余剩，自当一体搭给附近钱局、铜铅厂地，按其领本多寡，以银六钱四搭放，可放钱三十四万二千七十余串。此外，如东川、寻甸辇运铜斤，各铅厂运铅赴局，并广南、开化二府属运销广东场盐，在在需钱零用，一律搭放三成，可放钱五万九千二百四十余串。又附近省城、大理二局之黑盐等井，酌量情形，可搭放钱二万五百串。

以上共可搭放钱四十二万一千八百一十余串，统照兵饷之例，每两给钱一千二百文，于藩司、盐道衙门应放铜铅工本、盐薪并运脚银内扣收归款。仅存五万八千二百八十余串，为数无多，不难易换解司。将来市价如在一千二百文以内，近局标营即可仍照旧例一千二百文搭放。是兵饷现虽停搭，而局钱原自流通，并无壅积贯朽之患。除将搭放细数造册咨部外，臣谨会同云南巡抚臣裴宗锡合词恭折具奏，伏乞皇上睿鉴，敕部核覆施行。谨奏。

朱批：该部议奏。

（《宫中档乾隆朝奏折》第四十一辑，第 680～681 页）

2059 大学士仍管云贵总督昭信伯李侍尧、云南巡抚裴宗锡《奏请以元谋县知县庄宝璓调署宝宁县知县折》
乾隆四十三年正月十五日

大学士仍管云贵总督昭信伯臣李侍尧、云南巡抚臣裴宗锡跪奏：为奏请调署要缺知县，以裨地方事。

窃照云南广南府宝宁县知县徐沅丁忧员缺，接准部咨，拣员调补。查该县系附郭首邑，界连交阯，汉夷杂处，最为紧要，且各省采买铜斤，皆由宝宁辇运出境，稽查、催儹事务较繁，必得勤能明干之员方足以资料理。

臣等公同藩臬两司，于通省知县内逐加遴选，非现居要缺，即人地未宜。惟查有元谋县知县庄宝璆，年四十一岁，江苏贡生，捐纳知县，选授今职，于乾隆四十一年十一月到任。该员明白安详，办事勇往，任内并无参罚，以之调署宝宁县知县，实堪胜任。惟历俸未满三年，与例稍有未符。臣等谨遵人地相需之例，专折奏请，如蒙俞允，仍俟接扣俸满，另题实授。其元谋县缺系调补所遗，例得以试用人员署理，部覆至日，再行请补。

再照庄宝璆以现任知县对缺请调，无庸送部引见。合并陈明，伏乞皇上睿鉴。谨奏。

朱批：该部议奏。

（《宫中档乾隆朝奏折》第四十一辑，第 682~683 页）

2060　云南巡抚裴宗锡《汇奏乾隆四十二年分滇省各属承缉窃案数目并核其功过折》

乾隆四十三年正月十七日

云南巡抚臣裴宗锡谨奏：为汇奏窃案功过事。

窃照地方官承缉窃案，其记功记过最多者，例于年底开具清单，分别功过次数陈奏。凡统计一年内报窃之案，能拿获及半者，免其记过，亦毋庸记功。其获不及半者，按未获案数，每五案记过一次。有能于拿获及半之外复有多获者，每五案记功一次。俱以次递加等因，遵行在案。兹据云南按察使汪圻，将乾隆四十二年分滇省各属承缉窃案查明，汇详前来。

臣查乾隆四十二年分，昆明县报窃十案，全获七案，未获三案，计其拿获及半之外，多获案数未至五案，应照例免其记过，亦毋庸记功。又南宁县报窃二案，全获一案，未获一案。宾川州报窃二案，全获一案，未获一案，均已拿获及半，应免记过。又平彝县报窃三案，虽经全获，例不记功。此外，各厅州县已未拿获窃案，每属仅只一案，皆不及记功、记过之数，毋庸开列清单。相应循例缮折汇奏，伏乞皇上睿鉴。

再滇省现无拿获新旧多盗要犯及邻境盗犯，应行保送者，亦无强劫频闻，又不严缉捕获，有干参处之员。合并陈明。谨奏。

朱批：知道了。

（《宫中档乾隆朝奏折》第四十一辑，第 701~702 页）

2061　云南巡抚裴宗锡《汇奏乾隆四十二年分滇省遣犯脱逃、拿获数目折》

乾隆四十三年正月十七日

云南巡抚臣裴宗锡谨奏：为汇奏遣犯脱逃、拿获事。

乾隆二十八年七月初五日，奉上谕："嗣后各省将一年内发遣新疆人犯，查明有无脱逃及已未拿获之处，于年终汇折具奏。钦此。"又于乾隆三十三年正月二十八日，奉上谕："积匪猾贼，本系免死发遣，虽经改发烟瘴，仍与发遣乌鲁木齐无异。遇有此等遣犯，脱逃者均照例即行正法。嗣后各省，并着于年终，将有无脱逃及拿获几犯之处汇折具奏。钦此。"钦遵在案。

臣查乾隆四十二年分，滇省并无仍发新疆人犯，只有停发新疆、改发极边烟瘴遣犯十名：樊锦云、张老三即张者彩、蒙朝凤、蒙正梅、蒙正雄、陶育、杨立茶、七哥目普茶七、黄昏、刘勤，俱经陆续起解出境，并无在途脱逃。又别省停发新疆、改发来滇遣犯，在配脱逃者黄贤章、庞家娃二名，均经先后奏明，飞咨通缉，现在尚未拿获。惟续获旧案，脱逃遣犯霍遂即霍术山、王渊二名，业已审明，照例正法，奏咨在案。此外，各属在配遣犯，并无脱逃及拿获之犯。兹据云南按察使汪圻具详前来，臣谨循例汇奏，伏乞皇上睿鉴。谨奏。

朱批：知道了。

（《宫中档乾隆朝奏折》第四十一辑，第702页）

2062　云南巡抚裴宗锡《汇奏乾隆四十二年分滇省各属新旧盗窃已未拿获折》

乾隆四十三年正月十七日

云南巡抚臣裴宗锡谨奏：为汇奏盗窃各案已未拿获事。

窃照各省盗案，除按限查参，照例汇题外，例于年终，将某县新旧盗案几件，能获几件，逐县开列清单，恭呈御览。至地方官承缉窃案，亦于年底开单陈奏等因，遵行在案。兹据云南按察使汪圻，将乾隆四十二年分各属新旧盗窃等案已未获犯各数开单，汇详前来。

臣查乾隆四十二年分，各属新报在途被抢、白昼被劫、被盗之案四起，内全获一起，获犯七名；获破一起，获犯八名，未获伙犯五名；全未获者二起。旧盗案七起，内原获破旧案六起,未获余犯十三名;全未获者一起。以上各案,俱经按限分别查参。又各属具报窃案二十六案,内已经全获者十六案,共获犯二十五名口;获破三案,获犯七名,未获余犯九名;全未获破者七案,其中有窃赃百两及满贯之案,均例有承缉处分,现亦按限分别查参。除将未获盗窃各案饬属上紧缉拿外,所有乾隆四十二年分新旧盗窃、已未拿获各数,理合循例开列清单,敬呈御览。臣谨具奏,伏乞皇上睿鉴。谨奏。

朱批: 该部知道。

(《宫中档乾隆朝奏折》第四十一辑,第703页)

2063 云南巡抚裴宗锡《汇奏乾隆四十二年分滇省新旧命盗各案已未审结折》

乾隆四十三年正月十七日

云南巡抚臣裴宗锡谨奏:为汇奏命盗各案已未审结事。

窃照各省审理命盗案件,上年旧案及本年新事已完未完案数,例于年终开单,并将未完之案因何未经审结缘由,声明汇奏。兹据云南按察使汪圻将乾隆四十二年分审理新旧命盗各案,分晰已结未结,具详前来。

臣查滇省汇奏已未审结案数,向年新事俱截至九月为止,其十月以后之案,归入次年汇报。今查乾隆四十一年未结旧案十一件,四十二年新案,截至九月底止,共报命盗案一百件,连旧案,共计一百十一件,已于本年审结新旧案八十三件,尚有未结新案二十八件,现在限内,均未逾违。除饬催审解外,所有乾隆四十二年分滇省命盗各案已未审结案数,理合循例汇奏,并另开清单,恭呈皇上睿鉴。谨奏。

朱批: 该部知道。

(《宫中档乾隆朝奏折》第四十一辑,第704页)

2064 大学士伯管云贵总督李侍尧、云南巡抚裴宗锡《奏报滇省盐课悬数未完,亟宜分年清款,以重帑项折》

乾隆四十三年二月初三日

大学士伯管云贵总督臣李侍尧、云南巡抚臣裴宗锡谨奏:为盐课悬数未完,亟宜分年清款,以重帑项,仰祈睿鉴事。

窃照滇省盐课项下，有节年民欠未完银二十二万八千两有零，前署云南抚臣图思德奏请分作五年带征全完，经部议，令彻底查明，逐一分晰具奏。遵即严切行查。据各该管道、府查明结报，委系实欠在民，臣等已会折奏覆在案。

　　惟思课款虚悬，攸关帑项，既宽期以纾民力，宜按限以重责成。伏查民贩积欠至二十二万两之多，就分限五年而论，每年尚应追银四万四千两有零，倘不责令分年赔缴，恐地方官以统限计有五年，后任接手，便可卸肩，必致观望迁延，承追不力。迨至日积日多，后来愈难完缴，势必借口民艰，详请展限，将定期五年，仍属有名无实。现查自四十二年四月迄今，仅收回银一万二千两有零，转瞬届满一年，断不能完四万四千两之数。是地方官之不能实力催追，已有明验。臣愚，应请饬令承追之各该州县，若限满一年追不足数，即责令如数赔缴，以清年款。如该员偶因事故离任，亦可按其在任月日，将承追未足之数勒令分赔，庶各该员咸知无可委卸，上紧催缴，不敢稍事因循。抑臣等更有请者，民贩积欠，事已隔越数年，其中岂无物故逃亡、无可着追之户？揆厥所由，咎不在承追，而在滥放。此项无着积欠，自应着落并不详慎之原放人员照额赔补，以昭平允。但思与其俟完案之时清厘无着之户，致使帑项久悬，莫若及早令该管道府详悉查明，将此项无着积欠，责令经放人员先为呈缴，则课帑既可早归，无着亦有定数，承追州县势不能以后来续有逃亡物故委卸于前，于事理较为实在。

　　至承追各该员赔缴足数，如以官项既完，不复清理民欠，恐相率效尤，转启边黎习抗之风，不可不防其渐。应请仍令随时按户催追，归还赔缴之员，似于课项、鹾政均可肃清无弊。应否如此办理，伏祈皇上睿鉴训示。谨奏。

　　朱批：该部议奏。

（《宫中档乾隆朝奏折》第四十二辑，第16～17页）

2065　大学士伯管云贵总督李侍尧、云南巡抚裴宗锡《奏报查明滇省节年堕销盐斤应征课款数目及承办官并无那移情弊折》

乾隆四十三年二月初三日

　　大学士伯管云贵总督臣李侍尧、云南巡抚臣裴宗锡谨奏：为查明具奏事。

　　窃照前署云南抚臣图思德奏明节年堕积未销盐斤应征课款银两，请分作八年带销。折内声明尚有民贩未完银二十二万八千一两零，请分限五年带征全完之处，经户部以此项盐斤原系各州县开设官店，转发民贩零星销售，限月缴课，官为经理，或因盐斤壅滞，一时未能售卖，逐渐拖欠，亦事所必有。承办官果能实力催追，自可陆续完缴，何致事隔数年尚有未完？恐其中承办官不无那移饰混等弊，议令臣等彻底查明，逐一分晰，具奏到日再议等因。奉旨："依议。钦此。"咨行到滇。当经臣等檄饬藩司，移会盐道，率同各该管巡道、府、州彻底清查，据实结报。去后，兹催据布政使孙士毅，会同本任驿盐道沈荣昌、现护驿盐道永慧详称："查前项民贩积欠未完银两内，截至乾隆四十一年奏销之日止，收完银九千一百八两零，业于该年奏销案内入册造报；又自奏销后，截至四十二年十一月十四正、署盐道交代之日止，续收银三千二百八十四两零，二共收完银一万二千三百九十三两零，实未完银二十一万五千六百八两零。现经该管巡道暨云南、曲靖、大理、楚雄、澄江、武定、广西、临安、永昌、永北、蒙化等府厅州各查明所属州县、州判、县丞，此项未完银两委系实欠在民，只缘历任经督各官不能实力催追，因循年久，以致积欠未完，并无承办官那移、饰混情弊。"取结、加结，由该司、道确核，详请具奏前来。

臣等覆查，前项民贩未完银两，既据清查结报，委皆实欠在民，其中承办之员并无那移饰混情弊。应请仍照原奏分限五年带征，核定每年应完分数，按限征解，计入考成。如每年征不足数，照例参处。倘五年限满，尚未全完，亦即照原奏，于原放、承追各官并该管上司名下分赔，以清课款而重鹾政。所有臣等查明缘由，理合恭折覆奏，伏乞皇上睿鉴，敕部议覆施行。谨奏。

朱批：该部议奏。

（《宫中档乾隆朝奏折》第四十二辑，第18～19页）

2066　大学士仍管云贵总督昭信伯李侍尧《奏报龙陵协副将罗江鳞、昭通镇左营游击刘之仁愿将本身、妻室应得封典貤封曾祖父母，循例代奏折》

乾隆四十三年二月初三日

大学士仍管云贵总督昭信伯臣李侍尧跪奏：为遵例据情代奏，恭恳圣恩俯准貤封事。

据云南龙陵协副将罗江鳞、昭通镇左营游击刘之仁呈称："乾隆四十二年五月初二日，钦奉恩诏，内外臣工俱准给与封典。该员等按照现任品级，例得请封二代。兹愿将本身、妻室应得封典貤封曾祖父母，恳请据情代奏。"等情。

臣查定例：武职副将以下情愿貤封者，详报督抚核明汇奏。该员等呈请貤封，与例相符。除将亲供履历册结另咨送部外，理合恭折具奏，伏乞皇上睿鉴。谨奏。

朱批：有旨谕部。

（《宫中档乾隆朝奏折》第四十二辑，第19～20页）

2067　大学士伯管云贵总督李侍尧、云南巡抚裴宗锡
《奏报查明滇省递送文报俱照定例递送折》
乾隆四十三年二月初三日

大学士伯管云贵总督臣李侍尧、云南巡抚臣裴宗锡跪奏：为遵旨查明奏覆事。

乾隆四十三年正月初九日，接准大学士公阿桂、大学士于敏中字寄："乾隆四十二年十二月十一日，奉上谕：据巴延三奏，平遥县地方遗失所递四川总督文绥报匣，请将该县张大元革职，及该管之上司交部议处一折，已批交该部议奏，并交军机大臣抄录该督等原折，并另装报匣发去矣。其所失报匣、原折，该抚务须饬属挨查务得，即匣已破损，亦须追出呈缴，断不可因畏罪回护，以致迷失无踪也。至各省驰送马递公文，向用马夫二人同递，以防途中惊跌。该省何以不照例办理？或向系如此，抑系此次短少一人，亦着巴延三查明具奏。并着传谕各督抚详查该省各驿站驰递文报，是否按例差遣两人，如有止派一人者，俱着查明，照例妥办，仍各据实覆奏。将此遇各督抚奏事之便，传谕知之。钦此。"遵旨寄信到臣等。遵即行据云南布政司孙士毅会同护盐驿道永慧查明："滇省递送文报，除督、抚、提、镇差赍奏折自行专差恭进，寻常事件由铺司递送外，凡由驿驰递题奏本章及紧要文报，注明马递字样者，俱照例差马夫二人同递，以防途中事故，历来遵照办理，并无止派一人之事。"呈请覆奏前来。

臣等覆查无异，除严饬该司道转饬管驿州县遵照定例，遇有紧要文报，务选妥当马夫二名同行递送，不致稍有疏失外，缘奉谕旨饬查，所有查明办理缘由，理合恭折奏覆，伏乞皇上睿鉴。谨奏。

朱批：览。

（《宫中档乾隆朝奏折》第四十二辑，第20～21页）

2068　大学士伯管云贵总督李侍尧、云南巡抚裴宗锡
《奏报查明彭理差家人刘升来滇告贷情形折》
乾隆四十三年二月初三日

大学士伯管云贵总督臣李侍尧、云南巡抚臣裴宗锡谨奏：为查明覆奏事。

案准刑部咨：彭理差家人刘升来滇告贷一事，传讯彭理，据供："上年差刘升到云南告借，原因一时乏用，写给云南府永慧等四封书札，此外并无另有告贷书信。所

供是否实情，究系一面之词，仍令臣等就近详细查明报部等因。奉旨：依议。钦此。"

伏查此案，先准广西抚臣吴虎炳咨会，查办到滇，当经臣等以彭理在滇年久，此外有无通那，一面札司严查另覆，一面先行奏闻在案。嗣准部咨，复又严饬详细确查。去后，兹据布政使孙士毅、会同按察使汪圻查明，现任云南府知府永慧借给彭理银一百两，原任东川府已故知府黄应魁借给银一百两，原署昭通府降调知州汪丙谦借给银六十两，俱因彭理旧日在滇，同寅相好，既遣家人刘升持书远来求借，难以推却，故各量力借给。其原任顺宁府降调知府佛尼勒，当日原借过彭理银二百两未偿，因刘升来滇索讨，无力全还，仅付还一百两。此外各属有称到滇在后，与彭理素不认识者，有称彭理在滇时原未交好者，其有旧日同寅相好之处，并未接有告贷书信，实无交付刘升银两。核之彭理在部所供及刘升在粤原供银数，均属相符等情，详覆前来。

臣等复加查察无异，理合恭折覆奏，伏乞皇上睿鉴，敕部查照施行。再佛尼勒呈缴下欠彭理银一百两，业经收贮藩库，应否留滇报拨，抑或拨抵彭理未完公项，听候部议。合并陈明。谨奏。

朱批：该部知道。

（《宫中档乾隆朝奏折》第四十二辑，第21~22页）

2069　云南巡抚裴宗锡《奏报丙申年加运第二起京铜开帮日期折》

乾隆四十三年二月初三日

云南巡抚臣裴宗锡谨奏：为恭报京铜开帮日期，仰祈圣鉴事。

窃照滇省办运京局铜斤，自四川泸州开帮日期，例应奏报。

兹据云南布政使孙士毅详称："丙申年加运第二起委员陈朝书，领运正耗余铜九十四万九百九十一斤零，又带解运员王灏挂欠正耗余铜九万一千九十四斤零，于乾隆四十二年十月三十日，在泸州全数兑足开帮。"等情前来。除飞咨沿途各省督抚催儹前进，依限赴京交收，并咨明户工二部外，所有丙申年加运第二起京铜全数开帮日期，理合恭折奏报，伏乞皇上睿鉴。谨奏。

朱批：览。

（《宫中档乾隆朝奏折》第四十二辑，第24~25页）

2070 云南巡抚裴宗锡《奏报堕误铸息银两请分别着赔折》

乾隆四十三年二月初三日

云南巡抚臣裴宗锡谨奏：为堕误铸息银两，应请分别着赔，仰祈圣鉴事。

窃照滇省钱局，前因复设炉座，并收回一分商铜，加卯广铸获息，以为增添铜价及完缴厂欠之用，业于题报各局鼓铸事宜案内声明，统于乾隆四十二年正月初一日开铸。嗣因现年产铜不敷各局九十一炉之用，尚未一律开铸。复于铸办京运案内，奏明裁撤四十一炉，经部议覆，准行在案。

伏查添炉加卯，原为铸息而设，厂运各员应将所拨铜斤如期赶运，以供局需，不容稍有迟误。今各局自报明开铸之日起，截至该年七月内奉文减炉止，有依期开铸者，有迟至四五月间始行开铸者，甚有竟未开铸者，俱因厂铜运局稽迟，至误卯额，其所短铸息，理当着落厂运各员分别赔补。惟是该年厂铜不能迅速运局，由于铜斤不能敷数，以至开铸日期参差不一，堕误尚属有因，赔息宜加区别。当经行司查办，去后，兹据布政使孙士毅查明，各局堕误铸息，应以各局实在开铸日期为准，如已开铸之后复有堕误，计其应获铸息之数，分别赔补。如铜铅运到，局员堕铸，咎在局员，铜铅未到，咎归厂运各员，责令按数分赔，以昭公允。至未能一律开铸，业于奏案声明，所有未经开铸以前，应请邀免赔补等情，分晰开叙，详覆前来。

臣逐加确核，除省城、大理、保山三局于四十二年正月初一日依限开铸，至七月底止，东川局于五月二十二日开铸，至七月底止正加卯额概无堕误，临安局亦系依期开铸，曲靖局于四月初八日开铸，俱截至七月为止，所有加卯铜斤悉经运足，亦无误卯；又广西局因无铜斤，竟未开铸，均请毋庸置议外，惟临安局十二炉正铸，自正月初一日开铸，至七月底止，应铸二十一卯，今止铸十一卯，堕铸十卯，该铜七万六千七百七十斤，少获铸息银三千二百四十六两三钱三分五厘，系前署建水县事参革经历陈维名堕运翠柏厂铜斤所致。查翠柏厂已经封闭，其存铜原归建水县经管。陈维名既不速为偿运，有误鼓铸，自应着令赔缴铸息。第陈维名现因亏短铜斤，奉旨革审究拟。是该参员名下已有应追之款，倘将来此项应赔铸息完不足数，应请着落并不上紧督催之该管临安府知府名下，按照在任月日计数赔补。又曲靖局十八炉正铸，于四月初八日开铸，至七月底止，应铸十一卯，今铸过八卯，堕铸三卯，该铜三万六千四十斤，少获铸息银一千四百七十一两三钱四分八厘。系因宁台厂员办运不前，大理府转运稽迟，以致局员无铜供铸，所少铸息，应令宁台厂员曹湛及大理府知府张春芳各半分赔银七百三十五两六钱七分四厘。

以上应赔堕误铸息银两，即着各该员按照银数多寡，依限完缴，以示儆戒。臣谨会同大学士伯管云贵总督臣李侍尧合词恭折具奏，伏乞皇上睿鉴，敕部核覆施行。谨奏。

朱批：该部议奏。

（《宫中档乾隆朝奏折》第四十二辑，第 25～27 页）

2071　大学士伯管云贵总督李侍尧、云南巡抚裴宗锡 《奏报重囚越狱，查参失职官员折》

乾隆四十三年二月十六日

大学士伯管云贵总督臣李侍尧、云南巡抚臣裴宗锡谨奏：为参奏事。

窃照图圄重地，理宜严密防范。该管、有狱各官遇有公出，尤当严饬吏卒加谨巡防，难容玩忽从事。讵有管狱官、镇雄吏目陈大用，有狱官、署镇雄州事石屏州知州陆履吉者，该州监禁凶犯吴显寿一名，系湖北兴国州人，因殴伤妻父丁佩身死，审拟斩候具题，尚未准到部覆。今据该署州陆履吉详报："上年十二月二十三日，奉藩司、巡道委赴水站、川省罗星渡、南广一路督催运京铜斤，带印公出途次，接据吏目陈大用具报，该犯吴显寿于本年正月十七日黄昏时候，由监所夹道退脱脚镣、手肘带链，扒墙脱逃。现在星驰回署，分头踩缉。"等情。

臣等查吴显寿系拟斩监候重犯，该吏目陈大用职司狱务，漫不经心，以致重囚越狱，固属罪无可逭。该署州陆履吉，虽越狱之日因公出境，但不严饬典狱官役加意防守，致有疏虞，亦未便因其带印公出，仅照常例参处。随一面开明逃犯年貌、事由，飞咨原籍、邻封等省，并通饬滇省各属一体上紧查拿，以期速获究办，一面批司，详揭请参。去后，兹据臬司汪圻会同藩司孙士毅转据该管道府揭报前来，理合会折参奏，请旨将镇雄州吏目陈大用革职拿问，以便提同刑禁人等，严审有无贿纵及宽松刑具各情弊，从重按拟治罪。署镇雄州事石屏州知州陆履吉，应请即行革职，留于该地方协缉，以示惩儆。至该管之昭通府知府张铭，虽不同城，但未能就近实力督饬严行稽察，致有疏脱，咎亦难辞，相应一并附参，请旨交部议处。其余该管文武各上司，究明禁卒有无贿纵，另行开参。除分别委员前往摘署镇雄州印捕事务，查明陆履吉经手仓库钱粮有无未清另报外，臣等谨合词具奏。

再陆履吉所遗本任石屏州选缺，滇省现有应补人员；陈大用所遗镇雄州吏目，系在外调缺，统容遴员另办。合并陈明，伏乞皇上睿鉴训示。谨奏。

朱批：有旨谕部。

（《宫中档乾隆朝奏折》第四十二辑，第 117～118 页）

2072　大学士伯管云贵总督李侍尧、云南巡抚裴宗锡
《奏报借补大使才不胜任，酌请改教折》
乾隆四十三年二月十六日

大学士伯管云贵总督臣李侍尧、云南巡抚臣裴宗锡谨奏：为借补大使才不胜任，酌请改教事。

窃照云南省分发一等举人试用知县内，有李日曦一员，系河南举人，于乾隆三十七年到滇，经前署总督兼署巡抚图思德题请借补云龙井大使，接准部覆，因委署河阳县印务，尚未赴任。臣等留心察看，该员所属县缺地僻事简，平日办理已觉才短，不能裕如。适本任运铜知县差竣回任，该员卸篆来省，接见之下，询以地方政治，语言蹇涩，应对茫然，非惟民社之司难期称职，即大使一缺，督煎稽私，日有应办事件，亦属才不胜任。但系科目出身，年力未衰，若以教职改补，犹堪课士。

臣等面同商酌，并据司道揭报前来，相应会折奏请，可否将李日曦改归二等举人班内，给咨该员回籍，另以教职铨补之处，恭候谕旨遵行。所遗云龙井大使选缺，滇省现有应补人员，容俟拣选，另请补授。臣等谨合词具奏，伏乞皇上睿鉴训示。谨奏。

朱批： 该部知道。

（《宫中档乾隆朝奏折》第四十二辑，第 118～119 页）

2073　云南巡抚裴宗锡《奏报滇省雨水春花情形折》
乾隆四十三年二月十六日

云南巡抚臣裴宗锡谨奏：为奏闻事。

窃照滇省地方春雨应时，麦豆滋长情形，经臣于新正十三日具折奏报在案。兹自正月望后至二月初旬以来，各属雨水调匀，土膏融润，大小二麦现皆长发青葱，所种南豆正值扬花畅盛，将次结实。此后再得膏泽频沾，更于春收有益。通省市粮时价，虽随地增减不齐，核计均平，并无过昂之处。民情悦豫，气象安恬。理合恭折奏闻，伏乞皇上睿鉴，并将正月分粮价另缮清单敬呈御览。谨奏。

朱批： 知道了。

（《宫中档乾隆朝奏折》第四十二辑，第 124 页）

2074 云南巡抚裴宗锡《奏请循例动给泄水工费，以舒厂力，以裕铜政折》

乾隆四十三年二月十六日

云南巡抚臣裴宗锡谨奏：为奏请循例动给泄水工费，以舒厂力，以裕铜务事。

窃照滇省出产碨砂之区，在在山环水抱，成堂旺碨尤多产自山底，追引寻苗，往下采挖，一经凿通，地穴内有洑泉上涌，外有雨水倒灌，辄致碨道浸坍，碨砂淹没，每有停尖歇采之虞。从前大铜、大兴二厂碨被水淹，获铜较少，曾经前督臣吴达善酌议，于顺宁钱局余铜铸息银内，每年动给银八千两，帮补厂民提水工费，免其扣还。嗣义都一厂提水无赀，经前抚臣汤聘议照大铜等厂之例，每年酌给泄水银三千两，亦于顺宁钱局余息银内动支帮补，均经部议覆准在案。今查大功厂碨硐，采挖日深，泉水涌灌，窝路倒塌，碨砂被淹，艰于攻采。提拉工费浩繁，民力难支，经该厂员曹湛详请，照例每年酌给泄水工费银三千两，俾资办理等情，当即饬司委员查勘。去后，兹据布政使孙士毅饬委大理府知府张春芳亲往确勘："该厂现在出碨较旺之朝阳、狮子、水泄、快发、青龙等五硐，均有积水淹浸，窝路倒塌，必须开修安闸，逐层向上提泄积水，方可攻采。但工费甚大，若不官为帮补，民力殊难支持。所请每年酌帮官项银三千两，实所必需，不敷之数，仍令厂民自行凑办。"等情。由司核议，详覆前来。

臣查大功山厂，自乾隆三十七年开采起，截至四十一年，共办获铜三百九十余万斤，出产尚旺，且系蟹壳高铜，现在添供京运，关系紧要，亟宜调剂，以期日臻丰裕。今该厂出碨较旺之朝阳等硐，采挖日深，地泉上涌，以致碨砂被淹，艰于攻采，厂民乏力提拉，久之必致委弃。既经委堪确实，应请照义都等厂事例，自乾隆四十二年起，每年酌给泄水工费银三千两，帮补厂民提拉工本，仍照例免其扣还，以舒厂力而裕铜务。

至此项银两，未便动支正款。查各局每年铸获余息银两，前于铸办京铜案内声明，酌留临安、大理、保山、广西、曲靖、东川等局炉座铸获余息，计至四十四年底，应余银一十九万三千一百五十余两，除归补厂欠银一十七万八千余两，其余存银，同嗣后年获铸息，收存司库，以备随时调剂之需。今大功厂每年酌给泄水工费银两，应请于前项铸息余存银内动给造报。合并陈明。臣谨会同大学士伯管云贵总督臣李侍尧合词恭折奏请，伏乞皇上睿鉴训示。谨奏。

朱批：该部议奏。

2075　大学士仍管云贵总督昭信伯李侍尧、云南巡抚裴宗锡
《奏请以寻甸州知州吉孔修升署镇沅州知州折》
乾隆四十三年二月十八日

大学士仍管云贵总督昭信伯臣李侍尧、云南巡抚臣裴宗锡跪奏：为烟瘴要缺需员，仰恳圣恩俯准升署，以裨地方事。

窃照云南镇沅直隶州知州汪丙谦告病遗缺，先经臣等请以黑盐井提举张珑升补。接准部覆，以直隶州知州缺出，例应于知州、知县内拣选题升，另选合例人员题补等因。

伏查镇沅州系夷疆烟瘴三年俸满最要之缺，非精明强干、熟悉风土人员，不足以资治理。臣等公同两司悉心遴选，通省州县内，非现居要缺，即人地不宜，或参罚有碍，惟查有寻甸州知州吉孔修，年三十六岁，山西贡生，捐纳知州，选授今职，于乾隆四十二年到任。该员年壮才明，办事谨饬，以之升署镇沅直隶州知州，洵堪胜任。惟历俸未满年限，与例稍有未符。臣等谨遵人地相需之例，专折奏请。合无仰恳皇上天恩，俯念员缺紧要，一时升补无人，准以吉孔修升署镇沅直隶州知州，不惟该员感激天恩，益加奋勉，而臣等亦借收臂指之效，于烟瘴要缺实有裨益。如蒙允准，俟部覆至日，给咨送部引见，恭候钦定。仍照例扣满年限，另请实授。其所遗寻甸州知州，例准以试用人员署理，容俟吉孔修准升开缺之后，另行拣题。臣等谨合词恭折具奏，另缮参罚清单恭呈御览，伏乞皇上睿鉴训示。谨奏。

朱批：该部议奏。

（《宫中档乾隆朝奏折》第四十二辑，第 129～130 页）

2076　大学士仍管云贵总督昭信伯李侍尧、云南巡抚裴宗锡
《奏请以昭通府知府张铭调补普洱府知府折》
乾隆四十三年二月十八日

大学士仍管云贵总督昭信伯臣李侍尧、云南巡抚臣裴宗锡跪奏：为要缺知府亟需干员，仰恳圣恩俯准调补，以裨地方事。

窃照云南普洱府知府，管辖三厅一县暨十三版纳土司，幅员辽阔，逼近缅夷，为极边烟瘴最要之缺，非老成干练之员弗克胜任。

前因唐炰衡升任出缺，经臣等请以丽江府知府张遐龄调补，一面委赴署事，一面恭折奏闻，已蒙特旨允准。兹张遐龄染患瘴疟身故，现已恭疏题报。所有普洱府知府，仍

应在外拣调。

　　臣等公同两司，在于通省知府内详加遴选，非现居要缺，即人地不宜。惟查有昭通府知府张铭，年四十七岁，江西举人，挑发河南，以知县试用，乾隆三十八年，于署夏邑县知县任内拿获邻省盗首，送部引见，奉旨以同知题补，三十九年，补授彰德府通判，四十一年九月，奉旨补授今职。该员才优守洁，笃实勤明，边地情形亦颇留心讲究，以之调补普洱府知府，洵堪胜任。惟历俸未满三年，与例稍有未符。臣等谨遵人地相需之例，专折奏请。合无仰恳圣恩，俯念员缺紧要，准以张铭调补普洱府知府，庶边疆郡守得人，于地方实有裨益。如蒙允准，该员系对品调补，毋庸送部引见。所遗昭通府知府，系请旨简放之缺，应听部臣请旨。臣等谨合词恭折具奏，另缮参罚清单恭呈御览。

　　至张遐龄所遗丽江府本缺，另容拣员请补。合并陈明，伏乞皇上睿鉴训示。谨奏。

　　朱批：该部议奏。

（《宫中档乾隆朝奏折》第四十二辑，第 130～131 页）

2077　大学士仍管云贵总督昭信伯李侍尧、云南巡抚裴宗锡
《奏报审明虚报铜数之铜厂委员，按律定拟折》
乾隆四十三年二月十八日

　　大学士仍管云贵总督昭信伯臣李侍尧、云南巡抚臣裴宗锡跪奏：为审明定拟具奏事。

　　窃照铜厂委员钟作肃、张时中、陈维名等，报收起运京铜均不足额，据报存厂未运之数各有十余万斤，屡催不解，每旬收铜若干，亦未列折报查，显有侵蚀匿混情弊。经臣等会折参奏，钦奉谕旨，革职审究。遵即行司提解赴省，饬委云南府知府永慧、澄江府知府张裕谷等审办，一面清查存厂铜斤及各该员承领工本脚价，调齐收发底簿，彻底盘查。去后，嗣据申报，官犯张时中取供后在监患病，于乾隆四十二年九月初三日病故，当经臬司亲诣验明属实，兹据云南按察使汪圻会同布政使孙士毅，转据委员等审明定拟，招解前来。

　　臣等提犯覆鞫，缘滇省办铜各小厂向系先收铜斤，后发工本。其它中厂，间遇厂民无力攻采，亦有准照大厂通融酌发银两，随时接济之事。不肖厂员侵欺工本，不免那新掩旧，虚报铜斤。此历来铜厂之积弊也。

　　钟作肃、张时中、陈维名等，各于乾隆三十八、四十一等年，先后委管发古、万宝、狮子、万象等厂，皆系新开中厂，原供本省鼓铸及外省采买之用，嗣因京运短缺，该四厂出铜颇有成效，随经按季截拨，尽运泸店，搭解挂欠、沉失京铜。乃该员等侵用工本银两，各有捏报铜斤，搭后牵前，终难弥补。按年起运，逐渐减少，希图掩饰，遂将

旬报捵延。现据承审委员查明存厂铜斤，核计报收数目，钟作肃所管发古厂，应存铜十一万五千六百四十三斤，系已经截拨京运，因成色低潮，挑退积存之数，该参员不即提煎纯净，补运足额，屡请改拨东川钱局，冀图省便。查参之后，止交接任厂员代运铜十万八千三百七十斤，实亏短铜七千二百七十三斤。张时中经管万宝厂，已经截拨应运京铜十三万六千八百九十斤，借称雨水时行，牛马难雇，止据运过铜十二万七千六百二十斤，实亏缺铜九千二百七十斤。陈维名经管狮子、万象二厂，已经截拨应运京铜十四万五千一百七十余斤，除万象厂铜全行运竣外，狮子厂铜十一万三千二百七十一斤零，延挨不运。适闻降调离任之信，借称呼应不灵，屡次严催，止据运铜十万一千一百五十一斤，实亏缺铜一万二千一百二十斤。

以上各厂亏短铜斤，系该参员等侵欺工本，捏报虚数，已据钟作肃等自认侵盗不讳。张时中虽经病故，生前业据供明，提讯课长、家人，供亦无异。臣等恐有盗卖走私情弊，反覆究诘，矢口不移，似无遁饰。是该参员等所亏工本，应计短铜实数，按照每百斤价银六两九钱八分七厘，计赃以监守自盗科罪。

查例载：监守盗入己，自三百三十两至六百六十两，杖一百，流二千五百里；至一千两，杖一百，流三千里等语。钟作肃短铜七千二百七十三斤，计侵亏工本银五百八两零；张时中短铜九千二百七十斤，计侵亏工本银六百四十七两零，均在三百三十两以上，应杖一百，流二千五百里。陈维名短铜一万二千一百二十斤，计侵亏工本银八百四十六两零，应杖一百，流三千里。除张时中已于取供后病故外，钟作肃、陈维名定地发配，不准纳赎，所亏银两照数着追，拨给接管厂员办铜还款。家人、课长讯属无干，概行省释。张时中罪应拟流，在监病故，管狱官系署昆明县典史周嗣业，相应附参，听候部议。除全案供招咨部外，另缮正犯供单敬呈御览。臣等谨恭折具奏，伏乞皇上睿鉴，敕部核覆施行。谨奏。

朱批：该部议奏。

（《宫中档乾隆朝奏折》第四十二辑，第 131 ~ 133 页）

2078　大学士仍管云贵总督昭信伯李侍尧、云南巡抚裴宗锡《奏报前署建水县知县孙铎短价派买仓谷，以致县民邹浩自缢身死一案，审明定拟折》

乾隆四十三年二月十八日

大学士仍管云贵总督昭信伯臣李侍尧、云南巡抚臣裴宗锡跪奏：为审拟具奏事。

窃照前署建水县知县孙铎短价派买仓谷，以致县民邹浩自缢身死，恐有官役通同逼诈，委员柳元煜捏详邹浩遗失银两，畏罪投缳，显有狗庇同官情事，经臣等恭折参奏。钦奉谕旨，革审究拟。遵即行司，提犯委审。去后，兹据云南按察使汪圻会同布政使孙士毅、粮储道徐嗣曾，转据委员云南府知府永慧、澄江府知府张裕谷审拟，招解前来。

臣等提犯覆鞫，缘孙铎于乾隆四十一年十月在署建水县任内，有动缺囚粮，应买补谷九十余石，并应补气头廒底谷二百余石，共谷三百石，每石发银五钱，共银一百五十两，交仓书王万年，转派县民邹浩、邹起龙等六家，每户给银二十五两，各令交谷五十石。因彼时市价每谷一石值银八钱五分，各户采买不敷，迁延未缴。孙铎亦因粮价昂贵，派买不惬舆情，思欲中止其事，即出示晓谕，令将原价缴回，停止买谷。王万年遂乘机舞弊，不将告示张掛通衢，私贴科房门首，勾串同伴书办秦玉清、曹来选，私令各户缴还原价之外每石贴银三钱。邹起龙等五户已各贴银十五两，共贴银七十五两。王万年得银三十七两五钱，秦玉清得银二十二两五钱，曹来选得银十五两。惟邹浩无力赔贴，止措银数两，于是年十二月初九日，携带幼孙邹阿当、邹长贵赴县，央浼王万年代缴。先给银四两，王万年不收。邹浩复加银一两、钱五百文，王万年犹嫌其少，声称如不足数，即以逾限抗缴，禀官比追。邹浩畏惧而归。时已昏黑，不及回家，即宿于该县学宫之侧，将银交付阿当，各自就寝。讵邹浩情急畏比，潜起投缳殒命。次早，阿当起，视邹浩已死，嘱其弟长贵看守祖尸，自即持银回家，交付伊母，告知叔祖邹峰、胞叔邹耀龙等，报县相验。王万年知事败露，将勒贴银两、吓诈邹浩之事回明本官，求其庇护。孙铎因买谷起衅，失察书役诈赃毙命，惧干参处，前往相验，见系自缢，希图朦结。随授意尸亲人等供作邹浩遗失原银，情急自尽，免其缴还谷价。邹峰等利其银两，亦遂照供。报经署府永慧，行委署通海县柳元煜覆验详报。柳元煜前诣建水，孙铎告以验明邹浩身死并无别故，当场集讯，实系失银，情急轻生，业经取有尸亲输服供词。柳元煜覆验身尸，见邹浩实系自缢，而尸亲邹峰等亦止供王万年恃势逼令交谷，邹浩归途，遗失银两，情急投缳。柳元煜即照孙铎录送草供叙详，又复回护同官，并以采买囚粮并无短价勒派情事，曲为孙铎开脱。时值永慧卸事，未及勘转，移交署府景椿提审。随据尸弟邹峰具告孙铎短发价值，王万年挟势威逼，以及柳元煜改供捏详等情，揭参革审，讯悉前情。

臣等诚恐官役串同，另有致死别情，反覆究诘，据尸亲邹峰等供称，邹浩身死当日，眼同相验，实系自缢，现有同宿之伊孙邹阿当等供证确凿。其因王万年等诈赃所致，已无疑义。查例载：蠹役诈赃致毙人命，拟绞监候。又律载：官司故出人罪，全出者以全罪论，若囚未放，听减一等。又例载：采买仓粮，私派勒买、短给价值者，坐赃治罪，坐赃一百两，杖六十，徒一年各等语。王万年勒诈邹浩银两，以致邹浩自缢身死，应照蠹役诈赃毙命例，拟绞监候，秋后处决。书办秦玉清、曹来选，随同王万年吓诈分赃，应照为从例，减一等，各杖一百，流三千里。参员孙铎，除短价派买仓谷例，止坐赃轻罪不议外，失察王万年诈赃，逼毙人命，惧干参处，隐匿真情，希图朦结，几至死者含冤，奸胥漏网，实属故出，应照故出王万年绞罪律囚未放，减一等，杖一百，流三千里，定地发配，不准纳赎。柳元煜奉委承审，其于王万年诈赃逼命情事，皆因孙铎原审，勒供尸亲，亦自认失银属实，不能审出实情例，止降调轻罪不议外，其瞻顾同官，故出孙铎短价派买之罪，孙铎短价派买谷三百石，每石市价八钱五分，计赃二百五十五两坐赃，通算折半，科罪一百两以上，杖六十，徒一年。柳元煜应照故出坐罪，杖六十，徒一年，定地发配，不准纳赎。王万年、秦玉清、曹来选各得赃银照追入官。邹浩原领谷价银二十五两，系孙铎私行派买，非公项可比，业已花销。姑念邹浩已死非命，免其追缴。余属无辜，俱无庸议。除备录全案供招咨部外，另缮正犯供单恭呈御览，伏乞皇上睿鉴，敕部核覆施行。谨奏。

朱批：该部议奏。

（《宫中档乾隆朝奏折》第四十二辑，第 134～136 页）

2079 大学士仍管云贵总督昭信伯李侍尧《奏报临元镇总兵吴万年坠马受伤，调治难愈，恳恩解任折》

乾隆四十三年二月十八日

大学士仍管云贵总督昭信伯臣李侍尧跪奏：为总兵坠马受伤，调治难愈，仰恳圣恩准予解任事。

窃照临元镇总兵吴万年，上年派驻张凤街协办防务。十一月内，臣巡阅边隘，于南甸地方，接据该镇禀称，因分查关卡途间坠马跌伤右腿，现在医治等情。臣因该镇在防年久，熟悉边务，颇属得力之员，偶然坠马，尚可冀其痊愈，随批令加意调治，并面嘱提臣海禄随时看视。兹接提臣来札，据称吴镇腿伤至今未能平复，动履艰难，近复脾胃不和，饭食减少。该镇自以受恩深重，防务要紧，不敢陈情乞休等语。

臣查吴万年现年六十七岁，坠马伤筋，医治业经三月，自因血气已衰，难望痊愈。现已札覆提臣，令该镇暂回腾越，理合恭折奏闻，可否准其解任回籍调理之处，出自圣恩。至现在边关已届撤防，腾越镇总兵刘国梁往来照料，提臣海禄就近稽查，并无贻误。惟临元镇总兵员缺，仰恳皇上迅赐简员补放，以重地方。合并陈明，伏乞圣鉴。谨奏。

朱批：有旨谕部。

（《宫中档乾隆朝奏折》第四十二辑，第 136～137 页）

2080　大学士仍管云贵总督昭信伯李侍尧
《奏报滇黔两省地方情形折》
乾隆四十三年二月十八日

大学士仍管云贵总督昭信伯臣李侍尧跪奏：为奏闻事。

窃照滇黔两省雨雪、粮价情形，经臣于正月十五日恭折奏报在案。

兹查匝月以来，天时晴暖，豆麦发生，弥望青葱，极为丰稔。现届春分时节，滇中气候较早，如普洱、元江一带，早禾业已播种，余亦陆续翻犁。缘上年腊月至本年正月，得雪沾足，田土滋润，现在并无需雨之处。省城中，米每仓石价银一两八钱八分，各属长落不齐，亦俱中价。贵州省据报雨水无缺，豆麦茂盛，粮价自六钱起至二两二钱四分不等，均属中平，不为昂贵。理合恭折具奏，伏乞皇上睿鉴。谨奏。

朱批：知道了。

（《宫中档乾隆朝奏折》第四十二辑，第 137 页）

2081　大学士仍管云南总督昭信伯李侍尧
《遵旨奏覆滇省迁徙乌鲁市齐土夷私开锁链情形折》
乾隆四十三年二月二十七日

大学士仍管云南总督昭信伯臣李侍尧跪奏：为钦奉谕旨，恭折奏覆事。

本年二月二十六日，接准大学士公阿桂、大学士于敏中字寄："乾隆四十三年二月十一日，奉上谕：前据李侍尧奏，滇省迁徙乌鲁木齐土夷，起解时，照发遣矿徒之例，将男子概行上锁。续经颜希深咨称，头二三起夷户至境，并无锁链，与滇省原行不符。当即行查，藩臬等详覆，实系按名上锁，且经署昆明令徐沅连锁匙，点交委员查收，该委员私擅开放，未便稍为宽贷。现将委员陈英栋等咨部斥革，一面飞咨前途截留，解滇审明治罪一折，当经降旨李侍尧，以此事自应查明办理。至此等土夷，本属无罪，是以传谕沿途督抚，加恩免其补锁，以示体恤。今土夷等皆知感恩安静，久经解到乌鲁木齐矣。其查办委员一折，于十月十六日奏到，距今已经数月，并未见其覆奏结案，殊不可解。或系起解时有锁，委员中途擅开，抑或起解时并未上锁，而首县妄报，均不可不彻底查讯，使咎有攸归。此事并无难办之处，何至久悬不结？亦不得以土夷业已免锁，并将此一节免其追求。李侍尧向能办事，岂偶尔忽略耶？着传谕李侍尧，即行查明，据实具奏。将此由四百里谕令知之。钦此。"

窃照滇省土夷改迁乌鲁木齐一案，前因湖南抚臣颜希深以头二三起夷人入楚，首站并无锁链，咨滇查询。臣当即奏请将三起委员斥革，行知沿途截回，解滇严讯。并跟查滇黔两省经由地方，该委员实于何处私开锁链，令各据实申覆，以便究拟具奏。旋据两省司道查明，自滇省昆明县起，至黔省玉屏县止，该夷人除妇女幼孩外，均系一一按名上锁，逐站交替。并据黔省护贵东道黎平府知府吴光庭禀称："该员督解土夷，头二三起至楚省之晃州驿，其时楚省辰沅道王鸣、芷江县吴镶同在交界处所，彼此点收，目击均有锁链。"等语。

臣阅两省禀覆情形，似私开锁链，并无其事。但楚省芷江县未经锁项之禀，岂竟尽出无因？虽此项夷人业经奉有恩旨免其上锁，而委员私开之罪自在，断难颟顸了事。即将该司道等查禀情节，移咨楚省核覆，并行催沿途，速将该参员解滇讯鞫。嗣于四十二年十一月二十四日解到，经臣委员逐一严讯，该参员等坚供："并未私开，且自黔入楚，现有两道一县三面交收，如果未经锁项，何以当日并无异说，直待事后具禀？况锁匙入于短解文封，私下无从取用。参员等在河南省截回之时，夷人锁链尚系昆明旧封，未经拆动。"等语。复据豫省将各起土夷过境花名造册移滇，内头二三起男夷名下俱注有锁项字样，是黔、豫两省来文俱称实系锁链，似属可信。臣以该参员等如果如法管解，并未私开，应请开复，以昭平允。倘实系私开，又复狡供捭抵，情尤可恶，即应按律从重究拟。

臣一面札饬护贵东道吴光庭，所称亲验点交，俱经锁链等词，有无饰混，并备录该参员等供词，移咨颜希深，向辰沅道王鸣、芷江县吴镶询明实在情节，移覆办理。兹据颜希深接臣第一次咨文，移覆到臣，以楚、黔二省各执一词，难以凭准，已咨明乌鲁木齐办事大臣，饬查头二三起夷人锁链究系何处私开，讯供咨覆究办等因。现在此案应俟乌鲁木齐覆到完结，是以悬案数月，未见奏覆。

其实迁徙多人，经由数省，又有楚黔两道于驿站属目之地同时督办交收，有无锁链，原可一望而知，各该员亦可自反而信。诚如圣谕，并无难办之处。乃两省道员以及知县等官，竟尔不顾颜面，彼此诿卸，不肯吐露实情，转欲向冥然无识之土夷取供定案，（**夹批**：实属可恶，可笑。）殊属不成政体。外省陋习如此，臣实不胜愧愤。

兹缘钦奉谕旨询问，谨将前后办理情形先行缮折由驿恭覆，伏乞皇上睿鉴训示。谨奏。

朱批：已有旨了。

（《宫中档乾隆朝奏折》第四十二辑，第 209～210 页）

2082　大学士仍管云贵总督昭信伯李侍尧《奏明裁营余剩军装从前勘估不实，分别议处着赔折》

乾隆四十三年三月初三日

大学士仍管云贵总督昭信伯臣李侍尧跪奏：为奏明裁营余剩军装从前勘估不实，恭折请旨，分别议处着赔，以清公项事。

窃照乾隆三十五年，裁撤云南督标前后二营遗存军械，共计原制价银八千三百六十五两二钱三厘，乾隆三十九年，经前署督臣图思德行委知府孔继炘、副将德光验明完好，奏请分拨督标三营、抚标两营暨云南城守营各自收存，俟有残缺军械，随时补数，照依原置价值解还归款，奉旨准行在案。

兹臣清查通省军装，据督标中军副将吉隆阿等面回，从前分贮军械，多有糟旧不堪，将来断难拨用。臣因前项军械，署督臣图思德原奏皆系完好鲜明，分拨未久，何致辄多损坏？明系收藏不慎，自应参处着赔。当即谕令严查详揭。去后，随据该将等详称，各营分领之日，该将等及署督标左营游击李瀚、右营游击实德，或随督臣驻扎永昌，或差往边防办事，其时省中各营事务俱系署城守营参将兆凤一人代办。署督臣图思德奏明分领之后，行令各营造册移司，详送咨部，经代办抚标参将、新嶍营守备龙御春于册内声注，各项军械内，有年久糟旧、残缺朽坏字样。前任布政司王太岳以与督臣奏案不符，驳回改造，参将兆凤随同迁就，亦令各营删改移司，并据呈出各营原造底册及藩司王太岳驳换印文，确凿可据。臣随行司，委员会营确估。据布政司孙士毅转据云南府知府永慧，将六营领存军械，会同营员逐一验估，造册详覆前来。除完好各项照依原制工料值银四千五百五十八两四钱五分，无庸置议外，其余糟旧破烂各项，估值银五百五十两四钱九分七厘，实不敷银三千二百五十六两二钱五分六厘。

查本案军械，楚雄府知府孔继炘、维西协副将德光奉委估验，不将损坏各项详细查明，率以完好具报；前司王太岳，当抚标造送册籍注有糟破字样，即应详请覆估，据实办理，乃因与原奏不符，辄行驳饬更换；代办参将守备邓朝凤、署参将现任新嶍营参将兆凤，于营中军械是其专责，乃因藩司驳换一营，遂将各营所领军械一体改造完好，扶同草率，均属咎可无辞。督标中军副将吉隆阿、署左营游击守备李瀚、署右营游击现任开化镇都司实德，当兆凤代办造册之时，虽俱奉差在外，但查兆凤所造册籍，俱封送各员差所，盖用本任印信，该将等并不详慎审察，亦有不合。相应参奏，交部分别议处。署督臣图思德未经确核，仅据委员验估具奏，应请旨一并交部察议。所有前项不敷银三千二百五十六两二钱五分六厘，仍于办理不善之各员名下，按其情节轻重，分作十股摊赔。孔继炘、德光系原估不实之员，王太岳系率行驳改册籍之员，应令各赔十分之二；邓朝凤、兆凤扶同改册，应令各赔十分之一；吉隆阿、李瀚、实德，止于疏忽用印，应令合赔十分之一；其余一分，应于未经确核之署督臣图思德名下追赔。除将坏烂军械照依现估价值变银归款外，其完好各件，饬交各原营加谨收贮，将来不拘何营，遇有制造军装，均可通融拨用，缴价还项，以免久贮朽蚀之虞。至各员应赔银两，查明现任及籍隶滇省者，分别追缴解司。调任回籍之员及已经身故者，移咨现任、原籍着追，就近报拨，以清公项。合并陈明。臣谨恭折具奏，伏乞皇上睿鉴训示。谨奏。

朱批： 该部议奏。

（《宫中档乾隆朝奏折》第四十二辑，第258~260页）

2083 大学士仍管云贵总督昭信伯李侍尧《遵旨奏报查明土司等支给养赡银两从前办理错谬及未经具奏缘由》

乾隆四十三年三月初三日

大学士仍管云贵总督昭信伯臣李侍尧跪奏：为查明据实陈奏，请旨遵行事。

窃照前署云贵总督图思德在滇时，题销乾隆三十五年支给土司养赡银两一案，经户部奏请行查。蛮暮土司瑞团原报眷属五十五名口，因何只存十一名？原拨次田五顷，是否全行支给？又戛鸠土司贺丙，既回南底坝，何以将原拨租谷添给线甕团，致糜费一百九十余石之多，是否承办之员侵隐捏饰？又余剩谷六十石，拨给猛拱土目崩冇，系于何年案内投诚等因，行令查明报部。经臣檄饬布政使会同军需局，调取各处档案，逐款详查。

兹据覆称，蛮暮土司瑞团投诚时，实系五十五名口。瑞团随行共十二人先至永昌，其余仆从四十三名，俱留住盏达，嗣遣头目一人往接。讵意并遣去之人一同逃窜不回，是以只剩下十一名，与原奏五十五名之数不符。原拨次田五顷，所收租谷，只照瑞团现在人口支领，并未多给。

至木邦土司线甕团投诚内地，户口既多，其人亦略图体面，原拨谷石每名七石五斗，一切盐菜、衣履等费取给其中，用度未免掣肘。其时适有贺丙回南底坝，经军需局议详，于贺丙租谷四百余石内，添给线甕团三百四十余石，以每名七石五斗核计，实糜费一百九十余石。但查彼时，因线甕团于投诚土司中较为出力，原给谷石不敷支用，是以详明添给，尚无别项情事。所有浮支谷石，应免追赔。

至通事崩冇，原系猛拱土目，乾隆三十四年，随从土司浑觉投诚，留于永昌翻译缅文，娶有家室，亦经军需局议详，将贺丙余剩之租谷六十石拨给崩冇，俾资家口日用，未经专折具奏。至该通事在省听差，每年赏给饭食等项银两，入于军需余平项下报销，经原任督臣德福于三十六年奏明在案。其人现在云南省城，于缅文尚为通晓。兹臣另折声请，量给银三十两，赡伊家口，所有原赏之租谷六十石，停止拨给。其在省听差之饭食等项银两，系必需之项，且经奏明有案，请仍其旧。

惟是详查提标五庄官田，每年共计征谷二千九百五十七石五斗零，经原任督臣彰宝于三十五年奏准拨给各该土司二千二百三十六石二斗内，除瑞团户下少到四十四名口，又挑送线渺猛一名进京，应少给四百十六石八斗零，实在共拨给各土司一千八百十九石三斗，每年尚多余一千一百三十八石一斗零，自三十六年正月起，至四十二年冬底止，该积存谷七千九百六十七石二斗零，此项谷石，自应变价解司，报部充拨。乃查从前，或由军需局以土司不敷支用，详请加给，或由地方官将余存谷石作为土司盐菜尽数开支，均未奏咨有案，尚须彻底清查。除严饬各该州县将三十六年以后各土司支领报销，赶办送核，并檄令布政使会同迤西道调齐卷册，查明应存谷石，如实系拨给土司，即将不行详奏各员奏请交部议处，饬令分赔。倘询之各土司，并未照数支领，则经放各员之侵隐捏饰，尤属罪无可逭，另行据实严参，从重惩治。

所有查明土司等支给养赡银两从前办理错谬及未经具奏缘由，除咨覆户部外，谨缮折据实陈奏，伏乞皇上睿鉴，训示施行。谨奏。

朱批：该部议奏。

（《宫中档乾隆朝奏折》第四十二辑，第260~262页）

2084　大学士仍管云贵总督昭信伯李侍尧、云南巡抚裴宗锡《奏报审明宁洱县属普藤地方贼匪焚杀土弁刀应达一案为从之犯，请旨即行正法折》

乾隆四十三年三月初三日

大学士仍管云贵总督昭信伯臣李侍尧、云南巡抚臣裴宗锡跪奏：为审明仇杀案内为从之犯，请旨即行正法，以昭炯戒事。

窃照宁洱县属普藤地方贼匪焚杀土弁刀应达一案，经臣李侍尧行委迤西道唐宸衡驰赴普洱，会同迤南道王銮，督同前署县冯世机、游击王振元等，访出土弁刀应达之子刀定邦凌虐夷民，奸占妇女，曾有滚科阿别怀恨而去，扬言日后报复之语。焚杀时，客民王有万亲见阿别在内缘由，臣等一面饬缉，一面恭折参奏，请将冯世机、王振元革职，留于该地协缉。奉到朱批："着照所议行。钦此。"嗣因疏防限满，匪犯一无弋获，又经恭疏题参在案。旋据宁洱县王友莲申报："协同参员冯世机、王振元等拿获阿别，供系逸犯叭蛮贵为首，纠众行凶。会营带领兵役前赴叭蛮贵住居之橄榄坝地方查拿，各犯俱已远飏，仅存空屋数间。"等语。

臣等当查，此案匪徒聚众，放火逞凶，至毙多命，非寻常仇杀可比。地方官拿获阿别，破案根由，因该犯曾受土司凌虐，早有日后报复之言，必系首先起意，现因余犯未获，无凭质证，希冀苟延岁月，避重就轻，未便任由狡卸，随行司提省审办。去后，兹据云南按察使汪圻，会同布政使孙士毅、粮储道徐嗣曾等审拟，招解前来。

臣等提犯覆鞫，缘阿别系滚科夷人，与兄那会素扒向在普藤贸易，土民刀胡子有女易毡，招赘阿别为婿。代理宣慰土弁刀应达出防在外，留子刀定邦等料理地方。乾隆三

— 1801 —

十九年，那会素扒因放牛误食召科田谷，控经刀定邦，罚令出谷三十石、盐一百四十斤。那会素扒从此亏本，流往别地。刀定邦兄弟复将阿别之妻易毡、刀老二之妻易喃奸占。刀胡子与女易毡，亦嫌阿别贫穷，共相鄙薄。各犯因其倚恃土弁势力，不敢理论，遂各抱忿而去。阿别临行声言，日后必求报复。迨至橄榄坝，寻遇伊兄那会素扒，受雇与夷民叭蛮贵家佣工。叭蛮贵于四十一年，赶牛三十只赴普藤售卖，照依时价，值银三百两。刀定邦给银六十两，将牛强买。叭蛮贵忿恨不平，常向土人传说将来必欲报仇。适刀定邦弟兄任意恣肆，诸事刻薄，夷民怀恨，啧有怨言。四十二年三月内，叭蛮贵先后纠约阿别、那会素扒兄弟，共二十四人，内惟线密者，乃音阿胆、阿叫、阿波、阿豸、刀老二、岩科、迈班、雅乃、怀占巴等十一人，为阿别素所认识，余俱不知姓名。于十五日，各在整得会齐，携带标枪、短刀，分作三起行走，阿别失跌落后，十七日黎明，齐抵普藤土弁刀应达家，砍门入室，混杀多人。时有赴救夷民，俱被拒伤而退。叭蛮贵等放火焚烧刀应达住屋，延及民居。阿别随后赶至，见已放火杀人，知刀定宇兄弟均被杀死，随赶赴刀胡子家，将伊妻易毡拉走。刀胡子执棍追至河边，适那会素扒牵马亦至，阿别令易毡骑马同走，易毡不依，刀胡子赶至拉夺，阿别戳伤易毡右胁，那会素扒亦用标枪戳伤刀胡子两腿、肚腹，刀老二亦将伊妻易喃拖至河边，用刀砍伤，先后毙命，各贼分途窜逸。阿别行至格蹬地方，撞遇叭蛮贵，告知是日薄暮，中途遇见刀定邦从防所探父回家，被者乃音拦截杀害等情。臣等核之参县冯世机勘验，原详当时焚杀情形及赴救受伤之胡子叭、客民王泰等到案，原供均属吻合。而阿别杀死伊妻易毡，既有客民王有万藏匿河边目击其事，拿获到案，又有妻母乜易毡觌面质证，该犯俯首无辞。惟是否该犯起意，为首纠约，再三严诘，坚供实与伊兄那会素扒同在叭蛮贵家佣工，叭蛮贵纠众报仇，伊亦不忘旧怨，听从同行。查叭蛮贵系属阿别家长，该犯佣工觅食，断无势力纠约多人，其为叭蛮贵为首起意，似无疑义。该犯虽止杀死伊妻易毡，但思报复随行，实系党恶。普藤地处极边，夷民犷悍性成，愍不畏死，即经供认不讳，未便因首犯未获，留待质证，致稽显戮，无以创惩。

查例载：杀一家非死罪三人者，凌迟处死，为从加功者斩；又律载：强盗杀人放火，烧人房屋，奏请审决枭示各等语。叭蛮贵挟嫌纠众，放火逞凶，焚杀多命，阿别随行为从，法难宽贷。合依杀一家非死罪三人，为从加功律，拟斩立决，仍照强盗杀人放火枭示例，传首犯事地方，以昭炯戒。先行刺字。该犯之兄那会素扒同案犯事，在逃未获，其妻易毡已受伤身死，此外并无财产，亲属应毋庸议。逸犯叭蛮贵等，严饬该地方文武，督率土司上紧缉拿务获办理。除全案供招咨部外，理合缮具阿别供单，恭折具奏，伏乞皇上睿鉴，敕下法司核覆施行。谨奏。

朱批：三法司核拟速奏。

2085 大学士仍管云贵总督昭信伯李侍尧
《奏呈办理土司就耕入伍情形折》
乾隆四十三年三月初三日

大学士仍管云贵总督昭信伯臣李侍尧跪奏：为敬陈办理土司就耕入伍情形，仰祈睿鉴事。

窃臣于上年五月间，会同大学士公阿桂具奏，请将安插大理府土司线瓮团等分别入伍食粮及给田耕种等因，钦奉谕旨，准行在案。嗣臣饬委楚雄府孔继炘，会同大理府张春芳妥协查明，请示办理。兹据该府等禀称："传齐各该土司，详悉开导，谕令各举所愿。据称：入伍、耕田，皆为伊等永远谋生之计，实是大皇帝格外隆恩。惟夷俗只习耕作，少娴弓马，多愿受田耕种，自食其力。"等语。计木邦土司线瓮团及侄线五格，共二十五户，现在人口一百五十六名，愿耕者一百五十五名，愿入伍者一名。孟连土司线管猛及子罕凹，共十八户，现在人口九十四名，俱愿耕田。蛮暮土司瑞团，共二户，现在人口九名，内男丁六名，俱愿入伍。统计入伍食粮只有七名，应请就近拨入提标，学习差操，俟顶补名粮，即无庸再给分例，此外俱应拨田耕种。

伏思夷户既令习耕，均当傍田居住，就近务农，而散处乡间，不比在城易于管束，尤须酌筹善地，免致他虞。查东川府会泽县地方，有东川营官庄田三千二亩有零，向给土司召那赛等养赡。该夷户昨已改迁乌鲁木齐，此项田亩业经空出，应令线瓮团同侄线五格移往会泽，酌给领种。查线瓮团初至内地，每名给租谷七石五斗，今亦宜准此拨给，用资耕作。又邓川州提标官庄田四百八十四亩零，应令线管猛同子罕凹移住邓川，照每名拨给租谷七石五斗之例，计口授田，承领耕种。仍照原案每二名给房一间，每间折银十两，令其自行盖造。先于司库动项借给，令大理府督催太和县，将原给各土司房屋变价归款。现在甫议拨田，未及领种，且尚须搭盖房屋，制办器具，方可迁移居住。本年及明春，均恐未及耕犁。应请自四十四年收获后，十月初一日起，听各土司栽种地亩，自谋衣食。其四十四年十月以前，各该州县照旧征收支给，以资养赡。

至该土司等各有约束夷众之责，需用稍多，若照大概夷户以征谷七石五斗之田给令耕种，用度实有不敷，似应略示优异。查邓川官庄，除拨给线管猛父子三百九十亩外，尚余田九十三亩，每年征收租银八十四辆三钱零；又宾川官庄七百三十一亩，每年征收租银二百四十九两一钱零，二共三百三十三两五钱。可否于此内拨给线瓮团银八十两，线管猛、瑞团各七十两，线五格、罕凹各四十两，俾免缺乏。该土司等自必益加感激皇仁，安心耕凿。

再通事崴勿，由猛拱土目投诚内地，留于永昌译释缅文，经军需局议详，于官庄租谷内拨给六十石为伊养赡。数年以来，遇有缅子投递禀词及拿获匪犯，均令崴勿通译，尚为得力，应请照旧给以食用。查宾、邓二州折租项下，除拨给各土司银三百两，每年尚余银三十三两五钱。请于此内，赏给崱夯银三十两，俾得赡伊家口。尚余银三两五钱，同会泽官庄拨给外，余银二百六十四两一钱，又漾濞官庄折租银七百五十两，及原给罕山景蒙营折租银二百九十四两八钱零，通共银一千三百十二两零，现已无可需用，应请每年解司，报部充拨。

至此后拨给地亩，均应划一，以征收谷数每名七石五斗为断，计给线甍团会泽田二千六十四亩零，给线管猛邓川田三百九十亩零。缘官庄地亩肥瘠不同，会泽每亩折收银二钱八分零，抵京斗谷五斗六升三合，邓川每亩收京斗谷至一石八斗之多，是以拨给亩数多寡悬殊。合并声明。各该土司授田安插之后，仍饬令营汛及地方官随时教训稽查，勿以姑息启骄，亦毋许烦苛滋累，总与内地百姓一视同仁，使之习久相安，同于土著，即可广怀柔而安边徼。

是否有当，伏乞皇上睿鉴，饬议施行。谨奏。

朱批： 军机大臣会同该部议奏。

（《宫中档乾隆朝奏折》第四十二辑，第 265～267 页）

2086　大学士伯管云南总督李侍尧、云南巡抚裴宗锡《遵旨覆奏滇省在配脱逃遣犯情形折》

乾隆四十三年三月初六日

大学士伯管云南总督臣李侍尧、云南巡抚臣裴宗锡谨奏：为遵旨查明覆奏事。

窃臣等接准大学士公阿桂、大学士于敏中字寄："乾隆四十二年十月二十七日，奉上谕：据伊勒图奏，该处挖铅遣犯裴老五、刘三魁，于本年九月脱逃，已逾二旬，尚未拿获，现在严饬查拿等语。已交军机处，照例行文各犯原籍及经过省分查缉矣。此等遣犯在配脱逃，自系潜回原籍，否或沿途逗遛，希图匿迹幸免。乃节年行文查缉以来，经各省拿获奏报者甚属寥寥。可见各省督抚于此等查拿遣犯，全然不以为事。所谓派役严缉者，亦不过以空言塞责，毫无实际。着传谕各督抚，即行查明此等脱逃遣犯共有若干，务宜严饬所属，选拨兵役，实力严缉务获。毋得视为海捕具文，仍将有无弋获之处，附便覆奏。将此遇各督抚奏事之便传谕知之。钦此。"钦遵，寄信到滇。

臣等伏查，发遣人犯，无论原发新疆及改发内地，均系去死一间之人，乃敢在配脱逃，实为怙恶不悛，必须上紧拿获，照例办理，岂容徒事空言，致无实际？兹蒙圣谕垂询，除将逃遣裴老五、刘三魁二名饬属一体查缉外，所有此等脱逃遣犯，臣等督同臬司汪圻逐一详查。云南省节年在配脱逃者共有七十名，内本省拿获十八名，贵州、广西、四川、湖南、陕西、广东、河南、江苏、甘肃等省拿获三十五名，本省、贵州自首二名，尚有未获十五名。

至节年奉文查缉新疆并各省脱逃遣犯共有四百一十名内，拿获广西、广东、贵州逃遣三名，又经各省陆续拿获、自首、咨会停缉者，计二百二十一名，尚有未获一百八十六名。臣等现在严饬所属，选派兵役，实力严缉，务期全行弋获，不敢视为海捕具文，转使犯有幸免。理合遵旨覆奏，伏乞皇上睿鉴。谨奏。

朱批：览。

（《宫中档乾隆朝奏折》第四十二辑，第 287~288 页）

2087 大学士伯管云贵总督李侍尧、云南巡抚裴宗锡《遵旨审拟剑川州民呈控州书侵蚀官银，致办运军粮不给价值，并逃兵赵上亨充当该州书吏一案折》

乾隆四十三年三月初六日

大学士伯管云贵总督臣李侍尧、云南巡抚臣裴宗锡谨奏：为遵旨审拟具奏事。

窃照云南剑川州民李士维赴顺天府尹衙门呈控州书萧长贵侵蚀官银，致伊办运军粮三十六石不给价值，并逃兵赵上亨充当该州书吏一案，经兼管府尹事尚书袁守侗等奏明请旨，交臣李侍尧审办，将李士维连原呈并控告各呈底一并咨解回滇。当经臣李侍尧行司，查案质审。

李士维所控萧长贵等包运米八百余石，该银八千余两，毫无凭证。即伊自运三十六石，既无交运之人，亦无收米回照。其呈称前州王曾厚许给伊银一百两之语，质之王曾厚，据云，李士维控后，差提并未到案，更属全无影响。而赵上亨系剑川营革退字识，旋充该州刑书，案卷具在，亦非逃兵。惟讯之粮书萧长贵，供出前任知州嵇承豫于办运军粮案内，有运户尹天喜等误运米石，该州因运户逃亡，将应加脚价银四百五十三两五钱扣留未发，代尹天喜等买米补运，其果否买补，亦系粮书一面之词。此外有无克扣，尚须彻底严查。嵇承豫现任湖北归州知州，参奏革职，解滇质询。钦奉谕旨，交臣裴宗锡严审，归案定拟，并准湖广督臣将嵇承豫委员押解到滇。臣等即发司，提齐通案犯证及一切卷据，彻底严查，先行质究，一面行令现任剑川州知州宋永福出示晓谕，如有短发脚价、重运军粮之事，许即首禀追给。兹据该州申覆，出示日久，首告无人。传讯各畾乡保，佥称每石每站脚价银三钱，并口袋银两，均已全数领清，实无另有短发重运之事，取具甘结呈送，并据按察使汪圻会同布政使孙士毅、粮储道徐嗣曾，督同云南府知府永慧等审拟，解堪前来。

臣等随亲提覆鞫，缘乾隆三十三年，稽承豫在剑川州任内承办军粮一万石，初系拨运暨宋，继即改拨，分运龙陵、腾越、保山等处，先后奉文，每石每站脚价银三钱，按粮摊运。该州地方分编十三畾，各畾原设粮头一名，粮户按粮领米，领足脚价并口袋银两，自行运送。其零星花户，大半汇交本畾粮头，觅人包运。自开仓发运以后，至三十四年五月，奉恩旨：以口外运艰食贵，自保山至腾越五站，每石每站另加银二钱。时有找运腾越米四百五十三石五斗，应加给脚价银四百五十三两五钱。稽承豫因未赴司补领，仍止先发三钱，运竣照数领回，尚存未发。嗣经查出未运到米七百九十余石，内有求一等七畾四百二十石，严拿保人、粮头追比。伊等情愿垫办，恐难催讨，恳求稽承豫以动款先行代运，出示晓谕，运完之后，亦各陆续自向归楚，惟示稿在卷未销。又有弥沙浪等四畾未运到米三百七十余石，粮头、花户求暂借仓米补运，稽承豫不允，仍差拘严比，追出各户补运米一百六十余石，尚有二百余石未完，内中可冀追还者仅七十六石零，其余尹天喜等五十七户，误运米一百三十七石有零，均系逃亡赤贫。维时檄催紧迫，稽承豫垫银买米，雇脚补运，因将应找运腾越花户另增脚价银四百五十三两五钱那动凑用，各该户并未请领。稽承豫旋亦参革离任，仅于交代时，将动用垫发银数并欠户底册移交接任之署州李发源查追，因欠户逃亡，无从追缴，稽承豫亦未将所动续后加增脚价银两垫赔发给。此稽承豫当日办理情形，现有报销案卷及欠户印册，俱经查对无讹者。

李士维系该州土著木匠，运粮之余，工作稀少，冀运米获利。于是年七月间，浼伊堂弟粮头李正亨、保揽粮头彭年、杨如俊名下花户，应运腾越米九石、龙陵米三十六石，即在本处，将米卖银，连所领脚价携至永昌，欲托在彼办理交米之州书欧阳吉高买米交纳，未允，辗转迁延至十二月，始将原运腾越之九石先行买交，取有回照四张。其运龙陵之三十六石，贿嘱在腾越交米之粮户苏近阳，捏以脚夫误运为词，于三十四年四月，哀恳署腾越州富森准收，移文知会剑川，于应运腾越米石内，改拨三十六石补运龙陵。该犯随于五月，交米三十六石，取有回照十二张，于六月回州，偕李正亨交给彭年等转还各户缴销。找清脚价并口袋银两后，又思揽运米石。李正亨以伊累赔两站脚价，不肯耽保。该犯无从揽运，即怀仇恨忆。及四月间，腾越州先有交米三十六石之文，五月缴米，又得三十六石回照，遂捏称代粮房欧阳吉高上米三十六石，向其讹诈，被诘无词，又索看腾越来文未得，怨恨愈深，积年未释。迨三十六年九月，该犯因无工作，穷苦益甚。闻三十四年冬间，举人王向极因口外另增运脚之恩旨，疑系大概俱有加增，未见传领，恐为书役侵蚀，曾作禀，令段绎宗等赴州投递之事，妄希泄忿图诈。随以三十四年花户误运，粮头、保人垫运及稽承豫买运之米石，称系肖长贵等包揽侵蚀，累民重运，伊曾代运三十六石不还等词，浼令摆摊算命之王姓写就状稿，并捏写段绎宗等禀批抄谕，欲作凭证。因恐查卷对出，止将状稿令代书誊写控，经丽江府佛尼勒批州查究，该犯匿不到案。复于三十七年控，经前抚臣李湖批府提审。适佛尼勒调往永昌公干，发州取保，该犯复行逃匿，屡拿不获。四十年三月，仍以前词，于下关途次迎控。前署督臣图思德发交大理府宋廷埰，提集犯卷，审明李士维重运三十六石，系属虚诬。惟查州卷，三十四年，各甽有未运交米七百九十余石之多，随谓所控误运八百余石之语有因，又遽信该犯有记得稘承豫曾有动用脚价银两代运米四百二十石之供，检得卷内，仅有示稿，并无买运月日、动银细数，遂以萧长贵等为抽匿卷宗，请革役分年追缴。详经图思德以书役果有侵蚀，不应着赔完事，驳令再行确查，频催未覆。迨四十年冬底，李士维又赴图思德行署具诉，饬县递回严审。于四十一年二月十二日，解到该州王曾厚，交差役吴耀宗锁押看守，旋即卸事。署州刘克宽到任，该犯诈病，求开锁链，即于十六日夜乘间潜逃，在贵州一路挑担赴楚。因闻京中可以告状，辄起意进京。途遇江西算命之张姓，代为挑担，一路同行，嘱令张姓仍照历次控过情由，并添砌刑书赵上亨系军前逃兵，又将控案拘提管押之差役吴耀宗等捏为书役，数十人连名烧香等情，赴顺天府尹衙门控准，并被搜出怀内收藏之各词稿，解回办理。此李士维屡在本省控诉，尚未结案，及赴京呈告之缘由也。

兹臣等查卷提犯，逐加研讯，备得前情。诚恐稘承豫或将领回加增脚价银两侵吞入己，因粮书先有代误运花户买米补运之供，扶同捏饰，避重就轻，再四严诘，坚称属实。并密查接任之李发源，亦称实有其事，此外脚价并无另有克扣，书役人等俱未经手，无从染指。核之卷册，质之众供，均属相符，确无疑义。至李士维原控情节，先经臣李侍尧发审，全属子虚，已于参奏稘承豫折内陈明在案。臣等遵复详加质究，悉与原审无异。其为挟嫌图诈，捏词诬控，已据自认不讳。惟该犯系一木匠，不惮万里之遥赴京呈控，恐有从中主唆及伴送资给之人，反覆究诘，坚供出自己意，并无别情，似非遁饰。

查律载：各衙门收支钱粮，那移出纳还充官用者，计赃，准监守自盗论罪，止杖一百，流三千里。又例载：那移库银五千两以下者，仍照律拟杂犯流，总徒四年。又例载：监守自盗仓库钱粮，审非入己者，各照本条律例定拟。又例载：蓦越赴京告重，事不实，并全诬十人以上者，发边远充军。又例载：枉法，赃一两至五两，杖八十，无禄人减一等。又例载：凡书办有更名重役者，杖一百，革退各等语。

今稘承豫将领回恩赏加增脚价银四百五十三两五钱，不即按户找发，擅代误运花户买米补运，虽非侵欺入己，实属收支那移。稘承豫合依那移库银五千两以下，准监守自盗论罪，止杖一百，流三千里律，系杂犯，总徒四年，仍勒限追银补给，照例办理。李士维怀挟微嫌，将并无冤抑之案，捏砌虚词，牵连十余人，赴京呈控，意图诈赖陷害，实属刁顽不法。李士维合依蓦越赴京告重，事不实，并全诬十人以上例，发边远充军。虽事犯到官在乾隆四十二年五月初二日恩诏以前，但系挟嫌诬告，情罪较重，不准援减。苏近阳虽非书吏，但既管交收米石，乃将李士维应运龙陵之米辄敢得银代求收纳，实属枉法，计赃六两。苏近阳合依枉法，赃一两至五两，杖八十，无禄人减一等，杖七十律，杖七十。赵上亨即赵开达，先充剑川营字识，后以懒惰革退，复充该州刑书，亦属违法。合依更名重役例，杖一百，再加枷号一个月。差役吴耀宗，将发交管押人犯不小心看守，致令脱逃。合依不应重律，杖八十，虽事犯在恩诏以前，而到官俱在恩诏以后，亦不准援免。赵上亨、吴耀宗仍俱革役举人，王向极闻有口外加增脚价，因未见传领，误拟书役侵蚀，代作禀词，令段绎宗、何鉴、赵焕、王来极赴州，面递请示，尚无不合。其李士维先后呈告，列伊作证，亦俱不知情。应与讯无包揽侵蚀隐匿、会簿焚香结盟情事之萧长贵、欧阳富宽、欧阳吉高、李正亨、李耀龙、朋常发、杨宗发、李成荣、黄受得等，均请免议。代李士维初次作词并节次誊写词状之人，讯系摆摊途遇算命测字之王姓、张姓，不知的名住址，请免查缉。余俱无干，概先省释。至原任大理府告病降调知府宋廷埰，于委审事件并不细查卷宗，研审实情，率混定断具详，及至驳审，又不彻底查详，以致案悬未结，实属不合。相应附参，听候部议。除全案供招咨部外，臣等谨合词恭折具奏，并另缮正犯供单敬呈御览，伏乞皇上睿鉴，敕部核覆施行。谨奏。

朱批： 该部议奏。

（《宫中档乾隆朝奏折》第四十二辑，第 288～293 页）

（**按：** 据裴宗锡《滇黔奏稿录要》，此案接准部覆，除拟以总徒四年之稽承豫，钦遵谕旨免其治罪外，余均如所奏完结。）

2088　大学士仍管云贵总督昭信伯李侍尧、云南巡抚裴宗锡《以军犯谋害多人，情罪重大，提省从严究办，先行奏闻折》

乾隆四十三年三月初十日

大学士仍管云贵总督昭信伯臣李侍尧、云南巡抚臣裴宗锡跪奏：为军犯谋害多人，情罪重大，提省从严究办，先行恭折奏闻事。

窃臣等接据弥渡通判刁玉成禀称："有安插军犯张振奇，开设歇店，衣食丰足。其在店帮工人等，或三五日即令回家，或已去又复招入，来往不常，形迹可疑。当经访有曾经在店之乡民谢小二一名，查拘究诘，据供：该犯每遇孤客投店，次日竟不见出来，曾记雇人挖坑三处，眼见埋人等语。随亲带谢小二及该犯张振奇赴店，眼同刨挖，于西首夹道内刨出一尸，曲埋坑内；又于后院东墙水沟内刨出零碎尸骨，东西客房有土填旧坑，四处亦刨有尸骨并发辫不等。据供：夹道一尸，系与弥渡人张升同谋杀死；至墙角各处尸骨，俱各记不得姓名，系与赵州人张泰交同谋杀埋。当将张升拿获，飞调署赵州吕牧前往相验，会同质审等情。"随据署赵州知州吕永和禀称："驰赴弥渡，复与该犯店内掘获不全骨殖三处，卧房窗下及墙边，掘获尸骸六躯。除将张振奇并配所妻妾幼女及在店佣工人等分别禁押，将家赀什物封贮，录供另详外，理合禀报。"等情。臣等接阅之下，不胜骇异。

当查军犯在配行凶，已属法无可贷，乃该犯张振奇借开歇店，谋害多人，惨毒凶残，至此已极！当即检查原案，该犯系河南南阳县人，于乾隆二十六年积匪猾贼案内发遣来滇，安插弥渡，单身到配，并无携带赀财。乃自到滇以后，开店谋生，家计充足。其间行踪叵测，最易生疑。何至十有余年，毫无破绽？况杀伤多命，亦非一朝一夕之事，必有加功伙伴与知情容隐之人，若不彻底究查，从严办理，无以申国法而快人心。（**夹批**：是。既伤多命，则为从者不可以从论矣。可恶之极！）即饬该管道府亲赴查拿党伙，提齐邻佑、地保，解省审办。

兹据大理府张春芳禀称："驰抵弥渡，查明张振奇有子三人，长张顺兴已死，次张顺旺现在河南原籍，三张顺发已赴四川，向候补同知魏成汉之第二子索欠等语。"除飞咨四川、河南二省分别严拿解滇收审，并将原籍家口查拘收禁，房产封贮，俟定案后另行办理外，仍俟该犯张振奇押解到省，讯明谋杀次数及此外同谋加功之人，并地方文武衙门有无胥役串同贿纵等事。再该犯既有银两放出，川省保无另有寄顿赀财之处，逐一严切跟查，从重按拟，一面具奏，一面恭请王命，先将张振奇凌迟处死，枭首示众，以儆凶顽。（**夹批**：自然。即其子，无不可恶！）理合先行奏闻。

再臣等现准提臣海禄札据武员禀报破案缘由，系同配军犯俞成首告，与通判刁玉成所禀访拿查办情节不符。如果该通判自行访办，尚属留心，结案时自应声请免议。若因失察于前，又思朦饰于后，有心取巧，容俟查实另参。（**夹批**：甚当。）至安插军流人犯，本应刻刻稽查，加意约束。乃该管官于此等奸民，竟尔毫无觉察，以致纵恶养奸，酿成大憝，昏庸废弛，莫此为甚，实非寻常失察可比。臣等抵任已及一年，未能早为察出，疏忽之咎，亦所难辞。统容定案后，查取历任该管文武，开列专、兼、统辖职名，请旨交部严加议处，（**夹批**：是。）以示惩儆。再该犯及应质人等业已陆续抵省，臣等现在提犯亲鞫，赶紧办理，合并陈明。

本日，臣李侍尧因有盘获养泄夷人，事关边务，由驿驰赍，是以附入具奏，伏乞皇上睿鉴。谨奏。

朱批：知道了。

（《宫中档乾隆朝奏折》第四十二辑，第318～320页）

2089　大学士仍管云贵总督昭信伯李侍尧《奏报野夷窜至内地，拿获讯供，请旨遵行折》

乾隆四十三年三月初十日

大学士仍管云贵总督昭信伯臣李侍尧跪奏：为野夷窜至内地，拿获讯供，请旨遵行事。

本年二月二十一日，接准提臣海禄来札及腾越州知州吴楷禀称："龙江桥卡兵涂尹金拿获长发外夷一人，身披抄子，不懂语言，传集通事用缅话及玀话一一诘问，该夷口中喃喃，难以通晓，不知实系何种夷人。"等因。臣以该夷既能言语，不难觅取近边玀详细译出，况只身窜入内地，必有根由，自应彻底究明来历，据实奏闻。檄令腾越州迅速选取通晓各种夷话之人，一同解省。兹据该州调取陇川差目烂茄、夷民募罕，伴解来省。

臣率同司道亲加严讯，令通事烂茄、募罕等当面译出。据供："系野养子内一种养泄夷人，名叫阿里，是落卓头目阿漏管下人，在布混寨山上耕种度日，落卓地方屡被缅子勒派骚扰，众人离畔，不肯去纳钱粮。上年缅子令头目莽布拉呀鲊带兵三四千人来攻落卓，将地方残破，所有落卓各处小村寨俱遭抢杀。布混寨人口各处逃散，被缅子拿住。阿里及此外共有六人，逼令跟随挑担、割草。阿里不懂缅话，常受凌虐。腊月内，随同缅子去抢佤之莽冷厂，厂上人数众多，缅子抵敌不过，损伤五六百人，一齐冲散。该夷乘空逃避，不能认识路径，遂于沿江无人处所一直行走至腾越所属之龙江桥，因饥饿觅食，当被卡兵拿住。"等供。臣恐该夷或为缅匪所使潜来内地窃探消息，抑或其中另有别情，反复究问，加以刑吓，矢口不移。察看该夷，蓬首散披，不去顶发，周身上下亦无漆纹，一切语言俱与缅子迥异，不独阿瓦情形懵然不知，即落卓地方距布混寨路程较远，坚供未曾到过。看来该夷实缘缅匪抢杀虐使，慌乱窜逸，复因不能认路，沿江直走，竟至内地，且花抄被体，长发披头，并不易服改装，令人一望知非内地民人，其中无别项情节，似属可信。

臣因该夷不知缅夷情事，又语言难晓，必须内地通事询之陇川土夷，复由陇川土夷询之阿里，转辗通译，方得根由。须连通事数人，同该夷一并解京，始可讯究。是以谨将录取供词先呈睿览，其野夷阿里，或解京查办，（**夹批：不必。**）或留云南省城拘禁之处，（**夹批：可也。**）谨候皇上训示遵行。

再查该夷逃避缅匪，恐人拿获，虽系行走沿江山箐，但本年正二月间，现届出防，隘卡弁兵所司何事，竟任该夷直至腾越内地始行拿获，殊属疏懈。现已严饬提镇查明阿里经由各处，应议职名，确切开报，以便按律严参，示之惩儆。

所有拿获野夷阿里缘由，谨缮折由三百里驿递呈奏，伏乞皇上睿鉴。谨奏。

朱批：览。

（《宫中档乾隆朝奏折》第四十二辑，第320~321页）

2090　大学士伯管云贵总督李侍尧、云南巡抚裴宗锡《以厂员办铜短缩，据实参奏折》

乾隆四十三年三月十二日

大学士伯管云贵总督臣李侍尧、云南巡抚臣裴宗锡谨奏：为厂员办铜短缩，据实参奏，仰祈睿鉴事。

窃照滇省四十二年获铜数目，现经臣等按照向例另折奏明。惟查滇省办理铜斤，虽因厂地衰旺靡常，向未定有年额。但思厂员果能严禁透漏营私，悉心调剂，铜数自应日臻丰旺，即使彼此赢绌难齐，通盘牵算，断不致缺数过多。乃查四十二年各厂所获铜斤，比照四十一年，竟少二百余万之多。推原其故，滇省厂地全在冬春两季，晴多雨少，可以多办矿砂。一交夏秋，大雨时行，礓硐间有涨溢，即不能加紧赶办。上年春季，刚值督、抚、藩司俱经更调，查催不力，各厂员即未免意涉因循。臣等于上年三四月间，先后到滇检查，春季各厂月报只获铜一百九十余万斤，较之往年实多短缩。臣等以春季尚尔如此，夏秋之间势必愈难赶办，日夜焦思，督同藩司孙士毅设法严催，所有丙申京铜四运，幸得依限扫帮，不致迟误。

伏思上年厂铜短少，虽经臣等严切究查，尚无营私情弊，而厂员办理不善，咎实难辞。若因向无年额，仅循照旧例，入于考成案内办理，不为比照上届数目，专折参奏，恐厂员视考成为具文，不复知所警惕，铜政益滋缺误。兹据布政使及该管各厂之道府详揭前来，谨将四十二年办铜短少之员开列名单，注明比照上年亏缺各分数，恭呈睿览，并请旨交部分别严加议处，以示惩儆。现在檄饬各厂员将四十三年铜斤加紧赶办，务照臣等去冬奏准按月交铜之数，有赢无绌，以副例限。倘本年再有亏短，立即据实严参，从重惩治。

再查大理府属之大功厂，每年煎办京铜一百万斤，近来矿砂渐少，每月只可办铜三万余斤。臣等到任后，委员确堪，系属实在情形，酌议该厂每年额办四十万斤，尚少京铜六十万斤。于四十三年起，令出铜较旺之宁台厂改煎补额。合并声明，伏祈皇上睿鉴，饬部核议施行。谨奏。

朱批：该部严察议奏。

（《宫中档乾隆朝奏折》第四十二辑，第338～339页）

2091 云南巡抚裴宗锡《奏报滇省雨水禾苗情形折》
乾隆四十三年三月十二日

云南巡抚臣裴宗锡谨奏：为奏闻事。

窃照云南省春雨及时，麦苗滋茂情形，经臣于正月十三日暨二月十六日先后具奏在案。时届东作，尤赖雨水常调，始于农功有益。

兹查通省地方，于二月二十四五及二十七八等日，连得膏雨，势甚优渥，入土深透，大小二麦均已含苞，南豆亦皆结实。三月初旬以来，晴雨又极得宜，春收可期丰稔。田禾早者现在翻犁播种，潴蓄有资，易于苗发。各处粮价虽增减不齐，尚属中平，无虞贵食。民夷乐业，边境粹宁。理合恭折奏闻，伏乞皇上睿鉴，并将二月分粮价另缮清单敬呈御览。谨奏。

朱批：知道了。

（《宫中档乾隆朝奏折》第四十二辑，第350页）

2092 云南巡抚裴宗锡《汇奏乾隆四十二年分滇省各厂办获铜斤数目折》
乾隆四十三年三月十二日

云南巡抚臣裴宗锡谨奏：为汇奏各厂办获铜斤数目，仰祈圣鉴事。

窃照滇省新旧大小各厂通年获铜数目，例应汇核奏报，历经遵行在案。今乾隆四十二年分，行据布政使孙士毅查明，各厂通计办获铜八百五十九万九千五百斤零，造册详请核奏前来。

臣随检齐各厂每月报折，逐一核对，内汤丹、碌碌、大水、茂麓等四厂获铜三百五十二万八千一百一十七斤零，宁台等二十九厂获铜四百一十一万一千五百三十二斤零，大功等八新厂获铜九十五万九千八百五十斤零，通计各厂共获铜八百五十九万九千五百斤零，较之四十一年分获铜一千一百五十二万六千五百九斤零之数，少获铜二百九十二万七千八斤零，内除封闭各厂及矿衰减额并改煎折耗共铜八十二万八千三百九十八斤零外，实少铜二百九万八千六百一十斤零。缘该年春季只办铜一百九十余万斤，数目短少。迨臣与督臣抵任之后，屡经严饬各厂员上紧赶补，因春季短缩过多，以致通年汇计，仍不能足额。除查明承办短少各员另折会参外，所有新旧、大小各厂乾隆四十二年办获铜斤数目，臣谨缮列清单，会同大学士伯管云南总督臣李侍尧恭折具奏，伏乞皇上睿鉴。谨奏。

朱批：该部知道。

（《宫中档乾隆朝奏折》第四十二辑，第350~351页）

2093 大学士仍管云贵总督昭信伯李侍尧、云南巡抚裴宗锡
《奏报昆阳州知州苏济亏空仓谷一案，审明定拟折》
乾隆四十三年三月二十九日

大学士仍管云贵总督昭信伯臣李侍尧、云南巡抚臣裴宗锡跪奏：为遵旨审拟具奏事。

窃照昆阳州知州苏济亏空仓谷一案，经该管云南府知府永慧亲往盘查，短谷一千七百四十余石，别无动用开除，通详揭报。臣等恭折参奏，钦奉谕旨，革审究拟，遵即行司委审。去后，兹据云南按察使汪圻会同布政使孙士毅，转据云南府知府永慧，审拟招解前来。

臣等提犯覆鞫，缘昆阳州常平仓额贮捐输等谷八千九百七十四石零，定例每年青黄不接之际，准其详明借粜，秋成买补征收，按年出易。苏济自乾隆三十九年到任以后，遵照章程办理，本无亏缺。至四十二年夏间，详请出借农民籽种谷二千六百八十石外，尚存谷六千二百九十四石零。适值仓廒渗漏，微有霉浥，该参员遣眷回籍，需银应用，遂将气头廒底并霉变谷五百余石，搭入好谷四百余石，私行粜卖，每谷一石卖银四钱八分，一千石共卖银四百八十两，入己费用。又自到任后，陆续碾用食米四百四十七石。该府永慧访闻亏空，亲往盘查，共缺仓谷一千七百四十七石，揭参发审，讯悉前情。臣等再三究诘，已据苏济供认侵盗不讳。质之仓书、斗级人等，供亦相符，此外并无不实不尽。

查例载：监守盗入己，自六百六十两至一千两，杖一百，流三千里；又州县亏空仓谷，以谷一石，照银五钱定罪各等语。苏济亏空仓谷一千七百四十七石，照定例五钱科罪，计银八百七十三两零，合依监守盗赃六百六十两至一千两例，杖一百，流三千里，定地发配，不准纳赎。仓书赵章、斗级张进玉，不行禀阻，均照不应重律，杖八十，折责革役。所亏谷石，按照时价追银，发给接任官买补还仓。除全案供招咨部外，谨缮苏济供单恭呈御览，伏乞皇上睿鉴，敕部核覆施行。谨奏。

朱批：该部核拟具奏。

（《宫中档乾隆朝奏折》第四十二辑，第489～490页）

2094　大学士仍管云贵总督昭信伯李侍尧《奏报撤防日期并酌留兵数折》

乾隆四十三年四月初五日

大学士仍管云贵总督昭信伯臣李侍尧跪奏：为奏报撤防日期，酌留兵数，仰祈圣鉴事。

窃照腾越、普洱两路出防官兵，每年春深瘴发时，将应留防兵撤于水土平善之地，其余俱回原营差操。

兹上年冬间，派出张凤街、三台山及陇川、盏达、缅宁等处分驻防兵四千五百名，臣与提臣海禄酌定，本年三月二十日起，陆续撤回三千六百名，其沿边关卡，照上年酌留兵九百名，派腾越镇总兵刘国梁统率稽查，仍于腾越、永昌镇协官兵内按月输换，以均劳逸。并将派出马四百匹，仍留十二匹以备差遣乘骑，其余三百八十八匹，概行撤回。

至普洱出防一碗水等处官兵一千名，该处瘴气较早，定于二月初十按起分撤。已据普洱镇总兵张和禀报撤竣，各归原营。所有撤防日期、酌留兵数，臣谨恭折具奏，伏乞皇上睿鉴。谨奏。

朱批：览。

（《宫中档乾隆朝奏折》第四十二辑，第538页）

2095 大学士仍管云贵总督昭信伯李侍尧《奏报定期交印起程赴京陛见折》

乾隆四十三年四月初五日

大学士仍管云贵总督昭信伯臣李侍尧跪奏：为恭报定期交印起程赴京陛见事。

窃臣于上冬陈请陛见，蒙恩鉴允。本年二月十八日，奉到朱批："好。知道了。"又于三月交印句旁，奉朱批："不妨迟至四月起程。钦此。"臣凛遵圣谕，暂缓束装，将边防事务及一切紧要案件赶紧料理。

兹普洱一路防兵业经撤竣，腾越一路，于三月二十日起，陆续分起撤回，仍酌留员弁更替巡察，责成腾越镇刘国梁统率稽查，现在专折具奏。时届春深瘴起之候，边事无可办理。臣已将节次接奉谕旨边境详细情形告知抚臣裴宗锡，并札嘱提臣海禄钦遵妥办。臣谨择于四月初七日交印，抚臣裴宗锡暂行署理，臣即起程就道，驰赴阙廷，跪聆圣训。理合恭折奏闻，伏乞皇上睿鉴。谨奏。

朱批：览。

（《宫中档乾隆朝奏折》第四十二辑，第539页）

2096 大学士仍管云贵总督昭信伯李侍尧《奏报因赴京陛见，将考核营员册籍定稿移交抚臣裴宗锡磨对代题折》

乾隆四十三年四月初五日

大学士仍管云贵总督昭信伯臣李侍尧跪奏：为奏明事。

窃照乾隆四十二年十月，届当举行军政之期，臣与滇黔两省提臣均因到任未久，营员贤否未尽周知，当经恭折奏明，展至本年四月。奉到朱批："该部知道。钦此。"钦遵在案。嗣臣陆续调考，留心查察，现准云南提督臣海禄、贵州提督臣敖成，将两省将备、员弁分别应举、应劾，查开履历，造具五花清册前来。臣逐一秉公甄别，填注切实考语，照例具题。缘蒙皇上天恩，准臣陛见，定于四月初七日起程，本案册籍繁多，一时赶缮不及，是以将核定稿案移交抚臣裴宗锡磨对代题。理合恭折奏明，伏乞圣鉴。谨奏。

朱批：知道了。

（《宫中档乾隆朝奏折》第四十二辑，第 540 页）

2097　大学士仍管云贵总督昭信伯李侍尧《奏报滇黔两省雨水粮价情形折》

乾隆四十三年四月初五日

大学士仍管云贵总督昭信伯臣李侍尧跪奏：为奏闻事。

窃照滇黔两省雨水、粮价情形，经臣于二月十八日恭折奏报在案。

查滇省一交春令，风多雨少，每患长晴。今自二月下旬以来，雨水调匀，阴晴相间，高低田亩均属相宜，早禾播种齐全。普洱、元江一带，气候更早，现已陆续莳插，豆麦收割完毕。缘上年冬雪沾足，春雨又复及时，收成丰稔。现据藩司汇报，通省合计九分有余。省城中，米每仓石价银二两零四分，仍属中平，并无昂贵。各属微有长落，大略相同。黔省据报雨水不缺，豆麦丰收，正在刈获，粮价自六钱四分起至二两二钱二分不等。理合恭折具奏，伏乞皇上睿鉴。谨奏。

朱批：知道了。

（《宫中档乾隆朝奏折》第四十二辑，第 540～541 页）

2098　大学士仍管云贵总督昭信伯李侍尧《奏报宣慰土司刀士宛之父刀绍文投回江内缘由折》

乾隆四十三年四月初五日

大学士仍管云贵总督昭信伯臣李侍尧跪奏：为奏闻事。

窃照宣慰土司刀士宛仰蒙圣恩赏复土职，当经臣宣布皇仁，令其传谕伊父速回内地，不得仍留江外。刀士宛感激叩谢，自称一抵普洱，即差人招回伊父同居。嗣于上冬，臣赴普洱巡查边境，刀士宛带同土弁前来迎谒，据其面禀，伊父患病未愈，且有经催各版纳应解课项，尚需料理，明春一准过江。今据普洱镇张和禀报，刀绍文已于三月十八日到江，与伊子士宛同居，并据刀绍文具禀到臣，内称："自获重罪，死有余辜。乃蒙大皇帝殊恩，赦宥一门，不但幸免刑诛，且将四子士宛复还土职，五夜思维，虽肝脑涂地，不足仰酬高厚鸿恩。惟有勉励士宛恪供职守，绥靖边隅。"等语。情词恳切。除批饬安分守法，辑睦土夷，以赎前愆外，所有刀绍文投回江内缘由，理合恭折奏闻，伏乞皇上睿鉴。谨奏。

朱批：知道了。

（《宫中档乾隆朝奏折》第四十二辑，第 541～542 页）

2099　大学士伯管云贵总督李侍尧、云南巡抚裴宗锡
《奏报前管宁台厂员会泽县知县卫竟成借运勒索及署蒙化厅经历武定州吏目胡琰挟嫌诬陷一案，审明定拟折》
乾隆四十三年四月初七日

大学士伯管云贵总督臣李侍尧、云南巡抚臣裴宗锡谨奏：为遵旨审拟具奏事。

窃照前管宁台厂员、会泽县知县卫竟成借运勒索，及署蒙化厅经历、武定州吏目胡琰挟嫌诬陷一案，经臣等会折参奏，钦奉谕旨"革审究拟"，遵即行司提犯委审。去后，兹据按察使汪圻会同布政使孙士毅转据委员云南府知府永慧、澄江府知府张裕谷审拟招解前来。

臣等提犯覆鞫，缘卫竟成本系蒙化厅经历，委管宁台铜厂，升补会泽县知县，交卸进京，有尾运应交下关铜五万斤，每铜一百五十斤为一码计，应运铜三百三十码。卫竟成因铜数短少，向平昔交好之揽运监生赵映奎言明，每码扣短五斤，嘱其运交下关，秤出短少，俟回滇时再行找补。又厂铜每码运交下关，例给脚价银一两八钱七分八厘零，历来先发银一两四钱，余俟铜斤交清，取有回照找给。卫竟成因于交存应找各脚户脚费银内侵用四百两，亦借与赵映奎交好，每码只先发八钱，较大概短发六钱计，欠赵映奎等先后应找脚价银三百五十八两九钱零，当同赵映奎面嘱司事之林应鹤筹措借垫，陆续找给赵映奎，俱经允许。卫竟成即起身领咨进京，后林应鹤因筹措不出，只三次给赵映奎银二十四两零，又因经手发运，见铜斤短数不止千余，每码复加扣一、二、三斤不等，共短铜二千四百六十五斤。迨赵映奎同帮运之脚户陶应龙陆续将铜运交下关，经委员大理府司狱杨世求称得每码短铜五六七八九斤不等，赵映奎以卫竟成言明每码原有五斤短数，杨世求以所短不止五斤，疑系赵映奎盗卖捏饰，将实少数目开单，移厂比追。又卫

竟成有从前发运在途铜斤未经到关，其领运之蒙化、永平、赵州、宾川各脚户，又揽运接任厂员发运铜斤，致将前领卫竟成之铜沿途停搁，共三十一万零未到，内中蒙化脚户连赵映奎、陶应龙共三十二户，未运到六万一千余斤，经藩司查出，行文大理、永昌两府及蒙化厅比追。此卫竟成短少铜斤、私扣脚价之实情，及行文查追铜运之总数也。

胡琰系武定州吏目，委署蒙化厅经历，于上年二月二十四日到任。因乏钱使用，曾向差头罗英借钱十千文，罗英转向厅属举人饶湛借给，业经回明，借自饶湛。三月初三日，胡琰又令罗英向饶湛借银一百两，饶湛未允。复邀饶湛进署面商，仍推故不到，胡琰旋亦中止。追三月杪，胡琰奉署厅吴宁转委追比运户之文出签，拘比各脚户，有即行交楚者，亦有承认具限者。惟赵映奎口称，伊所领之铜，系厂员原短及下关秤重，伊并未盗卖为词，胡琰不听派差，宋成瑞押令具限取保。赵映奎与饶湛本有瓜葛，央宋成瑞同往告贷，饶湛不允，赵映奎复恳作保，饶湛亦不应允，赵映奎随自写限状，同宋成瑞至署投递，旋赴大理。胡琰查无保状，复差宋成瑞往唤取保。赵映奎未回，胡琰询知赵映奎有向饶湛借银一事，触起前次邀请不来之嫌，随谕宋成瑞赴饶湛家，向其索交。赵映奎赴案，饶湛以未作中保，不应向伊索取。宋成瑞畏官责处，必欲饶湛到署回覆。饶湛气忿不甘，同赴剖诉，胡琰闻声出堂，相与争置，令差役拿究。差役见系举人，未敢动手。胡琰自行向拉，饶湛亦拉住胡琰衣服，互相扭结，至班房门口，胡琰欲将饶湛推进班房，饶湛力挣，碰落门扇倒碰，在旁石块致门损碎。时有生员姚孚泰等数人经过，闻声进署拉劝，饶湛松手散去，其所押脚户方国伦等数人，趁闹走出闲看，旋即走回。胡琰遂以肆骂毁署等情，诬重具详泄愤。提省委审，当将卫竟成、胡琰参革，并将铜店委员杨世求续参，一并审拟。兹臣等提犯亲讯，备得前情，反覆究诘，各供如一，并不无不实不尽。

查律载：起运官物若有侵欺者，计赃，以监守自盗论。又例载：监守盗入己，数至六百六十两，杖一百，流二千五百里。又律载：在官求索借贷，计赃，准不枉法论，不枉法赃十两，杖七十；一百两，杖一百，流二千里；赃未入手，减一等。又例载：附和结党，妄预官事者，杖一百各等语。

卫竟成承运官铜，侵用脚价银四百两，短发铜二千四百六十五斤，照厂价每百斤银六两，该银一百四十七两九钱，共银五百四十七两九钱，合依监守盗入己六百六十两，例杖一百，流二千五百里。胡琰奉文比追铜斤，向举人饶湛索人，致相争角互扭，碰落班房门扇，诬详饶湛打毁官署，放走脚户，如果属实，饶湛应照律拟流。今审系诬轻为重，应折杖收赎。其向饶湛借用钱十千文，应杖七十，各轻罪不议外，惟向饶湛索借银一百两，应计赃科罪。胡琰合依在官求索借贷计赃，准不枉法论，一百两杖一百，流二千里。赃未入手，减一等，杖一百，徒三年，均不准纳赎。杨世求经收铜斤，虽讯无浮收之事，但卫竟成短发铜斤、扣克脚价，既据赵映奎禀知，不行转禀，实属瞻徇，已经革职，应毋庸议。

饶湛身为举人，应知理法，果有屈抑，当俟上司提审时辩诉。乃辄与现任职官扭结，且差役以伊系举人，不敢向拿，殊属恃符藐法。应照妄预官事，例杖一百，请革去举人，杖罪的决，以示惩儆。林应鹤因卫竟成存铜不敷，复于发运时扣短六百余斤，虽非入己，亦属不合。应照不应重律，杖八十，折责发落。赵映奎讯无盗卖铜斤，应与承运厂铜均已交楚之脚户张瑞五等，及闻声进劝之姚孚泰等，概予省释。

卫竟成短少铜斤及未清脚价银两，分别追缴给领。胡琰借用饶湛钱文，业已清还。至前署蒙化同知事丽江县另案降调，知县吴宁详报脚户盗卖铜三十万斤，系奉文各属总计之数，并非虚捏。其据胡琰所报转详，虽属有因，但于胡琰索借钱文未经察出，应请交部议处。除备录全案供招咨部外，臣等谨合词具奏，并另缮正犯供单恭呈御览，伏乞皇上睿鉴，敕部核覆施行。谨奏。

朱批：该部议奏。

（《宫中档乾隆朝奏折》第四十二辑，第 563～566 页）

2100 大学士伯管云贵总督李侍尧、云南巡抚裴宗锡《奏报准咨筹办滇省铜厂积欠事宜折》

乾隆四十三年四月初七日

大学士伯管云贵总督臣李侍尧、云南巡抚臣裴宗锡谨奏：为准咨筹办，先行具奏事。

窃臣等接准户部咨："云南布政使孙士毅陈奏铜厂应禁应办事宜折内，厂欠恃铸息归补，究非久图，宜通盘筹画一款，据称各局铸息一项，自应归入正项充拨，今乃以有用之帑金为各厂弥补积欠，实为可惜。从前办理积欠，于各厂欠户名下每铜百斤扣银四钱，无欠之户，每铜百斤扣银二钱，以厂民之扣款完厂民之积欠，似属可行等语。经部臣查议，以滇省厂欠一项，经历任督抚设法调剂，而欠项仍未能清，若以加卯铸息抵还厂欠，于办公实未允协。若扣所得铜本预备还欠，亦恐民情未必乐从，议请敕交臣等，查明节年炉欠未完实共若干，其炉户人产有着者，即行勒追还项或经手之员办理不善尚有任籍可追者，勒令代赔。查追完报外，其实在无着无追之项，尚有若干，核实奏明，请旨定夺。嗣后，务严饬厂员，每年俱慎选殷实之户，如数给发，至期饬令全数缴还。必须年清年款，不使复有丝毫余欠，庶为正本清源之道。是否可以行之无弊，应令悉心妥议具奏，到日再行核议。"等因。咨行到滇。

臣等伏查，滇省厂欠一项，始于铜归官买之年，有厂而即有欠，由来已久。夫厂欠出自铜本，铸息乃钱局应有之利，从前历次清厘厂欠，原未尝以铸息拨补为请者。惟乾隆三十八年，查出汤丹等厂三十四五六等年民欠银十三万九千余两，请于各炉户应领工本内，每办铜百斤扣银五钱抵欠。经部议驳，钦奉谕旨："以前据议定，各厂户，每办铜百斤扣收五斤，以抵预放工本，计每百两已扣五两；又领银百两扣平银一两，以抵无着欠项。尚且谓其无力攻采，今复每铜百斤扣银五钱，合计每百两又扣银七两八钱，所扣愈多，则所得愈少，办铜更为拮据。而扣所得之数完应追之项，何异割肉补疮？而旧欠虽完，新欠又积，适启炉户苟且迁延之病，久之并恐于铜务有碍。何如将各厂节年旧欠稍宽其期，或即将前项扣平银两陆续弥补，或于此外另筹善法归还，俱无不可，何必为此移新掩旧之下策？"煌煌天语，仰见睿智如神，坐照万里，纤悉毕该。

自是始有东川钱局添炉加卯，获息补欠之议行。续于四十、四十一等年，查出新旧各厂三十八九两年民欠银十七万余两，又请各处复炉加卯，每年所获铸息分年抵欠。是滇省先后查出新旧厂欠共银三十一万余两，概准于铸息项下拨补，而炉民工本于叠扣之外，得免复扣者，原系我皇上格外加恩，并非常例。若为国家节用计，乃以有益之帑金补无限之厂欠，洵觉可惜，于办公实未允协。惟是砂丁、炉户，家计殷实者甚难其选，类皆无业贫民，不能自措工本，全赖预领官银及借给油米薪炭，资其攻采。土中求矿，衰旺不齐，势难保无虚糜堕欠。若扣所得铜本备抵还项，现在办铜百金，则有应扣预放工本铜五斤，领银百两又有应扣市平抵欠银一两，以铜合银核计，每领工本银百两，应扣银六两，所扣已多，所得自少，复再加扣，厂力愈形拮据。若恐积重难清，久而无着，即令其一面完欠，一面办铜，亦不过领所得之数偿应追之项，新旧固不能并清，完前必仍滋欠后。诚如圣谕，何异剜肉补疮？且此辈惟利是图，计算日逐所获之铜仅敷完欠，一切衣食俱无所资，非苟且迁延，便散而别谋生理。若因炉民不能追缴，概令经放之员照数赔补，恐厂员预留余地，莫肯多发工本，使之竭力攻采，均与铜政转有妨碍。

臣等伏思，固本治标，胥视缓急为权宜。滇省有厂而即有欠，不能年清年款，久在圣明洞鉴之中。为目前审量利弊，欲欠项不致无着民力仍得支持，厂员无虞赔累者，辗转思维，别无良策。惟有仰恳天恩，仍照节次奏案，准以铸息归补。第自乾隆三十八年，查出厂欠十三万九千余两，未及两载，四十、四十一等年，复又查出厂欠十七万余两，旧欠未清，新欠踵至，似此递年积累，势必日积日多。要之厂欠虽不能无，而流弊必防其渐。厂民承领工本，实系采办亏折，因而拖欠官银，情有可原，自应酌量弥补，妥协调剂。若一切滥支滥放，由于出纳不慎，其咎自在厂员，则虽实欠在民，亦应参处着赔，未便统归厂欠。臣等现饬藩司孙士毅彻底清查，俟臣李侍尧陛见回任，即会同臣裴宗锡妥议章程，分别在官在民，有着无着，另行办理奏明，请旨遵行。庶数年之后，清完积逋，纵或续有厂欠，调剂亦易为力。

所有臣等接准部咨，面相筹办情形，谨先合词恭折具奏，伏乞皇上睿鉴训示。谨奏。

朱批：知道了。

2101　云南巡抚裴宗锡《奏报地方雨水情形折》

乾隆四十三年四月初七日

云南巡抚臣裴宗锡谨奏：为奏闻事。

窃照滇省地方三月初旬以前雨水麦禾情形，经臣节次具奏在案。今春旸雨调匀，二麦、南豆咸臻丰熟，现将通省收成分数开单，另陈圣鉴。各属播谷之后，于三月中下两旬，先后得有雨泽，田畴沾渥。迨四月初旬以来，又连得时雨，秧苗出水一二寸至三四寸不等，高原下隰弥望青葱。迤南一带气候较早之区已在次第栽插，市粮充裕，粜价不昂，远近民情均极宁谧。理合恭折奏闻，并缮三月分粮价清单敬呈皇上睿鉴。谨奏。

朱批：知道了。

（《宫中档乾隆朝奏折》第四十二辑，第 576 页）

2102　云南巡抚裴宗锡《奏报本年滇省豆麦收成分数折》

乾隆四十三年四月初七日

云南巡抚臣裴宗锡谨奏：为恭报豆麦收成分数，仰祈圣鉴事。

窃照云南省二麦、南豆现届次第登场，行据藩司孙士毅将各属所报收成分数汇册呈送前来。臣逐一确核，内麦豆并种之永北等三十一厅州县、县丞，低处收成十分，高阜收成九分；镇沅等二十六州县、州判，高下俱收成九分；蒙化等一十二厅州县，低处收成九分，高阜收成八分；又止种二麦之中甸等一十一厅州县、州判，低处收成九分，高阜收成八分；止种南豆之思茅一厅，低处收成九分，高阜收成八分。合计通省收成，实得九分有余。至沿边各土司地方所种麦豆，据报收成合计九分，远近均称丰稔。除俟藩司造册详报到日，照例另疏具题外，合先开列清单，恭折奏闻，伏乞皇上睿鉴。谨奏。

朱批：知道了。

（《宫中档乾隆朝奏折》第四十二辑，第 576~577 页）

2103　署云贵总督云南巡抚裴宗锡《奏报接署督篆任事日期折》

乾隆四十三年四月初八日

署云贵总督云南巡抚裴宗锡谨奏：为微臣接署督篆任事日期，恭折奏闻，仰祈圣鉴事。

窃臣准大学士伯云贵总督李侍尧咨称：本年四月初七日，自滇起程，赴京陛见，委云南府知府永慧、督标中军副将吉隆阿恭赍云贵总督关防等项移交到臣。臣随设香案，望阙叩头谢恩，即于是日任事。

伏念臣猥以庸愚，仰承宠遇，简畀巡抚，复调边陲，已觉责重力微，竭蹶难副。兹得暂署督篆，两任兼司，弥深负重。除照例另疏具题外，一切政务，只循原办章程，次第经理。其最要之边防事宜，业经督臣节次奉到谕旨，向臣面言，惟有凛遵恪守，实力妥办，不敢稍有懈疏，以庶几仰酬高厚。所有臣接署督印日期并感激悚惕下忱，理合恭折具奏，伏乞皇上睿鉴。谨奏。

朱批： 览。

（《宫中档乾隆朝奏折》第四十二辑，第580页）

2104　署云贵总督云南巡抚裴宗锡《奏报弥渡军犯张振奇开张歇店谋杀多命一案，查明失察奸民之文职各官，请旨交部核议折》
乾隆四十三年四月十三日

署云贵总督云南巡抚臣裴宗锡谨奏：为查明失察奸民之文职各官，请旨交部核议，以肃吏治事。

窃查弥渡军犯张振奇开张歇店，谋杀多命一案，经臣会同督臣李侍尧提犯严审，定拟具奏，声明历任失察专、兼、统辖各官，檄司查明开送，请旨交部严加议处，并臣等一并交部察议等因在案。兹据按察使汪圻详据迤西道徐嗣曾移称，张振奇自乾隆二十五年到配，至三十二年以前，并无谋杀之案，无庸开列外，其自三十三年二月谋杀客民起，至四十三年二月破案止，所有历年历任专、兼、统辖职名，均应开报相应查明各该员到任、离任日期，分晰开单呈送等因前来。除武职俟提督臣海禄查送至日，另咨兵部核办外，应将失察奸民之文职应议职名，开列简明清单，缮折具奏，伏祈皇上敕部，分别议覆施行。谨奏。

朱批： 该部议奏。

（《宫中档乾隆朝奏折》第四十二辑，第632~633页）

2105　署云贵总督云南巡抚裴宗锡《奏报临元镇总兵吴万年病故折》
乾隆四十三年四月十三日

署云贵总督云南巡抚臣裴宗锡谨奏：为奏闻事。

窃照临元镇总兵吴万年，前因派驻张凤街协办防务堕马受伤，难望痊愈，经督臣李侍尧一面令其暂回腾越，一面奏请解任调理，钦奉谕旨允准。其所遗员缺，以陈大用补授在案。兹准提臣海禄咨报，该镇吴万年医治罔效，于四月初十日在腾越病故，并将任内节奉朱批奏折十七件，差员赍缴前来。

臣查新授临元镇总兵陈大用尚未到任，该镇印务，早于吴万年派防时，经督臣李侍尧奏明，以维西协副将德光署理，毋庸另委。所有该镇吴万年病故日期，臣谨缮折奏闻，并将缴到朱批奏折十七件，代为恭缴，伏乞皇上睿鉴。

再总兵病故，例应由驿驰奏。今该镇先已因病解任开缺，是以此折不复驰递，合并陈明。谨奏。

朱批： 览。

（《宫中档乾隆朝奏折》第四十二辑，第 633～634 页）

2106　署云贵总督云南巡抚裴宗锡《奏报丁酉年头运第一起京铜开帮日期折》

乾隆四十三年四月十三日

署云贵总督云南巡抚臣裴宗锡谨奏：为恭报京铜开帮日期，仰祈圣鉴事。

窃照滇省办运京局铜斤，自四川泸州开帮日期，例应奏报。兹据云南布政使孙士毅详称："丁酉年头运第一起委员董继先，领运正耗余铜七十三万六千三百斤，又带解截留丁亥年两加运铜七万八千四百一十五斤十五两零，于乾隆四十二年十二月二十八日，在泸州全数兑足开帮。"等情前来。除飞咨沿途各省督抚催儹前进，依限赴京交收，并咨明户、工二部外，所有丁酉年头运第一起京铜全数开帮日期，理合恭折奏报。

再丁酉年头运京铜，应于上年十一月开帮，今该员董继先于十二月二十八日始行开帮，计迟延二十八日。经臣饬据藩司查明迟延之故，实由承办京铜之汤丹、碌碌、大水、茂麓、大功五厂，于四十二年获铜短缩，未能先期秤发，致使站员赶运水次，正逢冬令河干之候，不能依限开帮，其咎实在厂员，而不在运员。业已汇报四十二年铜数时，将该年办铜短少各厂员开列职名，另折会参，现在候旨遵行。合并陈明，伏乞皇上睿鉴。谨奏。

朱批： 览。

（《宫中档乾隆朝奏折》第四十二辑，第 634 页）

2107　署云贵总督云南巡抚裴宗锡《奏报代办完滇黔两省军政题市折》

乾隆四十三年四月二十七日

署云贵总督云南巡抚臣裴宗锡谨奏：为奏明事。

窃照滇黔两省，于本年四月内补行军政，业经督臣李侍尧将两省将备员弁，分别应举、应劾，填注切实考语，核定稿案。因进京陛见，定期起程，本案册籍繁多，一时赶缮不及，交臣磨对。今稿案次第赶缮齐全，磨对清楚，谨将两省军政题本，于四月二十暨二十七日先后拜发。所有臣代办缘由，理合恭折具奏，伏乞皇上睿鉴。谨奏。

朱批： 览。

（《宫中档乾隆朝奏折》第四十二辑，第802页）

2108　署云贵总督云南巡抚裴宗锡《奏报甄别分发学习世职各员折》

乾隆四十三年四月二十七日

署云贵总督云南巡抚臣裴宗锡谨奏：为奏闻事。

窃照乾隆三十九年四月，钦奉上谕，令将分发学习之世职各员，分别应留、应斥，就其现有人数，据实甄别等因。当经前署督臣图思德查明，滇省各标镇协营并无分发学习世职人员，将候补武举及难荫把总共五员考验甄别，遵旨覆奏在案。

兹查臣标候补千总武举杨圣泽，临元镇标候补把总难荫徐上选，鹤丽镇标候补把总难荫刘显宗等三员，自乾隆三十九年十月甄别，至今已逾三年，尚未得缺，经督臣李侍尧调取考验，杨圣泽、徐上选均年力精壮，弓马合式，堪以仍留候补。续准云南提臣海禄将刘显宗咨送到臣，随经臣考验，该员年力富强，弓马合式，亦堪仍留候补。臣仍严饬该管镇将勤加训练，倘有怠惰偷安，一经查实，即予斥革，断不稍事姑息，以致优劣混淆。所有甄别过滇省各项人员，谨遵旨恭折汇奏，并另缮清单敬呈御览，伏乞皇上睿鉴。

再臣标前届甄别之候补千总武举杨用中，候补把总、难荫江世杰，并出师金川未经甄别之鹤丽镇标候补把总、难荫李上林，俱已得缺，合并陈明。谨奏。

朱批： 该部知道。

（《宫中档乾隆朝奏折》第四十二辑，第803页）

2109　署云贵总督云南巡抚裴宗锡《奏报凶犯张振奇亲属应分别留豫、解滇办理缘由折》

乾隆四十三年四月二十七日

署云贵总督云南巡抚臣裴宗锡谨奏：为凶犯张振奇亲属应分别留豫解滇办理缘由，奏明请旨事。

窃查军犯张振奇在弥渡配所开张歇店，谋杀多人一案，经臣会同督臣李侍尧提犯亲鞫，先将张振奇正法，余犯及家属按律定拟，录供会奏，并飞咨河南等省，将张振奇之子张顺旺、张顺发及其弟张振华、女婿田老大等严拿务获，解滇办理等因，附折声明在案。兹接河南抚臣郑大进札称，拿获各犯到案，惟据张振奇之第三子张显供出其父谋杀七人，张显知情抬埋，应否即在豫省办理，并抄录各犯供单，移送到臣。

臣查凶犯张振奇，自乾隆三十三年起，至三十五年止，又自四十二年起，至四十三年二月止，前后共杀二十一人。其次子张顺旺，系三十三四等年，在滇同谋加功，三十五年回豫。三子张顺发，系在滇同居年久，帮同谋害，上年十一月，张振奇付银三十两，令其回豫。此臣等隔别研讯，众供佥同，似无疑义。今豫省供单内只有张显，即张顺发一人承认知情，其历指张振奇所谋杀止有七人，俱在三十七八九等年，而于三十三四五及四十二三年谋杀二十一命之多，并未供出。张喜孙，即张顺旺，则捏称自幼出继，于三十二年到滇，三十三年回豫。张顺发自知在滇年久，无可抵赖，故竟一身承当，冀图开脱其兄。而张顺旺则三十七八九等年不在滇省，故将谋杀之事装在此数年内，冀图幸免。又张振奇之婿田老大，即豫省讯供之田自法，曾经到滇同住多时，众供确凿，乃张顺发供其并未来滇，情词实属狡诈。

查张振奇惨杀多命，凶残已极，即子孙并未加功，亦断不容凶人复留余孽。况张振奇业经供明父子同谋济恶，尤属罪无可逭。臣与督臣李侍尧初因案情虽定，恐此外续有审出党伙，必须张振奇两子到案，质讯明确，是以咨明豫省解犯来滇。今臣复提张振奇妻妾及李枝健、张升等，反覆研诘，除先经两次奏案外，别无干涉。紧要之犯是张喜孙即张顺旺、张显即张顺发二犯，毋庸解滇质讯，应请旨即于河南原籍正法，以免长途疏脱之虞。惟张振华，系振奇胞弟，从前在籍盗窃马匹，曾经犯案，本非善类。上年张顺发回豫，亦系找寻张振华，难保无知情分财情事。至田老大即田自法一犯，既曾来滇，何以故为狡赖，是否同谋加功，尤属可疑。总因豫省无人对证，希冀狡供卸脱，必须拿解来滇，与众犯面质，方能水落石出。至张振伟，系张振奇堂弟，及伊侄张哈叭、张添保等，从前并未来滇，只须查明有无寄顿，即在豫省完结。但据豫省来札，则张振华、田老大二犯，此时尚未起解，而案内如张振奇之妾尚氏及李枝健、张升、庄尔功等，皆系奏请斩决之犯，恐部覆在前，豫省解到在后，碍难审讯，除再飞催河南速委妥员兼程起解外，理合奏明，请旨于接准部覆后，暂停数日，一俟田老大、张振华等到滇，质讯明确，再将应行斩决之犯刻即办理，务使伙党一无漏网，庶足惩凶恶而快人心。臣未敢擅便，谨将分别查办缘由据实具奏，候旨遵行。

再查张振奇，系有三子，长子张顺兴，即喜春儿，久经病故；次子张顺旺即喜孙儿，又名老二；三子张顺发，小名松儿，即鱼儿，豫省供系雨儿，又名张显，业经张振奇及伊妻妾并媳，又同谋加功之李枝健等众供皆同，虽狡列多名，并无舛误。合并声明，伏祈皇上睿鉴训示。谨奏。

朱批： 该部速拟具奏。

（《宫中档乾隆朝奏折》第四十二辑，第 804～805 页）

2110　署云贵总督云南巡抚裴宗锡《奏报滇黔两省雨水禾苗情形折》
乾隆四十三年四月二十七日

署云贵总督云南巡抚臣裴宗锡谨奏：为奏闻事。

窃照滇黔两省雨水、粮价情形，经督臣李侍尧于四月初五日，恭折奏报在案。时值播种插莳，雨泽最关紧要。兹云南省城于四月十四、五及二十一、二等日，叠沛甘霖，极为沾足，禾苗青葱长发，杂粮、园蔬亦皆畅茂。其余各属据报均得透雨，田禾滋长，大略相同。现在云南省城中，米每仓石价银二两零四分，较前并无增减。此外各府州报到粮价，均属中平。贵州省据报晴雨调匀，田禾播种，米价自六钱四分起至二两二钱二分不等，较前亦无增减。两省兵民乐业，地方宁谧。臣谨恭折具奏，伏乞皇上圣鉴。谨奏。

朱批： 知道了。

（《宫中档乾隆朝奏折》第四十二辑，第 806 页）

2111　署云贵总督云南巡抚裴宗锡《遵旨查明剑川州知州秘承豫侵那公项一案折》
乾隆四十三年五月初七日

署云贵总督云南巡抚臣裴宗锡谨奏：为遵旨覆奏事。

本年五月初四日，接准大学士公阿桂、大学士于敏中字寄大学士管云贵总督李侍尧廷寄一道。查督臣李侍尧恩准陛见，已于四月初七日起程，臣兼署督篆，即敬谨启阅，内开："乾隆四十三年四月十六日。奉上谕：据李侍尧奏，查审剑川州知州稽承豫将应找加增脚价银两代逃亡户买米补运，应照收支那移律，问拟杖流，照杂犯总徒一折，已批该部议奏矣。细阅案情，此项脚价，稽承豫因粮石业经运竣，所领银两尚存未发，适遇尹天喜等误运，各户逃亡无着，因即将扣存之项那垫买米，雇脚补运。是稽承豫并未侵欺入己，且以公办公，尚能用心筹画。如稽承豫于未发觉之先即如此办理，自未便以那移科罪。若此项银两，稽承豫先已扣留入己，后闻有人告发，始借那垫买米，雇脚补运名色，以掩其侵隐短发之弊。是即先侵后吐，其罪又不止总徒。此等紧要情节，自应详悉查核。李侍尧平日办事尚称公正，自不肯稍存迁就了事之见。但折内案情未经逐细声明，难以遽称信谳。着传谕李侍尧，即将指出之处逐一据实覆奏。此折交军机处暂存，俟李侍尧覆奏到日，再降谕旨交部。钦此。"仰见我皇上睿照无遗，于审案紧要关键一一指示周详，期于至当。臣谨遵，悉心查核，据实覆奏。

伏查此案，缘李士维于乾隆三十三年，在剑川州揽运军需粮石，冀图获利。因交纳稽迟，不能复揽，辄挟州书萧长贵等积怨，于三十六七、四十等年，砌词在滇省控告，审属虚诬。李士维潜逃进京，在顺天府尹衙门呈控，奉旨解滇审办。经督臣李侍尧行司，查案质讯，该犯所控各款全无影响。惟查出前任剑川州知州稽承豫，于办运军粮案内，有将加增脚价银四百五十三两五钱扣留未发，代逃亡运户买米补运一事，其中保无侵扣等情奏。奉谕旨，将现任湖北归州知州稽承豫革职，解滇质讯究明。稽承豫虽未侵欺入己，但领回恩赏加增脚价银两，不即按户找给，擅代误运花户买米补运，请照收支那移律，问拟杖流，系杂犯，总徒四年，仍勒限追银补给等因具奏。今荷谕旨询问："稽承豫将扣存之项那垫买米，雇脚补运，如于此案未经发觉之先即如此办理，自未便以那移科罪。若先已扣留入己，闻人告发，始借那垫补运名色，掩其侵隐短发之弊，是即先侵后吐，其罪又不止总徒。"圣训持平，毫无偏倚。

臣详查李士维揽运军需米石，事在乾隆三十三年。稽承豫在剑川州参革离任，系三十五年二月。而那垫、买米、雇脚补运，则在三十四年八月间事。李士维于三十六七、四十等年在滇控告，其时稽承豫早经离任，是稽承豫那垫补运在先，李士维控告在后。又稽承豫离任，其剑川州事，系永善县知县李发源接办。臣调查原案，稽承豫当将动用垫发银数并误运各欠户印册移交后任查追，核其情节，实无侵隐等弊。第稽承豫承办军需米石，不能详查殷实揽户，以致滥雇误运，及至动那公项，买补赶运之后，欠户无可着追，即应将恩赏加价银两照数赔出，按户找领，方为实力办公。乃竟将误运欠户花名移交后任着追，以抵众脚户应找之项，实属咎无可辞，是以请照收支那移，以杂犯总徒定拟。臣恪遵皇上指示，查明据实覆奏，不敢稍存刻核，亦不敢略涉回护。

至此案，李士维赴京控告，奉旨交督臣李侍尧审办，当将稽承豫参革解审。嗣奉谕旨，令臣审拟具奏。所有稽承豫、李士维定拟一折，系臣会同李侍尧亲提严讯，经臣主稿，联衔具奏，折内未将紧要情节分晰声叙，上烦圣主询问，臣实不胜惶悚。

再臣恭阅谕旨，此案俟覆奏到日，再将前折交部。恐专人赍折未免迟延，谨由驿递覆奏。合并声明，伏祈皇上睿鉴训示。谨奏。

朱批： 已有旨了。

（《宫中档乾隆朝奏折》第四十三辑，第4~6页）

2112　大学士仍管云贵总督昭信伯李侍尧《奏报办理迁徙乌鲁市齐土夷私开锁链一案情形折》
乾隆四十三年五月十一日

大学士仍管云贵总督昭信伯李侍尧跪奏：为奏闻事。

窃臣前于途次接阅邸抄，恭悉迁徙乌鲁木齐土夷私开锁链一案，因楚黔两省各执一词，互相推诿，奉旨着将护贵东道吴光廷、辰沅道王鸣、芷江县知县吴镇解任，交军机大臣审明具奏等因。臣跪读谕旨，仰见我皇上洞烛隐微，整饬吏治之至意。

伏思楚黔两省各执一词，原因往返行查并无质证，遂以空文，率覆希冀互推。兹蒙圣明睿照，将两道一县解京质讯，自必水落石出。但无原解委员到案三面对质，或恐借词支饰，再行提解，未免往返耽延。查该员等经臣参革留滇，当即飞札抚臣裴宗锡，将委员吏目陈英栋、典史何应椿、千总白谊琼等三员，即日选派妥员，兼程押解赴京，听候传唤质问。原拟俟臣到京之日面陈圣鉴，兹奉谕旨，命臣回黔查审案件，遵即由豫转回。所有办理缘由，理合恭折奏明，伏乞皇上圣鉴。谨奏。

朱批： 此弊在贵州及长解官。

（《宫中档乾隆朝奏折》第四十三辑，第49页）

2113　署云贵总督云南巡抚裴宗锡《奏报委员署理府篆折》
乾隆四十三年五月十一日

署云贵总督云南巡抚臣裴宗锡谨奏：为委署知府，循例奏闻事。

窃照东川府知府汤雄业经臣会同督臣李侍尧奏请升署迤南道，所遗东川府员缺，请以澄江府知府张裕谷调补。接准部咨，均蒙特旨允行在案。

查汤雄业系升署人员，例应给咨送部引见。张裕谷已调东川府知府，应令即赴新任受事，以便汤雄业交卸北上。其所遗澄江府员缺，尚未开选有人，应先委员暂署。现有准补云南府通判永贵，堪以暂委署理。除分别饬遵外，臣谨循例恭折奏闻，伏乞皇上睿鉴。谨奏。

朱批：该部知道。

（《宫中档乾隆朝奏折》第四十三辑，第 56～57 页）

2114　署云贵总督云南巡抚裴宗锡《奏报滇黔两省地方情形折》
乾隆四十三年五月十一日

署云贵总督云南巡抚臣裴宗锡谨奏：为奏闻事。

窃照滇省地方于四月十四五及二十一二等日连得透雨，田禾滋长缘由，臣因兼署督篆，业经会同黔省情形，具折陈奏在案。节届小满以后、芒种以前，滇属禾苗均已乘时栽插，全赖雨泽频沾，始于农功有裨。

今云南省城于五月初一二暨初六七等日叠沛甘霖，高下田畴咸有潴蓄，禾苗茂发，弥望青葱，山地杂粮亦皆畅盛。远近各属，现据先后报到者大概相同。通省粮价，虽随地增减不一，而统计尚属中平，并无过昂之处。至黔省各属，近日据报夏雨应时，麦收丰熟，田禾已俱插齐，市卖米价自六钱二分至二两四钱六分不等，亦不为贵。两省兵民乐业，地方宁静。臣谨一并奏闻，伏乞皇上睿鉴。所有滇省四月分粮价，另缮清单恭呈御览。谨奏。

朱批：知道了。

（《宫中档乾隆朝奏折》第四十三辑，第 57 页）

2115　署云贵总督云南巡抚裴宗锡《奏呈滇省井盐情形折》
乾隆四十三年五月十一日

署云贵总督云南巡抚臣裴宗锡谨奏：为敬呈滇省井盐情形，遵旨据实复奏事。

窃照督臣李侍尧任内，接准大学士公阿桂、大学士于敏中字寄："乾隆四十二年十二月初九日，奉上谕：山东峄县地方盐枭聚众一案，经该抚国泰驰往督缉，并谕令署两江总督萨载前往邳州会缉。即据该督抚奏，两省获犯三十余名，业经陆续审讯，将要犯随时正法，从犯分别外遣，并谕令将逸犯十余人上紧勒缉务获，谅可不致漏网。昨据国泰奏续获要犯宋四夸子等一折，严讯该犯等，供系在海赣交界之处零星偷买老少盐，积有一二百斤不等，先后装车推卖等语。因思山东曹沂一带盐枭之案已经屡犯，由于其地与海赣盐场相近，而各场所出余盐，旧例原为赡恤贫乏之用，日久遂为奸徒牟利之资，即或严为查禁，非肩挑背负不许出场，而此等枭众，无难私雇穷人在场如数携出，以及从旁收买，一落其手，仍可积少成多，贩行无忌。是此例不除，流弊终难尽绝，不可不通盘筹划，以期妥善也，且此等肩挑背负之盐，期使濒海贫户稍获微利以谋生，乃积久法弛，穷民之沾润有限，奸犯之影射寖多，竟以老少之利源，变而为私枭之弊薮，可不急改弦更张乎？朕意，与其存此例以滋弊，莫若去此例以防奸。自应将各盐场所出余盐，穷民肩挑背负，岁可获利若干，通行核计，即照数官为收买，散给贫民，其一切肩挑背负之例，悉行停止，则贫户仍得倚以糊口，奸徒无从藉以犯科，实为两便。其收买之盐，或仍给商领销，或并听商贾用，务使挑负之乡仍免向隅，而场灶所余亦无狼藉。正本清源之道，莫过于此。传谕有盐各省，令督抚及各盐政等，将如何设法办理之处，就各省实情，公同悉心妥议，详析复奏。又如湖广省，向多川广私贩，陕甘省向售蒙古私盐，与此等情形又复不同，或系积久相安，或应另为筹办，务按各实在情形妥为筹议。朕意筹度如此，但各省地方及各场灶情形未能深悉，其事是否可以行之有益而无弊，著各督抚会同各盐政，按该处实情斟酌妥善，据实复奏，不得因朕有此旨，稍存迁就也。将此遇各奏事之便，通行传谕知之。钦此。"当经督臣李侍尧知会到臣本任衙门，遵即一体檄行查议。去后，兹据驿盐道许祖京会同布政使孙士毅详复前来。

臣查云南省二十一府、厅、州内，昭通府属之镇雄、恩安、永善三州县，东川府属之会泽县，俱界连四川，向系行销川盐；广南府属之宝宁县，开化府属之文山县，均与广西接壤，向系行销粤盐；其余各府、厅、州属，皆行销本省井盐。通计井地一十五处，煎盐事务，责令提举、大使及所辖之该厅、州、县各自督办，所出盐斤悉属当井收发，与江浙盐场情形不同，从无老少穷民在井肩贩转售之事。至余盐一项，惟黑、白、琅三井及安丰、阿陌、按板、恩耕、景东五井卤水充溢之区，于煎足正额外，出有余盐，官为照数收买，随正配运，划补薪本，历年归入积余项下报部核销，灶户不能透漏营私。此外各井汲卤煎盐，只敷正额，并无所余。是滇省办理井盐，既无老少肩贩之例，而所出余盐又经尽数归官，立法已属周当。况运销井盐，现由行销之各该地方官按额赴井领回，设店售卖，而沿途隘口复有巡役盘查，更不敢有奸徒影射滋弊，积久相安，似可毋庸另为筹办。惟是界连川、广之昭通、东川、广南、开化各府属，山村僻远，间有游食小民，因滇盐售价稍昂，希图越界私贩渔利者，虽随时严密查拿，有犯必惩，向知敛迹。但稽查不容疏懈，除再行通饬文武各官，于要隘处所督率兵役严加防范堵截，以杜邻私而清盐法外，所有滇省井盐情形，查明毋庸另为筹办缘由，臣谨恭折复奏，伏乞皇上睿鉴训示。谨奏。

朱批：该部议奏。

2116　署云贵总督云南巡抚裴宗锡《奏报滇省土夷改迁乌鲁木齐私开锁链一案，请将滇省原参管押委员一并解京质对折》

乾隆四十三年五月十九日

署云贵总督云南巡抚臣裴宗锡谨奏：奏为奏明事。

窃照督臣李侍尧复奏滇省土夷改迁乌鲁木齐私开锁链一案，臣于五月十三日，接准部咨："钦奉谕旨，将护贵东道吴广廷、辰沅道王鸣、芷江县知县吴镶均著解任，管解来京，交军机大臣审明具奏。"等因。知照到臣兼署总督衙门。

除护贵东道事黎平府知府吴光廷，续据贵州臬司详报委员起解外，臣伏思此案，楚、黔两省道、县各执一词，彼此推诿，则滇省原参官押头二三起夷人之委员，似应一并解京，三面质对，方能水落石出。（**朱批**：所见是。）因未奉有行提质询之文，正在筹酌之间，适于十四日，接到督臣李侍尧来札，以途次接阅邸抄，知此案现奉谕旨，将楚、黔两省道、县解京讯问，滇省管押头二三起夷人之委员业经革职，现未奉题解，恐将来续有应质之处，嘱臣一面奏明，一面委员起解等语。臣随即饬司，选派妥员，详给咨牌，将原参革职委员陈英栋、白谊琼、何应椿，于本月十七日管解起程，谕令兼站攒行，克期前进，务与楚、黔两省人员先后并到，听候军机大臣提质外，臣谨恭折奏明，伏乞皇上睿鉴。

再臣本日有拜发驰递奏折，是以将此折附入。合并陈明。谨奏。

朱批：览。

（《宫中档乾隆朝奏折》第四十三辑，第156~157页）

2117　署云贵总督云南巡抚裴宗锡《奏报拿获滋扰夷地之匪徒，审拟发遣折》

乾隆四十三年五月二十一日

署云贵总督云南巡抚臣裴宗锡谨奏：为拿获滋扰夷地之匪徒，审拟发遣，以肃边境事。

窃照腾越州边外遮放等处土司，壤接外域，奸徒易于潜居生事，必须严密查拿，以靖边境。前据腾越镇总兵刘国梁具报，遮放土司地方拿获沿边行窃匪徒李八，即李希，连同子李玉林；并据腾越州知州吴楷具报，该土司续获赖小鬼、杨六二名，均应究治。当经督臣李侍尧饬提解省，严行审办。兹据布政使孙士毅、按察使汪圻、粮储道海宁、迤西道徐嗣曾等审拟，招解前来。

　　臣即提犯覆加研鞫，缘李希连及子李玉林，均系腾越州民李国良家逃仆，与遮放土司所属夷民赖小鬼，即赖小三，杨六，即杨连芳，并李香通、王定有、岳么六、李腾陇及流寓客民王四等熟识，皆系游手好闲、不安本分之徒。李希连先同李香通、王定有、岳么六弹钱赌博，陆续赢得岳么六钱文，合银十六两。岳么六无可偿还，辄与李希连、李玉林商窃夷民布板家马二匹，藏在山箐，冀卖偿赌账。因马走入野人山，被人揦留，遂浼赖小三，向李腾陇借银十两，将马赎回。赖小三明知贼赃，私将马匹卖银侵用。适当清查边境，不容匪徒潜匿，经该土司多彭年将该犯李希连等拿解镇州，提省审办。

　　查各犯虽非逾越关隘，私出外境，但在边疆夷寨聚众赌博，又复肆行伙窃，扰害地方，若不严加究治，诚恐沿边一带游食匪徒无所顾忌，始则滋扰夷寨，继即偷渡边关，不可不防其渐。李希连父子既系民家逃仆，又复于近边地方屡行不法之事，非寻常棍犯可比。李希连、李玉林应改发伊犁，给与种地兵丁为奴，以示惩儆。赖小三明知马匹系属贼赃，胆敢卖银私用，实非善类，亦未便仍留边境，应照土蛮有犯军流等罪，例发六百里外营县安插。伙同赌博、偷窃之李香通、王定有、岳么六及借银赎马之李腾陇，是否知情，有无得赃分肥之处，应俟获日，另行审结。杨六，即杨连芳，系李腾陇家雇工，讯系实不知情。应交与该管官，向伊跟求李腾陇下落。王四查系贵州人，虽非窃赃伙犯，但系外来游民，并无本业，未便容留夷地。应照江楚游民例，饬令该州查拿，递回原籍管束，毋令出外生事。李希连等所窃马匹，行令地方官照追价银，给发事主收领。所有失察职名，系遮放土司多彭年，但该土司奉文巡查奸匪，即能拿犯解报，尚属奋勉。可否免其议处，出自天恩。除摘录全招咨部外，谨将李希连、李玉林、赖小三供词，一并缮呈御览，伏乞皇上睿鉴，饬部核覆施行。谨奏。

　　朱批：该部议奏。

（《宫中档乾隆朝奏折》第四十三辑，第 173～174 页）

2118　署云贵总督云南巡抚裴宗锡《奏报云南粮储道海宁迎养其父副都统明山到署折》

乾隆四十三年五月二十一日

　　署云贵总督云南巡抚臣裴宗锡谨奏：为据禀奏闻事。

　　据云南粮储道海宁禀称："职道于乾隆四十二年十一月初二日奉旨补授今职，当于谢恩召见时，面奏迎养职父、副都统明山来署，荷蒙俞允。随择于乾隆四十三年二月初三日，自京起程，今于五月十四日到滇。所有职父系经奏明迎养外任，现在到署日期，理合禀明等情到臣。"臣查该道海宁之父明山，系旗下大员，蒙恩准其迎养外任，兹据该道禀报到署日期前来，相应据禀奏闻，伏乞皇上睿鉴。谨奏。

朱批：览。

（《宫中档乾隆朝奏折》第四十三辑，第 175 页）

2119　署云贵总督云南巡抚裴宗锡《奏报拿获逃遣人犯，审明正法折》

乾隆四十三年五月二十一日

署云贵总督云南巡抚臣裴宗锡谨奏：为拿获逃遣，审明正法事。

窃照新平县安置改遣人犯庞家娃，于乾隆四十二年十一月二十四日在配脱逃，当经臣一面飞咨通缉，一面奏闻在案。兹据署易门县知县王师泰，于本年五月初六日差役盘获，讯供通详，批饬押解到省，由按察使汪圻审明，转解前来。

臣提犯亲鞫，缘该犯庞家娃系甘肃固原州回民，因伙窃陕西泾阳县张奎生等家案内，审依回民行窃结伙三人以上例，改发极边烟瘴充军，面刺"回贼"及"改遣"各字样，解滇安插，于乾隆四十一年十二月初五日到新平县配所。讵该犯因在配贫难度日，思返家乡，辄于四十二年十一月二十四日，乘间脱逃，自将所刺字迹用磁瓦刮破烂毁，由山僻小路行走，日则求乞，夜宿岩洞，本年五月初六日，行至易门县地方被获解讯，据供前情不讳。严究逃后并无行凶为匪及知情容留之人，配所主守亦无贿纵情事。

查该犯庞家娃，系应发新疆改发内地人犯，乃敢怙恶不悛，在配潜逃，自应照改发遣犯脱逃被获之例，即行正法，以昭炯戒。臣于审明后，恭请王命，派委文武员弁，将庞家娃绑赴世曹正法迄。配所看守人役，先因百日限满犯无弋获，审非贿纵，照例拟以责革，同应参疏脱之专兼统辖各职名，业经分咨吏、刑二部，毋庸再议。除拿获邻境逃遣应叙职名另行咨部核覆外，所有拿获逃遣，审明正法缘由，理合恭折奏闻，并缮呈供单，伏乞皇上睿鉴。谨奏。

朱批：知道了。

（《宫中档乾隆朝奏折》第四十三辑，第 175～176 页）

2120　署云贵总督云南巡抚裴宗锡《奏报审拟失当，蒙恩宽免议处谢恩折》

乾隆四十三年五月二十一日

署云贵总督云南巡抚臣裴宗锡谨奏：为恭谢天恩事。

窃照督臣李侍尧会同臣奏审建水令孙铎短价派买仓谷一案，钦奉谕旨，以"孙铎既短价派买于前，复纵役索诈于后，致令无辜乡民畏累缢毙，至审供时又复匿情混供，情罪较重。柳元煜承审此案，回护同官，并以采买囚粮无短价派勒情事曲为开脱，尤为外省官官相护恶习，所拟杖流、杖徒，均未足蔽其辜。孙铎着从重改发伊犁充当苦差，柳元煜着照原拟，孙铎罪名改为杖一百，流三千里，不准纳赎。李侍尧等审拟此案，原定罪名未免轻纵，本应交部议处，因系该督等自行查出参奏，此次姑加恩宽免。该督等当益知戒惧也。余依议。钦此"。臣于兼署督篆任内接准部咨，除移行钦遵查照外，伏念封疆大吏，凡遇会审事件，拟罪失当，例有应得处分。今臣与督臣李侍尧审拟孙铎、柳元煜之案，原定流徒罪名，一经圣明指示，实觉轻纵，咎无可逭。乃蒙恩加格外宽免议处，臣跪聆训谕，感悚难名。从此惟有随时随事倍深戒惧，仰报高厚于万一。所有臣感激微忱，理合恭折奏谢天恩，伏乞皇上睿鉴。谨奏。

朱批： 览。

（《宫中档乾隆朝奏折》第四十三辑，第 176～177 页）

2121 署云贵总督云南巡抚裴宗锡《奏报遵旨偾催私开锁链之官犯迅速到京，以凭质审折》

乾隆四十三年五月二十五日

署云贵总督云南巡抚臣裴宗锡谨奏：为遵旨偾催私开锁链之官犯迅速到京，以凭质审，仰祈睿鉴事。

本年五月二十四日，承准大学士公阿桂、大学士于敏中字寄，内开："乾隆四十三年五月十二日，奉上谕：昨湖南省将接解滇省土夷之道员王鸣押解到京，交军机大臣讯问，据该道称：'土夷过境时，亲行点验，并未上锁，且有河南巡抚徐绩回书为据等语。'随询之徐绩，据称：'楚省将头二三起土夷解到豫境，均未锁链，我即饬令各属俱照楚省办理后，又接到滇省咨文，应将年力精壮者俱行锁链。其时头二三起土夷已行抵荥阳、偃师、渑池等处，始令补锁等语。'果尔，则该解员陈英栋等在滇省所供'夷人至河南时锁链未动，尚系昆明县旧封'之语，实为狡饰，不可不彻底严究。着传谕裴宗锡，即将原解土夷之已革委员陈英栋等三名，遴委妥员分起押解，迅速到京，以凭质审。仍严饬委员沿途小心管押，毋致稍有疏虞干咎。将此由五百里传谕裴宗锡知之。钦此。"

窃照原解土夷之已革委员陈英栋等三名，臣于五月十四日，接准督臣李侍尧途次来札，将该参员等解京备讯。臣意见相同，当即委员管押陈英栋等，于五月十七日起程，谕令上紧行走，与楚黔两省解京之员三面质对，当于十九日，附驿驰折奏明在案。今恭读谕旨，湖南道员王鸣已经解京，据供点验土夷，并未上锁。又据原任河南抚臣徐绩亦称，夷人过境，均未锁链，命臣将陈英栋等迅速解京质讯。

臣思该参员等既已私开锁链于前，又复诡词狡卸于后，不堪已极，自应审明，加倍严治，以惩恶习。第计由臣妥员押解起程，虽已八日，但恐伊等以前此非奉圣旨提解，行走稍缓，致此案不能早成信谳。现复添派备弁，兼程赶赴前途，分起押解，严催前进，毋许稍有疏虞，致干罪戾。臣以此案仰蒙皇上洞鉴，交军机大臣严鞫，所有现在疑窦，自须一一声明，以便彻底根究，使案情水落石出，无可掩护。

臣检查督臣衙门档案，开首将起解土夷知照沿途各省，系于七月十二日发递，第二次将现用锁链等由知照沿途，系于七月十四日发递，计七月内即可递到河南。其时头二三起夷人尚未到贵阳省城，今豫省以接到督臣用锁链咨文，其时头二三起土夷已行抵荥阳、偃师、渑池等处，始令补锁等语。查头二三起土夷，系于七月十五、十七等日押解起程，于九月二十四五等日才到荥阳、偃师、渑池等处，距督臣七月十四日移知应加锁链之文，相去已两月有余，不应递送，若是之迟。又据河南藩臬两司会造豫省接递夷人丁口清册寄滇，内开：头二三起夷人名下，现注有锁项字样，且查册内于夷人滋生物故月日地方，俱一一详晰登载，而于开锁补锁紧要关键，册内转未填注，情节亦属未明。谨将豫省造送印册恭呈睿览。

所有参员陈英栋等先已解京，此次钦奉谕旨，再行添员分起催儹缘由，谨缮折，由三百里驿递覆奏，伏乞皇上睿鉴。谨奏。

朱批：览。

（《宫中档乾隆朝奏折》第四十三辑，第230～232页）

2122　云南巡抚裴宗锡《奏报弥渡军犯张振奇借开歇店谋财害命一案应行斩决之李枝健等四犯，暂为牢固监禁折》

乾隆四十三年五月二十五日

云南巡抚臣裴宗锡谨奏：为正案部文已到，再行附折奏明事。

窃照弥渡军犯张振奇借开歇店谋财害命一案，先经督臣李侍尧会同臣提犯亲鞫，将张振奇正法，其余犯及家属分别定拟具奏，并声明该犯在籍之子张顺旺、张顺发及其弟张振华、张振伟、女婿田老大等，飞咨豫省解滇审办在案。嗣据河南抚臣拿获各犯，讯供录送。

臣查张顺旺、张顺发在豫供情，虽俱不实不尽，但张振奇惨杀多命，凶残已极，即伊子并未加功，亦当坐以死罪，应即于河南原籍正法，无庸解滇质询，致有长途疏脱之虞。其张振伟系张振奇堂弟，从前并未来滇，只须查明有无寄顿，在豫完结。惟张振奇之胞弟张振华有无知情分财，伊婿田老大是否同谋加功，总因豫省无人对证，狡诈不承，必须拿解来滇，与奏请斩决之犯妾尚氏及李枝健、张升、庄尔功等三面质对，方能水落石出。当经臣飞咨河南，将二犯委员兼程起解。复恐部覆在前，豫省解到在后，碍难审讯，续于四月二十七日，将分别查办缘由，专折奏明请旨。于接准部覆后，暂停数日，一俟田老大、张振华等到滇，质询明确，再将应行斩决之犯刻即办理。

正在候旨间，兹于五月二十四日，接准原案部覆，以张振奇之子张顺旺、张顺发并伊婿田老大、胞弟张振华、堂弟张振伟等应交河南巡抚审办，余均照拟核覆。奉旨："李枝健、尚氏、张升、庄尔功着即处斩。潘氏俟产后百日即行处斩。余依议。钦此。"自应即行钦遵查办。第思此案应行斩决各犯，经臣于未准部覆之先，奏请缓俟田老大等到日，质明再办。今田老大等尚未解到，而臣续奏之折又未奉到朱批，若因现已接有部文，即将奏明暂停待质之犯立时处决，恐凶总伙党恃无活口交质，转得狡供漏网。案关重大，不得不详慎办理。所有应行斩决之李枝健等四犯，暂为牢固监禁，只候前折奉到朱批，再行钦遵办理。臣谨附驿驰折奏明，伏乞皇上睿鉴。谨奏。

朱批：太拘泥矣。

（《滇黔奏稿录要》下册，第 673～677 页）

2123　署云贵总督云南巡抚裴宗锡《奏报滇黔两省雨水情形折》
乾隆四十三年六月初六日

署云贵总督云南巡抚臣裴宗锡谨奏：为奏闻事。

窃照滇省地方入夏以来雨水沾足、田禾秀发缘由，经臣会同黔省情形，于四月二十七及五月十一日，具折陈奏在案。夏至前后，大田莳插已周，更须雨泽频沾，始于农功有益。

今滇省各属据报于五月十七八、二十四五暨六月初一等日，叠沛甘霖，远近均遍，高下田亩潴蓄有资，禾苗得此透雨滋润，倍觉青葱畅茂，山种杂粮亦极繁盛可观。市米时价，虽随地增减不齐，统计尚属中平。近日黔省报到雨水田禾情形，与滇中大略相同，其市卖粮价，现自六钱四分至二两四钱六分，亦不为贵。两省兵民乐业，地方宁谧。臣谨一并奏闻，伏乞皇上睿鉴。所有滇省五月分粮价，另缮清单恭呈御览。谨奏。

朱批：知道了。

（《宫中档乾隆朝奏折》第四十三辑，第 354 页）

2124　署云贵总督云南巡抚裴宗锡《奏报备抵追项虚悬，查明参奏，请旨分别议处着赔折》

乾隆四十三年六月初六日

署云贵总督云南巡抚臣裴宗锡谨奏：为备抵追项虚悬，查明参奏，请旨分别议处着赔事。

窃照乾隆三十四年，大学士公傅恒统兵进剿缅甸，各兵所需衣履，有本营解送者，有在永昌、腾越办解者，其原制价银，俱应于本兵名下扣还。是年十一月内，腾越州知州蒋曰杞动支军需银两，制办棉衣一千一百八件，中衣一千一百一十二条，号帽一百五十顶，鞡鞋五百双，交存腾越协库；又永顺镇解交鞡鞋八百四十七双，又军营放剩棉衣、号帽、中衣、套裤、鞋袜十七套，均存腾越协库。三十五年正月，大兵凯旋，经军需局移咨腾越协，查明存剩衣履，议请变价。因腾越州尚未造册报销，未经饬变。是年五月，前署提督、临元镇总兵于文焕提取棉衣、中衣、鞡鞋各三百件，号帽一百五十六顶，散给前赴虎踞关兵丁领用；又昭通镇总兵马彪转给贵州都匀协游击胡承英，云南开化镇总兵雅尔姜阿散给所带防兵及南甸兵丁，共棉衣四百九十一件，中衣五百三十七条，鞡鞋七百四十双，号帽五顶，俱应于领穿兵丁名下扣还。因马彪等未将领穿兵丁花名造送，未经扣追。而临元镇总兵于文焕、开化镇总兵雅尔姜阿，于三十五年八九月间先后病故；昭通镇总兵马彪于三十六年领兵赴川进剿，遂至悬宕未结。嗣于三十八年，永顺镇移咨军需局，查扣垫办衣履银两。该局转咨昭通镇，查明昭通兵丁并未领穿，或系前任马镇散给黔兵等情。复经咨准贵州提督查覆，黔兵领穿过鞡鞋二百二十五双，棉衣二十四件，中衣十九条，裹腿布十双，核与腾越解交之件数目不符。又移四川总督，转移提督马彪，查取散过兵丁花名底案。嗣准咨覆，以前项衣履系贵州新添营都司李玉荣、古州镇标都司王启禄、云南开化镇标都司温廷秀、永北营守备何国柱、昭通镇标千总卢奉等散放，其收放底案存于昭通镇署等情，经行提承办昭通文移之把总曾学孔及当日随同马彪在南甸办事之营书粟彦、赖绳武、王昕宇等到省，逐一究审，据称："昭通马镇系在军营补授，原未随带营书，先令把总曾学孔帮办，旋因曾学孔病重不能办事，饬调营书赖绳武、王昕宇前往，于三十五年九月始到南甸，已在散放衣履之后，而粟彦系在永昌造办盐粮报销，并未在南甸办事，均未经手，亦未见有承放官造册具报。"是此项册籍，系马彪彼时不行催办，承放各官亦未将领穿兵丁花名造报，已属明甚。本案自三十八年辗转咨查究讯，业经五载，若再移咨根究，不惟事涉三省，往返迁延，而当日既未造有花名底案，亦属无从清厘。兹据军需局员布政使孙士毅等详请参赔前来。

臣查当日承散兵丁衣履各官及领兵将备，未将花名造送，以致无从扣追，实属疏漏。至昭通镇马彪等具报，收放衣履之时，军需局员既不将作何扣收定议具详，又不催令造送花名，以致无可扣还，亦难辞咎。腾越州知州蒋曰杞，于制办衣帽完竣之后，不即造册报销，以致不及变价归款，办理均有不合。所有承放官：升任昭通镇总兵马彪，临元镇总兵于文焕，开化镇都司温廷秀，永北营守备何国柱，昭通镇千总卢奉，贵州新添营都司李玉荣，古州镇都司王启禄；领兵官：开化镇总兵雅尔姜阿，腾越镇总兵刘国梁，新嶍营参将祁心祁，昭通镇游击乌尔滚德，贵州都匀协游击胡承英，永安营都司闪耀龙，镇远镇守备喻大臣；又承办军需局员，除钱度已于另案正法外，原任迤西道博明，迤南道龚士模，永昌府知府贺长庚，维西通判余庆长，及原办衣帽之腾越州知州蒋曰杞等，相应一并参奏，请旨交部议处。至此项衣履散给各兵，既无领穿花名册档，无可扣追，已属无着，自应着落从前承办文武各半分赔。查马彪、于文焕，共报收棉衣七百九十一件，中衣八百三十七条，鞲鞋一千四十双，号帽一百六十一顶，共该价银二千七百六十九两九钱二分六厘内，虽准贵州提督咨覆，黔兵领穿棉衣二十四件，中衣十九条，鞲鞋二百二十五双，裹腿布十双，但事越多年，该兵多有事故，难以扣追，应一并着落承办各员赔缴，以免悬宕。

除已故布政使钱度家产先于另案查抄尽绝，又永昌府知府贺长庚家产亦已变尽，咨部有案，均毋庸议追外，所有文员应赔一半，银一千三百八十四两九钱六分三厘，内蒋曰杞系承办之员，并不造册报销，以致大兵凯旋，不及变价归款，是该员办理首先错误，应令蒋曰杞赔十分之四。原办军需局员原任迤西道博明、迤南道龚士模、维西通判余庆长三员，应令每员分赔十分之二，共分赔十分之六。武员分赔一半，银一千三百八十四两九钱六分三厘，内升任昭通镇总兵马彪，系承总收放之员，并不查取花名册籍呈送，以致辗转迁延，应赔十分之三。临元镇总兵于文焕、开化镇总兵雅尔姜阿、新嶍营参将祁心祁、腾越镇总兵刘国梁、昭通镇标游击乌尔滚、德昭镇标千总今升陕西延绥镇标游击卢奉、开化镇都司温廷秀、永北营守备何国柱、贵州都匀协游击胡承英、古州镇标都司王启禄、新添营都司李玉荣、永安营都司闪耀龙、镇远镇守备喻大臣等十三员，或系当日领兵将备，或系承放之员，共应分赔一半内十分之七。其中文职各员，如有事故无可着追者，在于同案文员名下均摊赔缴。武员事故无可着追者，即归同案武员摊赔完补。统俟奉旨到日，查明现任事故，分别任所、原籍，另行咨追。

再查蒋曰杞借动军需银两承办前项衣履，因系应行扣还之项，未经作正开销。嗣因该员承办大举案内有未完核减军装、夫价银五百两，漏报借支京兵盐菜银一千七百五两二钱，呈请以垫办前项兵丁衣履价银抵补，于乾隆四十年造册咨部在案。合并陈明。臣谨恭折具奏，伏乞皇上睿鉴，敕部核议施行。谨奏。

朱批：该部议奏。

（《宫中档乾隆朝奏折》第四十三辑，第 355～358 页）

2125 署云贵总督云南巡抚裴宗锡《奏报调补宝宁县知县庄宝璪与广南府知府庄肇奎系无服族叔，应行回避折》

乾隆四十三年六月初六日

署云贵总督云南巡抚臣裴宗锡谨奏：为府属首县谊属宗支，请旨回避事。

据云南布政使孙士毅详据广南府知府庄肇奎详称："所属宝宁县员缺，现奉接到部咨，准以元谋县知县庄宝璪调补，尚未到任。查系卑府无服族叔，虽彼此住居，一在江苏，一在浙江，籍贯各异，但叔侄同官一城，为上司下属，于办理公事诸多未便。"由司详请回避前来。

臣查定例，外官有关刑名、钱谷考核，凡系族中，虽服制已远，而聚族一处者，俱令官小者回避。若支分派远，散居各省各府者，毋庸回避。今新调宝宁县知县庄宝璪，系该管广南府庄肇奎无服族叔，虽庄肇奎现已寄居浙江，庄宝璪尚住江苏，并非聚族一处，但宝宁为广南府附郭首邑，庄宝璪系该府族叔，不独相见礼仪诸多未便，而一切刑名、钱谷，皆应知府随时考核，谊关叔侄，遇事难免瞻顾，于公事尤多窒碍，似应准其回避，以重吏治。查庄宝璪原系元谋县知县，尚未另补有人。应令该员仍留本任，遇有别属应调缺出，再请更调。所有宝宁县缺，容臣另行遴员请补。理合恭折具奏，伏乞皇上睿鉴，敕部议覆施行。谨奏。

朱批：该部议奏。

（《宫中档乾隆朝奏折》第四十三辑，第358页）

2126 署云贵总督云南巡抚裴宗锡《奏请以恩安县知县饶梦铭升补普洱府分防威远同知折》

乾隆四十三年六月初六日

署云贵总督云南巡抚臣裴宗锡谨奏：为要缺同知亟需干员，仰恳圣恩俯准升用，以裨边疆事。

窃照云南普洱府分防威远同知恒宁染患怔忡病症，详请解任回旗调理。除照例委验，取结另疏具题外，所遗极边烟瘴要缺，例应在外拣选升调。臣查威远地方辽阔，路通缅甸，每虑匪徒窜匿滋事，且现在严查关隘，不容稍有疏漏，必须老成干练、熟悉夷情之员方足以资治理。臣与藩臬两司于通省同知内逐一衡量，非现缺亦属紧要，即人地不甚相宜，无可更调选之，知州、通判中亦无合例堪升之员，欲求年例相符，并无参罚违碍而又堪胜此任者，实难其人。惟查有恩安县知县饶梦铭，年五十岁，江西拔贡，由教职俸满保题，选授直隶隆平县知县，丁忧服满，补授今职，于乾隆三十六年十一月到任，历俸已满五年。该员持躬端洁，办事明干，历署繁缺，著有循声，实系县令中杰出之员，且在滇年久，于边务夷情尤为熟悉，以之升补威远同知，于要地可收得人之益。惟该员恩安县任内现有命案、住俸限缉者，两案展参，例应降级留任，与准升之例稍有未符。但人地实在相需，处分虽有展参，不致实关降调。相应循例专折奏请，仰恳皇上天恩，俯念要缺亟需干员，准以饶梦铭升授普洱府分防威远同知，则该员感激圣恩，自必倍加奋勉，殊于边疆有裨。如蒙俞允，其所遗恩安县缺，查有候补知县程应璜，年四十七岁，湖北举人，挑选知县，签掣山西，题署垣曲县，期满实授，丁忧服阕赴补，拣发云南，于乾隆四十三年正月到滇。该员才具明晰，办事勤慎，以之补授恩安县知县，堪以胜任。

再饶梦铭系知县请升同知，例应送部引见。程应璜系候补知县，衔缺相当，毋庸送部。所有饶梦铭任内参罚案件，另缮清单恭呈御览。其程应璜，并无参罚事件。合并陈明。臣谨恭折具奏，伏乞皇上睿鉴训示。谨奏。

朱批：该部议奏。

（《宫中档乾隆朝奏折》第四十三辑，第 359 ~ 360 页）

2127　署云贵总督云南巡抚裴宗锡《特参朋夺牙行之劣绅，请旨斥革审拟折》

乾隆四十三年六月十六日

署云贵总督云南巡抚臣裴宗锡谨奏：为特参朋夺牙行之劣绅，请旨斥革审拟，以正风俗事。

窃照蒙化直隶厅，向设棉花牙行。于乾隆九年，厅民孙能中选充牙侩，咨部给帖，三十五年孙能中物故，经商公举伊子孙自新换帖承办，递年纳课在案。本年三月内，据武生李士雄、举人杨州龙等，以孙自新父子世踞行业，苛索商民，私挖石磺等弊，赴督臣及臣衙门呈告，并请按年轮管花行，余赀归入养济院，散给孤贫。随据孙自新以丁忧在籍知县姚贺泰贿串绅士，朋谋夺业等词控诉，均经批令迤西道查报。

兹据该道徐嗣曾调查，此案互控原委，系于上年十二月内，蒙化绅士以孙自新承充花行颇有余利，欲令退出公办，遂于萧祠会酒公议，同赴行内，逼令认退。即以武生李士雄等列名具禀，捏作孙自新自寻顶替，请归公按年轮管，获有余息，周济贫民。以姚泽民为行头，并设立提调、查察等项名色，首开原任河南镇平县知县姚贺泰情愿充当提调。迨孙自新以假名攫夺禀诉，该绅士等益复齐集多人，开列孙自新牙弊，呈控不已。经蒙化同知佛柱以士为四民之首，不宜争此花行小业，节次批饬。遂又赴省叠控，此系两造，彼此互讦实情。

伏查牙行定例，惟择殷实良民评持物价，从无以地方绅士结党联名，与市侩控争牟利，甚至集祠会饮，纠合把持。而姚贺泰则以丁忧在籍知县，亦复在内指挥，冀分余润，情节尤为可恶。据蒙化同知录送姚贺泰供词，自辩并未贿串谋夺。而众人词内则称，将来花行如有欠课，有姚知县等立保。姚贺泰词内，则称众绅士集议，花行为阖城义举，公呈内并有掌理万人缘文社仓功德，原任镇平县知县姚贺泰字样，实堪骇异！是众绅士以姚贺泰曾经出仕，借其声势，争夺花行，彼此朋比，自属显然。此案如系姚贺泰从中附和，图沾余息，已属行为卑鄙，断难令其复膺民社。倘竟系姚贺泰暗地主持，纠众夺行，俨同土棍，尤为目无法纪。若不严行究治，何以整士习而儆官邪？

至孙自新，既充行业，又复捐纳监生，已违定例。其被控苛索浮收及私藏石磺各款，亦须彻底根究。兹据藩司孙士毅、臬司汪圻，会同迤西道徐嗣曾详揭前来。除李士雄、姚开泰、孙自新及案内列名贡、监生员分别咨革外，相应具折参奏，请旨将原任河南镇平县知县姚贺泰革职，杨州龙革去举人，以便提齐原被各犯证，严审定拟，以肃功令。伏祈皇上睿鉴施行。谨奏。

朱批：有旨谕部。

（《宫中档乾隆朝奏折》第四十三辑，第480～482页）

2128 署云贵总督云南巡抚裴宗锡《奏请将患病千总棍责毙命之广罗协副将特克什布革职审办折》

乾隆四十三年六月十六日

署云贵总督云南巡抚臣裴宗锡谨奏：为参奏事。

本年三月二十四日，据云南广罗协副将特克什布禀称："巡阅所属汛塘，有竹园汛外委千总王云，弓马生疏，责打二十棍。旋据中军都司转报，王云于三月初八日病故，当令取札呈缴。讵王云之妻杨氏并不缴札，反同伊姑赴署詈骂，请饬文员验审详夺。"等情。通禀前来。时督臣李侍尧暨臣于巡抚任内，接阅之下，以汛弁弓马生疏，自应惩处，如果依法决罚，邂逅身死，妇女亦何敢赴署撒泼？其中似有别情。当经批行臬司，速饬该管地方官验尸讯详。去后，嗣据该司汪圻覆称，遴委师宗县屠绅查验。该县于四月初四日奉文，相距王云身死将有三十余日，久经尸属棺殓，际此天气炎热，必已腐烂，未便遽行开检。随即由司提集人证到省，详委因公在省之丽江府吴大勋、元江州宋惠绥先行秉公会审。

兹据该委员等查得，该副将特克什布，于本年二月二十六日至竹园汛巡阅，有兵丁严宗富等四名，演放鸟枪，火不过引，欲将弁兵一并责处。时值停刑之日，面谕王云，过期将兵丁自行发落。其时王云亦试步箭，三矢中把二矢，因汛无马道，并未验看马箭。该副将即于次早起程，王云送至江边，因旧患心腹病症，陡然复发，抬回汛地。该副将于三月初五日复过该汛，王云病重，不能披执远接，只在公馆跪迎。该副将下马，即以曾否责兵向询，王云答以自身患病，尚未发落。该副将当将王云喝令责打。比有跟兵王任、何锡九等多人，佥称王云患病属实，代为跪求。该副将坚不依允，饬责二十棍。王云受责之后，抬入公馆厨房，卧地昏迷。至晚扶归，延至初八日殒命。讯之该汛百总、管队人等与夫该副将之跟兵，及是日放枪火不过引之兵丁，各供如一。惟提鞫尸妻杨氏，则称伊夫之死，该副将因其尖宿无礼，买马买烟不遂，明知有病，棍责二十，以致患病受责身死，并称死于初六而非初八。还诘案证，仍执原供，日期两不相符。此现在审出之大概供情也。

臣查特克什布身为副将大员，巡阅所至，因汛兵放枪违式，饬令外委王云责处，事属因公，本非过当。迨回次原汛，询知王云自身患病，尚未发落，而病重之状又目所共见，乃必欲将该弁立时棍责，而于放枪违式之各兵转置不问，已不可解，且于王云死后，以弓马生疏，受责病故禀报。查王云既未试看马箭，而步箭三矢复中二矢，所禀弓马生疏之处更属不符。再尸亲供词内有因尖宿无礼，即买马买烟不遂而起，虽系一面之词，未可遽信，但事涉挟嫌决罚，致毙人命，虚实均应确究。况该副将具报于三月初九日回署，而询之该副将跟兵、字识，俱称实于三月初七日回署，众供如一。该副将何以将回署日期虚捏具报，尤属可疑。该副将现系二品职官，恐一切跟随兵役中怀顾忌，所供情节尚多不实不尽，必须解任质讯，方成信谳。

兹据开化镇总兵许世亨揭报前来，相应参奏，请旨将广罗协副将特克什布解任，一面提齐案犯，严加鞫讯。如该副将实系因公决罚，并无别项情节，其不合仅止责处病弁，自应奏明，听候部议。其王云母妻竟敢赴署撒泼，尚应究明指使，以儆刁风。该副将实有需索、挟嫌不堪情事，必应据实续参，从重究拟。其尸棺应否开检，容俟质审得情，再行酌核办理。合并陈明。臣谨会同云南提督臣海禄恭折具奏，伏乞皇上睿鉴训示。谨奏。

朱批： 有旨谕部。

（《宫中档乾隆朝奏折》第四十三辑，第482～484页）

2129　署云贵总督云南巡抚裴宗锡《奏报委署副将折》
乾隆四十三年六月十六日

署云贵总督云南巡抚臣裴宗锡谨奏：为委署副将事。

窃照副将悬缺，遴员委署，例应随时奏闻。兹查滇省广罗协副将特克什布，现因所属竹园汛外委千总王云患病受责身死案内，经臣另折参奏，请旨将该副将解任质审。又黔省原署大定协副将之候补参将巴扬阿，现经题补朗洞营参将，应令先赴新任。所遗两副将印务，均应遴员委署。查有云南城守营参将德舒，堪以委署广罗协副将。又有拣发贵州候补副将七十五，业已到黔，堪以委署大定协副将。除分檄饬委前往署理，并将云南城守营参将印务另行委员递署外，臣谨循例奏闻，伏乞皇上睿鉴。谨奏。

朱批：该部知道。

（《宫中档乾隆朝奏折》第四十三辑，第484～485页）

2130　署云贵总督云南巡抚臣裴宗锡《奏报酌筹给照杜私，以严关禁而惠边黎折》

乾隆四十三年六月十六日

署云贵总督云南巡抚臣裴宗锡谨奏：为酌筹给照杜私，以严关禁而惠边黎，仰祈睿鉴事。

窃照滇省近边潞江、缅宁两处，为通各关隘要道。上年奏准，如有携带黄丝、绸缎、针纸等物在彼私渡者，即行拿解究报。原以内地货物不许潜贩外夷，故专员驻扎，严防奸民偷漏，立法最为扼要。惟查腾越、龙陵等处，均在潞江以外，地方辽阔，生齿日繁，除该处不娴组织黄丝一项，无所取资，其余货物，均属民间日用所必需。昨据永昌府知府特升额禀称："潞江渡口严查货物私出，外境商贩无知，即向在内地贸易者亦多裹足不前。现在腾越、龙陵货短价昂，祈俯顺舆情，速赐筹办。"等语。

伏思上年奏定章程，专为沿边杜绝走私，并非于内地防闲商贾。今腾越等处既因客货稀少，价值渐昂，于边民生计殊多未便，自应体察熟筹，以济民用。惟是商贩趋利若鹜，倘一任驮载，往来无所检制，奸民势将借口经商，夹带黄丝等物，伺隙越边，此种情节，实不能保其必无。况关隘严禁多年，内地百货何一非缅夷亟需之物，尤应严密禁防，毋许丝毫偷渡，方可遏绝奸私。臣查黄丝一项，缅匪需此甚殷，而近边百姓无可应用，仍请严禁，不许商民贩运前往。余如绸缎、针纸以及布匹、杂物等项，民间缺一不可，似宜设法疏通，俾资日用。今请酌定，嗣后自腹地赴腾越、龙陵贸易者，由永昌府衙门给以印照，照内注明商民几人，货物若干，往某处发卖。潞江弁员验明货照无讹，方准放行。如无印照，即系私物，潜图越出边关，将人货一并拿解究办。兵役借端指索，按律惩治。其赴腾越销售者，在该州衙门呈照。赴龙陵销售者，在该同知衙门呈照。仍按季将印照汇缴永昌府核对，如有遗漏未缴，立即严查。所有运到货物，系某店、某行经手发卖，并令出具认结，倘有走漏出关，一体从重治罪。其腾越、龙陵彼此货物往来，亦俱给照呈验，互相关会，每岁冬底，由永昌府造册，送督抚衙门存案备查。如此，则逐层稽核，关禁愈觉森严，而客货流通，民用无虞缺乏，似于民计、边防两有裨益。是否可行，伏祈皇上睿鉴训示。

至缅宁汛之篾巴桥、滚弄江以外，俱系土夷，并无内地民人居住，商贩亦向未前往，自应遵照上年奏定章程，毋庸另议。再永昌府具禀腾越、龙陵亟需商货情形，正值督臣李侍尧起程之时，臣与督臣面商，意见亦复相同。合并声明。谨奏。

朱批：军机大臣会同该部议奏。

（《宫中档乾隆朝奏折》第四十三辑，第485~486页）

2131　署云贵总督云南巡抚裴宗锡《奏请以师宗县分防邱北县丞刘大鼎升署宝宁县知县折》

乾隆四十三年六月十六日

署云贵总督云南巡抚臣裴宗锡谨奏：为要缺知县调补无人，恭恳圣恩俯准升署，以裨夷疆事。

窃照云南广南府属之宝宁县新调知县庄宝璪，系该管知府庄肇奎族叔，应行回避，经臣据详具奏，并声明庄宝璪原系元谋县知县，仍留本任，遇有别属应调缺出，再请更调，所遗宝宁县缺，另行遴员请补在案。

伏查广南府所属仅止附郭之宝宁一县，地处边隅，幅员辽阔，一切发交事件，皆系该县审办，且界连交阯，汉夷杂处，最为紧要，而各省采买铜斤，均由该县辗运出境，稽查、催赞事务纷繁，非精明强干之员不克胜任。臣与藩臬两司于通省知县内逐加遴选，非现居要缺，即人地未宜，实无堪以调补之员。惟查有师宗县分防邱北县丞刘大鼎，年四十五岁，安徽监生，捐纳县丞，分发湖北，咨署荆州府经历，期满实授，丁忧服阕，拣发来滇，咨补云南府经历，前后接算，历俸已满六年，于乾隆四十二年十一月，咨调今职。该员才具明干，办事安详，委署县印，料理井井，且在滇年久，于风土夷情更俱熟悉，以之升补宝宁县知县，洵堪胜任。

该员所调邱北县丞，虽系夷疆三年报满、在任候升之缺，咨调未久，与请升之例不符。但该员于本年四月十九日奉文准调，因有承办事件未完，仍暂留云南府经历之任，其邱北县丞，现委署理有人，该员并未赴任，业于按月报部文内列明汇咨。是该员虽经调边，尚留原任，实与未调者无异。今夷疆知县较之夷疆县丞倍为紧要，人地实在相需，理合循例专折奏请。仰恳圣恩，俯准以刘大鼎升署宝宁县知县，殊于边地要缺可收得人之效。如蒙俞允，容俟部覆到日，给咨送部引见，恭候钦定。该员系县丞请升知县，衔小缺大，仍应照例扣算，试署期满，再请实授。其所遗邱北县丞员缺，另容拣员咨调。

至该员任内，止有奉文开复降级留任，以前应行补扣降俸一案，已据照数完解，俟于本年夏季降罚册内汇入咨销，此外别无参罚案件，毋庸开单。合并陈明。臣谨恭折具奏，伏乞皇上睿鉴训示。谨奏。

朱批：该部议奏。

（《宫中档乾隆朝奏折》第四十三辑，第486~487页）

2132　署云贵总督云南巡抚裴宗锡《奏报汇查潞江等处盘获外省游民，并酌定普洱一路照办章程折》

乾隆四十三年六月十六日

署云贵总督云南巡抚臣裴宗锡谨奏：为汇查潞江等处盘获外省游民，并酌定普洱一路照办章程，仰祈睿鉴事。

窃查永昌、顺宁二府与缅酋接壤，惟封关禁市为控制匪夷之要务，而捕逐江楚游民，又为肃清关隘之要务。自上年四月内，督臣李侍尧会同大学士公臣阿桂奏准在于潞江、缅宁两处渡口特派员弁专司查察；八月内，督臣李侍尧先经奏定赏罚科条，议以实力盘获奸民，记功选擢，半年无获记过，一年无获严参究处，各员弁颇知儆惕。截至上年十二月，共盘获江楚游民五起。又饬腾越州知州吴楷，于编造保甲案内，密查出江楚单身游民饶乾万等四十一名，审明递籍，亦经督臣李侍尧汇列开单，奏明在案。本年正月至六月，半年之内，潞江、缅宁两处节次具报盘获外省游民共六起，又腾越州知州吴楷陆续查出单身游民赵哲明等共十四名，均逐案提至省城，细加研讯，分别递籍究处。该员弁等自上年六月到渡驻守，迄今已满一年，尚俱勤勉，各有盘获，应照上年奏定事例，酌予记功，兵役亦酌加赏赉，以示鼓励。所有本年六月以前盘获游民，谨缮名单恭呈御览。

臣又查，普洱府属边外，距阿瓦五十余站，路远难达，故从前私贩，潜赴永昌一路为多。今永昌等处查察既严，奸商计无复之，或思偷向普洱一路夹带走私，或只身游民私自出边，与孟艮、孟勇诸野夷商通窜迹，即不免漏泄内地情事，自宜一体防闲，以杜罅隙。查普洱境外山径错杂，难于稽缉。惟有磨黑一汛，距普六十里，为内地各路赴普总汇之区，酌拟于普洱镇标府属，特派员弁驻守稽查，其盘查人货，分别赏罚，一切章程，悉照潞江等处上年奏定之例，并令该镇道府亲往巡查，按旬具报。

至思茅以外，惟九龙江为锁钥。该处渡口既多，烟瘴复盛，官弁难于常驻，惟有土练稽查，庶为近便。刀士宛自蒙恩赏复土职以来，感激奋勉，颇思自效。应责令专司查办，凡该土司所属地方一切隘口，饬令董率各土弁带练巡缉，倘有奸匪出入，并只身江楚游民，立行拿解，由镇道报省查办。该镇道仍不时防察，即以盘查勤堕，为该土司岁底考成。又倚邦、茶山一带产有土茶，例准商民采贩，向系思茅同知管理。应责成该同知，于领票往贩之时，稽察货物，簿记人数及出境月日，回日缴票，按名核对，如有逾期不回者，即饬知该土司严查缉究。似此层层盘查，普洱一路与永昌、顺宁同昭严密，奸民私贩毫无隙漏可乘，于封关控匪之法似亦更为详尽。

臣就管见所及，现在悉心筹办，谨据实缮折陈奏，伏乞皇上睿鉴训示。谨奏。

朱批： 好。知道了。

（《宫中档乾隆朝奏折》第四十三辑，第 488 ~ 489 页）

夹片： 伏查刀士宛自蒙皇上天恩赏复宣慰土司，伊父刀绍文即于本年三月内到江同住，业经督臣李侍尧奏明在案。兹普洱镇张和禀报，据思茅同知严秉璩、游击徐绍禀称，有刀士宛长子太平保来署谒见，询系刀士宛因江上瘴重，难以延师，将伊子托付伊舅六崐、土弁刀希贤带回六崐义塾就学等语。看来刀士宛感恩向化，颇见真诚，其心地亦尚明白。现在责令稽查边隘，可望得力。合并附片奏闻。谨奏。

朱批： 览。

（《宫中档乾隆朝奏折》第四十三辑，第 490 页）

2133 署云贵总督云南巡抚裴宗锡《奏报遵议速办弥渡军犯张振奇借开歇店谋财害命案内亲属缘由折》

乾隆四十三年六月十七日

署云贵总督云南巡抚臣裴宗锡谨奏：为遵议速办，恭折覆奏事。

窃照弥渡军犯张振奇借开歇店谋财害命案内亲属，经臣于四月二十七日具奏，分别留豫、解滇办理，并将审拟斩决之犯妾尚氏及余犯李枝健、张升、庄尔功等声请，于接准部覆后暂停处决，俟张振奇之胞弟张振华、女婿田老大解到，质明再办。旋于五月二十四日，接准原案部覆，奉旨："李枝健、尚氏、张升、庄尔功着即处斩，潘氏俟产后百日即行处斩，余依议。钦此。"臣因此案斩决各犯业于部覆未到之先奏请暂停待质，未奉朱批，不便遽行正法。复于五月二十五日，附驿驰折奏明，祗候前折奉到朱批，再行钦遵办理在案。兹于六月十六日，接准刑部议覆："臣于四月二十七日具奏一折，以此案李枝健等业经奏奉谕旨飞行正法，即使河抚将张振华、田老大二犯押解赴滇，已属无可质讯，应各就近审办，即豫省有应质之处，应将在滇所取各犯确供详细抄录，咨豫质究办理，应再飞咨该督抚遵照。臣部前议速办等因覆奏，奉旨：依议。钦此。"咨行到臣。

伏查在豫之张振华、田老大二犯，迄今未据解滇，其在滇各犯原讯供情，虽已抄录全招咨豫有案，但既各自审办，不须两相面质。诚恐前供尚有不实不尽，臣复监提各犯，率同司道逐加研鞫，备录供词，再行飞咨豫省外，随将应行斩决之李枝健、尚氏、张升、庄尔功四犯，即于本日，饬委文武员弁，绑赴市曹，俱行处斩讫。所有遵照刑部前议速办缘由，谨因驰奏之便，恭折附入覆奏，伏乞皇上睿鉴。

再犯媳潘氏现未生产，遵俟产后百日行刑。合并陈明。谨奏。

朱批：如此拘泥，若遇大事，汝将何以处之？可笑。

（《宫中档乾隆朝奏折》第四十三辑，第 491~492 页）

2134　署云贵总督云南巡抚裴宗锡《奏报知县、大使才力均不胜任，请旨分别改教、勒休折》

乾隆四十三年六月二十七日

署云贵总督云南巡抚臣裴宗锡谨奏：为知县、大使才力均不胜任，请旨分别改教、勒休，以重吏治事。

窃照知县为亲民之官，必须精明练达，始于地方有裨。至盐大使，有督灶稽煎之责，亦须明白晓事，方能办理无误。

兹查有楚雄县知县刘克宽，年五十五岁，湖北举人，挑选教职即用，由本班截取知县，签掣河南叶县，奉调今职，乾隆四十年二月到任。该员性情迟钝，未能开展。因其人尚谨饬，或冀习练成才，臣与督臣李侍尧屡加教诲，亦颇知自励，无如限于才识，终觉竭蹶时形。又黑盐井大使姜主义，年五十八岁，湖南举人，挑选一等，分发贵州以知县试用，经贵州奏明才具中平，以佐贰补用，嗣准改拨云南，补授今职。该员莅任之初尚知黾勉，近来遇事悠忽，精力亦渐不如前，询以所办井务，茫然不能应答。此二员者，皆难胜任，未便因其别无劣迹，稍事姑容。该二员虽俱科目出身，惟刘克宽年力尚强，文理亦未荒疏，堪以秉铎；姜主义精力已衰，难资课士，据藩臬两司会同驿盐、迤西二道详请分别改教、勒休前来。相应请旨，将楚雄县知县刘克宽改补教职，黑盐井大使姜主义勒令休致，以重吏治。

其刘克宽仍俟部文到日，给咨送部引见，恭候钦定。所遗楚雄县知县、黑盐井大使员缺，滇省现有应补人员，另容遴选请补。除一面委员分往接署，令各离任外，臣谨恭折具奏，伏乞皇上睿鉴，敕部施行。谨奏。

朱批： 该部知道。

（《宫中档乾隆朝奏折》第四十三辑，第 575～576 页）

2135 署云贵总督云南巡抚裴宗锡《奏报乾隆四十二年分滇省额征钱粮数目折》

乾隆四十三年六月二十七日

署云贵总督云南巡抚臣裴宗锡谨奏：为查明额征钱粮全完，循例奏闻事。

窃照各省每年完欠钱粮，例应随奏销时分晰查明，据实具奏。兹据布政使孙士毅、会同粮储道海宁，将乾隆四十二年分额征钱粮数目，详请具奏前来。

臣查滇省四十二年分，应征民、屯条丁等银二十一万二千六百一十四两零，内存留各府厅州县坐放官役、俸工银五万三千五百六十六两零，征解司库银一十五万九千四十七两零，实征商税等银八万七千三百五两零，又带征浪穹县乾隆三十三、五、八等年，又邓川、浪穹二州县四十年被水缓征条丁银五百三十三两零。又应征税秋六款等麦、米、荞二十万七千五百四十一石零，内征收本色麦三千五百一十六石零，本色米一十二万六千三十五石零，折色米、荞七万七千九百九十石零，各折不等，该折征银七万六千六百九十二石零，又带征浪穹县乾隆三十三、五、八等年，又邓川、浪穹二州县四十年被水缓征秋粮折色米六百八十三石零，该折征银六百八十三两零，俱经征收全完。除缮造黄册另疏具题外，臣谨开列简明清单，恭折具奏，伏乞皇上睿鉴。谨奏。

朱批： 知道了。

（《宫中档乾隆朝奏折》第四十三辑，第 576～577 页）

2136 署云贵总督云南巡抚裴宗锡《奏报盘查司道各库银两实贮无亏缘由折》

乾隆四十三年六月二十七日

署云贵总督云南巡抚臣裴宗锡谨奏：为循例盘查具奏事。

窃照司道库贮钱粮，例应于奏销时亲往盘查，缮折奏闻。兹当奏销乾隆四十二年钱粮之期，行据布政使孙士毅、粮储道海宁造册，详送前来。

臣检查册案，核明应存确数，亲赴司道各库，按款点验，抽封弹兑。布政司库存贮正杂各款银二百七十二万九千二百九十一两零，又铜务项下工本、运脚及节省等银二十九万九千一百六十八两零；粮储道库存贮米价、河工等银四十三万一千四百七十六两零，均与册开实存数目相符，并无那借亏缺情弊。除另疏提报外，所有盘查司道各库银两实贮无亏缘由，臣谨循例恭折具奏，伏乞皇上睿鉴。谨奏。

朱批：览。

（《宫中档乾隆朝奏折》第四十三辑，第577页）

2137 署云贵总督云南巡抚裴宗锡《奏报乾隆四十二年分滇省耗羡、公件等项银两收支、动存数目折》

乾隆四十三年六月二十七日

署云贵总督云南巡抚臣裴宗锡谨奏：为核实耗羡、公件，循例奏闻事。

窃照滇省耗羡、公件等项充公银两，例应随同地丁核实具奏。兹据布政使孙士毅将乾隆四十二年分耗羡、公件等项银两收支、动存数目，详请具奏前来。

臣查旧管银二十六万九千二百五十一两，新收公件、耗羡、溢额、商税、牙帖、铜价、官庄租折、截半养廉等银二十二万六千四百二十两零，管收共银四十九万五千六百七十一两零，开除支给养廉、公费等项银二十二万三千六十两零，存库银二十七万二千六百一十两零，俱系实支实销，并无亏缺那移情弊。除将收支、动存各款数目造册送部查核外，理合恭折奏闻，伏乞皇上睿鉴，并另缮黄册，开具简明清单，敬呈御览。谨奏。

朱批：览。

（《宫中档乾隆朝奏折》第四十三辑，第578页）

2138 署云贵总督云南巡抚裴宗锡《奏报矿硐积水难采，酌请照例动给提泄工费折》

乾隆四十三年六月二十七日

署云贵总督云南巡抚臣裴宗锡谨奏：为矿硐积水难采，酌请照例动给提泄工费，以裨厂政事。

窃照顺宁府属宁台厂，自乾隆九年开采起，阅今三十余载，从前年办铜斤仅自十数万至五六十万不等，迨三十九年以来，岁获之铜多至二百数十万斤，前于筹办京运案内，议请每年改煎蟹壳铜七十万斤，又因大功厂矿砂衰薄，加办六十万斤，共铜一百三十万斤，添供京运，均经奏准，部覆在案。

今查该厂开采年久，礁深硐远，地泉内注，浸淹矿窝，必须提泄干涸，方能进内攻采。工多费重，厂力难支。经厂员曹湛详请援照汤大等厂事例，每年酌给水泄工费银五千两，以资采办等情。当即饬司委员查勘。去后，旋据藩司孙士毅饬委护顺宁府知府韩濂亲往确勘，该厂采矿之大成、大兴、长兴、财源、朝阳、同春、大生等七硐，窝路积水无处消泄，矿尖虽旺，多被浸淹，核计各硐提拉水泄工费，岁需银一万数千两，厂民力不能支，请每年酌给银五千两，其不敷之数，仍令厂民自行凑办等情，由司核议，详覆前来。

臣查滇省各铜厂，每遇成堂大矿，多系伏藏山底，穿凿日久，地势愈低，内有泉涌，外有雨水，往往矿砂被淹，尖路坍覆，厂民无力提扯，辄至坐视废弃。是以前任抚臣汤聘、李湖先后奏准，每年酌帮义都厂水泄银三千两，汤丹厂六千两，碌碌厂四千两，大水、茂麓二厂各一千五百两，在于钱局余息并铜斤余息项下动支，造报有案。兹宁台厂之大成等硐积水浸淹，厂民无力宣泄，该厂员曹湛请照例每年酌帮工费银五千两，既经委勘明确，实所必需，核与义都等厂之例相符。应请自乾隆四十二年起，每年酌给提拉泄水工费银五千两，于临安各局铸息银内动支造报，以舒民力而裕厂政。理合恭折具奏，伏乞皇上睿鉴训示。谨奏。

朱批：该部议奏。

（《宫中档乾隆朝奏折》第四十三辑，第579页）

2139 署云贵总督云南巡抚裴宗锡《奏报滇黔两省地方情形折》
乾隆四十三年闰六月初六日

署云贵总督云南抚巡臣裴宗锡谨奏：为奏闻事。

窃照滇省地方入夏以来雨泽优沾，田禾滋长缘由，臣于兼署督篆后，节经汇同黔省情形，恭折陈奏在案。

兹据云南等各府厅州属禀报，六月初六七、初十，及十一二、十八九、二十、二十五六八等日，叠沛甘霖，高下田畴均有积水，禾苗早者现已起节，渐次含苞，迟者亦皆发荣畅茂，山种杂粮并极繁盛。此后晴雨一律调匀，可卜秋成丰稔。市米时价，虽随地增减不齐，统计尚属中平。至黔省各属，现据报到雨水禾苗情形，核与滇中大概相仿，其米价自六钱五分至二两四钱六分，亦与上月相同，不为昂贵。两省民情悦豫，地方宁谧。臣谨一并奏闻，伏乞皇上睿鉴，并将滇省六月份粮价，另缮清单敬呈御览。谨奏。

朱批：知道了。

（《宫中档乾隆朝奏折》第四十三辑，第 673～674 页）

2140 署云贵总督云南巡抚裴宗锡《奏报委署知府折》
乾隆四十三年闰六月初六日

署云贵总督云南巡抚臣裴宗锡谨奏：为委署知府，循例奏闻事。

窃照云南澄江府知府张裕谷调补东川府知府，经臣接准部文，行令该员即赴新任，其澄江府遗缺，遴委云南府通判永贵暂署，恭折奏明在案。

兹该员张裕谷于调任东川后染患瘴疾，医治未痊，现据呈请解任，回籍调理。饬司委员诣验，俟取结详到，另行缮疏具题。所遗员缺紧要，亟须遴员委署。臣与两司公同商酌，查有黑盐井提举张珑，明干练达，任事实心，前曾委署开化府篆，办理无误，堪委接署东川府印务。除饬委外，臣谨循例奏闻。

再澄江府应请开缺铨选，东川府仍容拣员另请调补。合并陈明，伏乞皇上睿鉴，敕部施行。谨奏。

朱批：该部知道。

（《宫中档乾隆朝奏折》第四十三辑，第 674 页）

2141 署云贵总督云南巡抚裴宗锡《奏报遵例带理学政印务折》
乾隆四十三年闰六月初六日

署云贵总督云南巡抚臣裴宗锡谨奏：为循例带理学政印务，恭折奏闻事。

窃照云南学臣戚蓼生按试，在途闻讣报丁父忧，星驰旋省，于闰六月初一日，委员将学政印务交臣兼管，回籍守制。臣即于是日，望阙叩受带理，俟新任学臣吕光亨到滇转交，祗领任事。所有臣循例带理学政印务日期，除另疏题报外，理合恭折奏闻，伏乞皇上睿鉴。谨奏。

朱批：该部知道。

（《宫中档乾隆朝奏折》第四十三辑，第 675 页）

2142　署云贵总督云南巡抚裴宗锡《奏谢办理弥渡军犯 张振奇谋财害命案拘泥失当，蒙恩训谕折》

乾隆四十三年闰六月初六日

署云贵总督云南巡抚臣裴宗锡谨奏：为恭谢恩训事。

窃臣承准大学士公阿桂、大学士于敏中字寄："乾隆四十三年六月十七日，奉上谕：据裴宗锡奏，弥渡军犯张振奇谋财害命案内，所有李枝健、尚氏、张升、庄尔功等四犯，业已接准部覆，即应处斩。但有同案待质之田老大等尚未解到，请将李枝健等四犯暂为监禁等语。所办太觉拘泥，已于折内批谕。此等凶恶伙党，均当立置典刑，且经接准部覆，何得复以田老大等尚须质对为词，致令凶恶之徒得稽显戮耶？至所称恐凶恶伙党恃无活口对质，转得狡供漏网。该犯等已经部覆定案，问拟斩决，何虑狡供漏网？况张顺旺等各犯，近据郑大进奏，即于豫省正法，以免押解疏虞。裴宗锡岂转未及见此耶？又滇省解送土夷开锁一事，业经将湖南道员王鸣、知县吴镶、贵州护道吴光庭三员解京，令军机大臣讯明，该夷等解至湖南，并未上锁，且据索诺穆策凌奏到，询之土夷，面供在镇远上船，后经长解官开锁，情词确凿，已无可疑。乃裴宗锡于催令解员陈英栋等赴京质讯折内，又称据豫省开造夷人清册，于头二三起名下现注有锁项字样，而于开锁补锁之处转未填注，情节亦属未明等语，尚欲为陈英栋等开脱，预占地步，更属非是。裴宗锡平日办事不无意存姑息，今于决不待时之犯，希为苟延数日，图积阴功，而于属员狡饰之处，转复委婉其词，曲为回护，是其旧时积习仍属未能悛改。裴宗锡着传旨严行申饬。嗣后务须痛自湔洗，毋再怙终干咎。将此传谕知之。钦此。"臣跪读之下，感激惭惶，莫可言喻。

伏念臣膺任封疆，愆尤丛集，屡蒙圣主教诲矜全，逾于常格。臣具有人心，岂甘自弃，上负生成之德？无如才识庸愚，动致措施失当。今于决不待时之犯办理拘泥，而于属员狡饰之处，更未能直揭隐情，种种糊涂舛谬，自问实无可解。乃复荷垂慈宥过，仅予传旨申饬。嗣是以后惟有凛遵训谕，痛自湔洗，不敢再蹈旧时积习，致干咎戾。

所有臣感悚微忱，理合恭折奏谢天恩，伏乞皇上睿鉴。谨奏。

朱批：览。

（《宫中档乾隆朝奏折》第四十三辑，第 675～676 页）

2143　署云贵总督云南巡抚裴宗锡《奏报转奏 苏尔相来省面禀情由折》

乾隆四十三年闰六月初八日

署云贵总督云南巡抚臣裴宗锡谨奏：为据情转奏，仰祈圣鉴事。

窃臣于本年六月十六日，承准五百里廷寄："钦奉谕旨，以盛夏边地瘴发，现无可办之事，着臣即令苏尔相乘此闲暇之时，酌给假期，回籍看视等因。钦此。"当经恭行全录恩谕，飞檄该员来省，以便给假回籍，并知会提臣，于留防员弁内遴员接手照料，一面先行驰折复奏在案。

旋准提臣海禄札知，苏尔相于六月二十五日起程来省，面禀下情，其经手防务，已派员暂为兼管。今苏尔相于闰六月初七日到省，臣即传见，该员跪地面禀，据称："尔相奉差缅地，羁留多载，幸仗天威远播，缅首畏惧，始得送出解京。仰蒙皇上如天之仁，不加罪谴，复以游击升用，仍令来滇办事。凡此恩施再造，实非梦想敢期，虽竭心尽力，尚难酬报万一，岂遑顾及家私？兹又荷圣慈曲垂矜恤，特令乘此闲暇，回籍看视。尔相何人，得邀如斯旷典？祗承之下，感激涕零。惟念尔相籍隶宁夏，离滇万里，往返需时，父亲现已就养胞弟苏尔忠嘉峪关把总任所，相距本籍又远二十余站。上年尔相进京，蒙皇上赏给银两、缎匹，比即寄交父亲。嗣接家信，以尔相受恩深重，举家感戴，谆嘱尔相勤慎供职，勉力图报。老亲侍养有人，勿以为念。是尔相父亲尚有胞弟奉养，此时边地雨多瘴盛，虽无事可办，但缅匪纳贡还人之说，总因赘角牙年幼无知，众头目又各怀己见，辄至观望不前。设或一时悔悟，有信到关，尔相与得鲁蕴熟识，彼亦颇相信服，便于交言集事。明知留防员弁不乏尔相一人，而尔相犬马微忱，激切报效，愿仍驻守边关，以待不时之用。俟边事办毕，容再请假回籍看视，只求将下情转达。"等语。臣察其言词，实出至诚，并无一毫虚饰，殊堪嘉尚。除面加奖励，谕令仍回防所驻守外，所有苏尔相来省面禀情由，臣谨恭折转奏，伏乞皇上睿鉴。谨奏。

朱批：好。如所请留用。

（《宫中档乾隆朝奏折》第四十三辑，第702～703页）

2144 署云贵总督云南巡抚裴宗锡《奏报滇铜额短运迟，急筹补剂事宜折》

乾隆四十三年闰六月初八日

署云贵总督云南巡抚臣裴宗锡谨奏：为滇铜额短运迟，急筹补剂事宜，仰祈睿鉴事。

窃照滇省丁酉额运京铜，因递压迟延，致违定限，现在另折据实参奏。

伏查京运年额及滇局鼓铸、各省采买，每年共须额铜一千三百余万斤始足敷用。近年以来出铜渐短，因各厂向无月额，恐委员不免任意减缩，臣上年会同督臣李侍尧核明各厂岁出铜斤，酌定应增、应减数目，作为年额，奏蒙俞允在案。总计一年，除去商铜，不过一千余万斤，亦属所获不敷所用。今按月报铜数，亦间有一二处溢额之厂。其不能如额者正复不少，并有硐老山空，屡请封闭者，若不随时设法通盘筹办，恐致因循贻误。

查京局高铜，向来取资于汤丹、碌碌、大水、茂麓四大厂，嗣因开采年久，渐形短缩，议以大功厂及大屯等子厂协济。上年，因大功等厂出矿微细，复又节次议以宁台厂低铜改煎蟹壳一百三十万斤，添补京运。兹查四大厂，除汤丹而外，碌碌、大水俱属不敷年额。其茂麓一厂，则硐深矿薄，本重利微，较之大水厂，尤难施力，厂民日渐解散，厂员虽借资官本酌济油米，希冀转衰为旺，无如窝路日深，矿脉愈细，工繁费重，得不偿失。上年减定铜额，每月仅令煎办二万余斤。乃本年正月至今，不足月额之半。核此情形，该厂多办一日，即多增一日厂欠。是茂麓一厂，实属有损无益，急宜封闭。其亏欠工本之各炉户，应令该厂造具花名及欠数清册，归入附近之大水厂，另觅新碛，办铜完项，以便厂欠有着。至该厂既请封闭，则京铜现缺之额亟须筹补。

查宁台厂年来矿砂丰旺，只因铜色低潮，向来谨供本省鼓铸。上年奏准改煎蟹壳共一百三十万斤，该厂员曹湛勇往急公，实心赶办，本年五月，即已煎运如数。臣面加奖励，并询据该厂员禀称，竭力采煎，每年尚可加增壳铜七十万斤。是宁台一厂，岁可改揭京铜二百万斤，合之汤丹、碌碌、大水、大功四厂及大屯等子厂年额，共可得铜七百四十万斤。除每年运京正带铜六百七十余万斤，尚余铜六十余万斤，留备泸店以作底铜，即或各厂月铜未旺，稍有缺额，亦可酌量添拨，从此京局铜斤可期无误。

至滇省各局鼓铸，除配用金钗、大风岭、户蒜等厂铜斤外，年需宁台厂铜二百五十万余斤。该厂年来岁获铜二百九十万斤，今改揭高铜二百万斤，须加耗四十万余斤，并除一分商铜外，仅剩二十余万斤，缺数甚多，亦须早为筹计。查宁台存厂铜斤，截至四十二年冬底止，尚存五百万余斤。应将保山、大理、曲靖、广西四局年拨宁台铜一百十七万余斤，除该厂年余铜二十余万尽数动拨外，不敷之数，在于该厂旧存铜内添补，可供数年之用。此数年内，续获出铜丰旺之厂，则该四局需用铜斤便可有资接济。其省城、临安、东川三局，岁需铜一百五十五万余斤，酌以高六低四配铸，岁需高铜八十八万余斤，低铜六十七万余斤。核计发古、金钗等厂年额，办获高低铜，统计二百余万斤，除拨供本省局铸外，仅余四十余万斤，留备各省采买，实属不敷。

臣历稽旧案，详察情形，与其坐守旧厂，终属有尽之藏，莫若广开子厂，以裕不匮之源。即如乾隆三十一年，前督臣杨应琚奏禁开采，而铜额大减。至三十六年，前督臣彰宝奏开七新厂，而铜数渐丰，此其明验。特因彰宝滥放工本，以致新厂亏欠数盈累万，经前署督臣图思德查参之后，开采遂停。臣窃计，但当谨守先铜后银之例，则广为开采，自有利而无弊。查佐杂微员，不便令其出纳帑金，凡已经开采有成之厂，自不应派令经管，若躬率砂丁到处寻苗觅引，相机试采，则非地方官所能兼顾，又以杂职为宜。臣于试用佐杂中，遴选明白勤慎者八员，除地近边境毋许开采，其余均令分路踩勘。现据陆续具报，俱已觅获苗引，集丁试采，其中可望有成者十有二三，总以真见堂矿，然后量给油米，稍资接济。若能办有成效，即计其办铜之多寡，分别奏请议叙，以示鼓励，并将办成之厂交丞倅州县等官管理，以符定例。

所有各省采买不足铜斤，现因无铜可拨，未克随时分咨。而各省竟有不待咨会，辄自一面委员起程，一面知照来滇者，既与向例有违，且徒致久候糜费。俟新厂获铜一有成数，照例截拨，咨会各省，再行赴滇领运。臣因铜务紧要，与司道悉心熟计，先筹京运，次筹省铸、采买，总期厂旺铜丰，足敷应用。谨将酌拟办理缘由，一一分晰陈奏，是否有当，伏祈皇上睿鉴，训示施行。谨奏。

朱批：该部议奏。

（《宫中档乾隆朝奏折》第四十三辑，第 703 ~ 706 页）

2145　署云贵总督云南巡抚裴宗锡《奏报丁酉年头运第二起京铜开帮日期折》

乾隆四十三年闰六月初八日

署云贵总督云南巡抚臣裴宗锡谨奏：为恭报京铜开帮日期，仰祈圣鉴事。

窃照滇省办运京局铜斤，自四川泸州开帮日期，例应奏报。

兹据云南布政使孙士毅详称："丁酉年头运第二起委员张大本，领运正耗余铜七十三万六千三百斤，又带解截留丁亥年两加运铜七万八千四百一十五斤十五两零，于乾隆四十三年六月初九日，在泸州全数兑足开帮等情前来。"臣覆查无异，除飞咨沿途各省督抚催儹前进，依限赴京交收，并咨明户、工二部外，所有丁酉年头运第二起京铜全数开帮日期，理合恭折奏报。

再该运开帮久逾定限，虽据申明迟延有因，但京运攸关，未便稍为宽假。现在查取职名，另折参处。合并陈明，伏乞皇上睿鉴。谨奏。

朱批：览。

（《宫中档乾隆朝奏折》第四十三辑，第 706 页）

2146　署云贵总督云南巡抚裴宗锡《奏请以宁州知州刘钟芳升补镇沅直隶州知州，遗缺以平彝县知县陆继夔升署折》

乾隆四十三年闰六月初八日

署云贵总督云南巡抚臣裴宗锡谨奏：为请升要缺知州，以裨地方事。

窃照云南镇沅直隶州知州汪丙谦告病遗缺，先经督臣李侍尧与臣会奏，请将黑盐井提举张珑升补。接准部覆，以直隶州缺出，例应于知州、知县内拣补，行令另选合例人员题升。复经督臣会同臣奏请将寻甸州知州吉孔修升署，兹准部覆，以该员试俸未满，与例不符，行令另选具题等因。

臣查镇沅直隶州，系夷疆烟瘴最要之缺，非熟悉夷情、能耐烟瘴之员不克胜任。滇省直隶州四缺，俱系在外拣调，无可调补。府属知州及知县内合例堪升者，亦甚难其选。臣与两司公同商酌，查有临安府属之宁州知州刘钟芳，年五十岁，江西监生，捐纳知州，选授湖北蕲州知州，因失察衙役犯赃，部议革职，捐复原官，选授今职，于乾隆三十八年五月到任，试俸三年期满，业经题准，部覆销去"试俸"字样。该员明白干练，办事实心，在滇年久，熟悉夷情，能耐烟瘴，历俸已满五年，以之升补镇沅直隶州知州，洵堪胜任。所遗宁州知州，系部选之缺，例得以试用人员补用。惟查该州地方管理狮子山厂，年办铜斤添供京局之用，前因委员经理不善，铜短运迟，参革治罪，将厂务专责知州承办。现复广采引苗，以冀获铜加倍，必须深晓厂务、明白干练之员方克胜任。试用人员初到滇省，未习铜务，恐致丛脞。臣与两司再四筹画，未便拘泥成例，以试用人员请补。

查有平彝县知县陆继夔，年四十六岁，江苏监生，捐纳县丞，分发云南，于乾隆三十年到滇，借补顺宁府知事，调边普洱府威远知事，大计卓异，题升今职，于乾隆四十年闰十月到任。该员诚实安详，办事勤干，在滇十有余年，于厂务情形最为熟悉。现在平彝本任，所管铅厂，该员调剂有方，办理井井，以之升署宁州知州，可冀获铜丰裕，添供京运。惟历俸未满五年，任内有经征盐斤薪本等银未完，降俸督催各案，与请升之例不符。但人地实在相需，例得专折奏请。

伏查镇沅直隶州悬缺既久，惟刘钟芳年例相符，能耐烟瘴，而所遗宁州之缺，管理铜厂，正在专责知州承办，现复广采铜苗，甚为紧要。合无仰恳皇上天恩，准以刘钟芳升授镇沅直隶州知州，所遗宁州员缺，准以陆继夔升署，庶人地均属相宜，办理不致贻误，于边疆、厂务俱有裨益。如蒙俞允，刘钟芳系府属知州请升直隶州，陆继夔系知县请升知州，均应送部引见，恭候钦定。所遗平彝县缺，系应在外拣补，俟刘钟芳、陆继夔准升之后，另行遴员请补。合并陈明。臣谨恭折具奏，并将各该员任内参罚案件开列清单，恭呈御览，伏乞皇上睿鉴训示。谨奏。

朱批： 该部议奏。

（《宫中档乾隆朝奏折》第四十三辑，第707~708页）

2147 署云贵总督云南巡抚裴宗锡《奏参京运逾限之厂运各员折》
乾隆四十三年闰六月初九日

署云贵总督云南巡抚臣裴宗锡谨奏：为查参京运逾期，以肃铜政，仰祈睿鉴事。

窃照滇省办运京铜，屡有迟逾。上年，经督臣李侍尧会同大学士公阿桂奏请酌展开运扫帮期限，荷蒙谕旨准行。所有丙申额铜扫帮日期，虽经赶副例限，而丁酉头运一起，例应于上年十一月开帮，已迟延一月，至十二月始得济兑开行。其头运二起及二运、三运，因俱逾限，未报开帮。臣督同司道节次飞檄偾催，并将厂运各员堕误缘由严查核办。兹据藩司孙士毅会同迤东道白玠查报："丁酉头运二起，才于本年五月十二日开兑，六月初九日开帮。其二运、三运应于二月五日开行之处，均已逾违。虽据泸店委员禀称，因滩水干浅，或用竹筏零星驳载，或用人夫背运过滩，是以挽运需时。"等语。

伏查丁酉年头、二两运四起京铜，均应四十二年递办。今头运一起已非依限开行，而头运二起应于上年腊底及本年正月间开行，现在层递积压，皆又该年办铜短缩，所有四十二年迟误之各厂员，业于比较获铜数目，业经臣会同督臣据实参奏。奉朱批："该部严察议奏。钦此。"各该厂员应得处分，俟部复到日，即当遵照办理。至三运京铜，定限本年五月开行，正、二、三、四等月尽可採煎发运。乃各员并不上紧赶办，以致短缩、迟延，违误例限，不可不严示创惩，以肃铜政。除现在设法调剂，另折恭奏外，谨将本年短少铜斤迟延日期之厂运各员，分晰开单，恭呈皇上饬部核议。

至专管之道府、总理之藩司及臣主政衙门，不能督率稽催，一任厂运各员因循贻误，实属咎无可辞。应请一并交部议处，以昭惩儆。伏乞皇上睿鉴施行。谨奏。

朱批：该部严察议奏。

（《宫中档乾隆朝奏折》第四十三辑，第708~709页）

2148　署云贵总督云南巡抚裴宗锡《奏报委署知府折》
乾隆四十三年闰六月二十日

署云贵总督云南巡抚臣裴宗锡谨奏：为委署知府，循例奏闻事。

窃照云南楚雄府知府孔继忻，因估验裁营军装失实，经部议以降调，奉旨"出具考语，送部引见。所遗员缺，应即遴委接署"。

伏查该府虽系部选之缺，但当迤西冲路，管辖三州四县，委署必须得人，方克胜任无误。臣与两司公同商酌，查有寻甸州知州吉孔修，笃实勤明，办事安详，堪以委署楚雄府印务。除饬委前往接印署理，并将该员本缺另委递署外，臣谨循例奏闻，伏乞皇上睿鉴。谨奏。

朱批：该部知道。

（《宫中档乾隆朝奏折》第四十三辑，第864页）

2149 署云贵总督云南巡抚裴宗锡《奏报黔省委员 办运滇铜扫帮出境日期折》

乾隆四十三年闰六月二十日

署云贵总督云南巡抚臣裴宗锡谨奏：为黔省委员办运滇铜扫帮出境日期，循例奏闻事。

窃照各省委员赴滇采办铜斤，往来俱有定限。钦奉上谕："嗣后到滇办运开行，即着该抚具奏，如有无故停留贻误者，即行指名参究。"等因。钦遵在案。

兹据云南布政使孙士毅详称："贵州委员麻哈州知州潘廷飏，采买日见、白羊、金钗等厂高低共铜五十万五千五百六十斤，以该委员于乾隆四十二年十一月二十日，在大理府下关店领足日见、白羊二厂铜斤之日起限，扣至四十三年闰六月初十日限满。今于本年六月二十三日，全数运抵平彝县扫帮出境，并未逾违。"等情。详请核奏前来。臣覆查无异，除飞咨贵州抚臣，转饬接替催偿赶运，依限交收，并咨明户部外，所有黔省委员潘廷飏办运滇铜扫帮出境日期，理合恭折具奏，伏乞皇上睿鉴。谨奏。

朱批： 览。

（《宫中档乾隆朝奏折》第四十三辑，第 865 页）

2150 云贵总督云南巡抚裴宗锡《奏报楚省委员 办运滇铜扫帮出境日期折》

乾隆四十三年闰六月二十日

署云贵总督云南巡抚臣裴宗锡谨奏：为楚省委员办运滇铜扫帮出境日期，循例奏闻事。

窃照各省委员赴滇采办铜斤，往来俱有定限。钦奉上谕："嗣后到滇办运开行，即着该抚具奏，如有无故停留贻误者，即行指名参究。"等因。钦遵在案。

兹据云南布政使孙士毅详称："湖北委员石首县知县陈图，采买得胜等厂正耗余高铜一十二万四千八百斤，金钗厂正耗余低铜二十二万三千二百斤，以该委员于乾隆四十二年十月二十九日，在大理府下关店领足得胜厂铜斤之日起限，除小建四日扣至四十三年六月二十四日限满。今于本年六月二十二日，全数运抵剥隘扫帮出境，并未逾违。"等情。详请核奏前来。臣覆查无异，除飞咨经过之广西、湖南及湖北各抚臣接替催偿赶运，依限交收，并咨明户部外，所有楚省委员陈图办运滇铜扫帮出境日期，理合恭折具奏，伏乞皇上睿鉴。谨奏。

朱批： 览。

（《宫中档乾隆朝奏折》第四十三辑，第866页）

2151　署云贵总督云南巡抚裴宗锡《奏报遵例据情代奏，
恭恳圣恩俯准貤封折》

乾隆四十三年闰六月二十日

署云贵总督云南巡抚臣裴宗锡谨奏：为遵例据情代奏，恭恳圣恩俯准貤封事。

据云南普洱镇总兵张和呈："据左营游击王万春呈称，乾隆四十二年五月初二日，钦奉恩诏，内外臣工俱准给与封典。该员按照现任品级，例得请封二代，愿将本身、妻室应得封典貤封曾祖父母，恳请据情代奏。"等情。

臣查定例，武职副将以下，情愿貤封者，详报督抚核明汇奏。兹该员呈请貤封，与例相符。除将亲供履历册结咨送兵部外，理合恭折具奏，伏乞皇上睿鉴。谨奏。

朱批： 有旨谕部。

（《宫中档乾隆朝奏折》第四十三辑，第867页）

2152　云南巡抚裴宗锡《奏报遵旨严饬驿站事宜，实心妥办折》

乾隆四十三年七月初六日

云南巡抚臣裴宗锡谨奏：为遵旨严饬驿站事宜，实心妥办，恭折奏覆事。

窃臣承准大学士公阿桂、大学士于敏中字寄："乾隆四十三年六月初七日，奉上谕：据周元理奏，正定县伏城驿站接收湖南递到本箱，转交马夫李兴递送，马夫辄将本箱置放号门，进内备马，致被贼窃去，旋于北关外寻获，箱锁扭断，封袋破损，查对传牌，失去公文十一角。除飞提驿书、马夫人等严审究拟，并缉拿窃贼外，请将正定县代拆、代行之典史曹士凤革职，因公外出之正定县知县赵廷寀交部议处等语。已批交该部知道矣。本章关系紧要，沿途驿站自应加意护送，何得置之门外，致被偷窃？怠玩已极。着传谕周元理，即将驿书、马夫人等严讯有无别情，并饬上紧缉获贼犯，重加究治，以示惩儆。致邮递本箱，理宜慎重，似此漫不经心，设遇箱内贮有参官本章，而所劾之员闻知信息，密遣人中途窃去，以冀耽延消弭，尚复成何事体？虽箱内本章未曾遗失，但今岁河南省已有本箱被窃之事。半年之内，犯案叠出，可见外省吏治废弛，于递送本箱要事视同泛常，不可不实力整饬。着传谕各省督抚，严饬所属，于驿站事宜务须实心妥办，无致疏虞。如再玩忽从事，一经发觉，除将该员弁斥革究治外，并将该督抚及该管上司从重议处。将此遇各督抚奏事之便谕令知之。钦此。"臣祗诵之下，仰见我皇上慎重邮传，随时整饬之至意。

除即恭录一分知会督臣李侍尧一体钦遵外，伏查递送本箱，为驿站中至要之事，必当加意经理，难容怠玩。滇省地居边末，沿途设驿之处，虽无各省本箱接递过站，而本省督、抚、提、镇邮递本章时所常有，法久玩生，不可不预防其弊。兹钦奉圣训，臣谨遵，严饬所属，于驿站事宜务须实心妥办，无致疏虞，如或玩忽从事，一经发觉，定将该员斥革究治，并将该管上司从重参处，断不敢稍存漫视，自干咎戾。

所有遵旨严饬缘由，相应会同大学士伯管云贵总督臣李侍尧恭折覆奏，伏乞皇上睿鉴。谨奏。

朱批：知道了。

（《宫中档乾隆朝奏折》第四十四辑，第 152~153 页）

2153　云南巡抚裴宗锡《奏报滇省雨水情形折》
乾隆四十三年七月初六日

云南巡抚臣裴宗锡谨奏：为奏闻事。

窃照滇省地方六月以前雨水调匀、雨禾畅茂缘由，臣于兼署督篆任内，节经汇同黔省情形陈奏在案。今岁六月遇闰，正值夏秋之交，尤赖雨旸应候，始于大田有益。

兹据滇省各府厅州属禀报，闰六月间，每旬得雨三四次及五六次不等，夏雨秋霖，频沾叠沛，高下原隰潴蓄充盈。现在早稻扬花，晚禾吐穗，山种杂粮亦皆长发繁盛，得此雨润日暄，可卜秋成丰稔。市米时价，虽随地增减不齐，核计尚属中平，通省民情极为宁谧。臣谨恭折奏闻，并将闰六月分粮价另缮清单，敬呈皇上睿览。谨奏。

朱批：知道了。

（《宫中档乾隆朝奏折》第四十四辑，第 153 页）

2154　云南巡抚裴宗锡《奏报交送督篆缘由折》
乾隆四十三年七月初六日

云南巡抚臣裴宗锡谨奏：为交送督篆，恭折奏闻事。

窃照大学士伯管云贵总督臣李侍尧赴京陛见，交臣兼署督篆，当将接印任事日期奏蒙圣鉴。兹督臣李侍尧自京回任，于七月朔日可抵贵州省城。黔中本为辖属，且须暂留审案，理宜送印前往。臣随于闰六月二十五日，将总督关防敬谨封固，委云南府知府永慧、督标中军副将吉隆阿赍捧，起程迎交督臣李侍尧接收视事。所有臣交送督篆缘由，相应恭折奏闻，伏乞皇上睿鉴。谨奏。

朱批：览。

（《宫中档乾隆朝奏折》第四十四辑，第 154 页）

2155　云南巡抚裴宗锡《奏报查明乾隆四十二年分滇省盐课银两完欠实数折》
乾隆四十三年七月十六日

云南巡抚臣裴宗锡谨奏：为查明盐课银两完欠实数，循例奏闻事。

窃照各省每年完欠钱粮，例应随奏销时分晰查明，核实具奏。

今值云南省奏销乾隆四十二年分盐课银两之期，行据布政使孙士毅会同驿盐道许祖京详称："各属应征乾隆四十二年盐课、薪本、盈余等项银四十二万六千二百一十三两零，内已完银三十二万一千一百八十一两零，未完银一十万五千三十二两零。又四十一年分未完参欠盐课、薪本、薪食盈余银二十二万二千二百八两零内，已完银一十一万七千一百五十七两零，仍未完银一十万五千五十两零。"造具完欠细数清册，详送具奏前来。臣逐一覆核无异，除恭疏题报并将各册咨送部科查核，其未完银两饬令上紧催征外，臣谨恭折奏闻，伏乞皇上睿鉴。谨奏。

朱批：该部知道。

（《宫中档乾隆朝奏折》第四十四辑，第 260 页）

2156　云南巡抚裴宗锡《奏报广西委员办运滇铜扫帮出境日期折》
乾隆四十三年七月十六日

云南巡抚臣裴宗锡谨奏：为广西委员办运滇铜扫帮出境日期，循例奏闻事。

窃照各省委员赴滇采办铜斤，往来俱有定限。钦奉上谕："嗣后到滇办运开行，即着该抚具奏，如有无故停留贻误者，即行指名参究。"等因。钦遵在案。

兹据云南布政使孙士毅详称："广西委员灵川县知县张习采买白羊、红坡、金钗等厂高低共铜三十八万七千斤五两零，以该委员于乾隆四十二年十一月二十七日，在大理府下关店领足白羊厂铜斤之日起限，除小建五日，连闰扣至四十三年七月初十日限满。今于本年闰六月初二日，全数运抵宝宁县属剥隘地方扫帮出境，并未逾违。"等情。详请核奏前来。臣覆查无异，除飞咨广西抚臣，转饬接替催儹赶运，依限交收，并咨明户部外，所有广西委员张习办运滇铜扫帮出境日期，理合恭折具奏，伏乞皇上睿鉴。谨奏。

朱批：览。

（《宫中档乾隆朝奏折》第四十四辑，第261页）

2157　云南巡抚裴宗锡《奏报丁酉年二运第一起京铜全数日期折》
乾隆四十三年七月十六日

云南巡抚臣裴宗锡谨奏：为恭报京铜开帮日期，仰祈圣鉴事。

窃照滇省办运京局铜斤，自四川泸州开帮日期，例应奏报。

兹据云南布政使孙士毅详称："丁酉年二运第一起委员蓝彬文，领运正耗余铜七十三万六千三百斤，又带解截留丁亥年两加运铜七万八千四百一十五斤零，于乾隆四十三年六月二十九日，在泸州全数兑足开帮。"等情前来。臣覆查无异，除飞咨沿途各省督抚催儹前进，依限赴京交收，并咨明户、工二部外，所有丁酉年二运第一起京铜全数开帮日期，理合恭折奏报。

再丁酉年二运两起京铜，应于本年二三月开行，今二运一起迟至六月二十九日始行扫帮，皆因头运二起甫于六月初九日开帮，遂致递相积压。其迟延之处，前于具报头运二起开帮时，业将厂运各员查取职名，另折参处在案。合并陈明，伏乞皇上睿鉴。谨奏。

朱批：览。

（《宫中档乾隆朝奏折》第四十四辑，第262页）

2158　云南巡抚裴宗锡《奏报核明银厂抽课实数，请照例分别议叙折》
乾隆四十三年七月十六日

云南巡抚臣裴宗锡谨奏：为核明银厂抽课实数，应请照例分别议叙，以示鼓励事。

窃照滇省昭通府属乐马银厂新开碏硐及丽江府属新开回龙银厂，臣于上年请将乾隆四十一年承办厂员分别议叙案内，经户部议定，抽课八千两以上者，予以记录一次；一万五千两以上者，记录二次；如所收年有增加，则议叙亦自此递增等因，奉旨遵行在案。

兹据布政使孙士毅详称："据委管乐马新硐之前任厂员朱锦昌申报，自乾隆四十二年正月初一日起，至六月二十三日离任止，抽收课银八千三百六十三两零。现任厂员素尔方阿申报，自该年六月二十四日起，至十二月底止，抽收课银八千五百一十二两零。又据委办回龙新厂之前任厂员庄肇奎申报，自乾隆四十二年正月初一日起，至五月二十三日离任止，抽收课银三千三百八十三两零。现任厂员吴大勋申报，自该年五月二十四日起，至十二月底止，抽收课银五千五十七两零。各具文批起解到司，除照数兑收贮库，汇册奏销外，伏查乾隆四十二年分承办回龙厂员、前署丽江府事现任广南府知府庄肇奎，现署丽江府知府吴大勋，该二员任内抽收课银，皆不及议叙之数，应毋庸议。其乐马新硐抽收课银一万六千八百七十五两零，虽系两任经收，但所抽银数俱在八千两以上，核与议叙之例相符。所有承办乐马新硐厂员、前署鲁甸通判现升云州知州朱锦昌，现任鲁甸通判素尔方阿，均应请照例议叙，以示鼓励。"等情。详请核奏前来。臣覆加查核无异，理合恭折奏闻，伏乞皇上睿鉴，敕部议覆施行。谨奏。

朱批： 该部议奏。

（《宫中档乾隆朝奏折》第四十四辑，第 262～263 页）

2159　大学士仍管云贵总督昭信伯李侍尧 《奏报陛辞回滇沿途情形折》

乾隆四十三年八月初一日

大学士仍管云贵总督昭信伯臣李侍尧跪奏：为奏闻事。

窃臣于六月十六日陛辞出京，于七月初一日回抵贵州省会，遵旨暂留查审怀仁县民人杨玟控案，准云南抚臣裴宗锡委员赍送云贵总督关防赴黔，于七月初四日，接受视事。嗣于十八日查审事竣，缮折由驿奏覆，臣即于十九日自黔起程，兹于七月二十八日，已回云南本任。

沿途经过各省，直隶地方早得透雨，大田茂盛，可卜丰收。河南一带亦已普沛甘霖，补种秋田甚为长发，灾黎抚恤得所，感沐皇恩，民情俱极宁贴。惟两湖微觉缺雨，早禾、高阜之处间被旱伤。而闰月下旬，取道辰沅，各府亦已得有雨泽，现已赶插晚禾。入贵州之青溪、玉屏等县，据称，六月中下两旬亦颇望雨，自闰六月以后，通省各属先后均报得雨深透，早稻结穗，晚禾栽插齐全。云南一省，夏秋雨水调匀，早稻扬花，晚禾吐穗，杂粮茂盛，民气恬熙。臣亲历曲靖、云南二府属，郊原遍野青葱，丰盈有象，农民欢悦，均称滇省连年丰稔，今岁更属有秋。现在省城粮价，中米每仓石价银一两九钱零，各属长落虽间有不同，俱属中价，边境亦极宁谧。理合一并具奏，伏祈皇上睿鉴。谨奏。

朱批：知道了。

（《宫中档乾隆朝奏折》第四十四辑，第 417 页）

2160　大学士仍管云贵总督昭信伯李侍尧《遵旨饬拿烧毙二命案内脱逃为从之凶犯，先行奏复折》
乾隆四十三年八月初一日

大学士仍管云贵总督昭信伯臣李侍尧跪奏：为遵旨饬拿烧毙二命案内脱逃为从之凶犯，先行恭折奏覆事。

窃照云南抚臣裴宗锡审拟师宗县属邱北地方客民陈老三商同逸犯李光阳等活烧李布明、李布亚致毙一案，经三法司核覆具题。适臣陛见在京，面奉谕旨："此等凶恶匪徒，自应迅速查拿，尽法惩治。"着臣回任后，严督属员上紧捕获，无使一名漏网。

兹臣回任，遵即严饬云南按察司督率该地方官，将本案脱逃未获、问拟斩决、绞候、军流各犯悬立赏格，照缉凶例勒限严拿，并令一面查开年貌、籍贯，详请通缉，分咨邻近之贵州、川陕各省一体查拿，务期全数弋获。倘敢视为未获余犯仍如海捕具文，限满无获，定即严参，以示惩儆。臣仍会同抚臣裴宗锡留心督饬，不使稍有懈纵，以仰副我皇上缉匪安良之至意。所有遵旨办理缘由，合先恭折奏覆，伏乞皇上睿鉴。谨奏。

朱批：览。今就获否？

（《宫中档乾隆朝奏折》第四十四辑，第 418 页）

2161　大学士仍管云贵总督昭信伯李侍尧《覆奏遵旨察看临元镇总兵尚能胜任，毋庸更调缘由折》
乾隆四十三年八月初一日

大学士仍管云贵总督昭信伯臣李侍尧跪奏：为遵旨察看总兵人地尚属相宜，恭折覆奏事。

乾隆四十三年四月初五日，接准大学士公阿桂字寄："本年三月十八日，奉上谕：昨据李侍尧奏，临元镇总兵吴万年坠马受伤，难望痊愈，请解任回籍等语。现已降旨令吴万年回籍调理，其所遗员缺，着陈大用补授矣。临元镇虽非边防要缺，但界接交趾，与寻常内地不同。着传谕李侍尧，俟该镇到任后，留心察看，是否尚能胜任？如或员缺不甚相宜，即于内地总兵内酌量奏明调补。可将此传谕知之，钦此。"遵旨，寄信到臣。仰见我皇上权衡人地，慎重戎行之至意。

缘臣进京陛见之前，陈大用尚未到任，未经覆奏。兹臣自京回滇，该镇陈大用来至省城，连日接见，询以地方、营务事宜，应对俱有条理，人亦安详，并无绿营陋习。据该镇现在才具而论，实系少年老成，堪资整顿营伍之员。临元一镇虽系边缺，而事务不繁，陈大用堪以胜任。臣仍不时留心察看，如果人地不甚相宜，再行据实随时奏调，断不敢因此时具奏堪任临元，稍涉回护。

所有察看陈大用尚能胜任，毋庸更调缘由，理合恭折覆奏，伏乞皇上圣鉴。谨奏。

朱批：知道了。

（《宫中档乾隆朝奏折》第四十四辑，第419页）

2162 大学士仍管云贵总督昭信伯李侍尧《奏报留缉限满匪犯无获文武员弁，请旨交部治罪折》

乾隆四十三年八月初一日

大学士仍管云贵总督昭信伯臣李侍尧跪奏：为留缉限满匪犯无获，请旨交部治罪事。

窃照乾隆四十二年三月十七日，宁洱县属普藤地方贼匪聚众焚劫，杀死代办宣慰土司刀应达家亲属、客民多命一案，经臣专折参奏，请旨将署宁洱县知县冯世机、署普洱镇中军游击王振元革职，留于该地协缉，予限一年，如能全获案犯，或拿获首犯，或获犯过半，另行分别办理，倘限满无获，交部治罪。奉到朱批："着照所议行，该部知道。钦此。"嗣据该参员等协同地方文武拿获伙犯阿别一名，提省讯明，首伙二十四人，实系叭蛮贵起意，纠约仇杀土弁。当经定拟具奏，先将阿别正法在案。

兹届一年限满，据云南按察司汪圻会同布政司孙士毅详称："本案应以乾隆四十二年六月二十八日，该员等奉参离任之日起，扣至本年六月二十八日，一年限内仅获伙犯阿别一名，此外尚无弋获。"详请核办前来。臣覆查无异，理合专折请旨，将参革原署宁洱县知县冯世机、原署普洱镇标中军游击王振元交部治罪。臣谨会同云南巡抚臣裴宗锡、云南提督臣海禄恭折具奏，伏乞皇上睿鉴，敕部核覆施行。谨奏。

朱批：该部议奏。

（《宫中档乾隆朝奏折》第四十四辑，第420页）

2163　大学士仍管云贵总督昭信伯李侍尧《奏报遵旨仍照上年奏定章程，于潞江、缅宁等处严查违禁货物折》

乾隆四十三年八月初一日

大学士仍管云贵总督昭信伯臣李侍尧跪奏：为钦奉谕旨，恭折奏覆事。

窃臣于乾隆四十三年七月初八日，在贵州省城，接准大学士公阿桂、大学士于敏中字寄："乾隆四十三年闰六月二十五日，奉上谕：军机大臣会同户部议驳裴宗锡奏请由永昌府给发印照，商货准过潞江之处，毋庸议一折，所驳是，已依议行矣。滇省腾越以外，在在与缅地毗连，防范难于周密，从前虽有查禁商贩偷越之条，率皆具文塞责，沿边奸民罔知惩儆，私越贩卖之弊实所不免。自上年议定于潞江、缅宁二处专派员弁严行稽察，毋许江楚游民擅行出口，并将缅夷所需之黄丝等货严禁外出，尚得扼要之法。今甫及一载，地方官即以商贩裹足不前为言，即此可见近日文武员弁切实稽查之明效，岂可转因此而弛其禁防？况腾越地止一隅，十余年来，商税悉皆缺额，并未闻边民绌于生计，又何必为此鳃鳃过虑乎？裴宗锡平日办事未免近于好名。然此等见识，于内地行之，意在为民，尚无不可，若边关要隘，自当权事理轻重，期于禁防有益，岂宜率就一偏之见，计其小而忽其大？若所奏验照放行，不过有名无实，而流弊无穷，则年余之边禁不几虚掷乎？着传谕李侍尧，仍照上年奏定章程，于潞江、缅宁等处，将一切违禁货物概行严禁，毋许稍有透漏，并严饬地方文武员弁实力奉行，勿致久而生懈。将此由四百里传谕李侍尧，并令裴宗锡知之。钦此。"遵旨寄信到臣。跪读之下，仰见我皇上睿照无遗，于边隘扼要情形洞如观火。

伏思缅酋狡诈靡常，无可制其死命，惟有绝其贸易，使彼生计困穷，或可渐知窘惧，最为控制该匪紧要关键。是以上年，臣与大学士公阿桂酌商善后，奏请于潞江、缅宁等处添设员弁，严行查禁。若因商贩裹足不便，边民一切绸缎、针纸等物仍准发往腾越、龙陵一带地方，窃恐稽察偶疏，仍启将来偷越之渐。诚如圣谕，裴宗锡（**夹批：此人操守材具有何说！但好名市惠之习终不改乎？**）所见未免率就一偏，因小忽大。臣惟有凛遵明训，查照上年奏定章程，严饬地方文武，于潞江、缅宁等处慎密盘查，毋许稍有透漏。臣仍留心察访，倘有奉行不力，疏纵出口，立即严参治罪，以示惩儆。断不敢久而生懈，以仰副我皇上慎重边防之至意。

除移行文武一体钦遵查照外，所有接奉谕旨缘由，理合恭折奏覆，伏乞皇上睿鉴。谨奏。

朱批：好。知道了。

（《宫中档乾隆朝奏折》第四十四辑，第421～422页）

2164 大学士伯管云贵总督李侍尧、云南巡抚裴宗锡
《奏报委署知府缘由折》
乾隆四十三年八月十九日

大学士伯管云贵总督臣李侍尧、云南巡抚臣裴宗锡谨奏：为委署知府，循例奏闻事。

窃照云南曲靖府知府宋昱钦奉谕旨升授贵州贵东道，现已接准部文。其新补之知府李化自黔到任尚需时日，应即遴员委署，俾宋昱早得交卸，前赴新任。惟是曲靖府员缺，地当冲要，辖属较多，兼有督催京铜之责，必须老成干练之员，方克治理裕如。查有壤接曲靖府之云南府知府永慧，办事干练，堪以暂委，就近兼署。除饬委外，臣等谨循例会折奏闻，伏乞皇上睿鉴。谨奏。

朱批：该部知道。

（《宫中档乾隆朝奏折》第四十四辑，第 566～567 页）

2165 大学士伯管云贵总督李侍尧、云南巡抚裴宗锡《奏请
以路南州知州叶士钰升署广西直隶州知州，遗缺以委
用府属知州严秉璩升署折》
乾隆四十三年八月十九日

大学士伯管云贵总督臣李侍尧、云南巡抚臣裴宗锡谨奏：为直隶州要缺需员，恭恳圣恩俯准升署，以裨地方事。

窃照云南广西直隶州知州黄世枢闻讣丁本生父忧，所遗冲、繁、难兼三要缺，例应在外拣调，必得才堪肆应之员方克胜任。臣等公同两司商酌，滇省直隶州共止四缺，除本缺外，其余三缺同属紧要，无可调补。选之通省州县中，亦无合例堪以升补者。惟查有澄江府属路南州知州叶士钰，年五十六岁，安徽贡生，捐纳知州，初任广西宾州，调繁归顺州，丁忧服满，补授今职，乾隆三十九年二月到任。该员笃实明妥，办事安详，以之升署广西直隶州知州，实属人地相宜。但现任历俸未满五年，与例稍有未符。臣等谨循人地相需之例，专折奏请。合无仰恳皇上天恩，俯念员缺紧要，准以叶士钰升署广西直隶州知州。照例接扣俸满，另请实授。庶要缺得人，而于地方有裨。

其所遗路南州升任员缺，例得以试用人员请署。查有委用府属知州严秉璩，年五十一岁，江西吏员，捐纳从九品，历任江苏巡检，捐升理问，选授江宁布政司理问，升署邳州知州，丁忧服满，补送引见，奉旨发往四川以知州用，旋因川省人多缺少，改发来滇。该员心地明白，办事勤妥，先经题署晋宁州丁忧遗缺，部驳不准。今请署理路南州

知州，与例相符。仍俟试看一年期满，果能称职，再请实授。

如蒙俞允，叶士钰系小衔升署大缺，应俟部覆至日，给咨送部引见。严秉璲衔缺相当，毋庸送部。臣等谨合词具奏，并将叶士钰任内参罚另缮清单恭呈御览，伏乞皇上睿鉴，敕部议覆施行。谨奏。

朱批：该部议奏。

（《宫中档乾隆朝奏折》第四十四辑，第 567～568 页）

2166　云南巡抚裴宗锡《奏报本年滇省秋成分数折》
乾隆四十三年八月十九日

云南巡抚臣裴宗锡谨奏：为恭报秋成分数，仰祈圣鉴事。

窃照云南通省禾稻、杂粮现届次第登场，行据藩司孙士毅将各属所报收成分数开单汇送前来。臣逐一确核，镇沅等二十八厅州县、县丞，高下俱收成十分；蒙化等二十一厅州县、州判，低处收成十分，高阜收成九分；龙陵等十七厅州县，高下俱收成九分；寻甸等十州县，低处收成九分，高阜收成八分；宣威等九州县，高下俱收成八分。合计通省收成，实获九分有余。至沿边各土司地方所种禾稻、杂粮，据报收成亦有九分、八分不等，远近均称丰稔。除一面饬司造册详报，照例另疏具题外，合先开列清单恭折奏闻，伏乞皇上睿鉴。谨奏。

朱批：知道了。

（《宫中档乾隆朝奏折》第四十四辑，第 573 页）

2167　云南巡抚裴宗锡《奏报改遣军犯在配脱逃折》
乾隆四十三年八月十九日

云南巡抚臣裴宗锡谨奏：为改遣军犯脱逃，遵例奏闻事。

案照新疆改发内地人犯在配脱逃，例应查明各乡贯及经过省分，迅速咨缉，一面奏闻。兹据云南按察使汪圻详据署通海县知县周枚详报："该县安置改遣军犯马三福，系甘肃固原州回民，因伙窃刘应举家衣物案内，审依回民行窃、结伙三人以上例，改发云南极边烟瘴充军，面刺'回贼'及'改遣'字样。乾隆四十三年五月初二日到配，于本年七月十一日，乘间脱逃。又同配另案军犯韩文耀，亦于是日脱逃。"等情。由司开造年貌、事由清册，详请通缉前来。

除飞咨逃遣马三福经过省分及原籍邻封一体查缉，并饬滇省各属严速协拿。其同日脱逃军犯韩文耀籍隶四川绵竹县，因与缌麻侄媳通奸，问发附近充军之犯，现在一并分咨缉拿务俱弋获办理，如逾限不获，即将疏脱职名分别查参外，臣谨遵例具折奏闻，伏乞皇上睿鉴。谨奏。

朱批：*知道了。*

（《宫中档乾隆朝奏折》第四十四辑，第 573~574 页）

2168 云南巡抚裴宗锡《奏报滇省雨水粮价情形折》
乾隆四十三年八月十九日

云南巡抚臣裴宗锡谨奏：为奏闻事。

窃照滇省地方闰六月以前雨水、田禾情形，经臣节次具奏在案。

兹据各属禀报，七月初旬至八月中旬以来，晴雨调匀，禾稻、杂粮均已结实成熟，次第登场。就通省秋收而计，共得九分有余，洵称丰稔。现在开列清单，另折奏报。至米粮时价，虽随地长落不齐，而新谷丰登，源源入市，可期渐臻平减。民夷悦豫，四境敉宁。臣谨恭折奏闻，并将七月分粮价另缮清单敬呈皇上睿览。谨奏。

朱批：*欣慰览之。*

（《宫中档乾隆朝奏折》第四十四辑，第 574 页）

2169 大学士仍管云贵总督昭信伯李侍尧、云南巡抚裴宗锡《奏报遵旨查缴违碍书籍情形折》
乾隆四十三年八月二十一日

大学士仍管云贵总督昭信伯臣李侍尧、云南巡抚臣裴宗锡跪奏：为遵旨覆奏事。

本年八月十七日，接准大学士公阿桂、大学士于敏中字寄："奉上谕：屡经降旨各省督抚查缴违碍书籍，送京销毁。虽纷纷呈缴，但恐尚有存留，而僻壤穷乡未必能家喻户晓。此时续行缴出，仍可遵前旨，不加究治。若匿不呈出，复经发觉，即难以轻谊，不可不将此意明白谕示。着再传谕各省督抚实力查办，并须通饬所属，派委妥人细访详查，毋使吏胥借端需扰等因。钦此。"又同日奉上谕："据巴延三奏，查获《六柳堂集》二本，系明人袁继咸所著，语多悖逆等语。袁继咸籍隶江西，着传谕郝硕，务将其书籍板片查出，解京销毁。其余各省自必有流传之本，令各省督抚一体确查，均毋以具文塞责等因。钦此。"仰见我皇上于屏绝顽谗之内，示矜全愚昧之心。

伏查历次钦奉谕旨严查一切违碍书籍，并江西逆犯王锡侯《字贯》等书，臣等节经饬令各属通行晓谕，并立限严查，如有未尽，参劾治罪。嗣据陆续申送，臣等率同司道详细检阅，计本年春夏二季，共获书三百余种，一千五百余部，业经四次奏明，解京在案。七、八两月，约又获书数十种，现在查核，分别已禁、未禁，委员起解。臣等因各属奉文已及半载，如果实心查办，自应查缴无遗。正在严催，取具"日后查出，愿甘治罪"印结申报。兹蒙皇上训谕，恐僻壤穷乡未能尽晓，复令明白宣示，若此时续行缴出，仍可不加究治。臣等敢不仰体圣慈，重申劝导，将奉到谕旨敬谨缮刻，颁行各属，使乡曲愚氓晓然，于禁令之易从，并责成该管道府严密查访，毋许吏胥借端滋扰，再假数月之限，务期剔厘净尽。至袁继咸《六柳堂集》，现今缴送书内未见此种。现饬一并确查，即不全简快，亦不敢任其疏漏。

再节次呈送书内，惟逆犯吕留良《四书讲义语录》最多。缘滇省远在边隅，士子见闻浅陋，群以吕留良讲解为训诂秘本。臣等严切晓示，咸知逆犯著述不许只字存留，纷纷缴出。第念士子株守是书，传习已久，一旦尽行缴官，茫然不知所从，无以为应试之具。其他先儒诸书，滇省书贾罕至，艰于购觅，未免向隅。查有从前庶吉士孙见龙，掌五华书院时所辑《四书大全》，决择颇当。惟板片多有残缺，已饬重订补刊，于每属地方捐给数部，并谕令士子，如有愿得是书者，照刷印纸工，由各该地方官向省城请发，庶使边地生童有所信从。合并声明。所有臣等奉到谕旨，切实办理缘由，理合恭折覆奏，伏乞皇上睿鉴训示。谨奏。

朱批：览。

（《宫中档乾隆朝奏折》第四十四辑，第 584~586 页）

2170　大学士仍管云贵总督昭信伯李侍尧 《奏报填注司道、总兵考语清单折》

乾隆四十三年八月二十一日

大学士仍管云贵总督昭信伯臣李侍尧跪奏：为恭折密陈圣鉴事。

窃照属员贤否，督抚到任后，即应遵旨留心考察，恭折奏闻。

臣调任云贵总督，上年三月到滇，即赴腾越地方办理边务，直至六月初间回任。适滇省道府多有事故悬缺及更调未久者，而黔省属员仅于过路时接见一面，虽就平时办理案件留心体察，其才情、心地究未深知，是以未敢循例具奏。兹臣陛见回任，因查审仁怀县民人控案，留黔半月有余，日与司道议论公事，才具已见一斑。滇省各员久者已阅年余，新者亦经数月，谨就臣所见，将两省现任司道、总兵分晰，填注考语，另缮清单恭呈御览。

至知府中出色之员，相应一并附列，余皆循分供职，如有改弦易辙、违犯功令者，臣仍随时参劾，不敢姑容。合并声明，伏乞皇上睿鉴。谨奏。

朱批：折留览。

（《宫中档乾隆朝奏折》第四十四辑，第586页）

2171　大学士仍管云贵总督昭信伯李侍尧《奏报特参纵漏走私、昏庸讳匿之署缅宁通判陈兆昌折》

乾隆四十三年八月二十一日

大学士仍管云贵总督昭信伯臣李侍尧跪奏：为特参纵漏走私、昏庸讳匿之署通判，以肃功令事。

窃照顺宁府属之缅宁地方，逼近土司，直通缅地，向来商民贸易，每将内地货物偷漏出关，是以上年，经臣会同大学士公阿桂于设口稽查案内，于缅宁以内之箐笆桥与潞江二处，派委员弁稽查，遇有奸民、客货，不准前往，押回治罪。讵上年九月内，有江西客民刘珍汉、李光卿、宋德章三人，携带针布杂货八驼，欲赴孟连土司地方之募乃厂发卖，经由缅宁，为署通判陈兆昌差役盘获。该通判并不遵照新定章程详明解省审办，辄自取具客长罗廷哲、客民胡昌言，王腾霄、彭廓安、黄星来五人保结，准将货物留在缅宁发卖。迨至十月初间，刘珍汉等因延搁日久，货物难销，告之保人罗廷哲，先将货物运藏，私雇驼脚，结伴同逃。罗廷哲不敢报官，该署通判亦漫无觉察。直至十二月内，奉文编查住居近边江楚客民，据禀，查有江省民人彭赞朝等五名，楚省民人周文陇等二名，俱无恒业，可否编管约束，抑或解回原籍等情。臣当即批司，会同军需局提省查审。嗣于本年三月解犯到省，讯明彭赞朝等七人虽无为匪情事，但以并无恒产游荡之徒，未便容留边境，别滋事端，详请递回原籍。内有江西民人刘应添一名，供出有亲宋德章，上年置货欲往募乃厂售卖，被获截留，及后来携货私逃，并闻宋德章中途失散，找寻不获等语。随将刘应添留滇候质，行令该通判查拿刘珍汉、李光卿并保人罗廷哲等，解省审办。去后，始据饬差押同保人，缉获刘珍汉、李光卿同保人罗廷哲、胡昌言，押解前来，讯悉前情。

至同保之王腾霄、彭廓安、黄星来三名，覆称实系老病龙钟，请免解质。现又严檄行提。其宋德章一名，据供实系中途迷失道路，不知下落，生死未定。所有该犯名下货物，已点交伊叔宋有成、表弟罗天碧收卖，于本年二月间携银回籍。但究系一面之词，尚难凭信，应移咨江西抚臣确查办理。除将刘珍汉、李光卿照酌定边境事宜条例，私贩三人以下者，佥妻流徙，问拟杖流，照追银货入官。保人罗廷哲、胡昌言、王腾霄、彭廓安、黄星来，知情故纵，即与犯人同科定案，录供咨部外，臣查缅酋反覆靡常，惟有严禁关隘，绝其贸易，或可杜其狡诈伎俩。募乃厂虽系内地土司，离缅宁十有余站，已在关外，与佧佤之莽冷厂地界相连，素有獂来往，货物至彼，辗转售贩，势必偷漏缅地。署通判试用布政司理问陈兆昌，明知例禁，盘获奸民应即详明解省，乃竟敢取具客长人等保结，即准留于该地货卖，以致该犯等携货潜逃，若非省局讯出刘应添供情，则竟被颟顸蒙蔽。迨奉行提质讯，又称王腾霄等老病龙钟，请免解质，是其立意消弭，情同故纵，昏庸玩愒，莫此为尤。自应从重示惩，俾守口员弁稍知儆惕。相应请旨将陈兆昌革职，发往新疆充当苦差，以示惩创。除委员接署，勒令离任看守，查明该管仓谷有无未清另报外，臣谨会同云南巡抚臣裴宗锡合词专折参奏。至篾笆桥专设员弁并不认真查察，任由偷漏前至缅宁，现在查开职名，咨部严加议处。

再本年七月内盘获嵩明州民人王启奉携带丝斤偷越潞江，亦已审明拟流，另案咨部。合并陈明，伏乞皇上睿鉴。谨奏。

朱批：有旨谕部。

（《宫中档乾隆朝奏折》第四十四辑，第 587～588 页）

2172 大学士仍管云贵总督昭信伯李侍尧《奏报奉旨酌筹铜务事宜，先行奏复折》

乾隆四十三年八月二十一日

大学士仍管云贵总督昭信伯臣李侍尧跪奏：为钦奉谕旨酌筹铜务事宜，先行恭折奏覆事。

窃臣于乾隆四十三年八月初八日，接准大学士于敏中字寄："乾隆四十三年七月二十二日，奉上谕：滇省办运铜斤事关鼓铸，不可不从长筹划。上年经李侍尧等会议，奏请酌减炉座各条，经该部议覆准行。今年李侍尧陛见在京，曾将铜厂每年所获不敷应用情形奏及，亦无善策。近裴宗锡又因额短运迟，急筹调剂，具折陈奏，已交部核议，然亦不过补偏救弊之计，未必果有益也。在滇省产铜岁逾千万斤，本不为少。第因生齿日繁，需钱日众，自京局以致各省逐渐加炉加卯，致铜额日渐增多，每岁所需几倍于昔，相沿既久，自难轻议改弦。该省现在广开子厂，另觅新礦，如果铜苗旺盛，采获渐丰，可供各省之用，固属美事。万一仍不充裕，自难为无米之炊。与其贻误于将来，莫若豫筹于先事。因思减炉减卯，自属撙节铜斤之一法。但京局及诸大省市阛殷庶，钱文宜广流通，倘或议及减炉，恐钱价加昂，有碍民用，自不便轻事更张。若边远省分量为减省，尚不至有病民之处。即如滇省，因钱多价贱，每银一两可易制钱一千一百余文，搭放饷钱，兵丁颇以为苦。或竟从滇省先行减炉，次及贵州、广西诸小省，期于每岁铜斤供用无缺，得免采办竭蹶。是则通盘筹计，实该省之急务也。若因滇省铸钱余息抵补从前厂欠，不肯议减，是又不然。余息抵欠，本非正办，且不值以公中之有余，抵积欠之不足，虽新旧厂欠为数较多，亦当核实清厘，分别办理。如原领之厂户尚存，及厂户虽无而原经手支放之员尚在者，自当勒限追缴。若原领之厂户逃亡无着，自不应累及现在之厂户代赔，且厂户那新补旧，仍归欠缺，即原支放之员产绝人亡，亦不应累及后任之员代补，甚至令各属摊赔，坐扣养廉，转致借口婪索，更于吏治有关。着李侍尧详悉确查旧欠有着者若干，即行勒限追缴；其无着者若干，据实奏闻，朕不难加恩宽免。第当令此后年清年款，勿再使逋欠误公，方为正本清源之道。李侍尧素能办事，而又非沽名市惠之人，此事可担当办得。着将减炉、厂欠二节悉心筹画，据实覆奏，候朕酌量定夺。勿稍涉游移，致日后棘手难措。李侍尧自能善体朕意也。将此由四百里传谕知之，仍即由驿覆奏。钦此。"遵旨寄信到臣。跪读之下，仰见我皇上睿虑周详，正本清源之至意。臣敢不悉心筹画，核实清厘，以期鼓铸有资，年清年款！

伏查滇省铜务章程屡定，筹办非不周详，而时赢时绌，总无善后之方。现计各厂产铜共一千数十万斤，扣去一分通商，实止九百数十万斤，于京局及滇省鼓铸可资应用，而于各省采买铜斤缺数甚多，除广开子厂、另觅新礄，自属别无良法。然随时调剂，难必厂旺铜丰。诚如圣谕，不过救弊补偏，未必果能有益。此时计，惟有暂减炉座，尚可撙节铜斤。但京局以及诸大省市廛繁庶，必需钱货流通，遽议减炉，诚恐市侩居奇，有妨民用。自应遵旨，先从滇省及贵州、广西诸小省量为酌减，每年约可省出厂铜一百一二十万斤。不敢因铸息弥补从前积欠有所瞻顾，转致窒碍难行。若此后铜苗旺盛，采获渐丰，供办有余，仍可奏明复额。至从前滇省奏报产铜丰旺之年，于京外各项需用铜斤如额应付，似已足一千二三百万之数。其实外省采买一项，虽岁需三百四十余万斤，内如福建、江西等省，历查旧案，有三二年一次、年半一次赴滇采买者，就数年中牵算，滇省备铜二百万斤，足抵各省三百四十余万斤之用。是向来滇省产铜极旺、需用无缺之年，名为一千二三百万，实在亦并无此数也。今就厂铜及减炉省出铜斤一并合计，每年共可供各省采买铜一百六七十万斤，缺数无多。现在寻苗试采，若新开子厂出产丰盈，于各项应用铜斤或可无缺。容臣将减炉细数核办齐全，分晰开造，恭请圣训。

再厂上放出工本不能无欠，虽系实在情形，第以穷乏厂民积欠至盈千累万之多，其中有无弊窦，必须彻底清查，核实办理。臣于起程陛见之日，即已行令藩司按年造册，分别有着无着，在官在民，据实严办。兹奉谕旨，实在无着者，准令奏闻宽免，实属皇上格外天恩。但臣愚见，若因此时奉有恩旨，稍存迁就，非唯不实不尽，自蹈欺蒙，且恐不肖厂员妄生冀幸，一切滥支滥放，悉诿卸于赤贫无力之炉民，则惩创不严，转启日后侵冒之渐。惟有层层追究，不使影射分毫，才敢乞恩圣主之前权衡酌办。臣现在督率藩司上紧确查，并将嗣后年清年款，勿令办理棘手之处详细熟筹，统俟查明定议，另行由驿驰奏。

所有接奉谕旨，钦遵查办缘由，合先恭折奏覆，伏乞皇上睿鉴。谨奏。

朱批：该部议奏。

（《宫中档乾隆朝奏折》第四十四辑，第589～591页）

2173　大学士仍管云贵总督昭信伯李侍尧《奏报边地裁防设汛，酌筹应办事宜折》

乾隆四十三年八月二十一日

大学士仍管云贵总督昭信伯臣李侍尧跪奏：为边地裁防设汛，酌筹应办事宜，恭折奏闻事。

窃照永昌、普洱等府，每岁派兵五千五百名，分防张凤街、三台山、九龙江等处，秋防春撤。臣揆度边情，实不值如此办理。因拟于杉木笼设一大汛，驻兵五百名；干崖设一小汛，驻兵二百名；三台山设一小汛，驻兵一百名，在于腾越、龙陵各标营内派拨，各令本营员弁按年轮替带往，仍于各汛兵内抽拨，分布关卡，协同抚夷弩手稽查，春深照旧撤回原营差操。缅宁本有驻兵三百名，拟于顺云营拨兵一百名增添常驻，则各路出防并可裁撤。臣于夏间陛见时，当将酌拟裁汰缘由恭折具奏，经军机处议覆准行，并令臣于回任之日再将各处应办事宜逐一熟筹，条晰具奏，今岁秋深，即可遵照新定章程妥协经理。兹行据军需局会同布政司，遵照原奏逐条，议覆前来。

臣查杉木笼、干崖、三台山三处设汛安兵，仍系冬初前往，深春时候，不过酌留三百余名，分巡关卡，稽查偷越走私，其余仍复撤回差操。弁兵原有携带帐房，且各处树木丛茂，亦可随时砍伐，盖蓬栖止，无庸建造汛房。惟顺云营拨出兵一百名，改归缅宁守备营管辖，系属常川驻守缅宁，应建给官弁汛房二所，兵丁住房一百间，令其携带家口住居，俾无内顾。各支本面粮饷，毋庸另给军需口粮。所需添建汛房、兵房，现饬地方官估报，作速兴工，克期完竣，再令搬着前往。本年出汛，仍令暂住帐房。其顺云营遗存衙署、兵房，变价归款。至原奏内拟定南甸以外沙冲口一路增设二塘，干崖、户撒两路各增二塘，应需建盖塘房、烟墩、望楼等项，亦已饬令地方官估报兴工，统俟工竣报销。

再查出汛弁兵需带马匹，应照腾越、龙陵步八马二营制，每兵百名令带本营额马

— 1873 —

二十四，各支本营草干。官弁携带坐马，一律办理。其余应给口粮，照依向例，自出营日起，至回营日止，按名、按日支给，岁底造册报销。其应带锣锅、帐房、刀枪、器械，向系于永昌等处存贮军装项内临时拨给，徒滋损失。查各营原有额设军装，各兵亦有自配器械，应令各自带往，无庸在于公贮项下拨给。抬送夫价，仍照向例支销。

至每年出防兵数五六千名，各该营挑派之时，恐不无老弱充数。今于十分中，裁减八分有余，必须年力精壮、技艺娴熟者，方可一以当十，得成劲旅。臣先已札致提臣，会同腾越镇先期调集，逐一考验，以收实效。兹提臣海禄因初定减防，必须慎重往来，札询恐不详明，亲赴省城与臣面议，现已回腾，逐加挑验。各关隘卡原设抚夷、弩手、通事、土练人等，除现在食粮通事六名，应裁汰三名，以节糜费外，其余仍令照常驻守，支给口粮。但此项土弁人役，向系地方官及土司报充，每多草率充数。今安汛之后，宜有责成。应令腾越镇会同知州、龙陵协，会同同知确查，挑选更换。如有滥充缺额，分别参处。普洱以外，责令宣慰土司带练巡查，按季报明镇道考核。各该土弁人等如果实力奉行，拿获奸民私贩，随时记功赏赉，怠玩废弛者分别记过。倘有纵容透漏情弊，即行斥革治罪。仍令地方官先将土司经管隘口并派拨土目、土练姓名造册送查，以凭稽察。

至臣原议安汛以后总兵、副将每年春秋巡查二次，提臣每年查察一次，臣仍于每年冬间亲赴腾越边外巡阅一次。但本年撤防安汛之始，若无提镇大员弹压，恐弁兵无所畏惧，易启懈弛。是以臣仍面嘱提臣海禄，并令转嘱腾越镇总兵许世亨，照旧暂留汛所督率稽查，俟臣亲赴巡历，察看情形，如果无须久驻边关，即令各回本任办事。

除应支应节各款另行咨部核覆外，所有现在筹办缘由，理合恭折奏闻，伏乞皇上睿鉴训示。谨奏。

朱批：军机大臣会同该部议奏。

（《宫中档乾隆朝奏折》第四十四辑，第 592～593 页）

2174　大学士仍管云贵总督昭信伯李侍尧《奏报委署总兵、副将折》

乾隆四十三年九月二十四日

大学士仍管云贵总督昭信伯臣李侍尧跪奏：为奏闻事。

窃照云南临元镇总兵陈大用奏请陛见，蒙恩允准，该镇恭录朱批，呈请委署到臣。查有现署广罗协副将云南城守营参将德舒，堪以署理。臣即行委，就近前往接署，俾令交代起程，理合恭折具奏。

再查本年新定减防杉木笼、干崖两处，设汛安兵，全藉将领大员往来稽察，督率巡防。永昌协副将刘乘龙为人朴实，见事迟钝，虽平时料理营伍尚属奋勉认真，而于边防要地不甚相宜，是以臣改委维西协副将德光署理永昌协印务。其所遗维西协副将，接壤土司，路通西藏，亦关紧要，行委候补副将玛尔洪阿接署。惟广罗协附近省城，系属腹地，营务较简，刘乘龙署理，人地相宜。臣仍留心察看，各副将内择其才具最优、堪胜永昌要缺者另行奏请调补。除分别檄委署事外，合并陈明，伏乞皇上睿鉴。谨奏。

朱批：该部知道。

（《宫中档乾隆朝奏折》第四十四辑，第 841 ~ 842 页）

2175　大学士仍管云贵总督昭信伯李侍尧
《奏报滇黔两省收成分数折》
乾隆四十三年九月二十四日

大学士仍管云贵总督昭信伯臣李侍尧跪奏：为恭报滇黔两省收成分数，仰祈圣鉴事。

窃照滇黔两省本年雨水调匀，禾苗畅茂，现已收获齐全。兹据云南布政使孙士毅查明滇省收成分数，列册汇报，内十分收成者，威远一厅、镇沅等十一州、昆明等十五县及邱北县丞所属地方；至蒙化等七厅、镇雄等六州、丽江等六县、碍嘉、五嶅二州判，低处收成十分，高阜收成九分；又九分收成者，龙陵等四厅、邓川等六州、宁洱等七县；其寻甸等四州、嶍峨等六县，低处收成九分，高阜收成八分；又八分收成者，宣威等四州、建水等五县；并沿边各土司地方，低处收成九分，高阜收成八分。核计通省收成，实在九分有余。

又据贵州布政使李本查明黔省收成分数，列册汇报，内九分收成者，威宁一州、毕节等二县；八分收成者，贵阳等八府、仁怀等二同知、归化等二通判、定番等八州、贵筑等十四县、册亨一州同、罗斛一州判；七分收成者，镇远等四府、长寨等四同知、水城等四通判、开州等五州、龙里等十八县。核计通省收成，实在七分有余。

臣覆核无异，理合恭折奏闻，伏乞皇上睿鉴。谨奏。

朱批：知道了。

（《宫中档乾隆朝奏折》第四十四辑，第 842 ~ 843 页）

2176　大学士仍管云贵总督昭信伯李侍尧、云南巡抚裴宗锡
《奏请以元谋县知县庄宝璩调补会泽县知县，
遗缺以拣发知县吴大雅署理折》

乾隆四十三年九月二十四日

大学士仍管云贵总督昭信伯臣李侍尧、云南巡抚臣裴宗锡跪奏：为要缺需员，恭恳圣恩俯准调补，以裨地方事。

窃照东川府会泽县知县吕永和，于前署赵州任内失察军犯张振奇谋财害命一案，革职开缺。接准部咨，拣员调补。

查会泽系夷疆要缺，且东川府属仅止一县，地方辽阔，碌碌铜厂近又改归该县经管，事务更繁，必得勤能明干之员方足以资料理。臣等公同藩臬两司于通省知县内逐加遴选，非现居要缺，即人地未宜。惟查有元谋县知县庄宝璩，年四十二岁，江苏贡生，捐纳知县，选授今职，于乾隆四十一年十一月到任。该员明白安详，办事勇往，铜务亦颇熟晰，任内参罚止有五案，未准部覆，以之调补会泽县知县，实堪胜任。虽历俸未满三年，与例稍有未符，但本年正月内，宝宁缺出，经臣等专折奏请，蒙恩准其调补，嗣因该管广南府知府庄肇奎系该员无服族侄，详请回避，部议："庄宝璩仍回元谋县任，俟有相当缺出时，酌量调补。"今会泽员缺紧要，合无仰恳圣恩，即以庄宝璩调补，于地方实有裨益。

如蒙俞允，其元谋县缺，系调补所遗，例得以试用人员署理。查有拣发知县吴大雅，年四十六岁，浙江宁海县拨贡，教习期满，拣发云南，于乾隆三十六年九月到省。该员心地明白，办事勤慎，历经委署州县，均无贻误，以之署理元谋县知县，亦属人地相宜。仍照例试看，如果称职，另请实授。

再庄宝璩系对缺请调，吴大雅系拣发知县署理调补遗缺，均无庸送部引见。除另缮该二员参罚清单敬呈御览外，臣等谨合词恭折具奏，伏乞皇上睿鉴训示。谨奏。

朱批：该部议奏。

（《宫中档乾隆朝奏折》第四十四辑，第 843～844 页）

2177　大学士仍管云贵总督昭信伯李侍尧《奏报遵旨审明广罗协副将
特克什布权责外委病故情形，按律定拟折》

乾隆四十三年九月二十四日

大学士仍管云贵总督昭信伯臣李侍尧跪奏：为遵旨审拟具奏事。

　　窃照云南广罗协副将特克什布巡查营伍，因外委王云弓马生疏，营伍废弛，杖责示儆，王云越三日病故，尸妻杨氏揹不缴札，赴副将衙门撒泼喊詈。臣接据禀报，以汛弁弓马生疏，自应惩处，如果依法决罚，何至毙命，妇女亦安敢逞刁？其中恐有别情，行司提省，委员查审，旋即赴京陛见。尸妻杨氏即在承审衙门具呈，供系副将因尖宿不周及买马买烟不遂而起。抚臣裴宗锡于暂署督篆任内，以事涉挟嫌毙命，虚实皆应确究，奏请将特克什布解任质审。嗣臣回任，接准部咨，奉旨交臣秉公严讯，定拟具奏。随饬行原委之粮储道海宁、迤西道徐嗣曾，督同丽江府知府吴大勋、元江州知州宋惠绥缺审解勘。去后，兹据该委员等讯明，副将并无挟嫌，王云实系责后病毙，并究出杨氏之侄杨文湛教唆图赖，提省后复又捏词诬告各实情，分别定拟，由司招解前来。

　　臣率同司道提犯覆鞫，缘广罗协副将特克什布于乾隆四十三年二月二十五日，巡查所属汛地，二十六日行抵竹园村，考验防汛外委千总王云，步箭连射三矢，矢不能到把，一矢仅到把根，一矢虽已着把，亦系就地。送到验弓，只有二力。谕令骑射，该外委回称未备马道。验看枪兵，内有严宗富、吴位二名，枪不过火，李凤祥放枪手慢，甚至林文一名执持不稳，枪落地下。该副将当欲责处，因系斋戒日期，将王云严行申饬，谕令将兵丁另日责处具报，随赴各处巡查。迨至三月初五日，回抵竹园，询问王云，尚未将应责兵丁发落。该副将因其玩纵废弛，喝令将外委当众责惩。王云托病求免，营书王任、兵丁冯玉等随同跪地代求。该副将察看王云并无病状，众兵辄敢跪求，毫无规矩，遂将王云责打二十。王云谢罪走出，该副将即于初六日自汛起程回署，该外委犹能伺送前途。讵王云素玷麴糵，被责怀惭，使气纵饮。初七日，胸膈作痛，至初八日身故。伊妻杨氏居住州城，闻报往视，见身尸并无重伤，遂托队目冯玉等买备棺物，眼同收殓。此副将当日责处王云及王云责后病毙之实情也。

　　迨杨氏回家之后，自以姑老子幼，夫死家贫，在家悲泣。有内侄杨文湛适往探望，唆令不必缴札，赴副将衙门吵闹索诈。杨氏婆媳遂挈杨氏之母戚氏，连日同往署前喊詈，谓副将打死伊夫。王云之母尹氏口称子死无依，愿拼老命，千总陆煦禁止不住。适杨氏有出继外姓之夫兄龚成，现在该营食粮，扬言杨氏不肯甘休，必得好生安顿，传入陆煦耳内。陆煦即传龚成到署，谕令劝阻，许其设法调处，合营帮助，连盔甲、顶银，可凑百十余金。龚成往告杨氏，杨氏方始允从，陆煦遂约同左哨千总罗世臣将情由面回副将。该副将以问心无愧，若给银劝止，转以理短私和，欲图塞口，不成事体，严谕断不可行，因而中止，该副将一面差传吏目龚国用赴署禁约，一面通禀，行提到省审办。杨文湛自知主唆图诈，吵闹衙门，审出实情必干罪谴。因闻副将曾发钱令汛兵买烟及途次买补马匹之事，复又唆使杨氏到省诬告，引赴代书李文经家，告以该副将因令王云买烟买马不遂，尖宿不周，挟嫌责打致死，并有曾向王云勒索银两之事。李文经以索银毫无指证，不敢混开，止照前情书写。杨文湛交付杨氏收执，嘱其到案时当堂投递，照状坚供，冀图掩饰卸罪。此杨氏逞刁撒泼，听唆诬告之实情也。

抚臣裴宗锡署篆任内，以案多疑窦，迹涉挟嫌，奏请将特克什布解任质讯。该副将指出千总陆煦等面回帮助银两，劝谕和息确凿可据，杨氏俯首无词，始将杨文湛先后教唆，龚成调处不遂实情吐露。该委员等禀调千总陆煦、罗世臣赴案质讯，一面差拿杨文湛、龚成到案，究悉前情，并据杨文湛供认不讳。质之营兵、字识人等，供亦相符。臣提犯再三严鞫，矢口如一。

本案，副将特克什布责处王云，实因弓马生疏，废弛营伍，王云托病求免，本属饰词，该副将整饬营伍起见，即患病属实，亦不得咎其故责病弁。该副将沿途尖宿俱系自买，从无收受供应，现有跟随字识、兵丁可证。三月初六日，在新哨汛，令把总鲍起云买马一匹，系补营中倒毙额缺，并非自买骑坐，且在责处王云之后，亦有经手承买之鲍起云现存竹园村出产烟叶，该副将先发钱四千文，令投文汛兵林文买烟二十三斤，照市价有盈无绌，并据林文供证明白。惟初七日回署，改报初九日，讯因中军都司奉该镇许世亨委赴广南盘查军装，营中弹压无人，将师宗汛兵轮调赴考，仍照师宗往回扣算程途，并无别项情弊，均与责处王云之事绝不相关。至原禀该弁弓马生疏，实因步箭不堪，未考马箭，不过声叙不明，亦非有心周内，如果副将挟嫌，王云因杖致毙，则杨氏眼同收殓之际，何肯默无一言？事后止赴该副将衙门喊署，直至提省审讯，始行具呈，其为听唆讹诈，捏情诬告已属显然。

查律载：官司依法决打，邂逅致死者勿论；又官吏怀挟私仇故勘平人致死者斩监候；又诬告人死罪，未决者杖一百，流三千里加徒役三年；又教唆词讼、诬告人者与犯人同罪各等语。外委王云弓马不堪，废弛玩纵，该副将责惩示儆，依法决罚，即邂逅致死，律得勿论，所有原参解任之案，应请开复。惟改报回署日期，究有不合，请旨交部察议。杨文湛教唆杨氏赴衙喊署，妄思索诈，且敢捏出挟嫌责毙情节，引赴代书作状，教令坚供，当堂具控，如果所控得实，该副将即应照挟仇故勘致死律定拟，今审属全诬。杨文湛合依教唆诬告人死罪未决律，杖一百，流三千里，到配所加徒，役三年。龚成于王杨氏赴署撒泼之时，随不在场，但明知杨文湛主唆，复于事后扬言说合图诈，即属为从，应于杨文湛杖流加徒上量减一等，杖一百，总徒四年。尸妻杨氏听唆滋事，究系妇女无知，已将杨文湛、龚成等坐罪，应请从宽免议。王云之母尹氏、杨氏之母戚氏，现俱老病，亦免究拟。营书王任、字识何锡九、传号张成名及兵丁冯玉金、恩钱德、王连科等，于本协应行责处之人，混行求免，殊属藐玩，俱照不应重律，杖八十，折责发落。枪兵严宗富、吴位、林文、李凤祥等，技艺不堪，仍各责三十板，革伍。该协右哨千总陆煦，当王杨氏等赴署吵闹，不能弹压，转令龚成劝息，许帮银两，实属庸懦无能，应请革职。王云札付另行追缴送销。余讯无干，先行省释。王云尸棺毋庸起检，饬属领埋。

除将全案供招送部，另缮供单敬呈御览外，臣谨恭折具奏，伏乞皇上睿鉴，敕部议覆施行。谨奏。

朱批：该部议奏。

（《宫中档乾隆朝奏折》第四十四辑，第 844~847 页）

2178 大学士伯管云贵总督臣李侍尧、云南巡抚裴宗锡《奏报委署知府折》
乾隆四十三年九月二十五日

大学士伯管云贵总督臣李侍尧、云南巡抚臣裴宗锡谨奏：为委署知府，循例奏闻事。

窃照云南开化府知府张顾鉴，前因在湖北荆门州任内失察衙役借差滋事，酿成人命，接准部文，议以降一级调用。奉旨着臣等出具考语，送部引见。所遗开化府知府，系极边调缺，另容照例查办外，其应委暂署之员，臣等公同两司商酌，查有永昌府分防龙陵同知方洛，年壮才明，甫经运竣京铜回省，尚未赴任，堪以委署开化府印务。除饬委外，理合循例会折奏闻，伏乞皇上睿鉴。谨奏。

朱批：该部知道。

（《宫中档乾隆朝奏折》第四十四辑，第 852 页）

2179 云南巡抚裴宗锡《奏报丁酉年二运第二起京铜开帮日期折》
乾隆四十三年九月二十五日

云南巡抚臣裴宗锡谨奏：为恭报京铜开帮日期，仰祈圣鉴事。

窃照滇省办运京局铜斤，自四川泸州开帮日期，例应奏报。兹据云南布政使孙士毅详称："丁酉年二运第二起委员陈务本，领运正耗余铜七十三万六千三百斤，又带解截留丁亥年两加运铜五万四千五百二十七斤零，于乾隆四十三年七月三十日，在泸州全数兑足开帮。"等情前来。臣覆查无异，除飞咨沿途各省督抚催儹前进，依限赴京交收，并咨明户、工二部外，所有丁酉年二运第二起京铜全数开帮日期，理合恭折奏报。

再丁酉年二运二起京铜，因二运一起甫于六月二十九日开帮，接续受兑，是以迟至七月三十日始行扫帮。臣现在会同督臣，将递相延压及酌筹办运之处另折具奏。合并陈明，伏乞皇上睿鉴。谨奏。

朱批：览。

（《宫中档乾隆朝奏折》第四十四辑，第 857 页）

2180 云南巡抚裴宗锡《奏陈巡查滇省地方情形折》

乾隆四十三年九月二十五日

云南巡抚臣裴宗锡谨奏：为敬陈巡查地方情形，仰祈圣鉴事。

窃照滇省地方八月以前雨水情形及秋成分数，经臣查明，具奏在案。

兹当农隙之候，臣于九月初十日，轻车减从，自省起程，巡历近省之云南府属昆明、嵩明等境，而至曲靖、东川两府属地方，沿途逐加察看。其间平衍之区田畴宽广，土脉沃厚，现在获稻已毕。若夫山高林密之处，田多依岩傍壑，形如阶级，名曰梯田，咸有流泉以资灌溉，亦经刈获齐全，各随地土所宜，俱已翻种豆、菜、麦、荞。值此秋稼丰登，所过村落崇墉节比，气象盈宁。询之农人，金称今岁自夏徂秋，仰赖圣主洪福，旸雨调匀，是以田无高下，共庆有年。舆情极其欣戴，市米时价亦到处平减。

滇省粮赋，例于九月开征。本年蒙恩蠲免条银，应完仅止粮米。臣恐不肖吏胥乘机浮收滋弊，苦累闾阎，先期出示晓禁。今巡阅所至，留心体访，尚知奉公守法，无敢违混。花户负粮输纳，并皆踊跃争先。臣目击里井恬熙，民夷乐业，实堪上慰宸衷。臣因督臣巡边在迩，现有面商铜务，不及周历迤东诸郡，随即傤程回省，于二十日抵署。途次往来，虽间遇得雨，而晴日为多。复于旋署后，检查通省各属报到九月初旬暨中旬以来晴雨日期，亦极适均。理合一并恭折奏闻，并将八月分粮价另缮清单，敬呈皇上睿览。谨奏。

朱批：知道了。

（《宫中档乾隆朝奏折》第四十四辑，第 858 页）

2181 云南巡抚裴宗锡《奏请将本身及妻室应得封典貤赠胞伯等折》

乾隆四十三年九月二十五日

云南巡抚臣裴宗锡谨奏：为据实陈情，仰恳圣恩事。

乾隆四十二年五月初二日，钦奉恩诏："内外臣工，俱准给与封典。"臣蒙恩备员巡抚，秩居二品，应封二代及本身妻室。

伏查臣祖父母、父母早已受过一品封典，官阶较大，例不重封。惟念臣父同胞两兄，长裴冲度，曾任湖南岳常澧道，诰受通议大夫；次裴衍度，曾任中书科中书，未经受封。臣父弟兄三人，自少至老，相依无间。臣父自服官以及退休，皆赖臣两伯殚心竭力，以相扶助。臣父只臣一子，幼时即蒙伯父怜爱，教诲恩勤，望以成立，较诸己子更为纯挚。

臣自叨荣窃禄以来，乌私时切，酬报未申，寸衷实深歉怍。今恭遇罩恩，臣不揣冒昧，据实陈情，仰恳圣主恩推锡类，准臣将本身及妻室应得封典貤赠臣长伯裴冲度、伯母苑氏，并以臣现在品级，援照捐封貤赠之例，为臣次伯裴衍度、伯母王氏捐请诰赠，则臣庶得曲尽恩私于胞伯，藉慰臣父于九泉，感戴鸿慈，益永永靡既矣。臣谨恭折奏恳，伏乞皇上睿鉴训示。谨奏。

朱批：该部议奏。

（《宫中档乾隆朝奏折》第四十四辑，第859页）

2182　云南巡抚裴宗锡《查明滇省抚标兵丁无需筹给差费折》
乾隆四十三年九月二十五日

云南巡抚臣裴宗锡谨奏：为查明滇省抚标兵丁无需筹给差费，恭折覆奏事。

窃臣准户部咨："大学士公阿桂等议覆协办大学士、尚书英廉奏请筹备差费，以免营兵扣累一折，请交直省各督抚，约计该省每年差费若干，或于闲款项下，或于存公零项，通盘筹核酌给，奏明办理等因。奉旨：依议。钦此。"咨行到臣。

伏查臣标额设左右两营，驻扎省城操防，并未分塘拨汛，一切金兵护解之事，均隶城守营专责，即本营间遇粘补军械等项，例有公费名粮动支应用，从无于兵饷内按名摊扣，致累行伍，历久相安。应请仍循其旧，毋庸另为筹给。除云南通省各标镇协营年需差费若干，如何筹办之处，应听督臣另行核奏外，所有抚标兵丁无需筹给差费缘由，臣谨查明，恭折覆奏，伏乞皇上睿鉴，敕部查照施行。谨奏。

朱批：该部知道。

（《宫中档乾隆朝奏折》第四十四辑，第860页）

2183　云南巡抚裴宗锡《奏报丁酉年头运二起京铜迟延及现在筹酌办理缘由折》
乾隆四十三年九月二十五日

云南巡抚臣裴宗锡谨奏：为查明覆奏事。

窃准户部钱法堂咨："以滇省办运丁酉年头运二起京铜，迟至本年六月开帮，计至奏准八月扫帮之期仅有两月，则二、三、四运六起铜斤，何能于此两月之内扫帮前进？势必递相延压，愈积愈迟。京局鼓铸攸关，奏请严行确查。是否泸店委员并不实心经理，未将底铜筹备，以致兑发迟延？抑系厂员不行上紧采办运泸，以致无铜济兑？分别查明，据实严参。其二、三、四运铜斤，务须转饬承办各官赶紧筹办，按起迅速开帮，毋再延压等因。奉旨：依议。钦此。"

臣查丁酉年头运二起京铜，应于本年正月开行，因四十二年办铜短缩，无可预运，均须四十三年办出铜斤发运济兑。而四十三年正、二、三、四等月，碌碌等厂仍少办额铜三十二万余斤，以致丁酉头运二起京铜直至本年六月初九日甫能兑足开帮。此实在迟延之情节也。当经臣查明专办京铜短少之碌碌等厂员，并承运东、寻两路京铜各员，分晰开单参奏，并将专管之道、府，总理之藩司及臣主政衙门各职名一并开列附参，现候部覆，似可毋庸再行参处。至二运一起，已于六月二十九日接续起行。二运二起，现据泸店委员禀报，已于七月三十日兑足开帮。此二起赶兑日期，较之头运二起尚属稍为迅速。但查本年五月以前京铜，各厂实获净铜二百七十九万五千余斤，除补上年缺数外，仅余三十七万余斤。则三、四两运四起京铜，必待六月以后办获之铜，方能运往供兑。诚如臣所指，何能于两月之内扫帮前进？递相延压，势所必然。惟是前运既已稽迟，后此两运四起必须加紧赶办，方不致迟逾更甚。若因业经参处，而此后递压迟延，皆诿过于从前，不复予以定限，恐厂运各员仍不知所儆惕。

伏查三、四两运四起，实需铜三百三十五万四千余斤，以现在各厂额定月办京铜六十一万八千余斤，核计连闰，至九月内可以赶办足数。加以自厂至泸州，近者三四十站，远者五六十站，水陆盘运，又须两月有余。是丁酉三、四两运京铜，计至本年十二月始可全数扫帮。核之原定八月扫帮例限，迟逾四月，似尚不致有误京局鼓铸。倘厂运各员再不实力赶办，以致十二月扫帮之限犹有迟误，立即据实查明，严行续参，以示惩儆，而裨京运。此系通盘筹运之实情，并据藩司孙士毅具详前来。除飞饬厂运各员上紧赶办，并令泸店委员将运到铜斤随到随发，不能多余，实难筹备底铜，并非不肯实心办理，应请免其开参。

所有丁酉年头运二起京铜迟延及现在筹酌办理缘由，相应会同大学士伯管云南总督臣李侍尧合词恭折复奏，伏乞皇上睿鉴训示。谨奏。

朱批： 该部议奏。

（《宫中档乾隆朝奏折》第四十四辑，第860～862页）

2184 大学士仍管云贵总督昭信伯李侍尧《奏报拿获探听内地消息及招引同行之奸匪，一并解京审讯折》

乾隆四十三年九月二十六日

大学士仍管云贵总督昭信伯臣李侍尧跪奏：为拿获探听内地消息及招引同行之奸匪，

一并解京审讯，仰祈圣鉴事。

窃臣自京陛辞回滇，因今岁各关隘初次减防，严檄沿边将弁加紧巡查，毋许稍涉疏懈致启偷漏。本年九月初六日，提督海禄、腾越镇许世亨及腾越州吴楷报称："于八月二十一日，据杉木笼游击刘之仁等转据张凤街汛弁禀称，八月十八日，巡查街上，见有卖竹一人，新剃头发，行踪可疑，当即盘诘拿获。据称名叫老岩，由缅地进来，探听内地进兵消息。又据供出，尚有波竜夷人波尚泄里引他同至张凤街等语。经提臣等讯取供词，饬令陇川土司多朝珍查拿波尚泄里另行起解，当将老岩一名先行解省审讯。"等因到臣。

臣随飞檄沿途地方严速护解。去后，兹于本月初十日，已将老岩解到。正在研讯间，又据将波尚泄里拿获解省。臣即率同军需局、司道孙士毅等亲提严讯，据老岩供称："年二十五岁，父亲姓李，记不得名字，是湖广人，到孟定土司地方生理。母亲是孟定㑩，父母俱已早死。我五六岁时，缅子来抢孟定，把我掳去，在得且寨头目布拉巾多家使唤，他管的是得且坡头象孔三个寨子，共有兵八百名。他上年带兵到莽冷厂，打仗败了，跌断左膊，虽然接好，时常疼痛。恐怕天朝进兵，因我会说汉话，叫来探听个实信。他给了一张蒲叶路票，二两银子做盘缠。我走了十五天，到猛密，又走了七天，到猛邬地方，遇见三四年前认识的波尚泄里，他问我为何到此，我只说穷苦得紧，要来寻个活路，同到他家住了四天。恐人认得是缅地的人，剃了头发，山上斫了几根竹子，同他到张凤街，要探听个进兵的信，就被汛兵拿住。那波尚泄里卖完了竹子，先已回去了。"又讯据波尚泄里供称："我是波竜夷人，年三十五岁，住在陇川土司所管的户蓝地方。那日在猛邬赶街，遇见老岩，他说外边穷苦，要来寻个门路做活。因他说也是波竜，就留他到家住了四日。他要同去赶张凤街子，我说关内盘查得紧，见你是长头发人，去便拿了。他就剃了头发，同斫了几根竹子，到张凤街上。他去买了饭吃，我先回家。后来他被汛兵盘获，说是缅子打发他来打听进兵的话，我实在不知。"各等供。

臣思前此节次拿获进关奸匪及从缅地脱回之兵丁等，俱称缅子与外夷构怨兴兵，殆无虚日，其畏惧天朝进兵征剿，自系实情。此次遣老岩进来探听，或因关隘紧严，前次遣来探信之逆犯番起云一经拿获，竟无消息出关，故尔复遣匪夷潜至内地。抑或今岁裁减防兵，已经透露端倪，缅匪未知确实，或转疑内地阳示减防，为暗地进兵之计，故遣人入关窃听，均未可定。但查老岩一犯，既供自小掳至缅地，何以能说㑩话，又能说汉话？且与滇省口音相似，其所称缅匪来抢孟定，不知确在何年，滇省亦无案据。既称在缅一二十年，向随布拉巾多住居，即在阿瓦对江，询以缅酋及各万等名字，又复茫然不知，或系内地奸民窜越缅地，诡称自幼被掳，情词闪烁，殊难凭信。即波尚泄里一犯，坚供从前并未认识老岩，此次老岩探听进兵信息，该犯实不知情，与老岩三四年前认识该犯之供亦不符合。加以刑吓，狡执前供。因系边关要犯，恐率用重刑，长途难以押解，谨一面缮录供词恭呈御览，一面委员将老岩、波尚泄里二犯小心管解到京，仰祈敕下军机大臣，严审究拟。

至张凤街首先盘获老岩之马兵马思明及协拿之兵丁彭再清、段守信三名，臣已量为给赏。合并声明。所有拿获探听进兵匪犯缘由，臣谨由驿驰奏，伏乞皇上睿鉴训示。谨奏。

朱批： 好。知道了。

（《宫中档乾隆朝奏折》第四十五辑，第1~2页）

2185 大学士仍管云贵总督昭信伯李侍尧《奏报查明官庄余谷滥给土司，据实参奏着赔折》

乾隆四十三年九月二十九日

大学士仍管云贵总督昭信伯臣李侍尧跪奏：为查明官庄余谷滥给土司，据实参奏着赔事。

窃照滇省支给土司养赡银谷数目不符一案，经臣将从前尽数开支并未奏咨有案，应请严查办理错谬缘由，并是否实系拨给土司，分别参究、勒赔等因，于本年三月间恭折奏闻，经部议覆，准行在案。兹臣自京回滇，复加彻底清厘。据布政使孙士毅会同粮储道海宁、迤西道徐嗣曾，行据大理府张春芳面询土司、连历年详支散放各卷，一并呈送，由该司道覆核，议详到臣。

卷查云南提标，年收蒙化、宾川、邓川三厅州官庄谷二千九百五十七石五斗零内，除前经奏明拨给各土司及通事等每年应销谷一千八百十九石三斗外，尚余谷一千一百三十八石一斗零，自乾隆三十六年正月起，至四十二年冬底奏销，该积存余谷七千九百六十七石零。乃现查此项应存谷石，每年均已尽数支放，并无颗粒存贮。

查系乾隆三十五年五月内，土司线瓮团、瑞团、线管猛各户安插大理府城，其时本年租谷尚未征收，经军需局详准，将提标征存三十四年租谷变价银七百九十一两七分七厘，提归迤西道衙门，转发太和县，各按户口多寡，每名口日给银一分六厘零，遵办在案。乃前任迤西道博明，因线瓮团一户人口众多，原议每年给谷九百余石，不敷食用，请于官庄余谷内添拨五百余石，禀经前督臣彰宝，饬局查议，军需局照议具详，未奉批发行知。迨后，土目贺丙回住南底坝，复经军需局详准，将原拨贺丙谷四百余石，添拨线瓮团三百四十余石，其余六十石，赏给通事崀夯口粮。而迤西道博明辄以投诚土司口食必须宽裕，行令太和县，每名口日给米一京升之外，土司日给银一钱，亲丁、眷属每名口日给银三分，头目给银一分五厘，头目眷属给银八厘，和尚跟丁给银一分，以为盐菜。接任迤西道龚士模复因盐菜银两不敷，将余谷二百石添拨线管猛一百五十石，瑞团五十石，均止移明军需局办理，并未通详。历任蒙化同知暨太和县，俱照迤西道博明原行，按名支给该土司等眷属共一百九十九名口，除日给米一京升，岁需米七百余石外，尚需盐菜银九百余两，核计官庄租谷，每年除完粮八十三石有零外，尚存谷二千八百七十三石八斗零，内除口粮米七百余石，折谷一千四百余石余谷，因人数众多，难以零星分给，概令地方官变价支放。此节年办理错谬，滥行散给之原委也。

现据大理府知府张春芳面询土司线甕团等，均称数年以来，仰沐大皇帝天恩，日给口粮盐菜，历任厅县皆系如数实发，并未克扣丝毫。经司道覆核无异。是此项应存米石，实系前任迤西道博明擅主滥支，历任相沿误放，虽无捏混侵欺情事，但以应存谷石，并不详请奏咨，滥行支放办理，实属舛谬，自应着落分赔，以示惩儆。查办理错谬首在博明，而龚士模踵循前辙，咎亦相等。军需局总理边务，一切俱由考核，乃该道等两次移明添拨租谷、加给盐菜银两，并不详请饬驳，前督臣彰宝于局员请增线甕团谷石不行专折奏明，均难辞咎。

除历任经放之蒙化厅太和县，系遵照本管迤西道饬知办理，且查系按数实给，尚无侵隐情弊，应请邀免置议，此外，如迤西道系专办衙门，大理府近在同城，各有稽查之责，并不详明更正，直至四十一年，请销三十五年口粮银两案内附册声明；藩司为钱粮总汇，督抚察核奏销，乃历任因循，相沿误谬，均有不合。计此次奏销案内，应存谷七千九百六十七石零，内除去完纳七年条粮五百八十六石零，应实存谷七千三百八十一石零，照例每石五钱计算，该银三千六百九十两零。除参革前督臣彰宝、藩司钱度俱已查无家产，无庸计摊外，应令首先办理错谬之原任迤西道博明分赔十分之四，接办之龚士模分赔十分之二，不行详驳之军需局员通判余庆长分赔十分之一，历任迤西道大理府各赔十分之一，按照在任月日计摊，其余一分，于历任藩司、督、抚名下，按照在任月日摊赔，仍请旨交部，分别议处。除饬司查明应赔各员现任、旗籍，派定银数，另行造册送部分别咨追外，所有应赔、应议各职名，臣谨先缮清单恭呈御览。

再照蒙化同知、太和县按年造销支放土司、通事及完纳条粮，共谷一万三千三百二十一石零，按册确核，俱系遵照奏案开支，应请照数准销。其现在应存谷二千九百五十七石零，除去完纳条粮、留供四十三年各土司未经就耕养赡之用，责成大理府督同太和县查照造销，各户应得谷数按月给领，不得仍前记口匀支，另给盐菜银两，仍遵照就耕入伍奏案，俟线甕团、线管猛移置会泽县、邓川州，及瑞团一户顶补名粮之后，随时住支。至通事崰男本年应给谷六十石，即行停给。令太和县于现存谷内变解银三十两，饬发昆明县转发承领。合并声明。除将支销谷数清册咨部查核外，理合恭折具奏，伏乞皇上睿鉴，勅部核覆施行。谨奏。

朱批：该部议奏。

2186　大学士仍管云贵总督昭信伯李侍尧《奏报代请貤封折》

乾隆四十三年十月初一日

大学士仍管云贵总督昭信伯臣李侍尧跪奏：为遵例据情代奏，恭恳圣恩，俯准貤封事。

窃照乾隆四十二年五月初二日，钦奉恩诏："内外臣工，俱准给与封典。"当经移行遵照。去后，兹准贵州提督臣敖成咨："据古州镇标中军游击陈廷珏、左营游击熊必升各呈称，该员等按照现任品级，例得请封二代，愿将本身、妻室应得封典貤封曾祖父母。又据台拱营参将贾魁武呈称，幼时曾受外祖父母恩养，愿将本身、妻室应得封典貤封外祖父母。镇远镇标左营游击赖扬直呈称，自幼过继伯父赖成期为子，愿将本身、妻室应得封典貤封本生父母。"等情。咨请据情代奏前来。

臣查定例：武职副将以下，情愿貤封者，详报督抚，核明汇奏。该员等呈请貤封，与例相符，除将亲供履历册结另咨送部外，理合恭折汇奏，伏乞皇上睿鉴。谨奏。

朱批：有旨谕部。

（《宫中档乾隆朝奏折》第四十五辑，第58～59页）

2187　大学士仍管云贵总督昭信伯李侍尧
《奏报起程巡阅关隘日期折》

乾隆四十三年十月初一日

大学士仍管云贵总督昭信伯臣李侍尧跪奏：为奏闻事。

窃照永昌一路本年裁减出防兵数，于杉木笼、干崖二处安设营汛，巡查关隘，所有应办事宜，经臣恭折具奏，声明臣于每岁冬间，亲往巡查一次，移行遵办在案。

适提臣海禄来省，臣与面商，此次出汛弁兵较往年约减十分之八，兵数既少，行走自属迅速，定于十月初二日，派委员弁分起带兵前往驻扎，照依奏定章程，分路巡察。臣即于十月初四日，自省起程，亲查永昌、腾越一带边境。现值减防之始，更须加意稽查。臣拟暂留腾越察看情形，如果布置得宜，边防严密，别无应办事件，再回省城，另将关禁切实情形奏陈圣鉴。所有起程日期，理合专折奏闻，伏乞皇上睿鉴。谨奏。

朱批：知道了。

（《宫中档乾隆朝奏折》第四十五辑，第59～60页）

2188　大学士仍管云贵总督昭信伯李侍尧《奏报查明滇省营兵差使无多，无庸另筹差费折》

乾隆四十三年十月初一日

大学士仍管云贵总督昭信伯臣李侍尧跪奏：为查明滇省营兵差使无多，无庸另筹差费，恭折奏覆事。

窃臣接准户部咨开："大学士公阿桂等议覆协办大学士尚书英廉奏请筹备差费，以免营兵扣累一折，内称直省营汛地方，遇有军流遣犯、铜铅鞘鞘过境，均须金兵护解，水陆盘费在所必需，以及粘补军装、兵械等项，事不能无。绿营旧习，往往因无项可动，辄于兵饷内按名摊扣，不肖营弁并有借称公事，扣派众兵者。行令各督抚，约计该省每年差费若干，或于闲款项下，或于存公零项，通盘筹核酌给，奏明办理。"等因。当即移行确查妥议，去后，兹据云南布政使司孙士毅准据各标镇协营查明，议覆前来。

臣查云南地处极边，差务本少，一切护饷、解犯非比冲繁大省，四达通衢，接递往来四时络绎。唯平彝至省，为入滇大路，然止计程七站，分隶两营，交替来回，其时甚暂，兵丁各有粮饷，即在营操演，亦需日食口粮，别无需用盘费。此外各府州县护解饷犯，事不常有，偏僻小路，亦有终岁并不经由，间遇派差，挨次点委，大营兵众，二三年才及一轮，即兵少小营，每年亦不及一次。至各标营制造军装有须差赴省城，以及远至粤东采办者，水陆盘费在所必需，其随时粘补器械为数无多，向俱准于公粮项下按照程途远近、工料时价开销，从无于合营兵饷内按名摊扣之事。是滇省营兵遇有差使，向无添给盘费，历久相安，不致借端派累，似可仍循其旧，无庸另议章程。

缘奉通行查议事理，相应恭折奏覆，伏乞皇上睿鉴，勒部查照施行。谨奏。

朱批：该部知道。

（《宫中档乾隆朝奏折》第四十五辑，第 60~61 页）

2189　大学士仍管云贵总督昭信伯李侍尧《遵旨详查掩埋阵亡瘴故骸骨一案并无情弊，及从前并未准销，现在摊赔各缘由折》

乾隆四十三年十月初三日

大学士仍管云贵总督昭信伯臣李侍尧跪奏：为遵旨详查核办，据实覆奏事。

本年九月十九日，接准大学士于敏中字寄："乾隆四十三年九月初一日，奉上谕：据正黄旗满洲都统奏，云南镇雄营参将达福病故，所有应分赔掩埋阵亡瘴故骸骨银两一千一百五十九两零，并无产业，请将伊子永海马甲饷银按季坐扣一半完项等语。达福不过一参将，并非武职大员，且系掩埋骸骨之项，为数自属有限，何以该参将名下分赔已至一千一百余两之多？则不必赔，而开销又当凡几？此事原办时必有情弊，或因达福已故，可冀宽免，故于伊名下分赔独多，亦未可定。着传谕李侍尧，即将此案彻底通查，已开销若干，应赔之数共系若干，系何人所办，几人承办，作何分赔，达福名下赔数因何如许之多，有无影射情弊，详悉查明，据实覆奏。将此由四百里传谕知之。钦此。"

臣查此案，系前督臣杨应琚于乾隆三十一二等年，调集官兵、土练堵剿普洱边外缅匪，动用钱粮，经前抚臣明德按册造报，阵伤亡故官兵，恤赏银一万六千六百六十三两，收殓银一千八百六十三两；瘴故官兵，收殓银二千一百三两，恤赏银一万九百四十两，药饵银一千五十一两五钱，共银一万四千九十四两五钱。阵伤亡故土练，收殓银三百十六两，恤赏银二千六百三十三两；瘴故土练，收殓银一百三十一两，恤赏银六百五十五两，药饵银六十五两五钱，共银八百五十一两五钱。以上大共银三万六千四百三十一两，汇同各项正销银四十六万三千九十两零，于三十四年正月内，由军需局详请具题请销。奉准部驳，以各款造报未能分晰声明，且其中瘴故官兵不应议恤，其阵伤亡故官兵业准减半议恤，自应分别核实办理。其阵伤亡故土目、土练，究系凭何赏给等因，当经明德以阵伤亡故官兵应得恤赏银一万六千六百六十三两，已于恩赏减半银内扣回。其瘴故官兵、土目、土练，收殓、恤赏、药饵等银一万九千七百六十八两，系照依莽案准销事例办理，仍请核销。复奉部驳，以钦奉谕旨，染瘴病故及打仗未出之人不应议恤。此案瘴故官兵、土目、土练恤赏银两，不准开销。复经前抚臣李湖以支给过银一万九千余两，系照从前出师普洱、思茅事例办理，应请准销。

再奉部驳，以普洱、思茅官兵事例，系奉特旨交议之案，不准援引开销等因。复经李湖以原办各员尚非滥给，且领赏此项银两之兵练家属难以追缴，仍复援例请销。奉准部文，此项银两系该省自行援例给领，未便作正开销，亦不便于兵练家属名下追缴，应着落原办各官名下追缴还项等因。经前抚臣图思德查，原办各员均多事故，更有赤贫无力者，咨追延宕，必致虚悬，请照无着军需之例，归入通省养廉内，俟前案十年摊扣完楚，接续摊赔等因具题。奉准部咨，查明原办何人，如果力能完缴之员，作速查追，实在产尽无着，归入前次公摊，十年限内扣完报部等因。随经抚臣裴宗锡饬令军需局行查各营。旋据覆到，应赔文武共三十二员内，广罗协都司胡思顺、元江营守备魏嵘二员业经阵亡，应请豁免银七百二十六两五钱；赤贫产尽、无可着追武职十四员，系原任督标都司施圣学，抚标游击田万镇，曲寻镇都司刘上进，永顺镇游击清泰，永北镇游击焦上遴，鹤丽镇游击吴大士，维西协副将陈廷蛟，新嶍营守备汪国柱，镇雄营守备孙起元，元江营代办守备熊伟，顺云营参将苏国富，原设奇兵营都司田万镇，云南城守营把总郑联诏，大理城守营都司董承宣，共应赔银九千四十七两，请归入武职俸饷内分作五年公摊；其尚可完缴、请咨明旗籍着追武职十一员，原任楚姚镇游击李文广应追银九百八两，开化镇游击郑端揆应追银二百二十六两，昭通镇游击奇柱应追银一千九百六十四两，普洱镇游击禄保应追银六百五十三两五钱，腾越协副将赵宏榜应追银五百九十四两，剑川营都司张士雄应追银一百六十二两五钱，武定营参将四十一应追银一百二十二两五钱，景蒙营参将王君赐应追银一百一十六两，广南营参将李世忠应追银八十一两五钱，寻沾营代办守备蔡国成应追银一百九十六两五钱，临元镇游击达福应追银一千一百五十九两五钱，共银六千一百八十四两。其散给土练恤赏，系由文职办理。

查原任广南府汪仪，永昌府陈大吕，应追银八百六十八两，已于应领军需项下扣抵。尚有咨籍查追文职三员，系原任元江府商盘应追银四十三两，顺宁府曹理应追银一百八十一两，腾越州唐思应追银八十五两五钱，共银三百九两五钱。又阵伤亡土练领过恤赏银二千六百三十三两，请照例开销，共合银一万九千七百六十八两，于本年三月，由抚臣裴宗锡分晰具题，尚未奉准部覆。

今钦奉谕旨，以达福名下分赔银数何以竟有一千一百余两之多，其中有无情弊，令臣详查覆奏。臣遵即调齐节次题报，驳查案卷，并详核从前原办情事。缘三十一二年，临元镇调拨官兵为数较多，是以瘴故亦多，均系达福一人承办，该员应赔项下，计收验银二百九十两，恤赏银七百九十五两，药饵银七十四两五钱，共一千一百五十九两五钱，系于承办名下计数追赔，并非彼此通融摊派，其各员追缴之数，即系各员当日承办支给之数，不能意为增减，委无从中影射，及因该员已故，妄冀宽免情弊。但查参游等官，并非武职大员，今参将达福名下既有一千一百余两，游击奇柱名下复有一千九百余两之多，若仍于该员等家属名下追赔，恐日久终成悬宕。况达福等虽系经手原办之人，当日明德误引例案，叠请题销，在事后办理，尚且认为应销之项。当杨应琚调兵剿匪之时，自必以收验等项例得开销，遂令各营遵循办理。是滥行给发之咎，原不在承办各员，且明德查此案时，承办各员现在滇省，若早为追缴，亦不难清理完项。乃屡经部驳，犹复固执前议，以致迁延年岁，公帑虚悬。况其中如收验一项，既未必尽归实用，而于瘴故兵丁名下，复每名支销药饵银五钱。查该兵业经身故，又复何需药饵？其为浮滥开销，已可概见。从前军需局员并不查明例案，附和率详，均属不合。

至前抚臣李湖、图思德及局员等，接奉部咨，未能妥办完案。抚臣裴宗锡及军需局司道等，虽遵照部咨，着落原办各官追缴并分别摊赔准销办理，第达福既非武职大员，业已身故，伊子不过马甲，何能追银一千一百余两？办理亦有未协。至本年抚臣查办此案，臣亦会衔题报，自应一体分股摊赔，以清积案。所有达福等名下应追银六千一百八十四两，请作为十股分赔。自乾隆三十四年正月具详请销，节经登答，驳查至四十三年三月详咨，分款具题止，前抚臣明德系首先错误，应摊赔三股，银一千八百五十五两二钱；局员原任署布政使冯光熊，布政使钱度，按察使诺穆亲，迤南道龚士模，迤西道博明，驿盐道法明，护迤东道彭理，永昌府赵珮，维西通判余庆长，应摊赔三股，银一千八百五十五两二钱，除钱度、彭理缘事参革，家产尽绝，毋庸置议外，其冯光熊等七员，每名应赔银二百六十五两二分八厘零；李湖、图思德、裴宗锡及臣，应摊二股，银一千二百三十六两八钱，每员应赔银三百九两二钱；局员原任布政使王太岳，布政使朱椿，署布政使汪圻，布政使孙士毅，原任粮储道祝忻、张凤孙，粮储道徐嗣曾、海宁，原任驿盐道沈荣昌，原任迤南道唐宸衡，原任东川府李豫，云南府永慧，原任澄江府张裕谷，琅井提举嵇玫，云南县朱锦昌十五员，应摊赔二股，银一千二百三十六两八钱，每员应赔银八十二两四钱五分四厘。如此分别摊赔，于各任似无所偏，而为数无多，公项亦得早为完结，不致久悬尘案矣。

所有臣遵旨将此案彻底详查，并无情弊，及从前并未准销，现在摊赔完案各缘由，一一分晰具奏。

再此案系奉特旨交查，是以附入覆奏铜政之便，一并由驿驰递。合并声明，伏祈皇上睿鉴训示。谨奏。

朱批：该部议奏。

（《宫中档乾隆朝奏折》第四十五辑，第77~81页）

2190 大学士仍管云贵总督昭信伯李侍尧、云南巡抚裴宗锡《奏报遵旨酌裁炉座，并详筹年清年款事宜折》

乾隆四十三年十月初三日

大学士仍管云贵总督昭信伯臣李侍尧、云南巡抚臣裴宗锡跪奏：为遵旨酌裁炉座，并详筹年清年款事宜，仰祈睿鉴事。

窃臣李侍尧于本年七月二十二日，钦奉谕旨，着将滇省减炉、厂欠二节悉心筹画，据实覆奏，当经臣李侍尧将现在遵旨查办情形先行恭折奏覆在案。兹臣等会同详悉熟筹，除查出厂欠现在另折具奏恭请训示遵行外，伏查滇省大小各厂每年认办额铜，除各炉民一分通商外，应办净铜九百六十余万斤，内拨供京运并留备泸店底铜共七百四十余万斤，本省局铸岁需铜二百七十余万斤，每年于宁台厂旧存铜内添拨八十余万斤，于各厂现办铜内拨用一百八十余万斤，仅余铜四十余万斤，不敷各省采买之用，拟俟新开各厂获有成数，添拨兑发，先经臣裴宗锡恭折具奏在案。兹奉特旨，以减炉减卯可以撙节铜斤，并以滇省钱多价贱，竟可先行减炉，次及贵州、广西诸小省，总期每岁铜斤供用无缺。仰蒙我皇上训示周详，臣等敢不细心筹酌，期于妥善可行？

查各省采买滇铜，向来年额共需三百四十九万余斤。本年浙江省又增买铜八万斤，计现在所产之铜原难敷用，第各省有一年一次赴滇采办者，有两三年领运一次者，就每年实发之数牵匀计算，不过二百万斤，足敷各省采买之需，除每年余存四十余万斤，尚短铜一百五六十万斤。据委踩新厂各员禀报，虽间有可望有成之厂，而能否出铜丰旺，尚难预必。此时筹办各省采买铜斤，除减炉节铜之外，别无良策。惟是京都及诸大省商贾辐凑，人民繁庶，钱文必须充裕，庶免市侩居奇。诚如圣谕，未便轻议减炉，有碍民用。滇省年来复炉广铸，钱价日平，自应首先裁减。臣等悉心筹酌，除省城民户殷阜，需钱较多，局设炉座未便议减。东川一局炉座虽多，但逼近汤丹、大禄、乐马各厂，攻采人众，需用钱多，只可裁去复设八炉并从前新增之五炉。此外大理、临安、曲靖、广西等四局，拟各减四炉。保山局减去五炉。以上共减三十四炉正加卯，就东川、临安二局，前议配用高六低四，及大理、曲靖、永昌、广西四局全用宁台铜斤计算，岁可省铜一百一十二万余斤。计滇省上年已裁减四十一炉，此时又议裁三十四炉。滇中到处皆山，不通舟楫，小民日用在在需钱，必得钱法流通，裨沾价平之惠。所有现存炉座为数无多，实难再减。

至贵州、广西，皆系小省，近闻钱价亦平，照该二省年办铜数，应请各减十分之三。又湖北省每年采办滇铜三十四万八千斤，该省汉口地方铜商聚集，向闻山西省多于汉口采办商铜运回鼓铸。汉口系湖北省会地方，若本省采买尤属便易，应请亦减买滇铜十分之三，就近采买添凑，既纾滇省之乏，并省远运之烦，似属两便。以上三省，共可节省铜三十七万余斤，连滇省裁炉所减，并留备四十余万斤，约已可敷各省每岁采买二百万斤之数。

至滇省裁减炉卯，省铜一百十二万斤，内虽有宁台厂铜五十九万余斤，应需加耗十余万斤，即于该厂旧存铜内添拨足数，其余五十三万，同留备之四十余万斤，皆系各小厂高铜及金钗厂铜，向系备供采买，无庸另议。惟宁台厂道远铜低，运费稍重，外省多不乐于买运。但该厂铜质虽低，其外加耗铜比之别厂为数最多，近年滇省各局多用宁台厂铜，并无不堪熔铸之说。即运脚稍有加增，而节省之宁台厂铜数止五十余万，各省匀搭，亦不过十之二三，不致有亏鼓铸成本。况现在滇铜缺产，舍宁台厂外，实无可拨之铜。应请与别厂铜斤一体拨供采买，以免将来复滋异议。

至现在滇省及各该省所减铜斤炉卯，如续踩新厂，将来获铜丰旺，原可再请循复旧规。其浙江省新请增买铜八万斤，应俟滇省存有余铜，另行议加，此时势难再增。仍照向例，于夏、冬二季，滇省将所获铜数依次截拨，咨会各省委员赴滇领运。

再此时议裁之东川增添五炉正加卯铸息，系奏奉恩准拨补汤丹、碌碌、大水、茂麓四厂积欠共银十三万九千二百三十两三钱二分九厘，前项铸息，自三十九年二月开铸起，截至本年九月底，共获息银九万八千一百三十四两五钱二分八厘，除拨补外，尚不敷前欠银四万一千九十五两八钱一厘。又各局复设炉座，除四十二年八月奉文裁减之外，东川、大理、临安、曲靖、广西五府州各留炉八座，永昌留炉十座，每年正加卯铸息，亦系蒙恩准补四十年清查积欠共银十七万八千九百五十六两八千六分五厘，计自四十二年正月起，截至本年九月底止，共获息银十四万九千六两六钱三厘，内除遵照从前奏案，威宁店至罗星渡京铜，道远运艰，额定价脚不敷食用，每年加增银九千一十四两六钱八分八厘，四十二三两年，共该银一万八千二十九两三钱七分六厘，尚余息银十三万九百七十七两二钱二分七厘外，有曲靖、临安两局误铸着赔息银四千七百十七两六钱八分三厘，除一并拨抵之外，尚不敷前欠银四万三千二百六十一两九钱五分五厘。计两次拨抵厂欠项下，共不敷银八万四千三百五十七两七钱五分六厘，统于现留续设炉座年获息银内拨补此项。现留炉座，每年正加卯并旧局二十炉加半卯，约获息银四万四千余两，内除应给威宁店加增运脚外，岁可获息银三万五千余两，合计从前两次未完厂欠，不过二年有余，俱可全数清完。向后余息，再行按年解司，另款存贮备用。至此次拟裁东川增添五炉正加卯，此项鼓铸铜斤，原系厂民办交余铜供铸获息，今未完欠项已并归新炉铸息拨补，其每年应办余铜，仍令照数交官收买候拨，俟前欠补足之后，再停办交，以符原案。所有留炉鼓铸事宜，俟奉准部覆，另行酌筹核办。

再钦奉谕旨，令此后年清年款，毋致办理再有棘手。臣等覆查，滇省开厂办铜，例准预借官本及油米炭斤以济炉力，厂欠一项势难尽绝。然每阅数年清查一次，前欠未完，后欠复又加增，锢习相沿，讫无底止，殊非拔本塞源之道，必须相其积弊根由，设法杜防，庶可渐次清厘，去其太甚。查厂地人数既多，欠项又属零星，必须当下核实查办，方可易于追缴。若事隔几载，厂易数官，炉户既已逃亡，册籍复多纷错，欲检取收支底账一一核计，实难保毫无舛误。嗣后，应请饬令厂员，凡上月发本，即须下月收铜，若三月之后不能清缴，已成厂欠，即册报该管道府，按季稽查，酌量所欠多寡，或勒令陆续扣销，或立将家产当官追变，统以一年为断，如逾期不完，着令厂员赔缴，将厂民审明定罪。倘现前未经报出，事隔数年，忽有炉欠，明系厂员借词开抵，应请即以侵亏科断，庶厂员知所儆凛，不敢不慎密严查，据实开报。嗣后遇有欠本、炉户逃亡事故，应令厂员随时通报，由该管道府委令地方官逐一详查，当下姓氏既确，指证亦多，厂员自难捏饰。如果逃亡属实，准以市平拨抵。若系虚词妄报，即将该厂员严揭请参。总不许于事后具报无着，致涉冒销。统令按季，由该管道府汇总，核实加结移司，详请督抚核查存案。除以所扣市平尽数拨补之外，若有不敷，即令经放之员赔补。如此随时严查办理，自不致稍有冒滥，而从前每阅数年必须清查积欠之弊，似可革除。

再各厂穷乏砂丁，俱系在炉户名下攻采礶硐，借以糊口，并未以盈千累万之工本责令担承。嗣后，毋许以厂欠推卸砂丁，借为搪抵，总须责成厂员慎选殷实之人充当炉户，倘并无家业，任听滥充，脱有欠缺，惟该厂员是问。至于厂地工本，固须随时接济，亦不容借口通融，任意多放。向因前督臣彰宝以办铜必须多发工本，漫无节制，以致厂欠日积日多。现在查出从前未报欠银二十余万两，大半皆由于此。今各厂年办铜斤，月有定额，所需铜价已可按数核计，毋庸多发存厂。惟厂地距省远近不一，出矿衰旺靡常，如汤丹、宁台等厂，办铜较多，势须随时接济，若赴司请领，往返需时，既有缓不济急之虑。藩司事务殷繁，又远在省城，势难分身亲赴各厂地查察实在情形。巡道向有督察之名，并无调剂之实，以致视同局外，考核不严。况东西二道驻扎地方，均与各厂相近，自应派令分任，以重责成。除各厂月额工本仍由该管道府及直隶州具文请领，藩司按照月额、铜数核实给领，不得多发存厂，以免厂员滥放外，其随时接济银两，如迤东道所属厂分较多，应另发银八万两，迤西离省窵远，应另发银四万两，共银十二万两，分贮道库，凡所属铜厂需本按济，该道即亲往查明，报明督抚，就近酌发。迤南道驻扎普洱，所辖临安、元江二府州厂地远过省城，仍由藩司查明酌发。至粮道专辖云南、武定二府州，亦有厂地，该道与藩司同在省城，如有必需接济之处，该道亲查属实，即一面报明，一面向藩库领银转发，俾炉民早得铜价，借资攻采，不致办理掣肘。所有此项接济银两，即由该道酌量于厂地请领司库月额工本内按季分扣，务令年清年款，毋许稽延。倘道员不行查实，滥行多发，致有欠本难归，如系道员专管之厂，即令道员赔偿；如系知府专管之厂转禀请发，即着落道府分赔；如藩司于月额外多发本银存厂，以致厂员滥放，归于无着，亦请一例参赔。又炉户未完油米等项，原与欠本无异，乃向来视非正项，每年完欠数目竟不列入考成，存本数内相沿办理，实属错谬。嗣后应请与按季通报之厂欠有无未完，一并于考成案内分晰声造，按照盐课未完分数事例开参，以重考核。

如此酌定章程，逐层稽核，既不致滥放以滋欠，亦不致拘滞以误铜，虽未必即为经久无弊之规，而司道各有专司，厂员无从牵混，似可年清年款，不使日后办理另有棘手。再滇省既裁炉减卯，所有铸出钱文数已大减，其应放铜本、运脚钱文，亦应量为减搭，容俟奉准部覆，再行筹议，咨部办理。再此案臣等谨遵照原奉谕旨，由驿驰递，合并声明。

所有筹办裁炉减卯及一切年清年款事宜，臣等谨合词恭奏，是否有当，伏祈皇上敕部，核覆施行。谨奏。

朱批：该部议奏。

（《宫中档乾隆朝奏折》第四十五辑，第 82～87 页）

2191 大学士仍管云贵总督昭信伯李侍尧、云南巡抚裴宗锡《奏报清查铜厂新旧炉欠，分别追赔完项，请旨遵行折》

乾隆四十三年十月初三日

大学士仍管云贵总督昭信伯臣李侍尧、云南巡抚臣裴宗锡跪奏：为清查铜厂新旧炉欠，分别追赔完项，恭候谕旨遵行事。

窃臣李侍尧在京时，业将滇省厂务及饬令藩司查办情形面陈圣鉴，回滇后，复将藩司孙士毅查造各册逐一指示，分晰核办，兹据造报，详覆前来。

伏查滇省开采铜厂，例须给发工本接济炉民，厂欠一项自所不免。然承办各员果能调剂得宜，随时清理，亦何至厂欠愈积愈多，竟成无着？查铜务原定章程，每年责成道府盘查，一年放出工本，除去收买铜价，其未完分数，列入考成题报，分别议处，所欠银数，仍于炉户名下扣追，按年开报，完欠厘然，不容丝毫牵混。

自乾隆二十二年，前抚臣刘藻将厂欠一项作为预放工本，分限五年、十年扣收，于考成案内划出，另案办理。从此每年考成奏册，总列全完，厂欠俱隐而不发，节次奏奉特旨清查，总以炉户现存作为预放工本，即于厂欠项下划出开除，以致完欠数目仍有不实不尽。数年之后，日就逃亡，愈积愈多，遂成无着。复缘乾隆三十六年，前督臣彰宝奏开新厂，以办铜必须按济宽裕，请多发工本，广觅新礶，因而旧厂亦相效尤，毫无限制。如三十八年，查出厂欠十三万余两之后，逐年存厂银数仍有三四十万及五六十万不等。四十年查出厂欠十七万余两之后，仍有存厂银六十余万两，以致厂员任意滥放，炉户负欠日渐加多。上年查办四十一年考成，经藩司孙士毅禀明各厂员积存工本计六十万两有零。臣等随饬令藩司及专管道府，将实在存本若干，厂欠若干，并其中有无侵隐滥放彻底清查，又遴委干员分赴各厂确查详报。旋据将放出炉欠，分别有着无着及存本、实贮、备抵各数并声明三十八、四十年两次清查尚多未报厂欠分款造册，由司道覆核申送。

查乾隆四十二年题报四十一年考成册载，存厂银六十万二千九百二十八两零，加以四十二年新发工本，除支销铜价外，截至四十二年冬底，止共应存各厂银八十万二千三百五十七两零，内实在存银二十四万九千八百两有零，实发过水泄工费、运局、商铜、价脚等项银九万二千三百两有零，垫支役食不敷银三千六百八十两有零，实放厂欠银三十八万六千六百余两，内四十年清查以前未经报出旧欠无着银二十三万零，四十一二两年新欠银一十四万两零，内有着银十一万两有零，无着银三万两有零，预放运铜、脚价等项银五万四千五百五十八两零，未变炉户田产等项银一万五千二百二十八两零。调集各厂员，携带收铜、放银底簿来省，悉心稽核，委系实放实欠，尚无官亏饰混及不实不尽情事。复将彰宝多发工本之案彻底核算，查三十七八两年，彰宝共发过工本银一百七十一万五千六百一十八两零，计两年获铜，只销本一百三十三万二百七十五两零，即此两年之内，已有未完三十八万五千三百余两。现在查出前此未报厂欠二十余万两，其受病实在，于此从前清查厂欠时，未能将炉户现欠之项尽数开报，以致年复一年，逃亡歇业，无可着追。所有此次查出新旧无着炉欠银二十七万六千四百三十四两零，核其情事，实与滥放无异，均应着落经放各员赔缴，以示惩儆。

除现任滇省者在滇追解，升迁事故者查明任籍，另行详咨各省，如系现任之员，即按限勒追，倘已经事故，即查封产业变抵，勿使地方官稍有隐匿，率以人亡产尽申报。其中若有本员实在无力完缴，即着专管知府、督办道员、总理藩司及主政之巡抚，各按在任月日照例分摊，总期早日清完，以免久悬帑项。其有着银十一万二百六十四两零，俱系四十一二两年新欠，阅时未久，该炉户现在办铜，若不责令完缴，将来更启任意花销之渐。自应按欠数多寡，分限追完。

今请酌定，如欠数在五百以下者予限一年，五百以上至一千两者予限年半，一千两至三千两者予限二年，其四千两以上者予限三年，一万两至二万两者限以四年，自二万两以上，欠数较多，应统限五年。计各厂有着炉欠，惟碌碌厂多至二万九千四百八十余两，其余自数百、数千以至一二万两不等，期限既宽，炉民均可完缴，不致办铜竭蹶。如每限应完之数完不足额，着令经放、承追厂员分半赔缴。如经放、承追各员亦复无力完缴，即责令各上司分赔，仍将未完炉户审拟治罪，庶炉民知欠本未完终难免罪，不敢任意拖延，而承追厂员责任分赔，亦必认真设法扣缴，免致歧视。

又厂员预放运铜脚价等项银五万四千五百五十八两零，或脚户现在运铜销欠，或铺民未交油米炭斤，或系办铜炉户未完借支水泄，以及未扣公廉铜价，虽查明实系放出之项，但运脚等银本属不应预放，又不及早收回，未便因尚可扣追，稍事迁延。应请同无着炉欠一体按限，在于经放官名下先行勒追归款。又炉户抵欠田房、碴道及近厂州县未交采买米石，共银一万五千二百二十八两零，原系有着之项，但存本攸关公帑，岂容久悬？应请以三月为断，追变清完。如逾期不变，或变不足数，即着厂员及地方官分别赔补。其未运米石，亦照限催运，赴厂交收，以备接济炉食，倘有迟延，并令承办之员先行赔缴。

至运局商铜、价脚、市平、拨抵逃亡、水泄工费及修理厂房、道路工用、卡书、役食等银九万九百二十九两零，俱应司库给领之项，此内水泄、厂房、道路工费，将来部中即有核减，为数无多，可以随时追解。前项银两，该厂员已于存本项下动支垫发，应即作该厂缴回工本，毋庸给领，仍于各本案报销册内分别收除。又汤丹、碌碌二厂节年垫支加添役食银五千一百三两二钱，除已收司库未发银一千四百一十三两零，亦作该二厂缴回存本，毋庸给发。其余垫发银三千六百八十九两零，应于厂地运赴各店、局搭运铜斤节省脚费项下归补，历年造报，详咨有案。近年岁省脚费，除支销役食外，并无余剩，未能清偿垫项，现在臣等另行筹议具奏。

以上各款，核与应存各厂银八十万二千三百五十七两零数目相符，其从前三十八四十两年查出厂欠银三十一万八千一百八十七两零，领欠各户业已逃亡无着，久沐圣恩，准以铸息弥补，应请仍遵节次奏案办理。

至三十八、四十两年清查厂欠各厂员，未将欠数彻底清查开报，该管上司亦复未能觉察，均属不合。所有节年经管厂员、失察道府并按年详题之藩司、巡抚，并请交部分别查议，以肃铜政。

抑臣等更有请者，厂地所需油米炭斤，皆系预备接济炉民，免致市侩昂价，自应妥为办理。乃各厂员自办油米木炭既多民欠，即地方官代买食米，亦未能克期迅速运交。又炉民抵欠产业，悉关公项，自应严追归款，岂容坐视耽延？至于运铜脚价及每年帮补水泄费用，亦并非例准预借，总因向未定有章程，该厂员等遂得任意借支，无所限制。应请嗣后每年采办油米炭斤，或厂员自购，或近广州县代买，将借动工本银数及何日前赴何地采办之处，先行通报备查，远者两月，近者一月，限即如数买足，运贮厂地，仍将买回油米炭斤数目、到厂日期具文通报，倘有稽迟，详参议处，其查封炉民抵欠、田房碓道，先将估值银数如在厂地者，厂员造册通报。如在别州县者，由地方官报造统于报变之日为始，按照例限变解。如违限不变，照例详参，或有变不足数，着落原估及承变之员分半赔缴。以上各项一经各该员通报，即由藩司详请督抚衙门存核。此外，预发运脚、水泄银两概行禁止。倘将来再有违犯，除着落赔补外，仍将该员严行参处。庶上下各有稽考，于厂务较有裨益。

至各厂炉欠，此番分别追赔，固已水落石出，而善后规条，亟当筹画，俾使年清年款。臣等现已酌议，另折恭奏。所有查出新旧炉欠有着、无着实数，及存厂工本应除、应赔，分别勒限追缴，除造具各册，咨部查办外，谨将应赔之历任厂员、道、府、藩司、巡抚各职名，另缮清单恭呈御览，伏祈皇上敕部，核覆施行。谨奏。

朱批：该部议奏。

（《宫中档乾隆朝奏折》第四十五辑，第87~91页）

2192　大学士仍管云贵总督昭信伯李侍尧《奏请定土职承袭章程折》
乾隆四十三年十月二十七日

大学士仍管云贵总督昭信伯臣李侍尧跪奏：为请定土职承袭章程，仰祈睿鉴事。

窃臣因普洱、腾越等处本年系属撤防、减防之始，不独驻汛兵弁必须加紧严查，即沿边土职亦须分设厘然，克资弹压，方足以收实用。饬令藩司孙士毅，于旧设土职外，将续增之土守备、千、把、土舍、土目等员，其从前设立根由及现在承袭情事逐一详查，分晰开报。兹据孙士毅查明，汇册申详。

臣检阅此项土职，多系康熙、雍正、乾隆年间，因边夷不法，伊等父祖随师进剿，著有微劳，奏明赏给职衔，借以约束土夷；亦间有未及具奏，由督抚赏给，后始行咨部，均系在外酌予便委，不给印信、号纸，因各有管束土民，巡守边隘之责，亦准其子弟承袭，如子弟不能顶充，即以土夷悦服之人另为选补。向来只于袭职时，由总督衙门咨部存核，其各该土职病故革退，并不先行咨部，以致外间得以托故耽延，多年悬待，非借口子弟未合年例，徐择抚孤，即指称后嗣懦怯无能，尚须试看。多由该管地方官以邻境土职详请兼委，司其操纵，其间营私市惠、吏役欺蒙，均所不免。

现计未经袭职之土员共有十一案，除景东同知所属之板桥土驿丞甫于本年病故，维西通判所属之阿墩土千总、中甸同知所属之大中甸土千总，系于去冬及本年正月病故，阅时尚未久远。惟临安府属之溪处乡土舍、纳更土把总，元江州属之永丰里土千把总，思茅同知所属之猛笼、乌得、易武三土把总，攸乐土目等八处，皆自乾隆三十三五年及三十七八九并四十一等年病故革退，至今尚未请袭有人，计其迟延月日，自三五年、七八年以至十年不等，实属不成事体。

伏思此等土职，从前原因边夷滋衅，伊等先世协力剿贼，曾效勤劳，又因其素为夷众悦服，是以赏以土职，俾随同地方官弹压巡查，用安边徼。则凡事故承袭，并当专案咨部，画一核办，岂容外省迟速任意，不行咨部稽查？嗣后，应请凡遇土职病故革退，先将缘事日期咨部存案，照例扣限六个月，勒令地方官，于该土职子弟内选取安静能事、足资检束夷众之人，造具宗图册结，由本管道府核实，送司详院。除应颁换号纸者仍照旧具题外，如系便委备弁、目舍，专案咨部，俟部覆到日，由督臣发给委牌，以重考核。倘逾限不办，将承办地方官及专管之道府，令藩司随案开送，听部处分。再有似此累年不结，另行从重揭参，用昭惩创。如此，则起限日期先行咨部，内外均有稽考，而微末土员循名责实，亦似可裨益边隅。所有尚未请袭之十一案，臣现在严催速结，造册咨部。其从前稽迟之处，实因未经定有章程，积习相沿，由来已久，可否免其议处，出自圣恩。

再思茅所属之撒袋土把总伍朝栋，检查档案，并未著有劳绩。前督臣刘藻偶因驻扎思茅，喜其便于使令，给与委牌，至今未经咨部有案。若竟令其子弟承袭，实属过当。现据藩司孙士毅具详，该土弁伍朝栋嗜酒任性，不能约束地方，经臣批示斥革，不准另选顶袭嗣。后此等便委，请旨永远革除，以杜外省擅专之渐。

至黔省土职，其在外给委之土千、把总以及土舍等项，共有九十九员，为数甚多，俱准令子弟承袭，其间或由巡抚给委，或由巡抚批令藩司及该管地方官给委，不独并未报部，即督臣亦向不过问，似于边疆体制未协。嗣后，应请亦归总督衙门考核，与滇省画一办理。臣已檄饬行查，俟覆到，一体咨部核办。是否有当，伏祈皇上睿鉴训示。谨奏。

朱批：该部议奏。

（《宫中档乾隆朝奏折》第四十五辑，第 268~270 页）

2193　大学士仍管云贵总督昭信伯李侍尧、云南巡抚裴宗锡《奏请以昭通府大关同知孙嗣光升署开化府知府，遗缺以黑井提举张珑升补折》

乾隆四十三年十月二十七日

大学士仍管云贵总督昭信伯臣李侍尧、云南巡抚臣裴宗锡跪奏：为知府员缺紧要，仰恳圣恩俯准升署，以裨地方事。

窃照云南开化府知府张顾鉴，因前任湖北荆门州任内失察衙役借差酿命，奉文降调，所遗员缺，例应拣选调补。

查开化地处极边，民夷杂处，幅员辽阔，接壤安南，知府责任专城，稽察抚绥最关紧要，非老成干练、熟悉风土之员勿克胜任。臣等公同两司，于通省知府内逐加遴选，非现居要缺，即人地未宜，确难奏调。惟查有昭通府大关同知孙嗣光，年五十七岁，顺天举人，于山西阳曲县任内卓异，推升刑部主事，奉旨交吏部记名，以直隶州知州补用，乾隆三十六年四月内，拣选引见，发往云南，以同知委用，题补今职，三十八年八月到任，边俸三年报满，加一级注册，仍留本任，再满三年具题。该员才识明练，办事实心，久佐昭通，于边地情形更为熟悉，以之升署开化府知府，实属人地相宜。惟本任大关同知，系苗疆久任之缺，续俸未满三年，与例稍有未符。臣等谨遵人地相需之例，专折奏恳天恩，俯念员缺紧要，准以孙嗣光升署，庶于地方公事有裨。仍俟扣满续俸三年，另请实授。

其所遗大关同知，系苗疆调缺，兼有承运京铜，亦关紧要。现在滇省同知内，并无合例堪调之员。查有黑盐井提举张珑，年五十五岁，直隶拔贡，教习期满，选授甘肃正宁县知县，历升静宁州知州，丁忧回籍，服满赴补，选授云南嵩明州知州，调补今职，乾隆三十八年四月到任。该员勤敏笃实，办事安详，以之升补昭通府大关同知，实堪胜任。所遗黑盐井提举缺，系升补所遗，例得以试用人员署理。查有委用提举朱璋，年四十七岁，江苏贡生，由州同加捐运副，签掣浙江，因祖籍五百里以内，对品改发云南，以提举委用，乾隆四十二年九月到滇。该员心地明白，办事勤慎，现在委署黑盐井事务，颇为称职。应请即以署理，照例试看期满，另请实授。

如蒙俞允，孙嗣光以同知请升知府，张珑以提举请升同知，应俟准到部覆，给咨送部引见，恭候钦定。朱璋系委用提举，衔缺相当，毋庸送部，合并声明。除另缮各该员参罚清单，敬呈御览外，臣等谨合词恭折具奏，伏乞皇上睿鉴训示。谨奏。

朱批：该部议奏。

（《宫中档乾隆朝奏折》第四十五辑，第271～272页）

2194　大学士仍管云贵总督昭信伯李侍尧《奏报拿获烧毙二命为从之凶犯，请旨正法折》

乾隆四十三年十月二十七日

大学士仍管云贵总督昭信伯臣李侍尧跪奏：为拿获烧毙二命为从之凶犯，奏明请旨遵行事。

　　窃照云南师宗县属邱北地方客民陈老三，商同逸犯李光阳等，活烧李布明、李布亚毙命一案，经抚臣裴宗锡审拟具题，三法司照议核覆。臣因陛见，在京面奉谕旨，督属查拿。臣回任后，遵即严饬该管地方官，悬立赏格，勒限上紧严拿，先将遵旨办理缘由，于本年八月初一日，恭折奏闻在案。嗣据署阿迷州知州陆继夔、师宗县知县屠绅禀报，八月二十五日，该州县差役在阿迷州属萨噶笼地方，盘获案内逸犯王以士一名。复据署邱北县丞戴士琰禀报，九月二十一、二十四等日，先后拿获案内逸犯王明、王毛短二名，经臣饬行按察司汪圻提解赴省，督同云南府知府永慧确审勘办。兹据讯明，王以士、王毛短供认，听从逸犯李光阳，扛抬李布亚活烧，均系为从加功，拟绞。要犯王明供认，听从陈老三捆缚李布明等，系依诬良为盗，拟军之犯，情节悉与原案相符，录供详报前来。

　　臣细核原卷，陈老三因所赶驮马撞李布明倒地，李布亚帮同将马拉住，索银医治，尚属乡愚争闹常情，乃陈老三竟敢纠集凶徒，将李布明、李布亚捆缚，抬至李光阳家，商同诬指李布明、李布亚为盗，辄将二人活烧毙命，惨毒凶顽，至斯已及！现获之王以士、王毛短二犯，原案系从而加功，律应绞候。乃脱逃三载，久稽显戮，玩法幸生，情甚可恶，未便再禁囹圄，遂其奸狡。应请旨即行正法，以彰国宪。至现获之王明一犯，系听从已决斩犯陈老三，诬良捆捉，在未经商谋烧毙之前，应照原拟，依诬指良民为窃，捉拿拷打，不分首从，发边远充军例，发边远充军。未获各犯，业据严讯现犯，开明年岁、籍贯，现在分饬各属照册查拿，并移咨邻省严缉务获，分别另结。除供招咨部外，另缮供单敬呈御览。谨缮折具奏，伏祈皇上睿鉴，敕部核覆施行。谨奏。

　　朱批：三法司核拟速奏。

（《宫中档乾隆朝奏折》第四十五辑，第272～273页）

2195　云南巡抚裴宗锡《奏报乾隆四十三年分滇省民数、谷数折》
乾隆四十三年十月二十八日

云南巡抚臣裴宗锡谨奏：为钦奉上谕事。

　　窃照各省民数、谷数，例于每岁仲冬，缮写黄册具折奏闻。其民数，分造民、屯丁口各一册办理等因，遵照在案。

　　兹据布政使孙士毅会同粮储道海宁详称："云南省岁报民数，除番界、苗疆户口向不造入外，所有乾隆四十三年分通省民、屯户口，各就原编保甲逐一确查，实在大小民人二百五十六万六千二百二十四丁口，内男丁一百三十四万五百三十三丁，妇女一百二十二万五千六百九十一口；屯民男妇大小五十八万三千三百三十七丁口，内男丁二十九万七千九十五丁，妇女二十八万五千九百四十二口。实贮常平社仓米、谷、麦、荞、青稞一百六十九万五千七百七十三石零。"分案造册，详请具奏前来。臣覆加确核无异，理合恭折奏闻，并将民、屯丁口实在数目及存仓谷石总数，循例分缮黄册三本，敬呈皇上睿览。谨奏。

朱批：册留览。

（《宫中档乾隆朝奏折》第四十五辑，第318页）

2196　云南巡抚裴宗锡《奏报丁酉年三运第一起京铜开帮日期折》
乾隆四十三年十月二十八日

云南巡抚臣裴宗锡谨奏：为恭报京铜开帮日期，仰祈圣鉴事。

窃照滇省办运京局铜斤，自四川泸州开帮日期，例应奏报。

兹据云南布政使孙士毅详称："丁酉年三运第一起委员席世绅，领运正耗余铜七十三万六千三百斤，又带解截留丁亥年两加运铜五万四千五百二十七斤零，于乾隆四十三年九月二十八日，在泸州全数兑足开帮等情前来。"臣覆查无异，除飞咨沿途各省督抚催儹前进，依限赴京交收，并咨明户、工二部外，所有丁酉年三运第一起京铜全数开帮日期，理合恭折奏报，伏乞皇上睿鉴。谨奏。

朱批：览。

（《宫中档乾隆朝奏折》第四十五辑，第319页）

2197　云南巡抚裴宗锡《汇奏甄别乾隆四十三年分滇省佐杂人员折》
乾隆四十三年十月二十八日

云南巡抚臣裴宗锡谨奏：为汇奏甄别佐杂事。

窃照首领、佐杂等官，例应将六年俸满保荐、留任、休致员数，并未届俸满、随时休革者，于年终汇折奏闻。今据布政使孙士毅会同按察使汪圻，将乾隆四十三年分云南省甄别过俸满佐杂人员开送前来。

臣查俸满各员，俱经陆续验看，咨部在案。兹于一年内甄别员数，统计初次俸满留任者十五员，二次俸满留任者一员，三次俸满留任者一员，已届俸满斥革者一员，降调者一员，未届俸满斥革者五员，休致者四员，降调者三员，此外并无人材出众、著有劳绩，堪膺保荐之员。所有乾隆四十三年分甄别过佐杂员数，臣谨开列清单，恭折汇奏，伏乞皇上睿鉴，敕部查照施行。谨奏。

朱批： 该部知道。

（《宫中档乾隆朝奏折》第四十五辑，第319～320页）

2198 云南巡抚裴宗锡《奏报滇省田禾情形折》
乾隆四十三年十月二十八日

云南巡抚臣裴宗锡谨奏：为奏闻事。

窃照本年九月以前云南通省地方情形，经臣于巡查迤东折内一并陈奏在案。

兹自十月以来，节据远近各属具报晴雨调匀，高下田畴于获稻之后翻种，二麦南豆均已出土滋长，市卖粮价亦因年谷顺成，较前更臻平减。臣思滇民际此丰稔，家庆盈宁，又值蒙恩轮免钱粮，俾资藏富，益当撙节物力，长享康阜之休。现在督率有司，遍为劝喻，务期共敦节俭，倍裕盖藏，以仰副圣主加惠边黎之至意。理合恭折奏闻，并将九月分粮价另缮清单，敬呈皇上睿鉴。谨奏。

朱批： 知道了。

（《宫中档乾隆朝奏折》第四十五辑，第320页）

2199 云南巡抚裴宗锡《奏报楚省委员接运滇铜扫帮出境日期》
乾隆四十三年十月二十八日

云南巡抚臣裴宗锡谨奏：为楚省委员接运滇铜扫帮出境日期，循例奏闻事。

窃照各省委员赴滇采办铜斤，往来俱有定限。钦奉上谕："嗣后到滇办运开行，即着该抚具奏。如有无故停留贻误者，即行指名参究等因。"钦遵在案。

兹据云南布政使孙士毅详称："湖北委员崇阳县知县王沛膏，接运故员庄世蔼采买义都等厂正耗余高铜一十二万四千八百斤，金钗厂正耗余低铜二十二万三千二百斤，于乾隆四十三年九月初七日，在剥隘地方全数扫帮出境，并声明该故员庄世蔼采买铜斤，前经详明，令伊家属催运剥隘地方收贮，照数秤交接运委员王沛膏，赶运回楚供铸，并非赴厂领运，毋庸扣限等情。"详请核奏前来。臣覆查无异，除飞咨经过之广西、湖南及湖北各抚臣接替催偿，赶运交收，并咨明户部外，所有楚省委员王沛膏接运故员庄世蔼办运铜斤扫帮出境日期，理合恭折具奏，伏乞皇上睿鉴。谨奏。

朱批： 览。

（《宫中档乾隆朝奏折》第四十五辑，第321页）

2200 云南巡抚裴宗锡《奏报年终盘查滇属仓库缘由折》
乾隆四十三年十月二十八日

云南巡抚臣裴宗锡谨奏：为汇奏盘查各属仓库事。

案照各属仓库有无亏空，钦奉谕旨，年终汇奏一次，以重责成，历经钦遵在案。兹据布政使孙士毅详称："乾隆四十三年分滇省各属仓库，先经循照向例，详明截至八月底，分委盘查。今准粮储道海宁、迤东道白玠、迤西道徐嗣曾、护迤南道事临安府知府德起，并据云南等府州，将所属各厅州县仓库钱粮逐一盘查结报，并无亏空；又准驿盐道许祖京盘查井属盐款，结报无亏各等情。"由司汇核，具详前来。

臣覆加确查无异，除仍不时留心稽察，倘有侵亏那掩情弊，立即据实参究，并将盘查不实之该管上司一并严参办理，断不敢因甫经循例入告，稍存回护，自取重咎外，所有乾隆四十三年分盘查滇属仓库缘由，臣谨恭折具奏，伏乞皇上睿鉴。

再此折到京例有定限，现因督臣李侍尧远赴腾越巡边，往返需时，是以未及会衔。合并陈明。谨奏。

朱批： 览。

（《宫中档乾隆朝奏折》第四十五辑，第322页）

2201 云南巡抚裴宗锡《汇奏甄别过乾隆四十三年
分滇省俸满教职人员折》
乾隆四十三年十月二十八日

云南巡抚臣裴宗锡谨奏：为汇奏甄别教职事。

窃照各省教职，例应将六年俸满保荐、留任、休致员数，并未届俸满随时休革者，于年终汇折奏闻。

今据布政使孙士毅会同按察使汪圻，将乾隆四十三年分云南省甄别过俸满教职人员开送前来。臣查俸满各员，俱经陆续验看，咨部在案。兹于一年内甄别员数统计，初次俸满勤职留任者一员、循分供职留任者五员，二次俸满循分供职留任者四员，已届俸满休致者一员，未届俸满休致者二员，降调者一员，此外并无才能出众、堪膺民社保荐之员。所有乾隆四十三年分甄别过教职员数，臣谨开列清单，恭折汇奏，伏乞皇上睿鉴，敕部查照施行。谨奏。

朱批： 该部知道。

（《宫中档乾隆朝奏折》第四十五辑，第 322~323 页）

2202　云南巡抚裴宗锡《汇奏乾隆四十三年分滇省估变物料情形折》
乾隆四十三年十一月初一日

云南巡抚臣裴宗锡谨奏：为查明估变物料，遵旨汇奏事。

窃照各省承办一应房屋、船只，遇有迁移、裁汰，应变物料，钦奉上谕，均照工部奏定之例，随时估变，分别办理。其估变银数在二百两以下者，除按次报部外，仍于年终汇奏一次，历经钦遵，奉行在案。

兹乾隆四十三年分，据布政使孙士毅详称："查滇省估变物料，其银数在二百两以下者，有永昌府同知衙署一所，原估、加增共银一百四两六钱五分一厘，地基价银四十二两九钱六分，取册详咨。奉准部覆，房屋照估变价，其地基价银，饬令加增。行据保山县复增估银七两一钱六分，连原估、加增，共银五十两一钱二分，取具册结详咨，现候部覆遵行。又嶍峨县估变裁汰兴衣乡巡检遗存旧署一所，昆阳州估变裁汰海口州同衙署一所，白井提举估变裁汰白石谷井大使衙署一所因所估价值减少，业经先后驳饬，确查增估，俟造报至日，另详核办。又保山县潞江地方应变军需案内，建造渡船六只，因该处居民稀少，并无别渡需用，无人承买，只可拆料变价。除匠工、运费无可估变外，每只变银二十六两八钱九分九厘零，共估变银一百六十一两三钱九分六厘。奉准部驳增估，另行核实详咨。此外并无应行估变房屋、船只数在二百两以下之项。"等情。详报前来。臣覆查无异，所有乾隆四十三年分滇省估变物料缘由，理合循例汇奏，伏乞皇上睿鉴。谨奏。

朱批： 览。

（《宫中档乾隆朝奏折》第四十五辑，第 350 页）

2203　云南巡抚裴宗锡《奏报查明本年滇省官员
并无扣展公出日期折》

乾隆四十三年十一月初一日

云南巡抚臣裴宗锡谨奏：为查明官员并无扣展公出日期，遵旨汇奏事。

案照钦奉上谕："州县官概不准托故赴省扣展公出日期，其有因公派委会审及查办紧要事件，必须檄调到省者，该督抚将应行扣展之故，于年终汇奏一次，交部查核。"等因。钦遵在案。

兹据按察使汪圻会同布政使孙士毅详称："乾隆四十三年分，滇省州县各官并无因公派委会审及查办紧要事件檄调到省，应于题咨案内扣展公出日期之案，无凭开单呈送等情前来。"臣覆加查核无异，理合遵旨缮折具奏，伏乞皇上睿鉴。谨奏。

朱批：览。

（《宫中档乾隆朝奏折》第四十五辑，第351页）

2204　云南巡抚裴宗锡《奏报查明通省城垣情形折》
乾隆四十三年十一月初一日

云南巡抚臣裴宗锡谨奏：为查明通省城垣，遵旨汇奏事。

窃照城垣为地方保障之资，钦奉上谕，着于每年岁底，将通省城垣是否完固之处，缮折汇奏一次，历经钦遵，奉行在案。今乾隆四十三年分云南通省城垣，据布政使孙士毅移行各道府确勘，分别完固、修补，覆核详报前来。

臣查滇省各府厅州县及佐杂各处，通共砖石、土城九十一座，内大关等厅州县城垣八十五座，门楼、垛口、墙垣均属完固；元江、浪穹、嶍峨三州县原坍、续塌、被雨浸倒城垣三座，现在委员确估办理；又思茅同知城垣一座，应需廓葺；昆明县会城一座，应修城身、城楼，已据该厅县修理工竣，现饬将用过工料银两造册，分案题报；又他郎通判土城一座，据报秋雨连绵，城墙间被淋坍，业经饬行勘估修理；其余各属完固城垣，臣仍严饬该管道府，督令该地方官加意保护，遇有些小坍塌，随时修补，以期巩固而资捍卫。

所有乾隆四十三年分云南通省城垣情形，理合恭折汇奏，伏乞皇上睿鉴，并另缮清单敬呈御览。谨奏。

朱批：览。

（《宫中档乾隆朝奏折》第四十五辑，第351~352页）

2205　云南巡抚裴宗锡《奏报乾隆四十三年分滇省大小官员并无换帖、上省宴会折》

乾隆四十三年十一月初一日

云南巡抚臣裴宗锡谨奏：为查无换帖、上省宴会，循例具奏事。

窃照各省大小官员有无换帖上省宴会，例应年终切实具奏。仰见圣主整饬官方、澄清吏治之至意。

伏查设官分职，各有专司，徇私废公，即乖政体。滇省所属各员，自奉文之后，咸知恪守官箴，共相儆惕，尚无敢违例禁自蹈愆尤。惟法久易致弊生，查察不容疏懈。今臣与督臣李侍尧，复于一年之内留心体访，通省大小各官，均无换帖宴会之事，或遇紧要事件，偶调来省，公竣即饬回署，亦无借称面禀公事数数上省之员。仍不时稽查，如有违犯，立即据实参处，不敢稍存姑息外，所有乾隆四十三年分滇省大小官员并无换帖、上省宴会缘由，臣谨循例缮折具奏，伏乞皇上睿鉴。谨奏。

朱批： 览。

（《宫中档乾隆朝奏折》第四十五辑，第352~353页）

2206　云南巡抚裴宗锡《奏报乾隆四十三年分滇省在配溃兵并无脱逃折》

乾隆四十三年十一月初一日

云南巡抚臣裴宗锡谨奏：为溃兵在配并无脱逃，遵旨具奏事。

案照钦奉上谕："川省溃兵分发各省安插，令该督抚等，务饬各州县严加拘管，勿使兔脱。仍将有无脱逃之处，于年终具奏一次。钦此。"钦遵在案。

臣查滇省原准川省解到溃兵边九业、祁大斌、王宗富、杨国秀、张贤忠、朱皋、陈满才、吕寅、王惠、柯成、袁思容等十一名，当经分发定远、南安、宜良、富民、易门、昆阳、晋宁、呈贡、新兴、河阳、大姚等十一州县，饬交各该地方官严加拘管，勿使兔脱在案。兹届年终，据按察使汪圻查明滇属安插各溃兵，自到配以来，均系悬带铃杆、铁牌，日则派充苦差，夜则收拘空室，不与改遣人犯相聚一处，现俱安静守法，并无滋事脱逃。"等情。汇详前来。臣覆查无异，所有乾隆四十三年分滇省在配溃兵并无脱逃缘由，理合恭折具奏，伏乞皇上睿鉴。谨奏。

朱批： 览。

（《宫中档乾隆朝奏折》第四十五辑，第353~354页）

2207　云南巡抚裴宗锡《汇奏乾隆三十五年分滇省各项改修缓修船只折》

乾隆四十三年十一月初一日

云南巡抚臣裴宗锡谨奏：为汇奏各项改修缓修船只事。

案准部咨："嗣后例限应修各项船只，每年委员查勘，将实系朽坏，不堪驾驶，及船身尚属坚固，堪以改修、缓修各缘由，于年底汇折奏闻。"等因。咨行在案。

伏查滇省跬步皆山，不通舟楫，向无动项建造例限应修船只。惟查乾隆三十四年办理军需案内，保山县动项建造潞江渡船十只，旋因军务告竣，裁变六只，留存四只，遇有损坏，随时酌修，并无定限。又禄丰县动支军需余平银两添造星宿河渡船四只，前经部驳，尚未准销，毋庸估修。此外尚有原设渡船定限修理、在外支销者，丽江府属之金江、阿喜渡渡船一只，罗平州江底河渡船一只，历系三年一修，所需工料银两，俱于官庄租米内征存支用，汇册报部。查金江、阿喜渡渡船，系乾隆四十年修理，今岁已届三年应修之期，据丽江府知府吴大勋查明船身朽坏，不堪驾驶，业经动支官庄租米变价银两修理工竣。至罗平州属之江底河渡船一只，系乾隆四十一年修理，尚未届满三年，现在委员查勘，船身尚属坚固，应俟届限，查明分别办理。兹值乾隆四十三年岁底，行据布政使孙士毅查明，详报前来。臣覆查无异，理合恭折汇奏，伏乞皇上睿鉴。谨奏。

朱批：知道了。

（《宫中档乾隆朝奏折》第四十五辑，第 354～355 页）

2208　云南巡抚裴宗锡《奏报代请貤封折》

乾隆四十三年十一月初一日

云南巡抚臣裴宗锡谨奏：为请旨事。

据云南布政使孙士毅详称："恭照乾隆四十二年五月初二日，钦奉恩诏：'内外大小各官，俱准给与封赠。钦此。'"钦遵在案。

兹据平彝县知县陆继夔详称，该员七龄失怙，父又远馆在外，不暇顾复，全赖叔婶恩养长成，请将本身、妻室应得封典貤封胞叔陆广森、婶母吴氏。又据云南县知县朱锦昌详称：该员年在髫龄，感受叔婶教养抚育，不异亲生，请将本身、妻室应得封典貤封胞叔朱再思、婶母陈氏。又据东川府教授王敬天详称，该员幼蒙叔婶教育成人，恩同父母，请将本身妻室应得封典虵封胞叔王纬、婶母殷氏。又据委管泸州铜店本司经历朱再扬详称，该员幼失怙恃，全藉兄嫂教养成立，请将本身妻室应得封典虵封胞兄朱鹰扬、嫂邓氏各等情，由司转详核办间，又据该司详据元江直隶州知州宋惠绥详称，该员籍隶江苏，自幼订婚于天津查氏，年甫十一，父即见背，幸赖妻之父母招致教养，得以成立，名虽翁婿，实同父子。今妻之父查为仁、妻之嫡母刘氏现有子查善长，以御史官邀请诰赠，而妻之生母张氏孀居三十余年，仅此一女，并无子嗣，恩情倍切，图报弥殷，请将本身、妻室应得封典，援照本年四月内湖广永绥协副将陈大用虵赠妻之父母生母之例，虵封妻之生母张氏，俾展恩私等情，转详前来。

伏查此次恭遇覃恩，外官四品以下，凡有详请虵封者，俱经各该督抚奏蒙恩准。今知县陆继夔、朱锦昌、教授王敬天各请虵封叔父母、布政使经历朱再扬请虵封兄嫂，并元江直隶州知州宋惠绥援例虵封妻之生母，可否仰邀圣恩，准其一体虵封之处，理合据情汇折奏请，伏乞皇上睿鉴训示。谨奏。

朱批：有旨谕部。

（《宫中档乾隆朝奏折》第四十五辑，第355～356页）

2209 大学士仍管云贵总督昭信伯李侍尧
《奏报滇黔两省得雪情形折》
乾隆四十三年十一月二十九日

大学士仍管云贵总督昭信伯臣李侍尧跪奏：为恭报得雪情形，仰祈圣鉴事。

窃照滇省地方地处极南，山高土厚，栽种豆麦全藉腊雪滋培。上冬得雪沾足，本年岁事丰收，实较往年加倍，民情欢洽，共庆仓箱。

臣巡阅边关经过迤西一带，目击熙皞情形，当经附折奏闻在案。兹归途经过大理、楚雄等处，均已先后得雪。询访农民，咸称不惟豆麦相宜，于春耕更有裨益，下年丰稔已可预期。并据昆明、马龙、沾易各州县禀报，本月十九、二十等日，瑞雪缤纷，积厚一二寸不等。连日阴晴相间，天气凝寒，附近地方必有得雪之处，现在尚未报到。黔省黔西、永宁二州据报，本月十七十九亦已得雪。理合一并奏闻，伏乞皇上睿鉴。谨奏。

朱批：欣慰览之。

（《宫中档乾隆朝奏折》第四十五辑，第710页）

2210　大学士仍管云贵总督昭信伯李侍尧《奏报甄别过年满千总折》

乾隆四十三年十一月二十九日

大学士仍管云贵总督昭信伯臣李侍尧跪奏：为甄别年满千总，循例汇折奏闻事。

窃照定例，绿营千总历俸六年为满，贵州苗疆千总历俸五年为满，考验甄别，于年底分晰汇奏等因，通行遵照在案。

今乾隆四十三年分，云贵两省各项千总，经臣饬调考验，详加甄别，云南省甄别过千总七员，内留任者六员，甄别后推升者一员，尚有千总林焕章、刘龄二员，已届俸满，未及考验；千总彭扬楚在四川办理军需报销，尚未回营，应一并归入下年甄别。又初次俸满千总田荣，前经预保，因须轮班咨送，尚未给咨，业将俸满日期咨部在案。贵州省甄别过千总十九员，内弓马中平、调回内地者一员，留任者十员，前经留任候题、今降为候推者一员，勒休者七员。尚有千总刘廷奇、张起坤二员，已届俸满，未及考验，应归入下年甄别。兹届年终汇奏之期，理合恭折具奏，分缮清单敬呈御览。

再照滇省千总九十七员，本年届应甄别者十一员，除未经考验及预保外，实止甄别过七员，均属年力强健，弓马可观，实在无可勒休。又本案定限十二月二十日以前奏到，因臣先于十月初四日，巡查腾越，尚有届满未及考验之员，兹于十一月二十二日旋省，甫及汇办，是以具奏稍迟。合并陈明，伏乞皇上睿鉴。谨奏。

朱批：该部知道。

（《宫中档乾隆朝奏折》第四十五辑，第710~711页）

2211　大学士仍管云贵总督昭信伯李侍尧 《奏报阅验枪兵打靶成数折》

乾隆四十三年十一月二十九日

大学士仍管云贵总督昭信伯臣李侍尧跪奏：为阅验枪兵打靶成数，恭折奏陈圣鉴事。

窃照本年正月内，钦奉谕旨："责成督抚提镇严饬所属，将绿营鸟枪弁兵实力训练，演习准头，勿使有过高空放之病。钦此。"臣遵即酌定章程，每月限以打靶次数，分别等第，以示劝惩，移行通饬遵照，当将遵旨训练缘由，恭折奏覆在案。续准兵部咨："议覆甘肃提臣法灵阿条奏，每兵十名，打靶三十枪，全中者为头等，中靶在二十五枪以上者为二等，弁兵分别记功奖赏；其中靶在二十枪以上者，毋庸给赏。"等因。均经饬行遵照。去后，嗣据各标镇协营陆续申覆前来。

臣确核成数，内堪列头等者不过十之一二，其余每兵，十名三枪内，或中两枪，或中一枪，牵算亦有六成以上，并将本标三营及云南城守营逐一亲验，中靶枪数亦与各标营开报约略相同。兹因巡查腾越，考验腾越镇、永昌协，归途经过大理、楚雄二府，校阅提标三营及大理城守、楚雄营，打靶俱较前有准。但每兵十名，共放三十枪，中靶总在二十枪上下。臣当即分别奖赏、责惩，面谕将备勤加训练，再加演习，自可日底精纯。臣仍随时察查，倘或督率不严，仍无长进，定即据实参奏，以仰副我皇上整饬戎行之至意。

再臣巡查事竣，已于本月二十二日回抵省署。合并陈明，伏乞皇上睿鉴。谨奏。

朱批：览。

（《宫中档乾隆朝奏折》第四十五辑，第711～712页）

2212 大学士仍管云贵总督昭信伯李侍尧、云南巡抚裴宗锡《奏报查明茂麓厂无庸封闭缘由折》

乾隆四十三年十一月二十九日

大学士仍管云贵总督昭信伯臣李侍尧、云南巡抚臣裴宗锡跪奏：为遵旨查明议奏事。

窃照滇铜短缩，不敷京运，臣裴宗锡于酌筹铜务折内，奏请将茂麓厂封闭，归入附近之大水厂，另觅新碛，以清厂欠等由。接奉部议："现据参奏办铜短缩案内，声明茂麓厂本年正月至四月止，获铜六万余斤，按之定额虽少，终岁尚可得铜十余万斤，并非矿砂尽竭。是否尚堪调剂，以期丰旺，自应据实详查，未便遽行委弃，径请封闭。奏交臣李侍尧会同臣裴宗锡，将茂麓一厂，委员确勘形势，妥议具奏，到日再议等因。"行知到滇。臣等遵即行司，详委留办铜务之贺长庚前赴确勘。去后，兹据该员将茂麓厂碛硐、炉户现在情形，及集丁攻采，尚可转衰为旺等由，禀覆前来。

臣等覆查，茂麓一厂从前每年产铜四五十万斤不等，近因攻采日久，逐年短少。本年夏间，复缘雨水时行，炉户观望不前，月获铜斤愈形短缩。臣裴宗锡恐多发工本，致滋厂欠，是以于酌筹铜务案内议请封闭。今据委员确勘形势，实因攻采人少，以致获铜不多，并非矿砂尽竭。是该管厂员果能广集砂丁，设法调剂，厂势尚可有为。查现在臣等饬令踩厂各员多觅新碛，广开子厂，即每年获铜数千斤及一二万斤，尚欲集少成多，裨益铜运。今该厂照现办之数，核计终岁尚可获铜十余万斤，较之新开厂地铜数，尚不为少，未便遽行委弃。至接济工本，惟视出铜之丰啬及砂丁之多寡为准，如厂员核实支放，亦可不虑厂欠日增。应请仍令厂员上紧督办，招丁设法采煎，无许因循观望，坐视抛荒，致干参处。

所有查明茂麓厂无庸封闭缘由，臣等谨合词恭折覆奏，伏乞皇上睿鉴，敕部核覆施行。谨奏。

朱批：该部议奏。

（《宫中档乾隆朝奏折》第四十五辑，第714~715页）

2213 大学士仍管云贵总督昭信伯李侍尧
《奏报副将人地未宜，恳恩调补折》
乾隆四十三年十一月二十九日

大学士仍管云贵总督昭信伯臣李侍尧跪奏：为副将人地未宜，恭恳圣恩调补，以裨营伍事。

窃照永昌一协地处极边，接壤缅宁，路通缅地，本年新定减防，尤藉将领大员往来稽察。该协副将刘乘龙为人朴实，见事迟钝，于边防要地不甚相宜，经臣遴委维西协副将德光前往接署，将刘乘龙改委署理广罗协副将事务，恭折奏闻，并声明另请调补在案。

兹德光接署以来，臣巡阅边关，察其明白干练，熟悉边情，料理颇为妥协，足胜永昌要缺。合无仰恳圣恩即以德光调补，其所遗维西协员缺，接壤土司，路通西藏，亦关紧要，必得精明强干之员，方足以资弹压。刘乘龙尚非其选。惟查有曲寻协副将一缺驻扎曲靖附近省城，虽系请旨简放之缺，究属腹地，与沿边要缺悬殊，本任副将玛郎阿因在军营染受潮湿，手足拘挛，不能骑射，呈请告病，现在委验取结具题。刘乘龙平时料理营伍尚属奋勉认真，以之调补，尽堪胜任。如蒙俞允，所有维西协副将，一时并无可调之员，相应请旨简放。似此一转移间，庶人地均各相当，于营伍、边防实有裨益。臣谨会同云南提督海禄合词恭折具奏，伏乞皇上睿鉴训示。

再照刘乘龙于乾隆四十一年副参等第案内，经署督臣图思德保列一等，现在给咨送部引见。合并陈明。谨奏。

朱批：有旨谕部。

（《宫中档乾隆朝奏折》第四十五辑，第715~716页）

2214 云南巡抚裴宗锡《奏报裁减厂地、加添费用
及筹补借垫悬款，以清款项折》
乾隆四十三年十一月二十九日

云南巡抚臣裴宗锡谨奏：为裁减厂地、加添费用，及筹补借垫悬款，以清款项，以

节縻费事。

窃照滇省汤丹、碌碌二厂，原定厂员养廉、书巡客课工食为数无几。嗣因办铜丰旺，岁需京运六百余万，皆取给于汤、碌等厂，铜多事繁，额设经费不敷支用，议于各厂发运寻甸、东川铜斤，每百斤搭运五斤，不给脚价，即以此项节省银两，增给官役廉食。乾隆十九年，前抚臣爱必达查明汤、碌等厂发运铜数，每年约可节省银一千三四百两，核与厂地官役应需加添廉食、盘费、节赏及东川府加添运铜养廉，共银一千三百三十两零，不相上下，奏准厂地搭运节省银两，即为厂地各项公事之用，如有余剩，留备修理道路、桥梁，倘仍不敷，撙节通融办理，毋得另请拨补等因在案。迨后厂铜日绌，发运渐少，每岁报解节省之数，不敷一年支放之需。计自乾隆三十一年起，每岁不敷自百余两至五六百两不等，截至四十一年底，共不敷银三千二百四十一两零，均经厂员于工本内支给报销，声明俟下年收获，拨补还款，历年造册，咨部核覆准销。此向来酌定章程及近年通融办理之情形也。

臣以前项节省银两入不敷出，年复一年，无所底止。先于上年檄饬藩司，将汤丹厂员加添薪食节费银一百三十八两，碌碌厂加添役食节赏银一百二十两，均行核减，入于四十二年奏销册内，登明有案。但核计每年尚需支销银一千七十二两三钱，而近年收解节省银数，岁不过七八百两，四十二年仅止六百二十余两，为数更少。是现在加添费用，虽已撙节，仍不敷一年之用，若再任其借动支给，不特从前借项归补无期，将来垫发之数势必愈积愈多，实非核实办公之道。正在另行筹议间，适接报销四十二年前项厂费，部覆，令将该年多发银两并各该年浮用各数据实删减报部，并饬各厂员，嗣后总以所收之数撙节动支，据实请销等因。当即行司查办。去后，今据藩司孙士毅查议，详覆前来。

臣查汤丹、碌碌等厂每年所需加添役食银两，自应量入为出，庶免支用浮多。所有汤丹厂添设炉硐长及书巡客课、额外节赏、厂员岁支盘费，并碌碌厂添设炉硐长、厂员节费及书巡客课、节赏等项，均应裁减。又东川府承运东昭京铜，已于陆运项下年支养廉银七百二十两，其搭运节省银内添给养廉一项，亦应裁减，共可裁减银四百七十七两九钱。即以四十二年为始，每年请支销银五百九十四两四钱，入册造报。至历年浮用数目，支领各役多系死亡更换，无可着追，承放之厂员亦皆屡易其人，且有缘事参革及物故者，若遵照部行删减，必须辗转咨追，徒属有名无实。应请免其追赔，仍另行筹补，以清款项。查东川、寻威各路搭运节省，除支放查催官养廉及各卡书巡工食、店费并长运官新滩剥费等项外，每年约盈余银四五千两不等。请即于此内拨银三千二百四十一两零，归补汤丹、碌碌两厂借动工本，其拨补银两，以汤、碌等厂现在认办年额，核计搭运节省，岁可获银七百八十余两，每年支销银五百九十余两外，尚长余银一百八十余两，此后逐年累积，即可偿还所拨之项，庶将来造报均归实在，借动工本亦得先行清款矣。

除将裁减、酌留细数造册咨部外，臣谨会同大学士伯管云贵总督臣李侍尧恭折具奏，伏乞皇上睿鉴，敕部核覆施行。谨奏。

朱批：该部议奏。

（《宫中档乾隆朝奏折》第四十五辑，第733~735页）

2215 云南巡抚裴宗锡《奏报滇省雨水情形折》
乾隆四十三年十一月二十九日

云南巡抚臣裴宗锡谨奏：为奏闻事。

窃照滇省十月以前地方情形，经臣缮折具奏在案。兹自十一月以来，节据各属禀报，晴雨调匀，二麦、南豆长发畅茂，弥望青葱。滇中气候温和，每遇冬令，雪不易见。

今迤西之大理、楚雄等处已于本月望间先后得雪。省城及迤东之曲靖一带，则于十九、二十等日，亦俱得雪，高阜、平原积厚一二寸不等，洵为应时之瑞，甚于春花有益。市卖粮价咸称平减，民情悦豫，气象盈宁。臣谨恭折奏闻，并将十月分粮价另缮清单敬呈皇上睿览。谨奏。

朱批：知道了。

（《宫中档乾隆朝奏折》第四十五辑，第735页）

2216 云南巡抚裴宗锡《奏报改遣军犯在配脱逃折》
乾隆四十三年十一月二十九日

云南巡抚臣裴宗锡谨奏：为改遣军犯脱逃，遵例奏闻事。

案照新疆改发内地人犯在配脱逃，例应查明各乡贯及经过省分，迅速咨缉，一面奏闻。

兹据云南按察使汪圻详据署嵩明州知州覃国用详报，该州安置改遣军犯牟天福，系甘肃固原州回民，因伙窃李应林等家案内，审依回民行窃、结伙三人以上例，改发云南极边烟瘴充军，面刺"回贼"及"改遣"字样，乾隆四十三年五月二十六日到配，于本年十月二十日乘间脱逃等情，由司造册，详报前来。

除飞咨该犯牟天福经过省分及原籍邻封一体查缉，并饬滇省各属严速协拿务获办理，如逾限不获，即将疏脱职名照例查参外，所有改遣军犯牟天福在配脱逃缘由，臣谨遵例具折奏闻，伏乞皇上睿鉴。谨奏。

朱批： 今获否？

（《宫中档乾隆朝奏折》第四十五辑，第 736 页）

2217　大学士伯管云贵总督李侍尧、云南巡抚裴宗锡
《奏报藩臬两司考语折》
乾隆四十三年十二月十六日

大学士伯管云贵总督臣李侍尧、云南巡抚臣裴宗锡跪奏：为遵旨具奏事。

案照乾隆三十八年二月内，钦奉上谕："嗣后遇大计之年，着该督抚于藩臬考语另折具奏声明，交部存案，毋庸再于本内夹单，以昭画一。着为令。钦此。"钦遵在案。

今乾隆四十三年十二月，届当举行大计之期。臣等复查，云南布政使孙士毅，年五十五岁，浙江进士，由内阁中书洊升广西布政使，调补今职，于四十二年六月十七日到任。该员品端才裕，老成精勤，查吏严明，理财详慎。按察使汪圻，年六十岁，江苏举人，由知县历任府、道，升授今职，于四十年十一月十一日到任。该员才识明敏，遇事勇往，办理刑名细心允协。所有滇省藩、臬两司考语，臣等谨遵旨缮折具奏，伏乞皇上睿鉴，敕部存案施行。谨奏。

朱批： 该部知道。

（《宫中档乾隆朝奏折》第四十六辑，第 124～125 页）

2218　大学士伯管云贵总督李侍尧、云南巡抚裴宗锡《特参玩视民事、
狡诈不职之新兴州降调知州丰绅，请旨革审折》
乾隆四十三年十二月十六日

大学士伯管云贵总督臣李侍尧、云南巡抚臣裴宗锡谨奏：为特参玩视民事、狡诈不职之州牧，请旨革审，以肃官方事。

窃照知州为亲民之官，遇有地方事件，均当躬自速办，固不容以私废公，滥委吏目代理，有乖职守。若于事后诬揭朦详，图卸己责，更玷官箴。讵有玩视民事、狡诈不职如新兴州降调知州丰绅者，缘该州乡约萧腾凤与练总贾国安，于本年七月二十八日，在州城官店买盐一千斤，运回本村，欲图零星销售，因无房屋堆贮，暂借村人李幅、贾上元两家分寄，订明八月初四日搬出。适萧腾凤、贾国安俱于是日因事进城，不及往取。初五日，李幅邀同贾上元前往贾国安门首，促其妇女搬运，致相詈骂。比有徒满释回之

严显珑，斥其不应辱及妇女，彼此互扭，严显珑举拳殴伤李幅左乳，经贾上元劝散。严显珑惟恐李幅控告，辄先捏写李幅纠众行凶，致被殴伤词状，于初六日进城，交给乡约萧腾凤转递。时值该州丰绅妻故，一切公件多交吏目代办。萧腾凤遂赴吏目衙门告投，该吏目高其桐见事涉斗殴，难以延缓，拟批候讯二字，粘贴浮签，交给州书罗山转送州署。该州管门家人曾升亦因伊主曾经吩咐将应办事件交给吏目代行，随令罗山备票，送吏目代佥。罗山缮就差票，连原词号簿，于初七日，一并送交吏目标判高其桐，即代标州役王良承票传审。王良带同散役张文爵，将李幅于初八日唤至州城。李幅身被殴伤，又遭诬告，到州正欲喊诉，王良、张文爵推入差房，不容外出。王良旋向管门家人曾升投送到单，该州丰绅并不即时审理。王良等初九、初十两日，叠向李幅索要使用。十一日，李幅许俟出去，借钱二十千送给。王良遂令张文爵搀扶往外。甫出差房，讵李幅本被严显珑殴有重伤，复被州差勒索无措，当即因伤，呕血两口。王良等见其沉重，仍扶回差房，延至十二日早晨殒命。尸亲李圣基、李圣域闻信，赶至差房吵闹喊冤，该州丰绅置若罔闻。李圣基等于十六日到省控，经臬司批府严查详揭，并饬就近委验。旋于十八日，接到丰绅十四日验报之文，并以吏目高其桐擅受滥差等词另详揭报，由司会详转揭，经臣裴宗锡会同臣李侍尧一面据揭咨参，一面饬司委审。兹据委员云南府知府永慧提集犯卷，讯悉前情，核之州详，所称滥差凭据，俱属州票、州差，并无吏目擅受实迹。其州差勒索钱文，原详并无一字提及，种种捏情狡饰已可概见，由该府会同该管之澄江府暨司道等详揭前来。

臣等查该州丰绅身任地方，全不以民事为重，乃因妻丧细故，竟将一切公务交与吏目代办，已属怠玩不职，且于事后希图诿过，反以吏目擅受滥差诬揭，而州差勒索钱文之处，又竟抹煞不叙，尤为居心狡诈，若非参革审究，无以肃官方而昭平允。相应专折参奏，请旨将新兴州降调知州丰绅革职，以便提同案内人证，一并严审究办。再丰绅先因办铜短少，部议降调，业经摘印离任。

除饬署员查明经手仓库钱粮有无未清另报外，臣等谨合词具奏，伏乞皇上睿鉴训示。谨奏。

朱批：有旨谕部。

（《宫中档乾隆朝奏折》第四十六辑，第 125～127 页）

2219　大学士伯管云贵总督李侍尧、云南巡抚裴宗锡

《特参煎发井盐掺杂泥土之白井提举郎嘉卿，请旨革审折》

乾隆四十三年十二月十六日

大学士伯管云贵总督臣李侍尧、云南巡抚臣裴宗锡谨奏：为特参煎发井盐掺杂泥土

之劣员，请旨革审，以肃蓥政事。

窃照滇省各井煎运盐井，攸关民食，司井之员必须洁己奉公，方为无忝厥职。

讵有白井提举郎嘉卿者，该井年煎安丰井盐斤，运配省城道仓。近来运到盐斤，经盐道许祖京亲加鉴验，多有掺杂泥土，色黑不堪，复试煎熬，每百斤滤出净盐仅七成以外，实属有碍民食。现将运到之盐，严提该井书赴仓领回改煎配运外，伏查各井汲卤煎盐，理应色白质净，然后发运，不容稍滋弊窦。今该提举承办安丰井煎运省仓盐斤，多以泥土掺杂，难保无从中侵肥情弊，若非彻底严究，无以儆官邪而肃蓥政。兹据该管盐道会同藩臬两司揭报前来。相应专折参奏，请旨将白井提举郎嘉卿革职，以便严审实情，按律究办。除饬司委员摘印署理，一面行提来省看守，并查明该提举经手薪本、脚价有无亏那另报。其所遗员缺，容俟照例拣调外，臣等谨合词具奏，伏乞皇上睿鉴训示。谨奏。

朱批：有旨谕部。

（《宫中档乾隆朝奏折》第四十六辑，第 127 页）

2220　云南巡抚裴宗锡《奏呈属员贤否折》
乾隆四十三年十二月十六日

云南巡抚臣裴宗锡谨奏：为敬陈属员贤否，仰祈圣鉴事。

窃臣蒙恩调抚滇南，边疆重寄，察吏为先。自上年四月二十日到任以后，即将通省属员留心体访，并于所办事件及接见之时随处察看，其中贤否已悉梗概。

兹值举行大计之期，臣与督臣率同藩臬两司，矢公矢慎，逐加甄核，除堪膺卓异及有干六法者现在分别应举、应劾，缮疏会题，仍钦遵谕旨将藩臬两司出具考语，另折奏明，交部存案外，所有通省道府以下各员，臣谨就所知所见，加具切实考语，开列清单，恭折陈奏，伏乞皇上睿鉴。谨奏。

朱批：折留览。

（《宫中档乾隆朝奏折》第四十六辑，第 147 页）

2221　云南巡抚裴宗锡《奏报丁酉年三运第二起京铜开帮日期折》
乾隆四十三年十二月十六日

云南巡抚臣裴宗锡谨奏：为恭报京铜开帮日期，仰祈圣鉴事。

窃照滇省办运京局铜斤，自四川泸州开帮日期，例应奏报。

兹据云南布政使孙士毅详称："丁酉年三运第二起委员范检，领运正耗余铜七十三万六千三百斤，又带解截留丁亥年两加运铜五万四千五百二十七斤零，于乾隆四十三年十一月二十二日，在泸州全数兑足开帮。"等情前来。臣覆查无异，除飞咨沿途各省督抚催儹前进，依限赴京交收，并咨明户、工二部外，所有丁酉年三运第二起京铜全数开帮日期，理合恭折奏报，伏乞皇上睿鉴。谨奏。

朱批：览。

（《宫中档乾隆朝奏折》第四十六辑，第147~148页）

2222　云南抚裴宗锡《奏报川省委员办运锡斤扫帮出境日期折》
乾隆四十三年十二月十六日

云南抚臣裴宗锡谨奏：为川省委员办运锡斤扫帮出境日期，循例奏闻事。

窃照各省委员赴滇采办铜锡，往来俱有定限。钦奉上谕："嗣后到滇办运开行，即着该抚具奏，如有无故停留贻误者，即行指名参究。"等因。钦遵在案。

今据云南布政使孙士毅详称："四川委员余国华采买滇省个旧厂锡五万九千三百六十斤，运供宾川局戊戌年鼓铸之用。该委员于本年五月二十八日自川省起程，例限八个月，应扣至十二月二十八日限满。今于十一月二十五日，由宣威州扫帮出境，并未逾违等情。"详请核奏前来。臣覆查无异，除飞咨经过之贵州暨四川本省一体督催儹运，并咨明户部外，所有川省委员余国华办运锡斤扫帮出境日期，理合恭折奏闻，伏乞皇上睿鉴。谨奏。

朱批：览。

（《宫中档乾隆朝奏折》第四十六辑，第148页）

2223　云南抚裴宗锡《奏报滇省雨水情形折》
乾隆四十三年十二月十六日

云南抚臣裴宗锡谨奏：为奏闻事。

窃照云南省城及迤东、迤西所属地方先后得雪情形，经臣于十一月二十九日缮折具奏在案。

兹自十二月初旬以来，节据通省各属报到晴雨日期，均极调匀，土膏融润，二麦、南豆弥见长发青葱，春收可望。现在将届岁除，市集粮食处处充盈，价亦仍前平减，民夷欢洽，气象恬熙。臣谨恭折奏闻，并将十一月分粮价另缮清单，敬呈皇上睿览。谨奏。

朱批： 知道了。

（《宫中档乾隆朝奏折》第四十六辑，第 149 页）

2224 大学士仍管云贵总督昭信伯李侍尧《奏报委署副将折》
乾隆四十三年十二月十九日

大学士仍管云贵总督昭信伯臣李侍尧跪奏：为奏闻事。

窃照委署副将，例应专折具奏。兹滇省现署广罗协之永昌协副将刘乘龙，于保送副参案内应行给咨送部引见，经臣檄委昭通镇游击范玉先前往接署。又曲寻协副将玛郎阿详请告病，委验属实，现在具题，行委寻沾营参将明福署理。又黔省原署同仁协之候补副将乌尔棍泰病故，亦经行委台拱营参将贾魁武前往署理。理合循例一并奏闻，伏乞皇上睿鉴。谨奏。

朱批： 该部知道。

（《宫中档乾隆朝奏折》第四十六辑，第 224～225 页）

2225 大学士仍管云贵总督昭信伯李侍尧《奏报审明孙自新控告丁忧在籍知县姚贺泰贿串主持谋夺其牙行一案，按律定拟折》
乾隆四十三年十二月十九日

大学士仍管云贵总督昭信伯臣李侍尧跪奏：为遵旨审明定拟具奏事。

窃照云南蒙化厅武生李士雄、举人杨州龙等谋夺孙自新牙行，彼此互讦，孙自新控告丁忧在籍知县姚贺泰贿串主持一案，经抚臣裴宗锡将李士雄等分别咨革，姚贺泰奏请革职发审。钦奉谕旨："姚贺泰着革职。杨州龙着革去举人，交与李侍尧，提集案内有名人证，严审定拟具奏。钦此。"准部咨行到滇。遵即饬司，行委云南府知府永慧、丽江府知府吴大勋、署云南府同知崇士锦提犯确审。去后，兹据该委员等审明定拟，由按察司汪圻会同布政司孙士毅覆审，解勘前来。

臣即督同亲鞠，缘蒙化直隶厅地方原有棉花课税，乾隆九年，孙自新之父孙能中承充牙行，每年额办花课、公件等项银一百六十两，牙帖银四两，解交藩库，咨部有案。凡遇客商买卖棉花，每银一两抽收行用银一分三厘，每年所收数目不一，除完课外，如有盈余，即系行户余息，收不足额，亦系行户赔解。乾隆三十五年，孙能中物故，经商公举孙自新换帖接充。因孙能中在日开张，称有赔帖，禀请加添行用，每花价一两抽银二分。前任蒙化同知张遐龄并不详明，据情给照。孙自新接充之后，自四十年起至四十二年，花客渐多，获有余利。查其收银底簿，计三年内共盈余银三百四十四两零，除每年房租、帮工及解课、马脚、路费需银一百九十三两五钱外，实长余银一百五十两零。武生李士雄见而垂涎。适四十二年十二月初十日，李士雄因丧事酬谢亲友，于萧祠设席，招举人杨州龙、生员范旭临、杨名斗、李庚长、汪禹泽、刘开甲、张国华、苏祥生及民人赵玉麟聚饮，并无姚贺泰及姚姓子弟在坐。席间，李士雄言及孙自新牙行颇有出息，该处绅士向有公捐万人缘文社仓功德，现在缺少冬衣，可令孙自新退出花行，将余息归入会内，周济贫民，范旭临等咸谓可行。李士雄即邀同众人前往面议。其时杨州龙、李庚长、杨名斗、张国华、赵玉麟有事散归，惟范旭临、汪禹泽、刘开甲、苏祥生与李士雄偕往孙自新家，劝令退行公办。孙自新因李士雄等人众，勉强答应而散。李士雄同范旭临二人，于是月十二日，遂以孙自新自寻顶替，呈请归公等情，赴蒙化同知衙门具呈。该同知佛柱以如何公办，何人管理，批饬另禀。杨名斗遂创议以万人缘文社仓功德原系姚贺泰、孙卫良、饶涵、范师正各家祖上于康熙年间创捐，嗣后阖郡绅民添捐银两，加买田地，议定章程，轮年经管。姚贺泰虽因居官在外，向未管理，但现在丁忧回籍，乡里推重，今花行余息既系一并归入，应列姚贺泰、孙卫良、饶涵、范师正四人姓名，提调其事。复议出姚开泰充当行头，行名姚泽民。维时姚贺泰同胞兄、原任广西崇善县丞姚遇泰在山茔葬，李士雄、杨名斗即将列名提调之语与姚贺泰之侄姚凤书相商，嘱其转告。姚凤书以伊叔有服，现今在山茔葬，不预外事向说，恐不依允，既系地方公事，即可列名递呈答覆，并未向姚贺泰告知。而孙卫良、饶涵先经外出，范师正住居在乡，李士雄等皆不及通知，即同范旭临、杨名斗、姚凤书、刘开甲、张国华、李庚长等，以"花行归公，其事皆听姚贺泰、孙卫良、饶涵、范师正四人提调，姚泽民充当行头生等，公为查察"等词禀覆，该同知业经批准。孙自新查知，以李士雄等假普济名色，暗行攘夺，在该同知衙门具禀。该同知方知孙自新情愿退行，系李士雄等假捏，批令孙自新照旧承办。李士雄不忿，因知孙自新家藏有石黄，商之杨名斗，纠集绅士，齐赴孙自新行内搜查，一面开列孙自新牙弊并私藏石黄，将同在萧祠饮酒之人并万人缘文社仓功德有名之子开列多人，联名讦控。该同知以花行小业，不应绅士纷争批驳。李士雄遂奔赴省城，在督抚衙门呈告孙自新父子世踞行业，苛索商民。孙自新因闻汪禹泽曾言杨名斗有花行办成须用银几百两建盖铺面，姚贺泰家道殷实，可以靠得之语，疑系姚贺泰从中主持，随以姚贺泰出银四百两贿串李士雄等朋谋夺业、聚众抄抢为词，赴省控诉，均经批令迤西道一并查报，转饬蒙化同知审详。当有两造戚友陈禹伯等出而调处，始向姚贺泰告知。姚贺泰查问伊侄姚凤书，始悉原委。以伊侄在内随同控争，心存袒护，允许和息。该同知因业奉批查，不敢准息出差传审。姚贺泰到案，投具亲供，力辩并无贿串谋夺情事。该同知提验众绅士所起石黄四千五百斤，讯系乾隆三十七八年间孙自新等呈请在蒙化只麻克山开采，后因奉文封禁，孙自新将采获石黄收存家内，不敢出售。验系颜料，所用石黄并非军火。而公呈有名之梁和中、张璟，以李士雄摭拾姓名列入，并不知情，呈请摘释。孙自新因前控姚贺泰出银贿串，不能指出证据，又称姚贺泰曾向堂弟孙明新求买公田葬坟不遂，挟嫌谋夺花行，彼此讦讼，各执一词。经迤西道徐嗣增调卷核驳禀揭，抚臣裴宗锡专折奏参，奉旨交臣严审，讯悉前情。

臣恐姚贺泰实有贿串挟嫌情弊，再三究诘，不惟本案夺行之始姚贺泰本不知情，即该处万人缘文社仓功德，该参员因出仕在外，向来并未经理其事，众供不移，似无遁饰。查例载：光棍顶冒朋充，巧立名色，霸开总行，逼勒商人，不许别投，拖欠客本，久占累商者问罪，枷号一个月，发附近充军等语。

此案李士雄因觎孙自新花行稍有羡余，即借普济之名，倡议归公，纠合众绅士把持挟制，即属霸占朋充。杨名斗始则倡议将姚贺泰等姓名列入，并未向各人言明，继因商盖花行房屋，遽以姚贺泰家道殷实可靠为词，以致孙自新心疑，主使指告姚贺泰出银贿串。是谋夺花行虽系李士雄起意，而杨名斗从中播弄，厥罪维均。李士雄、杨名斗均合依光棍顶冒、朋充霸开总行例，革去衣顶，枷号一个月，发附近充军。生员范旭临，一闻李士雄欲将花行羡余归入普济，力为怂恿，首与李士雄列名呈控；梁和中以休致教职，先于呈首列名，随同攻讦，后因上控行提，自揣理亏，具呈请释，实属巧诈卑污，均合依为从减一等律，于李士雄军罪上减一等。范旭临革去生员，梁和中革去教授，俱各杖一百，徒三年，折责摆站。梁和中年逾七十，照律收赎。孙自新闻杨名斗声言姚贺泰家道殷实可靠之语，且因公举行头之姚泽民即姚开泰，系姚贺泰族弟，遂以姚贺泰暗中主使出银四百两贿串绅士具控，且捏称姚贺泰谋买公田不遂，挟嫌谋夺，如审得实，姚贺泰应照光棍顶冒、朋充霸开总行例，拟军。今审属子虚，本应按律反坐，但究因李士雄等开列姚贺泰姓名讦控，恐花行被夺，情急生疑，事出有因，与凭空诬告者有间，应于诬告人军罪上酌减一等，杖一百，徒三年，革去监生，折责摆站。举人杨州龙、生员姚开泰、李庚长、汪禹泽、刘开甲、张国华、苏祥生、姚凤书、民人赵玉麟九名，随同讦讼，希冀分肥，均属滋事，应照违制律，各杖一百，折责发落。举人杨州龙业已斥革，姚开泰、李庚长、汪禹泽、刘开甲、张国华、苏祥生、姚凤书应一体斥革衣顶，以示惩儆。原任镇平县丁忧知县姚贺泰，曾膺民社，理应禁约子侄，无许干预外事。本案夺行之始，虽讯无挟嫌贿串、暗地主持及图占余息情事，但先于三月内查知讦讼根由，并不即时检举，将伊侄姚凤书据实送官，直至该同知集审之日，始行投递亲供，含糊剖辨，扶同庇护，咎亦难辞。已经革职，应毋庸议。贡生孙卫良、生员饶涵、监生范师正，同姚贺泰提调花行，讯因蒙化同知批查何人经管，李士雄等自行开列禀覆原任广西崇善县县丞姚遇泰、举人姚时泰、生员陈瑛、陈时明、饶建德、饶泷、李嗣显列名公呈，皆不知情；公呈有名之张璟，业经病故，均毋庸议。其余牵连人众，皆系李士雄摭拾姓名，混行列入，与调处和息之绅士讯属无干，均应省释。

其万人缘文社仓功德，讯系地方公举周济贫民，仍应听从其便。但设此等名目，亦属不经，现饬地方官严行禁止，所有现在多事绅士，一概不许与名，另选诚实之人经理，以杜滋生事端。

至滇省花行牙用，俱照卖出之价，每两抽银一分。乾隆九年，据蒙化厅议详，该处花斤较少，若不量为增加，势必亏课累商。经前任布政司阿兰泰详明督抚，批准每价银一两准抽一分三厘，已较通省花行加重。乃乾隆三十五年，孙自新接充牙侩，复以货少课亏，请增七厘，前任同知张遐龄并不详明，滥给执照，实属不合，已于升任知府后病故，应免置议。所有蒙化棉花行用，仍照原定每两一分三厘抽收，按额解课，另行招募，给帖承充，倘有多收累民，拿究治罪。

孙自新家藏石黄虽非军火，但该处山场曾经封禁，未便给还，应行变价入官。失察监生孙自新违例充牙之节任蒙化同知，另行查取职名，咨参议处。

除将全案供招送部，另缮李士雄等供单敬呈御览外，臣谨恭折具奏，伏乞皇上睿鉴，敕部核覆施行。谨奏。

朱批：该部议奏。

（《宫中档乾隆朝奏折》第四十六辑，第 225~230 页）

2226　大学士仍管云贵总督昭信伯李侍尧《奏报续获烧毙二命案内脱逃首从各凶犯，审明分别正法，请旨遵行折》

乾隆四十三年十二月十九日

大学士仍管云贵总督昭信伯臣李侍尧跪奏：为续获烧毙二命案内脱逃首从各凶犯，审明分别正法，请旨遵行事。

窃照云南师宗县属邱北地方客民陈老三商同逸犯李光阳等活烧李布明、李布亚致毙一案，臣在京时，面奉谕旨督属查拿。回任后，遵即严饬该管地方官悬立赏格，勒限严拿，如逾限不获，即照缉凶例严参。嗣据拿获案内同谋加功之王以士、王毛短二犯及不加功之王明一犯，审明，按照原拟，王以士、王毛短应拟绞监候，因脱逃已久，情罪可恶，请旨即行正法，王明发边远充军，恭折具奏在案。

兹又据师宗县知县屠绅等先后拿获首犯李光阳、从犯李胡子、抱列、侯显文、张草鞋、抱信、抱暖、抱骸、余老二等九犯解省，臣即督同司道亲加严鞫，据李光阳供认商同陈老三将李布明、李布亚活烧毙命不讳，核之原案，供悉相符。

查李光阳一犯，系因陈老三诬赖李布明等拦路抢马，将李布明、李布亚捆缚，抬至伊家李光阳处，令李布明、李布亚赔礼不允，陈老三起意烧死。李光阳即令佃户抱亨、抱党、抱高、抱撒、王毛短、王以士、抱骰、抱暖、抱信、李胡子、抱列、余老二、苏可、李光珍，诬指李布明、李布亚为盗，喝令王毛短、李胡子、抱列、王以士抬往坡边，将李布明、李布亚二人活烧毙命，凶顽惨毒，莫此为尤！原案声明李光阳素为乡里侧目之人，乃复同谋纠众，烧毙二命，虽属为从，核其同恶相济，实与首犯无异，于缉获之日，亦应照陈老三之例办理。今既拿获，审明情真罪当，况脱逃三载，已属幸生，未便再稽显戮。臣即于本月十六日，委云南府知府永慧、署城守营参将成善，恭请王命，将李光阳绑赴市曹，先行正法。李胡子、抱列原案依谋杀人从而加功律，拟绞监候，应即照王以士、王毛短之例，请旨即行正法。侯显文、张草鞋听从已正法之陈老三诬良捆捉，在未经商谋烧毙之前，应照原拟，依诬指良民为窃、捉拿拷打，不分首从，例发边远充军。抱信、抱暖、抱骰、余老二，止听从李光阳传递木刻，应照原拟，依谋杀人从而不加功律，杖一百，流三千里，到配各折责安插。此案逸犯十六名，今先后拿获十二名，尚有从而不加功拟流之李光珍、王苏可，诬良为窃拟军之严国珍、黄品正四名未获，现在严饬缉拿，获日另结。

除供招咨部，另缮重犯供单敬呈御览外，臣谨恭折具奏，伏乞皇上睿鉴，敕部核覆施行。谨奏。

朱批：三法司核拟速奏。

（《宫中档乾隆朝奏折》第四十六辑，第 230～231 页）

2227　大学士仍管云贵总督昭信伯李侍尧、云南巡抚裴宗锡《特参玩纵不职之前署宝宁县事候补通判纵璞，请旨革职发审折》
乾隆四十三年十二月十九日

大学士仍管云贵总督昭信伯臣李侍尧、云南巡抚臣裴宗锡跪奏：为特参玩纵不职之署县，请旨革职发审，以肃功令事。

窃照地方官身膺民社，分应缉匪安良，而起解罪囚，更宜加意慎重，方为无忝厥职。未有昏庸玩纵如前署宝宁县事候补通判纵璞之甚者。缘该员署县任内，有向充门子之李福春，改名陈永新，重充典吏，加捐从九品职衔，欺压乡里，诓骗愚民，交结营私，家计颇厚，甚至串通土同知衙门已革土目王宏才会同审事，武断乡曲，肆行无忌，种种不法，经广南府知府庄肇奎访拿通禀，发交该署县解省审办。嗣于十月初二日，接据该署县详报，九月初一日，金差王得刚、朱耀龙会营拨兵，将陈永新即李福春管解赴省，因该犯久患痢症，尚未痊愈，未经肘锁，初四日行至弥勒湾乘间脱逃等情。

查李福春以贱役重充，冒捐官职，肆行无忌，交结营私，该署县漫无见闻，已属昏庸不职。迨至该府访拿饬解，一任托词患病，纵令散行，以致中途脱逃，显系兵役得赃卖放，且不即时通详，延至九月十七日始行详报，迟延讳饰，形迹可疑。该府原访李福春家计富饶，安知平日不别有钻营情事？现据藩臬两司暨该管道府揭报前来，除行提兵役及案内应质人等确审实情，严拿李福春务获究办外，相应专折参奏，请旨将前署宝宁县事候补通判纵璞革职，一并发审，以肃功令。

再照该员因委运京铜，业经卸事来省，现已委员看守，所有署任内经手仓库钱粮，并饬接任之员查明另报。合并陈明。臣等谨合词恭折具奏，伏乞皇上睿鉴。谨奏。

朱批：有旨谕部。

（《宫中档乾隆朝奏折》第四十六辑，第 232 页）

2228　大学士仍管云贵总督昭信伯李侍尧、云南巡抚裴宗锡 《奏报遵旨再行裁减局炉，筹备采买铜斤折》
乾隆四十三年十二月二十日

大学士仍管云贵总督昭信伯臣李侍尧、云南巡抚臣裴宗锡跪奏：为遵旨再行裁减局炉，筹备采买铜斤，仰祈睿鉴事。

窃照臣等此次钦奉谕旨，现将厂欠有着无着各款详悉妥议，另折恭奏。再读谕旨："滇省减炉一项，未能将各省岁需铜实系若干筹酌减炉匀凑，裨此后各省采买之铜每岁总无亏短。自应查照部议，妥协筹办，以期永远遵行等因。钦此。"同日，又接准部咨。

除将奉旨允准各款现在钦遵办理外，伏查部咨内开："各省需用滇铜，系浙江、江苏、江西、湖北、陕西、福建、广东、广西、贵州九省，每年约买铜二百六十七万余斤。今滇省所筹铜数计有四十余万斤，又裁炉省出铜一百一十二万余斤，又贵州、广西、湖北三省减铜三十七万余斤，合计只有一百九十余万斤，合之各省炉卯应用实数，尚不敷铜六十余万斤。再滇省虽于新添炉座之内议裁三十四座，而所存之炉，较原旧四十五炉之数尚多二十余座，即如现以铸息抵还厂欠，与其以官中余息暗为弥补，何似据实奏明，请旨豁除，则此项代还厂欠之炉座亦可裁减，以省铜斤，又可得铜八十余万斤。至浙江省加买八万斤，已在每年额数之内，若不行拨给，浙省鼓铸必致贻误，行令遵照原奏拨给。"等因。

查各省采买滇铜，每年额数虽需三百数十余万斤，其间有一年领买一次者，有两三年领买一次者，牵匀合计，每年滇省实止发铜二百万斤。是以前议裁减三十四炉，节省铜一百十二万余斤，并于贵州、广西、湖北三省采买额数内酌减十分之三，铜三十七万斤，并各厂原备采买铜四十六万余斤，共铜一百九十五万余斤，可敷各省每年实领二百万斤之数。此原就滇省每年实发铜数而计，已敷应用。其各省炉卯实在岁需数目，未准咨会有案，滇省无可悬拟通筹。今奉准部文，以各省每年鼓铸实需滇铜二百六十余万斤，是除前议备供一百九十余万斤之外，尚不敷铜六十余万斤。各省鼓铸均关民用，未便稍有歧视，自应另为筹计。

查前次议留大理、临安、曲靖、广西、保山等局复炉共二十一座，每年所获正加卯铸息及东川局旧炉二十座，加卯息银，从前奏定为拨补三十八及四十年查出未完厂欠。今部议，以实在无着厂欠，与其以官中余息暗为弥补，何似据实奏明，请旨豁除，则前项厂欠既无须铸息弥补。所有留存之复设炉座，自应一并减去，以便省出铜斤，备供各省鼓铸之需。惟是地方各有所便，筹办务得其平。滇省情形与他省实有不同，臣等谨就三迤地势、民情，悉心酌核，除省城及东川府民户殷阜，需钱较多，旧存炉局毋庸置议，其临安、保山、曲靖三局，地非扼要，所有上次请留炉座，不妨尽数裁去，以节铜斤。

至大理府一局，东则远距省城，西则直达腾越，中间襟带楚雄、永昌、顺宁等府，并壤接蒙化、景东、永北直隶三厅，绵亘二千数百余里，在在需用钱文。又广西州一局，该处为两粤通衢，商贾凑集，且东距广南、开化，北连曲靖，西接澄江，迤逦而南，即由临安府、元江、镇沅等直隶州远达普洱，实为适中最要之区。若将大理、广西二局一并议裁，计各处相距省城、东川有局处所，近者七八站，远者二十余站，皆系复岭重岗，不通舟楫，民间需用钱文，驮运则艰觅马骡，背负亦力惫远涉，穷檐且夕，零星待用，势不免市侩居奇，于民情实多未便。所有该二局，应请仍留济用。但留炉即不能多节铜斤备供采买。

臣等再四熟筹，应请于大理局内现有之炉只留三座，将省局二十五炉内减去五座，移设大理，共成八炉；东川局二十炉内减去四座，移设广西州，庶附近各该处民间需用钱文不致缺乏。其大理留存三炉，连移设五炉，各加半卯，并广西州移设四炉，亦请加铸半卯，共用铜二十万八千余斤，较减去复炉二十一座正加卯需铜九十一万八千余斤，尚省铜七十一万余斤。统计滇省共存四十八炉，内大理八炉正加卯仍用宁台厂铜斤，省城、东川，除移设九炉，尚存三十六炉，正卯及广西局四炉正加卯，俱拨附近厂铜高六低四配铸，年共需铜一百一十余万斤，较臣等上次折内议留各局正加卯需铜一百八十七万五千余斤，又节省铜七十一万余斤，连前次余存、节减铜一百九十五万三千余斤，共铜二百六十六万余斤。内汤、碌、大、茂四厂炉民应办余铜二十六万斤，前因东局加卯未停，应以铸息抵补厂欠，是以仍令办交，今厂欠已请豁免，无需加卯铸息。此项余铜，原系炉民额外加办，应请停止，以节炉力。就节省存铜二百六十六万余斤项下，计除实节省铜二百四十万余斤，合之各省鼓铸实用铜数，连浙省加买之八万斤，共需铜二百六十余万斤，止不敷铜二十余万斤。宁台厂现有旧存铜斤，尽可凑拨，加以现在广踩子厂多开碛硐，据委员禀报，已有可望成效之厂。各省采买铜斤，缺数本属无多，如此撙节筹办，自可源源接济，无虞短少。

再查部咨："威宁店加增运脚，系在加增铜价内扣给，嗣因加价停止，奏令另行酌办。况加添运脚，系马运改用夫运，若仍用马运，原可毋庸加增。今未将必须改用夫运之故分晰声明，而加添运费，仍请于复炉铸息项下开销，未便核准，令将威宁一路四十二三两年是否全用夫运，并嗣后是否仍可雇用马运及已经加增之项是否可以另筹之处，逐一确查。"等因。

遵查威店年运京铜三百数十万斤，自威宁至罗星渡陆运十站，路遥坡陡，极为险峻。从前黔省马匹充裕，威宁州铅运亦少，铜店委员与该州通融雇运，尚可黾勉办理。嗣因军需以后，民间马匹渐次稀少，且威宁州每年运铅至五六百万斤，所有马匹尽该州雇用尚属不敷，势难分供滇省铜运，委员束手无策，不能办理。是以历年委镇雄州兼管威店，全用镇雄民夫背负运送，计一夫背铜八十斤，例给脚银一两。民夫背负跋涉，往返必须月余，回时又无客货可带，以所得一两脚银供月余之口食，实属不敷，脚户视为畏途，裹足不前。始而承运官多方鼓舞，犹勉强应募。迨后官力不继，渐至贻误。是以前抚臣图思德奏明每百斤加增脚价银三钱，年需银九千一十四两六钱八分八厘，于应给厂民加增铜价内扣给。自加脚之后，始得易于雇运，办理不致棘手。兹奉部议，以加增运脚系马运改用夫运，若仍用马运，原可毋庸加增，四十二三两年是否全用夫运，并嗣后是否仍可雇用马运及已经加增之项是否可以另筹，行令确查。

伏思威宁马匹，必须本处运铅有余，方可听令滇省雇募，或将来该处孳生蕃盛，民间出雇者多，始可改用马运，节省脚价。就目前情事而论，除夫运之外，别无良法。四十二三两年，实系全用民夫，委无捏饰。所有加增运脚一项，万难议减。第现议裁撤复炉，停止铸息，此外皆系正项钱粮，不便为加增运脚之用，必须另行筹款办理。查大理局八炉正加卯年获铸息银一万三百五十二两六钱四分六厘内，以五炉正铸息银三千五十三两一钱五分，全数抵补所裁省局五炉铸息报充公用外，计余银七千二百九十九两四钱九分六厘；又广西局四炉正卯息银四千四十三两六钱五分五厘，全数抵补所裁东川局四炉铸息存充公用外，尚余加卯息银三千九百一十八两九钱五分二厘，共可净获余息银一万一千二百一十八两四钱四分八厘。应请于此项银内，年动九千一十四两六钱八分八厘，给发镇雄州照数加给民夫，以速京运，如有短发克扣，严参究追。仍令该管道府不时就近查察，庶夫役不致裹足，京运可免贻误矣。

再查部咨："三十四五等年，汤丹、大碌等四厂积欠工本银一十三万九千余两。三十八年，奏准东川局新添五炉获息抵补。自三十九年起至四十三年九月止，共获息拨补前项厂欠银九万八千余两。应如所奏办理，仍令将扣抵厂分及拨补银数造册报部。至四十年清查新旧各厂积欠银十七万八千余两，在于各局复炉四十二年以后正加卯铸息银内拨补银十三万五千余两，尚不敷银四万三千余两，两次积欠，共不敷银八万四千余两，于续留炉座铸息银内拨补之处，恭阅上谕：'余息抵欠，本非正办，且不值以公中之有余抵积欠之不足。虽新旧厂欠为数较多，亦当核实清厘，分别办理。钦此。'是四十年以后厂本，不应以铸息抵补。今将四十年查出厂欠银十七万余两，并三十八年查出不敷拨补厂欠银四万余两，另行筹议。"等因。

查四十年查出新旧各厂积欠银十七万八千九百五十六两八钱六分五厘，先经臣裴宗锡奏请收买商铜，复炉鼓铸，铸出余息以为各厂加价，于加价内以十分之六发给厂民，扣留四分以偿查出厂欠，分作三年扣清。经部议，展作六年。继经臣李侍尧会同大学士公阿桂具奏，停止加价，仍准通商，于复炉内停铸四十一炉，留存五十炉，每年所获余息，除原议分年带销积欠银十七万八千余两外，尚有盈余，暂存司库，遇有应需调剂之处，再行奏明动用在案。是复炉铸息准补前项厂欠，屡蒙圣恩俞允。

至藩司孙士毅上年条奏请将铸息归公，原指销清从前积欠，此后铸息尽入公用。部议亦云，四十年以后厂欠，不应以铸息抵补，其四十年清查之项，皆系三十八九年炉欠未完，原非四十年以后所欠。前议以此项铸息拨补，实系遵照奏案办理。所有复设各炉，截至四十三年九月底止，已获铸息暨临安、曲靖误卯赔息，共银十五万三千七百二十四两二钱八分六厘内，除威店四十二三两年加增运脚银一万八千二十九两三钱七分六厘，余银一十三万五千六百九十四两九钱一分，仍请拨抵四十年查出厂欠，其不敷银四万三千二百六十一两九钱五分五厘，并三十八年查出不敷拨补厂欠银四万一千九十五两八钱一厘，共银八万四千三百五十七两七钱五分六厘。前议于续留炉座铸息内拨补，今复炉现议裁减，况领欠各户久已逃亡，无可着追。即着落经放之员赔缴，而各员亦多有事故产绝，难以清追，辗转咨查，诚如圣谕，恐成纸上空谈，有名无实。现在本年查出炉户无着工本，尚蒙皇上逾格隆施，着令开单请旨。所有从前三十八年四十年查出厂欠未完之项，似应查照节次奏案，仰恳圣恩，准予豁免。嗣后遵照现定章程，严行稽核，随时实力整顿，务使年清年款，不致再有悬欠，庶铜政可以肃清，而厂务得有起色矣。

除裁炉及搭放钱文各事宜，宜俟奉到谕旨再行筹议咨部，其三十八、四十两年查出厂欠，并已获铸息拨补数目，臣等谨造具清册，送部查核。合并声明，伏祈皇上睿鉴，敕部核覆施行。谨奏。

朱批： 该部议奏。

（《宫中档乾隆朝奏折》第四十六辑，第 249~254 页）

2229 大学士仍管云贵总督昭信伯李侍尧、云南巡抚裴宗锡《奏报遵旨复议厂欠各款折》

乾隆四十三年十二月二十日

　　大学士仍管云贵总督昭信伯臣李侍尧、云南巡抚臣裴宗锡跪奏：为遵旨覆议厂欠各款，仰祈睿鉴事。

　　本年十二月初五日，准大学士公阿桂、大学士于敏中字寄："乾隆四十三年十一月二十四日，奉上谕：户部议覆李侍尧等奏滇省裁减炉座撙节铜斤，并查明各铜厂炉欠，分别着赔二折，已依议行矣。滇省铜斤关系甚大。近年来，因所产不敷所用，督抚等纷纷条奏，无非挖肉补疮之见，迁就因循，迄无善策。该部议覆，亦未能实有定见，不过依样葫芦，年复一年，积疲日甚，长此安穷？朕洞悉其情，若非改弦更张，断难行之久远。今年李侍尧来京，以其素能办事，又非沽名市恩之人，可以担当办理，是以谕令悉心筹画，据实覆奏，候朕酌量定夺，勿稍游移，复致日后棘手。此实朕正本清源之至意也。今李侍尧等于减炉一项，未能将各省岁需铜实系若干，筹酌减炉匀凑，裨此后各省采买之铜每岁总无亏短。自应查照部议，妥协筹办，以期永远遵行。至厂欠一项，朕前旨原令查明旧欠有着者即勒限追缴，其无着者若干，即据实奏闻，朕不难加恩宽免。原欲将旧案核实清厘，使将来新案年清年款，不复丝毫欠缺，以杜挪抵弥缝之弊，计无逾于此者。今李侍尧等所奏，仍未能善体朕意。如将来有着无着之项，概令摊赔，仍不脱从前陋习。试问承追以来，已完若干？是名为追赔，不过纸上空谈，有名无实，又复何裨于事？若牵涉现任之员，即按限略完，更不免挪新掩旧，将见旧欠未净，新欠又增，积弊伊于何底？致令现在之上司等摊赔，尤未平允。即如彰宝、钱度，久已查抄家产，无可着追。若将二人名下应赔之项摊派现任之李侍尧、裴宗锡名下代赔，伊等何辜？为其代完赔项，于事理亦未允协。其余皆可类推。若此次查办仍不能彻底清厘，截然不紊，则李侍尧不得谓之能办事矣。着传谕李侍尧等，将旧有厂欠之项详悉核查，其有着者若干，即将炉户勒追，若逾限不交，查明家产抵补。其抵补未完之项，即于经手原放之员名下着追，无论现任、在籍，亦俱勒限追缴，如不能完，即将家资、田产查封抵补，庶不敢迟回观望。其从前实系无着之项，查明若干，即据实开单奏明，候朕核定，降旨豁免。此后新案，务须年清年款，毋许丝毫拖欠。如仍前牵混，该督抚即行查参。若稍瞻徇袒庇，惟该督抚是问，即着赔，亦所应当。朕此次清厘，专在剔除积弊，即或应免无着之项稍多，亦所不惜。李侍尧不得存帑项为重之心，畏首畏尾，复涉含糊，致负朕谆切训谕之意也。将此由六百里传谕知之。户部原折并发，仍着即行妥议，由驿覆奏。钦此。"仰见我皇上睿照无遗，于厂务实在情形洞如观火，特沛恩施，期于久远无弊。臣等敢不悉心筹议，以冀积弊永除，仰副正本清源之至意？

同日，又接户部议覆各条，除奉旨覆准之款现即遵照奉行，毋庸置议外，伏查部咨："各厂采买油、米、炭斤有厂员放给，而商民堕欠者有地方官，采办未完者自应速催，运至厂地还项。至预放运脚等项，若系各该员侵那影射，则当严参着赔。如实系放给，自应照承追之例办理。今先令官为代完，于欠户名下追还，恐不肖欠户知已有代完之人，藉此延挨观望，不但现在之欠项难追，且恐向后益难措手。"等因。

查商民领欠油、米、炭斤及地方官未运代买米石暨预放运铜脚价等项，俱经调取历年档案，确切查明，委系实放实欠，尚无别项情弊。但油、米、炭斤应随时现买，即或商民必须预借，亦当早为催楚，岂容日久拖延？致厂地运铜马匹，向来厂员利其常川应雇，皆酌量借放，于脚价内陆续扣销。近奉部咨，不准预放，则已借之银早当归款。是以同预放油、米、炭斤价银，于经放之员名下先行勒追代完，以期速清帑项。今部议，以实系放给，应照承追之例办理。若先令官为代完，恐不肖欠户藉此延挨，自应照限催追。除地方官采买未交米石勒限严催，作速运厂交清，以备支放外，其民欠油、米、炭斤价本及马户未清运脚，即照承追例限，以此次奉到部文之日起，饬令各厂员按限扣追，其中如有贫不能完及逃亡无着，即着落经放之员照数赔补。倘不实力催追，致使延欠，亦照例按限详参，以示儆惕。

又部咨："厂员何良臣已经身故，产尽无追。该故员经放未完米价一千九百两，何以册内尚称勒限三月，逾期不完，令该员先行赔缴，且此项银两既声称炉户有着，册内又开列无着工本银一千六百余两，情节未据详叙。"等因。

查前管汤丹厂员何良臣经放米价未完银一千九百两，虽有欠户可追，但阅时已久，接任厂员萧文言并不上紧早为追楚，殊难辞咎。何良臣业已人亡产尽，无可着追，故前议勒限三月，着令接追不力之萧文言赔缴。册内令该厂员先行赔缴，不将萧文言职名声注，以致辞意未能明晰。至何良臣经放米价，欠户现存，是以有着。其未完工本，炉户俱已逃亡，是以无着。臣等检查底册，无着工本银数系八千四百二十八两零，并无一千六百余两之数，该故员除厂欠、米价之外亦别无未清款项。现将该员名下各款照造清册送部核对。

又部咨："未变田房、碓道，以三月为断，逾期不完及变不足数，即着厂员及地方官分赔之处，如原估官即系现任，自应如此办理，设现任已非原办之人，或从前藉此抵欠，所估不实，阅时既久，又不免坍损，无人承买。今令趱期如数完缴，不足着赔，则现任各员转得以此借口，必须另加核办，不致以前任欠项累及后任。"等因。

查炉民田产、碓道既经估价抵款，自应迅速招变。乃各州县于查估炉户田房多不作速变价，而碓道系在厂地，厂员亦不认真追变，是以前议碓道勒限一月追变，限满不变，着落厂员赔缴。田房勒限三月变解，逾限不完及变不足数，着落地方官与厂员分别赔缴，原所以示惩儆。今部议，以现任承追之员设非原办之人，或从前多估抵欠，日久坍损，无人承买，着落赔缴，恐以前任欠项累及后任，行令另加核办。查以碓道抵欠，只汤丹一厂，现任厂员萧文言即系原估之官，似可毋庸另议。惟承变田房之会泽、昆明、河阳、楚雄各县，俱非原办之人，自应量为区别。此项田房业已招变日久，不便再照寻常例限变解，愈滋迁延。应请仍照原定三月为断，饬令该管知府督同该县，将现在未变田房先行覆加确估，实值若干，与原估有无短少，造册通详，一面速行变解，如有不敷，着落从前原估之员照数赔补。倘此番覆估之后仍不依限速变，即照覆估之价，在于现任承变之员名下着赔完解，仍行参处。如此办理，庶前任之欠项不致累及后任，而原抵公项可期早日清完矣。

又奉部咨："各厂有着厂欠银一十一万二百六十四两零，此项领欠，果系任意花消，即应按例治罪，严行勒追；如系开碛工费，实用实欠，责令厂民全缴亦属分所当然，但与无故花消者有间，或于扣收平余银内量为拨抵，以示区别，且所定限期，按数核计，少者发工本一千两，扣银二三十两，不过百分之二三，自可照限办理；多者发工本一千两，即扣至四百两，竟属十分之四，倘工本之外力难另措完交，则挪新掩旧，又将不免。又每限完不足数，令经放及承追各员分半赔缴，虽催追不力亦分应分赔，第盈千累万之欠项，炉户实在力不能完，一概责以分赔，究系以前任承追之欠项而责现任接追之员代赔，如届末限已越三年五年，彼时司事者自已更换，又将何所责成？尚非速清工本之道，行令详筹妥议。"等因。

遵查有着厂欠，皆系近年新领未完之工本，若不责令完缴，更恐启任意拖延之弊，是以分别立限着追。欠数多者统限五年，原以借纾炉力。今奉部议，或于扣收平余银内量为拨抵，虽属酌盈济虚，但扣收市平系奏定拨补，每年逃亡无着之项，核计所扣之数，每年不过五六千两，尽属拨抵逃亡无着欠本尚属不敷，若以抵补从前厂欠，不特现年逃亡欠项无可抵偿，而所扣市平银两亦无如许之多，又何能速清工本？今钦奉谕旨："有着厂欠将炉户勒追，逾限不交，查明家产抵补，其抵补未完之项，即于经手原放之员名下着追，无论现任、在籍，亦俱勒限追缴，如不能完，即将家赀田产查封抵补，庶不致迟延观望。"自应钦遵谕旨办理。

至向炉户分限催追一节，部议，以所扣过多，炉户力难另措完缴，恐不免挪新掩旧。自属实在情形，但就现在所欠最多之厂核计，如碌碌厂每年应支铜价七万余两，以所欠之二万九千余两，分限五年完缴，每年应完银五千八百余两；宁台厂每年应支铜价银一十五万余两，以所欠之二万三千余两，分限五年完缴，每年应完银四千六百余两，均不及十分之一，按其情势，尚可易于追缴。此外各厂应完之项，即为数稍多，尚不致竭蹶难办。惟狮子尾厂每年只支铜价银一千余两，欠银四百余两，限以一年全完，已及十分之四，为数似属过多。惟查厂欠，有着之户自系略有身家，未完欠项尚可另行凑缴，原非尽以新本挪完旧欠。设有必须领新完旧者，已成疲乏之户，断难再令办铜，自当查产变追，产尽无偿，即应治以应得之罪。其未完欠项，着落经放官赔补，庶得早清公项。若因应完银数稍多，再为宽限，为期太久，即难免逃亡事故，此时有着之项将来复归无着，尤属不成事体，且自上年八月以来，又准一分通商，炉户接济有资，亦可无虞掣肘。即至三年五年末限，其司事之员业经更换，所有追缴不足之数，仍应遵照部议，查明经放厂员着赔完欠，尚可不致累及后任摊赔。

又奉部咨："无着厂欠银二十七万六千四百三十四两零，此内各该员应赔银两，州县、杂职参差不一，恐一时未必全能完缴。如另案参革、发配监禁以及病故者，即有家产可抵，究难冀其速清。丁忧降调之员，虽有官职，而得缺尚需时日，咨追原籍，是否概能完缴，实难预定。恐欠项仍未能清，不免有名无实。"行令详筹熟计等因。

遵查，无着厂欠二十七万余两，从前未经报出者十居八九，日积月累历有年，所领欠各户实已逃亡歇业，无可着追，是以前请着落经放各员赔缴。惟所赔银两自数百数千以至数万两不等，为数既多，诚难一时清楚。即在各上司名下摊赔，往返咨追，既需时日，且各上司中亦有人亡产尽者，诚如部议，亦恐有名无实。今荷蒙谕旨，令将从前实系无着之项查明若干，据实开单，奏请降旨加恩。皇仁浩荡，旷古难逢，稍俱人心，均应感泣。

伏查此次清查各厂存本银八十万二千三百五十七两零，计实在存库二十四万九千八百两，此外有着厂欠银共二十七万二千三百两零，内除扣回司库及追变田房、碾道等项，并向炉户着追，均可按年陆续归款。其无着厂欠银二十七万余两，虽系实欠在民，并非官侵吏蚀。然同一厂欠，检查底册，其中有铜多欠少者，亦有铜少欠多者，若不区分办理，无以昭示劝惩。臣等详加确核，此项无着厂欠内，有经放厂员业经家产尽绝者共银三万三千九百六十四两七钱二分，实无任籍可追，应请遵旨邀免。其现任云南及补官外省与丁忧、事故回籍各员，共应赔银二十四万二千四百六十九两八钱一分六厘，似应按其任内获铜丰啬与厂欠之多寡，两相比较，分别应赔请旨，俾无幸免。如本员任内销过铜价银一万两，其经放无着之欠自数百两以至一千两以内，或所欠不及一分，或所欠仅止十分之一，是办获铜斤为数较多，其所欠之数尚系厂民办铜亏短应有情形，犹属可原。若销过铜价银一万两，而厂欠数逾一千两以外，则欠数较多，难辞滥放之咎，除照销过铜价免赔厂欠十分之一，此外欠数，仍于该员名下按照例限勒追完缴。计无着厂欠逾于十一之数，应着赔银五万九千四百七十二两二钱七分，现任滇省者即在滇着追，其升调外省及事故回籍各员，详咨任籍，分限追解，逾限不完，即将该员赀产查封变抵。其各员销过铜价，无着厂欠在十分之一以内者共银十八万二千九百九十七两五钱四分六厘，谨一并分晰，缮俱清单恭呈御览，伏候谕旨遵行。其从前办理不善之各厂员及不能查出实存工本之历任各上司，亦开具职名清册咨部查议。惟是既叨逾格隆恩，必当永绝从前积弊。此次业经彻底清厘，向后，炉民俱以现本攻采铜斤，办理裕如，自应拨本塞源，永无亏短。前次臣等遵旨会奏善后章程，慎选殷实之人充当，炉户凡上月发本即须下月收铜，三月不能清缴，已成厂欠，即分别扣缴，追变完项。倘现前未经报出，事隔数年，忽有厂欠，即以侵亏科断，并令藩司按额给银，东西二道就近接济，仍于请领司库月额工本内，令该道按季分扣。

以上各条，历考从前成案，实未曾筹办及此。嗣后，厂地各员及该管各上司果能恪守章程，实力办理，虽年产铜斤丰啬难期，而炉民领欠工本随时追扣，倘有未完，着令经放之员当即赔缴，则暗滋积欠之弊似可永绝根株，年清年款，不致再有拖延。倘或虚应故事，漫无整顿，以致锢习复萌，又成积欠，是皇上加恩无已，而承办各员胆敢不以为事，情节尤为可恶，除厂员即以侵亏科断治罪，并将该管上司自知府、司道以及督抚一并严参，所有欠项，即着落按股摊赔，不稍宽贷，庶共怀警惕，不敢略涉因循，积弊似可永除。所有查出四十二年冬底以前欠本，俱作为旧案，其有着、无着炉户花名、欠银数目，臣等现饬该管道府，督同厂员，查照底簿分晰，造具清册，另行咨部存案，以备稽查。自四十三年起，现发本银收获铜斤，作为新案，亦令照造各炉户领本、缴铜数目、花名，按季造册通报，每届年终，并由督抚汇齐，咨部存核，则新旧截然，丝毫不致牵混，亦中外悉有稽考矣。

所有遵旨详悉妥议缘由，臣等谨合词恭折由驿覆奏，伏乞皇上睿鉴，饬部核覆施行。谨奏。

朱批：该部议奏。

（《宫中档乾隆朝奏折》第四十六辑，第 255 ~ 262 页）

2230　大学士仍管云贵总督昭信伯李侍尧、云南巡抚裴宗锡《奏恳圣恩免征重纳之盐规，另筹拨抵归款折》

乾隆四十三年十二月二十六日

大学士仍管云贵总督昭信伯臣李侍尧、云南巡抚臣裴宗锡跪奏：为恭恳圣恩免征重纳之盐规，另筹拨抵归款事。

窃照广南府属之宝宁县、土富州二处，向有年纳盐规银一千两，随课报解。臣等因思该府现在行销粤盐，额征课银二万九千余两，似不应另有盐规名目，当经札饬广南府知府庄肇奎将此项盐规征输原案，确查妥议。去后，兹据该府查明，由盐驿道许祖京会同布政司孙士毅核明，详请奏豁，另筹拨抵归款前来。

臣等覆查，广南一府原系改土归流，康熙二十三年以前隶辖土司，井盐行销不到，夷民买食交盐，每岁认纳盐规银一千两。设府以后，即收作知府衙门公件。雍正元年，于覆奏盐务利弊案内报解银四百两，余银六百两仍为该府公费。雍正六年额定养廉，复将公件银六百两尽数解报，入于盈余项下奏销。至乾隆元年，于钦奉上谕盐斤减价案内，将盈余项下岁征广南府盐规一千两拨补减缺，正课历年遵照奏报。但查盐规所自起，实因该府属夷民买食夷盐，是以按户征纳盐税。迨康熙四十四年，额定该府行销黑井盐七万三千斤，令小贩持价赴省买运，因该处离省窎远，驼运维艰，贩户随路卖销，而夷民买食交盐如故。乾隆五年，严禁夷盐不许私越，又经奏定，广南府及宝宁县每年拨销粤盐一百万斤，夷民买食称便，而盐规一项，仍循旧例，在于各村夷户名下按粮征解，未经请免。第课从盐出，该夷民既已买食粤盐，按额交课，即不应又有课外之征，合无仰恳天恩从优豁免。惟是每年盈余项下拨补缺课银一千两，经费攸关，自应筹款拨抵。

现据该司道等饬府查明，广南府属夷民涵濡圣化，生齿日繁，每年额销粤盐一百万斤，不敷买食，议请酌添粤盐十万斤。广南府每年额销五十万斤之外，加销五万斤，在于剥隘、畈朝、富州三店行销；宝宁县每年额销五十万斤之外，加销五万斤，在于城店行销，约共卖获银三千一百余两，除解还成本银一千七百六十余两外，尚余银一千四百二十余两，即于此项余息银内，每年以一千两拨抵盐规，其余银四百二十余两，统归粤盐余息数内一并解司充公。如蒙俞允，请自乾隆四十四年为始，每年加拨盐十万斤，其向纳盐规银一千两，亦于四十四年免征。除将增买前项粤盐应需成本、运费等项数目造册咨部外，臣等谨合词恭折具奏，伏乞皇上睿鉴训示。谨奏。

朱批：该部议奏。

（《宫中档乾隆朝奏折》第四十六辑，第 304 ~ 305 页）

2231　大学士仍管云贵总督昭信伯李侍尧、云南巡抚裴宗锡
《再请以宁州知州刘钟芳升补镇沅直隶州知州折》
乾隆四十三年十二月二十六日

大学士仍管云贵总督昭信伯臣李侍尧、云南巡抚臣裴宗锡跪奏：为知州员缺紧要，仍恳圣恩升用，以裨地方事。

窃照镇沅直隶州知州员缺，例应在外拣调。经臣裴宗锡前于署督篆任内查无堪调之员，请以宁州知州刘钟芳升补。部议，该员任内有降级留任之案，且罚俸在十案以外，与升补之例不符，行令另拣合例人员调补。

当查刘钟芳历任参罚，因该员前在邓川州任内办理兵差无误，遵照乾隆四十一年五月初一日恩诏，造册咨部，经部议覆具题，先于本年二月准到部咨，奉旨准其宽免在案。是该员参罚业已开除，无庸并计。臣裴宗锡现已查明，咨部核覆。所有镇沅直隶州员缺，臣等公同两司复加遴选，查滇省直隶州知州共止四缺，均系在外拣调，不便复请调补，而应升之知州、知县内，欲求人地相宜又与定例无碍者一时亦难其人。刘钟芳现年五十岁，江西新昌县监生，捐纳知州，于湖北靳州知州任内失察衙役犯赃革职，捐复原官，

选授今职，乾隆三十八年五月到任，历俸已满五年，历任参罚，除开复外，实止罚俸六案，银两已据完解，续参五案未准部覆，系在十案以内。该员勤明强干，办事实心，熟悉边情，能耐烟瘴，以之升补，与例相符。合无仰恳圣恩，俯如前奏，仍以刘钟芳升补镇沅直隶州知州，不惟该员感激天恩，自必益加奋勉，而臣等亦得借收臂指之效，于地方实有裨益。

其宁州知州员缺系升补所遗，例得以候补人员请补。查有拣发候补知州崇士锦，年四十八岁，安徽进士，由贵州荔波县升授知州，告病回籍，病痊拣发云南，于乾隆四十三年四月到滇。该员心地明白，办事精细，任内并无参罚事件，堪以补授宁州知州。

如蒙俞允，刘钟芳系奏请升用，应俟准到部覆，给咨送部引见。崇士锦系候补知州请补知州，衔缺相当，无庸送部。除另缮刘钟芳参罚清单敬呈御览外，臣等谨合词恭折具奏，伏乞皇上睿鉴训示。谨奏。

朱批：该部议奏。

（《宫中档乾隆朝奏折》第四十六辑，第 306～307 页）

2232　大学士仍管云贵总督昭信伯李侍尧、云南巡抚裴宗锡《奏报遵旨查议预借运铜脚价银两折》

乾隆四十三年十二月二十六日

大学士仍管云贵总督昭信伯臣李侍尧、云南巡抚臣裴宗锡跪奏：为遵旨查议覆奏事。

窃臣裴宗锡前准部咨，议筹铜运脚价，请将东川府、永善县、威宁店每年各预借银三千两，昭通府每年预借银六百两，以裨运务。部议："东川、威宁二处从前已放之项，脚户逃亡者二万余两，现于承放各员名下追赔，即现在扣收脚户，有着者尚有未扣银九千余两，若再行预放，是前款未清，后欠又至，从此盈千累万，日积日深，无所底止，请旨交臣李侍尧，会同臣裴宗锡再行熟商，酌量情形，详筹利弊，务期铜运迅速，帑项无亏，以免因循日久，辗转摊赔。"等因。行知到滇。遵即饬司确查妥议。去后，兹据布政司孙士毅查明，详覆前来。

臣等伏思，办运铜斤给发脚价，按程计日，雇觅公平，原无庸预行借放。从前办理不善，以致日积日多，脚户逃亡，竟归无着。若再踵循故辙，辗转宕延，实非慎重钱粮之道。是以臣等于清查厂欠案内，将汤丹厂员预放运脚银三千余两议令着赔，声明预放运脚概行禁止在案。今东川等处事同一例，自不便仍前预借，以致积欠日多。其从前未经扣清之九千余两，现既陆续扣销。臣等饬司，严督东川府及威宁店委员勒限扣追完结，以清帑项。此后如有滥行借给，查出立即着赔，不准于脚户名下扣销，庶运员自虑追赔，不敢擅行滥放。如果实力偾催，京运自可无误。

缘奉饬查事理，臣等谨合词恭折覆奏，伏乞皇上睿鉴，敕部核覆施行。谨奏。

朱批：该部议奏。

（《宫中档乾隆朝奏折》第四十六辑，第 307～308 页）

2233　大学士仍管云贵总督昭信伯李侍尧、云南巡抚裴宗锡
《奏报丞倅、牧令等官不敷差委，恳恩拣发折》
乾隆四十三年十二月二十六日

大学士仍管云贵总督昭信伯臣李侍尧、云南巡抚臣裴宗锡跪奏：为丞倅、牧令等官不敷差委，恭恳圣恩拣发事。

窃照滇省同知、通判、知州、知县共八十九缺，或系边疆紧要，或有经管铜盐。只缘地处极边，去京较远，部选赴任以及外省升调来滇者动需岁月，遇有升迁事故，委署需人，且每年承运京铜八起，往返稽迟，回任约在两年以外，又有粤省铜盐互易，皆应派委丞倅、牧令等官。一岁之中常川署事，必得二十余人方足以资委用。上年，臣等奏请拣发知州四员、知县六员，除丁忧、病故二员外，其余八员，到滇后俱已陆续委署，遇有正印缺出，现无可委闲员，不得不于佐杂官内酌量派委。此等微员多由捐纳分发，不惟吏治未谙，难期整顿，且恐廉隅不谨，贻误地方，即予严参，已成事后，而一时繁要出缺，又须酌量调署，辗转更张，办理实为掣肘。合无仰恳圣恩敕部，于候补候选人员内拣选同知、通判、知州各二员、知县十二员，带领引见，饬发来滇，庶差委不致乏员，实于地方有裨。臣等谨合词恭折奏请，伏乞皇上睿鉴训示。谨奏。

朱批：有旨谕部。

（《宫中档乾隆朝奏折》第四十六辑，第 308～309 页）

2234　云南巡抚裴宗锡《奏谢允准将封典貤赠折》
乾隆四十四年正月十七日

云南巡抚臣裴宗锡谨奏：为恭谢天恩事。

窃臣接准吏部咨，以臣奏请将本身、妻室应得封典貤赠长伯父母，并照本身现在品级为次伯父母援例捐请诰赠一折，经部查议，除捐赠次伯父母与例相符，准其遵例报捐外，至请将本身、妻室应得封典貤赠长伯父母之处，为例所不载，应毋庸议等因覆奏。

仰蒙圣主格外施恩，特旨允准，俾臣两伯父母皆得照臣品级并邀纶绰之荣，臣既获展积年未报之私，更可慰臣父生前未尽之念。闻命感惶，举家顶戴。除分别造具册结送部办理外，臣谨恭折奏谢天恩，伏乞皇上睿鉴。谨奏。

朱批： 览。

（《宫中档乾隆朝奏折》第四十六辑，第489页）

2235 云南巡抚裴宗锡《奏报乾隆四十三年分滇省藩库实存银数折》
乾隆四十四年正月十七日

云南巡抚臣裴宗锡谨奏：为汇奏藩库实存银数事。

案照各省藩库存贮银两，例于岁底通行查核，按年按款详细登明实数，开单缮折具奏，并造册送部备查等因，遵照在案。

兹据云南布政使孙士毅详称："乾隆四十三年分滇省藩库实存银两，截至岁底止，现存二百四十五万二千六百三十五两零，内除酌留经费并留存办公等银五十六万八千四百八十一两零，应留封贮急需等银四十八万五千三百四十二两零，又已经报部酌拨尚未奉准拨用银一百二十三万一千九百一十四两零，实应存酌拨银一十六万六千八百九十七两零。"开具清单细册，详请奏咨前来。臣逐一覆核，均属相符。除册送部备查，并另开清单恭呈御览外，理合缮折具奏，伏乞皇上睿鉴。谨奏。

朱批： 览。

（《宫中档乾隆朝奏折》第四十六辑，第489~490页）

2236 云南巡抚裴宗锡《奏报浙省委员办运
滇铜扫帮出境日期折》
乾隆四十四年正月十七日

云南巡抚臣裴宗锡谨奏：为浙省委员办运滇铜扫帮出境日期，循例奏闻事。

窃照各省委员赴滇采办铜斤，往来俱有定限。钦奉上谕："嗣后到滇办运开行，即着该抚具奏，如有无故停留贻误者，即行指名参究。"等因。钦遵在案。

兹据云南布政使孙士毅详称："浙江委员昌化县知县赵登甲采买义都等厂正耗余高铜十万五千三百七十五斤、金钗厂正耗余低铜一十二万四千斤，以该委员于乾隆四十三年四月二十九日领竣金钗厂铜斤之日起限，除小建四日，连闰，扣至十二月十九日限满。

今于四十三年十二月十二日全数运抵剥隘扫帮出境，并未逾违。"等情。详请核奏前来。

臣覆查无异，除飞咨经过之广西、湖南、湖北、江西及浙江各抚臣接替催偿，赶运交收，并咨明户部外，所有浙省委员赵登甲办运铜斤扫帮出境日期，理合恭折具奏，伏乞皇上睿鉴。谨奏。

朱批：览。

（《宫中档乾隆朝奏折》第四十六辑，第 490~491 页）

2237 云南巡抚裴宗锡《奏报滇省雨水情形折》
乾隆四十四年正月十七日

云南巡抚臣裴宗锡谨奏：为奏闻事。

窃照滇省地方上冬雪雨情形，经臣叠次具奏在案。年前立春，节候较早，全赖雨泽顺时，春花乃能旺发。

兹通省各府厅州属据报，十二月二十六七两日连得膏雨，土脉融润。新正以来，省城及附近各属又于初七八暨十二等日，甘澍频施，田畴沾渥，二麦、南豆弥见长发青葱，可卜丰收有望。现在粮价称平，舆情欣洽。臣谨恭折奏闻，并将上年十二月分滇属市粮时价另缮清单敬呈皇上睿览。谨奏。

朱批：知道了。

（《宫中档乾隆朝奏折》第四十六辑，第 491 页）

2238 大学士伯管云贵总督李侍尧、云南巡抚裴宗锡《奏报委署知府折》
乾隆四十四年正月二十日

大学士伯管云贵总督臣李侍尧、云南巡抚臣裴宗锡谨奏：为委署知府，循例奏闻事。

窃照云南开化府知府张顾鉴降调遗缺，先经臣等遴委永昌府龙陵同知方洛署理，会折奏明在案。兹该委员闻讣丁艰，应即另委接署。臣等公同两司遴选，查有云南府同知李铤，年壮才明，办事勇往，堪以委署开化府印务。除饬委外，理合循例奏闻，伏乞皇上睿鉴。

再开化府员缺，业经臣等请将昭通府大关同知孙嗣光升署，现候部覆。合并陈明。

谨奏。

朱批：该部知道。

（《宫中档乾隆朝奏折》第四十六辑，第517页）

2239 云南巡抚裴宗锡《奏报拿获越狱重犯，审明办理折》
乾隆四十四年正月二十日

云南巡抚臣裴宗锡谨奏：为重犯越狱拿获，审办事。

据署恩安县知县、试用州判吕尔益禀称，该县监内有殴死大功服兄之崔文远，略诱人口贩卖夷地之李老三即李士富，均系审拟斩决未奉部覆之犯，于乾隆四十三年十一月初六夜越狱脱逃，随督同典史范钧移会营弁，于初八、十五两日，将逃犯二名全行拿获等情，先后禀报到臣。当即批司，行提逃犯暨刑禁人等到省，饬委云南府知府永慧审明，由按察使汪圻转解前来。

臣亲提研鞠，缘崔文远因殴伤大功服兄崔声远身死，审依卑幼殴本宗大功兄至死律，拟斩立决；李老三即李士富，因略诱谢文达等男妇四口，卖与夷人小狗，递卖赴川，审照流棍串通地棍，将苗民设方略诱往四川贩卖为首例，拟斩立决，均经臣先后亲审具题，行司照例刺字，发回该县收禁，饬候部覆在案。讵该犯崔文远、李老三与另案刺字斩犯罗有忠同住一间木笼，系派禁卒杨朝良专管，因十月内，罗有忠奉文正法，崔文远自知面有刺字，罪亦难逭，日深畏惧，起意图脱，遂与李老三密商，李老三情愿同逃。十一月初八夜间，天冷风人，四更后，乘禁卒、更夫睡熟，崔义远潜将手杻退脱，先为李老三拧开杻镣，李老三亦帮崔文远脚镣拧脱，顶起木笼一柱，先后钻身出笼。走至夹道东北墙角，崔文远踩住李老三肩甲，扒上监墙，垂下锁链，将李老三绁起逾墙，行抵城根，由水洞逸出，复用石块互相敲断锁链，各自逃散。时近黎明，禁卒杨朝良睡醒，惊见犯失，喊同吏役人等，禀经典史范钧报县、会营，分头追缉。于初八日，早在县属洒鱼河山箐拿获李老三，十五日，在县属豆腐沟山箐拿获崔文远，经臣提解亲讯，供认不讳。严加究诘，佥称委因畏罪越狱，并非贿纵，逃后亦无知情窝留之人，矢口不移，似无遁饰。

查斩犯崔文远、李老三二名，本系决不待时重囚，乃敢商同越狱脱逃，情殊可恶，罪无可加，若必俟原案部文到日始行正法，恐此等凶恶顽梗之徒久禁稽诛，转致别滋他故。臣于审明后，即恭请王命，委员将崔文远、李老三即李士富绑赴市曹，一并斩决，以昭炯戒。禁卒杨朝良，讯系一时疏忽，致犯脱逃，并无贿纵情弊，但非亲身捕得，应仍照例于逃犯斩罪上减二等，杖一百，徒三年。刑书耿思聪、更役王元、李碧同看守别笼之禁卒吴芳等，俱属疏懈，应照不应重律，各杖八十。兵丁刘文焕、王发科在外守卡，与在监内者有间，犯已全获，应免置议。疏纵重犯二名同时越狱，旋于九日内全行拿获之管狱官恩安县典史范钧，应请照例革职，免其拿问。有狱官署恩安县知县试用州判吕尔益，请旨交部议处。

除备录全案供招送部查核外，所有审办缘由，臣谨另缮紧要供单，会同大学士伯管云贵总督李侍尧恭折具奏，伏祈皇上睿鉴，敕部核覆施行。谨奏。

朱批：该部议奏。

（《宫中档乾隆朝奏折》第四十六辑，第 525～527 页）

2240 云南巡抚裴宗锡《汇奏乾隆四十三年分滇省遣犯脱逃、拿获数目折》

乾隆四十二年正月二十日

云南巡抚臣裴宗锡谨奏：为汇奏本省遣犯脱逃拿获事。

案照乾隆二十八年七月初五日，奉上谕："嗣后各省将发遣新疆人犯查明有无脱逃及已未拿获之处，于年终汇折具奏。钦此。"又于乾隆三十三年正月二十八日，奉上谕："积匪猾贼，本系免死发遣，虽经改发烟瘴，仍与发遣乌鲁木齐无异。嗣后，各省并着于年终，将有无脱逃及拿获几犯之处汇折具奏。钦此。"钦遵在案。

臣查乾隆四十三年分滇省仍发新疆遣犯九名口：谢小二、范元佩、钟映祖、俞成、潘勤、支氏、小存、小大、四儿；又停发新疆改发烟瘴四名：韩朝勋、张起奉、王之洪、小自，俱经陆续起解出境，并无在途脱逃。至别省停发新疆改发来滇遣犯，本年在配脱逃者马三福、牟天福二名；又节年在配脱逃者：李连先、林阿六、崔亚九即崔亚苟、李耀即李正宗、罗祚芳、颜亚东、陈世才、徐金山即徐三、熊礼英、谌俊厚、丁汉世、李国兴、黄贤章十三名，现俱缉获未获，惟拿获四十二年逃遣庞家娃一名，业经审明，照例正法在案。兹据按察使汪圻汇册详报前来，除册送部外，所有乾隆四十三年分云南本省遣犯有无脱逃及已未拿获缘由，理合循例恭折汇奏，伏乞皇上睿鉴。

再外省通缉逃遣，近奉新例，于年终，与本省逃遣分折具奏。但历年咨缉之案尚有遗漏不全，经臣分咨各省，查明造册。现准陆续咨覆，容俟覆齐，另行汇核办理。合并陈明。谨奏。

朱批：览。

（《宫中档乾隆朝奏折》第四十六辑，第 527～528 页）

2241 云南巡抚裴宗锡《汇奏乾隆四十三年
分滇省各属承缉窃案功过折》

乾隆四十二年正月二十日

云南巡抚臣裴宗锡谨奏：为汇奏窃案功过事。

窃照地方官承缉窃案，其记功记过最多者，例于年底开具清单，分别功过次数陈奏。凡统计一年内报窃之案，能拿获及半者免其记过，亦毋庸记功。其获不及半者，按未获案数，每五案记过一次。有能拿获及半之外复有多获者，每五案记功一次。俱以次递加等因，遵行在案。兹据云南按察使汪圻将乾隆四十三年分滇省各属承缉窃案查明，汇详前来。

臣查乾隆四十三年分昆明县报窃三案，全获二案，未获一案；晋宁州报窃二案，全获一案，未获一案；寻甸州报窃二案，全获一案，未获一案；弥勒县报窃二案，全获一案，未获一案，均已拿获及半，应照例免其记过，亦毋庸记功。又河阳县报窃三案，全获一案，未获二案，其拿获虽不及半，而未获案数未至五案，例不记过。此外各厅州县已未拿获窃案，每属仅止一案，皆不及记功记过之数，毋庸开列清单。相应循例缮折汇奏，伏乞皇上睿鉴。

再滇省现无拿获新旧多盗要犯及邻境盗犯应行保送者，亦无强劫频闻又不严缉捕获有干参处之员。合并陈明。谨奏。

朱批：览。

（《宫中档乾隆朝奏折》第四十六辑，第 528~529 页）

2242 云南巡抚裴宗锡《汇奏乾隆四十三年
分滇省命盗各案已未审结案数折》

乾隆四十二年正月二十日

云南巡抚臣裴宗锡谨奏：为汇奏命盗已未审结事。

案照各省审理命盗案件，上年旧案及本年新事已完未完案数，例于年终开单，并将未完之案因何未经审结缘由声明汇奏。兹据云南按察使汪圻将乾隆四十三年分审理新旧命盗各案，分晰已结未结，具详前来。

臣查滇省汇奏已未审结案数，向年新事俱截至九月为止，其十月以后之案归入次年汇报。今查乾隆四十二年未结旧案二十八件，四十三年新案，截至九月底止，共报命盗案九十六件，连旧案，共计一百二十四件，已于本年审结新旧案一百零七件，尚有未结新案十七件，现在限内，均未逾违。除饬催审解外，所有乾隆四十三年分滇省命盗各案已未审结案数，理合循例汇奏，并另开清单恭呈皇上睿鉴。谨奏。

朱批：该部知道。

（《宫中档乾隆朝奏折》第四十六辑，第529页）

2243 大学士仍管云贵总督昭信伯李侍尧
《奏请裁改协标守备，以符营制折》
乾隆四十四年正月二十五日

大学士仍管云贵总督昭信伯臣李侍尧跪奏：为请裁改协标守备，以符营制，仰祈睿鉴事。

窃照设官分职，各有专司，而营制繁减未协，则支绌与冗旷，其弊适均。查云南省维西一营，副将之外额设中军都司一员，管辖左、右二哨千把。该都司分驻中甸，不与副将同城，倘遇副将公出，存城只有千把，微弁不足以资弹压，若议请添设，则通省弁员向有定数，殊未便额外加增。因就滇省各标营悉心核计，查有永昌一协，左、右两营各设守备一员，专管本营事务，另设中军都司兼辖两营，并无经管兵马钱粮之责，是名为统辖，而实属闲曹。核此二协营制，轻重均属失宜。缘维西营从前原设参将、守备各一员，管辖左、右二哨千把，参将驻扎维西，守备分驻中甸。乾隆十三年，原任云南提臣潘绍周奏请将原设剑川协副将、都司与维西营参将、守备互相更易，维西已改营为协，而备弁均未更动，是以为数较少。永昌协原系永顺镇，乾隆四十年，经前署督臣图思德具奏，改镇为协，所有都司以下备弁等员尚仍其旧，是以为数较多。

臣查直省专营，副将俱系亲辖两营，以中军都司兼管左营事务，一切营伍以及兵马、钱粮皆归经理。今永昌、维西二协改设之始，只及副、参、游、都等官，其备弁未经议及，所以互有参差，实与营制未合。应请将永昌协左营事务即令中军都司兼管，裁汰左营守备，改设维西协右营守备一员，带领原派弁兵分驻中甸，仍将现驻中甸之中军都司移回维西，专管本营兵马钱粮，其原设左、右两哨千把、外委、兵丁，改为左右两营，分隶管辖。似此一转移间，不独繁减合宜，而责任既专，营制亦归画一。如蒙俞允，所有应行改给传敕关防、札付及移建衙署各事宜，容俟准到部覆，另行照例具题。

臣谨会同云南提督臣海禄恭折奏请，伏乞皇上睿鉴训示。谨奏。

朱批：该部议奏。

（《宫中档乾隆朝奏折》第四十六辑，第562~563页）

2244　大学士仍管云贵总督昭信伯李侍尧、云南巡抚裴宗锡
《奏报遵旨查辑出师金川逃兵折》
乾隆四十四年正月二十五日

大学士仍管云贵总督昭信伯臣李侍尧、云南巡抚臣裴宗锡跪奏：为遵旨覆奏事。

乾隆四十三年十二月二十三日，接准大学士公阿桂、大学士于敏中字寄："乾隆四十三年十二月初六日，奉上谕：前此大兵进剿金川，所调各省绿营兵丁颇有潜行逃窜者，曾经屡降谕旨，令四川及调兵各省督抚实力查拿。初时，各省尚有陆续拿获，奏闻正法者，近来则鲜有弋获逃兵入告之事，必系各督抚见大功久蒇，遂不复严行督缉，而地方文武亦俱视为具文，任其远飏潜匿。不知兵丁受国家豢养有年，调至军营，正当奋勉图功，以思报效，乃敢相率潜逃，情罪实可恶。若因日久疏怠，任其幸逃法网，何以申军律而儆将来？此等逃兵，见事隔多年，捕缉渐懈，自必潜回原籍，匿迹稽诛，如地方官实力踩查，无难就获。着传谕文绶，查明军营逃兵某省实有若干，即行奏闻，并令原经派兵之各督抚查明该省逃兵已获若干，未获若干，先行具奏，一面设法饬属上紧严拿，奏请正法。仍于岁底，将一年所获逃兵多少具折汇奏，毋得仅以虚文塞责，致干咎戾。将此传谕知之。钦此。"

遵查滇省出师金川逃兵，先后准咨，缉拿共三十三名，又黔省逃兵咨回云南原籍缉拿者一名，除拿获四名，审明正法外，统计未获逃兵共三十名，内籍隶本省者二十二名，籍隶贵州、江西、广西等省咨回原籍一体缉拿者七名。又通缉案内拿获川省逃兵王伸、田仁礼二名，亦经审明正法各在案。

伏思兵丁奉派出师，正当临敌效命，仰报国家豢养深恩，乃竟敢相率潜逃，情罪实为可恶。臣等断不敢因大功久蒇，稍有懈弛，自干咎戾。除再严饬各属文武督率兵役设法购线，上紧访拿，务期全数就获，不使漏网稽诛外，仍遵旨于每年岁底，将所获名数汇折奏闻。

缘奉谕旨饬查，理合恭折奏覆，伏乞皇上睿鉴。谨奏。

朱批： 览。

（《宫中档乾隆朝奏折》第四十六辑，第 563～564 页）

2245　大学士仍管云贵总督昭信伯李侍尧、云南巡抚裴宗锡
《遵旨查缉滇省安插出师四川市果市溃兵情形折》
乾隆四十四年正月二十五日

大学士仍管云贵总督昭信伯臣李侍尧、云南巡抚臣裴宗锡跪奏：为遵旨覆奏事。

乾隆四十三年十二月二十三日，接准大学士公阿桂、大学士于敏中字寄："乾隆四十三年十二月初六日，奉上谕：从前四川木果木溃兵之事，实由绿营懦卒罔顾军律，相率奔逃，置将军于不顾，以致失事，其罪本不容诛。第因人数过多，不忍悉行骈戮，是以谕令查明，发遣云贵、两广、甘肃、湖广等省安插，如有脱逃者，即行缉获正法，仍令该督抚等查明有无脱逃，于年终具奏。今其事已隔六年，各省按例每年陈奏，竟成故套，亦不成事体。着传谕安插溃兵之各督抚，查明该省尚存溃兵若干，详悉具奏，俟奏齐之日，交军机大臣请旨。钦此。"

臣等遵查，滇省于乾隆三十九年，准川省解到溃兵王登联、边九业、祁大斌、王宗富、杨国秀、张贤忠、朱皋、陈满才、吕寅、王惠、柯成、袁思容等十二名，除王登联一名讯系首先倡溃，当经遵旨正法外，其余十一名分发各州县安插在案。伏思此等溃兵，天良丧尽，皆系罪应骈首之人。我皇上因念人数众多，不忍悉加诛戮，从宽遣戍，实为法外之仁。臣等前年抵滇，以溃兵情节视别项遣犯较重，诚恐地方官因事隔数年，管束稍涉松懈，致启脱逃，是以严饬各州县，不独每日令该犯等悬带铃杆铁牌，俾边围兵伍触目警心，并使夜间锁禁空室，严加看守，毋许散荡自由。并将伊等此时得延残喘，已属皇上逾格隆恩，若再别生他故，即系自速其死，令地方官随时明白晓谕，俾不敢滋事逃窜。所有发遣滇省溃兵，现存十一名，尚无滋事脱逃情事。

缘奉谕旨饬查，理合恭折奏覆，伏祈皇上睿鉴。谨奏。

朱批：览。

（《宫中档乾隆朝奏折》第四十六辑，第564～565页）

2246　大学士仍管云贵总督昭信伯李侍尧 《奏报滇黔两省地方情形折》
乾隆四十四年正月二十五日

大学士仍管云贵总督昭信伯臣李侍尧跪奏：为奏闻事。

窃照滇黔两省上冬得雪情形，经臣于十一月二十九日，恭折奏报在案。

兹查腊月以来，各属先后禀报瑞雪普沾，民情欢庆。一交春令，气候温和，岁暮新正，天晴日丽，商民称便，共乐升平。正月上中两旬，时雨频施，土膏滋润，豆麦早者业已结实，园蔬畅茂，弥望青葱。省城中米每仓石价银一两七钱二分，可称平减。各属微有长落，均属中平。黔省据报晴雨得宜，民苗安辑，粮价自七钱二分起至二两四钱三分止，高下不等，皆各属常行，价值并不加昂。两省边境枚宁，各安耕凿，理合一并奏闻，伏乞皇上睿鉴。谨奏。

朱批：欣慰览之。

（《宫中档乾隆朝奏折》第四十六辑，第566页）

2247　大学士仍管云贵总督昭信伯李侍尧
《奏报拿获四川军营逃兵，审明照例正法折》
乾隆四十四年二月初七日

大学士仍管云贵总督昭信伯臣李侍尧跪奏：为拿获四川军营逃兵，审明照例正法，恭折奏闻事。

本年正月初五日，据永善县知县李发源详报："乾隆四十三年十二月十八日，兵役彭宽、周忠等在县属锅圈岩地方，盘获四川出师金川逃兵汪有志一名等情到臣。"当即饬行提解赴省，率同司道逐细研讯，据汪有志供："现年三十一岁，系四川泰宁协右营兵丁，乾隆三十七年奉拨出师金川，随营打仗，三十八年十月内撤回，至半山门，因与同伴跌钱吵闹被责，一时思念父母，私自潜逃。在路上听得查拿逃兵甚紧，就不敢回家，由北路獐古过河一带荒僻村寨求乞度日，夜宿山洞古庙，并无知情容留之人，实在记不出地名月日。四十三年十二月十八日，行至云南永善县锅圈岩地方，才被盘获等情，直认不讳。"查验年貌相符，随遵照原奉谕旨，于二月初五日，委署云南府宣世涛，会同署云南城守营参将成善，恭请王命，将汪有志绑赴市曹正法讫。臣谨恭折具奏，伏乞皇上圣鉴。谨奏。

朱批：另有旨谕。

（《宫中档乾隆朝奏折》第四十六辑，第685页）

2248　大学士仍管云贵总督昭信伯李侍尧
《奏报旗员亲老，呈请回京，据情代奏折》
乾隆四十四年二月初七日

大学士仍管云贵总督昭信伯臣李侍尧跪奏：为旗员亲老，呈请回京，遵例奏明请旨事。

窃照乾隆四十二年，钦奉谕旨："嗣后旗人终养之例着停止，其有亲老情愿回京者，准其具呈督抚奏明，送部引见，候朕酌量降旨等因。钦此。"钦遵在案。

兹据云南开化镇总兵刘国梁转据中军游击布占呈称："布占系镶红旗满洲人，由勋旧佐领升补健锐营副前锋参领，乾隆三十四年发往云南，以游击委用，题补今职。因造办奏销迟延，降二级调用，送部引见，奉旨'从宽留任。钦此。'伏念布占满洲世仆，荷蒙圣恩赏用外任，惟当竭尽驽骀，以图报效。缘生母王氏现年七十六岁，衰老多病，家无次丁侍奉，又不能迎养来滇，情愿回京当差，以遂乌私。"等情。援例呈请到臣。理合遵旨据情具奏，如蒙俞允，容俟奉到朱批，给咨送部引见，恭候钦定，伏乞皇上睿鉴训示。谨奏。

朱批：该部知道。

（《宫中档乾隆朝奏折》第四十六辑，第 685～686 页）

2249　大学士仍管云贵总督昭信伯李侍尧
《奏报接准川咨严缉逆犯，相应奏闻折》
乾隆四十四年二月初七日

大学士仍管云贵总督昭信伯臣李侍尧跪奏：为接准川咨严缉逆犯，恭折奏闻事。

本年二月初五日，准四川督臣文绶咨称："访获妖言惑众一案，业经缮折具奏。随后即拿获首伙要犯多人及伪印绫照等件，并据供，朱天龙年止十二岁，都未见过，不知的实住址，移明一体饬查。"等因。并附寄奏稿一件到臣。

伏查川省不法奸民胆敢捏造各种名目，伪印伪照，希图哄骗乡愚，诈取钱财，光天化日之中，乃有此等逆犯，实堪发指。查川滇原系接壤，而昭通为四川咽喉之地。随即密札，严饬昭通府及附近各营，分于交界地方密踩周巡，如有行踪诡秘、情形闪烁之徒，立即拿获讯解，毋得稍有疏虞，并分檄通省文武官员，在于各该属境内遍加查缉。

至滇省各厂，砂丁来往靡常，奸民尤易混匿，亦严饬各该地方官严紧查诘，务令奸宄不致潜踪他境，致漏法网。再查黔省亦与川省交界，仍恐奸徒窜入潜藏山箐，除一面檄令黔省文武一体严密查拿外，相应恭折具奏，仰乞皇上睿鉴。谨奏。

朱批：览。

（《宫中档乾隆朝奏折》第四十六辑，第 686～687 页）

2250　大学士仍管云贵总督昭信伯李侍尧、云南巡抚裴宗锡
《奏报委署知府折》
乾隆四十四年二月初七日

大学士仍管云贵总督昭信伯臣李侍尧、云南巡抚臣裴宗锡跪奏：为奏闻事。

窃照云南府知府员缺，臣等遵旨拣调，拟以昭通府宣世涛调补云南，丽江府吴大勋调补昭通，遗缺即以宋成绥补授，现在另折具奏。惟宋成绥尚未到滇，云南、昭通二缺均属紧要，接署需人，除行委宣世涛、吴大勋先赴调任署理外，其丽江府事，查有候补通判鲍镇华堪以暂署，俟宋成绥到滇，再行交代。理合恭折奏闻，伏乞皇上睿鉴。谨奏。

朱批：该部知道。

（《宫中档乾隆朝奏折》第四十六辑，第 687 页）

2251　大学士仍管云贵总督昭信伯李侍尧、云南巡抚裴宗锡《奏报遵旨拣调知府折》

乾隆四十四年二月初七日

大学士仍管云贵总督昭信伯臣李侍尧、云南巡抚臣裴宗锡跪奏：为遵旨拣调知府，仰祈睿鉴事。

窃照云南府知府永慧升任员缺，臣等接准部咨，奉上谕："云南府知府员缺紧要，着该督抚于通省知府内拣选一员调补，所遗员缺，着宋成绥补授。钦此。"臣等遵即公同两司悉心遴选，查有昭通府知府宣世涛，年五十三岁，安徽监生，捐纳县丞，拣发云南，历升湖北沔阳州知州，乾隆四十三年，钦奉特旨补授今职。该员才识明敏，办事勤能，前在滇省十有余年，吏治民风最为熟悉。省垣首府事务殷繁，必得老成干练之员，方足以资治理，以之调补，实属人地相宜。所遗昭通府缺，自应遵旨，即以宋成绥补授。

第查昭通一府承运京铜，现因产铜短缩，京运迟逾，督率稽查调剂必须熟手，宋成绥初任滇省，恐于铜务未谙。查有丽江府知府吴大勋，年四十五岁，江苏举人，由江西信丰县知县历升丽江府知府，因于寻甸州任内相验不实，降二级调用，送部引见，仍发云南以知州用，捐复原官，题补今职。该员心地明白，遇事认真，曾经委署昭通，熟谙铜务，以之调补，实堪胜任。所遗丽江府知府员缺，应请即以宋成绥补授。似此一转移间，于地方、铜运两有裨益。是否有当，臣等谨遵旨拣调，合词恭折具奏，伏乞皇上睿鉴训示。谨奏。

朱批：该部知道。

（《宫中档乾隆朝奏折》第四十六辑，第 688 页）

2252　大学士仍管云贵总督昭信伯李侍尧、云南巡抚裴宗锡《请禁开报额外逾折铜斤，以杜弊混折》

乾隆四十四年二月初七日

　　大学士仍管云贵总督昭信伯臣李侍尧、云南巡抚臣裴宗锡跪奏：为请禁开报额外逾折铜斤，以杜弊混，以裨京运事。

　　窃照滇省寻甸、东川两路，每年承运京铜六七百万斤，定例：自厂至店，自店至泸州，每百斤共准磕碰折耗铜一斤。嗣因各店于例准折耗之外又有折耗，名为"逾折"，经部议定，在承运官名下，每百斤追赔铜价银九两二钱，并将应需脚价亦令赔出，于东、寻两店收到铜内，照数拨买补运清款。

　　臣等检查旧案，从前各店每年开报逾折自数千斤至万余斤不等，多亦不过三四万斤而止。乃自乾隆三十六年以来，逾折数目逐渐加增，每年竟报至三十余万斤之多。同此道途，同此轮运，逾折之数不应若此悬殊！且近来各厂产铜短缩，其每年应买逾折铜斤不能拨运清款。计自乾隆三十一年起，至四十三年冬底，具报逾折而未经买补者积有一百二十二万余斤，其未经报出者尚不在此数内，共应追价脚银一十二万六千五百两有零，仅止完解银四万三千六百一十九两零，尚未完银八万二千九百三十两零。是虽有追赔之名，而迄无买补之实。

　　臣等将逾折铜数逐年加增缘由留心察访，因向时铜价在官在民约略相等，人无希冀，鲜有营私。迩年民价，每铜百斤值银十三四两，较赔价九两二钱，每百斤可长余银四五两，其中保无不肖运员以及承办家人、书吏，因逾折年无定数，任意浮报，将官铜私卖渔利，事所难免。况已经发运在途之铜，计日可到泸州，一经开报，逾折追赔买补，辗转迁延，虽每百斤赔价银九两二钱，于官本铜息无亏。但以既经发运之铜为若辈浮开逾折，侵入私橐，其情既属可恶。而一年多十数万斤之逾折，即泸店少十数万斤之兑发，此皆在于已运京铜数内，暗中亏短，以致将后抵前，递年压积，铜运迟逾，此其一端。自当严定章程，以清弊窦。应请嗣后各厂店发运京铜，下站按照上站发单所载铜斤数目，公平秤兑，除例准折耗之外，如有斤两不足，即严行确查，倘有营私捏报，据实严参，从重治罪。其从前准报逾折之例，永行停止。

　　至从前逾折应追价脚，除已追存滇省司库及外省完解报拨外，尚有咨追外省未完银五万一千八百九十五两九钱三分。现在滇省饬追银三万一千三十四两五钱四分九厘。此项逾折铜斤，总因厂产未丰，以致东川、寻甸两店收到之铜止可赶运年额，不能拨买补运，此外又无可拨之铜，虽京铜项下除每年额运及带解沉失外，尚余铜六十余万斤，可于此内酌量分年买补。但前项余铜原议备贮泸店，以济京运，若将留备泸店底铜拨补逾折，顾此失彼，殊属有名无实，应请无庸买补。查逾折铜每百斤追赔价银九两二钱，向例：拨买之时以六两四钱拨为厂民工本，余银二两八钱归入铜息造报。

今节年应赔铜价，除在外省着追者统听各省报拨充饷，其已追存滇库之银内，以六两四钱，仍存京铜本款拨充厂本，余银二两八钱，收入铜息项下，报充公用，俟各员依限完解，照前分别本息，按年造报。所有脚价银两，仍照东、寻两店至泸州水陆程站，按例计追，归入运费本款存用，庶从前逾折之案得以早完，向后既无逾折开报，不致暗中积压，京运亦可期迅速矣。

是否有当，臣等谨合词恭折具奏，伏乞皇上睿鉴施行。谨奏。

朱批：该部议奏。

（《宫中档乾隆朝奏折》第四十六辑，第689～690页）

2253 云南巡抚裴宗锡《奏报丁酉年加运第一起京铜开帮日期折》
乾隆四十四年二月十六日

云南巡抚臣裴宗锡谨奏：为恭报京铜开帮日期，仰祈圣鉴事。

窃照滇省办运京局铜斤，自四川泸州开帮日期，例应奏报。

兹据云南布政使孙士毅详称："丁酉年加运第一起委员珠尔杭阿，领运正耗余铜九十四万九百九十一斤零，于乾隆四十三年十二月十五日，在泸州全数兑足开帮。"等情前来。臣覆查无异，除飞咨沿途各省督抚催儧前进，依限赴京交收，并咨明户、工二部外，所有丁酉年加运第一起京铜全数开帮日期，理合恭折奏报，伏乞皇上睿鉴。谨奏。

朱批：览。

（《宫中档乾隆朝奏折》第四十六辑，第785页）

2254 云南巡抚裴宗锡《覆奏朱批询问折》
乾隆四十四年二月十六日

云南巡抚臣裴宗锡谨奏：为钦奉朱批覆奏事。

窃臣于上年十一月二十九日，具奏嵩明州安置改遣军犯牟天福在配脱逃一折，本年二月十三日，奉到朱批："今获否？钦此。"

伏查此案，逃遣牟天福，前据嵩明州详报到臣，当经飞咨各省通缉，一面严饬该州暨通省地方实力缉拿，复又不时督催，迄今尚未弋获。现在初参期限已满，除照例取具专兼各职名咨部议处，仍饬上紧设法严缉务获办理，勿使远飏漏网外，合先恭折覆奏，伏乞皇上睿鉴。谨奏。

　　朱批：览。

（《宫中档乾隆朝奏折》第四十六辑，第 785～786 页）

2255　云南巡抚裴宗锡奏明滇省东川旧局改用
宁台厂铜并裁减局炉折
乾隆四十四年二月十六日

　　云南巡抚臣裴宗锡谨奏：为奏明事。

　　窃照滇省东川旧局，四十二三两年改用宁台厂铜斤，不敷运脚银一万六千余两，咨部在于该年铸息银内拨补一案，经户部据咨奏明，令臣遵照旧例，另行核办报部等因。奉旨："依议。钦此。"当即行司查办。去后，兹据藩司孙士毅查照部驳情节，分晰声明，详请奏咨前来。

　　臣查东川旧局二十炉及续设五炉，正铸卯铜历系拨用东川之大风岭上下凤凰等厂高铜，与金钗厂低铜二八配铸。嗣因大风岭上下凤凰等厂产铜短缩，每年所获铜斤仅敷续设五炉之用，旧炉二十座正卯无铜鼓铸，是以咨请拨给办供各省采买之凤凰坡等四厂铜十万斤，其不足之数，请以宁台厂铜斤添拨济用，核计不敷运脚银六千二百八十七两零，请于铸息内拨补。经部驳查，又因凤凰坡等厂铜斤另案咨请拨用，金钗低铜不能与宁台厂铜配搭成铸，不得不全用宁台铜斤。四十二年铸铜，已据东川府领运鼓铸，势不能另行更易。四十三年，亦于宁台旧存铜内拨运办理，核计每年不敷运脚银八千四百十两零，于所获铸息一万七千余两拨补，并声明各局现于裁减炉座案内另议筹拨铸铜，向后铸息无虞再亏。此臣前据藩司议详，咨部之情由也。

　　今准部咨："以该局改用铜斤既未先行报部，及经奏查，又称四十二三两年全用宁台厂铜，不敷运脚银八千四百余两，于铸息内添补，竟将应得之息银拨补耗铜之运费，较之从前额例，二年计短余息银一万六千余两，亏缺不为不多。况查前咨内称用宁台厂铜二十七万四千余斤，不敷运脚银六千二百余两。今又咨称用铜三十六万七千余斤，不敷运脚银八千四百余两。虽据声明该局拨凤凰坡等厂高铜，续经另案咨拨外省，不得不全用宁台厂铜，但办理铜务忽多忽少，旋留旋拨，全无通盘筹画，以致该局所用铜斤与向来高低配铸之例不符，驳令遵照旧例，另行核办报部。"等因。

　　查东川局二十炉正铸，实因附近小厂无铜可拨，若舍宁台厂铜不行拨给，势必停辍鼓铸。虽宁台厂至东川道路较远，加增运脚有减铸息。但与其停炉待铸，余息全无，究不若拨用该厂铜斤，每年铸获余息，除拨补不敷运脚外，尚有盈余银九千余两，可备公费。至部驳未经

— 1947 —

先行报部，忽多忽少之处，查滇省拨供各局铸铜，均系就目前情形随时酌拨，一面咨明户部，并非俟覆准后始行拨用。况局中月有卯额，当按卯待铸之时，若咨请停，候部覆到日再铸，迁延数月之久，反致坐误铸务。其忽多忽少，旋留旋拨，总缘近年出铜短缩，不敷拨供之故。京铜既不能短缺，各省采买又不可迟缓，不得不改拨本省鼓铸，以期济凑卯铜。在户部以东川局改用宁台厂铜，较前额例，二年计短余息银一万余两，节次驳饬，固为慎重铸息起见。而滇省目击停铸堕卯，全无息银，又不得不通融酌拨，以期铸完卯额，可收余息。虽拨补远厂铜斤不免加添运脚，而核计所获铸息，于公务尚有裨益。

所有东川局二十炉四十二三两年正卯鼓铸，业经拨用宁台厂铜斤，不敷运脚银一万六千余两，应请仍于该二年铸息内添补。至该局炉座，已于裁减通省局炉案内只酌留旧炉十六座，应需铜斤，议请改用高六低四拨给配铸，此后应获铸息，自可再无亏折。除咨明户部外，臣谨恭折具奏，伏乞皇上睿鉴，敕部核覆施行。谨奏。

朱批：该部议奏。

（《宫中档乾隆朝奏折》第四十六辑，第786~788页）

2256　云南巡抚裴宗锡《奏报滇省雨水情形折》
乾隆四十四年二月十六日

云南巡抚臣裴宗锡谨奏：为奏闻事。

窃照滇省地方入春以后雨泽优沾、麦田畅茂情形，经臣于新正十七日缮折陈奏在案。

兹自正月既望至二月初旬以来，各属报到晴雨日期一律调匀，大麦现在含苞吐穗，小麦亦皆抽干，南豆均已扬花，并有结实者。东作将兴，再得膏雨频施，更于春耕有益。市粮时价虽随地增减不齐，而统计尚属中平，无虞食贵。民情和豫，四境枚宁。臣谨恭折奏闻，并将正月分粮价另缮清单，敬呈皇上睿览。谨奏。

朱批：知道了。

（《宫中档乾隆朝奏折》第四十六辑，第788页）

2257　大学士仍管云贵总督昭信伯李侍尧
《奏报酌办春深撤汛情形折》
乾隆四十四年二月二十七日

大学士仍管云贵总督昭信伯臣李侍尧跪奏：为春深撤汛，谨将酌办情形恭请圣鉴事。

窃照永昌以外，经臣上年奏准裁防设汛议定章程，于杉木笼、干崖、三台山等紧要处所安设汛地，在腾越、龙陵各标营内派拨兵丁八百名，各令本营员弁按年轮替，冬初赴汛，并于各汛兵内抽拨分布关卡，协同抚夷稽查，春深酌留弁兵三百名驻汛，余俱撤回原营差操在案。兹准提臣海禄咨称："边关甚为宁谧。今年节气较早，瘴已渐发，杉木笼、干崖二汛弁兵，应于三月初一日撤起。三台山气候尤暖，应于二月二十日先行撤起。"等语。

臣查杉木笼本系大汛，冬初派拨备弁十一员，兵丁五百名，马一百匹，出赴汛所。今应撤回千把、外委五员，兵丁三百名，马六十匹，仍留备弁六员，兵丁二百名，马四十匹，以守备一员、把总一员，带兵一百名驻汛游巡，此外千把四员、兵丁一百名，分派虎踞关、铁壁关、邦中山、张凤街等处关隘，督率抚夷弩手稽查。又干崖小汛，冬初原派备弁七员，兵丁二百名，马四十匹。今应撤回守备一员，兵丁一百名，马二十匹，仍留千总、外委六员，兵丁一百名，马二十匹，以千总一员、外委一员，带兵五十五名，驻汛游巡，其余把总、外委四员，兵丁四十五名，分派铜壁关、万仞关、巨石关、盏达等处关隘，督率抚夷弩手稽查，俾两汛声气联络，巡察更觉严密。又三台山小汛，所有备弁、兵丁全行撤回本营，毋庸酌留。以上各汛兵丁撤归本营之后，停支口粮，其留驻各关卡兵丁仍行支给。

查本年系初次设汛撤回，必须酌定规模，期于整齐严肃，以便该镇将等每岁按照遵行。除一面行知提镇，于撤汛后仍应时加严饬留汛各弁兵严密巡逻，毋许稍有懈怠外，所有撤汛事宜，理合恭折奏闻，伏乞皇上睿鉴训示。谨奏。

朱批：知道了。

（《宫中档乾隆朝奏折》第四十七辑，第6～7页）

2258　大学士仍管云贵总督昭信伯李侍尧《奏报盘获偷越南掌贸易民人，审明定拟折》

乾隆四十四年二月二十七日

大学士仍管云贵总督昭信伯臣李侍尧跪奏：为盘获偷越南掌贸易民人，审明定拟具奏事。

乾隆四十三年十二月二十五日，据署普洱府思茅同知严秉琭禀据宣慰土司刀士宛转据乌得土把总刀世忠禀报："在猛嵩隘口，盘获广西民人陈文清、广东民人王辉云、云南广南府民人罗明声、王奉、王登明等五人，自南掌地方携带象牙、犀角、鹿茸、獭皮、象尾、孔雀尾等货，连人一并解究。"等情到臣。当查陈文清等系内地民人，私越外域，贸易往来，恐有交结为匪情事，饬行提省审办。去后，兹据军需局员布政司孙士毅等会同按察司汪圻审明，定拟解勘前来。

臣提犯亲鞫，缘陈文清籍隶广西宾州，于乾隆四十年贩卖布匹来至云南蒙自县地方，至四十一年四月转贩杂货，前往临安府属之纳楼司贸易，于抱马途次，遇见广南府民人罗明声，聚谈熟识，言及南掌猛赛地方贩卖杂货易于获利，陈文清即央罗明声引路，许其借给本银，合伙贸易。两人自抱马起身，由黑坡等处至南掌之猛洼下船，入思波、猛洼而至猛赛，摆卖杂货。陈文清因生意平淡，不敷日用，借给罗明声本银六两，听其自往各寨贩卖猪鸭。至四十二年六、七两月，有广东阳江县民人王辉云、广南府民人王登明、王奉三人，携带杂货，先后由临安府属之黑坡一带出口，前赴猛赛营生，在彼遇合，彼此往还。陈文清后赴猛烘卖货，回至猛赛，与王辉云合伙开张烟酒店铺。四十三年八月，各因思念家乡，置买象牙等货，探知由猛洼取道猛松即入普洱，路途较近，结伴同回，行至乌得地方，遂被盘获解省，讯悉前情。

查南掌境连缅地，接壤交阯，内地民人偷越出口，往往滋生事端。陈文清等贸易往来，逗遛数载，虽严讯并无勾结为匪情事，但现在严禁边防，自应按律惩治，以昭儆戒。陈文清、王辉云、罗明声、王登明、王奉五犯，均合依交结外国、互相买卖，发边远充军，例发边远充军到配折责安置。现获货物入官，变价充公。所有失察陈文清等出口文武职名，另容查参。

再照临安、开化二府所属土司均通外境，永昌、普洱既经设禁盘查，无从偷漏，恐奸民渔利，慭不畏死，即由该处夹带走私，绕出缅境，不可不防其渐。臣现在饬司，查明要道，仿照潞江、缅宁等处章程设立关口，专派员弁驻扎巡查外，所有盘获偷越民人，审明定拟缘由，理合专折具奏，另缮供单敬呈御览，伏乞皇上睿鉴，敕部核覆施行。谨奏。

朱批：已有旨了。

（《宫中档乾隆朝奏折》第四十七辑，第 7～8 页）

2259　大学士仍管云贵总督昭信伯李侍尧、云南巡抚裴宗锡
《奏报查明带销黄辅案内偿煎正盐必须展限折》
乾隆四十四年二月二十七日

大学士仍管云贵总督昭信伯臣李侍尧、云南巡抚臣裴宗锡跪奏：为遵旨查明奏覆事。

乾隆四十二年十一月十九日，准户部咨开："据云南巡抚裴宗锡题参昆明、南宁、沾益、寻甸、平彝等五州县带销黑井堕销盐斤迟逾疏称，已故黑井提举黄辅参案内偿煎正

盐二百三十五万六千二百一十三斤，除已销完课外，尚有堕运堕销盐一百八十八万二千六百四十四斤，该课款银六万三千四百四十九两六分一厘。各州县本有应销年额，实难并数加销，请按盐斤多寡，分别定限销解，并将正盐销竣，再行按销余盐，奏请敕交臣李侍尧，将堕销正余盐斤是否必须展限带销及带销此项盐斤与年额正盐有无滞碍之处，确查现在情形，据实覆奏，再行核办。"等因。

臣等伏思，此项盐斤如果偿煎足额，实存井店，止于堕运堕销，自可逐渐清厘。督催赶办虽稍稽时日，总于课款无亏。若地方官稍有侵欺，不免那新掩旧，名则带销旧额，实则积压新盐，必须彻底清查，方能水落石出。当即饬行盐驿道，一面上紧督催，将未运者全行偿运，未销者设法疏销，一面造册加封，禀候遴员盘验。去后，兹据该道许祖京将续销正课提解移司，截至乾隆四十三年十二月底止，查明现在情形，实存盐数，造册禀请委盘前来。经臣李侍尧按册确核，行委顺宁府知府宋惠绥、云南城守营参将德舒，前赴各该州县逐一盘查，委系实存，并无短缺。

臣等覆查，此案未销盐斤，前臣裴宗锡声请展限带销时，各属共计存盐一百八十八万二千六百四十四斤，内南宁县存盐五十八万斤，沾益州存盐三十六万五千斤，寻甸州存盐五十五万四千七百八十三斤半，所存均逾于年额应销之数。宣威州存盐十二万八千五百斤，平彝县存盐九万一千二百四十六斤，省仓代销昆明县存盐十六万三千一百一十四斤半，全销亦恐有碍年额，是以分别五年、三年、两年展限带销。今自四十二年六月议请展限日起，至四十三年年底止，除平彝县已经全数销清，毋庸置议外，内南宁县续销过盐二十万十二斤，沾益州续销过盐十四万一千二百三十五斤，寻甸州续销过盐二十二万斤，宣威州续销过盐八万一千七百斤，省仓代昆明县续销过盐九万三千一百一十四斤半，以该州县现销之数核计，原请展期均副两年之额，与年额尚无滞碍，而与原定请展之限亦无逾违。惟一时责令全数并销，在民食自有定数，势难额外加增，转恐销旧滞新，仍属有名无实。

查南宁县现存未运未销盐三十七万九千九百八十八斤，沾益州现存未销盐二十二万三千七百六十五斤，寻甸州现存未运未销盐三十三万四千七百八十三斤半，原请定限五年者予限三年，扣至四十七年六月，责令全数销清。其宣威州现止未销盐四万六千八百斤，省仓现止未销盐七万斤，为数无多，毋庸加展限，一年内全数销完。其黄辅案内尚有堕煎余盐及徐应衡任内堕煎复隆井正盐，部限六年赶煎，现在尚未煎竣。仍俟销竣正盐之后，再行定限接销，似于课项、民食两无滞碍，亦不致虚有带销之名，仍滋堕误之弊矣。所有查明带销黄辅案内偿煎正盐必须展限情形，臣等谨合词恭折奏覆。

再照本案准到部咨，因值盐道两任交代，并委员逐一盘验，是以具奏稍迟。除将迟延职名送部查议外，合并陈明，伏乞皇上睿鉴，敕部核覆施行。谨奏。

朱批：该部议奏。

2260　大学士仍管云贵总督昭信伯李侍尧
《奏报滇黔两省地方情形折》

乾隆四十四年二月二十七日

大学士仍管云贵总督昭信伯臣李侍尧跪奏：为奏闻事。

窃照滇黔两省雨水粮价情形，经臣于本年正月二十五日恭折奏报在案。

兹查匝月以来东作方兴，正资雨泽。云南省城于二月十六日获沛甘霖，各属亦先后禀报得雨，颇于春耕有裨。南豆陆续收获，二麦渐次成熟，园蔬畅茂，弥望青葱。省城中米每仓石市价一两七钱二分，虽各属增减不同，均属平价。黔省据报雨水调匀，二麦茂盛，米价虽略有长落，尚属中平，不为昂贵。两省地方安辑，民情悦豫，边境敉宁，理合恭折奏闻，伏乞皇上睿鉴。谨奏。

朱批：知道了。

（《宫中档乾隆朝奏折》第四十七辑，第 11 页）

2261　大学士仍管云贵总督昭信伯李侍尧、云南巡抚裴宗锡
《恭恳圣恩仍留废员，以资差委折》

乾隆四十四年二月二十七日

大学士仍管云贵总督昭信伯臣李侍尧、云南巡抚臣裴宗锡跪奏：为恭恳圣恩仍留废员，以资差委事。

窃照原任云南普洱府知府谈霞，因所属他郎通判地方安插土司召瞵喃潜逃案内续参革职，留于该地协缉。臣李侍尧巡边接见，察其年力未衰，才具尚堪驱策，适因铜务需用熟手，上年陛见，面恳圣恩，奏请将该员送部引见，赏发回滇以资差遣。钦奉谕旨："谈霞留滇委办铜务，俟三年无过，以同知、知州酌量题补，毋庸送部。钦此。"钦遵在案。

该员感激天恩，半载以来，委其查办事件，颇知奋勉。缘前在赵州任内失察军犯张振奇谋财害命，部议革职。臣等见该员现系无职之员，既经奉旨留滇，革职之案似应咨部注册。兹准部覆，以谈霞此案革职系留滇后续奉谕旨，该督未经奏明，未便仍留滇省，应即饬令回籍等因。伏思谈霞本属废员，蒙恩赦其前愆，原以策其后效。况被议虽在奏留之后，而获咎实在奉旨以前。合无仰恳圣恩，仍将该员赏准留滇，所有革职之案，俟三年无过，酌量补官之日，扣满年限，另请开复。臣等为铜务需员起见，不揣冒昧，谨

再合词恭折奏恳，伏乞皇上睿鉴训示。谨奏。

朱批：有旨谕部。

（《宫中档乾隆朝奏折》第四十七辑，第 11～12 页）

2262 大学士仍管云贵总督昭信伯李侍尧《奏报办理原任思茅同知张轼应追赔银两一案情形折》

乾隆四十四年二月二十七日

大学士仍管云贵总督昭信伯臣李侍尧跪奏：为参奏事。

窃照原任云南思茅同知张轼，于裁撤普安营案内，因承办衙署、兵房，限内多有倒塌，应追赔银一万二千八百九十两二钱一厘，咨回原籍着追。嗣据伊子、候补郎中张万选在部呈请照例分限五年交纳，行滇知照在案。

兹因张轼名下另有题销仓廒案内核减银十五两四钱三分八厘，行据思茅同知严秉瑑转据张轼办工厅书杨世棋代为完解。随据云南布政司孙士毅详称，张轼现有应赔公项一万二千八百余两之多，厅书杨世棋既为张轼代完修仓核减银两，恐有受寄资财，当饬该同知严秉瑑确查详覆。据查出张轼离任时，有借给铺户郑恩锡生息银两，因恐兵房损坏，临行嘱令厅书杨世棋支取代修，所有应得本利，除杨世棋陆续支用外，现存银八百八十一两二钱四分，于郑恩锡名下追出解缴。该司恐有不实不尽，详提郑恩锡、杨世棋到省，委员严审，讯出原任普洱府思茅同知张轼，先在宁洱县任内，因承办军需防务，一切零星支放需用钱文，郑恩锡家道殷实，开张钱铺，交易便易，遂与言定，遇便发银，随时取钱应用，彼此不计利息，存留积算，已历数载。乾隆四十年五月，张轼捐升员外郎离任，结算钱数，张轼长发银二千三百八十三两，郑恩锡约俟张轼起程归楚。是年九月，张轼定期赴京，令厅书杨世棋向索郑恩锡。因本银转运在外，一时完缴不齐，仅将零星三百八十三两凑还，尚存二千两，央求杨世棋说合，写立欠票，愿将田契作质，按年认加息银一分五厘。张轼不能久待，亦即允从，即嘱杨世棋收取本利寄京。适其时张轼承建普安营兵房、衙署损坏，例应赔修，张轼即另付杨世棋银三百两代为修葺，随即起程进京。杨世棋自四十年十月兴工，至四十一年三月，除自用盘费银三十六两零外，余俱支发工料费用。续因营房复有倒坍，杨世棋寄信告知。张轼谕令杨世棋向郑恩锡支取本利，动工修整，并将原收郑恩锡田契寄还。自四十一年十一月起，至四十二年三月，杨世棋节次向郑恩锡支过一年利息三百两，本银一千三百五十一两三钱，俱为修整兵房费用，尚存郑恩锡铺内本银六百四十八两七钱。自四十一年九月起，至四十三年正月止，接续扣算，又该利银二百四十七两零。杨世棋又支取银十五两四钱零，代完张轼修仓核减银两，实存剩本利银八百八十一两二钱四分。张轼寄谕杨世棋，令其收取送京。时因杨世棋为张轼代完核减之项，严查寄顿，署思茅同知严秉璩查出前情，于郑恩锡名下追缴余剩本利银两，批解司库。行提杨世棋、郑恩锡来省，委员严审，据各供认不讳，再三究诘，此外并无借欠，亦无别项寄顿。该司提取支收账簿，核对数目相符，录供，详请参奏前来。

臣查张轼前在云南宁洱县及思茅同知任内，因承办军需，与铺户郑恩锡易换钱文，虽无不合，但因捐升离任，郑恩锡一时不能缴还长领之银，即行收受田契借票，取息渔利，虽与所部内举放钱债有间，究属不应。况一切赔项，原因无力清偿，实准分限完缴。今张轼既有银两生息，当奉文着赔普安营兵房工料之时，即应将留滇之项呈明，就近查交余银，再请分限完解。乃朦混具呈，明系有心隐匿。相应据实参奏，请旨将原任思茅同知、捐升员外郎张轼交部严加议处，其所得郑恩锡利银五百四十七两九钱七分八厘及本银二千两，同代完修仓核减银十五两四钱三分八厘，一并于张轼名下追出，入官充公。所有现在解缴之存剩银八百八十一两二钱四分，留滇报拨。厅书杨世棋代张轼修理工程，虽讯无浮冒，但明知张轼现有应赔普安营兵房银两，并不据实呈出，捏称代完修仓核减银十五两四钱三分，殊属扶同隐漏。铺户郑恩锡领银换钱，因张轼离任接算，一时凑缴不齐，立约认利，虽非交结，亦属不应。杨世棋、郑恩锡应各照不应重律，杖八十，折责三十板。郑恩锡系监生，照例纳赎。杨世棋仍革役。张轼收存郑恩锡借票一张，移咨顺天府尹，转饬张轼原籍大兴县查追缴销。理合恭折具奏，伏乞皇上睿鉴训示。谨奏。

朱批：该部议奏。

（《宫中档乾隆朝奏折》第四十七辑，第 12～15 页）

2263　云贵总督李侍尧、云南巡抚裴宗锡
《奏报查获〈九十九筹〉一书，解京销毁折》
乾隆四十四年三月二十五日

云贵总督臣李侍尧、云南巡抚臣裴宗锡谨奏：为查获《九十九筹》一书，解京销毁，恭折奏闻事。

窃臣等钦奉谕旨，严查明人颜季亨所撰《九十九筹》一书，业将查办情形先行会折覆奏在案。兹据武定直隶州属禄劝县知县檀萃查获此书一部，计四本，由藩司转送前来。

臣等伏查，《九十九筹》一书，滇中既有遗存，必不止此一部，恐地方官查察未周，致有匿不呈缴情事。除再严饬各道、府、州督率所属，上紧设法访查，并于城乡村寨再行晓示开导。如有此书，无论抄本、刷本、及翻刻板片，立即尽数缴出，毋使片纸只字

存留，以绝根株。所有禄劝县缴到《九十九筹》一部，计四本，现在封固解京，咨送军机处销毁外，理合恭折奏闻，伏乞皇上睿鉴。谨奏。

朱批：览。

（《滇黔奏稿录要》下册，第783~785页）

2264　云贵总督李侍尧、云南巡抚裴宗锡 《覆奏查明滇省驿站事宜折》
乾隆四十四年三月二十五日

云贵总督臣李侍尧、云南巡抚臣裴宗锡谨奏：为查明滇省驿站事宜，恭折覆奏事。

窃照各省驿站事务，钦奉谕旨，皆令各守、巡道，按其所属府、州、县分司其事，而以按察使总其成，不必令粮、盐等道兼管。经部臣遵旨酌议具奏，并称此外一切未尽事宜，行令该督抚详细查明覆奏，到日再行核办等因。奉旨："依议。钦此。"咨行到滇。臣等覆查，滇省驿务向系盐道兼管。该道本无分巡地方，今既改归巡道分管，按察使总其事，实属剔除邮政积弊之良法。除巡查稽核之处，业经部臣厘定章程，现在一体遵办，毋庸另议外，所有未尽事宜，应令各就地方情形斟酌者，臣等率同布政使孙士毅、按察使汪圻详细查明，胪列条款，敬为我皇上陈之：

一、通省额设驿站。云南府属之昆明、嵩明二州县，曲靖府属之寻甸、马龙、沾益、南宁、平彝、宣威等六州县内，自省城至平彝县，为通京大道；至宣威州，系通四川要路。以上八州县，共设驿马四百匹，马夫二百名，堡夫一千二百二十名。又楚雄府属之镇南、姚州二州，大理府属之云南、赵州、太和三州县，丽江府属之鹤庆、剑川二州，以上七州县共设堡夫二百名，此外并无额设夫马处所。查云南一府，系粮道分巡，曲靖一府，系迤东道分巡，楚雄、大理、丽江三府，系迤西道分巡，其所属各州县驿堡，应令各该分巡道员分别管理，以专责成。

一、各站驿马、堡夫有无缺额、疲瘦、克扣等弊，应令各该巡道每月查验一次，取具各驿堡州县册结、加结，移司存查，倘有前项情弊，立即移明臬司，会揭请参，仍于年底将各驿马匹膘分及堡夫花名造具清册，加具印结，移送臬司，亲往查验确实，具结详送咨部。如有扶徇捏饰，一并开参。

一、各驿堡每年应支夫马工料银钱，向系盐道于藩库内关支给领。嗣后，应令各驿堡州县按季具详巡道核明，移送臬司，由臬司出具总领，详请批行藩司动放，各该州县亲领回站，以杜混冒。仍俟年底由臬司造册，移送藩司转请题报核销。

一、各驿每月应付过堪合火牌，应令有驿州县照例粘贴，成本按月申报各本管巡道，就近核明，如有遗漏舛错及违例滥应情弊，立即详参。仍令各巡道将印花按月移送臬司汇核，详请咨部。至填发一切堪合火牌，原应在省核填。粮道虽驻省城，但止兼管昆明、嵩明二州县，所属驿堡，未便令其专理，应请即由臬司衙门按例详请填发，以便稽查。

一、臬司兼管驿务，乃通省邮政攸关。应请照直隶臬司兼管驿务之例，于印文内添入驿传字样。至盐道，既不管驿务，其关防内原有驿传二字，应行删除，并将该司、道传敕，一体更正，以符名实而昭信守。其原颁印信、关防暂存钤用，俟新换印信、关防及各敕书到日，再行分别缴销。至各巡道，虽经分管本属州县驿务，究非总理通省邮政可比，其原颁关防传敕，均可无庸另换，以归简易。

一、盐道衙门从前管理驿务，原设有驿房典吏六名、经承八名，而办理驿务之兵、刑、工三房即附在其内。历年典吏报满及咨报，着后俱以驿房开造，并未另列兵、刑、工名目。今驿务既归臬司总理，除将盐道衙门附各驿房之兵、刑、工三房酌留典吏三名、经承四名承办盐务外，其余典吏三名、经承四名，应同一切盐务档案拨归臬司衙门承办驿务房事务。各该典吏役满日期，仍准前后接算，扣足五年报满。嗣后，盐道衙门典吏应以兵、刑、工三房名缺报充，不得再沿驿房字样俾臻核实。

以上各条，臣等谨就滇省情形，合词恭折覆奏，是否有当，伏乞皇上睿鉴，敕部核覆施行。谨奏。

朱批：该部议奏。

（《滇黔奏稿录要》下册，第787～795页）

2265　云贵总督李侍尧、云南巡抚裴宗锡《汇奏乾隆四十三年分滇省各厂办获铜斤数目折》

乾隆四十四年三月二十五日

云贵总督臣李侍尧、云南巡抚臣裴宗锡谨奏：为汇奏各厂办获铜斤数目，仰祈圣鉴事。

窃照滇省新旧大小各厂通年获铜数目，例应汇核奏报，历经遵行在案。今乾隆四十三年分，行据布政使孙士毅查明各厂通计办获铜一千一百一十二万一千八百二十八斤零，造册详请核奏前来。

臣随检齐各厂每月报折，逐一核对，内汤丹、碌碌、大水、茂麓等四厂获铜四百八十一万三百六十五斤零，宁台等二十八厂获铜五百一万四千五斤零，大功等九新厂获铜一百二十九万七千四百五十八斤零，通计各厂共获铜一千一百一十二万一千八百二十八斤零，较之四十二年分获铜八百五十九万九千五百斤零，多获铜二百五十二万二千三百余斤。惟查新定各厂铜斤月额案内，通年应办额铜一千一百一十七万四千三百二十九斤，现在办获铜数，尚不敷额铜五万余斤。从前遇闰之年，不过笼统比较，并未指定加增。今既定有月额，则岁逢闰月，亦应按数加办。四十三年六月遇闰，应加办铜九十三万一千一百斤有零，应办额铜一千二百一十万五千五百余斤，今止办铜一千一百一十二万一千八百二十八斤，计少九十八万三千六百余斤。除遵照新例于考成案内，按月计额，分晰具题查参外，所有新旧大小各厂乾隆四十三年办获铜斤数目，臣谨缮列清单，会同大学士伯管云贵总督臣李侍尧恭折具奏，伏乞皇上睿鉴。谨奏。

朱批：该部知道。

（《滇黔奏稿录要》下册，第797～800页）

2266 大学士仍管云贵总督昭信伯李侍尧
《奏报滇黔两省雨水粮价情形折》
乾隆四十四年三月二十八日

大学士仍管云贵总督昭信伯臣李侍尧跪奏：为奏闻事。

窃照滇黔两省雨水粮价情形，经臣于二月二十七日恭折奏报在案。

兹查明匝月以来雨水调匀，土膏滋润。臣于出郊之便，亲见麦穗盈畴，颗粒饱绽，农民弋获，共庆有收。现据藩司汇报，通省二麦收成合计八分以上。元江一带气候较早，田禾现已插莳。此外，据报陆续播种，秧苗长发青葱，蔬菜、杂粮亦俱茂盛。省城中米每仓石价银一两八钱，虽较上月微增，各属仍系中平，并无昂贵。黔省据报雨水不缺，豆麦丰收，正在弋获，粮价亦与前月相等，不至增长。两省民情安帖，边境敉宁，理合一并奏闻，伏乞皇上睿鉴。谨奏。

朱批：知道了。

（《宫中档乾隆朝奏折》第四十七辑，第287～288页）

2267 大学士仍管云贵总督昭信伯李侍尧、云南巡抚裴宗锡
《奏报委署知府折》
乾隆四十四年三月二十八日

大学士仍管云贵总督昭信伯臣李侍尧、云南巡抚臣裴宗锡跪奏：为循例奏闻事。

窃照云南丽江府知府吴大勋，经臣等奏请调补昭通府知府，行令先赴署理，恭折具奏在案。今吴大勋于剑川州民李士维呈控州书萧长贵侵蚀官银案内不即提讯，部议照任意耽延例，降一级调用。奉旨，着臣等出具考语，送部引见。现饬离任，俟交代清楚后给咨。所有昭通府员缺，应另行委署。查有大关同知孙嗣光堪以署理，除饬委外，理合循例奏闻，伏乞皇上睿鉴。谨奏。

朱批：该部知道。

（《宫中档乾隆朝奏折》第四十七辑，第288页）

2268　大学士仍管云贵总督昭信伯李侍尧、云南巡抚裴宗锡《奏报边要知府升调乏员，恳恩简放折》
乾隆四十四年三月二十八日

大学士仍管云贵总督昭信伯臣李侍尧、云南巡抚臣裴宗锡跪奏：为边要知府升调乏员，恭恳圣恩简放，以裨地方事。

窃照云南顺宁府知府佛尼勒降调员缺，经臣等以元江直隶州知州宋惠绥奏请升补，蒙恩允准。正在给咨送部，宋惠绥于前署丽江府任内，因所属剑川州民李士维控告州书萧长贵侵蚀官银、不给运脚一案提审迟延，部议降一级调用。奉旨，着臣等出具考语，送部引见。所有顺宁府知府员缺，仍应在外拣调。

伏查该郡地处极边，路通缅甸，幅员辽阔，管辖土司，非精明强干之员不足以资治理。臣等公同两司，于现任知府内悉心遴选，非现居要缺，即人地不宜，其应升之同知、直隶州知州，或甫经升用，与例未符，或资俸虽深，才难胜任，欲求堪副此选者，一时不得其人。合无仰恳圣明，敕部于应升、应补人员内拣选引见，恭候钦定一员，简放来滇，庶边疆要郡表率得人，臣等亦借收臂指之助。为此合词恭折具奏，伏乞皇上睿鉴。谨奏。

朱批：已有旨了。

（《宫中档乾隆朝奏折》第四十七辑，第289页）

2269　大学士仍管云贵总督昭信伯李侍尧《奏报遵旨查明四川军营逃兵汪有志确系正身折》
乾隆四十四年三月二十八日

大学士仍管云贵总督昭信伯臣李侍尧跪奏：为遵旨查明覆奏事。

乾隆四十四年三月二十七日，接准大学士于敏中字寄："乾隆四十四年三月十三日，奉上谕：李侍尧奏拿获四川军营逃兵汪有志审明正法一折，固属照例办理，但据称该犯供系四川泰宁协右营兵丁，乾隆三十七年调拨出师金川，随营打仗，三十八年十月内撤回，至半山门，因与同伴跌钱吵闹，私自潜逃等语。兵丁奉派出征，若在军营畏避潜逃，实为军律所难逭，拿获之日，自应立时正法，以示惩戒。若既经撤回，则已无临阵打仗之事，且所供仅系跌钱吵闹，其过亦轻，即或私自潜逃，与寻常营汛脱逃之兵无异，其罪尚不至于死，亦照军营逃兵例正法，未免太过。但三十八年十月，正当续调征兵进剿之时，何以有撤回之事？恐系该犯借词支饰，抑或折内叙供未能明晰。虽该兵已经正法，无可质讯，而川省逃兵册档具在，无难检查，其应得罪名轻重，不可不加确核。着传谕李侍尧，即将逃兵汪有志全供详悉查对，究系何项逃兵，是否尚在军营，或因何事撤回，分晰明白，据实覆奏。再逃兵事实及何年月日，因何撤回之故，川省册档必更详细。着传谕文绶，一并查明具奏。将此由四百里谕令知之。钦此。"遵旨寄信到臣。

伏查滇省查缉逃兵，均系按照川省开造年貌、籍贯访拿，册内并无登注脱逃事由。本年正月，据永善县详报拿获逃兵汪有志一名，提省审办，所有撤回半山门与同伴跌钱吵闹、被责脱逃情由，系该犯在滇供出。臣因核对册开年貌、父母名姓及脱逃月分相符，虽日期据供不能记忆，其为汪有志正身无疑，是以照例办理。

兹蒙圣明查询，谨将该犯到案所生并川省造送档册分缮清单敬呈御览。理合恭折覆奏，伏乞皇上睿鉴。谨奏。

朱批：览。

（《宫中档乾隆朝奏折》第四十七辑，第290页）

2270　大学士仍管云贵总督昭信伯李侍尧《奏报武弁将脱出藏匿兵丁捏称自首，据实严参折》

乾隆四十四年四月二十五日

大学士仍管云贵总督昭信伯臣李侍尧跪奏：为武弁将脱出藏匿兵丁捏称自首，据实严参，仰祈圣鉴事。

窃照本年三月十二日，据署楚雄营游击李凝和禀报："有从前出师木邦冲失兵丁王世禄赴本营投称，乾隆三十一年十月奉派出兵，跟随把总聂联登前赴永昌，十一月，拨在游击袁梦麟宛顶大营，三十二年二月，总统官带领至木邦驻扎，四月十八日，打仗冲散被掠，羁禁数年，受苦不过，上年八月乘间脱回，连人解省审办。"等情。

查该兵冲失十有余载，据称羁禁数年，此外又居何处？且自缅地进关，何以不即在隘口报明，直至楚雄投首？情节甚为可疑，遂批饬速行解省核办。并据楚雄县知县周名炎禀称："冲失兵丁王世禄自缅脱回，现准营移，业经讯明，因该兵染患瘴疾，径行解省。"等语。

臣思该游击指称王世禄患病，并不移交文员讯供，自行解省，其中显有别情。严饬楚雄县确查驰禀。随据覆称："查得王世禄原系舍资汛兵，家有妻女，出师后其妻改适，其女嫁与舍资民人张起昆为妻。王世禄于本年二月二十二日回家，二十八日，至伊女家探望，经查街兵丁撞遇，带赴汛弁，曾以信处告知。至三月初一日，游击李凝和过汛，带回楚雄，不令文员见面，自行解省等情。"当即饬行军需局提齐应讯弁兵，确查档册，严审查参。去后，兹据局员云南布政司孙士毅等查明木邦打仗原案迷失册内，开有楚雄营兵丁王世禄姓名，录供详覆前来。

臣提犯亲鞫，缘王世禄原系楚姚镇右营步兵，奉派出师，三十二年四月十八日，在木邦打仗，被贼冲散，掠至缅地，圈禁阿瓦城外谷独济地方。是年十月，缅匪传有天朝用兵进剿之信，心怀疑惧，即将掠去兵丁分头安插。王世禄分在莽东头目种得戛名下管束，听其割草度日。三十六年八月，乘间脱出，行至波竜厂地方，即在彼挖矿谋生，耽延四载，积有微赀。至四十一年十一月间，自厂起身，于十二月内，混进篦笆桥关口，不敢遽行出头，复在玀寨内潜藏贸易，逗留两年有余。于本年正月，由小路潜行，二月二十二日，回家躲匿。因其妻张氏业经改嫁，其女嫁与张起昆为妻，二十八日，王世禄探望伊女，途遇舍资汛查街兵丁王连，带赴汛弁，曾以信处投报。适游击李凝和查汛过境，将王世禄带回，询知该兵脱出日久，谕以尔若据实供吐，恐要治在缅厂逗留、私越进关之罪，教令捏称上年八月始行脱出，自赴该营投到，并将禀稿抄付押解弁兵，嘱以扶同瞒混。经臣批查得实，据王世禄供认不讳，质之弁兵人等，俱属相符。诘以缅匪情形，据供虽至阿瓦，并未入城，始则管束甚严，继则相离甚远，无从探听贼情。反覆究诘，矢口不移，似无遁饰。

查征缅案内打仗冲失节次脱回兵丁杨发、王天佑、蔡兴、唐允恭等，均于入口时即将脱出缘由报明，因其不忘故土，情尚可矜，仰沐天恩特加宽宥。今王世禄虽亦被掠脱回，但该犯自阿瓦越出，既在外夷厂地逗留数载，又复潜入关口藏匿家中，若非撞遇巡兵，该犯竟思始终躲避，不行投首，其居心实为狡黠，与前此脱出兵丁杨发等情事悬殊，未便一律邀恩宽免。王世禄应请发遣伊犁充当苦差，以示惩儆。至游击李凝和，既知王世禄脱回情事，自应一面据实禀报，一面交文员讯供解省。乃沽名市惠，既教王世禄隐匿实情，借图免罪，又复含糊朦禀，主使兵弁扶同，情迹尤为可恶，绿营习气实属不堪。相应参奏，请旨将署楚雄营游击、候补游击李凝和革职，交部治罪，以为营员欺饰者戒。除勒令离营，委员接署，其乾隆四十一年十二月驻防员弁失察王世禄入口职名另行查参，咨部核办外，理合恭折具奏，并缮王世禄供单敬呈御览。再查王世禄于三十六年从阿瓦脱出，讯以缅地情形并无见闻，似可毋庸解京。合并声明，伏乞皇上睿鉴训示。谨奏。

朱批：该部议奏。

（《宫中档乾隆朝奏折》第四十七辑，第573~575页）

2271　大学士仍管云贵总督昭信伯李侍尧、云南巡抚裴宗锡
《奏请以阿迷州知州赵希充升署蒙化直隶同知折》
乾隆四十四年四月二十五日

大学士仍管云贵总督昭信伯臣李侍尧、云南巡抚臣裴宗锡跪奏：为同知要缺需员，仰恳圣恩俯准升署，以裨地方事。

窃照云南蒙化直隶同知佛柱，经臣等于大计案内以罢软题参，所遗员缺，系繁、疲、难三项相兼，例应在外拣调。

查蒙化府地广事繁，民俗刁悍，必须精明强干之员方可胜任。臣等公同两司，于通省同知内逐加遴选，非现居要缺，即人地不宜。惟查有阿迷州知州赵希充，年五十岁，广东长宁县贡生，捐纳知州，选授曲靖府寻甸州知州，乾隆二十年十一月到任，二十四年调补师宗州，二十七年七月丁母忧回籍，服阕赴补，三十四年选授广西府弥勒州知州，三十五年裁州改县，留滇候补，三十七年因参革藩司钱度变卖货物案内降一级调用，遵例捐复，题补今职，于四十一年三月到任，三年期满，题销试俸在案。该员明白勤干，任事实心，在滇几及二十年，风土民情颇称熟悉，以之升署蒙化同知，洵堪胜任。惟历俸未满五年，任内现有降一级留任及未完盐课降职处分，与例稍有未符。臣等谨遵人地相需之例，专折奏请，仰恳圣恩俯念员缺紧要，准以赵希充升署蒙化直隶同知，仍俟扣满年限，另请实授。其降级降职各案带于新任，照例限年另请开复，不惟该员感激天恩，自必益加奋勉，而臣等亦得藉收臂指之助。如蒙俞允，俟部覆至日，给咨送部引见。

再阿迷州知州员缺，系升补所遗，例得以试用人员补用，另容拣员题补。合并陈明。除另缮参罚清单敬呈御览外，臣等谨合词恭折具奏，伏乞皇上睿鉴训示。谨奏。

朱批：该部议奏。

（《宫中档乾隆朝奏折》第四十七辑，第577页）

2272　大学士仍管云贵总督昭信伯李侍尧、云南巡抚裴宗锡
《奏报遵旨停止滇铜逾折之例折》
乾隆四十四年四月二十五日

大学士仍管云贵总督昭信伯臣李侍尧、云南巡抚臣裴宗锡跪奏：为钦奉谕旨，恭折

奏覆事。

乾隆四十四年四月十五日，接准大学士于敏中字寄："乾隆四十四年三月三十日，奉上谕：户部议覆李侍尧等奏请停止滇铜逾折之例一折，自应如此办理，已依议行矣。铜斤非米麦可比，途中运送本不应有折耗，且日久渐多，自系不肖之员盗卖贵价，而以贱价买补，其弊实所不免。可见滇省铜政之病，非但产铜短少，前此各任督抚等实有办理不善之处。今李侍尧既将逾折一项奏请永行停止，此外或尚有相类者，务须留心体察，剔除积弊。前因李侍尧等核实覆奏，业将无着欠项降旨加恩宽免，将来铜务自当日有起色。李侍尧等益宜实力整饬，令此后办铜务须年清年款，严饬厂员等毋蹈从前故辙，如有弊混侵亏情弊，立即严参治罪，毋稍徇纵。将此由四百里传谕李侍尧、裴宗锡知之。钦此。"仰见圣训周详，一切铜政利弊，总在我皇上洞鉴之中。

臣等自当刻刻留心体察，如有类于逾折一项暗中滋弊情事，并不肖厂员敢于侵亏弊混、肥囊误公。是现蒙恩施格外，宽免无着厂欠数十万两，不令赔缴，伊等竟毫不知感，岂复尚有人心？臣等惟有据实严参，从重治罪，断不敢因仍积弊，稍事姑容。现在禁止逾折一项，既荷皇上饬知准行，臣等即先遵奉到谕旨，行令藩司及各该管道府严檄厂运各员，嗣后永不许再有逾折，以绝盗卖亏铜之弊。缘此项逾折铜斤，本系由厂员发出，在途已算入是年额运京铜数内，乃自乾隆三十一年至今，逐年递积，竟短至一百数十万斤，为数甚多，以致在途有发运之铜，泸店无济兑之实，势不得不以现办额铜凑运，补从前之不足。上年，因泸店开帮逾期，当将厂运各员参奏，其迟延实由于此。现在臣等既经查出弊源，惟有严饬厂员加紧攻采，逐渐赶补从前亏短之数，以冀厂地日有起色，泸店得以济兑开行，仰副圣怀。

所有臣等奉到谕旨办理缘由，谨缮折奏覆，伏乞皇上睿鉴。谨奏。

朱批：知道了。

（《宫中档乾隆朝奏折》第四十七辑，第578～579页）

2273 大学士仍管云贵总督昭信伯李侍尧《奏报滇黔两省雨水粮价折》
乾隆四十四年五月初八日

大学士仍管云贵总督昭信伯臣李侍尧跪奏：为奏闻事。

窃照滇黔两省雨水粮价情形，经臣于三月二十八日恭折奏报在案。

查滇省大半山田，风多雨少，小满以后、芒种以前，必须叠沛甘霖，始得及时栽种。兹自四月以来雨泽频施，远近沾足，高原下隰田禾莳插齐全，长发青葱，农民欢庆，咸谓五风十雨，定卜丰收。蔬菜、杂粮亦俱茂盛。省城中米每仓石价银一两七钱六分，各属微有长落，约略相等。黔省据报麦收八分有余，雨水调匀，禾苗现俱赶插，米价自六钱六分至二两四钱二分，俱属中平，不为昂贵。

两省民情安帖，边境敉宁，理合一并奏闻，伏乞皇上睿鉴。谨奏。

朱批：知道了。

（《宫中档乾隆朝奏折》第四十七辑，第671页）

2274　大学士仍管云贵总督昭信伯李侍尧、云南巡抚裴宗锡《奏报遵旨审拟新兴州命案情形折》

乾隆四十四年五月初八日

大学士仍管云贵总督昭信伯臣李侍尧、云南巡抚臣裴宗锡跪奏：为遵旨审拟具奏事。

窃照云南新兴州降调知州丰绅，因妻故料理丧务，委吏目高其桐代办日行事件。适有乡约萧腾凤等买盐堆贮州民李幅等家，起衅争殴，李幅被严显珑殴伤，反遭诬告，管押班房差役借端勒索，李幅伤重殒命，丰绅诬揭高其桐擅受滥差，咨革发审，究出实情，经臣等会折奏参革职。奉旨："提同案内人证，一并严审究拟具奏等因。钦此。"当即钦遵，饬司委审。去后，兹据云南按察使汪圻会同布政使孙士毅详据委员云南府知府宣世涛、曲靖府知府李化审明定拟，详报前来。

臣等提犯亲鞫，缘严显珑系新兴州贾家屯民人，性情凶暴，遇事生风，先因犯赌问徒，乾隆四十一年遇赦释回，四十三年复欲谋充乡约，自以过犯，不便出名，串嘱萧腾凤认充，一切系伊暗中主使，村民畏其凶横，莫敢谁何。因该村食盐远赴官店，零买不便，向系乡约人等总买回村，听村众零星买食。七月二十八日，萧腾凤与练总贾国安买盐一千斤运回零卖，一时无处堆贮，萧腾凤做主分贮李幅、贾上元两家，许于八月初四日搬出。至期李幅往催，适萧腾凤、贾国安均以有事入城不遇，李幅欲拉贾国安之妻同往搬运，彼此角口，严显珑出头庇护，互相揪扭，致伤李幅右血盆骨，李幅用拳回殴，严显珑复拳殴李幅，致命左乳蹲地，经贾上元劝释扶回，严显珑反捏称李幅行凶殴打，先赴州城控告。适值该州丰绅因妻病故，料理丧事，嘱令吏目高其桐代办日行事件。严显珑于初六日缮写控州词状，令萧腾凤赴吏目衙门投递。该吏目高其桐将报呈拟批候讯写贴浮，签差人送交州书罗山办理。罗山缮就差票，送署金判。该州管门家人曾升以伊主曾经吩咐，令送吏目代标州役王良唤审。王良即转拨散役张文爵前往，练总贾国安畏累脱逃。初八日，传集各犯，禀到丰绅谕差管押，王良仍令张文爵看守差房。李幅伤处疼痛，欲取保调治。王良索钱二十千文，李幅许俟到家取给，王良不允。至十一日，李幅伤疼疲惫，亟欲回家，恳其暂放出街，自往附近亲友那借。王良恐其避匿，令张文爵管押同行。讵李幅伤重，甫出头门，呕血数口，不能行走。张文爵仍即扶回，延至十二日早，因伤殒命。该州犹以心绪不宁，迟至十四日始行相验。尸亲李圣域等因李幅系被打之人，转行差押，又复迁延不审，致毙差房，情有不甘，出言顶撞。丰绅怒加呵斥，李圣域等奔控省城。该参员闻信，遂一面填图录供通详，一面以吏目擅受滥差等情揭报，咨参发审，究出前情。经臣等会折参奏，奉旨革审，讯明李幅实系严显珑殴伤身死，并非吏目高其桐擅受滥差，致酿人命，并据丰绅供认透过诬揭不讳，其于差役诈赃，坚供实不知情，并无故纵讳匿情弊。反覆究诘，矢口不移，似无遁饰。

查律载：斗殴杀人者，不问手足、他物、金刃，并绞监候。又律载：衙门蠹役恐吓索诈十两以上者，发近边充军各等语。

李幅殴后虽能行走，但致命左乳受有重伤，管押差房，伤痛求保，呕血身死。仅止八日，尚在保辜限内，且经饬委江川县知县周于德前往覆验尸伤，悉与原报相符，其为因伤毙命已无疑义。严显珑合依斗殴杀人，不问手足、他物、金刃，并绞监候律，拟绞监候，秋后处决。州役王良因见李幅被殴受重，欲求取保调治，乘机勒索钱文，实属蠹役诈赃，虽未入手，未便宽纵。王良合依蠹役恐吓诈索十两以上，发近边充军例，发近边充军。张文爵讯无索诈情事，但听从王良主使，押令李幅前往取钱，即属知情为从，应于王良军罪上减一等，杖一百，徒三年，均照例刺字。萧腾凤依恃严显珑凶横，影充乡约，狼狈为奸，又复借屋堆盐，逾期不运，肇衅启争，酿成人命。严显珑本属凶恶棍徒，已于命案拟抵。萧腾凤听从主使，实非善良，请依棍徒生事扰害例，量减一等，杖一百，徒三年，到配各折责摆站，限满递籍管束。练总贾国安随同萧腾凤堆盐滋事，亦有不合，合依不应重律，杖八十，革役，现在脱逃，获日照拟发落。参革新兴州知州丰绅，因妻丧细故，滥委吏目代行，已属不合，乃于差役诈赃毫无觉察，甚至欲图卸过，诬揭属员，虽讯无故纵挟嫌，似此怠玩昏庸，溺职殊甚，已于本案革职，应毋庸议。吏目高其桐系奉印官面委代为标判，并非擅受滥差，原参革职之案，应请开复。州役王良索诈钱文尚未入手，应免议追。

除将全案供招送部，另缮要犯供单恭呈御览外，臣等谨合词恭折具奏，伏乞皇上睿鉴，敕部议覆施行。谨奏。

朱批： 该部议奏。

（《宫中档乾隆朝奏折》第四十七辑，第 671~674 页）

2275 大学士仍管云贵总督昭信伯李侍尧、云南巡抚裴宗锡《奏报宣慰土司刀士宛盘获越境贸易内地民人，遵旨酌赏折》

乾隆四十四年五月初八日

大学士仍管云贵总督昭信伯臣李侍尧、云南巡抚臣裴宗锡跪奏：为钦奉谕旨恭折奏覆事。

乾隆四十四年四月二十一日，接准大学士于敏中字寄："乾隆四十四年四月初四日，奉上谕：李侍尧奏据宣慰土司刀士宛禀报，在猛嵩隘口，盘获内地民人陈文清等五人自南掌地方携带象牙、犀角、鹿茸、孔雀尾等货，连人一并解究等语。刀士宛新复土司世职，即知感恩奋勉，将越境贸易民人留心盘获，禀解讯究，甚属可嘉。着传谕该督量为奖赏，以示鼓励。至所称拟将陈文清等五犯照例发边远充军之处，尚未妥协。陈文清等五犯系两广及云南人，若照例发边远充军，不过仍发于此数省，距各犯本籍不远，既不足以示惩，并恐日久乘间窜逸。此等奸徒，胆敢私越边境，逗留贸易，殊属不法，竟应解交刑部，酌其情节，改发乌喇及新疆等处，以昭炯戒。此案已交刑部另行定拟具奏，并着传谕李侍尧、裴宗锡及两广、四川、贵州各省督抚，嗣后遇有此等案犯，俱遵照此旨办理。钦此。"遵旨寄信到臣等。跪读之下，仰见我皇上恩渥训周，无微不照。

臣李侍尧遵即酌赏刀士宛大缎二匹、绫二匹，饬发普洱镇道给领，并谕以圣恩高厚。该土司查拿出口人犯，原属本分应办之事，大皇帝尚如此加恩赏赉，将来倘能统率各猛终始克勤，实力稽查，盘获要犯，抚辑地方，自必隆施稠叠，永荷圣慈。令该镇详悉传谕，俾知益加感奋。再嗣后如遇有此等案犯，臣等凛遵谕旨，解交刑部，改发乌喇及新疆等处，以昭炯戒。

所有钦遵办理缘由，理合恭折奏覆，伏乞皇上睿鉴。谨奏。

朱批：览。

（《宫中档乾隆朝奏折》第四十七辑，第674～675页）

2276 大学士仍管云贵总督昭信伯李侍尧《奏报暂缓令临元镇总兵陈大绂赴京陛见折》
乾隆四十四年五月初八日

大学士仍管云贵总督昭信伯臣李侍尧跪奏：为奏闻事。

窃照云南临元镇总兵员缺，奉旨着陈大绂补授。兹该镇于本年四月二十一日到滇，据称：上冬奏请陛见，现于途次奉到朱批："问之总督，于可来时来。钦此。"恭录，询问到臣。

伏思该镇蒙恩擢用，自应迅速起程瞻仰天颜跪聆圣训。但现在既经到滇，似应先赴本任，将一切边地情形、营伍事宜逐一留心体察，两三月后，得有端绪，再行驰赴阙廷，据实面陈，庶可仰承圣明指示，敬谨遵循，于边营较有裨益。理合恭折奏闻，伏乞皇上睿鉴训示。谨奏。

朱批：览。

（《宫中档乾隆朝奏折》第四十七辑，第 675~676 页）

2277　大学士仍管云贵总督昭信伯李侍尧、云南巡抚裴宗锡《奏办滇省现裁各钱局炉房拆变情形折》

乾隆四十四年五月十八日

大学士仍管云贵总督昭信伯臣李侍尧、云南巡抚臣裴宗锡跪奏：为滇省现裁各钱局炉房奏明拆变，以便稽察而杜弊端事。

窃照滇省近因产铜短缩，不敷京外鼓铸之需，仰荷皇上指画周详，臣等谨遵圣训，酌议将本省新设之保山、曲靖、临安等局及东川新局各炉全行裁撤，及裁减大理局十炉，广西局十一炉，东川旧局四炉，省城局五炉，节省铜斤，以供外省采买，声明将来产铜丰旺，再行循复旧规，奏蒙俞允。自接准部文之日，即檄饬各局员按照所裁各炉座数立时拆毁，仍恐官吏及匠役人等有意稽延，暗滋私弊，复经责令该管道员严密稽查在案。

再查从前设局之始，因添炉座，始建房间。乃检阅节年成案，凡遇裁局停炉，只将炉座拆毁，而于所存房屋从未议变。（**夹批：大约外省办事，谁肯如此认真？**）推究其故，则以炉房不近民居，难于招买，若拆料估变，恐于原价不敷，不若存留，以备将来复炉之用。历久相沿，遂为常例。是以现在题销大理、临安、曲靖各局修建炉房案内，亦经循照请留在案。

臣等复加筹酌，窃念钱法重地，就炉建屋本有定数，以便巡查。若炉座既经裁减，炉房仍复存留，不特空闲无用，且酌减炉座之处，炉少房多，工役聚集，深恐影射滋弊。其全行停撤之处，局空地旷，设或原经在局办事之匠役人等潜匿私铸，遇有不肖官吏借称查察难周，明知故纵，牟利分肥，尤不可不防其渐。若留为将来复设局炉地步，必俟厂铜丰旺，实非旦夕可期。此时拆料估变，较之原动款项虽有不敷，然局房久任旷闲，更易朽坏，俟至复炉之日，修费亦复不赀，自不若早为拆变，一切砖瓦、木植完整尚多，不致价值过少。即将此项变价存贮司库，如果将来厂旺铜多，应需复炉，再行撙节估建，即以变价动给，只须添用匠工等费，亦属无多。是存留难收实用，不若拆变可杜弊端。臣等前奏停止逾折铜斤，以除积弊。钦奉圣谕，以此外尚有相类者，令臣等留心体察，实力整饬。今此项裁炉房屋若循向例沿留，实未妥善。臣等现在饬司，转行管局各员，将裁局及减炉各处所空出房屋一体据实估变，勒限报解，于稽查铸务更昭慎重，似亦杜私防弊之一端。

　　所有酌筹估变缘由，理合会折奏明，是否有当，伏乞皇上圣鉴，训示施行。谨奏。

　　朱批：好。知道了。

（《宫中档乾隆朝奏折》第四十七辑，第776~777页）

2278　大学士仍管云贵总督昭信伯李侍尧《奏报腾越州属陇川土司患病，呈请以伊叔承袭折》
乾隆四十四年五月十八日

　　大学士仍管云贵总督昭信伯臣李侍尧跪奏：为奏明请旨事。

　　窃照土司患病告替，例应以嫡亲长子承袭，如无子嗣，即于兄弟子侄内拣选具题。

　　兹查有云南腾越州属陇川土司多朝珍，于乾隆三十五年袭职，尚未发给号纸，因失察段思瑞偷越出关贸易案内部议革职，经定边副将军阿桂会同前督臣彰宝奏请留任，如果急公，另请开复在案。该土司自上年秋间染患头风病症，时发时愈，入春以后，每逢疾作，动辄昏迷，不能料理公事，详请告退。据腾越州知州吴楷委据邻近盏达土司刀思儒验明结报，由府详司，转报到臣。当经饬查，该土司情愿告替，如果患病属实，其中并无别情，即令查明应袭之人，取具宗图册结，详请具题。去后，兹据云南布政司孙士毅详称："查得多朝珍实因病症难愈，不能照料土属地方，情愿告退，并无别项情事。该土司现无子嗣，惟有胞弟多朝安例应承袭，但赋性庸暗，不习世事，夷情不能悦服。惟查有多朝珍胞叔多有爵，诚实干练，恭顺小心，现饬协同多朝安暂办地方事件，族目相安，可否即以多有爵题请承袭。"等情前来。

　　臣查多朝珍患病告替，并无子嗣，例应伊弟多朝安承袭。惟陇川逼近缅甸，非比腹里土司，腾越以外现在减防，一切弹压稽查，正藉土司随同分驻弁兵实心查察。多朝安赋性庸暗，不习世事，若以承袭土职，恐致贻误地方。多有爵人既诚实，现在协同办事，族目相安。自应俯顺夷情，准其承袭。惟多有爵系多朝珍之叔，于序次不甚相当。合无仰恳天恩，俯念陇川地方紧要，准以多有爵承袭陇川土司，实于边防有裨。如蒙俞允，容俟部覆至日，饬取宗图印结，再行照例具题。是否有当，理合恭折具奏，伏乞皇上睿鉴训示。谨奏。

　　朱批：知道了。

（《宫中档乾隆朝奏折》第四十七辑，第777~778页）

2279　大学士仍管云贵总督昭信伯李侍尧、云南巡抚裴宗锡《奏报要缺知府升调乏员，恳恩简放折》

乾隆四十四年五月十八日

大学士仍管云贵总督昭信伯臣李侍尧、云南巡抚臣裴宗锡跪奏：为要缺知府升调乏员，恭恳圣恩简放，以裨地方事。

窃照云南开化府知府张顾鉴降调出缺，经臣等查无堪调之员，奏请以大关同知孙嗣光升署。接准部覆，孙嗣光三年俸满，优叙之后，尚未再满三年，与久任题升之例不符，行令另行拣员题补。

伏查开化地处极边，幅员辽阔，兼与安南接壤，全藉知府督率稽查。臣等公同两司，于应调应升人员内悉心遴选，非现居要缺，即人地不宜，未便轻议升调。是以前此顺宁府员缺，亦因拣补无人，曾经奏请简放。今开化事同一例，一时难得胜任人员。合无仰恳圣恩，俯念员缺紧要，简放一员来滇补授，庶于边疆要郡有裨。为此合词恭折具奏，伏乞皇上睿鉴。谨奏。

朱批：有旨谕部。

（《宫中档乾隆朝奏折》第四十七辑，第779页）

2280　大学士仍管云贵总督昭信伯李侍尧、云南巡抚裴宗锡《奏报遵旨审拟宝宁县已革门子李幅春冒捐职衔、武断乡曲情形折》

乾隆四十四年五月十八日

大学士仍管云贵总督昭信伯臣李侍尧、云南巡抚臣裴宗锡跪奏：为遵旨审拟具奏事。

窃照云南宝宁县已革门子李幅春，改名陈永新，重充典史，冒捐职衔，武断乡曲，经广南府知府庄肇奎访拿，饬县解审。前署县事候补通判纵璞一任该犯托词患病，纵令散行，以致中途脱逃，显系兵役得赃卖放，经臣等专折参奏革职，奉旨："饬属严拿李幅春到案，同应质人等确审究拟具奏等因。钦此。"遵即行司委审。去后，兹据云南按察使汪圻会同布政使孙士毅，转据委员署云南府事昭通府知府宣世涛审明定拟，详解前来。

臣等提犯亲鞫，缘李幅春本姓陈，幼承李姓，充当宝宁县门子。乾隆三十五年，广南改府为厅，县缺裁汰，李幅春革役归农。三十六年复设县治，该犯即用本姓，改名陈永新，投充吏房吏典，四十二年六月役满未考，即托人赴部捐纳从九品职衔，夸耀乡里。该犯先于三十三四等年，伙同土同知衙门革目王洪才，先后讹诈土民季可成等钱文六十四千有奇，银三十两。又土民博桑、博洒因事角口，曾被该犯等私行责打，俱因畏其凶横，不敢告发。四十三年，王洪才谋复土目不遂，心怀怨恨，遇有地方公事，辄阻挠挟制，经土同知农毓荣拿获送府，发县讯详。王洪才带病进监，尚未审讯，即于闰六月初七日在监病故。迨广南府知府庄肇奎访闻李幅春伙同王洪才朋比为奸，并李幅春以贱役充吏冒捐等事列折通禀，饬县拿解，提省审办。该犯李幅春预萌逃念，捏病延挨，先期寄信与弥勒湾居住之陈显科，嘱于该犯解省路过时设法，俾得乘间脱逃。署县纵璞金差县役王得刚、朱耀珑，移营拨兵王有成、尹荣芝，于九月初一日点解起程。李幅春用银二十两，贿嘱王得刚、朱耀珑沿途照应。该差等收受允从，将该犯搀扶上堂，装点患病沉重形状，求开肘锁。该参员见其狼狈，信以为真，准令散行。一路借词耽搁，至初四日傍晚始抵弥勒湾地方，即向陈显科家投宿。陈显科备具酒饭，邀同聚饮。李幅春假称出恭，陈显科会意，扶往后园，营兵尹荣芝等起身同往，陈显科用言稳住，并向王得刚等以目示意，朱耀珑遂同尹荣芝、王有成坐饮不去。陈显科、王得刚纵令李幅春乘间逃逸，逾时始行喊叫。尹荣芝等黑夜追寻无获，回县报知。该参员纵璞意图获犯免咎，迟至十日之后具详。臣等一面奏参，行提兵役等赴省审究，一面饬缉李幅春务获。旋据昆明县具报，兵丁王有成到省患病，提禁医调，于四十四年正月三十日病故。又据署宝宁县施延良详报，访得李幅春潜匿红坡山箐，于四十四年二月初二日，会营拨兵前往搜拿，李幅春情急自刎，复经行委师宗县屠绅驰赴覆检，实系李幅春正身，现有密首之刘小二为证，尸伤俱与原验相符，讯据现犯各供前情不讳。该参员纵璞坚称到任时李幅春先已役满归农，平日实无钻营情事，起解时不加肘锁，因见其形状尪羸，信为实病，并非有心纵放。再三究诘，矢口不移，似无遁饰。

查李幅春，即陈永新，与王洪才串通讹诈，鱼肉乡里，实属生事扰害，俱罪应发遣。李幅春畏罪自戕，王洪才在监病故，应毋庸议。王得刚、朱耀龙押解人犯，胆敢得赃徇纵，陈显科虽非解役，但通同设法放令脱逃，实属目无法纪，除差役计赃轻罪不议外，均合依解审军流受贿故纵，即以囚罪全科例，照李幅春应得罪名，改发极边，足四千里，到配折责安插。短解兵丁尹荣芝、王有成虽讯无贿纵，但不严行管押，以致陈显科等乘间纵逃，与役卒一时疏脱，减囚罪二等之例相符，除王有成病故不议外，兵丁尹荣芝应于李幅春军罪上减二等，杖九十，徒二年半，革伍，到配折责摆站，限满递籍管束。李幅春串商陈显科，贿嘱差役，伊子陈镇清听从，寄信交银，律得容隐，应免置议。前署宝宁县参革试用通判纵璞，于李幅春更名改充典吏及冒捐职衔等事，俱在该员未经到任之前，其平日尚无交结情事，似属可信。但于该犯滋扰乡里，漫无觉察，及至访拿饬解，又复轻信捏词，不加肘锁，以致差役纵逃，实属昏庸不职，非寻常金差不慎可比，已于本案革职，应毋庸议。李幅春、王洪才索得银钱，并非告发，应与王得刚、朱耀龙所得银两，俱照追入官。王洪才带病进监，王有成因病提禁，管狱职名请免开参。李幅春更名陈永新，捐纳职衔，现任广南府知府庄肇奎业经饬拿，例得免议。其失察李幅春朦充吏典之历任宝宁县知县、广南府知府及金差不慎武弁各职名，另行查参。除全案供招送部，另缮供单敬呈御览外，臣等谨合词恭折具奏，伏乞皇上睿鉴，敕部核覆施行。谨奏。

朱批： 该部议奏。

2281 署理云南巡抚刘秉恬《奏恳圣恩虮赠胞叔父母折》
乾隆四十六年八月十五日

署理云南巡抚臣刘秉恬跪奏：为恳恩虮赠胞叔父母事。

乾隆四十五年正月初一日，钦奉恩诏："内外大小各官，除各以现在品级已得封赠外，凡升级及改任者，着照新衔封赠。钦此。"

窃臣前在总督仓场、户部右侍郎及吏部左侍郎任内，先后两遇覃恩，臣曾祖以下均已受过一品诰命。今臣改任巡抚，于陕西任内恭逢恩诏，例有本身及妻室封典。伏念臣年甫十三，父即见背，赖臣胞叔刘绳祁恩勤教诲，得以有成。臣备荷圣慈，叨荣窃禄，而臣叔一生读书攻苦，未获科名，每念无由酬报，心甚歉仄。兹遇覃恩，情愿将臣本身及妻室应得封典虮赠臣胞叔刘绳祁及叔母王氏、俞氏，虮封现存叔母石氏，庶得稍展乌私，益感锡类鸿仁于靡既矣。臣谨恭折奏恳，伏祈皇上睿鉴，俯准施行。谨奏。

朱批：有旨谕部。

（《宫中档乾隆朝奏折》第四十八辑，第471页）

2282 署理云南巡抚刘秉恬《奏报滇省田禾情形折》
乾隆四十六年八月十五日

署理云南巡抚臣刘秉恬跪奏：为奏闻事。

窃照滇省地方白露前后雨水禾苗情形，经臣于七月秒具折陈奏在案。

滇中山高气寒，稻田秀实之候，全赖天色晴和，始能颗粒饱绽，倍臻丰获。兹自八月初旬以来，半月之间，偶得纤微夜雨，而晴霁居多，迩日气候较之七月内转觉和暖。当秋稼盈畴之时，连得晴日暄曝，实于谷粒大有裨益。至通省收成，迟早不一，如先据报到之普洱、元江、开化、丽江、曲靖、昭通、景东、武定及续据具报之云南、大理、临安、澄江、广南等属各厅、州、县，节候较早之区，已经结实者各有收成七、八、九、十分不等，其余稍迟之处，际此旸雨调匀，田禾充硕，可期一律丰收。统俟查报齐全，另容分晰，开单汇奏。市卖粮价，近因西成在望，盖藏饶裕之家俱将陈积粮石纷纷载运出粜，是以时值称平，并无昂贵。闾阎宁谧，喜溢边黎。臣谨恭折奏闻，仰慰圣怀，并将七月分粮价另缮清单，敬呈皇上睿鉴。谨奏。

朱批：知道了。

（《宫中档乾隆朝奏折》第四十八辑，第472~473页）

2283　署理云南巡抚刘秉恬《奏复奉旨传示逆回苏四十三首级折》
乾隆四十六年八月十五日

　　署理云南巡抚臣刘秉恬跪奏：为恭折具奏事。

　　窃臣接准陕甘督臣李侍尧来咨，以甘省撒拉逆回苏阿浑，即苏四十三，借名新教煽惑愚民，肆扰不法一案，业经满汉官兵擒拿搜捕，全行扫荡。今将歼戮逆酋苏四十三首级，钦遵谕旨传示各省，晓谕回民，并将大学士公阿桂宣布剿洗缘由告示，移送前来。臣接到后，除照抄告示多分，先于回民居住地方遍发张挂外，一俟逆酋首级由贵州传递到滇，逐处悬示数日，即由东川、昭通一带递至四川出境。查东、昭二府壤接川黔，回民较多，兼为宵小出没之区，命盗案件之繁甲于通省。今将逆酋首级从此一路传递示众，非惟使回众共知儆惕，即鼠窃狗盗之徒亦各当知所敛迹矣。

　　臣前闻逆回滋事之信，窃料此等恶匪奚能于光天化日之下逞其肆扰，自不难一鼓成擒，灭此朝食。惟是臣不获身亲行阵，稍效微劳，已深歉仄，兼以道路遥远，虽时勤侦探，而得信较迟，悬切微忱，倍加焦愤。适接甘省来咨，知逆回首恶、余党俱已歼灭净尽，仰见天威震叠，锄莠即以安良，率土臣民同深欣快，且闻逆回起事之始，不独兰州百姓并无一人从贼，而旧教回民亦复人怀敌忾，随助官军，出力征剿。凡此皆由我皇上轸念瘠土穷黎，厚泽深仁，无微不至，是以闾阎激发天良，不肯附从逆匪。

　　至于絷囚在狱，平时防范偶疏，尚虞兔脱，鲜有纵之使去，而来归者更未有为贼所纵，而自行投回者，惟昔年唐太宗纵囚归家，期以必来，史册已传为盛事。今河州监犯于逆匪放脱之后，既不为贼胁从，而畏法知罪，又各自行投回，非我圣主仁温义肃，感人之深，而慑人之至，曷克臻此？夫岂三代以下之治化所能企及于万一也！臣闻信欢忭，不能自已，谨缮折恭奏，伏乞皇上睿鉴。谨奏。

　　朱批：览。

（《宫中档乾隆朝奏折》第四十八辑，第 473～474 页）

2284　署理云南巡抚刘秉恬《奏报据情代奏恩恩赃封折》
乾隆四十六年八月十五日

　　署理云南巡抚臣刘秉恬跪奏：为据情奏恩赃赠，仰祈圣鉴事。

伏查覃恩旷典，凡四品以下外官，有请貤封者，俱由各该督抚核明汇奏。

兹据蒙化直隶厅同知庆格、丽江县知县任锡绂、蒙自县知县杨大观、盐道库大使徐统藩、安宁州学正王智等，皆以恭逢圣主七旬万寿恩诏，例得请封，或受庶母、兄嫂教养，或受外祖父母、妻父妻母抚育，各愿将本身、妻室应得封典分别貤赠，以遂恩私。造具册结，由布政使江兰详请具奏前来。臣复核无异，可否准其貤赠之处，出自天恩。除册结送部外，理合汇列清单，恭折奏恳，伏乞皇上睿鉴训示。谨奏。

朱批：有旨谕部。

（《宫中档乾隆朝奏折》第四十八辑，第 475 页）

2285　云贵总督福康安、云南巡抚刘秉恬《奏请将参革知府陈孝升、宣世涛留滇补用折》

乾隆四十六年八月二十四日

云贵总督臣福康安、云南巡抚臣刘秉恬跪奏：为奏恳圣恩，干员留滇补用，仰祈圣鉴事。

窃查滇省铜务殷繁，各属均有厂运事宜，采煎输挽，必得知府大员董督办理，更须在滇年久、熟悉情形而任事又能勇往者方为得力。

兹查有参革东川知府陈孝升，现年四十七岁，浙江监生，由知州升授知府，上年在东川府任内，因前于苏州借用张元银五千余两，部议革职，借项如数缴清。又参革云南府知府宣世涛，现年五十五岁，安徽监生，由知县洊升知府，调补云南首郡，上年土司普济行贿未成案内，因评论金价，部议照估变不实例革职，罚赔银一万五千一百两，连另案应赔无着厂欠银一千七百两，已据先缴十分之六。以上二员现在滇省，兹据呈请，愿照捐复知府之例，各纳银五千七百六十两，即于滇省投交司库，捐复原官等情。

查陈孝升、宣世涛才具干练，勤奋有为，俱在滇省有年，一切均称历练。核其被参案由，并无别项赃款。第就近在滇报捐，与例不合。臣等饬令自行遣人赴部，具呈投纳。可否仰恳皇上天恩，准其捐复。俯念滇省铜务紧要，将该员等留于滇省差遣委用，如果实心出力，遇有相当之缺，另请补用，则该员等仰沐鸿慈，愈当感激奋兴，倍图报效，于铜政大有裨益。臣等谨合词恭折具奏，伏乞皇上睿鉴训示。谨奏。

朱批：该部议奏。

（《宫中档乾隆朝奏折》第四十八辑，第 574～575 页）

2286 云贵总督福康安、云南巡抚刘秉恬《奏报再请以新兴州知州盛林基升署威远同知折》

乾隆四十六年八月二十四日

云贵总督臣福康安、云南巡抚臣刘秉恬跪奏：为同知员缺紧要，人地实在相需，再恳天恩俯准升署，以裨边疆事。

窃查云南普洱府分防威远同知员缺，系夷疆烟瘴，例应在外拣调。前经臣等以澄江府新兴州知州盛林基奏请升署，并以候补知州萧文言请补新兴州缺，钦奉朱批："该部议奏。钦此。"嗣准部复："盛林基系捐纳之员，未销试俸，与例不符，行令另选合例人员题调。"等因。

伏查威远地处极边，外夷接壤，抚绥控驭，责任匪轻，必须精明干练而又能耐瘴之员方足以资治理。臣等复即面同藩臬两司，将通省同知逐加遴选，实乏妥员堪以调补，即于通判、州县内悉心拣择，求其人地合宜而又例得升用者，殊难其选。惟盛林基来滇数载，边地情形均所谙悉。该员年力正强，办事勤干，威远一缺，委署业将一载，经理颇觉裕如。臣等留心察看，其人其地洵属相当，虽试俸未满三年，第系举人出身，例得捐免。现据该员遣人赴部报捐，罚俸亦在十案以内，并无别项违碍，只以知州历俸未满五年，与例稍有未符。而威远同知一时不得其人，臣等惟有专折再恳天恩，准予升署，仍照例扣满年限，另请实授。如蒙俞允，俟部复至日，给咨送部引见，恭候钦定。

所遗新兴州员缺，现有候补知州萧文言，系因熟悉厂务，奉旨留滇补用。该员明敏强干，振作有为，现委护理东川府事，厂运兼资，认真奋力，请以补授新兴州知州，实堪称职。前有清查厂本不实，补官日降一级，先已援案捐复。业准部咨，另有降留二案，带于新任，扣限开复。萧文言系候补知州请补州缺，无庸送部引见。边疆要缺，人地实在相需，是以臣等不揣冒昧，谨再合词具奏，伏乞皇上睿鉴训示。谨奏。

朱批：该部议奏。

（《宫中档乾隆朝奏折》第四十八辑，第575～576页）

2287 云贵总督福康安、云南巡抚刘秉恬《奏报遵旨拣选广南府知府全保调补云南府知府折》

乾隆四十六年八月二十四日

云贵总督臣福康安、云南巡抚臣刘秉恬跪奏：为首郡员缺紧要，奏请分别调补，仰祈圣鉴事。

窃臣等接准部咨：云南府知府孔继炘降调遗缺，钦奉谕旨："云南府员缺紧要，着于通省知府内拣选一员调补，所遗员缺，着罗宏漳补授。钦此。"

伏查云南府系省城首郡，管辖十一州县，地广事繁，近将宝云钱局改归经理，且时有别属疑难案件委令审办，非精明强干之材不足以膺是选。臣等面同藩臬两司，于通省知府内逐加慎择，或现居要缺，或人地非宜。惟查有广南府知府全保，现年四十四岁，镶白旗满洲人，由笔帖式补授广东广州府理事同知，兼署南海县，乾隆四十三年大计卓异，推升刑部员外郎，四十五年，奉旨："云南府知府员缺拣员调补，遗缺着全保补授。钦此。"即于是年十二月到滇，经臣等将候补知府孔继炘奏补云南府，而以广南府知府单光国调补东川，其广南府一缺，请以全保补授，奉旨："着照该督等所请行。钦此。"缘京铜正在偿复原限，东川府厂运兼办，必须护府萧文言一手经理。单光国尚未交卸，适有大理府员缺，奏委全保署理，未抵广南府之任。该员全保才识明练，勤干有为，以之请调云南府知府，实堪胜任。

其所遗广南府一缺，壤接交阯，界连西粤，且为各省采办滇铜必经之地。罗宏漳初来滇省，情形未熟，似须另为酌调。查有丽江府知府宋成绥，现年五十三岁，江苏监生，由捐纳盐大使洊升广东直隶罗定州知州，四十四年正月，奉旨："云南府知府员缺拣员调补，遗缺着宋成绥补授。钦此。"奏补今职。该员老成明妥，办事勤慎，请以调补广南府知府，夷疆要地，洵属合宜。所遗丽江府知府员缺，即以罗宏漳补授。至全保、宋成绥，参罚均在十案以外。谨遵人地实在相需之例，专折奏请，如蒙恩允，该员等俱系对品调补，无庸送部引见。

再云南府印务，现在即委全保署理。其大理府员缺，查有景东直隶同知嵇玫，才具敏练，堪以委署，业饬按篆署事，合并陈明。臣等谨合词恭折具奏，另缮参罚清单敬呈御览，伏乞皇上睿鉴训示。谨奏。

朱批：该部议奏。

（《宫中档乾隆朝奏折》第四十八辑，第 577～578 页）

2288　署理云贵总督印务署云南巡抚刘秉恬
《奏报接署督篆日期并谢恩折》
乾隆四十六年八月二十五日

署理云贵总督印务署云南巡抚臣刘秉恬跪奏：为奏报接署督篆日期，恭谢天恩事。

窃臣于本年八月二十五日，接准督臣福康安咨，内开："乾隆四十六年八月十二日，内阁奉上谕：四川总督员缺，着福康安调补。其云贵总督员缺，着富纲补授。富纲未到任之前，着刘秉恬署理。钦此。"钦遵，将云贵总督关防等项差委署云南府知府全保、署督标中军副将哈国祥赍交到臣。随恭设香案，望阙叩头谢恩祇领，即于是日任事。除照例另疏具题外，伏念臣猥以庸愚，荷蒙圣主逾格殊恩，署理陕西巡抚，旋即调署云南巡抚，寸长未效，方切难安，兹复承宠命，署理云贵总督印务。滇省幅员辽阔，边防、营伍尤关紧要，臣暂膺斯任，感激之念弥殷，报效之诚倍切，惟有勉竭驽骀，尽心供职，以冀仰酬高厚鸿慈于万一。再福康安任内应办事件，均已向臣告知，容俟次第办理。

至滇省现无咽匪窜迹，黔省地方亦属宁谧。但匪徒被追穷蹙，恐不免潜遁藏匿之事，臣仍督率两省文武，于壤接川省之处严密堵捕，务期一无纵漏。合并声明。所有臣接署督篆日期及感悚下忱，理合缮折具奏，恭谢天恩，伏乞皇上睿鉴。谨奏。

朱批：览。

（《宫中档乾隆朝奏折》第四十八辑，第 582～583 页）

2289　署理云贵总督印务署云南巡抚刘秉恬《奏报南掌国贡使请将逃入车里地方居住之该国百姓赏还折》

乾隆四十六年九月初九日

署理云贵总督印务署云南巡抚臣刘秉恬跪奏：为奏明请旨事。

窃照南掌国此次遣使入贡，据普洱镇道喀木齐布、汤雄业等转据车里宣慰司刀士宛禀报："南掌国王召翁给彼夷文一角，内称该国百姓有逃入车里地方居住之人，恳照向例赏还等语。当经调任督臣福康安以该国民人有无逃入之事，从前未据土司具报有案，批饬该镇道等逐细确查，以便核办。去后，兹据查明，南掌逃入车里寄居百姓共五十户，计男妇大小一百八十二丁口，系乾隆三十八九、四十等年陆续潜入内猛地方耕种居住，事在该宣慰未经复职以前。迨四十二年该宣慰复职之后，见已落业，听其安居，凡有新来者，概不准进隘。今奉饬查，自应即行遣回。但伊等俱借耕种度日，稻谷现将成熟，尚未收获，请俟南掌使臣叭整烘等进贡回国时照数交明，管束带回，庶秋收已毕，盘费有资，俾免失所。"等情。

据此，臣查南掌边界，与普洱所属之十三版纳土司壤地相接，颇为绵亘，如遇该国岁歉有事，其失所夷民移居觅食，向所不免。自乾隆十四年发还夷民以后，复于三十七年，该国王准第驾公满因进贡使臣归国之便，恳将寄食边境百姓赏给带还，当经前督臣查明。二十九、三十等年，陆续潜入夷民实有三十九户，计男妇大小共四百五十二丁口，具折奏请赏还，钦奉朱批允准在案。今自三十七年发还以来，现又查出三十八九、四十等年陆续潜入内猛地方耕种居住者实有五十户，计男妇大小共一百八十二丁口。

臣查南掌国臣服我朝，素称恭顺，既据该国王召翁因遣使入贡之便，恳将逃入车里百姓照例赏还。可否仰邀圣恩，准于该国使臣叭整烘等进贡回国时，赏给带回，以示天朝柔远深仁之处，臣未敢擅便，恭候谕旨遵行。

再查南掌国夷民潜入边界谋生，虽系相沿旧习，但并不随时具报，直至该国王恳求发还，始行具禀，此即该处从前办理边防不严之一端也。臣现在行知该镇道等查明土弁职名，分别惩儆。仍严谕宣慰司刀士宛，务须督率各猛土弁留心稽察。嗣后，遇有南掌夷民潜入边界，查明实系穷苦觅食之人，一面暂为安插，一面即将人数户口报明，以备查考，不得仍前颟顸，致干参咎。并令该镇道等董率所属，一体留心稽查。

如此，庶外来穷夷既不致失所，而边防益昭严密矣。臣谨一并恭折具奏，伏乞皇上睿鉴训示。谨奏。

朱批：知道了。

（《宫中档乾隆朝奏折》第四十八辑，第 735～737 页）

2290　署理云贵总督印务署云南巡抚刘秉恬《奏呈滇省武职于分扣名粮之外额支俸薪等项细数及提镇年给养廉数目清单折》

乾隆四十六年九月初九日

署理云贵总督印务、署云南巡抚臣刘秉恬跪奏：

查滇省提镇以下至将弁等分扣名粮实数，先经调任督臣福康安查明，开单复奏。旋于拜折之后，接到军机处来咨，令将此外有无应得分例，如盐规等类，逐一详细查明分晰，开单具奏核办。

随查滇省武职，自提镇以至守备，除应得分扣名粮之外，例给俸薪、蔬菜、烛炭、心红、纸张、例马、谷草折干银两，千把总止给俸薪、例马、谷草折干银两，例不支给蔬菜、烛炭、心红、纸张等银，其外委千把总止给养廉名粮一分及原食马粮饷干，以上皆系例得之项，不独滇省为然，各直省亦俱有此得项，此外别无应得分例。如盐规等类者，惟雍正七年，钦奉谕旨："滇省镇臣甚苦，着将公件余剩银两赏给提镇等官，每员各给数百两，以为养廉等因。钦此。"当经前督臣鄂尔泰题定，提督年给养廉银八百两，总兵六百两，于公件银内动支，按年奏销在案。是乃滇省提镇特蒙恩赏养廉，不在分扣名粮之内，均经福康安查明，移交核奏前来。臣复加细查无异，谨将滇省武职于分扣名粮之外，额支俸薪等项细数及提镇年给养廉数目分晰开具清单，附折具奏，伏乞皇上睿鉴。

谨奏。

朱批：该部知道。

（《宫中档乾隆朝奏折》第四十八辑，第737~738页）

2291 署理云贵总督印务署云南巡抚刘秉恬《奏报南掌国职贡自滇起程进京日期折》

乾隆四十六年九月初九日

署理云贵总督印务署云南巡抚臣刘秉恬跪奏：为恭报南掌国职贡自滇起程进京日期，仰祈圣鉴事。

窃照南掌国职贡届期，该国王召翁遣使叭整烘等赍送例贡表文一道，驯象二只，又庆祝皇上万寿表文一道，驯象二只，于本年闰五月十九日从猛乌入内地土司界，于六月十五日抵普洱郡城。当经福康安会同臣恭折奏闻，一面酌委文武妥员驰赴普郡接护。去后，嗣据该委员等护送贡象、来使，于八月初八日到省。臣与福康安亲验象只，均属壮大可观，当令来使暂留休息，循例分别犒赏，仍将分起伴送进京委员预为派定，择日起程。

今委员同知贺长庚、署都司邓英雄，带同通事，伴送贡使叭整烘暨先目、后生等共十三员名，赍捧表文二道，先于九月初四日自省起程进京。其贡象四只及正协象奴，续经委员知州汪时溥、典史刘世珩于九月初十日护送进京。除飞咨前途经过各省照例供给拨护并具疏题报外，所有南掌国职贡自滇起程进京日期，臣谨恭折奏闻，并将进京贡使人等开列名单进呈，伏乞皇上睿鉴。

再该国来使内尚有头目叭阿悼及先目、后生等二十七名，查照向例，先行遣送回国。合并声明。谨奏。

朱批：览。

（《宫中档乾隆朝奏折》第四十八辑，第738~739页）

2292 署理云南巡抚刘秉恬《奏报庚子八起京铜全数扫帮日期折》

乾隆四十六年九月初九日

署理云南巡抚臣刘秉恬跪奏：为恭报庚子八起京铜全数扫帮日期，仰祈圣鉴事。

窃照滇省庚子年加运一起京铜，于本年六月二十八日自泸开帮，业经臣与调任督臣福康安会折奏闻在案。

兹据布政使江兰详据泸店委员申报："庚子加运二起官林大本应领正耗余铜九十四万九百九十一斤零，自七月十七日开兑起，至二十六日止，全数兑交该运官收领，即于七月二十六日在泸开帮。"等情前来。除飞咨沿途各省督抚钦遵谕旨加紧催偿，务期迅速抵京，不得仅照寻常例限，致有迟误，并咨明户、工二部外，伏查滇省额办京铜递年积压，屡厪宸衷。上岁六月间，臣等到任后，维时应运已亥正加八起铜斤，甫经报开一起，其余七起尚未开行。钦遵训谕，设法催办，不遗余力，始得年内全行扫帮，克副钦定之限期。其本年应运庚子正加八起京铜，臣与福康安率同藩司江兰等严饬各厂上紧办发，节委文武大员分路督催，源源挽运，冀无逾误。现在额运八起已于七月内全数扫帮。

查已亥京运，于上年十二月告竣，已比前数年较速。今庚子京运现已扫帮，以视去岁运竣已亥京铜为期尤早，五月衔尾抵京，足供鼓铸之需，堪以上慰圣怀。所有庚子额运八起京铜全数扫帮日期，臣谨恭折具奏，伏乞皇上睿鉴。谨奏。

朱批： 该部知道。

（《宫中档乾隆朝奏折》第四十八辑，第 739～740 页）

2293　署理云贵总督印务署云南巡抚刘秉恬《奏报甄别过乾隆四十六年分滇省候补武举及难荫干把总人员折》

乾隆四十六年九月十四日

署理云贵总督印务署云南巡抚臣刘秉恬跪奏：为奏闻事。

案照乾隆三十九年四月，钦奉上谕："令将分发学习之世职各员，分别应留、应斥，就其现有人数，据实甄别等因。钦此。"历经前任督臣查明，滇省各标、镇、协、营并无分发学习世职人员，无从甄别。惟将候补武举及难荫千把总，每届三年甄别一次，开单汇奏在案。

臣查督标候补千总武举周仁、张曙，候补把总武举孙瑞麟，候补把总难荫太廷勤，临元镇候补千总难荫杨培之，曲寻协候补把总难荫潘文源，元江营候补千总难荫洪永祥，楚雄营候补把总难荫马有明，寻沾营候补把总难荫段大伦，东川营候补把总难荫陈策等十员，俱随营已逾三年。又临元镇候补把总难荫徐上选，自乾隆三十九年并四十三年两次甄别，仍留候补。兹届三年甄别之期，该员等均未得缺，经调任督臣福康安陆续调取考验，周仁、张曙、孙瑞麟、太廷勤、杨培之、潘文源、洪永祥、马有明、段大伦、陈策、徐上选，俱年力精壮，弓马合式，堪以仍留候补，节次咨明兵部在案。臣接署督篆后，卷查今届滇省各标、镇、协、营候补武举及难荫各员，业已甄别齐全。除饬该管镇将勤加训练，倘有怠惰偷安者，一经查实，即予斥革，切勿稍事姑容，致使优劣混淆外，所有乾隆四十六年分甄别过滇省前项人员，臣谨遵旨恭折汇奏，并另缮清单敬呈御览，伏乞皇上睿鉴。

再前届甄别之督标候补千总武举杨圣泽、鹤丽镇候补把总难荫刘显宗，俱已得缺，合并陈明。谨奏。

朱批： 该部知道。

（《宫中档乾隆朝奏折》第四十八辑，第 789 页）

2294　署理云南巡抚刘秉恬《奏报乾隆四十六年分滇省秋成分数折》
乾隆四十六年九月十四日

署理云南巡抚臣刘秉恬跪奏：为恭报秋成分数，仰祈圣鉴事。

窃照云南通省禾稻杂粮现已次第登场，行据布政使江兰将各属所报收成分数查明，开单汇送前来。臣逐一确核，武定等二十四厅、州、县、州判，高下俱收成十分；蒙化等五十厅、州、县、州判、县丞，高下俱收成九分；永北等十一厅、州、县，低处收成九分，高阜收成八分。合计通省收成，实获九分有余。至沿边各土司地方所种禾稻杂粮，据报收成亦有九分，远近均极丰稔。

伏念滇省僻处万山，不通舟楫，民间全借本地所产俾资生计，上岁年谷顺成，户有盈宁之象。今年自夏徂秋，仰赖皇上福庇，雨旸时若，多稼如云，因而通省收成得以一律报丰，三农忭舞，共庆逢年。当此仓箱充裕，闾阎咸有盖藏，不惟含哺鼓腹，歌乐利于目前，且来岁青黄不接之时，亦皆缓急可恃。臣目击熙暤情形，实堪远慰圣慈念切边黎之至意。除一面饬司造册详报，照例另疏具题外，所有乾隆四十六年云南省秋成分数，合先开列清单，恭折奏闻，伏乞皇上睿鉴。谨奏。

朱批： 览奏欣慰。

（《宫中档乾隆朝奏折》第四十八辑，第 790 页）

2295　署理云贵总督印务署云南巡抚刘秉恬《奏请以武定营参将哈国祥调补抚标中军参将折》
乾隆四十六年九月十四日

署理云贵总督印务署云南巡抚臣刘秉恬跪奏：为酌请调补要缺参将，以裨营伍，仰祈圣鉴事。

窃照云南抚标中军参将一缺，经理兵马钱粮，表率全营，借以稽查弹压，兼有钤束巡抚衙门各项人役之责，事务殷繁，非寻常分防一营者可比，必须精明强干、熟悉情形之员，方堪胜任。臣去岁到任后，因抚标中军参将器敏与本缺不甚相宜，当即与督臣福康安商酌，奏请将镇雄营参将常格调补，部议复准在案。兹常格于本年八月二十八日在任病故，除循例另疏题报外，所遗抚标中军参将，本系在外题补之缺。先因器敏人缺不宜，遴员更调，而常格调任未久又即病故，员缺紧要，非仍于现任参将内酌拣一员调补，难以资其整饬。

臣查有武定营参将哈国祥，年五十六岁，四川成都县人，由行伍递拔千把，升任守备，出师金川，屡著劳绩，洊升今职，于乾隆四十一年八月领札任事。该员明干老成，材优技练，在滇年久，熟悉情形，先经福康安委署督标中军副将，数月以来，料理一切极见裕如，以之调补抚标中军参将，实属人缺相宜。

该员本任武定营参将，虽亦在外题补之缺，但系分防一隅，繁简悬殊，难易迥别。合无仰恳圣恩，准以哈国祥调补抚标中军参将，不惟于营伍有裨，且臣亲标得此干员，亦借收臂指之助。如蒙俞允，该员系对品调补，毋庸送部引见。其所遗武定营参将员缺，容俟部文到日，另行照办。除将哈国祥履历同印结咨部外，臣谨会同署云南提督臣巴克坦布合词恭折具奏，伏乞皇上睿鉴，敕部议复施行。谨奏。

朱批：该部议奏。

（《宫中档乾隆朝奏折》第四十八辑，第 791～792 页）

2296 署理云贵总督印务署云南巡抚刘秉恬《奏报督饬查缉啯匪情形及滇黔地方安静折》

乾隆四十六年九月十九日

署理云贵总督印务署云南巡抚臣刘秉恬跪奏：为恭折奏闻，仰慰圣怀事。

窃照督臣福康安奉命调任赴川查办啯匪，臣蒙恩署理督篆。滇黔两省多有与四川紧相接壤之处，诚恐川省缉捕加严，匪等有窜入邻封之事。臣于接篆后，屡经通饬两省文武实力堵防，务无纵漏。兹准贵州提臣敖成札称："八月二十八日，自镇远改装服色，由石阡、思南一带偏僻小路细加查访，所过场市，询问乡保，金云从前间有剪绺小贼，近因查拿啯匪甚严，连小贼俱无。一路巡查，实不见有匪迹。九月初二日，行抵遵义，因思仁怀一处界连川省，彼处派有文武严拿，亲往会晤，布置缉匪情形极其周密，遂由仁怀至省，即由威宁至毕节查察。"又据署昭通镇总兵玛尔洪阿禀称："滇省金沙一江为通川要道，最关紧要，沿江渡船久已封禁，文武协力守御。其永善、大关、镇雄等处，凡与川省交界所在，无论冲途僻径，均派拨备弁，带领兵丁设卡巡防，仍不时亲身往来稽查，星罗棋布，甚为整严，现在实无咽匪踪影情形，俱属安帖各等语。"是滇黔两省查缉尚属认真，现在并无咽匪窜入，确凿可信。臣仍饬所属各该文武加紧防范，不得因现无匪踪，稍存懈忽。第滇黔紧连川境，向来在外游食者颇为不少，川省获匪审办，难保无供有滇黔之人。臣于福康安起程时，曾与面商，如有在川咽匪供出伙犯住居两省交界之处者，即就近提赴川省归案办理，俾质证有人，案可速结，以免辗转稽延。臣复谆谕滇省文武官弁，务期拿获咽匪，速正刑章。在滇在川，总属一律，不得彼此存争功之见，致误公事。

本年滇省秋成，仰赖圣慈福庇，通计九分有余，洵称丰稔，业经臣于九月十四日缮折奏报在案。黔省秋收亦据报获九分有余。两省共庆逢年，闾阎熙皞，气象盈宁。至滇属永昌、腾越、龙陵、顺宁、普洱、思茅等处土司地方，秋成亦报有九分，民夷乐业，沿边一带地方俱极宁谧。现当出汛之时，臣并严饬各将弁等务须实力稽察，加意防范，不得稍存大意，致奸贩有私自偷越之事。所有两省地方安静各情形，臣谨乘发报之便，附折奏闻，仰慰圣怀，伏乞皇上睿鉴。谨奏。

朱批：览。

（《宫中档乾隆朝奏折》第四十八辑，第 842～843 页）

2297　云南总督富纲《奏报遵旨保举总兵折》
乾隆四十六年九月二十二日

云南总督臣富纲跪奏：为遵旨复奏事。

本年九月二十一日，承准尚书、额驸公福隆安字寄：乾隆四十六年九月十六日，奉上谕："现在各省副将，经朕记名备用总兵人员业经陆续用完。着传谕萨载、陈辉祖、李侍尧、巴延三、福康安、富纲，于各本省及前任省分副将内，秉公酌量，择其堪胜陆路、水师总兵者，各保举数员，分别出具切实考语，送部引见，候朕酌量简用。钦此。"钦遵。

窃查闽省副将共有八员，督标中军副将常福于营伍较为熟习，现因失察营弁需索驿站，业经部议，降调福州城守营副将。胡璨现亦因病告休。兴化协副将刘梦金由台湾调回内地，送部引见，钦奉谕旨回任。查该员在副将中办事尚属奋勉，但于总兵专阃重寄，尚恐未能胜任。前任澎湖水师副将招成万，已蒙恩升授南澳镇总兵。其新调澎湖水师副将王元韬，谙练营伍，人颇去得，但胜任副将未久即调补澎湖，其在副将任内办事何如，尚须督臣察看。

其王元韬所遗闽安协副将员缺及延平协副将沈琯病故员缺，臣于福建起程时新授之员俱未到任。台湾水师副将郑瑞、北路副将七拉克，俱因远隔重洋，未经见面，其能否胜任总兵之处，臣尚未能深知。

至云南、贵州二省副将，（**夹批**：富康安自当保举，何待汝？）容臣到任后，悉心察看，如有堪胜总兵之员，即出具切实考语，奏请送部引见，恭候皇上酌量简用。理合先行缮折复奏，伏祈皇上睿鉴。谨奏。

朱批：若皆似汝诿于不知，朕则亦将不用人乎？汝初为总督，即如此畏事，恐非善事。切戒之。

（《宫中档乾隆朝奏折》第四十九辑，第23～24页）

2298 云贵总督富纲《奏报钦奉谕旨申饬，恭谢天恩折》
乾隆四十六年九月二十二日

云贵总督奴才富纲跪奏：为钦奉谕旨申饬，恭谢天恩事。

本年九月二十一日，奴才于途次，承准尚书、额驸公福隆安字寄："乾隆四十六年九月十九日，奉上谕：据陈辉祖复奏参劾诸罗县知县杨慰缉捕懈弛，会衔具奏一折，此事曲在富纲，不在陈辉祖，已于折内批示。诸罗系隶台湾，海疆要地，岂容贼匪纠集抢窃，甚至拒捕逞凶，毫无忌惮？陈辉祖远在浙省，即将该令具折参奏。富纲久任福建巡抚，于杨慰任内缉捕废弛，岂无闻见？乃直至卸事时，与总督会衔，一奏塞责，其平日未经留意可知。富纲前虽奏请议处，批交该部，但其办理此案实属疏纵。伊到滇后，务须诸事留心整饬，勿再如前延玩。所有此案未经专奏之处，着传旨申饬等因。钦此。"钦遵。奴才跪聆之下，惶悚无地。

伏念奴才仰沐圣恩，至优极渥，不数年间，擢用福建巡抚，遇有缉捕废弛之员，自应立即纠参，秉公究办。乃仅于卸事时与督臣会衔具奏，办理实属疏纵，深负委任殊恩。蒙皇上不加严谴，止将奴才交部议处，传旨申饬，亦觉悚惕难安。奴才到滇之后，若不实心整饬，不独难逃圣主洞鉴，自取罪戾，即返衷内问，岂能一刻自容？惟有时时恪遵圣训，事事力图整饬，以期仰酬高厚，稍赎罪愆。

所有奴才感激下忱并嗣后猛省悛改缘由，理合缮折恭谢天恩，伏祈皇上睿鉴。谨奏。

朱批：览。

（《宫中档乾隆朝奏折》第四十九辑，第24～25页）

2299　署理云贵总督印务署云南巡抚刘秉恬 《奏报滇黔两省雨水粮价情形折》

乾隆四十六年九月二十八日

署理云贵总督印务署云南巡抚臣刘秉恬跪奏：为奏闻事。

窃照滇黔两省地方，仰叼圣主福庇，今岁自夏徂秋，雨旸时若，禾稻收成各得九分有余，均称丰稔，业经臣先后奏闻在案。

秋田刈获之后，天气晴多雨少，堆场稻谷咸得乘时曝晒，以备盖藏。崇墉比栉，共庆盈宁。现在新谷源源入市，复有陈谷碾运出粜，市粮到处充裕。九月，云南省城中米每仓石价银一两五钱，较上月减银二分，此外各属报到米价，亦多有减无增。贵州通省，据报中米价银每仓石自六钱二分至一两六钱五分不等，较之往年，倍臻平减，俱于民食甚有裨益。兹际九月，正值开征新赋之时，诚恐不法吏役视为利薮，趁此年谷顺成，浮收巧取，苦累闾阎。臣已先期出示晓谕，现仍不时严密查察，如有作奸舞弊之事，立即按律严惩，勿稍姑息。至纳粮花户，颇知国课早完，可免追呼之扰，输将极其踊跃。两省兵民和豫，边境宁谧，皆堪远慰慈怀。臣谨恭折奏闻，并将云南省八月分粮价另缮清单敬呈御览，伏乞皇上睿鉴。谨奏。

朱批：知道了。

（《宫中档乾隆朝奏折》第四十九辑，第94~95页）

2300　署理云贵总督印务署云南巡抚刘秉恬《奏报查缴应禁书籍，委员解京销毁折》

乾隆四十六年九月二十八日

署理云贵总督印务署云南巡抚臣刘秉恬跪奏：为查缴应禁书籍，委员解京，仰祈圣鉴事。

窃查云南省先后查缴过违碍书籍，业经六次，计书一千九百余部，节次奏明解京在案。臣于上年六月到滇后，即会同督臣福康安，严饬各属实力查办钦遵，于二年限内，俱各呈缴。随据各府厅州县陆续送到违碍书籍，臣等率同司道逐加查阅。嗣钦奉上谕："各种书籍内有不应销毁而印本留有空格者，概行签出解京，俟交馆臣查明，酌量填补后，仍行发还。钦此。"续又奉到上谕："明仁宗所制《天元玉历祥异赋》及不知撰著名氏之《乾坤宝典》二种，此等天文占验，妄言祸福之书，最易淆惑人心，未便存留在外，传谕详悉搜缴解京。钦此。"

臣等复经遵照，饬令各属查缴。去后，兹查各属送到书共四百二十五部，计四千八百七十本。臣详加检阅，内向例查禁书三十五种，向未查禁、节准各省咨禁书四十四种，又向未查禁、经滇省节次粘签奏缴书二十三种外，现又查有朱鹤龄选杜甫诗及钱遵王注《草堂诗笺》二种，卷首俱有钱谦益序；又王世祯《精华录笺注》，卷首有钱谦益序及古诗一首；又汪份选《庆历读本新编》、陈骐选《明文题荃》二种，内均有钱谦益文；又《岭云编》一种、韩菼《历科房书选》一种，内有逆犯吕留良批语，俱应摘毁。臣谨开注清单恭呈御览，仍于书内分晰粘签，同应禁各书，另行委员咨送军机处查办。

其各属送到空格书籍，查有孔晁《汲冢周书》、姜希辙《左传统宗》林云铭《古文析义》《王十朋全集》、方回选《瀛奎律髓》《杨起元集》《杨继盛集》、王琦辑《李白文集》、宋荦施注《苏诗》、唐泰《脩园集》、汪森增定《词综》、沈德潜《杜诗偶评》，臣检查书内并有空格，应遵旨签出。现于单内注明，并将空格之书一并委员咨送军机处，交馆查办。至明仁宗《天元玉历》一种，查滇省于四十三年二月内曾经查获一部，奏请销毁，现在仍饬各属，并同《乾坤宝典》一种，遍行严查，务使此等妄言占验祸福之书搜绝根株，以杜邪说而正人心。

臣查滇省士民尚称愿朴，颇知劝畏，应无藏匿不缴之事。惟是边地辽阔，虽历经晓谕，而穷乡僻壤，时有远出归家，闻信后始将应禁书籍呈缴者，又有续准各省咨禁书籍，名目繁多，随到随饬查缴，由近及远，复由各属解省，颇稽时日。诚恐一时未能搜罗净尽，合无仰恳圣恩，准予展限一年，俾得从容查缴。臣仍不时遍加示谕，谆切劝导，将奉行应缴之书依限悉行缴尽，如再逾限，敢有藏匿违碍书籍，一经发觉，即行严办，并督司道，严饬地方官实力遵行，随时严密访查，以仰副我皇上维风正俗之至意。

至剧本流传，滇省地界边徼，密访民间，尚无传播。臣已屡饬各属一体查禁，如有应行销禁之本，随时酌量办理。合并陈明，伏乞皇上睿鉴。谨奏。

朱批：览。

（《宫中档乾隆朝奏折》第四十九辑，第95~96页）

2301 署理云南巡抚刘秉恬《奏请将准云南府同知书图捐复，仍留滇委用折》

乾隆四十六年九月二十八日

署理云南巡抚臣刘秉恬跪奏：为奏明请旨事。

窃照整理地方，全以得人为要。而滇省远处边隅，人才甚属难得。

今查有云南府同知书图，年五十八岁，满洲镶黄旗人，由举人历任广东龙川、归善等县知县，保举堪胜知府，并卓异引见，奉旨升补江西宁都直隶州知州，缘事降调，补授通政司经历，京察一等，保送抚民同知，记名选授今职，于乾隆四十五年四月到任。兹准部文，以该员前在江西宁都州任内失察罗教一案，议于现任内降二级调用，销去纪录四次，抵降一级，应降一级调用。奉旨："着该督抚出具考语，送部引见，再降谕旨。钦此。"自应遵照办理。惟查该员年强才裕，办事实心，在滇两载，情形熟悉，从前虽久任外官，绝不沾染外省习气，即如派委查催铜斤，其沿途挽运迟速及应随时调剂之处，俱能直言具禀，从无一字虚饰。至委审疑难案件，靡不虚衷研鞫，尽得真情，俾成信谳。是在丞贰中固为杰出，即于知府内求之，亦不多得者。若给咨送部引见，其年力、才具自能上邀圣明洞鉴。但边地少一勤干之员，殊觉可惜。

臣与两司商酌，查滇省前有丽江府知府吴大勋因公降调，曾经奏请捐复原级，留滇补用，蒙恩允准在案。今该员降一级调用，处分亦属因公。合无仰恳皇上天恩，准令云南府同知书图援照吴大勋之例捐复，降一级，仍留滇省差遣委用，俟有相当缺出，另请补授。不特该员感激鸿慈，倍加奋勉报效，且边地多一干员，亦得收指臂之助。如蒙俞允，其应交捐项，即照吴大勋之例，就近于云南藩库交收，报部查核，另容附便搭解。

臣为因地惜材起见，谨恭折奏请，伏乞皇上睿鉴训示。谨奏。

朱批：该部议奏。

（《宫中档乾隆朝奏折》第四十九辑，第 97～98 页）

2302　署理云南巡抚刘秉恬《奏报委署道府折》
乾隆四十六年九月二十八日

署理云南巡抚臣刘秉恬跪奏：为委署道府，循例奏闻事。

窃照道府缺出，遴员委署，例应随时具奏。

兹据云南迤西道五宝具报闻讣丁忧，应即饬令离任，回旗守制。所遗迤西道一缺，分巡六府、二直隶厅，地广事繁，兼有承运京铜之责，必须委署得人，方足以资治理。臣与两司商酌，查有顺宁知府杨有涵，老成练达，办事安详，堪以委护迤西道印务。其所遗顺宁府本缺，地处极边，亦关紧要。查有蒙化直隶厅同知庆格，才具稳练，办事实心，曾经委署广南府篆，办理并无贻误，即委该员署理顺宁府印务，可期胜任。除分别饬委外，所有委署道府缘由，臣谨循例具折奏闻，伏乞皇上睿鉴。谨奏。

朱批： 该部知道。

（《宫中档乾隆朝奏折》第四十九辑，第98页）

2303　署理云南巡抚刘秉恬《奏报新旧坍塌城垣酌筹次第修理折》
乾隆四十六年十月十五日

署理云南巡抚臣刘秉恬跪奏：为新旧坍塌城垣酌筹次第修理，恭折奏明事。

窃臣于去岁办理年终汇奏事件，因通省城垣内有宁洱一处，系本年新坍，现在行令估报。其元江、嶍峨、他郎三处报坍，年分均属久远，屡于汇奏列入应修，迄未勘估，当经专折奏明查办。嗣准工部咨复，前项城垣，令臣会同督臣确查该地方实在情形，应如何办理之处，熟筹妥议，具奏到日，再行核办等因。臣于未接部咨之先，钦奉廷寄谕旨，即经会同调任督臣福康安，饬委迤南道前往勘估，一面先将查办缘由会折复奏在案。

兹据迤南道汤雄业督同各该地方官逐加查勘："宁洱县砖城一座，建自乾隆二年，城垣坍倒二百七十二丈，城楼亦皆朽坏。此城内皮并无砖石包砌，仅于下脚镶砌碎石，且高止二尺，厚一尺，本属不坚。该处为极边要地，城垣宜于坚固，必须自脚至顶一律包砌砖石，中心添筑土牛，上墁顶砖，使雨水不能浸入，可期日久无虞，共估需银二万四千余两。

又他郎厅土城一座，建自雍正十年，城身已倒二百七十余丈，其未倒三十余丈亦俱酥损，必须一并拆卸。但改造砖石未免过费，且该处系一通判驻扎，又不比宁洱为极边要地，应仍照旧制修筑土城，共估需银二千数百两。

至元江州土城一座，滨临澧江，建自雍正五年。嶍峨县城垣一座，内土外砖，逼近猊江、练江，建自前明。该二州、县城垣每遇夏秋江水涨发，城脚俱易淹损，必须另筑石堤一道，资其护卫，然后修城，可期经久。惟现在积水尚未减退，难以勘估，容俟冬尽春初水涸时，督同该州县确切查验，核计工料，同应修城身各项实在需费若干，另行详办。

但以上城垣四处，若同时修筑，不特一切物料骤难齐备，即匠作人工亦难雇募。似应酌分缓急，次第兴修。查宁洱县城为普洱镇道府驻扎之所，地临边境，最关紧要。他郎壤接普洱，亦属要区。元江在他郎之内，嶍峨更系腹里。应请自乾隆四十七年起，分作四年，先修宁洱县城，次及他郎，又其次递及元江、嶍峨，则一岁之中修筑一处，办理不致迫促，工料均可应手等情。"由布政使江兰核详前来。

臣查该道汤雄业所请，均属酌按地方情形分晰筹议，自应如斯办理。所有应行先修之宁洱、他郎二处城垣，现饬该道再加撙节确估，造册绘图呈送，照例令布政使亲往复勘，另行核实，分案具题，于乾隆四十七八两年次第兴修。其所需工费循照旧例，在司库铜息银内动支。至元江、嶍峨二处城垣，均应加筑护堤，既因江水未退，遽难查验估报，即令该道俟冬春水涸时前往勘估详复，再行具奏，按次接续办理。所有宁洱等四处新旧坍塌城垣，酌分次第修葺缘由，理合恭折奏明，伏乞皇上睿鉴。

再年终汇奏，为期瞬届，其应先修之宁洱、他郎二城，藩司勘估往返需时，未能办定入奏。臣于今岁汇奏折内，拟同续办之元江、嶍峨二城，概行列入缓修，以昭核实。合并声明。谨奏。

朱批：知道了。

（《宫中档乾隆朝奏折》第四十九辑，第 243～245 页）

2304 署理云南巡抚刘秉恬《奏报奉旨查封甘省捏灾冒赈、折收监粮案内人犯家产备抵折》

乾隆四十六年十月十五日

署理云南巡抚臣刘秉恬跪奏：为查封备抵，恭折复奏事。

窃臣前准刑部开单知照甘省捏灾冒赈、折收监粮案内，有捐监未经办灾之原籍云南、现任甘肃合水县知县张履升，前任秦安县降调知县王凤仪，前任伏羌县已故知县杨瀛仙三员。臣查部文内，虽未行令查抄原籍家产，第思各该员既已收捐监生折色，如有侵渔入己情弊，即须追补官项，其原籍家产自应预先查封备抵，以杜隐寄。

当查张履升系昆明县人，王凤仪系通海县人，杨瀛仙系石屏州人。臣即密饬署云南府知府全保，带同昆明县，前往张履升家，将财产、衣物逐一查封。又饬迤西道五宝，带同通海、河西二县，前赴王凤仪、杨瀛仙两家查封财物。其降调在籍之王凤仪一员，情愿赴甘质讯，业经臣交与押解刘治传、张春芳赴甘之委员，一并押带前往，一面将查办缘由先行附折奏明在案。兹据该道府等先后造册，由藩司江兰等详送前来。

臣查张履升、王凤仪、杨瀛仙原籍家产既经该道府等出其不意严密查封，其讯无隐匿寄顿，似属可信。现将查封衣饰、细物提贮藩库，其粗重物件饬交各该地方官收管，统俟甘省审明各该员有无侵渔情弊，分别办理。至张履升之妻供出陈伦、郝希贤借欠本利银八百二十两，赵瑄押租银二十两，已据昆明县追缴藩库。又供出阿迷州民尚从龙欠银一百五十两，已饬该州查追，俟解到一并存贮藩库备抵。除造册咨部并咨陕甘督臣外，所有查封张履升、王凤仪、杨瀛仙原籍财产，理合分晰开列清单，另录供词，恭折复奏，伏乞皇上睿鉴。谨奏。

朱批：览。

（《宫中档乾隆朝奏折》第四十九辑，第 245～246 页）

2305　署理云南巡抚刘秉恬《奏报准咨查抄姜兴周次子姜秀任所赀财折》

乾隆四十六年十月十五日

署理云南巡抚臣刘秉恬跪奏：为准咨查抄，恭折奏闻事。

窃臣接准湖广督臣舒常、湖北抚臣郑大进会咨，以甘省捏灾冒赈案内奉旨查抄之现任湖北安陆府知府姜兴周一员，讯有次子姜秀，现任云南嶍峨县典史，其任所赀财，自应一并查出封贮，备抵伊父官项等因。当即飞饬临安府知府阿敏驰往嶍峨县，带同该县，密赴典史姜秀署内，将任所赀财逐细查抄，并提姜秀讯供。去后，兹据该府县将抄获姜秀任所衣饰、财物，连人解送到省，经藩司江兰等提验封贮，造册讯供，转详前来。

臣查讯姜秀，据供："我父姜兴周，自甘肃知州升任湖北知府，从未随任。我到滇后，几次信去，总无回音，亦无银两寄给。现在抄出存银三百余两，系历年廉俸所积。一切衣饰、什物俱蒙查抄，此外并无丝毫隐寄。"等语。再四严诘，坚供不移，察其情状，似非狡饰。现将查抄姜秀任所赀财造册咨部，并咨明湖北、湖南、甘肃等省，备抵伊父姜兴周应追官项。其有堪以解京物件，另行检出，委员解京。其余一切衣饰、什物，饬令地方官确估变价，同现存银钱一并收贮藩库。钦遵另奉谕旨，存充公用。

至姜秀供出"常德府人刘西瞻借欠本利银八百三十二两，我又先曾借过浙江人沈守先银三百五十两，已将刘西瞻欠字交沈守先前往常德索讨，除还原借沈守先银三百五十两，余银交我家中收用，如今曾否归楚，尚无回信，不得知道，现有收借底账可查等语"。查此项银两虽无原欠字据，但既有收借底账呈验，未便置之不论。臣现在飞咨湖南抚臣转饬武陵县，查明刘西瞻曾否清还，分别追办，咨滇知照。

所有查抄姜兴周之子姜秀任所赀财，理合分晰，开列清单，另录供词，恭折奏闻，伏乞皇上睿鉴。

再臣接到广西抚臣姚成烈来咨，以"前任甘肃宁夏府病故知府江世琳，有子江芮，现任云南马龙州知州，令将江芮任所赀财严密查抄，并讯伊父江世琳前在甘肃知府任内如何侵冒作弊实情，取供具奏等因"。复准提督衙门咨同前由。臣查江芮委运戊戌年三运二起京铜，业已交完，于本年四月十四日自京起程回省，久有部文行知，现在尚未到滇。

其家属系于运铜时随带同往，并未寄居任所，滇省无从查办。当即飞咨江芮出京回滇经由各省，截留查抄，一面咨复在案。兹江芮行至湖北地方，已被截留，应听彼省办理。合并陈明。谨奏。

朱批：览。

（《宫中档乾隆朝奏折》第四十九辑，第 246~247 页）

2306 署理云贵总督印务署云南巡抚刘秉恬《奏报冬初出汛日期折》

乾隆四十六年十月十五日

署理云贵总督印务署云南巡抚臣刘秉恬跪奏：为奏闻冬初出汛日期事。

窃照滇省永昌、普洱等府界连外域，向系每岁派兵五千五百名，在于张凤街、三台山、九龙江等处防守，兵多费冗，本不值如此办理。嗣经军机大臣遵旨议奏，杉木笼设一大汛，驻兵五百名，于腾越镇标存城兵内派拨。干崖设一小汛，驻兵二百名，于腾越分驻南甸存营兵内派拨。又龙陵以南之三台山设一小汛，于龙陵存营兵内挑选一百名往驻。至普洱一路，停止每岁出防，只令该镇于秋末春初亲往思茅等处巡查二次。其顺宁一路，因缅宁本有常住兵三百名，再于顺宁营存城兵内拨出一百名，同驻缅宁，将每岁派兵四百名裁去，以免调拨之烦。自改定章程以来，历年遵照办理，边疆极为宁谧。

兹值永昌一路冬初出汛之期，经署提臣巴克坦布亲赴腾越，会同该镇总兵许世亨挑选壮健兵丁，派委员弁，于九月十七、十九、二十一、二十三、二十五等日，分起带兵前往各汛，悉遵历届章程，驻扎巡守，仍俟春深瘴发，分别酌留撤回，以慎边防而恤戎伍。惟是腾越沿边一带，臣于昔年从征缅匪时曾经亲历其境，虽旧有七关八隘之名，而路径庞杂，随处可通，并无重关叠隘之实，全在各营将弁平日勤加操练，壮厥声威，俾缅匪闻而知惧。迨出汛之时，星罗棋布，在在严密周防，毋致奸民偷越出口，则内地消息无由窥探，可愈增其恐惧乞怜之心。至沿边土司，原为控制边外而设，尤须善为抚驭。平日令其心皆内附，出汛时率同弩手、土练，协力巡查，以资捍卫，庶藩篱永固，而边宇益安矣。

除照会腾越、普洱两镇总兵实力办理外，所有永昌一路冬初出汛日期，臣谨恭折奏闻，伏乞皇上睿鉴。

再臣奉命署理督篆，当此出汛之际，理应亲往巡查。但查上年福康安任内曾奉有谕旨："总督巡边，或隔年一次，或二三年一次，先期奏明，再行前往。"去冬福康安于查阅营伍之便，甫往边关巡察一次，是以今岁出汛，臣不复亲往，合并陈明。谨奏。

朱批：览。

（《宫中档乾隆朝奏折》第四十九辑，第248~249页）

夹片：再此次普洱一路官兵出巡，接据普洱镇总兵喀木齐布、迤南道汤雄业等禀称："向年派兵游巡边隘，系分四起，每起派兵一百名。本年派兵出巡之际，适值先遣回国之南掌国进贡头目叭阿悖等带回发还象只等物来至普洱，日内即应护送出境。若出巡官兵仍照向例派兵百名，兵数较少，不足以壮边威而资捍卫。现将两起合为一起，派兵二百名，于九月二十八日，先令将弁管领起程，前赴交界处所扼要内猛地方驻扎数日，俟该头目等出境后，官兵仍照向例分巡回营等语。"臣思如此办理，既于巡查往例无违，而于边防体制更觉整肃矣。除札令照办外，合并附折奏闻。谨奏。

朱批：览。

（《宫中档乾隆朝奏折》第四十九辑，第249页）

2307 署理云南巡抚刘秉恬《奏报部选人员迟久不到，奏请敕部一体行催折》

乾隆四十六年十月十五日

署理云南巡抚臣刘秉恬跪奏：为部选人员迟久不到，奏请敕部一体行催事。

窃照滇省离京较远，部选人员理应迅速赴任，以重职守。

向来铜、盐两项，为滇中利薮，候选得缺之员尚皆踊跃而来。近日积弊渐清，无可觊觎，且清查仓库钱粮尤为紧严，不免视为畏途。是以每一缺出，非经年累月，不能得有实任之员。臣子身登仕版，自应深晓大义，为国家出力报效。若果如此居心，安望其黾勉供职，有裨地方？在伊等或有他故，未必即存此心。但选补滇省官员总不能即时到来，臣实不能不存此逆億之见。况滇省每年办运京铜，计需丞倅州县八员，进京往返，为期约须三年，接续出派，即得二十四员。是需人正殷，亦不容其迟久不到。

兹于通省州县内，查有部选未到任者：陆凉州知州白贻远、鹤庆州知州陈钟琛、镇南州知州沈锡国、禄丰县知县钱企曾、定远县知县谢锡位、昆阳州知州袁镛等六员，计其铨选之期，自上年十二月至今年六月不等，本缺虽委署有人，但实任之员迟久不到，究非吏治所宜。若请旨开缺另选，益复辗转稽延，而原选之员随后续至，更有积薪之虑。臣现在查明各该员，告假回籍者行文原籍，催令起程；其由别省推升例应赴部引见始行到任者，查明曾否赴部，或于赴部后告假回籍，分咨催儹，令其速赴新任，如有托故规避别情，即行指名参奏。除分别查办外，应请敕下吏部，一体行文饬催，俾选员及早赴任，以免旷缺。

再本年辛丑科会试，榜后挑选一等举人分发云南试用知县，计有刘枸、史褒、冯敬典、刘殿邦等四员，或已告假回籍，或已借廉出京，迄今甫有刘殿邦一员到滇，余尚未到。臣现在查明，一并咨催，饬令速来滇省委用。臣谨恭折具奏，伏乞皇上睿鉴。谨奏。

朱批：该部速议具奏。

（《宫中档乾隆朝奏折》第四十九辑，第251~252页）

2308　署理云南巡抚刘秉恬《奏报遵旨查明滇省各属俱无书吏衙役勾通包庇事折》

乾隆四十六年十月十九日

署理云南巡抚臣刘秉恬跪奏：为钦奉上谕，恭折复奏事。

窃臣接到尚书、额驸公福隆安字寄，内开："乾隆四十六年九月初二日，奉上谕：据巴延三等奏拿获禄丰县匪棍林广参等及续获要犯林亚广彻底跟究一折，内称，讯据该犯等供，林广参平日交结县书李芳、余贤、陈辉等，暗中包庇，纠结族匪多人，肆出抢夺。该县李光万恇懦无能，听信书役朦蔽不办，以致日渐鸱张，恣横无忌等语。此等不法棍徒，胆敢纠约多人肆行抢劫，并交结吏役暗中把持，殊为可恶，不可不实力查办，严究伙党，尽法惩治。其书役李芳等敢于听从贿嘱，庇匪纵抢，吓制本官，情罪尤为重大。着传谕巴延三等，即速提讯该犯等，录取确供，从重定拟具奏。至此案伙犯，现在已获九十余名，其踪迹忽合忽分，如入无人之境，即与川省之啯匪无异。李湖接据属员禀报，即亲往查拿，获犯多人，办理颇属认真。各直省督抚遇有此等匪徒，自当实力擒捕，彻底跟究。至于书吏、衙役勾通包庇，尤为地方之害，必须时刻留心访察，有犯即惩。否则若文绥之因循贿误国家，亦安用此封疆大吏为耶？并着通行传谕各督抚，令其实心整顿，毋得稍存姑息了事之见。所有巴延三等原折，一并抄寄阅看。钦此。"钦遵寄信到臣。

伏念臣身任封疆，首以靖匪安良为要，遇有不法匪徒肆害闾阎，一经见闻，自当恪遵慈训，亲身前往，实力擒捕，务期迅速全获，彻底跟究，从严惩治，以杜蔓延滋扰。必不肯稍存大意，致使鸠聚鸱张，横行无忌，有忝职守。至书吏、衙役勾通包庇，诚如圣谕，尤为地方之害，不可不随时随事留心访察，有犯即惩。臣查滇省地处边隅，民情尚称淳朴，讼狱向不为繁。即如臣衙门，每月放告两次，每次收词多则不过五六纸，少则一二三纸，甚有并无一纸投告者。既无健讼之风，则交结书役之事宜所少。况滇省书吏、衙役，多系蠢笨而不懂事者，若粤省书役李芳等之听从贿嘱，庇匪纵抢，吓制本官，种种奸谲情事，滇省书役纵欲效为，而力有不能。但人之奸良，到处不一，何敢因边方书役犹易约束遂疏稽察？臣惟有遵旨实心整顿，遇有违犯，定即尽法严惩，勿稍存姑息了事之见，务期弊绝风清，民安乐利，以仰副我皇上委任之至意。

所有臣奉到谕旨钦遵缘由，理合恭折奏闻，伏乞皇上睿鉴。谨奏。

朱批：览。

（《宫中档乾隆朝奏折》第四十九辑，第293～294页）

2309　署理云南巡抚刘秉恬《奏报广西委员办运滇铜扫帮出境日期折》
乾隆四十六年十月十九日

署理云南巡抚臣刘秉恬跪奏：为广西委员办运滇铜扫帮出境日期，循例奏闻事。

窃照各省委员赴滇采办铜斤，往来俱有定限。钦奉上谕："嗣后到滇办运开行，着该抚具奏，如有无故停留贻误者，即行指名参究等因。钦此。"钦遵在案。

兹据云南布政使江兰详称："广西委员横州知州李永圻采买滇铜，拨给白羊、青龙、大美、金钗等厂高低共铜二十六万六百六十三斤零，以乾隆四十六年正月二十六日领竣铜斤起，正展限期，连闰扣至乾隆四十六年八月十一日届满。今该委员于本年八月初十日，在宝宁县属之剥隘地方全数扫帮出境，系在限内，并未逾违。"等情，详请核奏前来。臣复查无异，除飞咨广西抚臣转饬接替催偿，依限运回交收，以供鼓铸，并咨明户部外，所有广西委员李永圻办运铜斤扫帮出境日期，理合恭折具奏，伏乞皇上睿鉴。谨奏。

朱批：览。

（《宫中档乾隆朝奏折》第四十九辑，第295～296页）

2310　署理云南巡抚刘秉恬《奏报据情奏恳虺赠折》
乾隆四十六年十月十九日

署理云南巡抚臣刘秉恬跪奏：为据情奏恳虺赠，仰祈圣鉴事。

伏查覃恩旷典，凡四品以下外官有请貤封者，俱由各该督抚核明汇奏。

兹遇乾隆四十五年正月初一日恩诏，据前任湖南同知、丁忧服满拣发云南候补同知汪滨、前任湖北知县、推升云南寻甸州知州王化皞，皆以祖父母先已貤封，例不重赠，请将本身、妻室应得原官品级封典，援照江南扬河通判李志谦、四川合州知州左修绪之例，貤赠曾祖父母；又据宜良县教谕李文黼，以父母已于学正任内貤赠，今改任教谕，请将本身应得封典貤赠祖父母，各造具册结，由布政使江兰详请具奏前来。臣复核无异，可否准其貤赠之处，出自天恩。除册结送部外，理合恭折奏恳，伏乞皇上睿鉴训示。谨奏。

朱批：有旨谕部。

（《宫中档乾隆朝奏折》第四十九辑，第 296 页）

2311　署理云贵总督印务署云南巡抚刘秉恬《奏报滇黔两省禾苗粮价情形折》
乾隆四十六年十月二十一日

署理云贵总督印务署云南巡抚臣刘秉恬跪奏：为奏闻事。

窃照滇黔两省岁收丰稔、粮价平减、地方宁谧各情形，经臣节次具奏在案。秋稼既登之后，正须翻种春花。滇省各属自九月下旬至十月中旬以来晴雨调匀，土膏和润，二麦、荞豆均已翻犁播种，发荣滋长，渐见青葱。目下新谷遍布，粜值在在称平，甚于民食有益。谨将九月分云南通省粮价另缮清单敬呈御览。至黔省各属据报，入冬以后雨旸得宜，麦苗亦已出土，通省米价自六钱二分至一两六钱五分，与前相等。两省兵民乐业，气象盈宁，堪以仰慰圣怀。理合恭折奏闻，伏乞皇上睿鉴。谨奏。

朱批：知道了。

（《宫中档乾隆朝奏折》第四十九辑，第 315～316 页）

2312　署理云南巡抚刘秉恬《奏报甄别过乾隆四十六年分滇省教职、佐杂折》
乾隆四十六年十月二十一日

署理云南巡抚臣刘秉恬跪奏：为循例汇奏事。

案照年终汇奏事件内甄别教职、佐杂、年满千总三款，例应汇折分单具奏。兹据云南布政使江兰、署按察使许祖京将滇省乾隆四十六年分甄别过俸满教职、佐杂，开单汇详前来。

臣查本年甄别教职内，初次俸满勤职留任者三员，循分供职留任者五员；二次俸满循分供职留任者二员；三次俸满堪膺民社，保举者一员，勤职留任者一员；初次俸满休致者一员；三次俸满勒休者二员；未届俸满随时休革者八员。又甄别佐杂内，初次俸满保题者一员；初次俸满留任者六员；二次俸满留任者一员；三次俸满留任者一员；初次俸满勒休者一员；未届俸满缘事参革者四员。至臣标两营千总四员，初次六年俸满留任者一员。其俸满各员，俱经陆续验看，随时咨部在案。所有乾隆四十六年分滇省甄别过教职、佐杂及臣标年满千总，理合循例汇折具奏，并将甄别教职、佐杂、千总，分缮清单恭呈御览，伏乞皇上睿鉴。谨奏。

朱批：该部知道。

（《宫中档乾隆朝奏折》第四十九辑，第316～317页）

2313　署理云贵总督印务署云南巡抚刘秉恬《奏报续经查出尹嘉铨编纂各书，遵旨解京销毁折》

乾隆四十六年十月二十一日

署理云贵总督印务署云南巡抚臣刘秉恬跪奏：为续经查出尹嘉铨编纂各书，遵旨解京销毁事。

窃臣接奉上谕："尹嘉铨所著各书，其中狂妄悖谬之处不可枚举，业经饬令销毁。所有查出各书原单，着抄寄各督抚遵照，严切办理。如有单内未经查开，而各省别有刊刻尹嘉铨所著书文，亦即详查书本及板片解京等因。钦此。"当经臣督率司道，严饬各属，明切晓谕，无论绅民、书贾与夫现任正印、佐杂、教职人员，如有单开尹嘉铨编纂书籍九十三种、石刻七种流传书本、拓本，作速自行缴出。至单内未经查开，而滇省别有刊刻尹嘉铨所著书文，亦即详查书本及板片，一体解京销毁。并以此事责成知府、直隶州，于奉文后，董率各属实力严察办理，务期片纸只字缴销净尽，具结通报。倘敢视为具文，草率从事，使有隐匿遗漏，以致别经发觉，定即参究治罪。如此严行通饬，复派委明干教官于省城书铺及绅士之家妥协详查。

旋据缴到书八种，翻刻板片一副，业经臣于闰五月内恭折奏明，解京销毁在案。兹又据各属送到尹嘉铨编纂各书共十八种，计七十九本。臣详加检阅，内有前发单内开明应缴之书十六种，原单未经开入之《贤母年谱》一种有尹嘉铨纪，又《闺范图》一种，有尹嘉铨序及其妻李氏引，均应一体销毁。臣谨开注清单恭呈御览。除将缴到各种书本附同前奏第七次缴书之委员一并解送军机处销毁，仍饬各属再行实力详查，务期搜缴净尽，毋任稍有存留外，所有续经查出尹嘉铨编纂各书解京销毁缘由，理合恭折具奏，伏乞皇上睿鉴。谨奏。

朱批：览。

2314 署理云贵总督印务署云南巡抚刘秉恬《奏请以烟瘴俸满离任候升之宁洱县知县王友莲升补丽江府分防中甸同知折》

乾隆四十六年十月二十一日

署理云贵总督印务署云南巡抚臣刘秉恬跪奏：为极边要缺同知需人，请将俸满应升之员升补，以裨边疆事。

窃照丽江府分防中甸同知现在出缺，除另疏具题外，所遗中甸同知，地处极边，界连西藏，境内悉属番夷，素称难治，例应在外拣员调补，以期治理得人。

臣与两司于通省同知内逐加遴选，非现居要缺，即人地未宜，并无堪以调补之员。惟查有烟瘴俸满离任候升之宁洱县知县王友莲，年四十五岁，山西举人，历任江苏武进、湖南耒阳等县知县，服满赴补，拣发云南，题补宁洱县知县，于乾隆四十三年三月十五日到任，连闰，扣至四十六年二月十五日，实历烟瘴三年，保题，俸满撤回内地，遇有应升缺出，照例升用。该员明干历练，办事实心，久任边缺知县，于边地一切情形尤为熟悉，以之升补丽江府分防中甸同知，洵属人地相宜，可资抚驭之益。该员前任内虽有降一级留任之案，现已赴部捐复，即可销结。其罚俸案件，除完缴咨销外，亦在十案以内，均与准升之例相符。如蒙俞允，该员系俸满知县请升同知，衔小缺大，容俟部复到日，给咨送部引见，恭候钦定。臣谨具折奏请，并开列参罚清单敬呈御览，伏乞皇上睿鉴，敕部议复施行。谨奏。

朱批：该部议奏。

2315 云贵总督富纲《奏报遵旨自行议罪折》

乾隆四十六年十月二十三日

云贵总督奴才富纲跪奏：为遵旨自行议罪，据实复奏事。

窃奴才于十月二十一日湖南澧州途次，承准尚书、额驸公福隆安字寄："乾隆四十六年十月十四日，奉上谕：昨据杨魁参奏凤山县知县韩燕于解省重犯，差役私自雇替，致替役脱逃，该县并不严拿详解，请旨革职一案，已批该部知道矣。福建前有诸罗令杨慰，于贼首洪笼等纠抢一案，并不实力擒拿，经陈辉祖会衔参奏，而富纲并未及早查办，是以将伊交部议处。兹复有凤山县疏纵玩愒之事。诸罗、凤山俱隶台湾，远隔海洋，尤非内地可比。遇有此等匪徒纠抢及替役脱逃之件，自应严速查办，庶足以靖海疆而惩奸宄。此二事皆出于用富纲为总督之后，是以姑容。若在云南新任亦如此，诸事模棱不认真，尚可望朕宽恕乎？然富纲在闽省巡抚任内并不实力整顿，以至诸事废弛如此。伊试清夜扪心，将何以自解耶？着传谕富纲，令其自行议罪，据实复奏。将此由四百里谕令知之。钦此。"钦遵。奴才跪读之下，不胜惶悚感愧，无地自容。

伏念奴才仰蒙皇上天恩，由藩司擢用巡抚，未及三载，复荷格外隆恩，补授总督，圣恩高厚，毫无报称。前以诸罗县知县杨慰纵盗一案，奴才未即纠参，疏纵之罪实属难辞。乃蒙皇上隆恩，仅予交部议处，传旨申饬，感愧之私，已属梦寐难安。今凤山县知县韩燕于解省重犯，任差私雇，致替役潜逃。海疆重地，奴才未能先事整饬，以致疏纵玩愒，废弛至此，即将奴才严加治罪，亦属分所应得。乃蒙格外仁慈，曲赐矜容，不加严谴，仅令自行议罪。庶奴才扪心自问，寝食愈觉难安。惟有仰恳皇上天恩，准奴才罚交银三万两，稍赎罪愆。庶奴才幸邀矜宥抚衷，亦得少安。所有应交银两，奴才到任后，上紧陆续交贮藩库，于明年一并解交内务府查收。奴才到滇后，惟有仰遵圣训，猛省前非，力图悛改，事事实心实力，整饬地方，断不敢少事模棱，自取罪戾，以期仰报高厚鸿慈于万一。

所有奴才自议缘由，理合恭折，遵旨出驿据实复奏，伏祈皇上睿鉴。谨奏。

朱批：览。

（《宫中档乾隆朝奏折》第四十九辑，第 329～330 页）

2316　署理云贵总督印务署云南巡抚刘秉恬《奏报考验抚标兵丁及与督标城守各营合操情形折》

乾隆四十六年十一月初七日

署理云贵总督印务、署云南巡抚臣刘秉恬跪奏：为考验抚标兵丁及与督标城守各营合操情形，仰祈圣鉴事。

窃照滇省目下情形，铜政、盐务二项最关紧要。但该处地临边疆，整饬营伍尤为紧要中之更关紧要者。臣亲辖之抚标左右两营，勤加校阅，是臣专责。臣于上年到任后，亲阅抚标营伍，一切弓马、枪刀技艺仅系中等，当经严饬将弁勤加训练，以冀改观，一面将查阅情形恭折奏闻在案。臣随不时于署旁箭道，督率两营将弁，分起抽验，并于本年春夏间，亲赴教场全行较阅，各兵技艺较之去岁，已觉渐次改观，然犹未能十分出色。

伏思军营制胜之具，全资弓箭、鸟枪两项，必须致力于平时，始能收效于临事，以视别项技艺所关尤重，复经勒限练习，俾使一律精纯，足壮军容。兹臣于十月二十三四等日，将抚标两营兵丁复加阅查。抚标两营共实兵七百余名，除派差、守汛外，就其存营兵丁，按技分起考验，实操马、步、箭兵九十八名，定例每兵以五箭为率，能中靶三枝以上者为一等，中靶二枝者为合式。今中靶自三枝至四枝、五枝不等者六十七名，均应列为一等，中靶二枝合式者十九名，中靶一枝者十二名。至于骑射，驰驱控纵并极娴熟，撒放亦俱有准。实操鸟枪兵三百四十八名，照例每兵十名打三十枪，中靶二十枪以上者为一等，十五枪以上者为二等，十枪以上者为三等。今按十名一班演打，中靶枪数自二十三四五枪至二十六七八枪不等，统而计之，总在二十枪以上，并无十五枪以上及十枪以上者，且十名一班之外，尚有两班，各止九名，中靶亦有二十二枪、二十三枪，均应列为一等。当将应列一等兵丁从优奖赏，该管官弁分别记功。此外，尚有炮手、藤牌、枪刀等项技艺，兵丁共二百三十余名，演习亦俱纯熟。是抚标两营兵技已属去得，而弓箭、鸟枪二器尤为出色，虽不敢谓置之行间即能以一当十，若与各省营伍比较，断不致落其后矣。

至督标中、左、右三营及云南城守一营，甫经调任督臣福康安加意整饬，营伍俱已改观。今臣于十月二十六日，调集督标三营及城守一营兵丁，抽阅弓箭、鸟枪，计其中靶之数，多在一等之列。复与抚标两营兵丁同日合操，先阅配队，演陈步伐、进止，俱能整齐如式；又演试藤牌、起伏、纵跃、盘旋、扑打，亦属勇猛便捷；连环鸟枪出声、进步更为熟练。督抚亲标为外营领袖，城守近在省垣，首先观法。今六营合校，均属不相上下，堪称优等。臣随将督标三营、城守一营，同抚标一体奖赏，以示鼓励，并将现奉恩旨"各营裁扣名粮，概令挑补兵丁实额，另给红白赏恤银两及添给武职养廉"缘由，面为明晰晓谕，各兵等皆知此后名粮额广，递拨较易，无不鼓舞奋兴，欢呼叩颂。臣仍饬各该管将弁实心训练，务期精益求精，咸成劲旅，以仰副圣主养兵诘戎、核实行伍之至意。

所有臣考验抚标两营兵丁及与督标、城守各营合操情形，理合恭折奏闻，伏乞皇上睿鉴。谨奏。

朱批：知道了。

（《宫中档乾隆朝奏折》第四十九辑，第 477~478 页）

2317 署理云南巡抚刘秉恬《奏报乾隆四十六年
分滇省民数、谷数折》

乾隆四十六年十一月初七日

署理云南巡抚臣刘秉恬跪奏：为钦奉上谕事。

窃照各省民数、谷数，定例于每岁仲冬缮写黄册，具折奏闻，其民数例应分造民、屯丁口各一册进呈。

兹据布政使江兰会同粮储道永慧详称："云南省岁报民数，除番界、苗疆户口向不造入外，所有乾隆四十六年分通省民、屯户口，各就原编保甲逐一确查，实在大小民人二百六十二万六千四百九十二丁口，内男子一百三十七万三千五百丁，妇女一百二十五万二千九百九十二口；屯民男妇大小六十万三千五百五十二丁口，内男丁三十万七千七百八十一丁，妇女二十九万五千七百七十一口。应存常平社仓米、谷、麦、荞、青稞一百七十二万三千八百五十六石二斗零。"分案造册，详请具奏前来。臣复加确核无异，理合恭折奏闻，并将民、屯丁口实在数目及存仓谷石总数，敬谨分缮黄册三本，恭呈御览，伏乞皇上睿鉴。谨奏。

朱批：册留览。

（《宫中档乾隆朝奏折》第四十九辑，第 478～479 页）

2318 署理云南巡抚刘秉恬《遵旨奏报滇省各衙门
现无收受门包及押席银两之事折》

乾隆四十六年十一月初七日

署理云南巡抚臣刘秉恬跪奏：为遵旨汇奏事。

案照本年五月初三日，钦奉谕旨："以督抚等养廉优厚，何得任听家人向属员恣索门礼？嗣后督抚至道府，概不许收受门包。督抚传事、禀话，交中军、巡捕等官传禀，不许另设管门家人，致滋弊窦。仍行知所属官吏一体遵照，毋许一人送给。此旨各录一通，悬之督抚署门，并于年终汇奏。"等因。又于五月初六日，钦奉谕旨："各省上司留待属员饭食，有押席银两一项，其事尤可鄙笑。各督抚务率属员一体遵照裁革，亦入于年终汇奏等因。钦此。"臣先后奉到圣谕，跪读之下，仰见我皇上垂儆官邪、无微不烛之至意。

除通行所属官吏一体钦遵，毋许一人送给上司门包，并将前奉谕旨恭录一通悬之署门，俾皆怵目警心外，伏思督抚身任封疆，职守綦重，凡属在署之人，均宜慎密关防。

而服役家奴，更应严为防范，岂容与属员交接，向其索取门包？此等陋习，实于吏治、官方所关匪细。

臣蒙恩简署巡抚，由陕西调任云南，所带家人本属无多，只供居常役使，若遇传事禀话，俱令巡捕出入传禀，仍饬中军，不时弹压稽查。所有随伺家人，从不假以管门名色干预公务，致开舞弊婪索之端。第恐两司、道府家人或有暗中需索门礼，臣于接见两司、道府之时，再三教诫，咸知约束维严，无敢违犯。至上司、属员宴会，本干例禁，若借此收受押席银两，诚如圣谕，其事尤可鄙笑。

臣去岁由陕抵滇，服尚未满，从无宴会之事。今年五月内服阕后，惟届逢庆典时节，自办筵席，与在省司道等官偶一谦集，系属情事所有。至于收受押席银两，臣留心密查，实无其事。今复蒙慈训谆谆，臣益当整躬率属，共相惕励，以期大法小廉，永除陋弊。

兹届年终，谨将滇省各衙门现无收受门包及押席银两之事，遵旨汇折具奏，伏乞皇上睿鉴。谨奏。

朱批： 览。

（《宫中档乾隆朝奏折》第四十九辑，第479~480页）

2319　署理云贵总督印务署云南巡抚刘秉恬
《汇报甄别云贵两省年满千总折》
乾隆四十六年十一月初七日

署理云贵总督印务署云南巡抚臣刘秉恬跪奏：为甄别云贵两省年满千总，循例汇折奏闻，仰祈圣鉴事。

窃查定例，绿营千总历俸六年为满，贵州苗疆千总历俸五年为满，随时考验甄别，年底分晰汇奏，节经遵办在案。

兹届乾隆四十六年分汇奏之期，伏查云南省各项年满千总，先经调任督臣福康安任内甄别过九员，内留任者二员，现经预保送部尚未回任者一员，又前经预保注册，今届六年咨部换札者一员，保送者二员，勒休者三员。臣接署督篆后，甄别过留任者二员。以上云南省甄别年满千总十一员，又随时斥革千总二员，俱经先后分别咨部。其贵州省本年各项年满千总共计十五员，先经调任督臣福康安任内甄别过十员，内保送者一员，留任者二员，仍留候掣者五员，调回内地者二员。臣接署督篆后，甄别过五员，内保送者一员，留任者一员，仍留候掣者一员，调回内地者二员。以上贵州省甄别年满千总十五员，又随时斥革千总一员，俱经先后分别咨部。兹届年底，理合循例恭折奏闻，并分缮清单，敬呈御览。

再照云南省尚有千总黄俊一员，贵州省千总程朝桂一员，均届俸满，尚未调到考验，应归入下年甄别。合并陈明，伏乞皇上睿鉴。谨奏。

朱批：该部知道。

（《宫中档乾隆朝奏折》第四十九辑，第481页）

2320　署理云贵总督印务署云南巡抚刘秉恬《奏请以河西县知县宋昌琤升署云州知州折》

乾隆四十六年十一月初十日

署理云贵总督印务署云南巡抚臣刘秉恬跪奏：为烟瘴边缺知州亟需干员，恭恳圣恩俯准升署，以裨地方事。

窃照云南云州知州现在出缺，除循例另疏题报外，所遗云州知州，系极边烟瘴要缺，例应在外拣员调补。

查该州水土恶劣，壤接耿马各土司，路通缅甸，必得年力精壮、材具明干之员方足以资治理。臣与藩臬两司于通省知州内逐加遴选，非现居要缺，即人地不宜，均未便轻议更调。惟查有河西县知县宋昌琤，年三十八岁，江西雩都县人，由进士选授今职，乾隆四十三年四月到任。该员才具稳练，办事细心，于边地情形亦为熟悉，以之升署云州知州，实堪胜任。

第历俸未满五年，与例稍有未符。臣谨遵人地相需之例，专折奏请。合无仰恳圣慈，俯念云州知州员缺紧要，准以宋昌琤升署，仍照例扣满年限，另请实授。不特该员感激天恩，自必倍加奋勉，而边境得人，更于地方有裨。该员系知县请升知州，例应送部引见。先经委运庚子年加运一起京铜，于本年六月内开帮前进，如蒙俞允，容俟给咨该员，于到京差竣之日，即就近赴部呈明，带领引见，恭候钦定，俾得速赴新任，以免往返请咨，要缺久悬。

再该员任内止有军犯格明额在配脱逃开参疏脱职名一案，未准部复，此外并无参罚案件。其河西县知县员缺，系升任所遗，例得以试用人员署理，另容选员具题。合并陈明，伏乞皇上睿鉴，训示遵行。谨奏。

朱批：该部议奏。

（《宫中档乾隆朝奏折》第四十九辑，第556~557页）

2321 署理云南巡抚刘秉恬《查明汇奏乾隆四十六年分通省城垣情形折》

乾隆四十六年十一月初十日

署理云南巡抚臣刘秉恬跪奏：为查明通省城垣情形，遵旨汇奏事。

案准部咨，钦奉上谕："各省城垣是否完固，着于每年岁底汇奏一次等因。钦此。"历经遵行在案。今乾隆四十六年分云南通省城垣，由布政使江兰转据各道府确勘，分别完固、修补，复核详报前来。

臣查滇省各府、厅、州、县及佐杂各处，通共砖石土城九十一座，内大关等厅、州、县城垣八十四座，门楼、垛口、墙垣均属完固。元江州、嶍峨县、他郎通判原坍城垣三座，宁洱县续坍城垣一座，均经臣于另案先行专折奏明，次第兴修，毋庸汇计；又宝宁县续坍城垣一座，业经该管府县捐修完固，毋庸动项办理；又广西州、安宁州本年具报被雨淋坍城垣二座，现饬勘估，视其银数多寡，酌量情形，按例分别查办。其余各属完固城垣，臣仍严饬该管道府，督令地方官加意保护，遇有些小坍塌，随时鸠工修补，以期巩固而资捍卫。所有乾隆四十六年分云南通省城垣情形，理合恭折汇奏，并另缮清单敬呈御览，伏乞皇上睿鉴。谨奏。

朱批：览。

（《宫中档乾隆朝奏折》第四十九辑，第557～558页）

2322 署理云南巡抚刘秉恬《奏报乾隆四十六年分滇省并无派委属员承办筵席缘由折》

乾隆四十六年十一月初十日

署理云南巡抚臣刘秉恬跪奏：为遵旨具奏事。

案准部咨，钦奉上谕："闻外省督抚、两司等，遇有庆典、年节、宴会及钦差过境，往往开筵演戏，俱令首府、首县承办，以致该府县等借端要结，甚且赔累滋扰民间，于吏治官方大有关系。该督抚等务宜湔除积习，正己率属，将派委属员承值筵席等事概行禁革，以期大法小廉，使属员无所借口。倘不实力革除，仍前派委，或科道参奏，一经发觉，朕必重治其罪。嗣后着将有无此事，各督抚于年终奏闻等因。钦此。"通行遵照在案。

伏思督抚为封疆大吏，整饬官方是其专责，全在持廉守正，以本身为吏治之倡，庶两司以下莫不知所观感。况岁入养廉丰厚，用度宽余，间有酬酢宴会，理应出资自办，岂容派累属员，致得有所借口，隐为吏治之害？臣历任川陕及现在云南，均无派委属员承值筵席等事。至两司中，虽偶有谦集，亦俱自出己资，并非取给属员。臣惟有恪遵训谕，正己率属，将此等积习永远革除，以期大法小廉，仰副圣主澄清吏治之至意。

兹届年终，谨将云南省乾隆四十六年分并无派委属员承办筵席缘由，遵旨具折奏闻，伏乞皇上睿鉴。谨奏。

朱批：览。

（《宫中档乾隆朝奏折》第四十九辑，第558～559页）

2323　署理云南巡抚刘秉恬《汇奏乾隆四十六年通省各官无换帖宴会及扣展公出日期折》

乾隆四十六年十一月初十日

署理云南巡抚臣刘秉恬跪奏：为循例汇奏事。

窃照官员不准换帖宴会及扣展公出日期，例应于年底汇折具奏。

臣伏查，外省官员彼此换帖，动称愚兄愚弟，洵属仕途陋习。其同僚相见，偶然宴会，以通物我之情，原为礼所不废。惟上司与下属，名分攸关，实不容宴会频频，致启狎玩之渐。臣于通省属员内不时留心体察，同官换帖，已无此风，而酬酢往来，势所不免。若上司、下属之间频相宴会，现在并无其事。但法久易致玩生，臣仍随时约束稽查，以期弊绝风清，仰副圣主整饬吏治之意。至各州县间遇紧要事件来省，公竣即饬回署，从不任其逗留，亦无应须扣展公出之案。

兹届乾隆四十六年汇奏之期，据布政使江兰、署按察使许祖京会详前来，臣谨恭折汇奏，伏乞皇上睿鉴。谨奏。

朱批：览。

（《宫中档乾隆朝奏折》第四十九辑，第559～560页）

2324　署理云南巡抚刘秉恬《奏报滇省并无坐省家人名目折》

乾隆四十六年十一月十二日

署理云南巡抚臣刘秉恬跪奏：为遵例汇奏事。

案照吏部议奏："以各省州县坐省家人名目，钦奉谕旨：必当严行查禁。嗣后各省有无此等坐省家人名目，于年终汇奏，送部查核等因。"奉旨："依议。钦此。"通行遵照在案。

臣查省会地方，为督抚、司道驻扎之所，关防最宜严密，岂容各府州县派拨家人常川住省，以致招摇结交，流弊多端？诚如圣谕，必当严行查禁，以肃吏治。

臣于上年接奉新例以后，留心体访，恐有此等坐省家人名目，当经申明例禁，严饬革除。现在省城内外已无若辈踪迹，但立法固贵周详，奉行尤须实力。通省府厅州县不下百十余员，难保无阳奉阴违之人。臣仍率同司道，不时查察，如有似此派拨家人坐省之事，即将本官及该上司照例参处。若有借端馈送、串通包纳、探信侵那等弊，更当从重参究，断不肯稍为徇隐，致贻吏治之害。兹届乾隆四十六年汇奏之期，谨将滇省并无坐省家人名目，恭折具奏，伏乞皇上睿鉴。谨奏。

朱批：览。

（《宫中档乾隆朝奏折》第四十九辑，第595～596页）

2325　署理云南巡抚刘秉恬《奏报滇省乾隆四十六年分动用钱粮、工程报销已未完结各案折》
乾隆四十六年十一月十二日

署理云南巡抚臣刘秉恬跪奏：为循例汇奏事。

窃照直隶等省一切动用钱粮及工程报销已未完结案件，例应各该督抚于岁底汇折具奏。兹据布政使江兰将云南省动用钱粮及工程报销已未完结各案开报前来。

臣查云南省近年动用钱粮及工程报销各案，截至乾隆四十六年岁底，共计一十九案，内除已经接到部复，准销完结者五案，尚未完结者十四案。此内已遵部驳，造册题咨，未准部复者四案，甫经具题，未准部复者一案，其余九案，现饬承办各员遵照部驳，逐一登答，另造销册。统俟造报至日，再行题咨外，所有云南省乾隆四十六年分动用钱粮、工程报销已未完结各案，理合分晰，缮具清单恭折奏闻，伏乞皇上睿鉴。谨奏。

朱批：览。

（《宫中档乾隆朝奏折》第四十九辑，第596页）

2326　署理云南巡抚刘秉恬《奏报乾隆四十六年分滇省改修、缓修船只及估变物料缘由折》
乾隆四十六年十一月十二日

署理云南巡抚臣刘秉恬跪奏：为循例汇奏事。

案照年终汇奏事件内，各项改修、缓修船只、估变物料，数在二百两以下二款，例应汇折分单具奏。兹届乾隆四十六年分汇奏之期，据云南布政使江兰具详前来。

臣查滇省于乾隆三十四年办理军需案内，保山县动项建造潞江渡船十只，旋因军需告竣，裁汰六只，存留四只，遇有损坏，随时酌修，并无定限，现在委勘，尚属完固。又禄丰县动支军需余平银两添造星宿河渡船四只，前经部驳，尚未准销，毋庸估修。此外，尚有罗平州江底河渡船一只，丽江府属金江阿喜渡船一只，历系三年一修，所需工料银两，俱于官庄租米银内征存支用，汇册报部。查罗平州属之江底河渡船一只，前于乾隆四十四年兴修，工竣尚未届满三年，毋庸修理。又丽江府属之金江阿喜渡船一只，系于乾隆四十三年内修理，虽已届满三年，现在委员查勘，船身尚属坚固，应行缓修。

至估变衙署房屋、船只，银数在二百两以下者，查有应变嶍峨县兴衣乡衙署一所，白石谷井大使衙署一所，昆阳州海口州同衙署一所，均系先后裁汰，应行变价者，节年列入汇奏，并未估变，竟成具文。经臣于上年循例汇奏之外，另行专折奏明办理。嗣据白井提举将白石谷井大使衙署一所，估变银一百七两九钱七厘；又据嶍峨县将兴衣乡巡检衙署一所，估变银一百四十二两六钱五分四厘；又据昆阳州将海口州同衙署一所，估变银一百六十三两六钱九分零，俱经先后造册，咨部复准，照估变价解司，现在报拨。又保山县应变军需案内建造潞江渡船六只，原估加增共银一百七十二两一钱四分九厘，业经咨部复准，行令照估变价，俟解司另报。此外并无应行估变房屋、船只数在二百两以下之项。

所有乾隆四十六年分滇省改修、缓修船只及估变物料缘由，理合循例汇折具奏，并另行分缮清单敬呈御览，伏乞皇上睿鉴。谨奏。

朱批：览。

（《宫中档乾隆朝奏折》第四十九辑，第597～598页）

2327　署理云南巡抚刘秉恬《特参衰病之宣威州知州刘炜、永善县知县李文蔚，请旨勒休折》

乾隆四十六年十一月十二日

署理云南巡抚臣刘秉恬跪奏：为特参衰病之牧令，请旨勒休，以重职守事。

窃照州县为亲民之官，必须精力强健，方能料理庶务。今查有宣威州知州刘炜，平日办理公事尚知黾勉，人亦健旺。讵自入冬以来，不时患病，精神顿觉衰颓，办事远逊于前。即如承运陆路京铜，一遇上站铜斤蜂拥而至，便致束手无策，必待委员往来督僽，始得转输无滞。又有永善县知县李文蔚，才具平庸，性情迂缓。永善地临川江，岁有承运京铜之贵，因该员初任未谙，屡经调署简僻地方，冀其渐加习练。无如年力就衰，近复多病，难望振作有为。此二员者，虽皆无别项劣迹，但州县责任綦重，似此衰病之躯，未便姑容恋栈，致滋贻误。

兹据司道府揭报前来，相应据实参奏，请旨将宣威州知州刘炜、永善县知县李文蔚勒令休致，以重职守。除饬署员查明该二员任内经手仓库钱粮有无未清另报外，臣谨恭折具奏，伏乞皇上睿鉴，敕部施行。

再宣威州、永善县二缺，均应归部选。但滇省现有应补人员，另容拣选请补。合并声明。谨奏。

朱批：有旨谕部。

（《宫中档乾隆朝奏折》第四十九辑，第598页）

2328　署理云贵总督印务署云南巡抚刘秉恬《奏报接到安南国咨文，酌拟照会文稿折》
乾隆四十六年十一月十五日

署理云贵总督印务署云南巡抚臣刘秉恬跪奏：为奏闻事。

窃臣接据广西左江道递到安南国王咨文一件，内称："该国兴化处属辖安西府黄岩、合肥、绥阜、醴泉、昭晋、广陵、莱谦等州，与云南省临安府之属州接壤，内地民就寓日众，开设馆铺，在此凑集，屡以文法开晓，未肯退还。更有一种棍徒，不时往来，动称内地差委，征索租赋，大为民扰。才差访缉，他辄远扬，无从踪迹。土民久为内地民胁制，各州税额委欠日多，已饬镇目委员前往等州鸠辑方民，查清账籍，申画疆界，俾无错杂。恳请饬下沿边接壤府州，申严防禁，毋容宵辈越占滋事。并请查从来内地人错居本国安西各州一切勒回。"等情。

据此，臣查云南边境与安南接壤之处，系临安暨开化二府所属地方。安南臣服天朝，素称恭顺，向资内地货物，是以特准商贩往来。自雍正八年于开化之马白关设立税口，驻有同知在彼经理，凡遇商贩出关，给与司颁印照并印烙腰牌，注明年貌、籍贯，照验放行。回日将牌照呈缴，照例收税，迄今征解无异。是以内地民人于开化通达安南一路，原不禁其出入。至临安一路，如该属建水县所辖沿边土境，名曰猛梭、猛喇、猛丁、猛赖、猛蚌、猛弄者，本属安南夷地。其猛梭、猛喇、猛丁，系顺治、康熙年间先后投诚，猛赖、猛蚌、猛弄，俱系雍正年间投诚，每猛设掌寨一名，管理夷众，各猛每岁共纳籽粒银四百两，系各掌寨收齐，汇送建水县交纳，从不由县差催。惟猛赖地方，离建水县治有十五站之远，与安南所辖兴化夷境较为切近。猛赖掌寨刀宁之祖刀福燕，原系安南土职。其父刀正奇于雍正年间归附后即充猛赖掌寨，该掌寨岁纳内地籽粒银五十两。又因猛赖尚有带管之猛占及鱼瓮、漫力、漫麻、猛卑、猛斋等五寨，本系安南所辖夷地，私附于猛赖界内。从前刀正奇投诚时，缘此五寨本非所属，未经报明，一并入册，是以历来相沿，猛赖有并纳安南年例银两。此临安所属土境与安南交错之情形也。

臣思安南既与内地毗连，又准其贸易往来，自难保无逗留在彼为匪滋事之徒。伏查乾隆三十八年，内地民人何万珠、蔡辛瑞等盘踞安南，私插界牌，复勾引奸民云龙等假捏云南按察司缉牌，在夷地需索滋扰，种种不法。据该国王按名解送来滇，经前任督抚臣审究明确，从重定拟，奏请严行治罪在案。此往事之可证者。嗣后内地民人或憨不畏法，仍有窜入外夷滋事情弊，亦未可定。既经该国王咨报前来，所有与该国接壤之临安、开化两府沿边地方，自应一体选派弁兵，设法堵截擒拿，一经获犯，审明处治，庶可惠远夷而靖边徼。

臣现已飞饬临元镇总兵陈大绂、开化镇总兵孙起蛟、临安府知府阿敏、署开化府知府常德，速派员弁、兵役，各于沿边关隘严密巡防，留心侦探，遇有窜回游民，即行截拿解省，以凭严审。有无牌照，抑系私越，曾否在彼滋事，据实具奏，分别办理，并将失察私越出口之地方文武各官查明参处，以儆疏防。

但查向来滇粤等省常有安南咨报内地民人滋事之案，俱开明各犯姓名、籍贯以备查拿。此次来文，仅请内地查明勒回，并未开明姓名、籍贯，殊属含混。臣现拟照复该国王，查明在彼滋事游民，概行送回内地，以凭究治。倘有闻风逃逸者，亦即确查各犯姓名、籍贯，补开咨报，庶内地查拿易尽，无从漏网。至该国王来文内尚有委员申画疆界，及土民久为内地民胁制欠税等语，察其词意，均非情理。查内地与安南，中外疆域，本自判然，即沿边猛喇、猛赖等处，亦早于顺治、康熙、雍正年间隶入版图，岁输籽粒。数十年来，疆界本无不清，目下何须复加申画？若谓土民欠税，由于内地之民胁制，殊不思内地民人领照出境，不过贸易往来，并非在外垦种地，本无应纳租赋，土民欠税又与内地民人何涉？

臣揆度其意，或因该国近年有黄文桐滋事之案，类如猛赖掌寨等土境，不纳该国年例银两，遂尔诡饰其词，谓该处土民为内地民胁制，不纳租税，并有申画疆界之语。即如三十八年该国来文，犹指猛喇为广陵，指猛赖为莱州，以久经归附内地之土境仍称该国旧日地名。曾经奉有谕旨，斥其措词不合体制。是其不知分量，已有前征。但此次来文内究未明言，且安南系最为恭顺属国，历年以来亦从无多事之处。今若于回文内直揭其隐，转恐其难以具复。是以臣于酌拟照会该国王文内，惟以正词相告，责其措词不合体制，俾令畏威怀德，以仰副我皇上柔惠远人之意。所有酌拟照会文稿并该国来咨，谨录呈御览，恭候钦定发回，以便照稿缮发该国王知照。

缘关外藩交涉事件，理合恭折由驿驰奏，伏乞皇上睿鉴训示。谨奏。

朱批：所办是。已有旨了。

2329 署理云南巡抚刘秉恬《奏报辛丑头运
一起京铜八月开帮，偿复原限折》

乾隆四十六年十一月十五日

署理云南巡抚臣刘秉恬跪奏：为恭报辛丑头运一起京铜八月开帮，偿复原限，仰祈圣鉴事。

窃照滇省庚子年四运八起京铜，于本年七月二十六日全数自泸扫帮，业经臣恭折奏闻在案。兹据布政使江兰详据泸店委员申报："辛丑年头运一起京铜官知州马心绥，应领正铜七十三万六千三百斤，又带解截留戊子年头运一起铜六万一千三百五十八斤零，共铜七十九万七千六百五十八斤零，自八月十一日开兑起，至二十九日止，全数兑交该运官收领，即于八月二十九日，在泸开帮。"等情前来。除飞咨沿途各省督抚钦遵谕旨加紧催偿，务期迅速抵京，不得仅照寻常例限，致有迟误，并咨明户、工二部外，臣查辛丑头运一起正带京铜，为数虽止七十九万余斤，但庚子加运末起得以七月扫帮者，系将运出辛丑头起之铜借拨五十余万斤，凑兑开行，以便八月接运。辛丑偿复开帮原限，是辛丑铜斤既为庚子借用，必得随后偿运一百数十万斤，方能接续开帮。铜多期迫，稍有稽缓，便难赶赴。臣一面率同藩司江兰严饬厂运各员加紧办发，一面派委迤东道伊星阿前往寻宣一路总催督运，粮储道永慧前往东昭一路协同催偿，合力共济，并选派武职将弁等官分头查催。厂运各员咸知加倍出力，踊跃从事，辛丑头运一起始副八月开帮之限。

伏思滇省岁运京铜，向例于本年八月开帮，立法本善。自三十一年以后，铜短运迟，递相积压，遂不能遵照八月开帮之期。虽历年屡经筹复开帮原限，总因积重难返，仍然偿运不前，甚至迟压两年之久。去岁六月，臣与福康安奉命来滇，凛遵圣训，实力筹办，幸得于今岁八月开运辛丑头起，偿复原定例限。臣现在仍饬厂运各员上紧赶办，不得因业已偿复例限，稍自宽假，并多开子厂，以期产铜日益宽余，挽输更臻迅速。自今以往，岁运京铜均得如期开运，源源接济，仰副圣主宵旰殷怀，亦借以稍效职任于万一。

所有辛丑头运一起京铜开帮日期，臣谨恭折奏报，伏乞皇上睿鉴。谨奏。

朱批：好。知道了。

（《宫中档乾隆朝奏折》第四十九辑，第 637～638 页）

2330 署理云南巡抚刘秉恬《奏报交卸督篆日期折》

乾隆四十六年十一月二十二日

署理云南巡抚臣刘秉恬跪奏：为恭报交卸督篆日期，仰祈圣鉴事。

窃臣奉命署理云贵总督，于八月二十五日，接准调任督臣福康安移交印信前来，臣即于是日接受署理，当经缮折奏报，恭谢天恩，仰蒙圣鉴在案。

兹新任督臣富纲已抵滇省，臣于十一月二十二日，将云贵总督关防等项，差委署云南府知府全保、署督标中军副将哈国祥赍交督臣富纲接收任事，臣即于是日卸篆，仍专办巡抚事务。所有交卸督篆日期，除循例另疏具题外，理合恭折奏闻，伏乞皇上睿鉴。谨奏。

朱批：览。

（《宫中档乾隆朝奏折》第四十九辑，第 772～773 页）

2331　署理云南巡抚刘秉恬《奏谢恩准将本身及妻室封典貤赠胞叔父母折》
乾隆四十六年十一月二十二日

署理云南巡抚臣刘秉恬跪奏：为恭谢天恩事。

窃臣接准吏部咨：乾隆四十六年九月二十一日，奉上谕："刘秉恬奏请将陕西巡抚任内应得本身及妻室封典貤赠胞叔父母等语，着照所请，准其貤赠，该部知道，折并发。钦此。"

伏念臣一介庸愚，仰蒙圣主畀任封疆，涓埃未效，凛惕时深。兹因前署陕西巡抚任内恭遇覃恩，复以乌鸟私情，请将臣本身及妻室应得封典貤赠臣胞叔父母，特奉谕旨允准，俾臣胞叔父母皆得照臣品级上邀纶綍之荣，臣既获展积年未报之私，更可慰臣叔一生读书攻苦之志。闻命感惶，举家顶戴。除造具册结送部办理外，臣谨恭折奏谢天恩，伏乞皇上睿鉴。谨奏。

朱批：览。

（《宫中档乾隆朝奏折》第四十九辑，第 773～774 页）

2332　云贵总督富纲《奏报奉旨着兼兵部尚书谢恩折》
乾隆四十六年十一月二十四日

云贵总督奴才富纲跪奏：为恭谢天恩事。

窃奴才于乾隆四十六年十一月二十二日到任，准前署督臣刘秉恬移交吏部咨开："乾隆四十六年九月初六日，奉旨：富纲着兼兵部尚书衔。钦此。"奴才随望阙谢恩讫。

伏念奴才前在福建巡抚任内，未能先事整饬，以致愆尤丛集，追维既往，寤寐难安。仰沐圣恩，畀以滇黔重寄，已属意想所不到，兹复蒙恩，着兼兵部尚书衔，骤膺边防之巨任，方揣分以怀惭，更叨枢要之崇阶，益抚躬而滋惧。惟有祗遵圣训，殚竭愚诚，时时矢慎矢勤，事事实心实力，以冀仰报圣主高厚洪慈于万一。所有奴才感激下悃，理合缮折恭谢天恩，伏祈皇上睿鉴。谨奏。

朱批：览。

（《宫中档乾隆朝奏折》第四十九辑，第794～795页）

2333　云贵总督富纲《奏沿途地方情形折》

乾隆四十六年十一月二十四日

云贵总督臣富纲跪奏：为敬陈沿途地方情形，仰祈圣鉴事。

窃臣于本年十一月初七日行抵贵州省城，与抚臣李本询商一切事宜，停留数日，当将臣经由之直隶、河南、湖北、湖南及黔省东路之镇远、思州、平越、都匀四府属地方情形，附折奏闻在案。

兹自黔赴滇，经过黔省之贵阳、安顺、南笼及滇省之曲靖、云南等府，今岁天时和暖，麦苗、蚕豆弥望青葱，一切蔬菜、荞麦亦均畅茂。滇南气候较之黔省更觉温和，现在雨旸时若，惟昭通府属之恩安县、镇雄州，查据禀报，曾于十月十四、二十一等日得有瑞雪，其余各属虽未据禀报得雪，而晴雨得宜，土膏滋润，春花可望丰收。米粮市价，黔省甚为平减，滇省虽较黔省少昂，然本年秋收，统计通省实有九分有余，比较往年价值，已觉减少。民苗乐业，四境恬熙，各处边关隘口亦俱宁静。所有沿途地方情形，理合恭折奏闻，伏祈皇上睿鉴。谨奏。

朱批：览。

（《宫中档乾隆朝奏折》第四十九辑，第795页）

2334　云贵总督富纲《奏报抵滇接印任事日期折》

乾隆四十六年十一月二十四日

云贵总督臣富纲跪奏：为恭报微臣抵滇接印任事日期，仰祈圣鉴事。

窃臣荷蒙天恩补授云贵总督，于本年九月初八日赴行在叩觐天颜，蒙皇上训诲谆谆，无微不至。臣跪聆之下，感激高深，莫能名状。叩辞回京就道，兹于十一月二十一日抵滇，二十二日准署督臣刘秉恬委员赍送钦颁云贵总督银关防一颗、王命旗牌十面杆并上谕、书籍及火牌、文卷等项，移交前来。臣即恭设香案，望阙叩头谢恩，受印任事讫。

伏念臣满洲世仆，知识短浅，仰荷圣主格外隆恩，畀以封疆重任，每愧涓埃未效，罪愆丛滋，兹复沐此逾格殊恩，实属梦想所不到，兼以云贵系边陲要地，控驭抚循，事繁责重，虽铜运、盐课业经调任督臣福康安厘定规条，一切可以循照办理。然臣识浅才庸，诸多未谙，惟有凛遵圣训，诸事实心整顿，务期肃清吏治，整饬戎行，痛改前日之非，竭尽驽马之力，以冀仰报高厚洪慈于万一。除将接印到任缘由循例题报外，所有臣抵滇任事日期及感激微忱，理合缮折具奏，恭谢天恩，伏祈皇上睿鉴。谨奏。

朱批：览。

（《宫中档乾隆朝奏折》第四十九辑，第796~797页）

2335 云贵总督富纲、云南巡抚刘秉恬《奏复遵旨照福康安原定章程办理铜务折》

乾隆四十六年十一月二十四日

云贵总督臣富纲、云南巡抚臣刘秉恬跪奏：为钦奉上谕，恭折复奏事。

窃臣等承准尚书、额驸公福隆安宁寄："乾隆四十六年十月二十一日，奉上谕：据吏部议驳福康安等请将出力厂员曹湛、萧文言二员加衔一疏，已降旨准该督所请矣。云南铜务，自福康安抵任以后，实心经理，勒限严催，铜政大有起色。现在庚子年四运铜斤业已扫帮，而辛丑年运京滇铜渐可赶复原限，此即福康安整顿效验。其在厂出力办理之员，自应加恩，以示鼓励。是以特降谕旨，允该督等所请。现在福康安已调任四川总督，所有富纲、刘秉恬办理铜务，须督率厂员，仍前奋勉，一切应行筹办事宜，着照福康安原定章程实力办理，毋得稍有疏懈，致铜务又复废弛也。将此由四百里传谕知之。钦此。"臣等跪诵之下，仰见我皇上郑重铜政，提撕警觉之至意。

伏念臣富纲蒙恩擢用云贵总督，虽甫经到任，未能熟悉情形，但经调任督臣福康安厘定章程，事事皆可循照。臣刘秉恬署理云南巡抚，与调任督臣福康安经办年余，业已稔知端委。当此铜务转机之际，臣等职司其事，何敢稍为疏懈？惟有恪遵圣训，督率各该厂员，仍前奋勉，一切应行筹办事宜，悉照原定章程实力办理，以期铜裕运速，赶复原限，上副慈怀。

至办厂出力之曹湛、萧文言二员，荷蒙圣恩特允所请，加衔鼓励，臣等敬体优奖鸿仁，即传该员等面宣恩旨，令其更换顶带，以为众劝。该员等伏地叩首，咸称："蒙皇上格外加恩，职等敢不倍加出力，办铜供运，稍申报效。"等语。查该员等感激天恩，实出至诚，自必更加奋勉，而臣等亦可收其臂指之助。除饬令益励初心，慎勿始勤终怠，致隳前功外，所有臣等接奉谕旨钦遵缘由，理合恭折复奏，伏乞皇上睿鉴。谨奏。

朱批： 览。

（《宫中档乾隆朝奏折》第四十九辑，第 797~798 页）

2336　云贵总督富纲、云南巡抚刘秉恬《奏报遵旨严禁鸟枪折》
乾隆四十六年十一月二十四日

云贵总督臣富纲、云南巡抚臣刘秉恬跪奏：为遵旨查办复奏事。

窃臣等承准尚书和珅字寄："乾隆四十六年十一月十一日，奉上谕：民间私铸鸟枪，向有明禁。嗣因口外蒙古地方及内地民人防御盗贼，打取牲畜，不能无需用之处，是以降旨免其交官销毁，致滋烦扰，仍令编立字号，以备稽查。乃近阅各省招册及提奏事件，常有火器伤人、鸟枪拒捕之案。皆因各省督抚平日不能饬属实力查办，即编号稽查，出示晓谕，亦不过奉行故事，致任民间私行制造，而不逞之徒得以借端滋事。民间防夜、打牲，可用器械甚多。至鸟枪，乃军行利器，若听其公然铸造，私用无忌，殊非戢暴安良之道。着传谕各省将军、督抚、府尹，嗣后务须督饬各属实力严查，毋许工匠私行铸造、售卖，并令道府州县时于因公巡察之便留心稽查，谆切晓谕。如有民间私藏者，即可随时缴销。总须不动声色，设法办理，此即不禁而自禁之法也。着将此各传谕知之，并将如何设法查办之处，于每岁年终汇奏一次。钦此。"钦遵寄信到滇。

臣等伏查，鸟枪一项为军行利器，民间私铸私藏，历有明禁。嗣因防御盗贼，打取牲畜，不无需用，特奉谕旨免其缴销，仍令呈官编号，以备稽查。是鸟枪之得为民有，原予民以自卫之资，实属仁至义尽。第法久易致玩生，奉行贵乎实力。近来各省案件，每有火器伤人、鸟枪拒捕者，是直以卫民之资，转为害民之具。诚如圣谕，若听其公然铸造，私用无忌，殊非戢暴安良之道。臣等恪遵谕旨，现在督饬所属各道府州县实力严查，毋许工匠私铸鸟枪售卖，以杜流弊。如有民间私藏者，并令于因公巡察之便留心稽查，并将防夜、打牲，可用器械甚多，不必定需鸟枪之处谆切晓谕，俾其随时缴销，毋复隐匿。总之，此等事件，查办稍涉矜张，必致弊端百出，转滋扰累。臣等惟有谆饬各属，务须不动声色，妥协经理，以副我皇上不禁自禁之明训。

除嗣后于每岁年终遵旨汇奏一次外，所有臣等奉到谕旨，钦遵查办缘由，合先恭折复奏，伏乞皇上睿鉴。谨奏。

朱批：知道了。

（《宫中档乾隆朝奏折》第五十辑，第 139～140 页）

2337　云贵总督富纲《奏陈体察地方情形，次第查办折》
乾隆四十六年十二月初七日

云贵总督臣富纲跪奏：为敬陈体察地方情形，次第查办，恭折奏闻，仰祈圣鉴事。

窃臣蒙皇上格外隆恩，擢任云贵总督，甫经到滇，诸事未谙。旬余以来，遍加访察，随时考究，务求详悉原委，力图整饬，以冀仰报高厚鸿慈。

查铜政，现今为滇省第一要务，臣面奉圣训，令臣实心妥办。臣到滇后，又钦奉谕旨："铜务一切应行筹办事宜，着照福康安原定章程实力办理。钦此。"臣查滇铜自上年以来厂裕运速，庚子八起京铜依限扫帮，实属经理得宜，大有起色。而辛丑八起铜斤，除头运二起业已开行，其余各起必得乘此先时偻办，务于明年三月内尽数扫帮，以期全复原限。臣现在查照章程，密饬访拿私铸，以杜官铜透漏。仍派委干员分驻各厂严督煎办，勒限出厂挽运，并示募商丁，劝令多开子厂，以期获铜丰裕，而督催转运亦宜迅速接续。臣查迤西一路，系迤西道专管，按月偻运，不致迟逾。其东路运道，系经由曲靖、昭通、东川三府属地方，而转运又分两路。臣现饬迤东道伊星阿往来督催，如有迟误，即查明揭报办理。臣仍随时添派文武员弁，分路查催，务期明年三月尽数扫帮，以复原限。

又滇省盐课，因堕运堕销，新欠旧欠历年积重难清，每遇奏销，总有拖欠。经福康安、刘秉恬钦遵年清年款恩旨，设法偻办，所有乾隆四十四年、四十五年、现年新课均已督征全完。至堕运堕销盐斤，业已赶紧筹办，定限销竣。又四十三年以前，递年民贩、灶脚堕欠各款，亦经彻底清厘，将有着旧欠勒限带征完缴，均经奏准在案。至应征本年新课，现饬司道及所属各府按月严催，随时禀报稽考，弗任稍有堕欠，以仰副年清年款之旨。其堕运堕销盐斤及四十三年以前各案旧款，亦即遵照奏定之限，实心督办，万不敢稍有懈弛，庶期盐务积案得以早清。

至滇省之开化、临安、广南三府属，边界安南，沿边均设汛卡，因开化之马白旧有税口验照放行之例，而内地匪徒往往有出口在安南厂地滋事，历经获解办理在案。昨准安南咨，以该国安西地方有内地民人寓居开铺，更有棍徒借称差役征索租赋，请申禁防，并查明勒回等语，经前署督臣刘秉恬檄饬各该镇及道府等，于各隘口派拨巡查，严拿私越究办，并拟照复安南，饬令查获解送究治等因具奏。谨俟奉到谕旨遵办外，臣仍严饬该镇道府慎密访拿审回游民解究，毋得张皇滋事。

其永昌、腾越、龙陵并普洱等处，系边疆关隘，尤为紧要。现逢出汛之时，据该镇许世亨等禀报，遵照本年改设各关隘口前赴巡查，官弁、兵丁俱各遵奉，稽查严密，现无偷越、透漏等弊。昨署提臣巴克坦布卸事来省，臣详细面询，各关隘口现在极其宁谧。查提臣海禄，熟悉边务，谙练营伍，嗣后如有应办之事，臣当与悉心商确办理。

至养廉名粮、增设兵额，仰见我皇上不惜帑金、足兵卫民之至意。查滇省地界边疆，各土司外即属夷境，即黔省界连川楚，亦在苗疆，控制边关，全在内地军声雄壮，方足以重边防而资捍卫。必须酌量形势，通盘筹画，庶分别增添，可收实效。容臣与两省抚臣、提臣细心酌议，另行具奏。

至滇黔两省今岁仰荷皇上洪福，秋收丰稔，倍胜常年，粮价均各平减。云南省城于本月初一日得有微雪，曲靖、昭通等府属于前月及本月均据报瑞雪三四寸至七八寸、尺余不等，其余各府州县俱晴雨应时。至黔省之贵阳、黎平、安顺、都匀、南笼、平越、镇远等府属，亦各据报十一月望后先后得雪三五寸不等，膏泽均沾，土脉滋润。滇黔气候较早，二麦、蚕豆及园蔬各种俱已发荣畅茂，可预庆春收丰稔。现在粮食充盈，民苗乐业，理合恭折具奏，仰慰圣怀，伏祈皇上睿鉴。谨奏。

朱批：览奏俱悉。

（《宫中档乾隆朝奏折》第五十辑，第 141～143 页）

2338　云贵总督富纲《奏报遵旨调取副将送部，并委员接署折》
乾隆四十六年十二月初七日

云贵总督臣富纲跪奏：为遵旨调取副将送部，并委员接署，恭折奏闻事。

窃臣前于贵州途次，承准尚书、额驸公福隆安字寄："乾隆四十六年十月二十四日，奉上谕：据李侍尧奏，前任云贵总督时，有永昌协副将德光，谙练营伍，堪胜陆路总兵之任等语。着传谕富纲，即将德光调取来京，送部带领引见，候朕简用。钦此。"遵旨寄信前来。

臣查永昌协副将，系边疆要缺。臣甫经到任，未悉何员堪以暂委接署，当即札询提臣海禄，转饬德光遵照，一面遴选堪以接署之员速复。去后，兹准海禄复称，候补副将孝顺阿，在滇年久，熟习边情。除檄委孝顺阿驰往接署，饬令德光克日交代清楚，星速来省，臣即给咨送部引见外，所有遵旨调取副将德光送部及委员接署副将缘由，理合恭折具奏，伏祈皇上睿鉴。谨奏。

朱批：览。

（《宫中档乾隆朝奏折》第五十辑，第 143 页）

2339　云贵总督富纲、云南巡抚刘秉恬《奏报辛丑头运二起京铜依限开帮折》

乾隆四十六年十二月初七日

云贵总督臣富纲、云南巡抚臣刘秉恬跪奏：为恭报辛丑头运二起京铜依限开帮，仰祈圣鉴事。

窃查辛丑头运一起京铜，于八月内开帮，业经臣刘秉恬奏报在案。其头运二起，应于九月内接续开帮。兹据云南布政使江兰详据泸店委员申报："头运二起正带铜七十九万七千六百五十八斤零，自九月十二日开兑起，至三十日兑竣，运员鲁铎即于是日自泸州开行。"等情前来。

除飞咨沿途各省督抚遵旨严催，克期到京，并咨户、工二部外，伏查滇省岁运京铜，迩年渐多积压，自上年以来，挽输递加迅速。仰蒙恩旨，将在事人员优录议叙，而办厂出力之曹湛、萧文言更邀特允加衔，人人感奋，各思自效，是以辛丑头运一起既复开帮原限，而头运二起又得按月开行。惟是此后各起铜数尚多，更当倍加督偿，方可不致稍有迟逾，以期源源开运。臣富纲于到任后，业即加派文武各员，与臣刘秉恬原派官弁合力催偿，务俾厂运各员共相鼓励，获铜多而挽运速，庶于京局鼓铸有裨。

所有辛丑头运二起京铜依限开帮缘由，合词恭折奏闻，伏乞皇上睿鉴。谨奏。

朱批：该部知道。

（《宫中档乾隆朝奏折》第五十辑，第144页）

2340　云贵总督富纲《奏请将计典展限举行折》

乾隆四十六年十二月初七日

云贵总督臣富纲跪奏：为恭请计典展限举行，以重考核事。

窃照三年大计，乃激浊扬清之巨典，例应巡抚主稿，会同总督合词具题。今臣蒙恩补授云贵总督，甫于十一月二十二日到任，十二月内即值举行计典，为期不过一月。两省地方辽阔，属员人数众多，其中应举应劾，一时未能周知，骤难酌定，在各抚臣详慎考察，黜陟自归允当。但臣既统辖两省□□，例有合词具题之责，未便因限期已届，□□草率从事。合无仰恳圣恩，俯准将云贵二省本年大计展至乾隆四十七年六月举行，俾臣得悉心考核，公同各抚臣详加甄别，庶举劾益昭慎重。如有贪劣不职、衰庸废弛之员，仍当随时体察，据实纠参，不致稍存姑息，以仰副我皇上澄叙官方之至意。

臣谨会同云南巡抚臣刘秉恬、贵州巡抚臣李本恭折奏请，伏乞皇上睿鉴训示。

再近准兵部咨文，行令预保云贵二省武职，以备擢补之用。臣现就各标镇协营，保举合例人员，陆续调考，容俟考验齐全，即行汇奏，合并陈明。谨奏。

朱批：该部知道。

（《宫中档乾隆朝奏折》第五十辑，第 145 页）

2341 云贵总督富纲、云南巡抚刘秉恬《奏报遵旨查明办运京铜出力人员折》

乾隆四十六年十二月二十一日

云贵总督臣富纲、云南巡抚臣刘秉恬跪奏：为遵旨查明具奏事。

窃臣富纲、臣刘秉恬接准部咨："乾隆四十六年九月二十八日，内阁奉上谕：据刘秉恬奏报庚子八起京铜全数扫帮日期一折，已批交该部矣。滇省额运京铜，向来办理迟延，递年积压，皆由该督抚等不能实心筹办所致。此次庚子正运、加运八起京铜，福康安、刘秉恬严饬各厂上紧赶办，派委文武大员分路督催，源源挽运，于本年七月内全数扫帮，较之己亥京铜于上年十二月告竣，为期尤早。现据奏将辛丑头运一起饬令先期发运，接续开帮，办理甚属妥速。福康安、刘秉恬着交部议叙，所有在事办铜各员，亦着该省督抚查明具奏，交部一体议叙。折并发。钦此。"当经臣等钦遵饬查。去后，兹据布政使江兰将厂运、催督各官开列职名，详送前来。

臣等伏查，滇省办运京铜，在事各员，无论大小，均属分所当为。昨岁己亥全运告竣，仰荷温纶录叙，已叨格外鸿慈。今因庚子扫帮较速，复蒙恩旨饬查具奏，一体议叙，尤见我皇上鼓励群工有加无已。惟隆恩固应同沾，而渥典仍宜核实。

查藩司为铜政总理，责任最重，该司江兰经放厂本运费，随时调剂筹拨，厂铜衰益得宜，是以铜裕运速，获收实效。虽庚子扫帮在臣富纲未到之先，而抵任以来，察看该司办理铜务，与臣刘秉恬平日历试无异。应请邀恩，首予议叙。其余在事大小各员，臣等确加甄核，分别等差。内如寻宣、东昭二路，系委该管迤东道伊星阿督运总催，缘路歧站远，又派粮储道永慧协同分催；迤西自下关至省京铜，系归迤西道五宝一手承运，该道等实力董办，懋著勤劳。以上三员，应请列为一等。再厂运相兼，最为出力，应列一等之管理汤丹等厂护东川府事请补新兴州知州加知府衔萧文言，管理宁台厂署顺宁县事效力知县加同知衔候升曹湛，均已蒙恩加衔，毋庸再请议叙。又厂员、知县王孝治，运员、同知白秀，署知州屠述濂及委催之武员、候补参将巴尔布，或赶煎偿运，或往来查催，均能奋勉从事，不辞劳瘁；又署威宁州于良钧，以镇雄州转运京铜，途长站远，募运维艰，该署州协雇人夫，无分畛域，黾勤趋事，殊属急公可嘉。以上五员，应请列为二等，另缮清单敬呈御览。此外分运、分催文武员弁，虽均有奔驰挽运之劳，但人数稍多，臣等现在分别密记，俟其应升应补，酌加声请，以昭奖励，不敢概渎宸聪。

惟查有试用吏目、借补昆明县典史沈桐，前因管理泸州铜店未能妥协，经前任督抚咨参革职。上年该员交卸来省，臣刘秉恬与调任督臣福康安询其铜运事宜，颇为熟习，因令其自备资斧，前往水陆各站稽催偿运，已及两载。该员梭织查催，铜无停积，遂得源源供兑，依限开帮，洵属认真出力，勉赎前愆。臣等查沈桐年力正壮，原参之案亦无别项劣迹。可否准其照例赴部捐复原官，留于滇省差委补用，以示鼓励之处，出自圣恩。臣等谨合词恭折具奏，伏乞皇上睿鉴，敕部议复施行。谨奏。

朱批：该部议奏。

（《宫中档乾隆朝奏折》第五十辑，第 338 ~ 339 页）

2342　云贵总督富纲《奏报滇黔两省瑞雪频沾、春花畅茂情形折》
乾隆四十六年十二月二十一日

云贵总督臣富纲跪奏：为瑞雪频沾、春花畅茂，恭折奏闻事。

窃查滇黔两省十一月望后连得瑞雪及豆麦、园蔬长发情形，经臣于十二月初七日附折奏闻在案。

旬余以来，云南省城虽未得雨雪，而土膏滋润，二麦、蚕豆及一切园蔬均各发荣滋长，其余各府厅州属皆晴雨合宜。兹据蒙化同知及曲靖府属禀报，于十二月初二、十一等日，得雪二三寸不等。黔省之思川、思南、镇远、铜仁、都匀、平越、黎平、南笼等府属禀报，于十二月初一二三四五等日，先后得雪二三寸至四五六寸不等，麦豆借此滋培，弥觉青葱畅茂，春收丰稔，可以预必。现在市集粮食充盈，云南省城中米每仓石价银一两四钱八分，黔省中米每仓石价银六钱二分至一两六钱五分不等。民夷乐业，四境恬熙，各处边隘亦俱宁静。理合恭折奏闻，仰慰圣怀，伏祈皇上睿鉴。谨奏。

朱批：欣慰览之。

（《宫中档乾隆朝奏折》第五十辑，第 340 页）

2343 云贵总督富纲《奏报盘查司道库贮银两并无挪移亏缺折》
乾隆四十六年十二月二十一日

云贵总督臣富纲跪奏：为盘查司道库贮银两并无挪移亏缺，恭折奏闻事。

窃照司道库贮钱粮，督抚于到任后例应亲往盘查，缮折奏闻。

臣仰沐圣恩，补授云贵总督，于乾隆四十六年十一月二十二日接印任事。行据布政使并粮储、盐法二道各将库贮银两按款造册，呈送前来。臣逐细复核，俱属相符。随于十二月十四日，亲赴司道各库查验，抽封弹兑，布政使库实存正杂各款并铜务等项共银二百六十九万四千六百六十三两零，粮储道库实存粮务、河工等款银一十万二千五百三十六两零，盐法道库实存各井盐价、课款银三十七万七千五百五十四两零。所有盘查司道库贮银两并无挪移、亏缺缘由，理合恭折具奏，伏乞皇上睿鉴。谨奏。

朱批：览。

（《宫中档乾隆朝奏折》第五十辑，第341～342页）

2344 云贵总督富纲、云南巡抚刘秉恬《奏报钦奉谕旨照会安南，并严饬查拿私越缘由折》
乾隆四十六年十二月二十一日

云贵总督臣富纲、云南巡抚臣刘秉恬跪奏：为钦奉谕旨照会安南，并严饬查拿私越缘由，恭折奏复事。

本月十二日，接准尚书和珅字寄："乾隆四十六年十一月二十九日，奉上谕：据刘秉恬奏称，据安南国王来咨，酌拟照会文稿檄饬一折，所办是，已于折内批示。安南臣事本朝，素称恭顺。该国沿边一带隘口，虽许内地民人往来贸易，但其中难保无匪徒在彼滋扰之处，惟在该督抚随时严饬沿边镇将及地方官留心查察，按验牌照、籍贯，毋许游民私越。倘有不安本分之徒潜窜彼境滋事，即严拿究办，自可以绥属国。审所办，甚为妥协。至其所拟该国照会文稿，措词亦尚属得体，其中稍有字句应行删节者，已令军机大臣酌改发回，该督等即遵照缮写发往。将此由五百里谕令知之。钦此。"臣等钦遵，即于十二日，将奉到照会文稿缮写封固，限日行五百里，转发广西左江道，递送安南国王查收遵照讫。

查安南边境，与滇省开化、临安二府属地方接壤，沿边一带虽均设有关卡，分驻弁兵盘查，而内地民人因有准其往来贸易之例，实难保无匪徒潜窜滋事之处。诚如圣谕，总在随时严饬，留心查访，按验牌照、籍贯，以杜游民私越。

臣等叠次飞饬开化、临安二镇并该道、府添拨员弁、兵役，于沿边各隘口严密访拿，随时具报。现据该镇、道、府节次禀到，各该隘口俱极肃清，并无私越窜回之人，亦未续接有安南知照。但访拿不可不严，稍有懈弛，恐滋弊窦。臣等复仰遵谕旨，札饬文武各属巡逻侦探，凡遇有形迹可疑、验无牌照者，必系窜回匪徒，速拿解省，严审究治，总于镇静之中加意严密访拿，务使游民不致私窜滋扰，以仰副皇上绥靖边隅之至意。

所有钦遵缮发照会并严查私越缘由，理合恭折复奏，伏乞皇上睿鉴。谨奏。

朱批：览。

（《宫中档乾隆朝奏折》第五十辑，第343～344页）

2345　云贵总督富纲、云南巡抚刘秉恬《奏报酌情暂留课长再办一年缘由折》

乾隆四十六年十二月二十四日

云贵总督臣富纲、云南巡抚臣刘秉恬跪奏：为请留课长暂资办理，以裨厂务，仰祈圣鉴事。

窃查滇省茂隆银厂远在永昌边界，每岁约征课银七百余两，向例于该厂课客中佥充课长一人、协办一人公同办理厂务，三年期满，奏请将课长撤回归农，即以协办之人顶补课长，另选一人验充协办。

乾隆四十一年十二月，课长刘世衍三年期满，因协办之段飞熊试办未久，骤难充当课长，经前署督臣图思德奏明，将刘世衍留办三年，再以段飞熊接充更换在案。嗣于查办改管厂务案内，将茂隆厂改归保山县承办，并未议及课长、协办应裁应留，而刘世衍留办后又逾三年。查据该县复称，厂地远处极边，实属鞭长莫及，仍须课长、协办督率经理。经臣刘秉恬与调任督臣福康安先后檄饬，将协办段飞熊送验，并饬另选接充协办之人。去后，据该县先以段飞熊患病，未能即行赴省，续因段飞熊病故，课长、协办同时并应选充，一时未得其人，详加察看，遴保选得云南府富民县人顾久堪充课长、永昌府保山县人张允良堪充协办，由布政使江兰等转行取结，呈送验看前来。

兹臣等验得，顾久、张允良人均明白，堪以接充课长、协办。但两人皆属生手，厂务紧要，不便以甫经遴选之人即令承充。相应请旨，将茂隆厂课长刘世衍暂行留办一年，俟带领顾久办理一切熟谙，试有成效，再行奏请将顾久承充课长，并令张允良接充协办。

再查该厂僻在边外，因不能官为经理，责成课长、协办，定例三年更换，即以协办接充课长，料理得有熟手，立法最为尽善。惟向视协办为无关轻重，遇有事故不即具报选充，以致课长悬旷，更换无人，辗转遴保，稽延时日。虽现查刘世衍留办多年，尚为妥协，但厂处边外，关系紧要，若不将协办预期慎选，殊非慎重厂务之道。臣等现饬该府县，嗣后如遇协办事故，随时申报，另选明白厂务之课客送验承充，先行咨部存案，以备届期更换外，合并声明。

所有酌情暂留课长再办一年缘由，理合恭折具奏，伏乞皇上睿鉴。谨奏。

朱批： 知道了。

（《宫中档乾隆朝奏折》第五十辑，第369～370页）

2346 署理云南巡抚刘秉恬《奏报滇省地方情形折》
乾隆四十六年十二月二十四日

署理云南巡抚臣刘秉恬跪奏：为奏闻事。

窃照滇省地方冬至前后雪雨情形，业经臣查明，具奏在案。

兹省城一带于十二月初一日，同云密布，雪片纷飞，虽旋落旋融，未能久积，而时逢腊朔，得此雪泽，洵为应时之瑞。他如曲靖府属之南宁、马龙、宣威等州县，据报十一月二十七八暨十二月初二日，先后得雪一二寸至三四寸不等。东川府属之会泽县，于十一月三十日得雪二三寸。昭通府属之恩安、鲁甸等厅县，均于十一月二十六七等日连朝得雪，高阜积厚尺余，平原积厚六七寸。滇处炎方，雪不多见，今得优渥频沾，足征春收丰穰预兆。其余各郡气候寒燠不齐，虽未同时得雪，而自冬徂腊晴雨调匀，土膏滋润，春花极其畅发，本年通省秋成倍稔。此时，力田之家多有将陈积余谷碾运入市粜易银钱，预备度岁之资者，是以市集粮食更形充足，价值称平。民情豫顺，景象盈宁。惟省城五方杂处，时届岁暮，恐不无宵小潜踪，狗偷鼠窃，滋扰闾阎之事。臣已谆饬亲标员弁，带领兵丁，协同督标、城守各营官兵，于城厢内外分设堆卡，巡查弹压，务比平时益加严密，以仰副圣主靖匪安良之至意。臣谨恭折奏闻，并将十一月分粮价另缮清单敬呈御览，伏乞皇上睿鉴。谨奏。

朱批： 知道了。

（《宫中档乾隆朝奏折》第五十辑，第376～377页）

2347 署理云南巡抚刘秉恬《奏报修浚邓川州水利，涸出粮田万亩折》
乾隆四十六年十二月二十四日

署理云南巡抚臣刘秉恬跪奏：为修浚邓川州水利，涸出粮田万亩，以裨民生而苏积困，恭折奏闻事。

窃照水利为农田之本，全在修浚得宜，始无漫溢之患。

臣于昨岁抵滇后，查得大理府属邓川州境内有涨苴河之东湖，附近粮田万亩，屡遭水患，有种无收。臣以事关民瘼，一面留心访询该处情形，一面檄饬该地方官确加履勘，此湖因何历年为害，如何筹办可以受益之处，务期穷源溯委，妥酌办理，并叠经指示。去后，旋据该署州王孝治详晰勘议具禀，并绘图呈核前来。

臣查邓川州四面皆山，中有涨苴大河一道，上通浪穹，下注洱海，中分东西两湖，西湖另有水尾直达于海，东湖至青索桥上仍归涨苴大河。而河高湖低，河水回流入湖，四处满溢，必须湖与河平，始能自河入海。每遇夏秋潦发，青石涧、九龙涧、五牛山等处涧沙会冲于东湖水尾入河之处，涨苴河身淤滞大半，宣泄不及，尽倒流入湖，是以附近粮田俱被淹没，闾阎受害已非一日。从前虽经官民节次修理，因未得其法，迄无成效。今该署州相度形势，因西湖另有水尾达海，从无水患，东湖由河入海，不惟不能借河消水，而河高回注，湖反为河消水之壑，议将东湖尾入河之处及青索桥下东闸口筑坝堵塞，另开子河，引东湖之水直趋而下，径达洱海；又以涧沙不撤终被淤塞，议自青石涧起，至天洞山止，筑长堤一道，以撤青石涧等处之沙泥，并于堤近天洞山处建立石闸，使沙归堤内，水由闸出，流入子河归海。并称情愿倡捐己资，交首事绅耆经理，并示谕有业居民协力帮夫，鸠工赶办。臣阅其所议，参观绘图，筹办甚为合宜，当经饬令照议妥协办理，毋任胥役借端派扰。

兹据该署州王孝治先后禀报："自本年二月开工，至九月工竣，庶民克敦子来之义，莫不踊跃赴公，遂得克期蒇事。河成水涸，历年被淹粮田共一万一千二百余亩，现在俱已涸出，舆情极其欣悦等语。"臣随檄令明白河工绘图之员前往，会同该管府州查勘无异。从此东湖另有水尾通海，既不受涧沙之冲塞，又可免河水之倒流，实于水利、农田两有裨益。

此事虽系官民捐办，并非动项，若不据以入告，诚恐地方官日久怠生，小民不能长享其利。臣现在饬司存案，令该管府州，嗣后于每岁冬深水涸之时，督率民夫，将河身堤坝量修一次，以资蓄泄，永保安澜。

所有办理情形，臣谨恭折奏闻，并绘图贴说，敬呈御览，伏乞皇上睿鉴。谨奏。

朱批： 好。知道了。

（《宫中档乾隆朝奏折》第五十辑，第 377～379 页）

2348　云贵总督富纲、云南巡抚刘秉恬《奏报辛丑年二运一起京铜依限开帮折》

乾隆四十七年正月初十日

云贵总督臣富纲、云南巡抚臣刘秉恬跪奏：为恭报辛丑年二运一起京铜依限开帮，仰祈圣鉴事。

窃查辛丑头运两起京铜，于八、九月内开帮，业经臣等先后恭折奏报在案。其二运一起，应于十月内接续开帮。兹据云南布政使江兰详据泸店委员申报："二运一起正带铜七十九万七千六百五十八斤零，自十月十三日开兑起，至二十九日兑竣，运员叶逢春即于是日自泸州开行。"等情前来。

除飞咨沿途各省督抚加紧催儹，迅速抵京，并咨户、工二部外，查厂运各员自蒙皇上天恩，将在事人员优叙之后，莫不人人感奋，各思自效，是以辛丑头运一起既复开帮原限，而头运二起及二运一起又得按月接续开行。惟是此后铜数尚多，更当倍加督儹，方可不致稍有迟逾。臣等节次谆饬派出之文武各员梭织催儹，务使厂运各员共相鼓励，始终不懈，以期获铜日丰而挽运日速，庶于京局鼓铸有裨。

所有辛丑年二运一起京铜依限开帮缘由，理合恭折奏闻，伏祈皇上睿鉴。谨奏。

朱批：好。知道了。

（《宫中档乾隆朝奏折》第五十辑，第505～506页）

2349 云贵总督富纲《奏报遵旨调取副将送部，并委员署理折》
乾隆四十七年正月十八日

云贵总督臣富纲跪奏：为遵旨调取副将送部，并委员署理，恭折复奏事。

窃臣承准尚书和珅字寄："乾隆四十六年十二月初十日，奉上谕：据福康安奏保举堪胜总兵一折，内称前任云贵总督时，有滇省副将玛尔洪阿、黔省副将七十五、刘纤青、吉兰泰等，均系才技优娴、熟悉营伍，堪胜总兵之任等语。玛尔洪阿等四员，着传谕富纲，即将该员等调取来京，带领引见等因。钦此。"钦遵寄信到臣。

查臣标中军副将玛尔洪阿，经调任督臣福康安保列一等，本应送部引见。当即檄委提标中军参将定住接署臣标中军副将印务，给咨玛尔洪阿，克日起程赴京，并檄委贵州归化营游击书麟接署大定协副将印务，台拱营参将色赫那接署黔西协副将印务，饬令副将七十五、刘纤青交代清楚，给咨送部外，惟查上江协副将吉兰泰，现署安笼镇总兵印务。该副将亦系保列一等应行引见之员，经前署督臣刘秉恬咨明兵部，俟新任总兵范建丰到任后，再令吉兰泰赴部在案。现在黔省副参大员委用乏人，业经臣恭折奏请皇上敕部拣发，现无堪以委护镇篆之员，应请仍俟新任总兵范建丰到任，再行给咨吉兰泰赴京。所有遵旨调取副将送部并委员署理缘由，理合恭折复奏，伏祈皇上睿鉴。

再查镇远镇总兵保成，经臣奏明，饬令暂驻毕节，堵缉啯匪，并令黔西协副将刘纤青暂驻镇远，代为稽查弹压在案。今刘纤青赴部，臣现饬接署黔西协副将事、参将色赫那亦暂驻镇远，代为稽察，俟保成回任后再赴黔西署任，合并陈明。谨奏。

    朱批：知道了。

（《宫中档乾隆朝奏折》第五十辑，第586～587页）

2350　云贵总督富纲《奏报动支民、屯条丁余银作赏恤兵丁红白银两折》

乾隆四十七年正月十八日

云贵总督臣富纲跪奏：为奏明事。

窃查各省营伍赏恤兵丁红白银两，钦奉上谕："自乾隆四十七年为始，俱着于正项支给，造册报部核销。"等因。行据云南布政使江兰筹款，详请动支前来。

臣查滇省每年额征民、屯条丁等项银一十九万二千五百四十三两零，内除存留本省支放俸工等项共约需银十万余两，尚存银八万余两，原系留为拨充兵饷之用。今查通省各标、镇、协、营红白赏恤银两，每年约需银一万六七千两不等，自乾隆四十七年起，应请即于额征民、屯条丁等项余银八万余两内动支，仍令各标、镇、协、营，俟年终将给过红白银两兵丁花名，分晰造册，由藩司汇核，加造总册，详请察核报销。除咨明户、兵二部外，理合会同云南巡抚臣刘秉恬恭折奏明，伏祈皇上睿鉴。谨奏。

    朱批：览。

（《宫中档乾隆朝奏折》第五十辑，第588～589页）

2351　云贵总督富纲《奏报滇省查缉金川军营逃兵情形折》

乾隆四十七年正月十八日

云贵总督臣富纲跪奏：为遵旨汇奏，仰祈圣鉴事。

窃照金川军营逃兵，钦奉谕旨，令原派之各省督抚于岁底，将一年所获多少具折汇奏等因。嗣于乾隆四十六年二月二十九日，复奉谕旨："以此等未获逃兵，如有自行投首者，加恩免死发遣，其不肯投首者，盘获即行正法。并令明切晓谕，分立限期等因。钦此。"钦遵各在案。

臣查云南省出师金川逃兵三十三名，除陆续拿获办理外，截至乾隆四十五年年底，尚有未获二十九名。

伏查绿营兵丁，平时仰沐朝廷豢养深恩，当奉派出师之时，正临敌效命之候，乃胆敢乘间脱逃，情罪最为可恶，自应严拿速获，以肃刑章。况蒙皇上格外施仁，网开一面，准其自首，免死发遣，稍有人心者，亦当感动悔罪，相率投首。臣到任后，检查案卷，节经正署督抚臣刊示悬赏，并酌量道里远近，分立限期，明切晓谕在案。臣复严切出示，悬赏购缉，并恭录上谕，剀切申明。兹据署大理城守营都司珊松阿呈报，本年十二月十七日，据陕西同州韩城人陈英，又名陈希正，赴云南县汛弁衙门投首，自称系出师金川逃兵，逃后在川省大宁一带帮工觅食，今于本年八月，由会理州至滇，欲往宁台生理，见各处兵役盘诘甚严，又见张挂告示，准令自首免死，恐被盘获罪重，是以自行禀首等情。查滇省逃兵册内并无该犯姓名，惟陕西省咨缉逃兵单内，有延安营守兵陈希珍之名，籍贯亦属相同。臣随檄饬臬司，飞饬提解来省，俟审明陈希正是否即陈希珍，另行定拟，恭折具奏。仍严饬文武员弁上紧设法访缉，按旬折报。复印发赏单，详开逃兵姓名、住址、营分，饬令遍贴城乡、市镇，并声明知情窝藏及徇隐不报者，加倍治罪字样，俾咸知赏罚严明，庶可迅速全获，以彰国宪，不致稽诛。并行黔省一体严缉，无使一名漏网外，所有乾隆四十六年滇省查缉逃兵缘由，理合会同云南巡抚臣刘秉恬恭折具奏，伏祈皇上睿鉴。谨奏。

朱批：知道了。

（《宫中档乾隆朝奏折》第五十辑，第 590～591 页）

2352　云贵总督富纲、云南巡抚刘秉恬《请旨勒休衰病之知州、同知折》

乾隆四十七年正月十八日

云贵总督臣富纲、云南巡抚臣刘秉恬跪奏：为请旨勒休衰病之知州、同知，以肃吏治事。

窃查州牧为亲民之官，必须振作有为。即府佐闲曹，亦须精力强壮，方与地方有益。

今查有曲靖府沾益州知州宋永福，材本平常，近复疲玩，现在署理云南府同知印务，与修浚河渠事务漫无经理，且不时患病，精力顿衰，未便因计典奏请展限，任其因循恋栈。又候补同知汪滨，貌既不扬，人亦猥屑，先曾委署丞倅印务，察其才具，颇形竭蹶，旋即撤委。该员履历虽开五十四岁，而精力渐就衰颓，亦难望更有振作。与其俟补缺后贻误地方，再行勒令离任，不若先行参奏，俾该员得以早回原籍，而于地方公事亦可无贻误。

兹据布政使江兰会同按察使徐嗣曾，准据该道府揭报，转揭请参前来。相应请旨，将沾益州知州宋永福、候补同知汪滨勒令休致，以肃吏治。除饬司委员摘印署理，查明宋永福有无经手未清事件，据实另报外，理合恭折参奏，伏祈皇上睿鉴。谨奏。

朱批：该部知道。

（《宫中档乾隆朝奏折》第五十辑，第 592 页）

2353　署理云南巡抚刘秉恬《奏报注考宜归划一，酌请更正折》
乾隆四十七年正月二十一日

署理云南巡抚臣刘秉恬跪奏：为注考宜归划一，酌请更正，以昭慎重事。

窃照巡抚升任封疆，有考核属吏之责，凡遇题达事件，应行填注考语者，均宜加具考语，以昭慎重而归画一。

臣查云南省知县以上官员题升、调补等项，应归巡抚主稿者，向由巡抚加具考语，至试署人员期满实授、捐纳人员请销试俸，则概不加考，本内只凭两司所出考语具题，检阅旧案，相沿已久，亦不知始自何年。伏思试署、实授，必须居官称职，捐纳试俸一经销去，例准照常升转，是皆考核攸关，虽巡抚试看有素，但具题之时仅凭司详核办，并不加具考语，似于察吏之道尚未周密。臣愚以为，云南试署人员期满实授，捐纳人员请销试俸，嗣后除两司照常出考外，仍由巡抚加具切实考语，再行具题，庶考核益昭慎重，而体例亦归画一矣。臣现在核办大理府同知卢惟忠请销试俸一疏，即据实加填考语，缮本具题。

所有酌请更正缘由，理合恭折奏明，伏乞皇上睿鉴，敕部施行。谨奏。

朱批：该部议奏。

（《宫中档乾隆朝奏折》第五十辑，第 623 页）

2354　云贵总督富纲、云南巡抚刘秉恬《奏报遵旨饬属，如遇土司争控，立即办理折》
乾隆四十七年正月二十七日

云贵总督臣富纲、云南巡抚臣刘秉恬跪奏：为钦奉谕旨事。

乾隆四十七年正月十七日，承准尚书和珅字寄："奉上谕：四川省土司沙金龙等弟兄争控一案，始于乾隆四年，距今四十余年，延宕未结。该会理州知州徐士勋，于土司抢劫牛羊、谷石之案复延玩二年不办，经朕降旨，将案犯解京，令军机大臣会同刑部反复研鞫，讯得实情，分别按律定拟。此等土司，远居边徼，遇有争控之案，地方官自应即时秉公审断，迅速办理。乃此案始于乾隆四年，历任总督并不饬属早行审结，以致该土司之弟侄屡次赴京具控，辗转系逮，可见地方官平日竟不以事为重。至该州徐士勋，于抢劫大案延搁不办，在总督文绶任内，该省诸事废弛，上下因循延玩，贻误地方不小。土司以私仇互控，地方官置之不问，安知不酿成事端？从前金川鄂克什之事可以为鉴，何历任总督竟无一人计虑及此？至各省苗疆及番夷地方，离省较远，如有讦讼之案，俱宜立时审断。着传谕各督抚，嗣后务宜严饬所属，留心体访，一有此等控案，一面奏闻，一面秉公办理。毋再如川省此案，延宕日久，直待解京审讯也。将此各传谕知之。钦此。"遵旨寄信前来。臣等跪读之下，仰见皇上整饬吏治，绥靖边氓，无微不至。

伏查云南省土夷错处，仰沐圣朝涵濡休养百数十年，凡从前土司管辖者，大半俱改隶流官，奉公畏法，最为醇谨。惟是性情愚鲁，寨落相联，倘被汉奸教诱，亦往往争控不休。至沿边一带，如永昌、顺宁、普洱、临安、广南、丽江等府属世袭土司，界连外夷，各有管理地方，遇有承袭及分产等事争控到官，若不即为秉公审断，任听迁延，恐致私相仇怨，酿成事端。我皇上睿虑深长，举金川鄂克什之事以示鉴戒，防微杜渐，实为谆切著明。

臣等身膺边疆重任，敢不仰体圣心，加意整顿？现查云南省土司并无彼此仇控、经年不结之案。至户婚、田土细故，彼此涉讼，势所必有，总宜随到随办，早绝争端。臣等凛遵谕旨，严饬司道督率所属地方官，凡遇土夷讦讼之案，皆须立时详禀，不得入于寻常自理词讼案内汇报，致有讳饰拖延。臣等随案察核，分别饬办。遇有关涉纠集、抢夺情节，如川省此等控案，即行据实奏闻，一面将犯证亲提至省，彻底查讯，务得实情，定拟速结，不敢稍事因循，以期仰副圣主救宁边土之至意。理合缮折会奏，伏乞皇上睿鉴。

再黔省在在苗疆，臣富纲现已会同抚臣李本严饬各属一体留心体访，遵照办理，合并陈明。谨奏。

朱批：知道了。

（《宫中档乾隆朝奏折》第五十辑，第679～681页）

2355　云贵总督富纲《奏报滇黔两省甘雨应时折》
乾隆四十七年正月二十七日

云贵总督臣富纲跪奏：为奏报甘雨应时，仰慰圣怀事。

窃查滇黔两省十二月上、中二旬连得瑞雪及春花长发情形，经臣于十二月二十一日恭折奏闻在案。入春以来天气晴霁，气候温和。当此土膏萌动之时，春花正需雨泽。

兹于正月二十六日亥时起，至二十七日辰时止，云南省城得有应时甘雨，不疾不徐，丝丝入土，约有三寸，阴雨密布，雨势亦甚广阔。冬麦、蚕豆一应春花，得此涵濡，弥觉青葱畅茂，丰收可以预卜，民情深为欣悦。现在省城中米每仓石价银一两四钱八分，各属市价亦约略相同。黔省贵阳等各属冬雪普沾，春花畅茂，中米每仓石价银六钱一分至一两六钱五分不等。民夷乐业，气象恬熙，各处边关均极宁静。理合恭折奏闻，仰慰圣怀，伏祈皇上睿鉴。谨奏。

朱批：欣慰览之。

（《宫中档乾隆朝奏折》第五十辑，第 681 页）

2356　云贵总督富纲、云南巡抚刘秉恬《奏报乾隆四十六年分滇省藩库实存银数无亏折》

乾隆四十七年正月二十八日

云贵总督臣富纲、云南巡抚臣刘秉恬跪奏：为循例汇奏事。

窃照年终汇奏事件内，藩库实存银数、盘查各属仓库二款，例应汇折具奏。

兹据云南布政使江兰详称："滇省乾隆四十六年分藩库实存银两，截至岁底止，现存银二百五十六万一千七十三两零，内除酌留经费并办公等银二十万九千五百九十九两零，又封贮、急需等银四十八万五千三百四十二两零，又已经报拨尚未奉准拨用银一百八十六万五千四百六十四两零，又尚未报拨银六百六十七两零，相应分晰，开造细册，呈请奏咨。至年终盘查各属仓库钱粮，因滇省特奉谕旨清查，业经详请咨明户部并案办理。"等情前来。

臣等随将册开实存各项银数逐一复核，均属相符。除册送部备查，其盘查各属仓库，容俟并案查明，会折复奏外，所有乾隆四十六年分滇省藩库实存银数无亏，谨先循例具奏，并另缮清单恭呈御览，伏乞皇上睿鉴。谨奏。

朱批：览。

（《宫中档乾隆朝奏折》第五十辑，第 695～696 页）

2357　署理云南巡抚刘秉恬《奏报滇省雨水春花情形折》

乾隆四十七年正月二十八日

署理云南巡抚臣刘秉恬跪奏：为奏闻事。

窃照滇省地方上年腊雪优沾，春花茁发情形，经臣于十二月二十四日具折陈奏在案。嗣又据永昌、丽江、昭通等府属各厅州县暨蒙化直隶同知节次报到，十二月十一二及十六七、十九等日先后得雪，高阜、平原积厚二三寸至五六寸不等，是三冬雪泽通省几遍，实为春前应候之瑞。滇中每交春令，风多雨少，新正以来晴日居多，农民正在望雨之时，省城一带于二十四日，阴云密布，雨势甚广；二十六七两日，叠沛膏霖，入土二三寸不等。刻下近省州县陆续禀报得雨，均足以资接济。

今年节气较早，大小二麦得此雨润日暄，长发颇形畅茂，弥望青葱。蚕豆一项，乃炎方最早之物，现在扬花，且有结实者，此后再得时雨频施，可冀春收大稔。至各处粮食，因去秋在在丰获，民间储蓄充盈，虽当岁除之际，市廛粜价仍不加昂，舆情熙皞，共乐升平。臣谨恭折奏闻，仰慰圣怀，并将十二月分粮价另缮清单敬呈皇上睿览。谨奏。

朱批：知道了。

（《宫中档乾隆朝奏折》第五十辑，第 696～697 页）

2358　署理云南巡抚刘秉恬《奏报滇省乾隆四十六年分已未获命盗案情形折》

乾隆四十七年正月二十八日

署理云南巡抚臣刘秉恬跪奏：为循例汇奏事。

窃照年终汇奏事件内，命盗案已未审结、盗窃案已未拿获、承缉窃案记功记过，以上三款，例应并折分单具奏。兹据云南按察使徐嗣曾分晰开单，详送前来。

臣查云南省乾隆四十六年分各属新报承审命盗案，自四十五年十月起，截至四十六年九月止，共一百一十二件，连旧案二十七件，共一百三十九件，内已审结新旧案一百二十一件，未结新案十八件，核计均在审限内，并未逾违。新报盗劫抢夺及窃盗拒捕之案共十二起内，已全获者二起，获犯六名；获破者五起，获犯二十四名，未获十二名；全未获者五起。旧盗案十七起，获破者十二起，获犯五十六名，未获四十二名；全未获者五起。其未获各案，俱经按限，分别查参。此外并无拿获多盗应行议叙，亦无强劫频闻应行议处之员。

又新报窃案二十五案内，已全获者十一案，获犯二十三名；获破者三案，获犯六名，未获十名；全未获者十一案，其中例有承缉处分之件，亦经按限分别查参。至地方官承缉窃案记功记过，例应统计一年内报窃之案，获不及半者，每五案记过一次；拿获及半之外复有多获者，每五案记功一次。今查昆明等十七厅州县一年内报窃之案已未获贼各止一二三案不等，皆不及定例五案记功记过之数，应毋庸议。除将未结命盗各案饬司上紧查催，依限审解，其未获盗窃各案，仍令该管文武严行缉拿，务获究报外，臣谨循例汇折具奏，并分案开列清单恭呈御览。

再拿获寻常案犯，例应与命盗案已未审结等款并折具奏。今云南省乾隆四十六年分并无查出。外境寻常逃人、贼匪自一案至数案，应行分别等差之处，无凭汇奏，业经照例咨明吏、刑二部存案。合并陈明，伏乞皇上睿鉴。谨奏。

朱批：览。

（《宫中档乾隆朝奏折》第五十辑，第 697~698 页）

2359　署理云南巡抚刘秉恬《奏报乾隆四十六年分滇省应缉及外省通缉新旧逃遣已未拿获缘由折》

乾隆四十七年正月二十八日

署理云南巡抚臣刘秉恬跪奏：为循例汇奏事。

窃照本省发遣新疆及应发新疆改发内地人犯有无脱逃拿获，并外省通缉新旧逃遣有无拿获之处，例应年终汇折具奏。

兹据云南按察使徐嗣曾详称："云南省乾隆四十六年分发遣新疆人犯段老五等四名，俱经陆续起解出境，并未在途脱逃。至别省应发新疆改发云南烟瘴遣犯，本年在配脱逃者姚二一名，又历年在配脱逃者李连先等十五名，现俱缉拿未获。再本年接准外省咨缉逃遣达色等五名内，陕西省张翔林一名已在原籍江苏省自行投首，咨会停缉。又外省历年咨缉逃遣刘三铁头等一百五十五名内，贵州省许的一名已于本年经广西省拿获审办，咨会停缉。实未获外省历年咨缉逃遣一百五十四名，连本年咨缉未获逃遣四名，共计一百五十八名，屡饬所属遍行缉拿，并无踪迹在境。"等情，详请核奏并据分案，造送细册前来。

臣复查无异，除册咨部查核外，仍严饬地方官将本省、外省逃遣一体实力侦缉，务期按名弋获办理。如有视为海捕具文，并不认真查拿，致有疏纵，一经发觉，即行严参治罪，决不肯稍为姑息。所有乾隆四十六年分云南本省应缉及外省通缉新旧逃遣已未拿获缘由，理合恭折汇奏，伏乞皇上睿鉴。谨奏。

朱批：览。

（《宫中档乾隆朝奏折》第五十辑，第 698~699 页）

2360　云贵总督富纲《奏报前赴迤东一带
查察厂运情形，顺阅营伍折》
乾隆四十七年二月初二日

云贵总督臣富纲跪奏：为前赴迤东一带查察厂运情形，顺阅营伍，恭折奏闻事。

窃臣仰蒙皇上天恩，简畀云贵总督重任，一切吏治、营务、边防、铜运等项事宜，均关紧要。臣抵任以来，时刻留心，力图整顿，不敢一事稍有懈忽，以冀仰报恩慈。

伏查滇省目前要务，实惟铜运为先。臣仰沐皇上面谕谆切，刻刻在心。臣到任后，虽会同抚臣刘秉恬饬令藩司赶紧督催，复不时派委道府、参游大员往来催儧，现在源源输运，按限开帮，章程已定。第臣到滇未久，厂运情形尚难周悉。查迤东为京铜总汇，又有汤丹等大厂，派拨铜数最多，必须亲身经历，劝谕厂运官民，俾各倍加奋勉出力，而臣亦得以熟察周知，设有可以因时调剂之处，亦可就近指示办理。臣现将省城应办事宜赶紧料理。

并查藩司江兰，练达勤奋，在滇将及二载，办理一切俱已熟悉，所有迤西一路铜运，面令不时督催。臣拟于二月初四日自省起行，适提臣海禄由永昌巡察来省，臣连日细询各边关隘情形，俱极宁静。永昌、普洱等处现在将次撤防，臣与海禄悉心商榷，分别酌定先后撤防日期，檄行遵照，俟今秋出汛之时，再行奏明，亲往查阅。

至东昭一带营伍，即可由臣顺道察看。提臣海禄已分道巡阅武定、永北、鹤丽等镇营，即回大理查办撤防事宜，于公务两有裨益。

再臣轻骑前往，酌带家人、书役数人，沿途需用夫马、食物等项价值，俱当亲自发给，以杜借端派累。除俟查竣东昭一带铜务、营伍实在情形，另折奏闻外，所有臣自省起程日期，理合恭折具奏，伏祈皇上睿鉴。谨奏。

朱批：知道了。

（《宫中档乾隆朝奏折》第五十辑，第 750～751 页）

2361　云贵总督富纲、云南巡抚刘秉恬《奏报委护道员印务折》
乾隆四十七年二月初二日

云贵总督臣富纲、云南巡抚臣刘秉恬跪奏：为委护道员印务，恭折奏闻事。

窃臣等接准部咨，奉上谕："福建按察使员缺，着伊星阿补授。"又奉上谕："云南迤东道员缺，着特升额补授。钦此。"钦遵，当即转行知照。

惟查永昌府知府特升额，前经调任督臣福康安奏明，带往川省查缉咽匪，到任尚需时日，自应先行委员接署，以便饬令伊星阿交代清楚，即赴新任。查该道管辖六府一州，为京铜总汇之区，兼有督办厂务、稽催京运之责，虽暂时委署，非明白干练之员不克胜任。查有曲靖府知府龙舜琴，办事勇往，熟悉厂运情形，经臣等现在饬委督运迤东一带京铜，堪以委令暂行兼护迤东道印务。除檄饬遵照外，理合恭折奏闻，伏祈皇上睿鉴。谨奏。

朱批：该部知道。

（《宫中档乾隆朝奏折》第五十辑，第751～752页）

2362　云贵总督富纲《奏报普洱总兵喀市齐布将届俸满，照例先行保荐副将，恭候钦定折》

乾隆四十七年二月初二日

云贵总督臣富纲跪奏：为总兵将届俸满，照例先行保荐副将，恭候钦定，以重边防事。

查云南省三面临边，普洱镇尤为烟瘴要缺，必得精明强干、熟悉该处夷情土俗之员，方足以资镇守。臣随时体访，普洱总兵喀木齐布老成持重，九龙江内外土夷畏服，历年俱为宁帖。查该镇于乾隆四十四年十二月到任，连闰，扣至本年十一月，三年边俸报满，定例先期于云贵二省副将内预行拣选，拟定正陪，送部引见，恭候钦定。又查乾隆三十一年以后，历任普洱总兵，均于边俸未满之先，因升迁事故，经前任督臣奏奉谕旨，于总兵内调补各在案。兹查喀木齐布年六十三岁，虽精力未衰，而烟瘴恐难久耐。该镇本年届满，急应预选接手之员。

臣查滇黔两省总兵内，如昭通镇巴克坦布、腾越镇许世亨、贵州古州镇乌大经、镇远镇保成，均系总兵中出色之员，但所任地方边隘、苗疆，均属紧要。此外各镇总兵，虽于本任内均能办理裕如，而于普洱边情未能熟悉，是总兵内实无可调补之人。

至贵州省副将，臣到任未久，未能深知。云南省副将共六员，广罗协德舒、曲寻协刘乘龙、龙陵协兆凤、维西协孝顺阿等，皆循分供职。臣留心察看，惟永昌协副将德光、臣标中军副将玛尔洪阿二员，年力、才具在通省副将中实无有能出其右者。

查德光年四十四岁，满洲镶白旗人，该将由黔调任滇省，两省边情甚为熟悉，于永昌、腾越、普洱等处尤为往来熟谙。现在议添兵额一事，臣面询该将云南、贵州应增应补之处，条分缕晰，登答详明；玛尔洪阿年四十六岁，满洲正黄旗人，先经出兵打仗，著有劳绩，曾署普洱总兵，该处风土亦所熟悉，均系堪膺普洱总兵之任。臣与提臣海禄面商，亦称该二员为滇省副将之最。臣查喀木齐布冬季报满，原可于秋间预保，因德光、玛尔洪阿已于前督臣李侍尧、福康安保举总兵案内给咨送部引见，臣因要地需员，不得不先期筹画。现已咨明兵部，俟德光、玛尔洪阿到京时，一并声明，带领引见，恭候皇上钦简一员，补授云南普洱镇总兵，于烟瘴夷疆实有裨益。

至现任总兵喀木齐布三年俸满，例应调回内地。届期，臣谨遵照，另行奏明请旨。是否有当，臣谨恭折具奏，伏乞皇上睿鉴，训示施行。谨奏。

朱批： 知道了。

（《宫中档乾隆朝奏折》第五十辑，第 752～753 页）

2363　云贵总督富纲《奏请云南开化府知府刘杰毋庸回避对调折》
乾隆四十七年二月初二日

云贵总督臣富纲跪奏：为要缺知府毋庸回避对调，恭折奏闻事。

窃照云南开化府知府刘杰，因与迤东道伊星阿儿女姻亲，经调任督臣福康安奏请，与贵州都匀府知府宋文型对调，钦奉朱批俞允在案。

兹刘杰交代清楚，正在来省，请咨赴黔。臣适接准部文，钦奉上谕："福建按察使员缺，着伊星阿补授。钦此。"钦遵，转行知照。查伊星阿现已蒙恩升授臬司，该府刘杰即可毋庸回避。况开化地处极边，都匀亦属苗疆，员缺均关紧要。该员等在任两载，俱已熟悉风土人情，若因奏准对调，仍令各赴新任，转至两处要缺俱易生手。合无仰恳圣恩，俯准开化府知府刘杰、都匀府知府宋文型各回本任，免其对调，不特该员等驾轻就熟，臣亦获收指臂之效，于地方事务均有裨益。谨会同云南巡抚臣刘秉恬、贵州巡抚臣李本恭折奏闻，伏祈皇上睿鉴。谨奏。

朱批： 该部知道。

（《宫中档乾隆朝奏折》第五十辑，第 753～754 页）

2364　云贵总督富纲《奏请将能通缅语之云南
提标右营守备翁得胜留滇补用折》
乾隆四十七年二月初二日

云贵总督臣富纲跪奏：为奏明请旨事。

乾隆四十七年正月初二日，接准兵部咨开："云南提标右营中军守备翁得胜，推补直隶龙固营都行司，行令给咨送部引见。"等因。

查翁得胜系云南保山县目兵，于乾隆三十一二等年征缅案内，因该备熟悉路径，能说缅话，曾充通事，屡次随营，拨补外委千总，三十三年委送缅字教习，赴京，经原任大学士、公傅恒带领引见，奉旨加恩以守备用，于三十五年题补今职。向遇巡阅边隘，因其能通缅语，每必带往。自近年减防设汛之后，始回大理本标学习营务。该弁从前本以通译缅文，人尚出力，邀恩超用守备，其余办理营务、教练队伍，尚未得称娴熟。今奉部推升，不特直隶营分该弁人生地疏，而都司一缺有董率备弁之责，亦未便以甫习营务之员遽令分驻专营。但该弁在边关年久，尚属小心诚实，其译对缅字，较之现在通事实为可信。可否仰邀圣恩，念其出力多年，从优给予都司顶带，令其在守备本任勤加熟习，俟一二年后，果能训练有方，再照升衔题补之例，于滇省都司相当之缺，奏明送部引见，在该弁感激天恩，自必益加奋勉，而于地方缺分似更得宜。

现在提臣海禄在省，面为商询，意见亦属相同。是否有当，理合会同恭折具奏，伏乞皇上睿鉴，训示遵行。谨奏。

朱批：着照所请行。该部知道。

（《宫中档乾隆朝奏折》第五十辑，第 754～755 页）

2365　云贵总督富纲《奏报寻甸州失火汛防军装局，将失职官员参革折》

乾隆四十七年二月初十日

云贵总督臣富纲跪奏：为参奏事。

窃照各营军械，最关紧要，理应小心防护，俾免疏虞。

臣于本年二月初七日，据署寻甸州知州万延石禀报："该州汛防军装局于二月初三日巳刻失火，被毁瓦房一间等情，当即檄饬严查因何起火，有无烧毁军装。去后，初八日，旋据曲寻协副将刘乘龙禀称，据左营守备曹世勋禀报，本月初三日巳刻，额贮军装局左首耳房失火，随即率领千把前往扑救，烧去瓦房一间，内贮军械、号衣等项，除救出外，烧毁若干，现在查明，另行禀报等情。并称该备因文员已经通禀，隐匿不住，始行禀报。"等情前来。

臣查该备曹世勋，于军装重地，既不督率弁兵加意防护，及至失火之后，又不查明起火根由、被毁军械、号衣确数，照例即时通报，一面将看守兵丁移交文员审办，及闻文员通报，始行禀知该协。是该备之冀图隐讳，已可概见。且正值臣前赴东昭查阅营伍、点验军装之时，显有亏缺不全，恐被查出参处，因而纵火焚烧，以图掩盖情弊，若不参革审究，无以儆蔽玩而肃营伍。相应据实参奏，请旨将曲寻协左营守备曹世勋革职，以便提同看守兵丁严审办理。至曲寻协副将刘乘龙，虽不同城，但平日未能督饬该备小心防护，咎亦难辞，亦应请旨交部议处。除委员摘取守备关防接署，并查明曹世勋经手军械、钱粮有无未清另报外，谨会同云南提督臣海禄恭折具奏，伏祈皇上睿鉴。谨奏。

朱批：该部知道。

（《宫中档乾隆朝奏折》第五十辑，第 799~800 页）

2366 云贵总督富纲、云南巡抚刘秉恬《奏报 辛丑二运二起京铜依限开帮折》

乾隆四十七年二月初十日

云贵总督臣富纲、云南巡抚臣刘秉恬跪奏：为恭报辛丑二运二起京铜依限开帮，仰祈圣鉴事。

窃查辛丑二运一起京铜，于上年十月内开帮，业经臣等恭折奏闻在案。其二运二起应于十一月内接续开帮，臣等复添委员弁，分路严催。兹据云南布政使江兰详据泸店委员申报："二运二起正带铜七十九万七千六百五十八斤零，自十一月初十日开兑起，至三十日兑竣，运员熊孔荣即于是日自泸州开行。"等情前来。

除飞咨沿途各省督抚加紧催儹，迅速抵京，并咨明户、工二部外，查辛丑京铜正、加等运，共有八起，兹二运二起虽已依限开帮，而此后四起铜数尚多，必须源源赴泸济兑，方可不致迟逾。臣等节次谆饬派出之文武各员梭织查催，并严饬厂运各员共相鼓励。现据陆续禀报办运铜数，尚属奋勉。

臣富纲现由寻宣一路前赴东昭查察厂运情形，沿途再行亲加催督，务使铜斤蜂拥抵泸，足供兑发，不致迟延误限。所有辛丑二运二起京铜依限开帮缘由，理合恭折奏闻，伏祈皇上睿鉴。谨奏。

朱批：好。该部知道。

（《宫中档乾隆朝奏折》第五十辑，第 800~801 页）

2367 云贵总督富纲《奏报滇黔两省膏雨普沾、春花畅茂折》

乾隆四十七年二月初十日

云贵总督臣富纲跪奏：为膏雨普沾，春花畅茂，仰慰圣怀事。

窃查云南省自交春以后晴明多日，二麦、春花正需雨泽。省城于正月二十六七等日，甘雨应时，入土三寸，业经臣由驿附折奏闻在案。

兹省城复于二月初三四五等日连次得雨，较前更为优渥，尤与春田有益。并据云南、曲靖、临安、澄江、楚雄、昭通、武定等各府州属禀报，均于正月二十六七及二月初二三四等日，得雨三四五寸至深透不等。二麦将次含苞，南豆正当结实，得此膏雨滋培，长养弥觉青葱畅茂，丰收可以预必，民情深为欣悦。现在市集粮食充盈，价值亦并未增昂。黔省贵阳等各府属均于正月下旬连得雨雪，一切春花亦极茂盛。理合恭折奏闻，仰慰圣怀，伏乞皇上睿鉴。谨奏。

朱批： 欣慰览之。

（《宫中档乾隆朝奏折》第五十辑，第 801 页）

2368　云贵总督富纲、云南巡抚刘秉恬《奏报滇省武职养廉应请动支正项折》

乾隆四十七年二月初十日

云贵总督臣富纲、云南巡抚臣刘秉恬跪奏：为滇省武职养廉应请动支正项，仰祈圣鉴事。

窃查各省武职，荷蒙皇上天恩，核给养廉。臣等接准部咨，令照文职之例，在于耗羡、盈余项下并一切闲款内尽数动支，如有不敷，或需动用正项之处，奏明请旨等因。

查滇省武职通计岁需养廉银七万八千六百九十二两，又蒙加赏提督五百两，总兵六员，每员二百两，岁需银一千七百两，总共岁需银八万零三百九十二两。臣等行据布政使江兰查明，每年耗羡等银尚不敷文职养廉及公事之用，详请动支正项前来。

臣等查核滇省每年额征公件、耗羡、溢额、商税、牙帖、官庄等项暨归公养廉铜价、粤盐余息等项，约银一十四万数千余两，除支放文职各官养廉银一十二万一千八百七十两，留存额定各款公事银四万二百七十两零，酌留无定公事银一二千两，每年约共放银一十六万数千两，尚不敷银一二万两，俱于本款节年余剩银内添放在案，此外别无闲款。今武职于乾隆四十七年为始核给养廉，并加赏提督、总兵等银共计八万零三百九十二两，应请入于每年估饷册内，于本省各案登记，并地丁、盐课等款正项内动支，年底造册题销。至本年应支养廉，即于报部酌拨之实存司库节年各案登记并地丁、盐课等项共银一百八十六万五千四百五十二两零数内支放，另于秋拨册内分晰声明。

再查滇省兵丁红白恤赏银两，系动支裁兵粮饷，并无盐规等项。应俟乾隆四十六年恤赏奏销后，再将余剩之数造入估饷册内报拨。至从前武职养廉名粮，遇闰照数加增估拨，小建按日计扣。今既额定养廉，毋庸扣除小建，遇闰之年，亦毋庸加增，即照文职之例，以十三个月均摊给领，庶昭画一。

所有滇省武职养廉应请动支正项缘由，理合恭折奏明，伏祈皇上睿鉴。谨奏。

朱批：该部议奏。

（《宫中档乾隆朝奏折》第五十辑，第803～804页）

2369　富纲《奏报遵旨降三级从宽留任谢恩折》
乾隆四十七年二月二十日

奴才富纲跪奏：为恭谢天恩事。

窃奴才于本年二月初四日自省起程，查察迤东一带铜务、厂运情形，并顺道查阅营伍，恭折奏闻在案。

兹十九日，于东川府接准吏部咨，以奴才前在福建巡抚任内失察台湾道府厅书吏诈赃滋扰并属员解犯脱逃、积压谷石等案，诸事废弛，平日不能稽查，办理均属不合，将奴才照不严查参奏例，议以降三级调用等因。乾隆四十六年十二月十七日，奉旨："富纲着降三级从宽留任。钦此。"钦遵，移咨到奴才。跪诵恩纶，寸忱感激惭悚弥深。

伏念奴才才质凡庸，荷蒙皇上屡加特拔，畀以封疆重任，地方政务，理应随时查察，实力整顿，方为无旷职守。乃于前在福建巡抚任内，平日不能稽查办理，以致诸事废弛。部议降级调用，抚心自问，真属无可解免。兹复仰沐鸿慈，予以从宽留任，实出圣主优容，恩施格外。而奴才夙夜循省，惶惧难胜，具有天良，敢不力图报称？惟有振刷精神，自加策励，于所属滇黔两省吏治民生及铜政、边防各要务，刻刻留心，随事务期整饬，竭尽驽骀，以冀仰报高厚鸿恩于万一。所有奴才感悚微忱，谨缮折恭谢天恩，伏乞皇上睿鉴。谨奏。

朱批：览。

（《宫中档乾隆朝奏折》第五十一辑，第18～19页）

2370　云贵总督富纲《奏报沿途得雨并厂运情形折》
乾隆四十七年二月二十日

云贵总督臣富纲跪奏：为奏报沿途得雨并厂运情形，仰祈圣鉴事。

窃照滇黔两省二月上旬雨水情形，经臣于二月初十日途次缮折奏闻在案。

兹臣由曲靖府属，于十六日至东川府，所有经过地方，沿途查看，其节气早者，南豆正当结实，二麦渐次含苞。东川节气较迟，豆麦尚在长发，正资甘雨接济。途次阴云密布，于十六七八等日，膏雨连朝，入土深透，并据省城报到，亦于十六七八等日甘霖大沛，而迤西、迤南各府州陆续亦均禀报得雨沾足。臣沿途询之农民，佥称春雨应时，大于豆麦有益。臣查滇省上年秋收丰稔，户有盖藏，现在膏雨普遍，春收定获充盈。民气恬和，愈征康阜。省城中米，现在据报每仓石价银一两四钱七分，各府尤较平减。黔省贵阳等府属节经据报雨水调匀，春花畅茂，粮价亦均平减，实堪仰慰圣怀。

至滇省铜运，迤西各厂之铜均归迤东总运。臣于起程时，业经面谕迤西道杨以湲，令其前赴西路，先期催儹。其迤东自寻甸、宣威由黔省威宁转运镇雄一路，臣亲查寻店，均系随到随发，夫马、牛车挽运络绎，并无停积。其自东川、昭通分运大关、黄坪两路，现因黄坪春水长发，舟运颇速。臣即檄饬昭通府孙思庭，乘黄坪封江之前，酌量先行尽数多发黄坪，迅速运泸，又饬粮储道永慧沿途催儹，直抵泸店，以资兑交开行。臣逐站挨查，催运各员颇知急公奋勉，看来均可无误。

臣查东川各厂岁办京铜三百一十余万，汤丹矿砂较旺，大水、茂麓、碌碌等厂开采年久，矿砂单薄，要在随时酌剂。查铜务筹运必先于调厂，而调厂之要究在多开子厂，以广其源。近年以来，各厂员屡次蒙恩优叙，共知感激，力图报效，劝谕课长人等仰体不拘一成通商之恩旨，各令广为开采，不下数十百处，第率多浮砂，难成堂矿。臣查东川一路山势丰厚，铜矿必多，累经劝谕广觅子厂。现据护东川府萧文言禀称，于汤丹厂北采获新山裕源子厂。臣即亲赴该厂查看，山势颇厚，试煎矿质，赔分尚高。随即奖赏砂丁，面加鼓励，无不踊跃争先。查护守萧文言办事颇为勇往，臣当即谕令上紧督率攻采，于壬寅年额外酌量试令加办铜四十万斤，檄饬藩司宽发工本，尽力赶办。仍令广为踩访，遇有似此礓碙，务期不惮艰难，坚心试采，期于得矿，则厂势日盛，筹运较为易办，于铜政实有裨益。

至东、昭两郡，壤接川黔，山箐广僻，现在民夷安缉，并无奸匪，私铸亦多敛迹，而兵防实关紧要。臣查阅东川营伍，队伍尚属整齐，鸟枪、弓箭中靶赔分亦皆合式。仍饬将弁勤加操练，以期一律精锐。臣现在连日亲赴各厂遍行查看，俟查毕之后，即由昭通、宣威一带顺道查阅，另行恭折具奏外，所有沿途查勘情形，臣谨缮折先行恭奏，伏祈皇上睿鉴。谨奏。

朱批： 览奏俱悉。

（《宫中档乾隆朝奏折》第五十一辑，第 19～20 页）

2371　云贵总督富纲《奏报春深撤汛情形折》

乾隆四十七年二月二十日

云贵总督臣富纲跪奏：为恭报春深撤汛情形，仰祈圣鉴事。

窃查腾越、龙陵以外杉木笼、干崖、三台山等处，经前督臣李侍尧奏准裁防设汛，冬初拨兵八百名，选添员弁带往汛地，分布关卡巡查，春深酌留弁兵三百名驻汛，余俱撤回，历年遵照办理。

乾隆四十六年九月，经前署督臣刘秉恬遵查向例，咨会署提臣巴克坦布亲赴腾越，验选员弁兵丁，分起出汛，具折奏明在案。据查察，近年边境情形极为宁谧。上年出汛之期，因闰较早，现在关外地方气候已觉渐热，所有撤汛事宜，自应随时酌量预办。昨提臣海禄自腾越等处巡阅至省，臣与面商，酌定杉木笼、干崖二汛，于三月初一日为始，分起撤回。三台山汛节气较暖，于二月二十日撤回。除定例三台山弁兵一百七员名全行撤回，无庸留驻外，其杉木笼汛应仍留将弁七员、兵二百名、马四十匹，干崖汛应仍留千、把、外委五员、兵一百名、马二十匹，分布关卡稽巡。臣现照会腾越镇总兵许世亨，慎选熟练边情、能耐烟瘴之将弁及年壮技勇之兵丁留驻汛地，率同抚夷弩手实力巡逻，仍于撤汛后，督饬留汛弁兵连络游巡，以昭严肃，并分饬该镇及龙陵协、南甸营，照例挑派干练员弁，按月带兵前往杉木笼、干崖、三台山巡查一次，折报稽考，毋得虚应故事，以致稍有懈弛。

再查上年调任督臣福康安奏准改设关口案内，杉木笼、干崖二处建立两关，以资扼要，并于大关、象达、蒲窝、盏西、姚关等五处分设小关。又普洱所属之永宁桥、倚相、水碓河、猛先四处，威远所属之猛撒、蛮白二江口，各设卡隘，责成官兵驻守盘查。臣查自设关以来，各处防范颇为严密，节经檄查，据各员弁禀报，并无私贩偷越情弊。惟是查禁少弛，难保无奸商玩纵偷漏。臣现在不时申饬各该员弁慎密盘诘，一经拿获，当即奏明，从重办理，以仰副皇上肃清边境之至意。

所有撤汛缘由，臣谨缮折奏闻，伏乞皇上睿鉴。谨奏。

朱批：知道了。

（《宫中档乾隆朝奏折》第五十一辑，第21~22页）

2372　云贵总督富纲、云南巡抚刘秉恬《奏报浙江委员办运滇铜扫帮出境日期折》

乾隆四十七年二月二十三日

云贵总督臣富纲、云南巡抚臣刘秉恬跪奏：为浙江委员办运滇铜扫帮出境日期，循例奏闻事。

窃照各省委员赴滇采办铜斤，往来俱有定限。钦奉上谕："嗣后到滇办运开行，着该抚具奏。如有无故停留贻误者，即行指名参究等因。钦此。"钦遵在案。

兹据云南布政使江兰详称："浙江委员处州府同知石永福采买滇铜，拨给宁台、金钗等厂高低共铜三十二万一千一百二十五斤，以乾隆四十六年七月初八日领竣铜斤起限，除小建四日，扣至四十七年三月初九日限满。今该委员于本年正月二十日，在宝宁县属之剥隘地方全数扫帮出境，尚在限内，并未逾违。"等情，详请核奏前来。臣等复查无异，除飞咨广西、湖南、湖北、江西、浙江抚臣转饬接替催偿，依限运回交收，以供鼓铸，并咨明户部外，所有浙江委员石永福办运铜斤扫帮出境日期，理合恭折具奏，伏乞皇上睿鉴。谨奏。

朱批：览。

（《宫中档乾隆朝奏折》第五十一辑，第38页）

2373 署理云南巡抚刘秉恬《奏报近年办运过京外铜斤数目折》
乾隆四十七年二月二十三日

署理云南巡抚臣刘秉恬跪奏。

伏查滇省岁办铜斤，攸关京外鼓铸，苟调剂未能得当，即不免铜缺运滞。

臣自前岁六月到任以来，仰蒙我圣主不时训示，设法经理。所有京外鼓铸之铜，除京铜已发在途及抵泸交兑、未据报到开帮者均不计入，又本省钱局拨用与各省采买尚未领足者亦俱不计外，其运京铜斤，节经奏报，在泸开帮者，自己亥头运二起，截至辛丑二运二起，计十九起，共运过正带铜一千五百九十二万八千四百一十余斤。至各省采买铜斤，现在具奏浙江委员石永福一起扫帮出境，并从前已经奏报扫帮出境之广东、贵州、陕西、浙江、广西等省计有七起，共铜一百九十六万五千九百余斤。又各省采买、已经领足铜斤、咨部起限、未报扫帮出境者，尚有福建、广东、江苏三起，共铜一百一十万六千五百七十余斤。通计奏报过开帮京铜及外省采买已未扫帮出境，共铜一千九百万八百九十余斤，此滇省近年办运京外铜斤之大数也。

惟是土中求矿，衰旺本无一定，必须留有余以补不足。臣现与督臣富纲留心察看，随时调剂，于老厂附近之区广踩新硐，另开子厂，以裕其源，并严禁私铸，以节其流，庶冀产铜日多，耗铜日少，俾供京外鼓铸宽然有余，永无不继之虞。臣因滇省铜务最关宸衷，谨将近年办运过京外铜数并现在调剂情形附折奏闻，伏乞皇上睿鉴。谨奏。

朱批：足慰之览，实力为之。

（《宫中档乾隆朝奏折》第五十一辑，第40页）

2374 署理云南巡抚刘秉恬《奏报遣犯在配脱逃，旋即自行投首折》
乾隆四十七年二月二十三日

署理云南巡抚臣刘秉恬跪奏：为遣犯在配脱逃，旋即自行投首，恭折奏闻事。

案查澄江府属江川县安置改遣军犯段黑苟一名，系湖南兴宁县人，因行窃，问徒解审，中途脱逃，拿获监禁，复又越狱脱逃被获，审照积匪猾贼例，改发极边烟瘴充军，面刺"改遣"字样，乾隆四十一年十一月二十五日，解发到配。

昨据署江川县知县刘邦殿详报，该犯于上年十二月二十四日，乘间脱逃。臣以段黑苟犯事原案曾经在途在狱两次脱逃，改遣在配，自应加意拘管，难容疏纵。当即严谕该署县勒限两个月缉拿，如逾限无获，立予严参，并令知会壤接邻省处所派役堵捕，一面通饬滇属各州县协力查拿。臣复开明段黑苟年貌、籍贯及犯事原案，迅速分咨该犯经过省分暨原籍、邻封一体协缉务获，照例办理，勿使远扬漏网。正在缮折具奏间，兹据该署县刘邦殿禀称："段黑苟脱逃之后，选差妥役，悬立重赏，无分疆界，四路严密缉拿。该犯于本年正月初五日，逃至滇黔交界之黔属亦资孔巡检衙门自行投首，现经该管普安州讯明详报。"等情前来。

臣查逃遣段黑苟，既在黔属亦资孔巡衙门自行投首，经该管普安州讯详，应听黔省照例办理。除据禀咨明贵州抚臣，仍饬司将配所看役按例审拟，并取应参疏脱职名详请咨部外，所有改遣军犯段黑苟在配脱逃，旋即自行投首缘由，理合恭折奏闻，伏乞皇上睿鉴。谨奏。

朱批：已有旨了。

（《宫中档乾隆朝奏折》第五十一辑，第41～42页）

2375 署理云南巡抚刘秉恬《奏报滇省地方情形折》
乾隆四十七年二月二十三日

署理云南巡抚臣刘秉恬跪奏：为奏闻事。

窃照滇省地方春雨应时、麦豆畅茂情形，经臣于正月二十八日具折陈奏在案。

滇中每交春令，风多雨少。本年正月下旬，虽连得时雨，而入土未能深透，春花望泽犹殷。兹喜省城复于二月初三四五暨十六七等日叠沛甘霖，入土六七寸，田有积水，此番得雨较前实为优渥，其势亦甚普遍。现据云南府属之昆阳、宜良等州县并曲靖府、临安府、澄江府、大理府、楚雄府、东川府、武定直隶州等属先后禀报，二月初一二、初三四及初五、初九、十五六、十七等日，膏雨频施，入土四五寸至六七寸不等，远近均沾。二麦现在含苞，蚕豆正当结实，得此透足雨泽，可卜春收丰稔。目今节届清明，早秧已俱浸种，潴蓄充盈，易于苗发。雨旸时若，预兆农祥。市卖粮食，因上年秋获甚丰，闾阎藏粟较多，现皆纷纷出粜，是以价值不昂。民夷乐业，四境敉宁，均足上慰慈怀。

再查附省之昆明六河，有关农田水利，每交夏令，霖潦堪虞，必须春间乘时修筑，以为未雨绸缪之计。专管水利之粮储道永慧，现委赴泸州一带查催京铜，督臣富纲此时正在东昭等处查阅营伍，顺催铜运。臣已檄饬藩司江兰、臬司徐嗣增，责令云南府水利同知，集夫鸠工，将河身修浚深通，护堤加高培厚。臣仍不时亲加履勘，总期蓄泄得宜，以收水利而裨农田，仰副圣主惠爱边黎之至意。臣谨一并恭折奏闻，并将正月分粮价另缮清单，敬呈皇上睿鉴。谨奏。

朱批： 欣慰览之。

（《宫中档乾隆朝奏折》第五十一辑，第42～43页）

2376 云贵总督富纲、云南巡抚刘秉恬《奏报审拟自首金川军营逃兵折》

乾隆四十七年三月初八日

云贵总督臣富纲、云南巡抚臣刘秉恬跪奏：为审拟自首逃兵，恭折奏闻事。

窃查金川军营逃兵，上年钦奉谕旨："如有自行投首者，着加恩免其死罪，发遣伊犁等处。不肯投首者，盘获即行正法。各该督抚务须仰体朕意，明切晓谕，查照道里远近，分立限期。"等因。当经调任督臣福康安暨臣刘秉恬钦遵，酌定以各州县奉文之日起，扣限一年，遍行出示晓谕。臣富纲到任后，复行刊示，分发滇黔两省，剀切申明，务期家喻户晓，仰副皇上法外施仁之至意。旋据署大理城守营都司瑚松阿呈报，陕西省逃兵陈英，即陈希正，赴云南县汛投首。臣富纲随饬臬司，檄提至省审办，并于汇奏缉拿逃兵案内附折奏闻在案。兹据该县申解到省，臣等随率同司道，提犯亲讯。

据陈英，即陈希正供认，实名陈希珍，乾隆三十七年驮运军装赴川，是年十月内，即在军前投充延安营守兵。四十年五月初七日，因喂马劳苦，乘空逃走，至打箭炉，虑人盘问，改名陈英，回至大宁趁工度日。四十三年又至下板厂炭窑觅食。四十六年冬月，欲赴云南铜厂谋生，十二月十七日行至云南县，见兵役盘诘严禁，又见张挂上谕，逃兵自首免死，恐被盘获正法，即赴汛弁衙门投首。逃后并无行凶为匪情事，亦无知情容留之人，究诘不移。

查对陕西省咨缉文案，俱属相符。惟年岁互异，诘讯该犯，据供实系投营时减报，似无遁饰。查陈希珍充当兵丁，不思效命疆场，胆敢于军前脱逃，实属无法可贷。今既畏罪于限内投首，应请遵照原奉恩旨，将陈希珍免死，发遣伊犁等处，给种地兵丁为奴，仍照例刺字。除咨明陕西各省一体停缉，并通饬文武员弁勒缉未获逃兵，务获究报外，理合恭折具奏，敬缮供单，恭呈御览，伏祈皇上睿鉴。谨奏。

朱批：该部知道。

（《宫中档乾隆朝奏折》第五十一辑，第 160～161 页）

2377　云贵总督富纲、云南巡抚刘秉恬《奏报辛丑三运一起京铜依限开帮折》

乾隆四十七年三月初八日

云贵总督臣富纲、云南巡抚臣刘秉恬跪奏：为恭报辛丑三运一起京铜依限开帮，仰祈圣鉴事。

窃查辛丑二运二起京铜，于上年十一月内开帮，业经臣等恭折奏闻在案。其三运一起应于十二月内接续开帮，臣等复添委员弁分路严催。

兹据云南布政使江兰详据泸店委员申报："三运一起正带铜七十九万七千六百五十八斤零，自十二月十三日开兑起，至二十九日兑竣，运员彭焕即于是日自泸州开行。"等情前来。除飞咨沿途各省督抚加紧催儧，迅速抵京，并咨明户、工二部外，查辛丑京铜三运一起，虽已依限开帮，而此后正、加等运尚有三起，必须源源赴泸济兑，方可不致迟逾。臣富纲前赴东昭一路查察厂运情形，目击沿途挽运夫马、牛车络绎不绝，节次派出之文武各员梭织查催，厂运各员亦共相鼓励办理铜数，均属奋勉。即壬寅京铜，业已陆续发运，便可蜂拥抵泸，依限发兑。所有辛丑三运一起京铜依限开帮缘由，理合恭折奏闻，伏祈皇上睿鉴。谨奏。

朱批：览。

（《宫中档乾隆朝奏折》第五十一辑，第 161 页）

2378 云贵总督富纲《奏恳圣恩赏给报匣折》

乾隆四十七年三月初八日

云贵总督臣富纲跪奏：为恳恩赏给报匣事。

窃查督抚接任之员，未蒙赏过报匣者，例得自行奏请赏给。兹臣仰蒙恩命，擢用云贵总督，现在陈奏事件，俱用夹板函封，敬谨呈进。

查滇南地处边徼，距京遥远，设有紧要奏折，必须报匣驰递。相应仰恳天恩，俯准赏给，俾遇有要事，酌用拜发，以昭慎重。臣谨恭折奏请，伏乞皇上睿鉴施行。谨奏。

朱批：览。

（《宫中档乾隆朝奏折》第五十一辑，第163页）

2379 云贵总督富纲《奏报查勘昭通、曲靖两府厂运，顺阅营伍情形并回省日期折》

乾隆四十七年三月初八日

云贵总督臣富纲跪奏：为查勘昭通、曲靖两府厂运，顺阅营伍情形并回省日期，仰祈圣鉴事。

窃臣途次东川府，于二月二十日，将查勘铜运厂务、顺阅东川营官兵各情形恭折具奏。旋于二十二日，自东川起程至昭通府。查该府铜运，一自东川发运至该府，分运所属之大关、黄坪，一自贵州威宁州转运至该府属之镇雄州，各由水运抵泸。现在黄坪等处春水较为长发，当饬该府督饬该厅、州、县上紧设法赶运，不虞滩浅阻滞，府属各厂额铜亦俱按限出运，并无堕积。

臣自昭通至宣威，道近黔省威宁州地方，适贵州藩司孙永清因查估威宁城工，顺道前来。臣询悉黔省各属雨泽应时，地方民苗宁帖，随委令于回省时，将威宁境内铜运五站顺道查催，并据称，威宁莲花柞子厂承运京楚铅斤，由威宁运交毕节县，转运川省永宁县兑发，俱属按额尽运，并无迟滞。臣即由宣威至曲靖一带察看运道。查滇省西路宁台、大功二厂京铜，向来厂员运送下关，由大理、楚雄、云南各府层递接运，每致秤盘迟搁。自乾隆四十四年，奏准改归迤西道专司长运，年来颇为迅速。

至东路，因寻、宣及东、昭两路分运，道里歧远，迤东道不能专司长运。而寻、宣一路，于乾隆四十年，因寻甸州直运威宁，中隔宣威，计程八站半，该州呼应不灵，改归寻甸、宣威二州递运，交收秤发，间有耽延。

臣上年到任后，与抚臣刘秉恬详细筹酌，拟照迤西之例，责成曲靖府专司长运至威宁铜店。该府统辖寻甸、宣威二州，调度便易，较为直捷，即谕兼护迤东道曲靖府知府龙舜琴悉心查勘。本年正月接手试办，运脚银两即由该府具领，随时给发。臣此次沿途查察情形，夫马、牛车载途络绎，询知两月以来挽运无稽，实有成效。但事须经久，不嫌详慎，再俟试办数月，另行奏定章程。

至昭通镇驻扎府城，查该府地方辽远，山箐丛密，又界连川省之金沙江各渡口，稽防稍有疏懈，奸匪最易潜踪。是以向来该府属命盗等案较多于别属，全赖该镇标各营将备分防汛卡，实力巡缉，以靖地方。臣查阅该镇标中、左、右、前四营及镇雄营官兵，配队演阵均属简捷、齐整，枪炮连环一律迅速，藤牌起伏、纵跃均觉熟练。复将鸟枪兵丁另加考验，每兵十名打三十枪，中靶在二十四五枪以上者居多，间有全中者，余亦能中二十枪以上。弓箭，自参游以至兵丁，每射以五箭为率，中靶均在三枝、二枝以上。臣将技艺出色者即分别记功奖赏，以示鼓励。查验马匹，虽骨格不能一律高大，然膘分俱皆肥壮，军装、器械亦俱整齐坚利。仍行面饬该镇巴克坦布，督率将备勤加操演巡防。

至寻沾营、曲寻协兵丁，配队演阵、步伐进止俱能整齐如式，藤牌亦俱便捷，鸟枪打靶枪数、弓箭中靶喠数与昭通镇标兵丁相等，间有施放未能合式者，即当场责儆，勒限操习，以冀一律改观。至各该营将领、备弁，逐一考验，弓马尚俱娴熟。惟曲寻协左营左哨外委千总李显荣，弓马生疏；左营右哨外委把总陈洪玉，弓箭软弱，且年力亦已就衰，臣现在咨部斥革外，查各营兵丁年力俱属强壮，军装鲜明，器械坚利，马匹亦无疲瘦情弊。沿途察看分防汛地，兵丁尚俱壮健，并无老弱充数。臣惟有随时认真整饬稽核，如有操演怠惰、废弛营务者，立予参劾，不敢稍事姑容，以期仰副圣主慎重戎行之至意。

臣于三月初五日回省，沿途地方得有透雨之后，豆麦一律茂盛，收成俱可丰稔。粮价均平，民夷乐业。所有臣查看厂运、顺阅营伍情形，理合恭折具奏，伏乞皇上睿鉴。谨奏。

朱批：览奏俱悉。

（《宫中档乾隆朝奏折》第五十一辑，第 163～165 页）

2380 云贵总督富纲、云南巡抚刘秉恬《奏报要缺知州需员，恭恳圣恩俯准升署折》

乾隆四十七年三月十五日

云贵总督臣富纲、云南巡抚臣刘秉恬跪奏：为要缺知州需员，恭恳圣恩俯准升署，以裨地方事。

窃照云南沾益州知州宋永福勒休遗缺，系冲、繁、难三项相兼，例应在外拣选调补。

臣等伏查，该州地处通衢，民习事剧，必得勤明干练之员方足以资治理。随与藩臬两司于通省知州内逐加遴选，非现居要缺，即人地未宜，并无合例堪调之员。惟查有弥勒县知县朱士鳌，年四十四岁，山西介休县人，由贡生捐纳知县，选授今职。乾隆四十三年闰五月到任，委运戊戌年二运二起京铜，未及例定程限即行抵京，经户部带领引见，奉旨："着回原任。钦此。"嗣因试俸期满，业请销去试字在案。该员才具勤干，办事实心，以之升署沾益州知州，可期胜任。第历俸未满五年，与例稍有未符。臣等谨遵人地相需之例，专折奏请。合无仰恳圣慈，俯念沾益州知州要缺需员，准以朱士鳌升署，照例接扣五年俸满，再请实授，则该员感激天恩，自必倍加奋勉，实于地方有益。

如蒙俞允，该员系知县请升知州，衔小缺大，仍俟部复到日，给咨送部引见。其弥勒县知县员缺，应归部选，但系升任所遗，例得以滇省试用人员请补，另容拣选办理。再该员任内处分仅有降俸一案，已经题准部复开复，此外别无参罚案件。合并陈明，伏乞皇上睿鉴，敕部议复施行。谨奏。

朱批：该部议奏。

（《宫中档乾隆朝奏折》第五十一辑，第231～232页）

2381 署理云南巡抚刘秉恬《奏报滇省雨水粮价情形折》
乾隆四十七年三月十五日

署理云南巡抚臣刘秉恬跪奏：为奏闻事。

窃照滇省地方春分节后晴明节前连得透雨、麦豆畅茂情形，经臣缮折陈奏在案。

兹云南省城复于三月初七、初八及十二、十三等日，膏雨频施，四野沾足。首府所属州县禀报得雨日期大概相同。他如迤东、迤西、迤南各府厅州属亦据先后报到，三月初二三、初五六、初七八、初九、初十等日，叠沛甘霖，入土四五寸至六七寸不等，洵称优渥。蚕豆正当收割，亦有上市出售者，大麦现俱黄熟，小麦多已扬花，将次结实，得此时雨滋培，颗粒更臻饱满。麦秋瞬至，可卜丰登。稻田浸种以来，秧针出水已有一二寸，青葱可爱，山荞园蔬亦皆茁发繁盛，农勤耕作，喜溢郊原。各属市卖粮价虽长落微有不同，而通省核计均属中平，并无贵食之处。民夷乐业，气象盈宁。臣谨恭折奏闻，仰慰圣怀，并将二月分粮价另缮清单，敬呈皇上睿鉴。谨奏。

朱批：知道了。

（《宫中档乾隆朝奏折》第五十一辑，第239页）

2382　云贵总督富纲、云南巡抚刘秉恬《奏报遵旨设法严缉逃兵折》

乾隆四十七年三月二十八日

云贵总督臣富纲、云南巡抚臣刘秉恬跪奏：为遵旨设法严缉逃兵事。

本年三月十二日，承准尚书、额驸公福隆安字寄："乾隆四十七年二月二十五日，奉上谕：从前进剿金川，各省绿营脱逃兵丁，曾经明降谕旨，分立限期，令其自首免死。嗣因各省督抚奏报寥寥，复经特降恩旨展限一年，并将承缉不力之地方官交部严定处分，实属朕法外施仁，有加无已。各逃兵等具有人心，自应自知其罪，冀图免死，亟行投首。即各该地方官等亦当仰体朕意，实力晓谕，俾穷乡僻壤咸各周知。乃本日据李本奏，黔省逃兵并无自首之犯，即富纲所奏自首逃兵亦止陈英即陈希正一名。各省逃兵，经朕屡次加恩，既免其死，乃仍惮于远遣，匿迹潜踪，幸图漏网，实为良心丧尽，不知恩，并不畏法，情罪实为可恶。现截至本年冬底即属一年限满，如有限内不行投首，一经拿获，自当立正刑诛，断无宽贷之理。至各省州县所属地方，向俱编查保甲，若果实力奉行，匪人匿迹何难立即擒拿？即该逃兵等间有病故，亦必有尸可验。岂地方官平日于此等编查保甲及相验路毙之案竟置不问乎？着再传谕各该督抚，接奉此旨后，务严饬所属，各发天良，实心实力严缉查办，无得仍视为海捕具文，有名无实也。仍将遵办缘由据实复奏。钦此。"钦遵，寄信前来。

臣等伏查，金川军营逃兵，滇省未获者尚有二十九名。而各省咨缉未获者为数尚多，自应设法侦缉，全数速获，早正典刑，以彰军纪。上年钦奉谕旨，准令于一年限内自首免死，嗣复加恩展限一年，此实圣主鸿慈，于万无可贷之中，曲予生全之路。臣等当即钦遵刊示，遍行晓谕。复经榜示姓名，严饬地方文武上紧查缉，凡属逃兵，当必共有见闻，理应畏法感恩，争先投首。乃滇省自首者仅止陈希正一名，此外仍复潜匿不出，是各犯之憨不畏死，情罪尤为可恶。查滇省地方虽山箐丛深，径路寥僻，而各乡村俱编有牌甲，设立牌头、甲长专司稽察，如果查拿严密，岂能潜匿稽诛？乃地方官承缉多年，无能弋获，其为视若具文，不能实心实力，已可概见。臣等现复遵旨，恺切宣谕，凡穷乡僻壤务使周知，俾各逃兵及早猛省，务于限内自投，仰邀恩典。一面悬立赏格，颁示各属，饬令文武员弁谆谕牌甲、塘汛互相传告，盘获一名，立予重赏，倘有知情故纵及失察、容留，分别治罪。凡遇面生可疑、过往借宿之人，必须确询姓名、来历，登记报官，即有病故，不难核对。惟有夷猓寨落，与齐民不相联络，例不编查户口。而近来生齿日繁，客民往来贸易势不能禁，难保无逃兵窜入。但寨落各有头人，商民均有客长，臣等现饬一体传谕，责成查访，俾知盘获有赏，容隐治罪，则遇有形迹可疑之人，自各留心稽察。

又滇省铜铅各厂类多谋食游民四处分投，最为藏奸之薮，虽设有课长、硐长稽查，但向来不将砂丁造册申报，究属疏漏。臣等前恐川省啯匪窜匿，业经檄饬各厂员，责成课长等查明砂丁年貌、籍贯，造册送核。此项逃兵，现在发册，饬令按名确查，以防改冒潜藏。并嗣后有新到砂丁，务须究明来历，始准收留册报，如有逃匪容匿，惟厂员是问，于查缉之法较为严密。惟是设法虽周，而地方文武奉行不力，亦属虚应故事。

臣等谨遵谕旨，严行训诫，该员弁果能上紧设法缉获多名，即系实力办公之员，自当随案声请录叙。若仍视为海捕具文，仅以空言塞责，臣等随时密察，即行据实纠参，以昭惩儆。务期逃兵速行就获，不使幸漏法网，以仰副圣主仁义兼尽之至意。理合将遵办缘由恭折会奏，伏乞皇上睿鉴。谨奏。

朱批：览。

（《宫中档乾隆朝奏折》第五十一辑，第 328 ~ 330 页）

2383　云贵总督富纲、云南巡抚刘秉恬《奏报辛丑三运二起京铜依限开帮折》
乾隆四十七年三月二十八日

云贵总督臣富纲、云南巡抚臣刘秉恬跪奏：为恭报辛丑三运二起京铜依限开帮，仰祈圣鉴事。

窃查辛丑三运一起京铜于上年十二月内开帮，业经臣等恭折奏闻在案。

其三运二起应于本年正月内接续开帮，臣等严饬派出之文武员弁分路严催。兹据云南布政使江兰详据泸店委员申报："三运二起正带铜七十九万七千六百五十八斤零，自正月十一日开兑起，至三十日兑竣，运员韩培即于是日自泸州开行。"等情前来。

除飞咨沿途各省督抚加紧催攒，迅速抵京，并咨明户、工二部外，查辛丑京铜正加等运共有八起，兹三运二起虽已依限开帮，而此后尚有加运两起，铜数较多，核计各厂发运在途铜斤已敷加运两起凑兑。臣等先期添委文武员弁分头催攒，务使蜂拥抵泸，依限兑发，自可不致迟误。所有辛丑三运二起京铜依限开帮缘由，理合恭折奏闻，伏祈皇上睿鉴。谨奏。

朱批：该部知道。

（《宫中档乾隆朝奏折》第五十一辑，第 330 ~ 331 页）

2384　云贵总督富纲《奏报查阅省城营伍情形折》
乾隆四十七年三月二十八日

云贵总督臣富纲跪奏：为查阅省城营伍情形，恭折奏闻事。

窃查省城督抚两标及城守营官兵，为通省各标镇协营领袖，应于到任后详加校阅，据实具奏。

臣于上年十一月二十二日到任，时届岁暮，今春二月，经臣奏明前赴东川、昭通一带查察厂运情形，并顺阅营伍，于三月初五日回省，业经恭折奏闻在案。兹于三月十六七八等日，调集臣标三营、抚标二营及城守一营官兵合操，先阅配队演阵、步伐进止，俱皆整齐便捷，鸟枪出声齐集，进步连环均各迅速纯熟。分日阅看各兵打靶，每十兵共打三十枪，中靶在二十四五枪以上者居多，间有一牌全行着靶者。弓箭，自参游以至马步兵丁，中靶三枝者十居六七，兼有中至四枝五枝者。六营官兵约略相同，均堪列为一等。臣当场将出色者分别奖赏，以示鼓励。

查验马步各兵，年力精壮，并无老弱充数，军装、器械亦俱鲜明坚利。操骑马匹逐一点验，俱属膘壮。应贮公项银两，盘验亦各无亏。再查自参游以至千把各员，人材、弓马俱属可观。缘各员俱在省会，臣等就近察查，偶有训练不力及弓马生疏者，俱经随时参革，是以现在尚无年衰技庸之员。臣惟有督饬各将领勤加操习，务使技艺日臻纯熟，悉成劲旅，以壮军容而资捍御，仰副我皇上设兵卫民、慎重岩疆之至意。

所有臣查阅省城营伍情形，理合恭折具奏，伏祈皇上睿鉴。谨奏。

朱批：览。

（《宫中档乾隆朝奏折》第五十一辑，第 331～332 页）

2385　云贵总督富纲《奏报滇黔两省春雨优沾、春花畅茂情形折》
乾隆四十七年三月二十八日

云贵总督臣富纲跪奏：为滇黔两省春雨优沾、春花畅茂，恭折奏闻事。

窃臣于三月初五日自东、昭一路回省，业将沿途雨泽、豆麦情形附折奏闻在案。旬余以来，云南省城复于三月初七、初八及十二、十三、十五、十九、二十等日频得膏雨，四野沾足，且阴雨之后旋即晴霁，于春花大有裨益。现在蚕豆业已收割，大麦黄熟，将次登场，小麦亦已结实，时得甘雨滋培，颗粒愈加饱满。至迤东、迤西、迤南各府厅州属所报雨泽、豆麦情形，俱与省城约略相等。现据陆续申报，收成分数均在八分以上。各属留空地亩均已乘时翻犁播种，秧针出水青葱悦目，市集粮食充盈，价值并未增长。夷民乐业，四境敉宁。黔省气候较之滇省稍迟，阴晴相间，雨泽频沾，豆麦均极茂盛，丰收可必，粮价亦平，理合恭折奏闻，仰慰圣怀。

再查滇省在在皆山，高原下隰全资雨泽。惟滨河农田兼资水利，是以昆明县盘龙江、金汁等六河及昆阳州、海口各子河俱建设闸坝，以时启闭，蓄泄有资，沿河地亩不虞旱潦。向来定有岁修经费。臣先期会同抚臣刘秉恬檄饬司道，委员会同专管水利同知，督率该州县勘明河身淤壅处所，一律挑浚深通，石岸、涵硐有低陷鼓裂之处应行修筑加高者，均令乘时赶紧修筑。兹据报工竣，臣于三月二十七日，会同抚臣刘秉恬前往查验。盘龙江水势畅流，其余各河亦已一律深通，石岸、涵硐俱各修筑坚固，足资保障，即遇大雨时行之候，河水涨发亦易以宣泄，不致有冲决淹浸之虞。合并陈明，伏祈皇上睿鉴。谨奏。

朱批： 知道了。

（《宫中档乾隆朝奏折》第五十一辑，第 332 ~ 333 页）

2386　云贵总督富纲、云南巡抚刘秉恬《奏报滇省乾隆四十六年分各厂岁获铜数目折》

乾隆四十七年四月二十四日

云贵总督臣富纲、云南巡抚臣刘秉恬跪奏：为汇核滇省各厂岁获铜数，循例恭折奏闻事。

窃查滇省新旧大小各厂通岁获铜数目，例应汇核，恭折奏报。

臣等行据云南布政使江兰查明，乾隆四十六年分，各厂通共办获铜一千三百八十二万五千八百六十斤零，汇造清册，详请核奏前来。

臣等检齐各铜厂逐月报折，悉心核对，内汤丹、碌碌、大水、茂麓四厂获铜五百八十三万八百三十斤零，宁台等二十八厂获铜六百四十二万七百三十六斤零，大功等十二厂获铜一百五十一万四千三百七十斤零，又新裕等四厂获铜五万九千九百二十三斤零，通计获铜一千三百八十二万五千八百六十斤零。查乾隆四十五年分各厂共办获铜一千一百二十七万一千一百九十一斤零，今四十六年分办获铜一千三百八十二万五千八百六十斤零，比较上年，多办铜二百五十五万四千六百六十九斤零。除照例按月入于各厂考成案内分晰题咨查议外，所有乾隆四十六年分各厂办获铜数，理合循例合词恭折具奏，另缮清单敬呈御览，伏祈皇上睿鉴。谨奏。

朱批： 好。知道了。

（《宫中档乾隆朝奏折》第五十一辑，第 533 页）

2387 云贵总督富纲、云南巡抚刘秉恬《奏报委署知府折》

乾隆四十七年四月二十四日

云贵总督臣富纲、云南巡抚臣刘秉恬跪奏：为循例奏闻事。

窃查委署知府例应专折具奏。兹云南普洱府知府张铭烟璋三年俸满，业经臣等恭疏题报，声请撤回内地候升在案。所遗员缺，臣等现以景东同知嵇玫奏请升补，如蒙俞允，尚须给咨该员送部引见，先应委员接署。查有临安府同知贺长庚，老成干练，堪以委令署理普洱府知府印务。除檄饬遵照外，理合恭折奏闻，伏祈皇上睿鉴。谨奏。

朱批： 览。

（《宫中档乾隆朝奏折》第五十一辑，第535页）

2388 云贵总督富纲、云南巡抚刘秉恬《奏报江苏委员办运滇铜扫帮出境日期折》

乾隆四十七年四月二十四日

云贵总督臣富纲、云南巡抚臣刘秉恬跪奏：为江苏委员办运滇铜扫帮出境日期，循例奏闻事。

窃照各省委员赴滇采办铜斤，往来俱有定限。钦奉上谕："嗣后到滇办运开行，着该抚具奏，如有无故停留贻误者，即行指名参究等因。钦此。"钦遵在案。

兹据云南布政使江兰详称："江苏委员娄县知县张履观采买金钗厂低铜四十九万六千斤，以乾隆四十六年十月初八日领竣铜斤起限，除小建三日，扣至四十七年四月初四日限满。今该委员于本年三月初二日在宝宁县属之剥隘地方全数扫帮出境，尚在限内，并未逾违等情。"详请核奏前来。臣等复查无异，除飞咨广西、湖南、湖北、江西、安徽、江苏抚臣转饬接替催趱，依限运回交收以供鼓铸，并咨明户部外，所有江苏委员张履观办运铜斤扫帮出境日期，理合恭折具奏，伏乞皇上睿鉴。谨奏。

朱批： 览。

（《宫中档乾隆朝奏折》第五十一辑，第535~536页）

2389 云贵总督富纲、云南巡抚刘秉恬《奏请以俸满撤回候升之张铭补授楚雄府知府折》

乾隆四十七年四月二十四日

云贵总督臣富纲、云南巡抚臣刘秉恬跪奏：为奏闻请旨事。

窃照云南普洱府知府张铭实历烟瘴三年俸满，例应撤回内地候升，业经臣等会疏题报在案。所遗普洱府知府员缺，现在派员前往暂行署理，仍一面遴选合例之员另折奏升，以重职守外。其俸满撤回候升之张铭，如遇滇省出有道缺，方可于本省题补，需次迟速正未可知。

臣等伏查，闽、粤等省俸满调回人员，若一时无应升之缺，向俱准以原官补用，将应升之处带于新任。今张铭升补无期，事同一例。况普洱府知府自改定烟瘴三年报满以来，大半多以事故离任，从未有历俸届满如张铭者，似宜量加优恤，庶使凡任烟瘴之员均知观感奋兴。

查适有楚雄府知府张鸿恩丁忧遗缺，虽应归部选，但该府管辖三州四县，路当迤西之冲，政务本属殷繁，且迤西各厂运供京铜及外省采买铜斤多出其途，均需知府督催稽偿，以速挽输，责任更关重要。该员张铭为人安详，办事干练，由昭通府调任普洱府，在滇年久，厂务、铜运皆所素谙，现委该员署理楚雄府印务，若即以之补授，较诸部选初来者更为得力。

臣等与藩臬两司商酌，意见相同。合无仰恳圣恩，准以张铭补授楚雄府知府，庶驾轻就熟，可收得人之效，而边员俸满撤回勿须旷守时日，益足以示鼓励。如蒙俞允，所有张铭俸满应升之处，仍照例带于新任。该员系边缺俸满知府撤回候升，请补腹里知府，衔缺相当，毋庸送部引见，其前任内一切参罚案件亦俱照例带于新任，毋庸再开清单。

至楚雄府知府张鸿恩，系闻讣丁忧，例由原籍先行报部，如已开缺铨选，给凭赴任，俟部选之员到滇，遇有相当缺出，另请补授。合并声明。臣等谨合词恭折具奏，伏乞皇上睿鉴训示。谨奏。

朱批：该部议奏。

（《宫中档乾隆朝奏折》第五十一辑，第536~537页）

2390 云贵总督富纲、云南巡抚刘秉恬《奏请以景东直隶同知嵇玖升补普洱府知府，遗缺以奉旨以同知酌量补用之曹湛补授折》

乾隆四十七年四月二十四日

云贵总督臣富纲、云南巡抚臣刘秉恬跪奏：为要缺知府、同知亟需干员，仰恳圣恩俯准升补，以裨地方事。

窃查云南普洱府知府张铭烟瘴三年俸满，业经臣等保题，声请撤回内地候升在案。所遗普洱府知府员缺，例应在外拣选调补。

查普洱一缺，管辖三厅一县暨十三版纳土司，幅员辽阔，逼近外夷，为极边烟瘴最要之缺，非精明干练之员不克胜任。臣等与藩臬两司悉心遴选，现任知府内，非现居要地，即人地未宜，并无合例堪调之员。惟查有景东直隶同知嵇玫，年五十岁，江苏无锡县人，由监生捐纳州同，补授广西南丹土州同，烟瘴俸满，签升云南琅盐井提举，旋经升署今职，于乾隆四十五年七月二十四日到任，前后接算五年期满，题请实授在案。查该员才情干练，办事谨慎，历任烟瘴，熟悉边地情形，参罚亦在十案以内，以之升补普洱府知府，实堪胜任。理合专折奏恳圣恩，俯准以嵇玫升补普洱府知府，庶边疆郡守得人，于地方实有裨益。如蒙俞允，俟部复至日，给咨送部引见，恭候钦定。

所遗景东直隶同知员缺，亦系在外拣调之缺。查有奉旨以同知酌量补用之曹湛，年四十六岁，安徽贡生，捐纳知县，分发云南试用，于署昆明县任内缘事革职，经原任督臣彰宝奏留，委办大功新厂，于半年内获铜六十一万斤，复经彰宝奏请，给还知县原衔顶带，奉朱批："好，知道了。钦此。"嗣因节年办铜出力，经前抚臣李湖、署督臣图思德专折奏请升用，均准部复，俟送部引见，将其应升之处声明，办理在案。嗣又委令管理宁台厂，年获铜斤二百数十万斤不等，复令将该厂紫板铜改煎蟹壳七十万斤，继复加煎一百三十万斤，凑供京运。该员实力承办，均能依限发运。乾隆四十六年，又经调任督臣福安康暨臣刘秉恬奏恳圣恩，加赏应升同知职衔。钦奉特旨："曹湛准以同知酌量补用，俟接办有人，再行送部引见等因。钦此。"查该员才情练达，明干有为，委办厂务始终奋勉，不遗余力，以之补授景东直隶同知，必能称职。所有降级等案，照例带于新任，扣满年限，另请开复，仍遵原奉谕旨，俟接办有人，再行送部引见。

谨合词恭折具奏，并另缮嵇玫参罚清单恭呈御览，伏祈皇上睿鉴，谨奏。

朱批：该部议奏。

（《宫中档乾隆朝奏折》第五十一辑，第538～539页）

2391　云贵总督富纲《奏报滇黔两省春收丰稔、甘泽应时情形折》

乾隆四十七年四月二十四日

云贵总督臣富纲跪奏：为春收丰稔、甘泽应时，仰祈圣鉴事。

窃照滇黔两省雨水、春花情形，经臣于三月二十八日恭折奏闻在案。自四月以来，连日晴明，二麦次第登场，晒晾、春碾正资烈日，惟插种秧田不无有需蓄水。正在望泽之时，兹于四月十四日起，云南省城甘霖叠沛，不疾不徐，丝丝入土。复于二十一二等日，澍雨滂沱，高低田亩沟浍充盈，不特早种秧苗借以滋培长养，而春收甫竣之地亩际此田水充足，亦得乘时栽插，舆情甚为欣悦。并据近省各属禀报得雨情形，亦与省城相似。

查滇省本年晴雨合宜，春花畅茂，现据藩司汇报，通省豆麦收成分数合计实有九分。至沿边各土司所种豆麦，亦据报收成八分。年来屡获丰登，气象愈形恬贴，省城中米每仓石价银一两四钱九分。黔省各属据报雨水调匀，豆麦丰旺，亦已将次登场，粮价每仓石六钱一分至一两六钱五分不等。民夷乐业，边境绥宁。理合恭折奏闻，仰慰圣怀，伏祈皇上睿鉴。谨奏。

朱批：欣慰览之。

（《宫中档乾隆朝奏折》第五十一辑，第 539～540 页）

2392　署理云南巡抚刘秉恬《奏报滇省雨水田禾情形折》
乾隆四十七年四月二十四日

署理云南巡抚臣刘秉恬跪奏：为奏闻事。

窃照滇省地方雨水、春花情形，经臣于三月十五日具奏在案。自立夏而后，两旬以来，天气晴多雨少。正值麦豆收割之际，二麦颗粒因日晒益加饱绽，且于收割后堆场摊晾更为合宜。惟稻秧在在青葱，尤需雨勤水足，方能及时栽插。农民于喜晴之余，又未免望泽倍殷。兹省城一带，自四月十三日以来，匝旬之间，或昼雨夜晴，或昼晴夜雨，不骤不徐，丝丝入土，雨势极其广远。节近芒种，得此甘澍频施，深于农功有益。

臣亲历郊外，见田家男妇翻泥放水，插莳将周。迤东、迤西、迤南各府厅州属现据报到得雨栽禾之处与省城大概相同。此后晴雨一律调匀，则今岁秋成又可预占丰兆。新收蚕豆早已上市，二麦现亦纷纷出售，廛货中添，此两项新粮粜价因之不贵。汉夷乐业，地方宁静。臣谨恭折奏闻，并将三月分粮价另缮清单敬呈御览，伏乞皇上睿鉴。谨奏。

朱批：知道了。

（《宫中档乾隆朝奏折》第五十一辑，第 540～541 页）

2393　署理云南巡抚刘秉恬《奏报乾隆四十七年滇省麦豆收成分数折》
乾隆四十七年四月二十四日

署理云南巡抚臣刘秉恬跪奏：为恭报麦豆收成分数，仰祈圣鉴事。

窃照云南省二麦、蚕豆现届刈获登场，兹据布政使江兰将各属所报收成分数查明，开单汇送前来。

臣逐一确核，内麦、豆并种之威远等二十六厅州县，高下俱收成十分；蒙化等二十九厅州县、县丞，高下俱收成九分；永北等一十四厅州县、州判，高下俱收成八分；止栽二麦之中甸等一十一厅州县、州判，高下俱收成八分；止种蚕豆之思茅一厅，高下俱收成八分。合计通省收成，实得九分。至沿边各土司地方所种麦豆，据报收成合计八分，远近均称丰稔。

伏念滇省僻处万山，不通舟楫，全借本地所产俾资闾阎生计。二麦、蚕豆虽非稻谷可比，而春熟报丰，足为民食接济之需。去岁麦豆收成仅得八分，茅檐蔀屋，气象已觉盈宁。今年自春徂夏，仰赖皇上福庇，雨旸时若，发荣滋长，倍形硕茂，因而通省收成得有九分，较之去岁春收更臻丰熟。三农欣喜，莫不含哺鼓腹，尽力西畴。臣目击熙皞情形，实堪远慰圣慈念切边黎之至意。除一面饬司造册详报，照例另疏具题外，所有乾隆四十七年云南省麦豆收成分数，合先开列清单恭折奏闻，伏乞皇上睿鉴。谨奏。

朱批：知道了。

（《宫中档乾隆朝奏折》第五十一辑，第 541～542 页）

2394 云贵总督富纲、云南巡抚刘秉恬《奏报辛丑加运一起京铜依限开帮折》
乾隆四十七年五月初八日

云贵总督臣富纲、云南巡抚臣刘秉恬跪奏：为恭报辛丑加运一起京铜依限开帮，仰祈圣鉴事。

窃查辛丑三运二起京铜，于本年正月内开帮，业经臣等恭折奏闻在案。其加运一起应于本年二月接续开帮。

臣等伏查，滇省京铜正运六起而外，加运两起，每起较多铜二十余万，必须加紧严催，庶可无虞迟误。先经檄委粮储道永慧一路督催，直抵泸州。臣富纲复札令昭通镇总兵巴克坦布就近派拨妥弁，督饬沿途塘汛逐站查催，并严饬派出之文武员弁分头催儹，以期迅速。

兹据云南布政使江兰详据泸店委员申报："加运一起正耗余铜九十四万九百九十一斤零，自二月十二日开兑起，至三十日兑竣，运员刘希勖即于是日自泸州开行。"等情前来。除飞咨沿途各省督抚加紧催儹，迅速抵京，并咨明户、工二部外，查辛丑京铜现止加运末起，未报开行，核计各厂发运辛丑额铜俱已全数报竣，而在途铜斤现亦挽输无滞，惟各厂赴泸远近不一，保无迟速不齐，致滋守候。臣等仍严饬原派之文武员弁并添委大员，分段严催，勿使铜斤蜂拥抵泸，依限扫帮。

所有辛丑加运一起京铜依限开帮缘由，理合恭折奏闻，伏祈皇上睿鉴。谨奏。

朱批：好。知道。

（《宫中档乾隆朝奏折》第五十一辑，第652页）

2395　云贵总督富纲、云南巡抚刘秉恬《奏报南掌国使臣由京回滇，在省筵宴并料理回国折》

乾隆四十七年五月初八日

云贵总督臣富纲、云南巡抚臣刘秉恬跪奏：为南掌国使臣由京回滇，在省筵宴并料理回国，恭折奏闻事。

窃照南掌国王召翁遣使叭整哄等赍贡象只赴京，于本年四月二十八日，据委员、同知贺长庚等护送回滇。臣等当即饬属安顿馆舍，派员照料，资给饭食，并照例筵宴一次，赏给物件，令其略为歇息，于五月初八日，仍委员弁伴送，自省起程，并札饬普洱道喀木齐布、汤雄业等另委文武员弁护送出边，一面知会该国，遣人迎至交界接替。

再查该国王召翁上年恳将潜入车里土司地方寄居之该国人民照例赏还，当经檄饬车里宣慰司刀士宛，查明乾隆三十八九、四十等年南掌人民陆续潜入车里寄居者，共有五十户，经臣刘秉恬将可否照例赏还，俟该国使臣叭整哄等回国时交与带回之处，奏奉朱批："知道了。钦此。"钦遵在案。

臣等于叭整烘等进见时，谕知尔国王所恳赏还潜入车里寄居之人民，已蒙大皇帝恩准，赏给尔等带回。该使臣等随望阙叩谢，并称小国陪臣，奉使天朝，蒙大皇帝天恩，格外赏赐，沿途往返供顿，俱极优厚，今又将本国人民赏给带回，大皇帝种种天恩，感激不尽。叭整哄等回国禀知国王，再行奏谢天恩等语。其欢欣称颂，实出至诚。

查该国距车里路途尚远，蒙恩赏还之人民计有一百八十二丁口，长途资斧未免缺乏。臣等已饬普洱镇道转饬宣慰司刀士宛，俟该使臣等回至车里时，将上年查出户口点交该使臣叭整哄等带领回国，并令镇道查明丁口、大小，酌量捐给口食，以资前往。仍加派土练、弩手护送出境，以昭圣主怀柔远人之至意。

所有料理南掌贡使回国缘由，理合恭折奏闻，伏祈皇上睿鉴。谨奏。

朱批：览。

（《宫中档乾隆朝奏折》第五十一辑，第653～654页）

2396　云贵总督富纲、云南巡抚刘秉恬《奏请以腾越州知州朱锦昌升署永昌府知府折》

乾隆四十七年五月初八日

云贵总督臣富纲、云南巡抚臣刘秉恬跪奏：为边缺知府紧要，谨遴员奏恳圣恩俯准升署，以资整理事。

窃查云南永昌府知府特升额蒙恩补授云南迤东道，所遗员缺，例应在外拣选调补。

查永昌地处极边，界连外域，管辖四厅、州、县及潞江、陇川等十二土司，兼督理茂隆、募乃、户蒜、得胜等银铜各厂，为极边最要最繁之缺，非得老成练达而又熟悉关隘形势、土俗夷情者实难胜任。臣等与藩臬两司悉心遴选，滇省知府，除大理府尚未到任，昭通、澄江到任未久，普洱、楚雄现亦悬缺请补，顺宁、开化、东川、广南、丽江，或系极边，或系夷疆，云南、曲靖、临安各居冲要，均难更调。而应升之同知及直隶厅、州内，臣等再四遴选，现在之员，均于边隘情形未能熟谙。惟查有腾越州知州朱锦昌，年四十七岁，浙江举人，拣选知县，加捐即用，选授云南县知县，升署云州知州，奏调今职，于乾隆四十五年六月二十三日到任，前后接扣五年俸满，题请实授在案。该员才具敏练，办事实心，前经管理军需局务，往来永昌、普洱各处边关隘口查办近边银铜各厂，于该处情形极为熟悉。前署云州，未及到任，因腾越州缺紧要，前督臣李侍尧专折奏明，特准调补该员。自到腾越以来，查察关隘，抚治民夷益加勤练，土司、百姓俱能悦服。臣富纲到任后，细询边关各处情形，该员俱能条分缕析，言之井井，即检查该州一切办理案件，亦复妥协允当，实系州牧内才能杰出之员。现在永昌府缺，若以该员升署，则驾轻就熟，办理必能称职。惟本任历俸未满五年，且知州请升知府，于例稍有未符。但臣等为边要重地，会同遴选，实非该员不能胜任。谨遵人地相需之例，专折奏请，仰恳皇上天恩，俯准以朱锦昌升署永昌府知府，则要缺得人，实于边关地方有裨。如蒙俞允，照例给咨送部引见，恭候钦定，仍扣满年限，另请实授。

所遗腾越州知州员缺，亦系极边最要，例应在外拣调。容俟部复至日，臣等另行遴选题补外，谨合词恭折具奏，并另缮参罚清单恭呈御览，伏祈皇上睿鉴。谨奏。

朱批：该部议奏。

（《宫中档乾隆朝奏折》第五十一辑，第654～655页）

2397　云贵总督富纲、云南巡抚刘秉恬《奏报滇省委员办运粤东铜斤扫帮出境日期折》

乾隆四十七年五月十二日

云贵总督臣富纲、云南巡抚臣刘秉恬跪奏：为滇省委员办运粤东铜斤扫帮出境日期，循例奏闻事。

窃照各省委员赴滇采买铜斤，往来俱有定限。钦奉上谕："嗣后到滇办运开行，着该抚具奏。如有无故停留贻误者，即行指名参究等因。钦此。"钦遵在案。

兹据云南布政使江兰详称："滇粤铜盐互易，委员、滇省富民县知县钱梦日领运白羊等厂高铜十万六千斤、金钗厂低铜六万二千斤，前往粤东易盐，以该员于乾隆四十六年八月十七领足白羊、得胜二厂铜斤之日起限，除小建五日不计外，扣至四十七年四月二十九日限满。今该委员于本年三月十二日，全数运抵宝宁县属剥隘地方扫帮出境，正在限内，并未逾违。"等情，详请核奏前来。臣等复查无异，除飞咨广东、广西抚臣转饬接替催偿，依限交收供鼓铸，并咨明户部外，所有滇省委员钱梦日办运粤东铜斤扫帮出境日期，理合恭折具奏，伏乞皇上睿鉴。谨奏。

朱批：览。

（《宫中档乾隆朝奏折》第五十一辑，第 692~693 页）

2398　署理云南巡抚刘秉恬《奏报查办大关厅纠伙行劫伤人一案折》

乾隆四十七年五月十二日

署理云南巡抚臣刘秉恬跪奏：为据实陈明，仰祈圣鉴事。

窃照昭通府属大关厅盗犯潘永吉纠伙行劫黄文斌家，伙盗胡正隆拒伤事主身死，并潘永吉拒伤事主之妻平复一案，缘潘永吉起意行劫，邀同余时臣、胡正隆、雷起桂、刘寄倚入伙，一共五人，齐至事主门首。潘永吉先令雷起桂推门，事主黄文斌听闻，提标开门向戳，被胡正隆用棍殴伤身死。事主之妻罗氏亦持枪出喊，被潘永吉夺枪，用杆殴伤。随经邻佑起捕，各犯奔逸，雷起桂、刘寄倚二犯当被追获，潘永吉、余时臣亦续获到案。经大关同知白秀讯悉前情，录供通报。

臣以昭通一带与四川紧相接壤，盗案之多甲于他郡。彼时正值川省查办啯匪，且潘永吉、胡正隆二犯又俱系籍隶四川。此案伙众行劫，虽未得财，而核其杀人、伤人情形，实属凶恶，必须迅速严办，始可以彰法纪而靖地方。大关距省较远，该同知白秀有催运京铜之责，公出日久，未据招解。案关重大，诚恐定拟未协，有须往返驳改，转使凶恶盗犯得稽显戮，无以示惩，当即饬司行提现犯来省，臣率同臬司亲加研讯，各犯供词俱与原报相符。

查例载：强盗杀人，不分曾否得财，俱照得财律，斩决枭示。又律载：强盗已行而得财者，不分首从，皆斩。是强盗杀人例内斩决、枭示，系照得财者，不分首从，皆斩，并非专指下手杀人之犯，亦无为从者必须帮同下手，始准一并拟斩明文。此案逸犯胡正隆听从上盗杀死事主，例应斩决枭示。其潘永吉起意行劫，复拒伤事主之妻，余时臣指告引线，雷起桂听从推门，刘寄倚同行上盗，虽俱未得财，而盗伙胡正隆既已杀人，强盗例内系照律不分首从，应与胡正隆一体治罪，将潘永吉、余时臣、雷起桂、刘寄倚均拟斩立决，枭示，即由臣径行叙稿具题。

缘此案并非承审官原拟错误，经上司改定，是以疏内未经声明，此臣办理本案之原委也。兹准部复："以强盗杀人之犯，凡经下手者，即应照强盗得财律，不分首从，俱拟斩决，仍依杀人例枭示，系专指杀人之强盗而言。其未经下手杀人者，自应各按强盗本律定拟。此案在逃之胡正隆，系杀死事主黄文斌之正犯，潘永吉系行劫为首而又殴伤事主之妻，其余时臣、雷起桂、刘寄倚三犯，均系强盗已行。如该犯潘永吉等当胡正隆杀死事主之时，帮同下手，即属杀人为从之强盗，自应一例问拟斩枭。如并未助殴，则该犯等自有本律应拟之条，应令再行严审，确实妥拟，具题到日再议等因题驳。"奉旨："依议。钦此。"咨行到臣。遵即行司，提犯来省，委员确审，由司解勘前来。

臣亲提复鞫，其起意行劫、复拒伤事主妻氏之潘永吉，指告引线之余时臣，听从推门之雷起桂，同行上盗之刘寄倚，均与原审供情无异。再四严诘，佥供胡正隆杀死事主之时，并未帮同下手，矢口不移。是该犯等既未助殴，自应遵照部驳，查例定拟。

除另疏具题，听部核复外，伏思承审案件，拟罪错误，例有处分。今此案系臣亲提审拟，因拘泥强盗已行，无论曾否得财，皆不分首从之律，而强盗杀人枭示例内又未明注为从者、帮同下手之语，以致拟罪失当，实属臣之错误，未便因原题本内系照常声叙，辄自置身局外。相应据实陈明，请旨将臣交部查议，以昭公允。抑臣更有请旨，强盗斩决、枭示例内，所有杀人一项，原未注明曾否下手之语。若按之强盗不分首从本律，自应无论曾否下手，一概拟以斩枭。乃部臣以例意斩决、枭示，系专指杀人之强盗及帮同下手者而言，其未经下手者不在此列。合无仰恳圣恩，敕下部臣，于强盗杀人例内注明帮同下手字样，通行直省遵照，庶例文更为明显，而引断得有依据矣。臣愚昧之见，是否有当，伏乞皇上睿鉴训示。谨奏。

朱批：该部议奏。

2399 署理云南巡抚刘秉恬《奏报滇省得雨栽禾情形及现办事宜折》

乾隆四十七年五月二十日

署理云南巡抚臣刘秉恬跪奏：为奏闻事。

窃照滇省地方本年自春徂夏，仰荷圣主洪福，雨旸应候，豆麦收成得有九分，业经臣开单陈奏在案。滇中山高土燥，每届栽禾，农民待泽孔殷。今岁芒种节后、夏至节前，通省连得时雨，极其透足，田畴积水充盈，禾苗插莳已遍，高原下隰弥望青葱，从此晴雨一律调匀，又可预卜秋成丰稔。

昆明六河为农田攸赖，必须于春间修浚河身，培筑堤坝，一遇夏水盛涨，方能有备无患。先经臣会同督臣富纲，派委妥员，克期分段修筑，并不时亲往查勘，指示办理，均已如式完工。现值大雨时行，蓄泄得宜，甚于农田有益。

额办辛丑年正加八起京铜，自头运一起于上年八月开帮，偿复原限之后，逐月开行一起。截至本年二月三十日，加运一起开帮，共已开运过七起，尚有加运末起应于三月内在四川泸州扫帮。其需兑铜斤早经发运足数，此时计已依限开行，容俟报到扫帮日期，即行会折具奏。至额办壬寅年京铜厂运各员，因叠蒙皇上加恩议叙，咸知感激思奋，不遗余力。各厂办出新铜，现在分路转输，源源抵泸备贮，不惟头起八月开帮可以从容副限，无虞迟误，即此后按月一起开行，亦得从容济兑，以速京运而裕鼓铸。此外地方一切事宜，如应征钱粮及应审案件，臣俱随时随事分别督催赶办，不致稍有稽延。

所有滇省得雨栽禾情形及现办事宜，谨乘由驿奏事之便，附折奏闻，仰慰圣怀，伏乞皇上睿鉴。谨奏。

朱批：好。知道了。

（《宫中档乾隆朝奏折》第五十一辑，第 763~764 页）

2400 署理云南巡抚刘秉恬《奏报查抄原任云南
新兴州知州丰绅寓所赀财折》

乾隆四十七年五月二十日

署理云南巡抚臣刘秉恬跪奏：为遵旨查办复奏事。

窃臣承准尚书、额驸公福隆安字寄，内开："乾隆四十七年四月三十日，奉上谕：据喀宁阿等奏，迪化等州县采买粮石，侵蚀银自一万两至数百两不等，并讯出各员通同舞弊，各送给索诺木策凌银两，业将现在新疆各员严密查抄，请旨敕下各督抚一体查抄等语。迪化等州县采买粮石，辄敢浮开价值，冒销帑项，又复交结上司，公行贿赂，此事实属大奇。已谕令喀宁阿等秉公审办。除各旗员在京家产已经查抄外，所有业已离任之木和伦、丰绅、徐维绂、吴元、贺万寿、黄岳英六犯，着传谕各该督抚，即将各该员革职拿问，派员解交刑部，其原籍及任所赀财一并严密查抄。至现在新疆之伍彩雯、王喆、张建庵、刘建、何琦、于得升六犯原籍家产，并着该督抚一并查抄，毋任隐漏。将此由六百里各谕令知之。钦此。"钦遵寄信到臣。

臣伏查丰绅一员，系正蓝旗满洲人，原任云南新兴州知州，缘事参革，现在寓居省城，尚未归旗。臣当即率同藩司江兰、臬司徐嗣曾，带领文武员弁前往锁拿，派员管解，一面将该参员寓所赀财严密查抄，逐加点验。所抄物件为数无多，且系粗旧不堪，此外仅有当票一十四张，别无贵重之物。

臣思丰绅虽早已被参，而久历外任，何乃一官罢斥，遽致贫寒若此？恐难保无隐匿寄顿情弊。随提该参员严加审讯，据供："我于乾隆三十三年，由中书拣发甘肃，以通判试用，委署宁边通判，三十四年奉文准补，后因裁缺，留甘差委，三十九年借补昌吉县知县，推升云南新兴州知州，四十年十二月到任，委署宾川、宜良二州县，四十二年五月回新兴州本任，四十四年因命案革职。历年在滇所得廉俸，仅敷办公，并无余积。被参后，携眷上省，一家患病，医药调理、日食用度都是当卖，那里还有值钱物件。我实因贫病无奈，故此不能早回本旗。如今所存这几件破旧衣物，已蒙查抄尽净。若果别有丝毫隐寄，一经查出，愿甘加倍治罪。"等语。质之该参员在寓家属，供亦相符，究诘不移，似无遁饰。

臣即面谕昆明县知县吴大雅，携带当票前赴典铺，将丰绅所当衣物照票查对，开单封贮，一面饬司，由六百里驰檄该参员历过之新兴、宾川、宜良三州县任所，严查有无隐寄财物，切实申复。去后，旋据各该州县复称："遵即严密访查，并无丰绅赀财、什物寄顿在境。该参员已经获罪，断不敢稍有徇隐，自干重戾。"等情，由司转复前来。

臣复加察访无异，除将该参员丰绅佥给咨牌，派委署按察司经历张大用、抚标右营千总艾嘉旺，于五月二十日押解起程。仍飞咨沿途加谨拨护，催儹前进，务期迅速解交刑部，归案审办。其抄获寓所及封存典铺各衣物，另开清单恭呈御览，并造具细册咨部，照例分别办理外，所有丰绅一员，臣遵旨拿解赴部及查抄缘由，理合缮折由驿复奏，伏乞皇上睿鉴。谨奏。

朱批：览。

（《宫中档乾隆朝奏折》第五十一辑，第765～766页）

2401　署理云南巡抚刘秉恬《奏请将兴修水利著有成效之太和县知县王孝治议叙折》

乾隆四十七年五月二十八日

署理云南巡抚臣刘秉恬跪奏：为邑令兴修水利著有成效，恭折奏闻事。

窃照水利之于农田，最关切要，必蓄泄有备，始旱涝无虞，全在地方官实心经理，以裨民生而苏积困。臣查大理府属太和县知县王孝治，于上年委署邓川州任内，因州境有涌茸河之东湖附近粮田万亩屡遭水患，有种无收，该员遵臣指示，相度形势，如法修浚，历年被淹粮田一万一千二百余亩尽皆涸出，永资利赖。经臣将办理情形绘图贴说，恭折陈奏。奉到朱批："好。知道了。钦此。"钦遵在案。

臣以太和一县，为大理府附郭首邑，滨临洱海，宜亦有应修水利之处，当于王孝治卸署邓川仍回本任之时，嘱其留心讲求，随宜禀办。旋据该员禀称："县属下关地方有前后两甸，前甸共粮田九百五十余亩，后甸共粮田一千六十余亩，俱系引将军庙山涧之水借以灌溉。无如田多水少，每遇栽插禾苗，仅敷后甸田亩引灌。其前甸粮田，缘地势稍高，无水可溉，历久荒芜，业主受赔粮之累，农民兴争水之端。惟查将军庙之右首山梁，有向水箐一溪，源远流长，直泻洱海，不能资其利益。昔人曾有开沟引水之举，因山多浮砂，易于浸漏淤塞，疏治不得其法，迄无成功。今相度形势，此向水箐溪虽离前后两甸较远，但能筹办得宜，尽可引水归田。当传阖关士民公同酌议兴修，舆情甚惬。随即亲往履勘，议自向水箐起，开通沟道，引水至将军庙山涧，止共长一千余丈。其山砂浮土之处，用石砌沟导引，俾水流到此，既不至于浸漏，又可免泥沙淤塞，实为一劳永逸之计。除土性坚实处所即开土沟，无需砌石外，有应砌石沟者两处，共计长四百七十余丈，一切经费及所需工料，各业户情愿自行措办。该员首先捐俸，选派老练士民董理其事，择期兴工。"等情，绘图具禀前来。

臣阅其所议，参观绘图，筹办甚为合宜，当经饬令照议妥协办理，毋任胥役借端派扰。兹据该员复称："自本年二月兴工以来，开挖沟道，筑土砌石，不时往来稽查督办，匠作人等趋事极其踊跃，现已次第告竣。向水箐之水已引至将军庙，与涧水合流，两甸粮田二千余亩均已得水灌溉，及时栽禾，农民无不欣悦。"等语。

除饬该管道府前往确勘，并将善后事宜酌定章程，以垂永久外，伏查水利为农田之本，太和县知县王孝治，前于署邓川州任内既能修浚河工，涸出粮田万亩，今回太和县本任，复于山涧之中寻溯源流，开沟灌田，著有成效，洵属崇尚实政、留心民事之员。可否量予议叙，以示鼓励之处，出自天恩。如蒙俞允，不惟该员感而加勉，且使牧民群吏咸知所激劝矣。臣商之督臣富纲，意见相同。理合恭折奏闻，并绘图贴说，敬呈御览，伏乞皇上睿鉴。谨奏。

朱批：该部议奏。

（《宫中档乾隆朝奏折》第五十一辑，第 850~851 页）

2402　署理云南巡抚刘秉恬《奏报滇省禾苗情形折》
乾隆四十七年五月二十八日

署理云南巡抚臣刘秉恬跪奏：为奏闻事。

窃照滇省地方，本年芒种节后夏至节前得雨栽禾情形，经臣查明具奏在案。兹届小暑时序，高低田亩栽插已完，雨润日暄，甚为有益。

臣与督臣富纲循例亲往劝农，周行郊野，黍苗畅茂，一望青葱。询之田家老稚，咸谓今年秧雨早沾，插莳较为周遍，各勤耘耨，预庆西成。外郡州县节据禀报，情形大概相同。市卖粮价虽随地随时互有长落，而春熟丰收，乡民盖藏竞出，市贩无可居奇，并无价贵之处。闾阎熙皞，气象盈宁。臣谨恭折奏闻，仰慰圣怀，并将四月分粮价另缮清单敬呈皇上睿鉴。谨奏。

朱批：知道了。

（《宫中档乾隆朝奏折》第五十一辑，第 851~852 页）

2403　云贵总督富纲、云南巡抚刘秉恬《奏报
因时调剂酌更铜运章程缘由折》
乾隆四十七年六月初二日

云贵总督臣富纲、云南巡抚臣刘秉恬跪奏：为寻、宣分运京铜酌请改归知府承运试有成效，恭折奏闻事。

窃查滇省办运京铜，半由曲靖府属之寻甸州转运至黔省威宁州，向系寻甸州一手承办。嗣于乾隆四十年，经前署督臣图思德因寻甸至威宁中隔宣威州境，呼应不灵，易滋迟误，奏请由宣威至威宁七站改归宣威州承运，以期迅速。数载以来，虽不致迟误，然亦未能加速。推原其故，实因寻、宣二州运铜之牛马、车辆半资于沾益、平彝二州县，雇募既属不易，而寻、宣分运，又增一次秤盘，且自寻甸至宣威八站道途平坦，自宣威至威宁七站，道路险峻，虽从前奏定章程，划分运脚，寻甸具领六站半，宣威具领八站半，而夷险迥别，劳逸悬殊，脚户避险趋夷，是以宣威募运时形竭蹶。

臣富纲于上年抵任后询悉情形，即与臣刘秉恬悉心筹酌，拟照迤西道办运之例，改归道府一手办运，以期铜运加速。惟查迤东道有督催东、寻两路铜运之责，势难兼顾，莫若改归曲靖府承运，则出产牛马、车辆之沾益、平彝二州县俱隶该府管辖，呼应较灵。随令曲靖府知府龙舜琴于乾隆四十七年正月起先行试办，业经臣富纲于三月初八日附折奏闻在案。

今辛丑铜斤业已全数扫帮，臣等留心查察，脚户人等咸知铜系长运，道途夷险相兼，无可避就，且少宣威州一次秤盘守候之烦，率皆争先揽运，较前实觉迅速，故辛丑铜斤足供泸州济兑。是归并知府承运业已试有成效。所有寻甸、宣威二州分运至威宁京铜，应请即自乾隆四十七年为始，改归曲靖府一手承运，仍责成迤东道督催察查。所需运脚银两，即由该府承领给发，所需牛马、车辆，饬令寻甸、宣威、沾益、平彝等州县协雇，铜斤经过之处，亦令地方官各就境内协催，毋许歧视。其养廉、店费、书巡、工食等项，悉照额定银数，均由该府支给，造册报销。于经费无事加增，而铜运可期迅速。

所有因时调剂酌更铜运章程缘由，理合会同恭折具奏，伏祈皇上睿鉴。谨奏。

朱批：知道了。

（《宫中档乾隆朝奏折》第五十一辑，第 866～867 页）

2404　富纲《奏谢赏赐各种宝丹一匣折》
乾隆四十七年六月初二日

奴才富纲跪奏：为恭谢天恩事。

本年五月二十六日，奴才赍折把总回滇，蒙恩赏赐各种宝丹一匣。奴才随出郊，跪迎至署，恭设香案，望阙叩头祗领讫。

窃念奴才受恩深重，莫效涓埃，思补过以无从，方扪心而滋愧。兹际天中令节，仰蒙圣主鸿慈，优加赏赉，出灵丹于天府，欣驱百疹以潜消，来神品于滇池，愿共万家而保泰，宠施远逮，感激难名。奴才惟有益励丹忱，倍加奋勉，于一切应办事宜实心实力，整顿清厘，冀竭驽骀，仰报高厚深恩于万一。所有奴才感激微忱，理合恭折奏谢天恩，伏祈皇上睿鉴。再奴才奏蒙皇上赏给报匣四个，亦于同日奉到，敬谨收贮备用。合并陈明。谨奏。

朱批：览。

（《宫中档乾隆朝奏折》第五十一辑，第 868 页）

夹片：再奴才前于福建巡抚任内，未能先事整饬，以致诸事废弛，先经奴才奏请罚交银三万两，于本年完解，稍赎罪愆。仰邀圣恩俯允，并奉谕旨，此项银两着奴才交浙江海塘，留备工程之用。奴才于到任后陆续交贮藩库，今已凑齐银三万两，现在专差家人，自备脚价，于六月初二日自滇起行，解送浙江，交与闽浙督臣陈辉祖兑收备用。至续请罚交银三万两，奴才亦即赶紧凑备，交贮藩库，断不敢稍事稽延。谨奏。

朱批： 览。

（《宫中档乾隆朝奏折》第五十一辑，第868～869页）

2405　云贵总督富纲《奏报滇黔两省甘霖叠沛、禾苗畅盛情形折》

乾隆四十七年六月初二日

云贵总督臣富纲跪奏：为甘霖叠沛、禾苗畅盛，恭折奏闻事。

窃照滇黔两省春收丰稔、雨水匀调情形，经臣于四月二十四日恭折奏闻在案。自五月以来，云南省城，或细雨帘纤，连朝彻夜，或倾盆如注，旋即开霁，匝月之间雨多晴少。正值禾苗插种齐全之际，频得甘霖沾润，弥望青葱，极为长发。

查从前溪河淤塞，每逢大雨时行之候，不无淹浸之患。臣与抚臣刘秉恬先于农隙之时，委员将六河一律修浚深通，堤埝巩固，是以盘龙、金汁等河间遇大雨，虽水势骤增，旋即畅流入海，并无漫溢。臣不时出郊查看，高下田畴积水适资长养，即一切杂粮、蔬菜，莫不畅茂敷荣，秋成可卜，闾里欢腾。省城中米每仓石价银一两四钱九分，与二月相同，并据各属禀报，田水充盈，禾苗极为茂盛。惟查滇省山多地少，诚恐连雨之后，溪水不无陡涨之虞。臣先期通饬各属，凡有沟渠、堤岸之所，及时预为修筑、疏通，以资宣泄，庶农田不致冲漫，可期一律丰收。各属粮价亦与省城大概相等。黔省晴雨应时，据报田禾插莳将齐，时届青黄不接，粮价每仓石自六钱六分至一两六钱五分不等，亦与前月相同，并不增昂。两省民夷乐业，边境敉宁，理合恭折奏闻，仰慰圣怀，伏祈皇上睿鉴。谨奏。

朱批： 欣慰览之。

（《宫中档乾隆朝奏折》第五十一辑，第869页）

2406　云贵总督富纲、云南巡抚刘秉恬《奏报查办滇省鸟枪，分别禁留折》

乾隆四十七年六月初二日

云贵总督臣富纲、云南巡抚臣刘秉恬跪奏：为查办滇省鸟枪，分别禁留，仰祈圣鉴事。

窃照民间私铸鸟枪，前奉谕旨饬令实力查禁。当即督饬所属道府州县妥协经理，务须不动声色，查察缴销，恭折复奏在案。

臣等数月以来留心访察，滇省各属民夷杂处，耕种为生，其防御野兽，俱恃弩箭，不尽需用鸟枪。而近年以来，严禁硝磺，俱系官为采办，运贮省局。各标营年需若干，赴省按额领买。即民间花炮所需，亦系酌定斤数，缴价发给，并无私售硝磺。即有藏匿鸟枪，亦无施放火药。现据各属申报，善为劝谕，给价官买，纷纷呈缴者计有五百余杆，大半系短小锈坏，不堪配用。若从此彻底清查，不难全行禁绝。兹接准部咨，奏奉谕旨饬查有无似甘省之逼处番回、晋省之防御虎狼，不得不需用鸟枪者，具奏存案等因。

臣等查，滇省跬步皆山，丛林密箐，虽有虎狼，但既有弩箭可资防御，自不必仍听收藏军火利器，且前奉上谕："防夜打牲，可用器械甚多"，圣训详明，于滇省情形更为切合，自应将鸟枪一例查禁，无许存留。惟查沿边土司地方，多与外夷野匪犬牙相错，向俱责成土职、团练巡防，虽无额设鸟枪，而捍卫边疆、控御野夷，实资利器。如乾隆四十四年，普洱府车里土司刀士宛禀请拨给火药、铅弹，经镇道议请，捐资配造，每年支给三百斤，以资操练之用，经前督臣李侍尧据禀准行。近年以来，边境宁静，此其明验。以此推之，永昌、顺宁及一切沿边土司地方，凡不得不用鸟枪者，应请查照晋省所议，验系报官编号者，免其收销。如有未行编号者，概令补行编号。此后不许再行私自添制。至所需火药，令其赴官领买，酌量发给，以资备用。其余内地各属有收缴不净，因此伤人者，除将私铸私藏照例治罪外，并究明火药来历，按律严办。臣等仍不时查察，以期实力奉行，仰副圣主仁义无尽之至意。

所有查禁鸟枪，分别办理缘由，理合恭折会奏，伏乞皇上睿鉴。谨奏。

朱批： *知道了。*

（《宫中档乾隆朝奏折》第五十一辑，第 870 ~ 871 页）

2407　云贵总督富纲、云南巡抚刘秉恬《奏报探知缅酋更换情形折》
乾隆四十七年六月初六日

云贵总督臣富纲、云南巡抚臣刘秉恬跪奏：为奏闻事。

本年六月初四日，据腾越镇总兵许世亨、腾越州知州朱锦昌禀称："据孟卯土司衎衿禀称，近日关外传说有更换缅酋之信。总兵等以风闻无据，即密饬该土司探访确实情节，随时飞报。去后，复据该土司禀称：关外近日防守甚密，且传闻不一，不能即得缅匪实信。土职随选差通晓缅语猓冒他、波闷，令其改装前往确探。兹于五月二十日，冒他、波闷探实回报，据称前往阿瓦，密探得缅酋贽角牙因耽酒色，不理正事，有老酋甕藉牙长子孟洛之子孟鲁，乘其往细牙朵地方，即踞阿瓦自立，遣兵将贽角牙追获，沉江致死。旋有甕藉牙四子孟陨，复将孟鲁杀死，自立为酋。其甕藉牙六子及大万谢蕴亦被孟陨同时杀害。凡懵驳、贽角牙信用之头目、土司，尽行调回，所用大头目悉系甕藉牙旧人。现在附近阿瓦各地方盘查甚密，老官屯新换头目钮蕴，带领缅子百十人修理栅木，又探知得鲁蕴已经病故。"等语。由该土司连人呈禀，经镇州面向冒他、波闷询问无异，转禀前来，并接提臣海禄知会相符。

臣等查甕藉牙于乾隆十五年以后占据为酋，迨伊子懵驳继立，始而自外生成，旋复诡谲丧良，情伪百出，罪大恶极，为天理所不容，是以不数年而遽遭冥诛。其子贽角牙争立之后，将其诸叔或沉江致死，或逐居在外。兹孟鲁复杀贽角牙，而孟陨又乘机构害孟鲁，骨肉至亲之中如此辗转相残，揆情度理，断无不立致灭亡者。此信虽系得之土司探报，然既有此传说，自非无因。

伏思缅匪袭杀相寻，如果有内讧不能自安之势，其大头目等必先有纷纷窜入，叩关内附者。臣等现已飞饬各关隘实力查察，较常更加严密。臣富纲一面檄令该总兵许世亨，带领将弁及留防杉木笼、干崖之熟练游击哈三、苏尔相等按每月轮巡之例，增派勇干兵丁分路游巡，留心侦探，如有内附之人，即送至关内，臣等询明情节具奏。倘嗣后更有关系紧要信息，应行相机筹办之处，自未便坐失机会，当即迅速驰奏，恭请训示办理。若该酋更立之后别无动静，臣等惟有恪遵历奉谕旨，静以待之，断不敢轻举妄动，稍涉张皇。

所有现在探知缅酋更换缘由，谨会折由驿驰奏，伏乞皇上睿鉴。谨奏。

朱批： 另有旨谕。

（《宫中档乾隆朝奏折》第五十二辑，第56~57页）

2408　云贵总督富纲、云南巡抚刘秉恬《奏报辛丑八起京铜扫帮日期折》

乾隆四十七年六月初六日

云贵总督臣富纲、云南巡抚臣刘秉恬跪奏：为恭报辛丑八起京铜全数扫帮日期，仰祈圣鉴事。

窃查辛丑加运一起京铜，于本年二月内开帮，业经臣等恭折奏闻在案。其加运二起应于本年三月内接续开帮，臣等惟恐春雨连绵，沿途脚户借称道路泥泞，不免迟延稽滞，当即严饬派出之文武员弁分头梭织催赶，并檄委粮储道永慧驰往督催。臣富纲复加派参游大员沿途逐站催儹，以期迅速。

兹据云南布政使江兰详据泸店委员申报："加运二起正耗余铜九十四万九百九十一斤零，自三月十一日开兑起，至二十九日兑竣，运员韩腾即于是日自泸州开行。"等情前来。除飞咨沿途各省督抚加紧催儹，迅速抵京，不得仅照寻常例限，致任耽延，并咨明户、工二部外，查滇省额办京铜，从前因循积压，时厪宸衷，自调任督臣福康安与臣刘秉恬恪遵皇上训示，通盘调剂，极力督催，庚子京铜始得于上年七月内依限扫帮。仰蒙皇上天恩，将办厂出力之萧文言、曹湛特准加衔，并将在事出力人员从优议叙，是以人人思奋，莫不争先恐后。

臣富纲于上年抵任时，辛丑头运一起甫经奏报开帮，复与臣刘秉恬钦遵谕旨，设法查催，不遗余力。今辛丑京铜幸得依限全数扫帮，视上年运竣庚子京铜之期较早，四月实已克复三月扫帮原限。臣等查壬寅京铜例应于本年八月内开帮，期限虽觉较前稍宽，但此时若不仍行加紧催办，惟恐厂运各员渐致忽懈，再一堕延，未免前功尽弃。臣等现在严饬厂运各员照前奋勉，持久勿懈，务按核定月额，源源攻采输运，按限抵泸交兑，并饬派出之文武各员弁分段加紧严催，断不敢稍存懈弛。

所有辛丑八起京铜依限全数扫帮日期，理合恭折奏闻，伏祈皇上睿鉴。谨奏。

朱批：览。

（《宫中档乾隆朝奏折》第五十二辑，第58～59页）

2409　云贵总督富纲《奏报滇省大雨灾害情形折》
乾隆四十七年六月二十六日

云贵总督臣富纲跪奏：为奏闻事。

窃照滇省本年入夏以来雨旸应候、田禾茂盛情形，节经先后奏报。至五月以后，大雨时行。省城盘龙江甫经挑浚之后，宣泄迅利，并无漫溢。嗣据迤西一带旬报雨水稍多，臣即经通饬各属预为防护。

兹于本月初七日，据署楚雄府知府张铭禀称，楚雄府于本月初一日连宵大雨之后，山水陡发，灌入城厢，官舍、民房多有冲塌。当即檄饬藩司江兰，随同抚臣驰赴查勘。复于初九日，据署黑井提举朱璋禀称，该井于初一日大雨之后，山水陡发漫溢，两岸灶户、民房、井亭、井座全行冲没等情。查黑井距楚雄两站，臣随檄饬盐法道许祖京兼程驰往，并札知抚臣带同履勘。兹抚臣刘秉恬于二十四日回省，臣详悉面询，据云："查明两处田亩损伤无几，水势消落之后尚可补种杂粮，其未经被淹田禾仍属十分丰茂。惟居民、灶户房屋倒塌多间，间有淹毙人口，业经动项抚恤接济，不致成灾，无庸加赈。"一切情形，现经抚臣据实具奏，可以上抒圣虑。

惟黑井年额煎盐七百余万斤，通省口食大半仰给于此。今据称该处共有五井，仅存其二，至东、沙、新三井均没河底，又因山岸酥塌，巨石压盖，此乃民食、课款所关，岂宜旷日停煎，致多堕误？详查旧案，从未有冲没若此之甚者。现在虽留盐法道许祖京带同委员驻井，相机修复，但必究明受病之原，方可施功。臣未经目击，难以轻率悬议。臣前已奏明赴边查阅营务，即日便可起程，路过楚雄，自应顺赴黑井，逐一相度山势井形，及近日天晴水退之后，有无可以采寻井眼情形，及将来作何规画，以图永久之处，详细筹明，与抚臣会商，奏请训示。

再本月二十四日，据腾越州禀报，南甸、干崖等处夏雨过多，田房、牲畜多被冲损。臣查土司地方无粮课，向来偶遇水旱致被偏灾之处，俱系地方官酌量抚恤。今南甸既有专营，干崖亦设总汛，且该二处逼近边隘，向来土司、百姓亩有余粮，山多畜牧，民富练强，颇助声势。此次据报被灾似觉稍重，且以现在边隘情形而论，未便令我土司偶有困乏，稍露贫弱之形。臣已飞饬腾越镇许世亨、知州朱锦昌，携带银两刻即前赴该处，逐加履勘，厚加赏恤，毋致一人失所。俟臣到边后，再行按户查验，亲自抚绥，务使家给人足，气象复元，以广皇仁而壮边实。所需银两，臣另行妥协筹办。理合恭折奏闻，伏乞皇上睿鉴。谨奏。

朱批：览奏俱悉。

（《宫中档乾隆朝奏折》第五十二辑，第 248～249 页）

2410　云贵总督富纲、云南巡抚刘秉恬《奏报查明镶黄旗汉军佐领下闲散旗人高兆勋未回京缘由折》

乾隆四十七年六月二十六日

云贵总督臣富纲、云南巡抚臣刘秉恬跪奏：为钦奉谕旨查明复奏事。

窃臣等于本年六月十七日，承准尚书、额驸公福隆安、尚书和珅字寄："乾隆四十七年五月二十八日，奉上谕：据镶黄旗汉军都统德保奏，本旗高炯佐领下闲散高兆勋，于乾隆四十三年，因伊父高其人在云南提举任内病故，前往接取回京，至今尚未回旗等语。高兆勋身系旗人，前赴滇省已逾四年之久，何以尚未回旗，亦并未据该督抚查出奏闻。外省习气，诸事因循，即此可见。着传谕富纲、刘秉恬，查明高兆勋现于何处逗留，是否尚在滇省，即速挑人押解回旗，俟到时再交该旗查办。钦此。"钦遵。

臣等伏查，原任琅井提举高其人于四十三年在滇病故，前任督抚臣饬司，催令伊子高兆勋扶柩回旗。因高兆勋染患寒症，并伊家人孟拔亦俱患病，一时未能痊愈，查验明确，分咨部旗。臣刘秉恬到任后，节次查案，檄行藩司江兰严催。据禀，高兆勋委因染患伤寒，转成疟痢，气血两亏，一时实难痊愈起程等情。复经饬司委员密验，实无捏饰情弊，一面咨明部旗，一面催令作速医痊，请咨回旗在案。钦奉谕旨饬查，当即严提高兆勋到案面讯，据供："我患病日久，兼之赤贫无力，家口多人，央恳同族高琳帮了数十金盘缠，又因医药花用，是以未得起程。"等语。当传试用府经历高琳询问属实。

查高兆勋现奉特旨饬解回旗，臣等遵即派委师宗县典史伍鼎先行押解赴京，交送本旗查收办理，并咨沿途各督抚转饬经过地方差拨兵役，按站防送。至高其人灵柩及家口子女，亦应令其作速回旗。臣富纲、臣刘秉恬公同捐给路费银二百两，仍照例填给护牌，交伊同族高琳及伊堂兄、贵州贵阳府知府高树勋，分派家人护送回京。合将查办缘由恭折复奏，伏乞皇上睿鉴。谨奏。

朱批： 览。

（《宫中档乾隆朝奏折》第五十二辑，第 249 ~ 250 页）

2411　云贵总督富纲《奏报缅匪袭杀更立一事情形折》

乾隆四十七年六月二十六日

云贵总督臣富纲跪奏：为奏闻事。

窃查缅匪袭杀更立一事，前据腾越镇州禀称，系猛卯土司密差玀冒他、波闷直赴阿瓦探实回报。臣以新立缅酋既于各隘口严密防查，该玀何能直至阿瓦？殊难凭信，当即飞饬将该玀等送省候询，附折奏明在案。兹于六月二十四日，据该镇州派令外委通事将波闷一名护送到省，声明冒他一名染瘴未痊，不能起行。臣当传波闷亲加询问，据供："本系蛮暮夷人，幼随父母跟同土司瑞团入内投诚，来至猛卯，父亲病故，就同母亲流落下了。我长大后，在猛卯土司处充当土练，未曾薙发。今年土司差我同冒他前至阿瓦探事，我仍系带发披抄，又采些谷茶沿途去卖，所以人不疑心。于四月初三日自猛卯起身，由猛笼、象孔一路行走，冈口盘查严密，多有耽搁。四月二十八日，才至岁鸡牙寨子，第二日进了阿瓦两层城内，寻着缅寺住了四日，每日在街探听，并向缅寺内大和尚锡拉堕询问，始知赘角牙为其堂兄孟鲁沉江致死，其第四叔孟陨又杀孟鲁嗣立为酋。"等语。臣复细询该处情形，与前次供禀大略相符，亦有前供所未及而此次问出者。臣复详细讯问各种紧要关键情节，据称："我在缅寺仅住四日，彼处防查亦严，是以未能尽知。"察看该玀，人颇老实，亦尚明白，此次已到阿瓦，似属可信。臣复询以现须查探要紧情节甚多，尔可能再往探明回报否？据供："我记性平常，又不会写字，若得一能写字之人一同前往，便可逐一探明，又今年雨大瘴盛，一交八月方可出关。"等语。

臣先已密札腾越州知州朱锦昌，据禀，觅有醇谨晓事数人，听候差委，拟即带领波闷到边，亲自遴选至妥精细之人，面授机宜，重加赏给，令其同往，务得缅匪实在底里，奏请圣训遵办。所有现询波闷供词，谨另缮清单具奏，伏乞皇上睿鉴。谨奏。

朱批： 亦不必差往，静听之可也。

（《宫中档乾隆朝奏折》第五十二辑，第 251~252 页）

2412 署理云南巡抚刘秉恬《奏报楚雄府城外龙川江挑挖开河情形折》
乾隆四十七年六月二十六日

署理云南巡抚臣刘秉恬跪奏：为请旨事。

窃照楚雄府城外龙川江一道，自镇南州发源，汇合诸支流，经府城西北东三门，至离城六七里镇水塔地方而出，下达黑盐井，由元谋县入于金沙江。缘郡城地势本低，河溜日渐逼近，相去仅止数武，每遇伏秋大雨之时，易致泛滥入城。乾隆三十七年，即有冲倒城垣之事。此次水虽入城，特以城垣系三十七年后所修，工程颇属坚固，幸而未致冲损。若不及早筹办，则河溜日近一日，趋至城下，必致汕刷根脚，即难保无塌卸之虞。

臣于到楚雄，即亲赴各处履勘，并询之土人，佥称从前河身离城尚远，因近年日趋而南，是以逼近城门，必须开挖引河，使归故道，方与郡城有益等语。臣复详加阅看，龙川江本系自西而东，至楚雄城外折而趋南，复转而北，仍迤而东，由镇水塔下注。

臣查旧河故道，即在折而趋南之北首，若于此处挑挖深通，导引河溜复旧，并于迎溜处酌建石坝，近城处量筑土堤，则水势自可由西而东，不致日渐南移，逼近城根矣。臣约略计算，应开引河止二百七十余丈，所费不过数千金，与其俟将来汕刷城脚，另费周章，自不若及早预为之计也。谨将该处情形绘图贴说，敬呈御览，是否有当，恭候训示遵行。

再查镇水塔为该处出水之所，亦须疏浚深通，俾河流畅达，方免泛溢之患，是河身固宜复旧，而尾闾尤当急图。臣现与该处地方官及居民人等立定章程，每年冬间水涸之时，鸠集民夫，大加挑挖一次，并令地方官将何时兴工、何时挑竣之处报明臣等衙门，以凭委员查勘。所有臣筹办缘由，谨具折奏闻，伏乞皇上睿鉴。谨奏。

朱批： 好。知道了。

（《宫中档乾隆朝奏折》第五十二辑，第 257~258 页）

2413　署理云南巡抚刘秉恬《奏报查勘黑井被水及善后情形折》

乾隆四十七年六月二十六日

署理云南巡抚臣刘秉恬跪奏：为奏闻事。

窃臣于楚雄途次，接据黑盐井提举朱璋、定远县知县谢锡位禀报："该井于六月初一日猝被水发，汹涌异常，冲塌两岸民灶、房屋四百四十余间，大、复、东、新、沙卤五井并台墩、卤房等项，均被冲没淹浸。护井礌岸决去三段，计长一百八十余丈。灶房、盐斤及堆贮柴薪，除竭力抢救搬运外，未及救护者，计漂失井重盐二十六万余斤，柴一百八十三万余桐，并大小锅口、器具等项。淹毙男妇十名口。被水穷民，现令暂栖高阜寺庙内，每人给予口粮安顿。"等情。并准督臣富纲札知，派委盐道许祖京兼程前来，随同臣往查勘。臣一面饬令许祖京先赴黑井查办，臣勘毕楚雄被水情形，随即取道前往履勘。

缘黑盐井地方，两山夹峙，中有一河，上承龙川江及各支河之水，地既低洼，势复逼窄。本年五月内连日多雨，至二十九日，昼夜大雨如注，上游诸河及各山涧之水同时迸发。六月初一日早间，即时骤长数丈，挟泥沙巨石而下，势若建瓴，以致将炮岸决去，各井或被冲没，或被漫淹，民灶、房屋亦被冲塌，盐斤、柴桐随流漂失。臣带同盐道及各委员亲赴各处逐一查勘，并点验现存盐斤、柴薪，均与该提举等所报无异。

伏思滇省盐井，以黑盐井为最大，每年收盐七百三十余万斤，赋课半出于此。该处民灶鳞次，人烟稠密，借以谋生者数千户。今既被水冲刷，自应急筹修整。查黑盐井系该处总名，其实有大、复、东、新、沙卤五井之目，就中出盐最多者为大井，每年额收约四百万斤，较之诸井更关紧要。臣勘得该井虽亦被冲，尚无沙石覆压。当即率同盐道，督令提举等官多集人夫，将积水一面设法四处宣泄，一面昼夜车戽，现已得有卤源，照常汲煎。至于复井，每年额收盐一百二十七万余斤。该处地势本高，惟出卤之井道被石打坏，连日上紧赶办，亦经修整完好。其余东、新、沙卤三井，俱在河沿，因初一日水石冲激，将井亭、井台、井墩均已漂没无存。臣与盐道亲往查看，或在大溜湍激之中，或在巨石覆压之下，竟不辨何处为井。据灶户插标为志，始识其所。目下筹办之法，必先将河身疏浚，巨石搬移，俾正溜仍归故道，始可揣淘井眼，以为修复之计。臣现派署白盐井提举施延良、候补知县蔡世忱、定远县知县谢锡位及本井提举朱璋，随同盐道许祖京，分头相机赶办，务期及早收效。

臣复查，该井旧有炮岸，原为护井而设，虽做法尚有未尽善之处，而用石镶砌，高厚约有数丈，亦甚坚固。今决去一百八十余丈，各井捍卫无资，自应照旧修复，以期经久。但目下大雨时行，两岸土石松懈，每每酥塌，若遽令兴工，势难坚实，转恐徒费而无益。应于此时先行勘估，一俟秋冬水落，鸠工兴筑，庶几工坚料实，可资永固。惟查该处炮岸工程，自底至顶，系用石块壁直累成，全无收分，是以水一冲损，即致成片塌卸。将来兴修时，应请留出收分，逐层斜砌而上，（**夹批**：是。）庶水势到此散缓，可免顶冲迎击之患。

现在大井、复井已照常汲煎，出盐无缺，且该井尚有旧存带销盐二百余万斤，业经抢获，足抵三井出盐之数，民食不虞缺乏。其冲去盐斤、柴薪及停煎缺额，查照往例，咨部办理。被水贫民、坍塌房屋、淹毙人口所应给予口粮、修费及掩埋银两，统照楚雄府章程，交与委员会同地方官查明确数，分别散给。（**夹批**：俾受实惠。）俟给发事竣，并案题销。

再查黑井地方俱系夹石山坡，其中止有种菜地亩一二块，并无被淹田禾。合并声明。臣已于二十四日回省，谨恭折具奏，伏乞皇上睿鉴。谨奏。

朱批：览。

（《宫中档乾隆朝奏折》第五十二辑，第 259～260 页）

2414　署理云南巡抚刘秉恬《奏报查勘楚雄等处被水及善后情形折》
乾隆四十七年六月二十六日

署理云南巡抚臣刘秉恬跪奏：为奏闻事。

窃臣于六月初七日，接据楚雄县知县周名炎禀称："县属五月中旬以来雨多晴少。二十九日酉刻起，大雨如注，连宵达旦。六月初一日黎明，城外龙川江河水陡发，骤长数丈，水势汹涌异常，人力不能救护，附郭田禾、民居多被淹没冲塌。当即随同本府知府派拨人役，赶扎木筏，四处救援，被水民人上城躲避。郡城东北两门同时并浸，城内水深五六尺不等，文武官舍、营房、监狱以及兵民房屋亦有被浸倒塌之处。至戌刻，雨始稍止。现在煮粥分给被水男妇，以资日食。至四乡田禾是否被淹成灾，与教职、佐杂等官分头查勘明确，再行禀报。"等情，并据楚雄府知府张铭报同前由。

臣思本年滇省春收，各属倍称丰稔。交夏令后，得雨较早，各处高低田亩均已栽插齐全，长发畅茂，已有丰亨之兆。今楚雄一隅猝尔被水，若办理稍有未周，或致贫民失所，即属美中不足，且有司呈报地方水旱，或情形本重而匿减分数，或情形本轻而捏增荒歉，是匿灾与捏灾二者，必须亲临履勘，方可绝其弊端。臣遂商之督臣富纲，带同藩司江兰，于初八日兼程前往，初十日驰抵楚雄。查看该府地势本低，西北东三门俱临河边，西门去河稍远，是以水未进城，仅止冲塌城外民居。东门、北门同时进水，顷刻深至数尺。臣与藩司及委员等亲赴各处勘验，水势业已退落，计冲塌文武衙署、营房、监狱二百余间，裁营估变衙署九十余间及营房一百七十余间，城厢居民房屋一千九百四十余间，并淹毙男妇四名口。其被水贫民，或暂栖高阜寺庙，或暂居城上，每日派员散给口粮，以资接济，不致失所。

臣查乾隆四十二年云南省城被水，冲塌房屋，瓦房每间给银一两，草房每间给银五钱，以为修复之费，此次即照从前旧案办理。其冲塌文武衙署、营房、监狱，照例报部，分别修复。惟被水贫民抚恤口粮，四十二年止发给十五日。臣查此次情形似觉较重，应请即照抚恤成例，散给一月口粮，大口每日给米五合，小口二合五勺。臣业已派委署罗平州知州黄载、署河阳县知县顾嘉颖、候补知县徐维城，会同楚雄县知县周名炎，将被水贫民分地确查，亲填入册，不得假手胥役，并责成该管知府张铭、迤西道杨以湲，逐层稽察，如该委员与地方官办理或不实不力，稍有遗滥，即行据实揭报，以凭参究。

至于四乡被水田亩，臣复派员与该地方官逐细查勘，沿河一带被淹者共二十二顷零八亩。查此项田亩为数本少，且均系滨河低洼之地，据该处民人均称，往年遇大雨时行之际，常多漫淹，原不能有种必收。已饬地方官确查，如有无力补种愿借籽种者，照例借给，无庸另行办理。

臣此次由省城至楚雄，复由楚雄至黑盐井，经过各州县，见沿途高低田亩弥望青葱，极其畅茂。询之农人，据称今年因得雨较早，栽插溥遍，即平时所谓雷鸣田，不能每年俱种者，现亦处处插秧等语。臣留心察看，闾阎实有盈宁景象。楚雄虽一隅被水，定不致有减秋收分数，且迩日天气晴霁，或有阵雨，旋即开霁，均于禾苗有益，将来收成尚可期其逾于往岁也。

恐廑圣怀，谨将臣目击情形一并奏闻，伏乞皇上睿鉴。谨奏。

朱批：览奏俱悉。

（《宫中档乾隆朝奏折》第五十二辑，第 261~262 页）

2415 云贵总督富纲、云南巡抚刘秉恬《奏报盘查司道各库银两实存数目折》

乾隆四十七年六月二十八日

云贵总督臣富纲、云南巡抚臣刘秉恬跪奏：为循例盘查具奏事。

窃照司道库贮钱粮，例应于奏销时督抚亲往盘查，缮折奏闻。兹届奏销乾隆四十六年钱粮之期，行据布政使江兰、粮储道永慧造册详送前来。

臣等检查册案，核明应存确数，亲赴司道各库按款点验，抽封弹兑，实盘得布政司库存贮正杂各款银二百六十九万六千二十八两零，又铜务项下工本运脚及节省等银一十万一百二两零；粮储道库存贮米价、河工等银一十四万八千七百四十二两零，均与册开实存数目相符，并无那移亏缺情弊。除另疏题报外，所有盘查司道各库银两实存无亏缘由，臣等谨循例恭折具奏，伏乞皇上睿鉴。谨奏。

朱批： 览。

（《宫中档乾隆朝奏折》第五十二辑，第289页）

2416　署理云南巡抚刘秉恬《奏报乾隆四十六年分滇省耗羡、公件等项银两收支、动存数目折》

乾隆四十七年六月二十八日

署理云南巡抚臣刘秉恬跪奏：为核实耗羡公件，循例奏闻事。

窃照滇省耗羡公件等项充公银两，例应随同地丁，核实具奏。兹据云南布政使江兰将乾隆四十六年分耗羡、公件等项银两收支动存数目，详请具奏前来。

臣查旧管银二十三万八千八百三十五两零，新收条编、耗羡、公件、溢额商税、牙帖、铜价、官庄租折、税款、心红纸张、奏销饭食、裁缺养廉等银二十万六千一百一两零，管收共银四十四万四千九百三十七两零，开除支给养廉公费等项银二十二万五千一百九十七两零，存库银二十一万九千七百三十九两零，俱系实支实销，并无亏缺那移情弊。除将收支动存各款数目造具清册送部外，理合恭缮黄册，另开简明清单，具折奏闻，伏乞皇上睿鉴。谨奏。

朱批： 览。

（《宫中档乾隆朝奏折》第五十二辑，第289～290页）

2417　署理云南巡抚刘秉恬《奏报乾隆四十六年滇省额征钱粮已未完结数目折》

乾隆四十七年六月二十八日

署理云南巡抚臣刘秉恬跪奏：为查明钱粮完欠总数，循例奏闻事。

窃照各省每年完欠钱粮，例应随奏销时分晰查明，据实具奏。兹据云南布政使江兰会同粮储道永慧，将乾隆四十六年分额征钱粮已未完结数目，详请具奏前来。

臣查滇省乾隆四十六年分应征民、屯条丁、米折等银二十一万二千八百五十一两零，实征商牲税课等银九万九千五百二十五两零，又应征税秋六款等麦、米、荞并条银改米二十万七千七百二十石零，内收本色麦三千五百一十六石零，本色米一十一万九千三百七十三石零，折色米、荞八万四千八百三十二石零，内有罗平等十一厅、州、县未完折色米一万二千七百三十七石零，该折征银一万二千七百三十七两零，实征折色米、荞七万二千九十五石零，各折不等，该折征银七万七百九十五两零。除将未完米折银两另揭开参，并缮黄册题报外，其余俱经征收全完，理合开列简明清单，恭折具奏，伏乞皇上睿鉴。谨奏。

朱批：览。

（《宫中档乾隆朝奏折》第五十二辑，第 290～291 页）

2418　署理云南巡抚刘秉恬《奏报滇省雨水田禾情形折》
乾隆四十七年六月二十八日

署理云南巡抚臣刘秉恬跪奏：为奏闻事。

窃照云南省城一带，五六月之间大雨时行，水势盛涨。所有省城盘龙江等六河，经臣于二月内奏派藩臬两司带同各委员先期修浚，臣与督臣富纲不时前往查勘，指示办理，蓄泄得以有备。目下河流在在平稳，并无漫溢之虞。高下田禾均极茂发。惟楚雄府附郭之楚雄县暨定远县所属地方之黑盐井先后禀报，五月二十九、六月初一等日，连朝大雨，猝被水患，当经臣于初八日亲赴查办，业将抚恤得所，一隅被水，旋长旋消，勘不成灾之处，及往来经过各州县，目击沿途高低田亩禾苗畅茂、秋收可期丰稔缘由，于二十四日回署后，分晰缮折，驰奏在案。

兹值交秋之候，全在晴雨调匀，始于庄稼有益。省城地方迩日天气晴畅，间有阵雨，旋即开霁，日暄雨润，最为合宜。早禾现在含苞吐穗，迟者亦皆发荣滋长，高原下隰弥望青葱。远近各属，节据报到情形大概相仿。第西成尚远，省会人烟稠密，食指浩繁，臣恐市卖粮价易致居奇翔贵，业饬云南府县将仓存溢额兵米照例减价出粜，以平市值而利民生。其外郡州邑，亦有将额贮常平社仓谷石，酌定数目详借，请俟秋后征还，俾资农民接济，兼为出陈易新之计，俱经批饬照行。是以各处市粮时价虽有增减不齐，而无食贵之虑。舆情欢洽，景象盈宁。臣谨恭折奏闻，仰慰圣怀，并将五月分粮价另缮清单，敬呈皇上睿鉴。谨奏。

朱批：览奏俱悉。

（《宫中档乾隆朝奏折》第五十二辑，第 291～292 页）

2419　云贵总督富纲《奏报审拟曲寻协军装房失火案情形折》

乾隆四十七年六月二十八日

云贵总督臣富纲跪奏：为审拟具奏事。

窃照云南曲寻协左营守备曹世勋防范不严，致军装房失火，焚毁军装、号衣，并不即时通报，经臣专折参奏革审，并将曲寻协副将刘乘龙附参，请旨交部议处。奉到朱批："该部知道。钦此。"钦遵。行据云南按察使徐嗣曾会同布政使江兰审解前来，臣即提犯亲加复鞫。

缘曲寻协左营守备驻扎寻甸州，即原设督标奇兵营驻扎之所，奇兵营裁存军械均存贮汛房，并有该汛兵自制号衣寄贮在内，向派百总汪汇看守。乾隆四十七年二月初三日，操演之期，汪汇开取号衣，手携烟袋，不虞误遗烟灰，房内以致失火延烧。守备曹世勋闻信，督同弁兵前往扑灭，业已烧去耳房一间，房内旧存奇兵营盔甲、旗帐及剩汛兵号衣均被烧残。曹世勋并不查明起火根由，即时通报，亦不将百总汪汇移送文员查审，直至次日始行禀知该协刘乘龙，转禀到臣。臣已先据署寻甸州万廷石禀报，檄司行查，恐曹世勋先图隐讳，及闻文员禀报，始行具禀该协，并恐军装残缺不全，因而纵火焚烧，以图掩盖，当即参奏革审，兹讯据供防范不严属实。诘其因何不即通禀，是否因军装残缺恐被查点，因而纵火焚烧。坚供："当日扑灭之后，查讯起火根由，因汪汇推托不认，故未移送文员审办。被毁军装一时复查点不清。缘系难荫武弁，年少初任，不谙成例应行通报，故于次日禀知本协，并非先图隐讳。闻知文员禀报，始行具禀。至所管军装，年底甫经本协盘验，并无短缺。甫隔一月有余，实无恐被查点纵火焚毁情弊。"严究百总汪汇，亦据供误遗烟灰是实，并无偷卖短少、放火掩饰等语。再四究诘，坚供不易。其为失火延烧，别无情弊，似属可信。

查律载：库内失火者，杖八十，徒二年等语。百总汪汇于军装重地，携带烟袋，开取号衣，以致遗落烟灰，失火烧残军装，虽究非有心，罪实难逭。汪汇合依库内失火律，杖八十，徒二年。字识李占先、刘清汉，目击汪汇携带烟袋进房，不即阻止，亦属不合，俱应照不应重律，杖八十，革去名粮。守备曹世勋，讯无短缺军械、纵火焚烧情事，其未经通禀，实因不谙事体，亦非意图隐讳。但军装重地，不选派千把经理，仅委百总开放，咎亦难辞，业经革职，应毋庸议。被毁军械、房屋，据估共需银一千二百三两三钱零，即于曹世勋名下着赔，建复制补，如曹世勋赔不足数，即着该管副将刘乘龙代赔。除将赔修清册、全案供招咨部外，所有审拟缘由，理合恭折具奏，并缮供单恭呈御览，伏祈皇上睿鉴。谨奏。

朱批：该部知道。

（《宫中档乾隆朝奏折》第五十二辑，第294～296页）

2420　云贵总督富纲《奏请准昭通镇总兵巴克坦布、贵州威宁镇总兵轮替陛见折》

乾隆四十七年六月二十九日

云贵总督臣富纲跪奏：为奏明请旨事。

窃照云南昭通镇总兵巴克坦布、贵州威宁镇总兵敬善先后奏请陛见，均蒙圣恩俞允。于本年六月初九、初十等日，接准该镇等恭录朱批，呈请委署前来。

臣查昭通、威宁为云贵两省交界接壤，相距不及二百里，而直达于四川之泸州，堵拿逃匪、查缉私铸均关紧要。又前因京铜运泸迟滞，经调任督臣福康安奏明，特派该镇巴克坦布、敬善协同文职沿途催偿，该镇等督率弁兵，颇能勤勉。兹值辛丑铜运全数扫帮、壬寅赶复原限之时，尤资照料，若两镇同时委员更替，未免俱系生手。而滇黔二省中，副将赴部引见者共有五员，现在遴委，亦暂不得人，且臣现拟赴边巡查，东昭亦需大员弹压。臣再四筹酌，惟有仰恳皇上天恩，准令该总兵等先后轮替起程。

查贵州清江协副将林茂益，堪以委署威宁镇印务。清江协副将员缺，查有下江营游击范建伟，堪以委署。臣现饬前往递署，俾总兵敬善先期赴阙，计该总兵约于冬月回任后，再令总兵巴克坦布交卸起程，赴京瞻觐天颜，跪聆圣训，似于营务、铜运均有裨益。理合恭折奏明，伏乞皇上睿鉴。谨奏。

朱批：知道了。

（《宫中档乾隆朝奏折》第五十二辑，第 296~297 页）

2421　云贵总督富纲《奏请将总督衙门笔帖式福昂送部引见折》

乾隆四十七年六月二十九日

云贵总督臣富纲跪奏：为遵旨据实奏闻事。

窃照乾隆四十六年九月二十五日，奉上谕："嗣后各省督抚衙门笔帖式，概不许委署地方印务。果其中有才具优长、堪膺地方之选者，不妨出具考语，据实奏请，送部引见，候朕酌量录用等因。钦此。"钦遵在案。

兹查臣衙门笔帖式福昂，年三十三岁，镶黄旗满洲拱照佐领下人，由文生员考取翻绎笔帖式，补授吏部笔帖式，乾隆三十九年四月保送引见，奉旨："云贵总督衙门笔帖式，着福昂补授。钦此。"是年九月到滇，节经前任各督臣委署州县及同知印务，委查各厂及营务、军装，复经前督臣图思德、李侍尧委办军需局事。四十五年，调任督臣福康安、抚臣刘秉恬钦遵训示，设法调剂积压铜运，复委该员各路催僧，嗣庚子京铜扫帮后，又令接催辛丑京铜。该员六年期满，更替之员业已到滇，例应赴部补用。缘所催辛丑京铜尚未扫帮，复经咨部，暂缓给咨在案。今年辛丑京铜业已扫帮，应即给咨赴部。

臣查该员年力精壮，才具优长，办事实心，差遣勇往，且在滇年久，民情吏治亦俱熟悉，堪膺地方之选。理合遵旨出具考语，据实奏请送部引见，恭候圣恩，酌量录用。为此恭折具奏，伏祈皇上睿鉴。谨奏。

朱批：览。

（《宫中档乾隆朝奏折》第五十二辑，第 297～298 页）

2422　云贵总督富纲《奏报滇黔两省旸雨应时、禾苗畅茂情形折》
乾隆四十七年六月二十九日

云贵总督臣富纲跪奏：为旸雨应时，禾苗畅茂，恭折奏闻事。

窃照滇黔两省雨水禾苗情形，经臣于六月初二日恭折奏闻在案。自六月以来，天气晴霁，间得阵雨，虽大小不齐，均各随时开朗，日暄雨润，殊与大田有益，即蔬菜、杂粮亦极畅茂，秋成可卜，四野欢腾。惟当青黄不接之际，省城粮价较四五月间稍增，现在中红米每仓石价银一两五钱六分，尚不昂贵。并据迤东、迤西、迤南各属禀报旸雨、禾苗、粮价情形，俱与省城大略相同。至楚雄及黑井被水之处，本属一隅偏灾，现在分别抚恤，居民、灶户争先补种杂粮，不致有失所之虞。其修复井座事宜，臣现亦赶紧查办。

至黔省跬步皆山，不虞积雨。贵州省城前于六月望间晴霁多日，山田望泽颇殷，旋于六月十八日得有透雨，据报早禾畅盛，晚稻亦极青葱。其余贵东、贵西各属，皆晴雨应候，禾黍滋丰。粮价每仓石自六钱六分至一两六钱五分不等，与上月相同，并不增昂。两省民气恬熙，边境宁谧。理合恭折奏闻，仰慰圣怀，伏祈皇上睿鉴。谨奏。

朱批：欣慰览之。

（《宫中档乾隆朝奏折》第五十二辑，第 298～299 页）

2423　云贵总督富纲、云南巡抚刘秉恬《准咨未经拿解持有〈回经〉回民并钦遵谕旨办理缘由折》
乾隆四十七年七月初一日

云贵总督臣富纲、云南巡抚臣刘秉恬跪奏：为钦奉谕旨，恭折复奏事。

本年六月三十日，承准尚书额驸公福隆安、尚书和珅字寄："乾隆四十七年六月十八日，奉上谕：本日，据闵鹗元奏，接据广西咨会，起出《回经》并拿获作序刊书之犯，讯供具奏一折。此事前据朱椿奏到，业经降旨不必查办，并通饬各督抚，嗣后如有似此回教经典，俱毋庸苛求，致滋扰累。盖缘旧教回民在西北省分为多，而各省亦在在俱有。其所奉经典，回民中亦属家喻户晓，即与僧道、喇嘛无异，焉能尽人其人而火其书乎？且伊等平日持诵经典，自唐宋以来早流传中国，迥非若白莲教邪教起立名色专为敛钱惑众，甚且作乱者可比，若过为搜求滋扰，则安分守法之回民转致不能自安，无所措具手足。封疆大吏如遇有地方邪教、悖逆等事，自应认真办理。若此等久有之回教经典，遽照悖逆之案通行严办，殊属荒唐错谬。朱椿初任巡抚，不谙事理之轻重，即飞咨各省一律查办，甚属非是。朱椿着严行申饬。所有闵鹗元奏到起出《回经》及拿获作序刊书之人，俱当妥为安抚，概予省释。至各省督抚接据广西咨会，均着一例停止，毋庸查办。将此由六百里加紧再行通谕知之，并各据实具奏有无查办。钦此。"钦遵，寄信前来。

臣等伏查此案，先于六月初十日，准广西抚臣朱椿咨会："盘获回民海富润，搜出《天方年谱》等书。云南石屏州回民赛玛曾作《天方年谱》序文，咨查赛玛是否现存，严拿办理迅复。"等因。臣等当查，滇省惟临安府属之建水、石屏等处回民较多，素皆安分畏法，并不滋事。若径差官役查拿，搜索经典，恐此外回民致相惊疑。随查赛玛，系己酉科举人，曾任四川知县，回籍已久。当经密札石屏州知州蒋继勋，亲赴其家，以查缴禁书为名，检阅书籍，并问其作序根由，先行禀报，毋涉张皇。嗣于六月二十一日，据该州蒋继勋禀报："遵即驰赴赛玛家查讯，据称年已八十六岁，自幼专心科举，于回教经典本不甚熟习。记得乾隆四十年，自江南回籍，路遇同教袁姓，将《天方年谱》抄本给看，托为作序，即随笔应酬，并无底稿。当将其家存书籍逐一检阅，只有经史杂书及抄刻时文，并自作时文四本，送省候核，此外并无不法字迹，并声明赛玛年老，不能步履。"等情。

臣等复将书籍详细磨勘，均无干禁违碍。正在据实咨复广西抚臣，于六月二十三日，钦奉无庸办理之恩旨，当即恭录，转行遵照在案。兹复奉谕旨，以旧教回民持诵经典，流传已久，迥非邪教悖逆可比，若过事搜求滋扰，转使不能自安。臣等恭绎之下，仰见我皇上以义正仁育容保无疆，使人人各安其所之至意。随钦遵，恭录圣谕，转饬该州亲赴赛玛家内宣示安抚，给还书籍，并晓谕各处回民，咸知圣恩汪涉，俾益深感激，各安生业。

所有臣等准咨未经拿解并钦遵谕旨办理缘由，理合会同恭折，由驿复奏，伏乞皇上睿鉴。谨奏。

朱批：*知道了。*

2424 云贵总督富纲《奏明起程巡查边隘营务，并顺道勘视黑井被水情形日期折》

乾隆四十七年七月初一日

云贵总督臣富纲跪奏：为奏明起程巡查边隘营务，并顺道勘视黑井被水情形日期，仰祈圣鉴事。

窃臣本拟今秋前赴永昌、腾越一带查阅关隘防汛，验募增补兵丁。嗣因访闻缅酋有袭杀更立之事，内地各关禁令尤宜严密，拟即先期前往，督率巡查，节经恭折奏闻在案。

兹抚臣刘秉恬率同藩司江兰前赴楚雄一带查勘水淹房地，业已先后回省。所有计典展限六月举行及滇省地丁民屯奏销，黔省朋马奏销，均经逐一查办，会疏题报。六月中旬以后，天气晴霁，各属禀报雨水调匀，禾苗畅茂，可卜丰收。

现在省城无事，臣定于七月初五日自省起身，顺道勘视黑盐井被水情形，酌筹修复事宜，约须三四日，查明后即前赴大理，会同提臣海禄，驰往边关。合将起程日期恭折奏明，伏乞皇上睿鉴。谨奏。

朱批：览。

（《宫中档乾隆朝奏折》第五十二辑，第323页）

2425 云贵总督富纲、云南巡抚刘秉恬《奏报遵例出具藩臬考语折》

乾隆四十七年七月初六日

云贵总督臣富纲、云南巡抚臣刘秉恬跪奏：为遵例出具藩臬考语，恭折奏闻事。

案照乾隆三十八年二月内，奉上谕："嗣后遇大计之年，着该督抚于藩臬考语另折具奏，声明交部存案，无庸再于本内夹单，以昭画一。钦此。"钦遵在案。

云南省乾隆四十六年十二月应行大计，臣富纲甫于十一月二十二日到任，为期不过一月，通省属员贤否一时未及周知，当经会同臣刘秉恬奏蒙俞允，展至四十七年六月举行，以重黜陟。兹届补行计典之期，除通省道府以下、佐杂以上应举应劾各官，臣等悉心考察，分别酌定，现已缮疏会题外，臣等伏查：

布政使江兰，年四十一岁，安徽贡生，由兵部主事递升郎中，历任鸿胪寺卿、大理寺少卿、太仆寺卿，补授河南布政使，调补今职，于四十五年七月初六日到任。该员心口爽直，勤干有为，察吏严明，钱粮慎重。

按察使徐嗣曾，年四十八岁，江苏进士，由户部主事历升郎中，补授云南迤东道，调任粮储道，又调迤西道，升授安徽按察使，调补今职，于四十五年二月初二日到任。该员才情敏练，办事安详，率属公明，刑名熟悉。

所有云南省藩臬两司考语，臣等谨遵旨另折具奏，伏乞皇上睿鉴，敕部存案施行。谨奏。

朱批： 该部知道。

（《宫中档乾隆朝奏折》第五十二辑，第380~381页）

2426　署理云南巡抚刘秉恬《奏报筹办京铜依限开帮缘由折》
乾隆四十七年七月初六日

署理云南巡抚臣刘秉恬跪奏：为奏闻事。

窃照滇省岁运京铜正、加四运八起，定例：如甲年之铜，即于甲年八月开帮，至乙年三月扫帮，以避四五六七等月川江之险。法至善也。迨三十一年以后，铜短运迟，递相积压，遂致逾违至二年之久。上廑宸衷，已非一日。

臣自前岁六月到滇，节经会同调任督臣福康安暨现任督臣富纲钦遵谕旨，实力筹办，逐渐加速，是以辛丑京铜既得于辛丑年八月开帮，并即于壬寅年三月扫帮，偿复原定例限。其壬寅京铜按限八月开帮，中间余出四五六七等四个月之期，措置自可宽舒，无虞竭蹶。但京铜运限虽经偿复，而泸店底铜尚无备贮，欲求泸店得有底铜，必须将历年借兑扫帮铜斤完补足数，然后可以筹贮底铜，以裕京运。

伏查辛丑末起扫帮，即曾于运往泸店之壬寅额铜内借兑五十万三千余斤。臣恐厂运各员以旧运既已告竣，便视新运为可稍缓，或略存懈怠之心，当即严檄饬催，并于厂运各员来见时面加丁宁，嘱咐务乘此空闲之候，先将历年借兑铜斤赶运足数，并即为接续偿运，以供壬寅各起之用。去后，兹据泸店委员禀报，截至六月十五日，除还过历年借兑铜斤数十万之外，尚存铜一十三万九千余斤，以备壬寅头运一起济兑。而各厂发运在途铜斤为数已有一百三十余万斤，源源转运抵泸，壬寅头起京铜不难副八月开帮之限。臣仍督率厂运各员勉而加勉，踊跃从事，务使壬寅全运按月开行一起，不惟明岁三月扫帮固可无虑愆期，且向后年清年款，不须递年借兑，即可余出铜斤，运贮泸店以作底铜之用。如此数年以后，将见岁运京铜日臻宽然有余，自永免不继之虞矣。谨将现在筹办缘由恭折具奏，伏乞皇上睿鉴。谨奏。

朱批： 好。知道了。

（《宫中档乾隆朝奏折》第五十二辑，第383~384页）

2427　云贵总督富纲《奏报遵旨办理缅甸事宜折》

乾隆四十七年七月初六日

　　云贵总督臣富纲跪奏：为遵奉谕旨，恭折复奏事。

　　窃臣富纲于七月初五日自省起程，查阅永昌一带营务，顺道查勘黑盐井水淹情形，业经恭折奏报。兹于七月初七日，安宁途次，承准尚书额驸公福隆安、尚书和珅字寄："乾隆四十七年六月二十五日，奉上谕：从前缅甸自雍藉牙于乾隆十五年以后占据为酋，伊子懵驳继立，自外生成，首先拒逆。其子赘角牙世济其恶，反复不常。今孟鲁复杀赘角牙，而孟陨又构害孟鲁，袭杀相寻。缅酋等穴中之斗，自不值烦我天朝兴师讨罪。况缅匪从前首祸系懵驳、赘角牙父子，今老酋雍藉牙之子孟陨戕杀内讧，若此时乘其丧乱兴问罪之师，不特师出无名，且转似为懵驳父子报仇雪恨，尤属不成事体。又况缅地水土恶劣，即得其地，我兵不能驻扎，非如新疆伊犁等处，西师告成后可以耕种城守者可比。此事竟可无庸办理。仍遵前旨，静以待之为是，且此事亦非富纲所能办。凡事须知彼知己，富纲于无事时仅堪自守，伊亦当有自知之明，不可存便宜之心。海禄亦不可存见长之意，但须静镇，谨守边防为是。此时亦不必遣人至阿瓦探信，富纲亦不必至永昌等处，致露张皇。若孟陨于此时因将赘角牙戕害，仍恭顺天朝，虔修职贡，遣人叩关哀请，自应据情入奏，准其输诚，于事体亦顺。即或该酋等观望不前，亦可置之化外，但当严守边界。如此时有赘角牙头人因彼处不能容身，窜入内地，若人数众多，即另为安插远处，不可留于滇省。若人数无多，及无关紧要之人，仍可遣还。总之，此事权其轻重，断乎不值办理。朕非因年老畏事，意存安逸。若果系应办之事，虽军书午夜，自揣精力康强。如去岁苏四十三之事，何尝不早夜筹画耶？至缅甸，则不但水土非宜，况从前既允其纳款乞宥，降旨赦其前罪，今又乘其危乱出师进讨，殊非天朝堂堂正正之义。万一少损威重，尤属不成事体。此事朕筹之已熟，并令大学士、九卿等公同详议具奏。将此传谕富纲等知之，并令将遵旨无庸办理缘由迅速驰奏。此旨由六百里发往。钦此。"寄信到臣。

　　伏思缅酋两世济恶，自外生成，以致兄弟叔侄内讧戕杀，此正天理不容、自取灭亡之明验。今伏读谕旨，以从前已允纳款乞怜，赦其前罪，不忍乘其危乱出师进讨。仰见我皇上高厚之仁，广大之量，与天地同符。圣谕更以从前首祸系懵驳、赘角牙父子，今若问罪于孟陨，转似为懵驳父子报仇，尤属不成事体。益仰见皇上抚驭蠢夷，用威用德，必权度乎情理之适宜，而举措悉归至当，固不独因水土非宜，轸念兵力已也。

　　臣蒙皇上天恩，畀以边疆重任，自问庸愚无识，即兢兢谨守犹惧贻误，原不敢稍存轻举妄动之心。前接该镇州禀报，臣再四熟筹，惟有遵循前奉谕旨，静以待之，最为紧要。当即飞饬各路关隘加紧增防。又思缅地内讧，赘角牙头人应有窜入内附者，而孟陨新立之后，亦应念及叩关投顺，为保全家业之计。诚恐边关将吏时届撤防，稽查疏懈，更或遇有前项人等到关，文禀往来未能迅速，是以拟于查阅营伍之便，先期会同提臣赴边察看情形，就近料理。又因黑盐井偶被水淹，亟应查勘修复，而腾越土司地方亦有被水之处，应须抚恤，复经具奏，起程前往。兹蒙训谕，令臣不必前赴永昌等处，致露张皇。自应钦遵，于查勘井地后，即行回省。但井地修复事宜，本须驻勘数日。该处密迩大理，臣到彼查阅营伍，并与提臣面商增补兵额等项事宜，较为近便。此二处事竣，已在八月初旬，距出防时亦已不远。臣拟仍照年例，赴边巡阅考验，就近抚恤被水边夷，并将现奉谕旨面饬各该将吏，务须严守关隘，静镇如常。臣在彼将出汛事宜料理安顿，即可回省。提臣海禄再行前往，照例巡查，庶亦不致稍露张皇形迹。倘有赘角牙头人窜入内地，自当钦遵圣训，分别人数多寡，酌量安插遣还。新酋孟陨效顺叩关，自应据情飞驰具奏。或该酋观望不前，则惟严禁边界，安静待守。总之事关边要，臣惟有斟酌万妥，随时奏请训示，断不敢稍存便宜之见，冒昧率行。

除将奉到谕旨敬谨抄录，移知抚提二臣钦遵。合将遵旨无庸办理缘由，由驿迅速驰奏，伏乞皇上睿鉴。谨奏。

朱批：以汝之材，只可安分守己，勿生妄想。

（《宫中档乾隆朝奏折》第五十二辑，第406～409页）

2428　云贵总督富纲《奏报查勘黑盐井被水情形，酌筹修复期限折》
乾隆四十七年七月二十二日

云贵总督臣富纲跪奏：为查勘黑盐井被水情形，酌筹修复期限，以资永固，仰祈圣鉴事。

窃查本年六月初一日，黑盐井猝被水淹，经抚臣刘秉恬亲往查勘，奏明该处有大、复、东、新、沙卤五井，大井、复井当即消水淘出，其东、新、沙卤三井俱在河中，被水冲没，饬令盐道督率委员，相机赶办等因。臣因该井有关民食、课款，此番冲决，比旧案较甚，必须相度山势、井形，究明受病之原，规画修复，以图永久。经臣奏明顺道往勘，详细筹办在案。

兹臣自楚雄亲赴该井，连日率同臬司徐嗣曾、盐道许祖京逐加履勘，其各井被水情形及大、复二井现已汲煎之处，均与抚臣原勘相符，被水居民亦已抚恤得所。惟河水尚未全消，而山石又续有酥塌。缘井地两岸高山夹峙，中有溪河一道，各井台座旧在河中滩上，向来溪水皆绕井，炮岸曲折经流，每遇夏秋水涨，间有漫溢，即可设法疏消。今此次水势猝发，因两岸均系土山包石，年久土松，又经积雨，沿山一带石块随沙塌卸，以致填塞河身，积成沙滩，高至五六七八尺不等。而向来井座沙滩俱被冲刷，反成河身，深至丈余，是以东、新、沙三井全行冲没。臣令于三井湍流之处汲水试尝，尚有咸味，是三井卤源原在水底。此时，现据盐道督率委员等开挖旧河故道，自此引溜归槽，不难揣淘井眼。惟是淘获卤源，其井台必自河底累砌，现在水未消落，骤难施工。又井旁逐段山岸，壁立数十丈，沙土包石，今既酥卸，将护井炮岸击坏冲坍，现在山腰土石时时尚有塌下水中者。是受病之原不在水而在山。必将附近三井之山岸铲削镶砌，俾无再塌，则井座炮岸修复之后，始可不虞冲损。臣酌筹情势，应俟水退之后，先砌炮岸，再将山岸用石逐层收分，筑砌包护，一面将井台修砌，方可汲卤起煎，以期完固永久。臣现札商抚臣，会饬藩司、盐道先行据实勘估，照例题报，一面于盐务盈余项下酌发银两，预为购办木石灰料，届期再行加派强干之员，分段督催，赶紧修造，年内必期工竣。

至三井煎额盐数，每年约二百六十万斤，现在井地积存补煎带销盐二百七十余万，臣按数亲行查验，均系实贮。即将此项盐斤抵销现在三井停煎之数，并可一清堕积，而民食不致缺乏。此项被水缺煎之盐，俟修复各井后偿煎补额，亦不致有淹年月，于课款并无亏缺。

所有顺勘井地、酌筹修复缘由，理合恭折奏报，伏乞皇上睿鉴。谨奏。

朱批：知道了。

（《宫中档乾隆朝奏折》第五十二辑，第519～520页）

2429　云贵总督富纲《奏报沿途雨水禾苗情形折》
乾隆四十七年七月二十二日

云贵总督臣富纲跪奏：为恭报沿途雨水禾苗情形，仰祈圣鉴事。

窃臣自省城起程，经由云南府属之安宁州、禄丰县，沿路田禾，因夏雨充足，向来高坡难以栽插之处遍行种植，与下隰平原同一，青葱弥望。交秋以后天气晴和，禾苗正在扬花，倍形畅茂。及入楚雄府境，经过广通、楚雄、定远等县，田禾广植，大约相同，现已吐穗，兼有结实之处。至楚雄府城，六月初间偶被山水漫溢，附近低洼田亩本属无多，此时农民得有籽种，均已翻犁，现在补种杂粮。其城内被水居民，俱经酌给口粮，抚恤得所。坍塌房屋得有修费，俱已陆续补葺。比户宁居，甚属安静。

臣询访舆情，该处士民皆称春夏豆麦俱极丰稔，今岁秋禾种植颇广，将来收获必胜常年，况现在复蒙皇恩抚恤，农民更叨接济等语。臣遍查各处，米麦价值俱为平减，即如楚雄、黑井被水两处，粮价较往年青黄不接之时并未昂贵。闾阎宁谧，气象恬熙。

迤西一路铜运，臣沿途所见马骡驼载，源源相继。适迤西道杨以湲偿催来至楚雄，查询厂地情形，据称宁台、大功等处加紧采煎，每月运额有盈无绌。臣就近亲查楚雄铜店，现在收发迤西各厂铜斤已有一百二十余万，加以东路各厂铜斤，足资壬寅头运两起开帮之数。

至楚雄营将备兵丁，臣逐加考验，甄别惩劝，并因该处现议改营为协，饬令先期召募简练，以备增补。俟臣前赴大理等处会同提臣海禄核奏外，所有经过云楚二属秋禾茂盛，地方宁帖情形，谨缮折奏闻，伏乞皇上睿鉴。谨奏。

朱批：览奏俱悉。

（《宫中档乾隆朝奏折》第五十二辑，第521～522页）

2430　云贵总督富纲《奏报增估裁改镇营衙署、兵房折》

乾隆四十七年七月二十二日

云贵总督臣富纲跪奏：为增估裁改镇营衙署、兵房，恭折会奏事。

窃查滇省裁改营制案内，各标营遗存衙署、兵房，经前署督臣图思德遵照部驳，派委各道确查，据实增估，造册奏咨。接准部复，以所估仍属短少，行令再行详细确查，据实增估，另造妥册具奏等因。奉旨："依议。钦此。"钦遵。节经正署各督臣行司，转饬各道府确查增估。咸以建盖年久，木植细小，朽腐居多，不能增估为词，屡次驳饬。去后，兹据切实增估，由云南布政使江兰等汇核，详报前来。

臣查原估衙署三十一所，兵房一百一十六间，通计署房八百二十九间，原估加增共银七千九百四十七两九钱一分。今据各道府确查，复行加增银一千二百七十两一钱一分一厘，通共银九千二百一十八两二分一厘，内地基估银一千二百二两四钱四分四厘，各物料估银八千一十五两五钱七分七厘。据称，此项署房建设年久，查无原建年月及用过银数，虽五檩、七檩成造，而一切木料率皆细小松木，兼以朽烂居多，仅可改制器具及充柴薪之用，且各处署房高卑不一，市价亦贵贱不齐。如督、提二标营署稍大，昆明、太和二县又为商民辐辏之所，增估价值尚易售变，是以较多。其次则曲寻协至永北、寻甸等处署房，既属卑隘，又地处偏僻，民户稀少，估变价值势难与昆明、太和等处等论齐观。复核现估银数，皆系各就地方市价切实增估，并无短少，较之各该处例价，俱已倍增。除将册结咨部，并将造报迟延各职名送部查议外，谨会同署云南抚臣刘秉恬恭折具奏。

再查原裁楚姚镇游击、守备、千总衙署五所，前因留为安插桂夷眷属居住，毋庸变价。今该夷众业经改迁安置，所有原拨住房，现饬楚雄府县确估，俟造报到日，另行核明奏咨。至滇省增添兵额一案，尚未接准部复。查所添之兵，均需房居住，臣俟部复到日，查明实需兵房若干间，即于应变兵房内奏明酌拨。合并陈明，伏乞皇上睿鉴。谨奏。

朱批：该部议奏。

（《宫中档乾隆朝奏折》第五十二辑，第 523 ~ 524 页）

2431　署理云南巡抚刘秉恬《奏报奉旨降二级从宽留任谢恩折》
乾隆四十七年七月二十七日

署理云南巡抚臣刘秉恬跪奏：为恭谢天恩事。

窃臣接准吏部咨，以臣前在四川总督任内，将屯练弁兵加增月饷银两遗漏未给，议照推诿迟延例，降二级调用，虽有加级，不准抵销等因。奉旨："刘秉恬着降二级从宽留任。钦此。"臣随恭设香案，望阙叩头谢恩讫。

伏念臣前蒙皇上天恩，畀任四川总督，时方进剿金川，有综理粮饷之责，一切支放，自当详慎稽查，不使稍有遗漏。乃于加增屯弁兵月饷承办之藩司及该管松茂道、维州厅协不即按名支给，既未觉察于先，又未奏补于后，臣追咎省愆，实非寻常延误可比。部议降调，分所宜然，何期恩旨特颁从宽留任？同沐矜全之大德独深，感戴以难名。臣惟有殚竭愚诚，靖共厥职，倍警心于既往，思补过于将来，庶几仰酬高厚于万一。所有感激下情，理合恭折奏谢天恩，伏乞皇上睿鉴。谨奏。

朱批：览。

（《宫中档乾隆朝奏折》第五十二辑，第 565 页）

2432　署理云南巡抚刘秉恬《奏报滇省雨水田禾情形折》
乾隆四十七年七月二十七日

署理云南巡抚臣刘秉恬跪奏：为奏闻事。

窃照滇省地方立秋以前雨水禾苗情形，业经臣于六月二十八日具折陈奏在案。兹自七月初旬至下旬以来，每旬得雨三四次及五六次不等，高原下隰渥泽频沾，甚于田功有益。现在通省中，如迤南之普洱、元江等属节候较早者，禾苗已俱结实，将次刈获登场。他如迤东、迤西各属，田禾正皆抽穗扬花，发荣滋长，获此雨润日暄，倍觉青葱畅茂。西成在望，喜溢三农。目下市卖粮价虽有增长之处，尚系常年中平市值，贵食无虞，闾阎宁谧。臣谨恭折奏闻，仰慰圣怀，并将六月分米粮时价另缮清单，敬呈御览。

再滇省盐课钱粮，例应七月奏销。现已届期，因盐法道许祖京尚在黑井清理被淹井座，奏销文册繁多，须俟该道旋省，始能赶办详题，是以较之往岁稍稽时日。合并陈明，伏乞皇上睿鉴。谨奏。

朱批： 知道了。

（《宫中档乾隆朝奏折》第五十二辑，第 566 页）

2433　云贵总督富纲、云南巡抚刘秉恬《奏报黔省委员办运滇铜扫帮出境日期折》

乾隆四十七年八月十九日

云贵总督臣富纲、云南巡抚臣刘秉恬跪奏：为黔省委员办运滇铜扫帮出境日期，循例奏闻事。

窃照各省委员赴滇采办铜斤，往来俱有定限。钦奉上谕："嗣后到滇办运开行，着该抚具奏，如有无故停留贻误者，即行指名参究等因。钦此。"钦遵在案。

兹据云南布政使江兰详称："贵州委员、试用同知赵与恺领运狮子、金钗等厂高低共铜三十五万二百八十九斤十一两零，以该员于乾隆四十七年正月十七日，领竣金钗厂铜斤起限，除小建三日不计外，扣至四十七年八月初十日限满。今该委员于本年五月初七日在平彝县地方全数扫帮出境，正在限内，并未逾违。"等情，详请核奏前来。臣等复查无异，除飞咨贵州抚臣接替催偿，依限交收，以供鼓铸，并咨明户部查核外，所有贵州委员赵与恺办运铜斤扫帮出境日期，理合恭折具奏，伏乞皇上睿鉴。谨奏。

朱批： 览。

（《宫中档乾隆朝奏折》第五十二辑，第 695 页）

2434　署理云南巡抚刘秉恬《奏报滇省秋成大概分数折》

乾隆四十七年八月十九日

署理云南巡抚臣刘秉恬跪奏：为奏闻事。

窃照滇省地方入秋以后雨水禾苗情形，业经臣于七月二十七日具折陈奏在案。

节届秋分，正稻田秀实之候，全赖晴雨调匀，始能颗粒饱满，倍臻丰获。兹自八月初旬以来，间得阵雨，而晴日为多。臣亲历郊外，目击嘉稻盈畴，询之农人，咸称近日似此天气，甚于庄稼合宜。通省收成迟早不一，节候较早之区，已经结实者，现据陆续报到，收成各有八九分不等，其少迟之处，得此雨润日暄，谷穗充硕，可期一律丰登。

统俟查报齐全，另容分晰开单汇奏。各属米粮时价，微有增减不同，转瞬新谷出售，市粮饶裕，更无贵食之虞。闾阎宁谧，喜溢边黎。臣谨恭折奏闻，仰慰圣怀，并将七月分粮价另缮清单，敬呈皇上睿览。谨奏。

朱批：欣慰览之。

（《宫中档乾隆朝奏折》第五十二辑，第699～700页）

2435 署理云南巡抚刘秉恬《奏报审明滇省夷人以毒弩箭伤毙人命案，请旨正法折》

乾隆四十七年八月十九日

署理云南巡抚臣刘秉恬跪奏：为奏明请旨事。

窃照滇省夷人种类甚多，良顽不一。迤南之普洱、迤西之景东，有一种夷人，以射猎为生，出必持弩，所持弩箭多以竹为之，长不过尺余，其箭头非系铁钑，即属削尖竹枝，俱用毒药煮过，凡遇山禽野兽，射无不中，见血即死。夷人习俗相沿，且与应禁军器不同，原可无庸饬禁。但若辈性情犷悍，恃此强弩在手，射伤人命，向所不免。

臣于前岁到任后，检阅交代案卷，此等凶犯皆系无姓无名，事后逃逸，侦捕较难，尚有限缉未获者。而臣任内亦有续报缉凶之案，必须上紧查拿，尽法惩治，方足以戢凶暴而安善良。臣照案不时饬催，务使按名弋获，毋许远飏漏网。严檄频仍，不啻再四，地方官颇知实力从事。先据署普洱府威远厅同知盛林基详报："前任内有厅属夷民户因，于乾隆四十四年五月初十日，被贼抢夺财物，中伤弩箭身死一案，缉获凶犯扎期。又据该署同知盛林基详报，本任内有厅属夷民户南、召尹、哈览、景扛，于乾隆四十六年八月二十三日，被贼抢夺行李，户南、召尹中伤弩箭身死，哈览、景扛射伤平复一案，缉获射伤哈览、景扛之凶犯扎拟，其射死户南、召尹之扎那，因被伊胞兄追拿拒捕，格杀致死等情。"先后详报到臣，均经批饬审办。去后，旋据该厅提犯，审明定拟，由府司招解前来。臣亲提研鞫，供与原招相符。

查夷民扎期抢夺户因财物一案，该犯因同伙被拿，上前救护，辄用所带竹头弩箭射伤事主户因身死，该厅府等请依抢夺杀人例，拟以斩决。该犯本罪已重，法无可加，现在照拟具题。至夷民扎拟，听从已死扎那抢夺户南、召尹、哈览、景扛行李一案，扎那起意，纠同扎拟肆抢，因事主户南、召尹追逐，顺用所带铁头弩箭射伤身死，亦应照抢夺杀人例，拟以斩决。该犯已被伊胞兄捕格致死，无庸置议。惟扎拟一犯，听从抢夺，因事主哈览、景扛追捕，辄射竹头弩箭拒伤，幸而不死。该厅、府、司等请照抢夺伤人，伤非金刃，伤轻平复例，拟以边远充军。罪有正条，引断本无不当。第查弓箭原系杀人之具，射人更有可以致死之机弩，即弓箭之属，论其为用，实与金刃无异。该犯扎拟因

— 2087 —

抢夺拒捕，敢以弩弓竹箭射伤事主，非寻常因事忿争、执持伤人可比，若仅依本例拟军，未免情浮于法。伏查律载：抢夺伤人者，斩监候；又例载：抢夺、金刃伤人，仍照本律，拟斩监候各等语。臣现将扎拟比依抢夺、金刃伤人，仍照本律拟斩监候例，拟斩监候。除于本案疏看内改拟具题，恭候谕旨遵行外，臣因滇省夷人持弩逞凶，动关民命，是以将抢夺伤人之扎拟斟酌案情，比例改拟驸首，俾众共知儆畏。

所有办理缘由，理合恭折奏明，伏乞皇上睿鉴训示。谨奏。

朱批： 自应如此。

（《宫中档乾隆朝奏折》第五十二辑，第 700 ~ 701 页）

2436　云贵总督富纲《奏报酌拟复安南国王申请划界照会文稿折》
乾隆四十七年八月二十二日

云贵总督臣富纲跪奏：为奏闻事。

窃照上年十一月，准安南国王咨称，该国与滇省临安府属接壤，有内地民人流寓，胁制土民欠税，请饬防禁勒回，并称委员申画疆界等由，经署督臣刘秉恬奏奉谕旨发给照会，以中外界址天然判分，何须复加申画？惟责令将在外滋事之人查出，送回究治等因在案。

兹据广西左江道呈送安南国公文一件，内据该国王咨称："窃念本国臣事天朝，赐履旧封，敢不慎固？惟此安西十州道里窎远，因兵燹之余，内地游民乘此混越占认，广陵、莱州界址，并黄岩、绥阜、合肥、醴泉、嵩陵等州亦皆改名内隶。今奉照会，容俟秋凉，委员进抵十州，究出几个人犯解送。查出甚处界址未清，须当申画，理合咨复。"等因。准此，臣伏思安南臣服圣朝，久著恭顺，断不敢于内地边界妄生争执。但既经接准照会，令其无庸申画，而该国王尚称界址有未清之处，必须澈底查明，未便含糊径复。

臣当即细检旧案，并将临安边界各土寨村落地方以及年征粮赋详查确核。缘临安府建水县东南之藤条江外，土夷环列，向与安南交错，有猛梭、猛辣、猛丁、猛赖、猛蚌、猛弄，各设掌寨，称曰六猛，本系夷地，先后归入版图，历年久远，所辖寨名、粮额，均有册籍可稽。惟于乾隆三十八年，流民何万珠等滋事案内，经前督臣彰宝等究出猛赖掌寨刀正奇内附后报明入册之地，实只五寨，此外尚有猛占、鱼瓮等六寨，本隶安南，私附猛赖，积年不交安南租税银两。后刀正奇之子刀宁屡被拘索，因与何万珠等议，于猛赖本管之巴发地方立界，将猛占等六寨划归安南，以免后累。而猛占等六寨复欲规避安南赋役，贿嘱何万珠等，私将界牌移立拔奔地方，使六寨仍混入猛赖，以致安南查拿咨报，奏明将何万珠等分别正法治罪，并将从重办理缘由照复在案。今该国王屡以界址未清，声请秋凉委员申画。

查安南久为属国，与各省无殊。内地省分犬牙相错之处甚多，勘定界址，各自分明。而滇省六猛所管土寨、地名、粮额，亦皆可按籍而考，原无不清之处。总缘安南十数年前，安西一带地方曾经兵燹，粮册、地界恐有迷失散弃，该土夷人等借此隐漏，指称内附，既不增内地之粮，又可逃安南之税，以图两处影射。而游民从中渔利，帮同假借，亦未可定。即如前督臣彰宝审出何万珠等奏案，猛赖自知内附，报粮之地原只五寨，欲以巴发为界，而安南之猛占等寨辄敢贿嘱，于界外改立，图避差粮。是猛赖一处，竟由夷民贿串，朝更暮改，则此外之借端假借，两处影漏。如该国来文所称黄岩等州尽被改名内隶者，其言未必无因。

窃思我皇上抚驭边夷，威信交著。安南久为属国，与内地一视同仁。六猛地方自隶入版籍以来，粮赋最轻，迄今并未增额。其界外夷地，天朝无所爱利。今因土民借词欠税，使该国王积久疑误，屡次咨呈，实于事体未合。臣仰体皇上怀柔远人之意，拟将边境版籍所载六猛地方管辖各寨地名开明，宣示该国王遵照，使知云南省之沿边疆界本自井然，断无庸该国呈请申画之理。而安南所属之界址，据称未清，自系该国土民借端影混，亦不应转向内地呈请申画，且天朝断不能代该国稽查，应令该国王自行察核，仍俟查明之后，即行录报。倘有该国土民仍串通内地游民，于六猛载入册籍各寨之外私自影漏冒混，即令按名擒拿解送，以凭严究。臣仍严饬沿边镇将及地方官留心查察，倘有不安本分奸民潜窜彼境滋事，即行严拿究办，或并无牌照窜回游民，亦即截拿，解省审究，庶于抚恤之中仍寓整肃之意。以此安辑边夷，似于体制为协。所有酌拟照会文稿并该国来文，谨录呈御览。是否有当，恭候圣明训示，裁定施行。缘涉外藩事件，理合由驿驰奏，伏乞皇上睿鉴。谨奏。

朱批：已为汝更改照文发去矣。只可如此办理。

（《宫中档乾隆朝奏折》第五十二辑，第 740～742 页）

2437　云贵总督富纲《奏报云南腾越镇总兵
许世亨丁忧遗缺，遴员署理折》
乾隆四十七年八月二十二日

云贵总督臣富纲跪奏：为奏闻事。

窃臣接准署四川督臣特成额咨："云南腾越镇总兵许世亨之父许英在籍病故，该镇例应丁忧离任等因。臣查腾越一镇，地处极边，现届秋令派拨防汛之期，且有募增兵额事宜，均须镇员照料。即暂时委署，亦必须遴选妥员，方有裨益。"

查云南各镇地居边要，且昭通、开化等镇各皆奏准陛见，现在委员接署，次第起程，是以副将亦无闲空之员。即腾越所辖永昌、龙陵二协，现在亦有出汛增兵事宜，亦难遽易生手。惟查普洱镇总兵喀木齐布，边俸届满，已蒙皇上以德光补授，德光现已到滇，应令即赴新任。喀木齐布现亦奏请陛见，奉旨允准，例应交卸赴京。

臣查该总兵在滇年久，腾越、龙陵一带，屡经带兵驻防，于该处情形实为熟练。臣因一时委署无员，暂令该镇喀木齐布接署腾越镇总兵事务，恭候简放有人，再令赴京陛见。所有委署总兵缘由，理合恭折奏闻，伏乞皇上睿鉴。谨奏。

朱批： 知道了。

（《宫中档乾隆朝奏折》第五十二辑，第 742～743 页）

2438 云贵总督富纲《奏报查阅营伍及经过地方情形折》
乾隆四十七年九月初一日

云贵总督臣富纲跪奏：为奏闻事。

窃臣自省前往迤西，经过云南、楚雄二府所属州县，当将地方田禾情形恭折奏明在案。嗣臣由大理、永昌前赴腾越，所经各府厅州县，田禾俱已含苞结实，渐次登场。本年因夏雨充盈，高阜、山坡向所不耕之处，农民悉将余种播植，一律发生滋长，青葱弥望，均与省会相同。询之随路百姓人等，据称今岁秋收较之往年更为丰熟，现在粮价平减，闾阎恬豫。

至滇省地介边陲，营伍尤关紧要。仰惟皇上恩旨，特令增补兵额，加给将弁养廉。臣职任边疆，更宜实心整饬。虽本年非例应轮阅之期，然既顺途校视，不敢稍涉虚应。

查大理提标、腾越镇标，兵皆精壮，阵势整齐，马步、弓箭俱皆熟练结实；鸟枪准头，每排均在二十枪以上；步箭赆分，每五箭亦皆中三四箭不等。当即酌量奖赏，以示鼓励。永昌协、楚雄营阵式亦属可观，弓箭、鸟枪赆分亦均合式，间有技艺生疏者，随分别责惩，勒限勤操。其预募备增兵丁，臣就其所有，俱逐一验看，择其年力壮盛者，令其随营学习，为将来入伍之用。至腾越、龙陵本年应行换班出汛弁兵，经臣面加拣选，杉木笼一路，责成游击苏尔相，干崖一路，责成都司王成忠，三台山一路，责成守备姚国勋，俱系熟练边地人员，可资委用。定于九月十七日为始，令署总兵喀木齐布、龙陵副将兆凤照料，按起陆续起程，前往换班。现在各关隘口极为宁谧。上年新设各汛卡稽查奸民私贩之处，臣逐加密察，尚俱严密，不敢松懈。臣复面谕该将备等，嗣后更宜加意防范，毋使稍有透漏，务较常年益昭静镇。

臣又查滇省土司，向俱设有土练，自行操演，以防窃盗而卫地方。前因车里宣慰刀士宛团练疏懈，经前督臣李侍尧奏明严饬之后，办理颇觉认真，故近年九龙江外野夷渐知敛戢。乃臣于抚恤南甸夷民之便，查验各处土练，皆因近年以来土司依恃官兵每岁出防，于练勇自护之道渐至有名无实。臣传齐各土司，严加训饬，申定规条，增补器械，勒限操演，务令一律精熟，报明候验。臣又面谕该土司等，以"尔等地方界近野夷，若徒依仗官兵声势，不能自行集练，勤操稽防窃盗，至三四月间瘴起撤防之后，尔等更何所恃？"该土司等亦自知愧惧，各具认限。臣复谕出汛将弁就近督率练习，但不许借端需扰，冀收实效。

再本年八月，系壬寅铜运开帮之始。据各属申报铜斤抵泸数目，已敷两运，定可照限开行。现在迤西一带，臣檄饬巡道杨以溪专司督运，据报源源转输，有盈无绌。臣又于沿途目睹山势丰厚，谕令通省各属广踩子厂。现据永昌、开化等处报有附近竜岜、户蒜等厂之三家、悉宜等地方，引苗显露，铜银兼出，可作子厂。现在委员查勘，倘可试采，即令认真办理，务期得有成效，以裨厂务。

所有臣办理各事宜及经过地方情形，理合恭折具奏。臣拜折后，即自腾越起程回省。合并奏闻，伏乞皇上睿鉴。谨奏。

朱批：知道了。

（《宫中档乾隆朝奏折》第五十二辑，第 811～812 页）

2439　云贵总督富纲《以都司、守备人地未宜，奏请互调折》
乾隆四十七年九月初二日

云贵总督臣富纲跪奏：为都司、守备人地未宜，奏请互调，以收实效事。

窃照腾越一镇，界在极边，其所辖之都司、守备等官，每岁派拨带兵驻汛，稽查关隘，弹压野夷，最关紧要，必须熟悉边情、稔知夷俗者始足以收指臂之助。今臣顺阅腾越营伍，留心察看，该镇右营都司瑚松阿、中营守备富宁阿二员，人材、弓马俱尚可观，问以关隘、径路、夷土情形，对答俱未透悉。并据总兵许世亨称："瑚松阿系本年三月内到任，富宁阿系上年四月内到任，令其学习边防事宜，诚恐带兵出防一时未能谙练。瑚松阿人尚奋勉，富宁阿系出师金川军营出力补授之员。该员等节经署理腹地员缺，于办理营务、操练兵丁尚俱奋勉妥协。"等语。

臣随札会提臣海禄，商酌以该员等补用腹地营分，与久任边要之员彼此互调，始人地各得其宜。查有临元镇左营都司石永泰、开化镇右营守备汤相二员，均曾屡次出防，于腾越一路情形最为熟悉，臣前经调验，均皆材技优长。虽临元、开化均与安南接壤，亦属边境，然设关通市，守卡游巡，早经定有章程，非腾越极边可比。今请将石永泰、瑚松阿对调，汤相与富宁阿对调，庶各用得其长。倘蒙俞允，该员等感激天恩，各思勉励，实于边地营伍两有裨益。臣现已饬令调换署理，谨会同提臣海禄恭折具奏，伏乞皇上睿鉴，敕部议复施行。谨奏。

朱批： 该部议奏。

（《宫中档乾隆朝奏折》第五十二辑，第813页）

2440　云贵总督富纲《奏报委署总兵、副将折》
乾隆四十七年九月初二日

云贵总督臣富纲跪奏：为委署总兵、副将，循例奏闻事。

窃照云南开化镇总兵孙起蛟奏请陛见，蒙恩俞允，据该总兵呈请遴员接署等因到臣。

查开化镇地属临边，素称要缺。其所属之广罗协副将德舒，在滇年久，尚为熟练，堪以委署开化总兵印务。至广罗协副将印务，查有云南抚标右营游击德克登布，堪以署理。除檄饬各该员接印交代，令总兵孙起蛟起程赴京，瞻觐天颜，跪聆圣训。理合恭折具奏，伏祈皇上睿鉴。谨奏。

朱批： 该部知道。

（《宫中档乾隆朝奏折》第五十二辑，第814页）

2441　云贵总督富纲《奏报镇南州知州沈锡国衰病难以供职，请旨勒休折》
乾隆四十七年九月初二日

云贵总督臣富纲跪奏：为知州衰病难以供职，请旨勒休，以肃吏治事。

窃照州牧为亲民之官，自须奋发有为，方足以资治理。

兹臣奏明查阅迤西，于所过州县一路留心查察，尚俱称职。惟楚雄府属之镇南州知州沈锡国，湖南拔贡，由广西万承土州州同边俸期满，推升今职。该员于本年春间到滇，臣察其精神履动尚为强健，是以令其即赴新任。兹臣路过镇南州察看，该员精力顿衰，步履艰涩，查其地方事件，毫无整顿。询据该道府称，该牧到任以来，尚知奋勉，近因不时患病，以致日渐委靡，实难望其振作，且臣查该员履历，虽开四十八岁，实已将及六旬。

臣目击情形，未便任其因循恋栈，致滋贻误。相应请旨将镇南州知州沈锡国勒令休致，以肃吏治。除饬委员接署，并查明该员经手仓库钱粮有无未清，据实另报外，理合恭折参奏，伏祈皇上睿鉴。谨奏。

朱批：该部知道。

（《宫中档乾隆朝奏折》第五十二辑，第 814～815 页）

2442　云贵总督富纲《奏报遵旨抚恤被水土司情形折》
乾隆四十七年九月初二日

云贵总督臣富纲跪奏：为遵旨抚恤边地被水土司，仰祈圣鉴事。

窃照本年五月，腾越州之南甸、干崖两处偶被水淹。经臣查明，土司地面向无赈恤事例。我皇上轸念边地，一视同仁，未便令土夷稍有失所，致露贫乏。当即檄饬总兵许世亨、知州朱锦昌往查，各户先给口粮，俟臣赴边，再行亲勘抚恤等因。奏奉朱批："是。妥为，俾受实惠。钦此。"

兹臣到腾越后，即驰赴南甸，继至干崖，勘明该二处两岸皆山，中流曩拱河一道，夷民庐舍、田地俱附山麓、水滨，今夏雨水盛大，河身泛涨，加以山水陡发，冲下沙石、树木填塞河身，以致田亩、房间多有压损。臣率同臬司徐嗣曾、迤西道杨以湲，按照该镇州册报，先行给过一月口粮之极次贫户，逐一查验，核实无遗。并有就食他处，因闻有抚绥恩旨，续即归来者，一并核入。计南甸被水夷民，极贫八百四十五户，次贫七百二十七户；干崖极贫六百八十四户，次贫四百六十六户。先据该镇州核计，大小丁口给过一月口粮，米三千一十六石零。臣复将极贫户口查明，加给一月口粮，共米二千四十石零。该二处冲去瓦房共七十三间，草房共一千八百四间。按照滇省从前昆明县被水事例，瓦房一间给银一两，草房一间给银五钱，共银九百三十九两。

至该处水冲、石压田地，内中沙石稍稀，尚堪垦复者十有六七。土夷田地向无顷亩名数，惟以所播籽种之箩数为算，每四箩合谷一石。今查明南甸被冲谷种二千六百七十四箩，合谷六百六十八石零；干崖被冲谷种一千八百二十一箩，合谷四百五十五石零，共籽种谷一千一百二十三石零。臣查内地因灾借给籽种，定例来岁秋成带征。今土司地方向无地丁钱粮，若照例借给，诚恐胥役人等将来按户催收，转滋烦扰，且为数亦属无多，臣仰体皇上加惠边氓至意，即行照数赏给，俾资及时垦种之用。以上银米，臣俱亲自验明，当众散给。土民扶老挈幼，叩头祇领，感激皇上格外天恩，即别属土司头人，亦皆以为从来未有之事。臣复饬该州朱锦昌，于冬令水涸之际，率同土司，将该处河身勘丈，挑沙去石，大加疏导，以为善后之计。

所有此次赏给房价银两及抚恤籽种、米谷价银，事无成例，容臣另筹归款，未便报销。所有臣抚恤土夷各得实惠缘由，理合缮折陈奏，仰慰圣怀，伏乞皇上睿鉴。谨奏。

朱批：知道了。

（《宫中档乾隆朝奏折》第五十二辑，第 815~816 页）

2443 署理云南巡抚刘秉恬《奏请陛见折》
乾隆四十七年九月十二日

署理云南巡抚臣刘秉恬跪奏：为微臣恋主情殷，恭请陛见，仰祈俞允事。

窃臣前署陕西巡抚任内，于乾隆四十五年夏初，遵旨趋赴行在陛见，即蒙恩命调署云南巡抚，当于济宁途次，陛辞来滇，迄今已几三载，久违黼座，驰恋实深。

伏念臣一介庸材，先以内阁中书在军机处行走，不次擢膺卿贰，历官京职十有余年，随时随地均得近接龙光。乃自三十七年奉使西川，迨至四十五年由陕调滇，其间瞻谒圣慈仅有数次，面承训诲亦只片时，中心依慕，莫可名言。本年夏初，臣即拟恭折陈请，因前岁陛辞来滇在调任督臣福康安之后，未敢遽行渎陈。今福康安在川请觐，业已邀恩允准。臣犬马恋主微忱倍增踊跃，且喜全滇年谷顺成，民夷乐业，地方极其安静，为此沥情奏请，仰恳圣恩俯鉴愚诚，准予陛见。约计奉到朱批相距封篆不远，彼时年终，事件已可办竣，臣即将巡抚印务移交督臣富纲兼署，起程赴京，俾得叩觐天颜，跪聆圣训，不惟积年葵向之私借以稍展，而边疆一切尤复有所遵循，则感荷造就鸿仁益无涯涘矣。臣不胜激切待命之至，伏乞皇上睿鉴，恩准施行。谨奏。

朱批：路远，且迟之。

（《宫中档乾隆朝奏折》第五十三辑，第 46~47 页）

2444 云贵总督富纲、云南巡抚刘秉恬《奏报壬寅头运
一起京铜即于壬寅八月依限开帮折》
乾隆四十七年九月十七日

云贵总督臣富纲、云南巡抚臣刘秉恬跪奏：为恭报壬寅头运一起京铜即于壬寅八月依限开帮，仰祈圣鉴事。

窃照滇省辛丑年四运八起京铜，于上年八月自泸开帮，本年三月全数扫帮，偿复原定例限，节经臣等会折奏闻在案。其壬寅年头运一起例应本年八月开帮，为期虽觉宽舒，而泸店尚无底铜备贮，全在各厂铜斤源源运到，方可以资济兑。若承办之员稍涉稽迟，

便难赶副原限，有堕前功。当经臣等严饬厂运各员上紧赶办，一面派委文武员弁分路查催，以冀迅速无误。

兹据布政使江兰详据泸店委员申报："壬寅年头运一起京铜官知州范栩应领正耗余铜七十三万六千三百斤，又带解截留戊子年铜六万一千三百五十八斤零，共铜七十九万七千六百五十八斤零，自八月初二日开兑起，至二十八日止，全数兑交该运官收领，即于八月二十八日在泸开帮。"等情前来。除飞咨沿途各省督抚加紧催儹，克期抵京，并咨明户、工二部外，臣等伏查，滇省办运京铜，每岁正加八起，向例甲年之铜，甲年八月开帮，乙年三月扫帮，以避四五六七等月川江之险。立法本属尽善。自三十一年以后，铜短运迟，递相积压，遂致开帮、扫帮总于定限有违，甚而迟压至两年之久，积重难返，屡廑宸衷。前岁六月，臣刘秉恬与调任督臣福康安先后到滇，恪遵圣训，实力筹办，逐渐加速，始得于上年七月运竣庚子八起，即于八月接运辛丑头起，儹复开帮原限。臣富纲于上年抵任时，辛丑尚有七起，必须按月开行一起，方能依限扫帮。铜多期迫，诚恐挽输稽阻，赶赴不及，复与臣刘秉恬钦遵谕旨，设法查催，不遗余力。厂运各员亦皆踊跃急公，持久勿懈，不惟辛丑八起得于本年三月告竣，儹复扫帮原限，而壬寅头起又得于本年八月依限开帮。臣等职司其事，幸免愆期，堪慰睿虑。

现查泸店报收铜斤，除兑发头运一起外，余存铜数，计敷头运二起之用，其各厂发运在途者，亦足供两三起受兑。向后陆续运往，为数更属不少。通盘核算，泸店总有一起铜斤预为积贮，此即底铜之渐，运官到彼，可以随时兑发，按月开行，将见京运日益裕如，永可免迟误之虑矣。

所有壬寅头运一起京铜即于壬寅八月依限开帮缘由，谨合词恭折奏报，伏乞皇上睿鉴。谨奏。

朱批：好。知道了。

（《宫中档乾隆朝奏折》第五十三辑，第79~80页）

2445　署理云南巡抚刘秉恬《奏报滇省地方情形折》

乾隆四十七年九月十七日

署理云南巡抚臣刘秉恬跪奏：为奏闻事。

窃照滇省地方八月中旬以前雨水情形，经臣查明，具奏在案。秋田刈获之后，全在风日晴和，堆场稻谷、杂粮始能及时曝晒，收贮仓箱。

兹自八月下旬至九月中旬以来，晴多雨少，天时甚为合宜，因而农功得以早毕。臣亲诣郊外察看，崇墉栉比，满目丰盈，堪为边黎称庆。现在新谷源源入市，粮价日就平减，更于民食有益。

滇中粮赋例于九月开征，际此年登大有，诚恐奸猾吏胥乘机浮收滋弊，苦累闾阎，臣已先期出示晓谕，现复留心体访，尚知守法奉公，莫敢弊混。如有违犯，一经察出，或被告发，定即官参役处，决不稍为宽贷。至花户应完额征银米及应还春借仓粮，目下已皆踊跃输纳，无待追呼。通省民情极其宁谧。臣谨恭折奏闻，仰慰圣怀，并将八月分粮价另缮清单敬呈皇上睿览。谨奏。

朱批： 知道了。

（《宫中档乾隆朝奏折》第五十三辑，第81页）

2446　署理云南巡抚刘秉恬《奏报乾隆四十七年滇省各属秋收分数折》
乾隆四十七年九月二十四日

署理云南巡抚臣刘秉恬跪奏：为恭报秋成分数，仰祈圣鉴事。

窃照云南通省禾稻杂粮，已次第登场，行据布政使将各属所报收成分数查明，开单汇送前来。臣逐一确核，威远等四十一厅、州、县、县丞，高下俱收成十分；景东等二十六厅、州、县，低处收成九分，高阜收成八分；永北等十六厅、州、县、州判，高下俱收成八分；楚雄县低处收成七分，高阜收成八分。合计通省收成实获九分有余。至沿边各土司地方所种禾稻杂粮，据报收成亦得八分有余，远近均极丰稔。

伏念滇省僻处万山，不通舟楫，民间全借本地所产俾资生计。上岁年谷顺成，户有盈宁之象。今年秧雨早沾，大田及时遍插，原可预卜有秋。乃于五六月之交，田禾偶被水淹者，腹里则有楚雄一隅，土司则有南甸、干崖两处，虽俱勘不成灾，而通省地土肥瘠不齐，全赖天麻以臻丰获，维时相距西成尚远，丰歉正未可知。

臣私心辗转，盼望愈殷，不禁因惑而滋惧。所喜入秋以后，仰邀皇上福庇，雨旸时若，多稼如云，不惟通省收成均得一律报丰，而被水之楚雄一县，南甸、干崖二土司，亦不致有减分数。三农抃舞，共庆逢年。当此仓箱充裕，闾阎咸有盖藏，已见含哺鼓腹，歌乐利于目前，即来岁青黄不接之时，亦皆缓急可恃矣。臣目击熙皞情形，实堪远慰圣慈念切边黎之至意。除一面饬司造册详报，照例另疏具题外，所有乾隆四十七年云南省秋收实获九分有余之处，合先开列清单，恭折奏闻，伏乞皇上睿鉴。谨奏。

朱批： 欣慰览之。

（《宫中档乾隆朝奏折》第五十三辑，第82页）

2447　云贵总督富纲《奏报估变撤遗衙署、兵房情形折》

乾隆四十七年九月二十四日

云贵总督臣富纲跪奏：为估变撤遗衙署、兵房，仰祈圣鉴事。

窃查云南普洱镇左营官兵，向系分防镇沅、新抚、威远、抱母、恩乐等汛，经原任督臣彰宝奏准分别酌留驻守，共裁撤兵三百二十五名，同原驻游击一员、千把总二员，调回普洱府城差操。所遗衙署、兵房，除镇沅州游击衙署一所现已拨给威远汛移驻州城守备居住，毋庸估变，以省另建外，其余衙署、兵房，均应估变归公。行据该州等节次估报，均称建盖年久，木植朽蠹，所估价值与原建工料大相悬殊，屡经驳饬增估。臣抵任后，复叠檄严催，据实增估。去后，兹据布政使江兰移委迤南道勘估，结报前来。

臣查镇沅州及新抚汛撤遗千把总署房一十四间，兵房一百二十三间；恩乐县撤遗把总署房十一间，兵房五十一间，通计原建工料银一千七百八十八两零。据迤南道汤雄业亲诣确勘，实因建造年久，木植均已朽坏，墙垣亦俱倒塌，除原建匠工、灰泥等项无可核估外，计原用木石砖瓦等银一千二百二十九两零，今估银九百五两零，较原用物料银数计逾十分之七，内恩乐县倒塌兵房三十四间，所有应估银一百四十五两零，请着落历任各员赔缴，饬取职名，移咨任籍着追。威远厅及抱母汛兵房七十九间，原建价值虽无案可稽，今据共估银三百四十八两零，核与镇沅州、恩乐县估变房间高宽、进深丈尺相等，而所估银两有增无减。又该厅高寨塘草苫兵房七间，原建工料银四十两零，除工匠不计外，实用物料银二十七两零，今估银一十九两零，亦较原用物料银数计有十分之七以上。衙署、兵房共计估变银一千二百七十三两零，又各处地基共估变银一百三十三两零，通共估变银一千四百七两零。

臣恐所估尚有不实，复经驳饬该司确核，据称实无短估情弊，委难再为加增。查镇沅等处僻在瘴乡，物料易于朽坏，未便再任稽延，应檄饬地方官赶紧照估变价。除册结送部，并将估报迟延及督催不力各职名咨部议处外，理合恭折具奏，伏祈皇上睿鉴，敕部议复施行。谨奏。

朱批：该部议奏。

（《宫中档乾隆朝奏折》第五十三辑，第134～135页）

2448　云贵总督富纲《奏报滇黔两省地方情形折》

乾隆四十七年九月二十四日

云贵总督臣富纲跪奏：为奏闻事。

窃臣前抵腾越，业将办理各事宜及经过地方情形恭折奏闻在案。兹由永昌、大理一路旋省，目击沿途秋稼如云，早稻业已登场，晚稻现在收割，穗长粒绽，民夷扶老携幼，肩挑背负，络绎田间，皆欣欣色喜，共庆收成丰稔，据称为数年来所罕见。臣沿途细加体察，各处市集粮食充盈，价值平减。臣于九月二十一日回省，据云南布政使江兰、贵州布政使孙永清各将两省秋禾收成分数开单呈报前来。

臣逐加确核，云南威远等四十一厅、州、县、县丞收成十分，景东等二十六厅、州、县收成八分有余，永北等十六厅、州、县、州判收成八分，楚雄一县虽一隅被水，勘不成灾，收成亦七分有余。合计通省收成九分有余。至沿边各土司地方所种禾稻杂粮，除南甸、干崖两土司被水地方外，收成俱八分有余。

贵州贵阳等二十六府、厅、州、县收成十分，南笼等四十六府、厅、州、县、州判、州同收成九分，铜仁一府、铜仁一县收成八分。合计通省收成九分有余。

两省并获丰稔，此皆仰赖皇上洪福，晴雨应时，是以屡丰志庆，边关宁谧，民夷乐业。臣惟有仰体圣主念切边黎之至意，广为晓谕，令其撙节盖藏，切勿以目前充盈稍事糜费，庶至青黄不接之时，咸可有备无患。

至壬寅头运一起京铜，据报于八月二十八日自泸州开行，业经臣会同抚臣刘秉恬恭折具奏。现在东、寻两路已饬修治平坦，铜斤蜂拥前进。此后晴多雨少，农隙之时，夫马增多，源源滚运，足供兑发，不致有迟误之虞。理合恭折奏闻，伏祈皇上睿鉴。谨奏。

朱批：欣慰览之。

（《宫中档乾隆朝奏折》第五十三辑，第 137～138 页）

2449　云贵总督富纲《奏报滇省武职需员，循例请旨简发折》
乾隆四十七年九月二十四日

云贵总督臣富纲跪奏：为滇省武职需员，循例请旨简发，以资差委事。

窃照滇省各营将备遇有升迁事故出缺，委署乏人。经调任督臣福康安于乾隆四十五年奏请，简发副、参、游、都、守备十员来滇，业已陆续补用，未经得缺者仅有二员，现皆分委署事。

缘滇省地处极边，离京较远，推升部选之员到任不能迅速，现在实缺人员又有俸满、甄别、预保、题升，应行送部引见。兹届出防，应派将备多员，本营事务均需委员署理。合无仰恳圣恩，敕部于应升应补人员内拣选副将一员、参将二员、游击二员、都司四员、守备四员带领引见，恭候钦定，饬令迅速赴滇，以资差委，庶于边疆营伍均有裨益。臣谨会同云南提督臣海禄合词恭折具奏，伏祈皇上睿鉴。谨奏。

朱批：有旨谕部。

(《宫中档乾隆朝奏折》第五十三辑，第 139 页)

2450　云贵总督富纲、云南巡抚刘秉恬《奏报黑井井工紧要，恭退圣恩请留熟练之县令、佐杂，以资差委折》
乾隆四十七年十月初八日

云贵总督臣富纲、云南巡抚臣刘秉恬跪奏：为井工紧要，恭恳圣恩请留熟练之县令、佐杂，以资差委事。

窃查云南黑盐井地方，于本年夏季被水冲没东、新、沙三处井座并各处炮岸，经臣等亲赴查勘估修，节次奏闻在案。现届初冬水落，集料鸠工，派员偿办。滇省此等工程向不常有，谙练之员颇难其选。专辖之楚雄府张铭，专管之署提举朱璋，只责令支放银钱，稽收物件，未能分办段落。臣等现于各属内遴委知县、佐杂数员，分段派修，内有原任禄丰县知县蔡世忱，前因征收盐课未完，降级调用，奉旨令出具考语，送部引见。嗣因征解全完，题请开复，准部复，令俟该员到部再行办理，现据请咨赴部。臣等以该员年强才干，办事勤能，奏明带往黑井勘验水灾。驻井两月以来，抢护挑疏，实心出力，于估勘修筑事宜亦甚明晰。现将西岸石炮工程派令承办。

又丽江府知事顾嘉颖，系乾隆四十三年卓异引见，奉旨准其回任候升。经臣等于本年六月内咨请升署永善县副官村县丞，嗣准部咨，该员已签升浙江温州府经历，封发文凭到滇。查该员年力壮盛，办事奋勉，每遇差委，不辞劳瘁。臣等因其熟习工程，饬委协办井座，挑浚河工，俱能实心出力。以上二员，于现在要工均为得力，一时难以更易生手。合无仰恳皇上天恩，俯准将知县蔡世忱、知事顾嘉颖留于滇省办理黑井工程，俟工竣之后，臣等查明，如果始终奋勉，遇有相当之缺，即行分别补用。其顾嘉颖签升之温州府经历，即请敕部开缺另选。臣等为要工需员起见，谨合词奏恳，伏乞皇上睿鉴。谨奏。

朱批：该部知道。

(《宫中档乾隆朝奏折》第五十三辑，第 311~312 页)

2451　云贵总督富纲《奏报委署副将折》
乾隆四十七年十月初八日

云贵总督臣富纲跪奏：为委署副将印务，循例恭折具奏事。

窃查云南龙陵协副将兆凤，据报于本年九月初九日因病身故，现在缮疏具题。所遗员缺，系边关最要之缺，且现值出汛换防之际，一切稽查弹压，必须精明干练之员方克胜任。

兹查有景蒙营游击王懋赏，熟谙营伍，堪以暂委署理龙陵协副将印务。除檄饬遵照外，理合恭折具奏，伏祈皇上睿鉴。谨奏。

朱批：览。

（《宫中档乾隆朝奏折》第五十三辑，第313页）

2452 云贵总督富纲、云南巡抚刘秉恬《奏请以楚雄县知县周名炎升署镇雄州知州折》

乾隆四十七年十月初八日

云贵总督臣富纲、云南巡抚臣刘秉恬跪奏：为知州员缺紧要，恭恳圣恩俯准升署，以俾地方事。

窃查云南昭通府属镇雄州知州杨明伦丁忧遗缺，例应在外拣选调补。

查该州地处夷疆，界连黔蜀，民夷错处，政务殷繁，兼之挽运京铜，水陆程途十有余站，必得精明干练之员方足以资事理。臣等与藩臬两司悉心拣选，通省知州内，非现居要缺，即人地未宜，并无堪以调补之员。惟查有楚雄府属楚雄县知县周名炎，年四十三岁，湖北举人，由训导俸满保题签升今职，于乾隆四十三年十二月内到任。该员年强才裕，办事实心，以之升署镇雄州知州，实堪胜任。惟历俸未满五年，与例稍有未符。谨遵人地相需之例，专折奏恳圣恩，俯准以周名炎升署镇雄州知州，不特该员感激奋勉，益图尽心报效，而臣等亦获臂指之助，于地方、铜运均有裨益。如蒙俞允，俟部复至日，给咨送部引见，仍照例扣满年限，另请实授。

至所遗楚雄县知县员缺，系升调所遗，例得以试用人员补用，另容遴选请补，合并陈明。谨开具周名炎参罚清单，会同恭折具奏，伏祈皇上睿鉴。谨奏。

朱批：该部议奏。

（《宫中档乾隆朝奏折》第五十三辑，第313~314页）

2453 云贵总督富纲《奏报遵旨缮发安南国照文折》

乾隆四十七年十月初八日

云贵总督臣富纲跪奏：为遵旨缮发安南国照文，恭折奏覆事。

窃臣于九月二十六日，承准尚书额驸公福隆安、尚书和珅字寄："乾隆四十七年九月十三日，奉上谕：据富纲奏，安南国咨称内地游民混越占认界址，改名内隶，申请分画等语，现在酌拟照会文稿，并饬沿边镇将留心查察一折，只可如此办理，已于折内批示。安南国臣事本朝，素称恭顺，今乃因该国土民借词欠税，遂谓内地游民侵占土地，改名内隶，自应饬驳。惟所拟照会文稿尚有未协之处，已令军机大臣将照文拟改，该督即可遵照缮写发送。仍须严饬沿边镇将官员严密查察，妥为经理。将此由五百里谕令知之。钦此。"遵旨寄信前来。

臣遵即照缮照文，循例封发广西左江道，转发安南国王遵照，并分饬沿边镇将，会同各地方官严密查察，妥为经理，如有窜回游民，即行截拿解究。所有遵旨办理缘由，理合恭折奏复，伏祈皇上睿鉴。谨奏。

朱批： 览。

（《宫中档乾隆朝奏折》第五十三辑，第 314 ~ 315 页）

2454　云贵总督富纲、云南巡抚刘秉恬《奏请以新兴州知州、蒙恩特加知府衔之萧文言升署东川府知府折》

乾隆四十七年十月二十日

云贵总督臣富纲、云南巡抚臣刘秉恬跪奏：为厂运兼司之知府员缺紧要，恭恳圣恩俯准升署，以俾铜政事。

窃查云南东川府知府单光国告请回籍养亲遗缺，例应在外拣选调补。该郡幅员辽阔，夷猓杂处，且汤丹、碌碌、大水、茂麓四厂年办京铜五百余万斤，皆坐落东川，责成该府僤煎承运，头绪纷繁，非精明干练、熟谙铜务之员弗克胜任。

臣等与藩臬两司于通省知府内"逐加遴选，非现居要缺，即人地未宜，即同知、直隶州内亦无堪以升补之员。惟查有请补新兴州知州、蒙恩特加知府衔之萧文言，年四十四岁，江苏贡生，由广东德庆州知州丁忧服满，选授云南安宁州知州，委管汤丹厂，因兼署会泽县任内失察私铸钱文，降二级调用，奉旨"着该督抚出具考语，送部引见，再降谕旨。钦此"。嗣经前任督臣李侍尧奏准留滇暂办厂务，因误报民欠全完，降一级调用。俱经遵例捐复，例应赴部候补。前任督臣李侍尧因其办铜熟谙，奏请留滇补用，奉旨"萧文言准其留于滇省，遇有知州缺出，酌量补用。钦此"。嗣经调任督臣福康安会同臣刘秉恬，请以萧文言补授新兴州知州，又因该员办厂年久，任事勇往，获铜丰旺，奏请赏给知府职衔，以示鼓励，钦奉特旨允准在案。

查该员年强才干，办事实心，滇省岁运京铜大半取资于东川府属，而该员专管之汤丹厂，年办铜斤有盈无绌。先因京铜紧要，委令护理府篆，该员尽心经理，不辞劳瘁，得以运速铜丰，偿复原限，实系办铜牧令中最为出力之员，以之升署东川府知府，必能胜任。参罚亦在十案以内，虽有降级留任三案，例无展参，现已完缴捐复。惟知州请升知府，与例未符。但该员已蒙恩旨准加知府职衔，而厂运兼司之紧要员缺，当京运甫克偿复原限之际，全赖熟谙厂运之员悉心调剂，庶不致堕废前功。

臣等为铜务紧要起见，因一时实难遽易生手，再四熟商，惟有仰恳圣恩，俯准以萧文言升署东川府知府，在该员感深图报，自必倍加奋勉，而要地得人，实于厂运、地方大有裨益。如蒙俞允，俟部复至日，给咨送部引见。所遗新兴州知州员缺，滇省现有候补人员，另容遴选请补。臣等为厂运兼司要缺必须干员起见，专折奏恳，伏祈皇上睿鉴。谨奏。

朱批：该部议奏。

（《宫中档乾隆朝奏折》第五十三辑，第442~444页）

2455　云贵总督富纲、云南巡抚刘秉恬《奏报委署知府折》
乾隆四十七年十月二十日

云贵总督臣富纲、云南巡抚臣刘秉恬跪奏：为委署知府，循例具奏事。

窃查云南顺宁府知府杨有涵蒙恩补授云南盐法道，所遗员缺，系极边要缺，例应在外拣选调补。

臣等现在悉心遴选，另行具奏外，兹查有景东直隶同知曹湛，才情干练，在滇年久，谙悉边情，堪以暂委署理顺宁府知府印务。除檄饬遵照外，理合恭折具奏，伏祈皇上睿鉴。谨奏。

朱批：览。

（《宫中档乾隆朝奏折》第五十三辑，第444页）

2456　云贵总督富纲、云南巡抚刘秉恬《奏请以捐复留滇候补知府宣世涛补授云南永昌府知府折》
乾隆四十七年十月二十日

云贵总督臣富纲、云南巡抚臣刘秉恬跪奏：为极边要郡需员，恭恳圣恩俯准补授，以资整饬事。

　　窃查云南永昌府知府员缺，前因通省知府内无可调之员，经臣等奏请以腾越州知州朱锦昌升署。接准部复，与例不符，行令另选合例之员请补等因。

　　查永昌地处极边，界连外域，管辖四厅州县及各土司，控驭抚循本非易治，兼以每岁官兵出汛换防，巡察侦探，皆须知府会同镇将董率经理，必得精明强干、熟悉边情之员方能胜任。现任知府内并无堪以调补之员，惟查有捐复留滇候补知府宣世涛，年五十六岁，安徽监生，捐县丞，拣发云南，历升湖北沔阳州知州，乾隆四十三年，奉旨补授云南昭通府知府，四十四年，经前任督臣李侍尧奏调云南府知府，缘事革职，四十六年，复经调任督臣福康安会同臣刘秉恬奏请捐复，留滇补用，钦奉特旨俞允在案。

　　该员老成干练，勤奋有为，历任剧郡，办理裕如，且在滇年久，熟悉边隘情形，前因该员捐复原职，未准部复，是以未经请补。兹部复已到，所有永昌府知府员缺，合无仰恳圣恩，俯准即以候补知府宣世涛补授，庶要缺得人，于边防吏治均有裨益。该员系候补知府请补知府，毋庸开列参罚清单送部引见，合并陈明。会同恭折具奏，伏祈皇上睿鉴。谨奏。

　　朱批：该部议奏。

（《宫中档乾隆朝奏折》第五十三辑，第 444～445 页）

2457　云贵总督富纲《奏请以提标中军参将定住升补龙陵协副将折》
乾隆四十七年十月二十日

　　云贵总督臣富纲跪奏：为极边副将员缺紧要，恭恳圣恩俯准升补，以俾边防事。

　　窃查云南龙陵协副将兆凤病故，业经臣恭疏题报在案，所遗员缺，系在外拣选题补之缺。

　　查该协地处极边，接壤芒市、遮放、猛卯各土司，且路通缅境，每年出汛换防，稽查弹压责任匪轻，非精明强干、熟悉边情之员弗克胜任，未便俟部覆至日始行遴员请补，致边关要地悬缺需时。随与提臣海禄于通省副将内逐加遴选，非现居要缺，即人地未宜，并无堪以调补之员。惟查有提标中军参将定住，年三十九岁，镶黄旗满洲，由护军随征缅匪、金川，节次打仗杀贼受伤，颇著劳绩，补放鸟枪护军校，蒙恩赏戴花翎，升授健锐营副前锋参领，乾隆四十二年，奉旨发往云南以参将委用，补授今职。该员才练技优，晓畅营伍，为人诚实，熟悉边情，现于预保堪胜副将案内给咨送部引见，以之升补龙陵协副将，实堪胜任。合无仰恳圣恩，俯准以定住升补龙陵协副将，庶极边要缺得人，于边防实有裨益。谨会同云南提督臣海禄合词恭折具奏，伏祈皇上睿鉴。谨奏。

朱批： 该部议奏。

（《宫中档乾隆朝奏折》第五十三辑，第 447～448 页）

2458 云贵总督富纲，云南巡抚刘秉恬《奏报 壬寅头运二起京铜依限开帮折》
乾隆四十七年十月二十日

云贵总督臣富纲，云南巡抚臣刘秉恬跪奏：为恭报壬寅头运二起京铜依限开帮，仰祈圣鉴事。

窃照壬寅头运一起京铜，于本年八月二十八日依限自泸开帮，业经臣等恭折奏闻在案。其头运二起京铜，例应于九月内接续开帮。

臣等先经分饬厂运各员上紧办运，并选派员弁分路催儹。去后，兹据云南布政使江兰详据泸店委员申报："壬寅头运二起正带铜七十九万七千六百五十八斤零，于九月初二日开兑起，至二十六日兑竣，运员、同知那宁阿即于是日自泸州开行。"等情。除飞咨沿途各省督抚加紧催儹，迅速抵京，并咨明户、工二部外，伏查壬寅京铜正加四运共有八起，兹头运二起虽已开帮，而此后尚有六起，必须源源滚运，始无贻误。

查核泸店报收铜斤，尚敷下起之用。现届冬令水涸之时，道路平坦，川江无波涛之险，又值农有余闲，夫马日渐增多，各路转输可期日益迅速，即各厂山深硐远之处，夏秋每有疏消积水之繁，一交冬令，俱即消涸，正可尽力攻采。臣等现饬藩司江兰，酌量情形，宽发工本，令各厂员星夜赶办，尽数发运，不得仅依月额，务使壬寅未运六起足供兑发之外，渐有盈余积存泸店，亦可作为底铜，以期有备无患，永无迟误之虞矣。

所有壬寅头运二起京铜依限开帮日期，谨合词恭折奏报，伏祈皇上睿鉴。谨奏。

朱批： 好。知道了。

（《宫中档乾隆朝奏折》第五十三辑，第 449 页）

2459 云贵总督富纲、云南巡抚刘秉恬《奏报 闽省委员办运滇铜扫帮出境日期折》
乾隆四十七年十月二十八日

云贵总督臣富纲、云南巡抚臣刘秉恬跪奏：为闽省委员办运滇铜扫帮出境日期，循例奏闻事。

窃照各省委员赴滇采买铜斤，往来俱有定限。钦奉上谕："嗣后到滇办运开行，即着该抚具奏，如有无故停留贻误者，即行指名参究。"等因，钦遵在案。

兹据云南布政使江兰详称："福建委员泉州府马家巷、通判朱国垣，领运采买宁台等厂高铜四十四万二千五百七十五斤，以该委员于乾隆四十六年七月二十六日领竣寨子箐等厂铜斤之日起，正展限期，应扣至四十七年九月初二日届满。今该委员于本年八月二十五日，全数运抵宝宁县属剥隘地方扫帮出境，正在限内，并未逾违。"等情，详请核奏前来。臣等复查无异，除飞咨广西、湖南、湖北、江西、福建、闽浙各督抚臣转饬接替催儹，依限交收供铸，并咨明户部外，所有闽省委员朱国垣办运滇铜扫帮出境日期，理合恭折具奏，伏乞皇上睿鉴。谨奏。

朱批：览。

（《宫中档乾隆朝奏折》第五十三辑，第 545～546 页）

2460　署理云南巡抚刘秉恬《奏报乾隆四十七年分滇省民数、谷数折》
乾隆四十七年十月二十八日

署理云南巡抚臣刘秉恬跪奏：为钦奉上谕事。

窃照各省民数、谷数，定例于每岁仲冬缮写黄册，具折奏闻，其民数例应分造民、屯丁口各一册进呈。

兹据布政使江兰会同粮储道永慧详称："云南省岁报民数，除番界、苗疆户口向不造入外，所有乾隆四十七年分通省民、屯户口，各就原编保甲逐一确查，实在大小民人二百六十四万八千一百七十丁口，内男丁一百三十八万四千四百一十四丁，妇女一百二十六万三千七百五十六口；屯民男妇大小六十一万一千二百一十三丁口，内男丁三十一万一千八百九丁，妇女二十九万九千四百四口。应存常平社仓米、谷、麦、荞、青稞一百七十二万三千六百七十石零。"分案造册，详请具奏前来。臣复加确核无异，理合恭折奏闻，并将民、屯丁口实在数目及存仓谷石总数，敬谨分缮黄册三本，恭呈御览，伏乞皇上睿鉴。谨奏。

朱批：册留览。

（《宫中档乾隆朝奏折》第五十三辑，第 546～547 页）

2461　署理云南巡抚刘秉恬《奏报滇省地方情形折》
乾隆四十七年十月二十八日

署理云南巡抚臣刘秉恬跪奏：为奏闻事。

窃照滇省地方秋禾丰获、粮价平减情形，经臣于九月内缮折陈奏在案。查各属自九月下旬至十月中旬以来，晴多雨少，气燠如春，民间播种二麦、蚕豆及山荞、园蔬之类，发荣滋长，渐见青葱。目下新谷遍市，粜价在在称平，闾阎妇子靡不含哺鼓腹，共乐盈宁。

本年夏秋间，昆明六河水势较大，幸得及早修浚，有备无患，近省一带河田西成遂臻大稔。兹际冬晴水落，正宜预为疏治，以防春汛。臣现与督臣富纲董率专管河工之粮储道永慧，派员分段查勘，将河身淤塞者挑挖深通，堤岸低薄者加培高厚，闸坝坍损者砌筑完固，克期施工办理，务于春前一律竣事，以御暴涨而卫田庐。

壬寅额运京铜八起，据报在泸开帮者已有两起，均经会折具奏。尚有未开六起，必须按月开行一起，方克赶副扫帮定限。臣查泸店收存各路铜斤，仅敷下起兑发之用。此时黄草坪一路业已开江发运，水势充足，铜船顺流而下，不患稍有稽延。惟罗星渡一路，向系常川挽运，每当冬令河水渐涸，若不先时筹办，滩高水浅，即有阻滞之虞。臣已饬据承运之署镇雄州屠述濂预备竹筏，多设站船，遇应盘剥处所，随时接济，以速转输。现在水路铜斤抵泸迅捷，供兑裕如，京运可期无误，洵足仰慰圣怀。

臣谨一并恭折奏闻，并将通省九月分粮价另缮清单，敬呈皇上睿鉴。谨奏。

朱批：知道了。

（《宫中档乾隆朝奏折》第五十三辑，第547～548页）

2462　署理云南巡抚刘秉恬《奏报甄别过滇省乾隆四十七年分俸满教职、佐杂人员折》

乾隆四十七年十月二十八日

署理云南巡抚臣刘秉恬跪奏：为循例汇奏事。

案照年终汇奏事件内甄别教职、佐杂、年满千总三款，例应汇折，分单具奏。兹据云南布政使江兰、按察使许祖京将滇省乾隆四十七年分甄别过俸满教职、佐杂开单，汇详前来。

臣查本年甄别教职内，初次俸满勤职留任者一员，循分供职留任者一员；二次俸满勤职留任者三员，循分供职留任者一员；三次俸满循分供职留任者一员；初次俸满勒休者一员，休致者一员，计参者二员；二次俸满勒休者一员，休致者一员；未届俸满勒休者一员，休致者二员，计参者四员。又甄别佐杂内，初次俸满留任者七员，二次俸满留任者三员，三次俸满留任者一员，已届俸满计参者三员、缘事参革者一员，未届俸满休致者一员、计参者三员、缘事参革者二员。其俸满各员俱经陆续验看，随时咨部。

至臣标两营千总四员，本年并无俸满应行甄别之员，亦经咨明兵部在案。所有乾隆四十七年分滇省甄别过教职、佐杂员数及臣标千总并无年满甄别之员，理合循例汇折具奏，并将甄别教职、佐杂分缮清单，恭呈御览，伏乞皇上睿鉴。谨奏。

朱批： 该部知道。

（《宫中档乾隆朝奏折》第五十三辑，第549页）

2463 署理云南巡抚刘秉恬《奏报修浚抚仙湖水利折》
乾隆四十七年十月二十八日

署理云南巡抚臣刘秉恬跪奏：为修浚抚仙湖水利，以裨民生，恭折奏闻事。

窃照水利乃农田之本，全在修浚得宜，始于民生有益。况滇省山多田少，水利之应讲求，尤为地方要务。臣随处留心体察，并于接见属员时，每以兴修水利谆切告诫，毋使稍存膜视，致害闾阎。

查澄江府城南有抚仙一湖，介在河阳、江川、宁州三州县之间，周围三百余里，北纳诸溪，南受星云湖，东由海口汇入清水河，下达铁池河，滨河田亩咸资其利。上年秋成以后，雨多水泛，一时宣泄不及，附郭之河阳并江川、宁州三州县滨河田亩多被淹没，幸时在秋收已过，尚不致为民害。然不及早办理，则本年即难以栽种。臣以该处系三州县管辖，恐彼此因循观望，或致误事，当经遴委石屏州知州蒋继勋，会同署河阳县知县顾嘉颖前往确勘。此湖因何忽然为害，如何筹办可以受益之处，务期因势利导，妥酌查议。去后，旋据委员蒋继勋会同该管府县等详晰勘议具禀，并绘图呈核前来。

臣查抚仙湖下游，有清水河一道，承海口所泻大湖之水，由海晏桥汇出，直达铁池河，形势较低。迤逦而东，有浑水河一道，受宁州诸山溪之水，亦泻入铁池河，形势较高。向于浑水河建有牛舌石坝一道，防浑水之入清水，以资捍御。去秋，因溪流湍激，牛舌石坝冲倒二十余丈，浑水散漫，汇流入清。维时浑水河沙石填塞一百三十余丈，几成涸地，清水河遂至淤塞二百余丈，不能宣泄大湖之水，以致逆流，三州县滨河田亩尽皆淹没。推原其故，总由清水河直当牛舌坝之冲，牛舌坝倾倒，则沙石随水下刷，浑水泛溢，故清水淤塞而不通。是牛舌一坝，实为三州县水利通塞关键，不可不亟加整治。但此坝系就浑水河形势而建，河流纡曲，由南而西，直当清水河海晏桥之冲，一有冲溢，则浑流即直入清水，故易于淤塞。今议于原建牛舌坝之东象鼻山脚凿通四十余丈，另开子河，直泻浑水河之水，即将牛舌坝基址移进十余丈，重建石工，俾河身改直，水可顺流而下，直达铁池河，则牛舌坝便无顶冲之患，而清水可永资畅达。

以上开河、筑坝、挑淤等事，三州县士民情愿同心协力，兴工赶办。臣阅其所议，参观绘图，筹办甚为合宜，且工程出自民捐，不动官项，尤见众擎易举。随饬署河阳县顾嘉颖，会同江川、宁州二州县，照议妥协办理，并令该管之澄江府知府马可继、临安府知府阿敏稽查督办，期速藏工。兹据报称："新建牛舌石坝一座，坐落象鼻山脚，长四十五丈，高一丈五尺，较原建坝基移进十二丈有零。河身改直，其坝工用五面石砌成，石灰挨缝，铁锭骑缝嵌镶，做法极其坚固。石坝后身，将挖河泥沙筑成护堤，下宽上窄，堤坝平齐，坝下接砌碎石堤一道，长一百一十丈，工坚料实，足资捍御。新开子河四十三丈，深一丈余尺，直接宁州诸山溪之浑水。其子河上下未改处所之浑水河原身，挑宽四五丈，深八九尺丈余不等。清水河挑宽八九丈，深一丈余尺不等。从前坝倒沙冲、河身淤塞之处，均已疏浚深通。经该府马可继等勘明，坝工合式坚固。两河水势循轨顺行，汇注铁池河，三州县被淹粮田现俱全数涸出，本年业已栽种有收，从此浑水不致混入清水，抚仙湖下流通畅，可永免倒灌之虞，实于水利农田两有裨益，濒湖黎庶靡不欣跃乐从。"

此事虽系督率士民自办，若不据实入告，恐地方官日久怠生，小民不能长享其利。臣现在檄饬藩司存案，嗣后令该管知府督同三州县，于每岁冬深水涸之际，董率民夫，通力合作，将河身堤坝量修一次，以资宣泄，永保安澜。

所有办理情形，臣谨恭折奏闻，并绘图贴说，敬呈御览，伏乞皇上睿鉴。谨奏。

朱批： 好。知道了。

（《宫中档乾隆朝奏折》第五十三辑，第 550~552 页）

2464　云贵总督富纲、云南巡抚刘秉恬《奏报据情代奏恭谢天恩折》
乾隆四十七年十一月初二日

云贵总督臣富纲、云南巡抚臣刘秉恬跪奏：为据情代奏恭谢天恩事。

窃臣等据新授云南盐法道杨有涵呈称："本年十月十八日，奉檄行知，乾隆四十七年八月十二日，奉上谕：云南盐法道员缺，着杨有涵补授。钦此。当即望阙叩头谢恩讫。伏念有涵父锡绂荷蒙皇上特达之知，简任巡抚、总漕，复内任尚书，叠受圣恩，至优极渥，世世子孙捐糜难报。今有涵由乾隆十七年壬申科进士分发户部，洊升郎中，四十五年奉旨简授云南顺宁府知府。抵任两载，涓埃未效，正切悚惶，兹复奉特旨擢授云南盐法道，综核全省之醝政，稽查各井之课程，职任匪轻，仔肩不易。闻命之下，感激难名，惟有勉竭驽骀，矢勤矢慎，事事实心实力，以冀仰酬高厚鸿慈于万一。所有感激下忱，理合沥情呈请代奏，恭谢天恩。"等情。臣等不敢壅于上闻，谨会同恭折具奏，伏祈皇上睿鉴。谨奏。

朱批： 览。

（《宫中档乾隆朝奏折》第五十三辑，第 596 页）

2465 云贵总督富纲、云南巡抚刘秉恬《奏报苏四十三案犯家属在配所尚为安分折》

乾隆四十七年十一月初二日

云贵总督臣富纲、云南巡抚臣刘秉恬跪奏：为遵旨据实覆奏事。

窃臣等于本年十月二十一日，承准尚书额驸公福隆安、尚书和珅字寄："乾隆四十七年十月初五日，奉上谕：上年苏四十三滋事一案，所有该犯等家属，除已经正法外，其男丁发配烟瘴地方。各犯到配后已一年有余，是否尚属安静，着传谕富纲、刘秉恬、李本、朱椿留心查察，如有不安本分、在配滋事者，即行奏明，从重办理，毋得稍存姑息。将此各传谕知之，并令遇便据实复奏。钦此。"遵旨寄信前来。

臣等查此案男丁，前准甘省咨会，指发云南共计八十一犯，内除甘肃、陕西、河南、湖广等省咨报在途病毙四十四名，及到配后病故三名外，现在普洱府属他郎、思茅、威远、宁洱四厅县配所者实止三十四名，年岁自二岁以上至十五岁不等。查此等男丁，仰蒙皇上法外施仁，不忍悉予骈诛，发配烟瘴地方，诚属格外殊恩。

现在虽据他郎等四厅县按月查报，各犯在配尚无滋事之处。但此等遗孽，性同枭獍，此时年皆幼稚，尚无知识，将来年岁渐长，实难保其尽能安静。兹奉谕旨饬查，除飞饬他郎等四厅县，嗣后分外加意管束，不时查点稽察，毋使迷失逃亡，如有稍不安分滋生事端者，立即禀报，以凭提解至省，奏明从重办理。并令普洱府就近不时查察禀报，倘地方官视同寻常遣犯，不严加管束，及有不安静之犯，因循疏纵，不即据实禀报者，臣等查出，定行严参，断不敢稍存姑息外，理合遵旨据实复奏，伏祈皇上睿鉴。谨奏。

朱批：知道了。

（《宫中档乾隆朝奏折》第五十三辑，第 597~598 页）

2466 云贵总督富纲《奏报滇省地方情形折》

乾隆四十七年十一月初二日

云贵总督臣富纲跪奏：为奏闻事。

窃照滇省本年秋稼丰登较胜往岁，民情欢洽，共庆有年。臣巡阅边关，经过迤西一带，目击熙皞情形，当经恭折陈奏在案。自入冬以来，虽天气晴暖，而山多露重，土膏仍属滋润，麦苗蚕豆弥望青葱，均极长发。市集粮食充盈，价值平减。现在省城中米每仓石价银一两五钱五分，民夷乐业，边隅绥宁。

黔省本年秋收亦极丰稔，农有余粟，粮价日平，中米每仓石价银六钱至一两六钱五分不等。大定府及都匀府丹江通判地方，据报于十月十七日，均得瑞雪二三寸不等，四野普遍，尤与麦田有益。

查滇省虽在在皆山，全资雨泽，而会城金汁等六河，裨益农田实非浅鲜。自今春疏挑之后，夏秋大雨时行，虽无漫溢之患，而河身壅积泥沙，河堤低垫埈塌之处，势所必有，自应趁此天晴水涸，农有余闲，及时疏浚深通，修筑坚固，庶至春耕之候足资引灌之益。当即饬令云南粮储道永慧，率同专管水利之同知、县丞，逐一履勘，将应行疏浚修筑之处查丈明白，据实估计，造册详报。分段委员承修，务期工程坚固，水道深通，以利农田。仍俟工竣，臣再行亲往查验，照例造销。至各属凡有资借河渠引灌之处，亦已通饬乘时修浚，如有虚应故事，潦草塞责，及借端滋扰情弊，查出即行严参。理合恭折奏闻，伏祈皇上睿鉴。谨奏。

朱批：知道了。

（《宫中档乾隆朝奏折》第五十三辑，第598～599页）

2467　云贵总督富纲、云南巡抚刘秉恬《奏报降调人员催铜得力，恳恩留滇差委折》

乾隆四十七年十一月初二日

云贵总督臣富纲、云南巡抚臣刘秉恬跪奏：为降调人员催铜得力，仰恳圣恩留滇差委事。

窃照滇省承办京运，先因递年积压，奏准偿覆原限，经调任督臣福康安会同臣刘秉恬派委干员分路催偿，上年因庚子扫帮较前迅速，荷蒙皇上天恩，特予议叙现任人员，俱经臣富纲、臣刘秉恬逐一查明奏咨，无不仰邀恩叙。惟原任云南府知府孔继炘、阿迷州知州赵希充、易门县知县萧霖等三员，以其先经降调，未得开列请叙。

臣等查该员等自专派分往东昭、威宁两路催运以来，辛丑全运又已依限扫帮，壬寅头运二起亦据报开无误，实系该员等实力差催所致，若不少加鼓励，未免独致向隅。因查该员等降调原案，孔继炘系护粮储道任内会审保山县民刘天伟赴县求借社谷一案，拟罪失出；赵希充系本任阿迷州征收盐课未完，均经部议降调，奉旨"出具考语，送部引见"。再降谕旨："萧霖因经管义都厂，办铜缺额，部议降三级调用。奉旨依议。钦此。"钦遵在案。臣等查孔继炘老成持重，练达有为，其会审案情拟罪失出，事属因公。萧霖年壮才优，办事奋勉。其原参办铜缺额五千二百余斤，缘乾隆四十三年，甫经奏准按月核计之例，该员即于是年正月内委署云州卸事，随于六月内办补足额，尚非有心堕误。

查滇省前任丽江府知府吴大勋因公降调，曾经奏奉天恩，准其捐复原官，留滇补用。

今孔继炘议降一级，应令照吴大勋之例，就近于藩库完银一千二百两，萧霖议降三级，应令照例于藩库完银一千九百两，捐复原级。赵希充明白安详，熟练吏治，在滇已二十余年，于地方情形最为熟悉。前此盐课开参，即据该员续报全完，因题咨到部，已在议处，奉旨之后，经部议，令该员到部再行办理。是该员本已开覆，例应补用原官。可否仰恳圣恩，将知府孔继炘、知州赵希充、知县萧霖一并仍留滇省，俟壬寅全运一手催完后，该员等如果勤奋出力，始终不懈，遇有相当缺出，另行请补。在该员等感激图报，自必倍加奋勉，而滇省得此干练之员，实于京运有裨，即地方一切亦得收指臂之助。至孔继炘、萧霖捐复原级银两，俟部复至日，另容附便解京。

臣等为京运出力人员起见，不揣冒昧，理合恭折具奏，另缮该员等履历清单敬呈御览，伏祈皇上睿鉴。谨奏。

朱批： 着照所请行。该部知道。

（《宫中档乾隆朝奏折》第五十三辑，第 599~601 页）

2468　云贵总督富纲《奏报滇黔两省各官并无换帖、宴会及门包、押席、承办筵席等事折》

乾隆四十七年十一月初二日

云贵总督臣富纲跪奏：为遵旨汇奏事。

恭照乾隆四十六年十二月二十四日，钦奉上谕："年终汇奏之件，如换帖、谦会及门包、押席、承办筵席等事，俱着并为一折，于年终循例汇奏。"等因，钦遵在案。

伏思督抚为封疆大吏，两司亦有统辖全省之责，上司下属全以体统相维，不特略分言情，周旋结纳，鲜不为吏治之害。设欲稍伸其款洽，而徒取给于下僚，又复收受押席，更何颜以对属吏？至官员无故上省，必致旷废职业，家人约束稍疏，尤属易滋弊窦。

臣荷蒙皇上天恩，畀以边疆重任，仰体圣明整饬官方剔弊务尽之至意，与抚臣刘秉恬、李本时刻留心查察，滇黔两省官常尚知共敦职守，并无同官换帖、谦会及托故上省扣展公出日期之习。至臣衙门传事禀话，俱责成文武巡捕，并令中军不时查察。臣亦时刻留心，不令家人与属员见面，以冀杜绝门包积弊。即司道等官，亦查无收受门包情弊，间有酬酢，亦俱恪遵节奉谕旨，出赀自办，并不派令首府、首县承值，亦无收受押席之事。除与两省抚臣，督率司道加意稽查禁约，涮除积习，以期大法小廉。倘有复蹈陋辙者，即行据实纠参，不敢稍为徇隐外，谨遵旨并为一折汇奏，伏祈皇上睿鉴。谨奏。

朱批： 览。

（《宫中档乾隆朝奏折》第五十三辑，第 601~602 页）

2469 署理云南巡抚刘秉恬《奏报乾隆四十七年分滇省改修缓修船只及估变物料缘由折》

乾隆四十七年十一月十一日

署理云南巡抚臣刘秉恬跪奏：为循例汇奏事。

窃照各项改修缓修船只及估变物料，数在二百两以下者，例应于年底汇折，分单具奏。兹届乾隆四十七年分汇奏之期，据云南布政使江兰具详前来。

臣查滇省于乾隆三十四年办理军需案内，保山县动项建造潞江渡船裁存四只，遇有损坏，随时酌修，并无定限，现在委勘尚属完固。又禄丰县动支军需余平银两添造星宿河渡船四只，前经部驳，尚未准销，毋庸估修。此外尚有罗平州属江底河渡船一只，丽江府属金江阿喜渡船一只，历系三年一修，所需工料银两，俱于官庄租米银内征存支用，汇册报部。查罗平州属之江底河渡船一只，于乾隆四十四年六月工竣，迄今届满三年，据该州详报，船身朽坏，现在委员勘估兴修。又丽江府属之金江阿喜渡船一只，于乾隆四十三年十二月工竣，扣至四十六年岁底，已满三年。臣委员查勘，船身尚属坚固，当于去岁年终汇奏案内奏明缓修在案。今又阅一年，据该府详报，船身业已朽坏，难以再缓，现在委员勘估兴修。至估变物料银数在二百两以下者，查有保山县应变军需案内建造潞江渡船，裁汰六只，遵照部驳，增估连原估加增共银一百七十二两零，业经咨部复准，于上年汇奏案内奏明，饬催变解，俟解司另报。兹臣叠檄严催召变，已据该县照数变银解缴司库，另咨报拨在案。此外并无估变衙署房屋数在二百两以下之项。

所有乾隆四十七年分滇省改修缓修船只及估变物料缘由，理合循例汇折具奏，并分缮清单敬呈御览，伏乞皇上睿鉴。谨奏。

朱批：览。

（《宫中档乾隆朝奏折》第五十三辑，第 769~770 页）

2470 署理云南巡抚刘秉恬《奏报滇省各官并无换帖、宴会及派委属员承办筵席，任听家人收受门包、押席银两等折》

乾隆四十七年十一月十一日

署理云南巡抚臣刘秉恬跪奏：为循例汇奏事。

窃照年终汇奏事件内，官员不准换帖、宴会与上省扣展公出日期，并各衙门不许收受门包及押席银两、派委属员承办筵席暨禁革坐省家人名目，以上六款皆属事例相近，臣谨钦遵谕旨，汇为一折具奏。

伏查外省官员彼此换帖，动称愚兄愚弟，洵属仕途陋习。其同僚相见，偶然宴会，以通物我之情，原为礼所不废。惟上司与下属，名分攸关，不宜宴会频频，致滋狎玩之渐。若夫庆典年节，开筵演戏，事非常有，督抚藩臬岁入养廉丰厚，所费无几，总应出资自办，何得派委属员承值？既慷他人之慨，且开要结之门。

至督抚以迄道府，随带在署家人，不过供其役使，岂容与属员交接，需索门包？如因留待属员饭食，任由家人巧取押席银两，其事尤可鄙笑。他如州县官遇有紧要事件偶赴省城，事毕即回，原无庸扣展公出日期，致稽案牍。其有借称面禀公事，数数上省，固启钻营奔竞之端，即或派拨家人常川坐省，名为听差，实则窥探消息，更何以杜贪缘结纳之风？凡此诸弊，均为吏治之害。臣与督臣富纲平日留心稽察，并嘱司道一体查访，尚无前项情弊。

但有治人无治法，臣身任封疆，有考察群吏之责，惟当正己率属，严行饬禁，以期仰副圣主整肃官方之至意。兹届乾隆四十七年分汇奏之期，所有滇省各官并无换帖、宴会及派委属员承办筵席，任听家人收受门包、押席银两，亦无官员托故上省扣展公出日期并派拨家人坐省之事。理合循例汇折具奏，伏乞皇上睿鉴。谨奏。

朱批：览。

（《宫中档乾隆朝奏折》第五十三辑，第 770～771 页）

2471　署理云南巡抚刘秉恬《奏报查明通省城垣情形折》
乾隆四十七年十一月十一日

署理云南巡抚臣刘秉恬跪奏：为查明通省城垣情形，遵旨汇奏事。

案准部咨，钦奉上谕："各省城垣是否完固，着于每年岁底汇奏一次等因。钦此。"又臣于乾隆四十五年奏请报坍城垣酌定汇奏章程案内，经工部议奏："嗣后各省城垣于年终汇奏折内，将急修、缓修各情形逐一分晰声叙，如果必不可缓，实系应行急修之工，即令确估工料，具奏兴修，于次年汇奏折内，将已经奏办缘由据实声明。"等因，复准通行，遵照在案。今乾隆四十七年分云南通省城垣，由布政使江兰转据各道府确勘，分别完固、修补，复核详报前来。

臣查滇省各府厅州县及佐杂各处通共砖石、土城九十一座内，大关等厅州县城垣八十五座，门楼、垛口、墙垣均属完固；元江州、嶍峨县、他郎通判、宁洱县原坍城垣四座，均经臣于另案专折奏明，次第兴修。现在先行估修宁洱县城垣。又广西州、安宁州上年具报被雨淋坍二座，应列入缓修，俟宁洱、他郎等处城垣修竣之后，再行分别估办。

其余各属完固城垣，臣严饬该管道府，督令地方官加意保护，遇有些小坍塌，随时鸠工修补，以期巩固而资捍卫。

所有乾隆四十七年分云南通省城垣情形，理合恭折汇奏，并另缮清单敬呈御览，伏乞皇上睿鉴。谨奏。

朱批： 览。

（《宫中档乾隆朝奏折》第五十三辑，第771～772页）

2472 署理云南巡抚刘秉恬《奏报考验亲标营伍，递年比较情形折》
乾隆四十七年十一月二十日

署理云南巡抚臣刘秉恬跪奏：为考验亲标营伍，递年比较情形，仰祈圣鉴事。

窃照云南抚标两营兵丁，系臣亲辖标营，例应随时考核。臣于前岁抵任后，查阅各兵技艺，尚属中等。迨上年阅看，较前岁为优，业经臣两次奏闻。本年春间，又经督臣富纲将抚标与督标、城守各营兵丁调集合看，具奏在案。今臣标两营兵丁，钦遵谕旨添补养廉赏恤兵额，俟部复到日，即应按数募补。是现在存营兵丁之技艺，为将来新挑兵丁之观法，平时操演更宜加倍认真，不遗余力。

伏思军营制胜之具全资鸟枪、弓箭两项，较之别项技艺，所关尤重。臣标中军参将兼署右营游击哈国祥，晓畅营务，人亦勇干，先曾出师金川。臣责成该将率同两营备弁勤加训练，以冀营伍日益改观。兹臣于十一月十二、十四、十五等日，亲诣教场，全行校阅。

查抚标两营共实兵七百余名，除现在派差守汛外，就其存营兵丁，按技分起考验。实操鸟枪兵三百四十四名，定例每兵十名打三十枪，中靶二十枪以上者为一等，十五枪以上者为二等，十枪以上者为三等。今按十名一班演打三十枪，全行中靶者三班，中靶二十九枪者六班，中靶二十八枪者十六班，中靶二十七枪者八班，中靶二十六枪者一班，悉在定例二十枪以上，且十名一班之外剩有四名，演打十二枪，尚能中靶十一枪，均应列为一等。实操马步、弓箭兵九十六名，骑射、驰驱、控纵俱极娴熟，撒放亦皆有准。其步箭成数，定例每兵以五箭为率，能中靶三枝以上者为一等，中靶二枝以上者为合式。今每兵射箭五枝，全行中靶者三十六名，中靶四枝者三十八名，中靶三枝者十八名，共九十二名，均应列为一等；中靶二枝合式者三名，中靶一枝者一名，并无全不中靶者。

臣查鸟枪兵丁，前岁中靶枪数仅有十枪及十五枪以上，未能中至二十枪之外。去岁中靶枪数虽已在二十枪以上，然所中不过自二十三四五枪至二十六七八枪而止。此次打枪中靶，多有二十九枪及三十枪全中者。至弓箭兵丁，前岁中靶箭枝堪列一等者仅有四十一名，余止合式或未能合式，且有全不中靶者。去岁中靶箭数堪列一等者虽已多至六十七名，余皆合式，犹间有不中靶者。此次步箭中靶自三枝至四五枝，堪列一等者计有九十二名，合式者仅止三名，中一枝者止有一名，并无射不中靶者。是鸟枪、弓箭两项以去岁比较，前岁故已增胜，而以今岁比较，去岁尤为出色。当将应列一等兵丁从优奖赏，该管官弁分别记功。此外尚有炮手、藤牌、长枪、鍘刀、弩弓、长矛等项杂技兵丁共二百三十余名，合操阵式，俱能整齐。如法演习技艺，更皆纯熟可观。亦即当场酌予奖赏，以示鼓励。臣仍当不时督率该管将备等实心训练，务期精益求精，久而弗懈，咸成劲旅，以仰副圣主养兵诘戎之至意。

所有臣现在考验亲标营伍递年比较情形，理合恭折奏闻，伏乞皇上睿鉴。谨奏。

朱批：知道了。

（《宫中档乾隆朝奏折》第五十四辑，第 50～51 页）

2473　署理云南巡抚刘秉恬《奏报乾隆四十七年分滇省
动用钱粮及工程报销已未完结案件折》
乾隆四十七年十一月二十日

署理云南巡抚臣刘秉恬跪奏：为循例汇奏事。

窃照直隶等省一切动用钱粮及工程报销已未完结案件，例应各该督抚于岁底汇折具奏。兹据布政使江兰将云南省动用钱粮及工程报销已未完结各案开报前来。

臣查云南省近年动用钱粮及工程报销各案，截至乾隆四十七年岁底，共计一十七案，内除已经接到部复准销完结者八案，尚未完结者九案。此内甫经题销、现候部覆者二案，已遵部驳，造册题咨；未准部覆者三案，其余四案，现饬承办各员遵照部驳逐一登答，俟造报至日再行题咨外，所有云南省乾隆四十七年分动用钱粮工程报销已未完结各案，理合分晰缮具清单，恭折奏闻，伏乞皇上睿鉴。谨奏。

朱批：览。

（《宫中档乾隆朝奏折》第五十四辑，第 51～52 页）

2474　署理云南巡抚刘秉恬《奏报滇省得雪情形折》
乾隆四十七年十一月二十日

署理云南巡抚臣刘秉恬跪奏：为奏闻事。

窃照滇省入冬以后各属地方情形，经臣于十月杪具折陈奏在案。

云南地处炎方，每届冬深，晴多雨少，气燠如春，雪泽尤所罕见。十一月初六、初七两日，省城天气阴寒，同云四布，意谓附近之区必有得雪者。旋据曲靖府属之平彝县禀报，初六日戌时至初七日寅时，大雪缤纷，高阜积厚三四寸，平原积厚二三寸。又据该府属之寻甸州禀报，初七日得雪一二寸不等。其余各属虽未据报得雪，而丰瑞已兆，喜溢三农。兹当一阳来复，土膏萌动，二麦、蚕豆及山荞、园蔬之类发荣滋长，弥望青葱。各处市粮时值，惟一切杂粮稍有长落不齐，而诸色米价在在咸称平减，汉夷乐业，景象盈宁，均堪仰慰圣怀。臣谨恭折奏闻，并将十月分粮价另缮清单敬呈皇上睿览。谨奏。

朱批：知道了。

（《宫中档乾隆朝奏折》第五十四辑，第52~53页）

2475　署理云南巡抚刘秉恬《奏报滇省无任克溥条陈诸弊情形折》
乾隆四十七年十一月二十日

署理云南巡抚臣刘秉恬跪奏：为遵旨复奏事。

窃臣接准部咨："乾隆四十七年六月二十六日，内阁奉上谕：朕阅国史馆进呈诸臣列传内，原任刑部侍郎《任克溥传》所载前后条陈各事宜，若守令各官不能保举得实，士子以请托贿赂进身，及宦户恃势揽收粮银，儒户包免杂差，预收额赋，衙蠹投身要地，揽赋最多，并各省加派、火耗苦累闾阎及派百姓养马应夫，或充里长，遇有上司经临，预备供应，复有讼师罗织无辜，牵累良民，直省督抚大吏苛索属员，苞苴无厌等款。所言皆关系士习民风、官方吏治，实为切中当时利弊，是以世祖章皇帝暨圣祖仁皇帝俱降旨允准施行。任克溥逮事两朝，抒诚建白，无愧直言謇谔之臣。国家承平百有余年，一切澄清吏治、整饬士风各政事，经我皇考宵旰勤求，孜孜不倦，益复治臻上理。朕继绪四十余载，迄今年逾古稀，虽日理万几，而兢兢业业，夙夜不遑，但恐日久废弛。现在民生是否尚有苦累，内外大小官吏是否尚有作奸犯科，未经厘剔整顿如任克溥所陈诸弊者，着大学士、九卿、科道及直省督抚直摅所见，据实奏闻。所有任克溥条奏各款一并发抄。将此通谕中外知之。钦此。"臣跪诵纶言，曷胜钦佩。

伏念我朝定鼎之初，去明不远，前代一切秕政尚有未尽革除。自我世祖章皇帝、圣祖仁皇帝广开言路，如侍郎任克溥条陈各事宜，皆有关于士习民风、官方吏治，切中当时利弊者，无不降旨允准施行。我世宗宪皇帝御宇十三年，宵旰勤求，益臻上理。我皇上承列圣积累之盛，励精图治，数十载如一日，虽年逾古稀，而日理万几，兢业不遑，天下利弊悉在圣明洞照之中，随时随事振刷有加，从前任克溥所陈诸弊早已厘剔净尽。现在纲纪肃清，实无阙事可指。乃犹复睿虑周详，惟恐日久废弛，特诏内外臣工直抒所见，据实奏闻，仰见我皇上圣不自圣、治益求治之至意。

窃臣猥以庸愚，蒙恩简署巡抚，在滇言滇，最重要之事莫如边防、营伍、铜政、盐法四端。比年以来，边防宁谧，营伍改观，铜政、盐法更皆日有起色。盖由皇上指授机宜，事事有所法守，得以办理无误。惟是有治人方能守治法。欲守治法，尤在除积弊。臣与督臣均任封疆，事无巨细，责有攸司，尝思圣训有云：去弊如扫尘。大哉王言！诚能去一弊，焉知不又滋一弊。自今以往，臣与督臣益当交相黾勉，实力奉行，勿因目前无弊，辄存苟安之念，致使日久废弛。惟有随时体察，遇有弊而即除，一如尘净而复扫，以期仰副圣怀于万一耳。

缘奉谕旨垂询，臣谨恭折复奏，伏乞皇上睿鉴。谨奏。

朱批：该部知道。

（《宫中档乾隆朝奏折》第五十四辑，第53～54页）

2476　云贵总督富纲、云南巡抚刘秉恬《奏报滇省设法收缴鸟枪折》
乾隆四十七年十一月二十七日

云贵总督臣富纲、云南巡抚臣刘秉恬跪奏：为滇省设法收缴鸟枪，遵旨汇奏事。

窃查民间私藏鸟枪，前奉谕旨，饬令"实力查禁，并将如何设法查办之处，于每岁年终汇奏一次等因。钦此。"臣等当即督饬各属设法查办。嗣据陆续申报，收缴五百余杆，先后恭折奏明在案。臣富纲前因查阅营伍边防，经由楚雄、大理、永昌等府属，随地留心稽察，滇省虽在在皆山，民夷防御虎狼利用弩箭，原不专恃鸟枪，兼以硝磺禁绝私售，即有旧存鸟枪，率皆置之高搁，一闻晓谕查禁，即各呈缴。是以数月以来，复据各属申报，收缴三百四十七杆，当饬就近解交各标、镇、协、营查验。先后收缴之鸟枪，率皆短小锈坏，不堪配用，随即销毁。现据各属结报，并无私藏。而私造之工匠，滇省亦少，现俱畏法，出具不敢私造甘结并两邻保结存案检查。乾隆四十七年，滇省命盗案内并无失察私藏、私造鸟枪应行议处之员。惟是地方辽阔，深山僻壤，恐尚未尽周知，臣等现饬各属再行广为晓谕，设法查收，务期净尽。

至沿边土司地方，逼近野匪，前经奏明免其缴销，止将所有鸟枪尽行呈官编号，以资守御在案。查鸟枪既许存留，则所需火药似亦应酌定数目，按年给予。臣富纲前至腾越时，据户撒土司赖邦杰以边外野匪性同禽兽，最畏火器，呈请准给火药。臣即查照前督臣李侍尧准给车里土司刀士宛每年火药三百斤之例，准其每年给予三百斤，以资操练，并责成腾越镇州随时给领，就近查察，仍令取具该土司印领，具文通报查考，庶足以昭慎重。

所有滇省设法收缴鸟枪缘由，理合遵旨汇奏，伏祈皇上睿鉴。谨奏。

朱批：览。

（《宫中档乾隆朝奏折》第五十四辑，第 172～173 页）

2477　云贵总督富纲、云南巡抚刘秉恬《奏请以蒙化直隶同知庆格升补顺宁府知府，遗缺以腾越州知州朱锦昌升署折》

乾隆四十七年十一月二十七日

云贵总督臣富纲、云南巡抚臣刘秉恬跪奏：为知府员缺紧要，恭恳圣恩俯准升补，以裨边疆事。

窃查云南顺宁府知府杨有涵蒙恩补授云南盐法道，所遗员缺地处极边，壤接外域，山深箐密，汉少夷多，控驭抚循全赖知府督率经理，非老成干练之员不克胜任，例应在外拣选调补。臣等与藩臬两司于通省知府内逐加遴选，非现居要缺，即人地未宜，并无堪以调补之员。惟查有蒙化直隶同知庆格，年四十七岁，镶黄旗满洲，由礼部主事记名，以直隶州知州用，拣发云南，借补昆阳州知州，于乾隆四十三年七月初八日到任，旋经调补今职，四十七年补行大计，业经臣等荐举卓异在案。该员为人诚实，办事干练，前曾委署顺宁府印务，办理裕如，以之升补顺宁府知府，必能胜任。

所遗蒙化同知员缺界在顺宁、景东之间，地广事繁，民夷交错，素称难治，亦应在外拣选调补。查滇省现任同知、直隶州内并无堪应其选之员。惟查有永昌府腾越州知州朱锦昌，年四十七岁，浙江举人，加捐知县，选授云南县知县，升署云州知州，调补今职，于乾隆四十七年四月十九日奉旨实授。该员才具明干，办事实心，以之升署蒙化同知，洵属人地相宜。参罚均在十案以内，庆格虽有降一级留任之案，例无展参。惟朱锦昌历俸未满五年，与例稍有未符，但人地实在相需，例得专折奏请。合无仰恳圣恩，俯准以庆格升补顺宁府知府，所遗蒙化同知员缺，即以朱锦昌升署，庶紧要员缺得人，足资治理，实于边疆有益。

如蒙俞允，俟部复至日，给咨庆格、朱锦昌送部引见，朱锦昌俟扣满年限，另请实授。合并陈明，会同恭折具奏，并开具庆格等参罚清单恭呈御览，伏祈皇上睿鉴。谨奏。

朱批：该部议奏。

（《宫中档乾隆朝奏折》第五十四辑，第 174～175 页）

2478 云贵总督富纲、云南巡抚刘秉恬《奏报陕西第十二、十三两运铜斤业已开运筹拨折》

乾隆四十七年十一月二十七日

云贵总督臣富纲、云南巡抚臣刘秉恬跪奏：为陕西第十二、十三两运铜斤业已开运筹拨，仰祈圣鉴事。

窃臣等于本年十一月二十三日，接准户部咨："议复陕西抚臣毕沅奏请将陕西省应买第十三运铜斤迅即照额拨定厂所，咨陕知照，以便委员赍银赴领，饬催第十二运委员杜泰赶运前进，并将陕省嗣后每年应买铜斤务照向例，按年指拨，咨会该省委员领运等因。奉旨：依议速行。钦此。"钦遵移咨前来。

臣等伏查，陕省第十二运铜斤已据委员杜泰申报，于九月十八日领足起程，即日便可扫帮出境。现复飞饬沿途文武员弁加紧催儧，并移咨经由省分，转饬沿途各地方官一体查催，务使迅速抵陕，以供鼓铸。至陕省应买第十三运铜斤，臣等接准陕省咨会，即饬藩司江兰拨定金钗、宁台等厂正余耗高低铜三十九万五千三百余斤，现已咨明陕西抚臣毕沅，作速委员赴滇领兑，运回供铸，自不可致贻误。

再查滇省岁获铜斤，拨供京运暨本省局铸并江广等九省采买，岁约需铜一千五十万余斤。前因出铜短缩，以致京运稽延，即各省赴滇采买之委员经年等待，无铜领运，时虞宸衷。年来钦遵圣训，设法调剂，厂运各员皆仰蒙天恩优叙，各知奋勉，得以获铜稍丰，克复京运原限。现在壬寅京运亦已按限开行，即各省采买之铜，本年已据浙江、江苏、广东、贵州、福建、湖北等省委员领运出境，节经臣等恭折奏报在案。惟是各省采买之铜率皆高低配搭，而低铜尽取资于金钗一厂，该厂硐老矿薄，炭山日远，司厂之员时形竭蹶。臣等督同藩司江兰悉心体察，宽发工本，严饬赶办，仅能不误月额，是以目前不能将各省应买之铜宽为预拨。陕省距滇遥远，局铸钱文两省兵饷攸关，与各省有别。除嗣后将陕省每年应办铜斤照例按年预为指拨，先期咨会陕省委员领运外，理合恭折具奏，伏祈皇上睿鉴。谨奏。

朱批： 览。

（《宫中档乾隆朝奏折》第五十四辑，第 176~177 页）

2479 云贵总督富纲、云南巡抚刘秉恬《奏报壬寅二运一起京铜依限开帮折》

乾隆四十七年十一月二十七日

云贵总督臣富纲、云南巡抚臣刘秉恬跪奏：为恭报壬寅二运一起京铜依限开帮，仰祈圣鉴事。

窃照壬寅头运二起京铜于本年九月二十六日依限自泸开帮，业经臣等恭折奏闻在案。其二运一起例应于十月内接续开帮，臣等先经分饬厂运各员上紧办运，及派出查催之文武员弁分路催儹。去后，兹据云南布政使江兰详据泸店委员申报："壬寅二运一起正带铜七十九万七千六百五十八斤零，于十月初六日开兑起，至三十日兑竣，运员知县史褒即于是日自泸州开行。"等情。除飞咨沿途各督抚加紧催儹，迅速抵京，并咨明户、工二部外，伏查壬寅京铜正加四运共有八起，兹二运一起虽已开帮，而此后尚有五起，必须源源转输，始无延误。现在黄坪一路水势消退，江行平稳。已据永善县申报，于十月二十五日开运，较之秋间，仅止豆关一路水运之时自必更加迅速。惟是将近年底，恐背夫、脚户不无借端逗留，而各厂客课砂丁亦不免托故迁延情事，或致不能如从前之蜂拥前进。臣等现复添派知府及参游等大员分路驰往，梭织严催，务使厂运铜斤日益迅速。倘敢怠惰偷安，臣等按旬稽核厂运铜数，如不能较前加增，反致比前减少者，即行撤回查参，断不敢稍为宽贷。

所有壬寅二运一起京铜依限开帮日期，理合恭折奏闻，伏祈皇上睿鉴。谨奏。

朱批：好。知道了。

（《宫中档乾隆朝奏折》第五十四辑，第 177～178 页）

2480　云贵总督富纲《奏报滇黔两省瑞雪频沾、春花畅茂折》
乾隆四十七年十一月二十七日

云贵总督臣富纲跪奏：为瑞雪频沾、春花畅茂，仰慰圣怀事。

窃照滇黔两省豆麦滋丰、粮价平减及黔省大定府等处先得瑞雪情形，业经臣恭折奏报在案。旬余以来，天时晴霁，气候温和，冬至阳生，土膏萌动，麦豆、蔬菜均极长发青葱，正冀得雪泽以涵濡，于春花尤属有益。

兹省城于十一月初六七日，阴云四合，颇有酿雪之势。旋据云南昭通、丽江、曲靖等府属及贵州贵阳、大定、安顺、南笼、遵义、黎平、石阡、铜仁、平越、思州等府属先后禀报，于十月十六七日、十一月初六七及十一、二十四五等日，彤云密布，瑞雪缤纷，积雪一二寸至三四五六寸不等。云南省城复于十一月二十四日清晨，细雨之中间带雪花，随落随消；二十六七等日，又连得雨泽，不疾不徐，丝丝入土。当久晴之候，得透雨以滋培麦豆，愈觉发荣畅茂。此皆仰赖圣主洪福，是以两省普沾冬雪，民情欢忭，咸庆瑞征。至其余未据具报得雪之府州属地方较暖，向少雪泽，然率皆傍山濒河，露浓雾重，土脉滋润，一切春花亦俱茂盛。

边徼清宁，民夷乐业。理合恭折奏闻，仰慰圣怀，伏祈皇上睿鉴。谨奏。

朱批：欣慰览之。

（《宫中档乾隆朝奏折》第五十四辑，第 178～179 页）

2481　云贵总督富纲《奏报所属无任克溥条陈诸弊情形折》
乾隆四十七年十一月二十七日

云贵总督臣富纲跪奏：为遵旨复奏事。

窃臣接准部咨："本年六月二十六日，奉上谕：朕阅国史馆进呈诸臣列传，内原任刑部侍郎《任克溥传》所载前后条陈各事宜，若守令各官不能保举得实，士子以请托贿赂进身，及宦户恃势揽收粮银，儒户包免杂差，预收额赋，衙蠹投身要地，揽赋最多，并各省加派、火耗苦累闾阎，及派百姓养马应夫，或充里长，遇有上司经临，预备供应，复有讼师罗织无辜，牵累良民，直省督抚大吏苛索属员，苞苴无厌等款。所言皆关系士习民风、官方吏治，实为切中当时利弊，是以世祖章皇帝暨皇祖仁皇帝俱降旨允准施行。任克溥逮事两朝，抒诚建白，无愧直言謇谔之臣。国家承平百有余年，一切澄清吏治、整饬士风各政事，经我皇考宵旰勤求，孜孜不倦，益复治臻上理。朕继绪四十余载，迄今年逾古稀，虽日理万几，而兢兢业业，夙夜不遑，但恐日久废弛。现在民生是否尚有苦累，内外大小官吏是否尚有作奸犯科，未经厘剔整顿如任克溥所陈诸弊者，着大学士、九卿、科道及直省督抚直摅所见，据实奏闻。所有任克溥条奏各款一并发抄。将此通谕中外知之。钦此。"咨行到臣。仰见我皇上孜孜无逸，靡日不以吏治民生仰殷睿虑，臣跪诵之下，安敢稍存隐饰？

惟念我朝定鼎以来百数十载，圣圣相承，凡有前明秕政相沿，固已剔厘殆尽。我皇上执中建极，宵旰勤求，四十余年健行不息，无论官属之纠察，粮赋之输征，邮传之支应，吏胥之约束，森严功令，实觉弊无所容。即万里之远，幽隐之情，一有逾闲荡检，亦莫能逃于圣鉴。重熙累洽，实极亘古未有之隆，岂尚有未经厘剔如任克溥所奏者？惟承流宣化，责在臣工，所当益矢精诚，实力整饬，方足以持之永久。

臣蒙皇上天恩，畀以封疆重任，惩奸剔弊，实有专责，断不敢因现无其事而纠察稍疏，尤不敢以偶有其事而徇纵取咎。惟有正己率属，矢慎矢勤，面饬司道等董率戒勉，以冀吏肃民安。仍密加体访，见有未剔之弊，即随时据实直陈，以仰副圣主谆谆训诫之至意。谨缮折遵旨复奏，伏祈皇上睿鉴。谨奏。

朱批：该部知道。

（《宫中档乾隆朝奏折》第五十四辑，第 179～180 页）

2482　云贵总督富纲《奏请留催铜出力之降调镇雄营参将巴尔布，以裨铜运折》

乾隆四十七年十二月初五日

云贵总督臣富纲跪奏：为恭恳圣恩，请留催铜出力之降调参将，以裨铜运事。

窃臣于本年十一月十七日，接准部咨："镇雄营参将巴尔布，于署昭通镇标右营游击任内失察兵丁陈绍贵诬拿客民叶凤，指为盗贼，革弁马甲，滥刑毙命一案，照例降二级调用。奉旨：依议。其因失察兵丁诬良属弁，滥刑毙命，议以降调之参将巴尔布，着该督出具考语，送部引见等因。钦此。"钦遵移咨前来。

臣查巴尔布，年四十一岁，系正黄旗满洲，由护军出师云南，随征锡箔，叠次打仗得功，补放蓝翎长，复从征金川，奋勇打仗，杀贼带伤，屡著劳绩，补放鸟枪副护军参领，奉旨赏给巴图鲁号。乾隆四十二年十月内，奉旨发往云南以参将差遣委用，节经委署参游，派令查催铜运，颇属奋勉出力。而于题补镇雄参将以后，查催东路铜运，梭织往来，始终不懈，是以于庚子京运扫帮，蒙恩议叙。

查该员年壮技优，晓畅营伍，每遇差委，不辞劳瘁，实属参将中出色之员。兹部议降调，自应钦遵谕旨，出具考语，送部引见。惟查该员系催铜得力之员，现在壬寅京铜二运一起虽已开帮，以后尚有五起，正须熟手往来催偿。前因滇省将弁委署乏人，经臣恭折奏请拣发，尚未到滇，现在亦少熟谙之员前往更替，且该员失察之咎尚属公过。合无仰恳圣恩，俯念铜运紧要，可否将巴尔布降二级调用改为革职留任，四年无过再请开复。如蒙俞允，该员感激天恩，自必倍加奋勉，而臣亦获收臂指之效，于营伍、铜运均有裨益。臣不揣冒昧，恭折奏恳，伏祈皇上睿鉴。谨奏。

朱批：该部议奏。

（《宫中档乾隆朝奏折》第五十四辑，第 278～279 页）

2483　云贵总督富纲《奏报要地需员弹压，陈请移驻通判折》

乾隆四十七年十二月初五日

云贵总督臣富纲跪奏：为要地需员弹压，陈请移驻通判，仰祈圣鉴事。

窃臣仰沐圣恩，畀以边疆重任，本年先后前往迤东、迤西巡阅营伍、边防及厂运事宜，随时随地留心体察，营制星罗棋布，官司分驻同城，均觉位置得宜。惟查云南省城南关外新城铺、三市街、教场坝等处地方，虽系附郭，但路达三迤，绵亘十有余里，商贾辐辏，烟户稠密，错处五方，且铜局、盐仓以及江广等省客民会馆咸聚于此，贩夫、脚户暮至早行者难以数计，奸匪最易溷迹其中。向以附近省城并未设立专员驻扎，惟于城守营派拨千总一员，带兵二十名驻扎演武厅，以资弹压，其余堆卡，不过日间轮拨兵丁稽查。臣亦时委标员赴彼稽察，遇有酗酒、打架、丢包、绺窃等事，即令拿交昆明县究办，而各属差捕之追踪凶盗者亦往往会同兵役于此缉获，几为藏垢纳污之所，兼查迤西铜店距该道驻扎之处较远，每有鞭长莫及之虑，向派云南府通判代为稽查，以防停积迟延之弊。惟该通判驻扎城内，不过日间前往查察，及昏夜闭关之后，谨凭弁兵数名在外稽查，设有紧要应办之事，限以重关，亦多未便。似此繁庶冲要之区，自应移驻厅员以资弹压，并令其就近管理迤西铜店，以专责成。

臣查云南府通判专司督捕，事务简少。莫若将该通判移驻南关，责令稽查弹压，凡该处一切酗酒、打架及客欠等事，即令该通判就近办理。遇有人命、窃盗事件，亦令就近查拿，发交昆明县审办。其迤西铜店稽查收发事宜，责成该通判朝晚亲为经理，更为切近，可期转输日益迅速，并免偷盗情事。一转移间，于地方、铜运均有裨益。如蒙俞允，所需衙署，应请即将该通判城内旧署移建城外，需费无几，饬令照依修署之例借廉妥办，毋庸另请动项。俸廉、役食亦悉依原编定额供支，无所增损。惟查该通判向无关防，今移驻要区，非寻常闲曹可比，并请颁给云南府分驻南关督捕通判关防，以昭信守，员缺仍归部选。

至该通判向委会同城守营办理硝局事务，今请移驻城外，势难兼顾。查云南府同知专司水利，事务不繁，应请将硝局改委该同知会同城守营参将经理。再查南关外、三市桥等处地方，先亦设有卡房，嗣因兵丁不敷拨派，酌量裁撤。兹蒙皇上恩旨，酌给武职养廉，将各项名粮募补实额。臣现在亦于紧要处所修添卡房四处，添拨兵丁，饬令专汛千总督率，分段昼夜巡防，遇有应行查办事件，即令会同通判办理。合并陈明，是否有当，理合恭折具奏，伏祈皇上睿鉴。谨奏。

朱批：该部议奏。

（《宫中档乾隆朝奏折》第五十四辑，第 279~280 页）

2484　云贵总督富纲《奏报滇黔两省瑞雪优沾、丰亨预兆情形折》
乾隆四十七年十二月初五日

云贵总督臣富纲跪奏：为恭报瑞雪优沾、丰亨预兆，仰慰圣怀事。

窃照滇黔两省得雪得雨及麦豆畅茂缘由，经臣于十一月二十七日奏报在案。云南省城自前月二十六七等日得雨之后，连日彤云密布，天气凝寒，十二月初二日晚，瑞雪缤纷，至初五日止，积厚一尺有余。臣当即出郊察看，下隰、高原雪厚一二尺不等，询之老民，俱称似此瑞雪十数年来未尝经见。现在冬晴日久，豆麦未免待泽，得此大雪滋培，不但麦根借资深固，即明春播种一切杂粮亦得土脉滋润。民情欢庆，迥异寻常。即询之在滇年久之员，亦称从未经见。

现在阴云四合，尚未开霁，看来各属得雪之处亦必广遍，于豆麦春花大有裨益。除俟查明各属得雪分寸另行恭奏外，惟查迤东、迤西为铜运经由要道，恐大雪之后道路不无泥泞，不特背运人夫皆得借词延缓，即车马载运之处亦恐托故稽延。陆运稍有迟滞，水运即须等待。臣已飞饬沿途地方，即将运道一律修垫平坦，以利遄行，并饬派出查催之知府、参游各员严行催偿，务使蜂拥抵泸，不得任其托词雪阻，以致稍有延滞。所有云南省城瑞雪优沾缘由，理合恭折奏闻，仰慰圣怀，伏祈皇上睿鉴。谨奏。

　　朱批：欣慰览之。

2485　云贵总督富纲《汇奏甄别乾隆四十七年分甄别过滇省候补武举及难荫人员折》

乾隆四十七年十二月初五日

云贵总督臣富纲跪奏：为汇奏甄别候补武举及难荫人员，仰祈圣鉴事。

窃照乾隆三十九年四月，奉上谕，令"将分发学习之世职各员，分别应留应斥，就其现有人数据实甄别等因。钦此"。钦遵在案。

臣查滇黔两省现在并无分发学习世职人员，滇省惟有候补把总、武举顾世臣等七员，难荫千总何君佐一员，随营俱已三年，未经得缺，当经臣陆续调取考验，俱年力精壮，弓马合式，堪以仍留候补，照例咨明兵部。此外尚有难荫守备国琦一员，随营学习已满三年之限，该员弓马可观，留心营伍，节经委署守备事务，办理尚属妥协，例应给咨送部引见。缘该员现署云南城守营守备事务，亦经咨明兵部，俟本任守备到任，再行给咨送部引见在案。除分饬该管镇将勤加训练，遇缺照例输送考拔，倘有怠惰偷安者即行详请咨革外，所有乾隆四十七年分甄别过滇省候补武举及难荫人员，理合敬缮清单恭折汇奏，伏祈皇上睿鉴。再查黔省候补武举及难荫人员，学习俱未满三年，合并陈明。谨奏。

　　朱批：该部知道。

2486 署理云南巡抚刘秉恬《奏报滇省瑞雪情形折》
乾隆四十七年十二月初七日

署理云南巡抚臣刘秉恬跪奏：为恭报瑞雪，仰祈圣鉴事。

窃照三冬瑞雪预兆丰年，直省同斯欣颂。滇中气候四时不甚悬殊，晴霁则春可衣袷，阴晦则夏可重绵，秋尽草不凝霜，冬深地无积雪，即间遇得雪，为时颇暂，积亦不厚。然凡遇雪之年，来岁必系丰收，历有明验。

今年冬至前后，虽据各属报有得雪之处，而积地不过寸许，融化亦极迅速。兹云南省城于十二月初三、初四两日同云密布，大雪纷霏，势甚广远，至初五日清晨方止，高阜积厚二三尺，平原积厚一二尺不等，迄今数日，尚未全消。滇省冬雪向所希逢，得此雪泽优沾，众皆以为佳兆。臣询之在省耆老，据称雍正五年腊月间曾得雪二尺几寸，已属非常之瑞。五十余年以来，从未见有如此大雪，汉夷士庶莫不腾欢忭舞，咸谓来岁丰登定可预卜。现据附近各府州县报到同时得雪，核其情形，均与省城不相上下。适臣赍折人回，面加询问，据云十月下旬自京起程，京师已得瑞雪，经过直隶、河南、湖北、湖南、贵州等省以及本省入境之平彝一带，途次均得大雪，看来今冬之雪遍于中外。此皆由我皇上敬天勤民，感召麻和，是以远迩无间，泽及边方。臣职司守土，不胜庆幸之至。

所有滇省得雪情形，理合恭折奏闻，伏乞皇上睿鉴。谨奏。

朱批： *欣慰览之。*

（《宫中档乾隆朝奏折》第五十四辑，第 321～322 页）

2487 署理云南巡抚刘秉恬《奏报验看截取人员，节次据实甄别折》
乾隆四十七年十二月初七日

署理云南巡抚臣刘秉恬跪奏：为验看截取人员，节次据实甄别，恭折奏闻事。

窃照截取举人、验看知县及补授教职，由举人本班截取之员是否堪膺民社，均应钦遵谕旨详加验看，据实甄别，不得稍有姑容，致滋贻误。

伏查滇省历科举人叠蒙恩准大挑，凡挑入一等者俱以知县分发试用，挑入二等者即以教职挨次铨补，其未经大挑，仅以知县拣选注册，归于举人本班。截取者一科之中人数无几，是以届逢截取之时，大率现任教职者居多，而拣选知县之举人甚少。

臣自前岁到滇以来，每遇验看前项人员，无不凛遵训谕，认真办理，以期无滥无遗，俾收实用。计三年之内，臣验看过截取各科举人及由举人本班截取之教职，共有二十九员。就中察其年力强壮、堪备知县之选者，有由壬申、癸酉二科举人本班截取之教职十八员，又截取己卯科举人一员，共十九员，均经随时给咨赴部候选。其因精力衰弱，只可课士，难膺民社，经臣于验看时专折奏请改教者，有截取癸酉科举人王节昭一员，钦奉朱批俞允在案。此外陆续调验，查其不胜民社应行改教而自愿具呈就教者，有截取之癸酉科举人陈岱、金诏二员，丙子科举人彭丕训、王景丹、袁文典、周之献四员，共六员，均经照例咨部，以教职注册铨选。又由举人本班截取之现任教职，或自揣才力平庸，不胜民社，或人尚去得，无力进京，愿在本省仍供教职者，有壬申科举人傅于宁一员，癸酉科举人任怀、杨启先二员，共三员，均经照例咨部，仍留教职之任。以上就教者共计九员，尚皆自知分量，出于情愿，例得咨部办理。是以臣不复随时具奏，频渎圣聪。

总之，知县一官，民社攸司，刑名、钱谷所关綦重，而亦甚难得人。如验看时查其材具堪膺民社，臣断不肯过为苛责，阻其上进之阶，尤不敢因其已经截取，辄为迁就给咨，致庸材得以滥竽，有误职守。除嗣后验看截取举人教职仍遵谕旨实力查办，以重铨法外，所有臣历年验看过截取举人教职，据实甄别人数，理合恭折奏闻，伏乞皇上睿鉴。谨奏。

朱批：该部知道。

（《宫中档乾隆朝奏折》第五十四辑，第 323～324 页）

2488　云贵总督富纲《奏报查明滇黔两省瑞雪普沾情形折》
乾隆四十七年十二月二十四日

云贵总督臣富纲跪奏：为查明滇黔两省瑞雪普沾，恭折奏闻事。

窃查云南省城于十二月初三四五等日瑞雪优沾，平原、高阜积厚一二尺不等，业经臣于本月初六日恭折奏报在案。旋据云南等各府厅州县及提举禀报，均于十二月初二三四五等日普沾瑞雪，自五六寸至一二尺不等。

臣查滇省地处炎方，向年近省府属间有雪花飘扬，旋亦随落随消，不能停积。至普洱、思茅、顺宁、永昌、开化、广南、元江等各府厅州属，四时均同三夏，居民皓首未见琼霙，今各得雪五六寸至一尺有余，似此普遍浓沾，实为数十年来未有之事。

臣目击省城积雪于晴霁数日后方始融消入土，异常深透，博访舆情，佥称此等瑞雪，不特春花、豆麦来年稳庆稔收，即极边瘴疠之区得此积雪凝寒，亦可潜资消压。此皆仰赖皇仁广被，感召麻和，俾远徼边隅得此人寿年丰之瑞。现在省城家有余粮者莫不争先出售。时当岁暮，市廛粮食充盈，价值日减，欢填衢巷，庆溢闾阎。黔省各府厅州属均于十二月初一二三四等日亦一律普沾瑞雪，粮食亦甚平减，地方宁谧，民夷安辑。此皆仰赖圣主洪福，是以滇黔瑞雪普遍均沾。臣职守边圻，不胜欢忭，理合恭折奏闻，伏祈皇上睿鉴。谨奏。

朱批：欣慰览之。

（《宫中档乾隆朝奏折》第五十四辑，第 540～541 页）

2489　云贵总督富纲、云南巡抚刘秉恬《奏报壬寅二运二起京铜依限开帮折》
乾隆四十七年十二月二十四日

云贵总督臣富纲、云南巡抚臣刘秉恬跪奏：为恭报壬寅二运二起京铜依限开帮，仰祈圣鉴事。

窃照壬寅二运一起京铜于本年十月三十日自泸开帮，业经臣等恭折奏闻在案。其二运二起例应即于十一月内接续开帮，臣等先经选派知府及参游大员分路查催，并严饬厂运各员加紧办运。去后，兹据署云南布政使事按察使许祖京详据泸店委员申报："壬寅二运二起正带铜七十九万七千六百五十八斤零，自十一月初二日开秤起，至十一月二十五日兑竣，运员新平县知县徐图南即于是日自泸州开行。"等情前来。除飞咨沿途各省督抚臣加紧催儹，迅速抵京，并咨明户、工二部外，查壬寅京运正加共有八起，兹二运二起虽已开帮，而此后尚有四起，必须源源滚运，方免贻误。

臣等前因通省普沾瑞雪，惟恐东西运路不免有泥泞冻冱之处，当即飞饬沿途随时修整，以利端行。兹据各该地方官及委员申报，运道均已修治平坦，运铜夫马络绎前进，并无迟延。臣等仍令派出查催之知府、参、游各员加紧催儹，务使各路铜斤蜂拥前进，以供泸店兑发外，所有壬寅二运二起京铜自泸开帮日期，理合恭折奏报，伏祈皇上睿鉴。谨奏。

朱批：好。知道了。

（《宫中档乾隆朝奏折》第五十四辑，第 541～542 页）

2490　云贵总督富纲、云南巡抚刘秉恬《奏报委署司道印务折》
乾隆四十七年十二月二十四日

云贵总督臣富纲、云南巡抚臣刘秉恬跪奏：为委署司道印务，恭折奏闻事。

窃臣等于本年十二月十八日，接准江苏抚臣闵鹗元咨："云南布政使江兰之母汪氏，于十一月十三日在寄籍江都县地方病故。江兰系属亲子，例应丁忧，除照例恭折由驿具奏外，咨明知照。"等情前来。当即转行知照，并应委员接署，以便江兰回籍守制。

查臬司许祖京老成持重，办事干练，堪以暂委署理藩司印务。所遗臬司印务，查迤东道特升额，才识练达，留心谳牍，堪以委令暂署。所遗迤东道印务，查曲靖府知府龙舜琴，才具明干，办事勇往，曾经委护迤东道印务，办理裕如，仍堪暂委兼护。除檄饬遵照外，理合恭折奏闻，伏祈皇上睿鉴。谨奏。

朱批：已有旨了。

（《宫中档乾隆朝奏折》第五十四辑，第 542～543 页）

2491　云贵总督富纲《奏报查核滇黔两省毋庸添制长枪缘由折》
乾隆四十七年十二月二十四日

云贵总督臣富纲跪奏：为遵旨议奏事。

窃臣接准部咨："议复古州镇总兵官乌大经奏请添制长枪一案，以云贵两省别镇、协、营有无似此应否添设长枪。至长枪一项，于该省山多箐密形势果否有济之处，请饬交云贵总督详核妥议等因。奉旨：知道了。钦此。"钦遵咨行前来。除古州一镇已据该总兵奏请添制，经部议准，奉旨允行在案，臣随即移行滇黔两省各标、镇、协、营确查。去后，嗣据陆续具报，各营向俱设有长枪，自五六十杆至二百杆不等，或令马步兵兼习，或令藤牌兵兼习，均请毋庸添制等语。

臣查营中利器，究以鸟枪、弓箭为最，年来钦定赔分，各营遵照操演。臣本年校阅迤东、迤西营伍，逐将鸟枪、弓箭按排考验赔分，均足以其技有所专，故能发皆有准。至长枪，只各营余械之一，如果使用娴熟，亦须于宽平地面方可展舒。滇黔两省在在高山密箐，摧锋致远，自无过弓箭、鸟枪，若论短兵相接，尤不敌腰刀较为轻捷，且以两省之大，一律增添，不特为数较多，徒滋繁费，即兵丁兼习亦必有顾此失彼，反致本技生疏之虑。

今查各营额设长枪，原系因地制宜，自应只就现在额数认真训练，毋庸另议添制。惟查兵丁兼习技艺，非止长枪一项，如弩弓、扁刀、双手带、鸟机、过山鸟等项器械，演习俱须熟练，始足兼资应用。而向来各营兵丁兼操并无一定章程，且有以一兵而兼数项器械者，似属有名无实。臣悉心筹酌，长枪一项，拟令藤牌兵兼习，若无藤牌兵营分，即令弓箭、步兵酌量分派兼习。至双手带，令马兵兼习；弩弓，令不兼长枪之弓箭步兵兼习；扁刀，令炮手兼习；其鸟机、过山鸟，归并炮队演习。如此定为程式，庶各营体制俱归一律，而各兵分派，兼习本艺，既可无旷兼技，亦专责成，较为核实。

臣与提臣海禄、敖成札商，意见相同。臣等即督率各标、镇、协、营一体实力操习，务使俱臻纯熟，以收实效，毋得虚应故事。除俟查明，容臣于添兵事宜案内声明题报外，所有查核滇黔两省毋庸添制长枪缘由，理合据实具奏，伏祈皇上睿鉴。谨奏。

朱批： 知道了。

（《宫中档乾隆朝奏折》第五十四辑，第543～544页）

2492 云贵总督富纲、云南巡抚刘秉恬《奏报楚省委员办运滇铜扫帮出境日期折》
乾隆四十七年十二月二十八日

云贵总督臣富纲、云南巡抚臣刘秉恬跪奏：为楚省委员办运滇铜扫帮出境日期，循例奏闻事。

窃照各省委员赴滇采买铜斤，往来俱有定限。钦奉上谕："嗣后到滇办运开行，即着该抚具奏，如有无故停留贻误者，即行指名参究。"等因，钦遵在案。

兹据云南布政使江兰详称："湖北委员施南府通判刘超领运采买金钗厂正耗余低铜二十七万五千四百二十五斤零，以该委员于乾隆四十七年七月初一日领竣该厂铜斤之日起限，除小建二日，应扣至四十七年十一月初一日届满。今该委员于本年十月二十七日全数运抵宝宁县属剥隘地方扫帮出境，正在限内，并未逾违。"等情，详请核奏前来。臣等复查无异，除飞咨广西、湖南、湖北抚臣转饬接替催偿，依限交收供铸，并咨明户部外，所有楚省委员刘超办运滇铜扫帮出境日期，理合恭折具奏，伏乞皇上睿鉴。谨奏。

朱批： 览。

（《宫中档乾隆朝奏折》第五十四辑，第589～590页）

2493 云贵总督富纲、云南巡抚刘秉恬《奏报拿获逃遣犯人，审明正法折》
乾隆四十七年十二月二十八日

云贵总督臣富纲、云南巡抚臣刘秉恬跪奏：为拿获逃遣，审明正法事。

窃照云南镇南州安置遣犯蔡四一名，系顺天府宛平县人，因三犯窃盗，拟流，金发陕西邠州安置，在配脱逃，复又肆盗被获，经提督衙门审依积匪猾贼例，改发云南极边烟瘴充军，面刺"积匪改遣"字样，解交镇南州安插，于乾隆三十八年二月二十三日到配。讵该犯于四十七年十一月十三日乘间脱逃，先据该署州马文周造册详报。

臣等以蔡四系改遣重犯，一经脱逃，即应正法。该犯自配潜回原籍，必由滇属迤东一带经过，核其在配脱逃，为日无几，计程尚未出境，若仅分咨邻省协捕，未免舍近图远，转致窜迹稽诛。当即批饬该署州勒限严缉，一面通饬各属就近截拿，务期迅速弋获。正在循例奏闻间，旋据署南宁县白水巡检李升于十一月二十一日盘获禀报。臣等批司提犯来省，委员审办。兹据按察使许祖京督同委员云南府知府全保、候补知府陈孝升审拟招解前来。即经亲率司道提犯复鞫，据供在配起意脱逃情由不讳，严究逃后并无行凶为匪及知情容留之人，乡保亦无贿纵情弊。

查该犯蔡四，系由新疆改发内地人犯，胆敢在配脱逃，实属怙恶不悛，今被拿获，应照改发遣犯脱逃之例，即行正法，以昭炯戒。随于审明后，恭请王命，派委文武员弁将蔡四绑赴市曹正法讫。除饬将配所看守、乡保讯明议拟，取具疏脱应参职名，并拿获邻境逃遣应叙职名，分别咨部核议外，所有拿获逃遣、审明正法缘由，臣等谨会折奏闻，并另缮供单恭呈御览，伏乞皇上睿鉴。谨奏。

朱批：览。

（《宫中档乾隆朝奏折》第五十四辑，第 590~591 页）

2494　署理云南巡抚刘秉恬《恭报滇省各属得雪普遍情形折》
乾隆四十七年十二月二十八日

署理云南巡抚臣刘秉恬跪奏：为恭报各属得雪普遍，预兆年丰，仰祈圣鉴事。

窃照云南省城于十二月初三四五等日连得瑞雪，积厚二三尺不等，业经臣具折奏闻在案。兹据三迤所属各厅州县陆续报到，十二月初三四及初四五等日各得瑞雪，高阜、平原积厚自数寸至数尺不等。滇省冬雪最稀，而迤南之普洱、元江，迤东之广南、开化，迤西之永昌等府州属，地气较暖，雪尤罕有，今得一律均沾，通省普遍，实为来岁丰登之兆。且喜得雪以后，天气晴和，无风吹动，所积之雪尽皆融化入土，二麦、蚕豆得此渥泽，倍觉发荣滋长，弥望青葱。省城内外于二十二日清晨复有微雪，旋落旋消。二十四日又得密雨数阵，透润土膏，更于春花有益。

时届岁暮，正百货俱昂之候，本年秋成大稔，民间盖藏充裕，各处市卖米价在在平减，并无增长。闾阎熙皞，景象盈宁。臣谨恭折奏报，仰慰圣怀。所有各属得雪情形，因逐处胪列折内未免繁冗，爰另缮清单敬呈御览，伏乞皇上睿鉴。谨奏。

朱批：欣慰览之。

（《宫中档乾隆朝奏折》第五十四辑，第600页）

2495　署理云南巡抚刘秉恬《敬陈今年滇省捕盗大概情形折》
乾隆四十七年十二月二十八日

署理云南巡抚臣刘秉恬跪奏：为敬陈近年捕盗大概情形，仰祈圣鉴事。

窃照滇省地方土著素少，流寓最多，其间良莠杂居，盗劫之案时所不免。而东川、昭通一带界联黔蜀，山深箐密，奸匪更易潜踪，盗案之多甲于通省，全在地方官防范于事先，严拿于事后，有犯必获，按法创惩，庶宵小知所敛迹，而民可安枕。

臣于前岁到滇后，查出未获旧案及遇有续报新案，先将上盗情形及犯事案由摘叙简明略节，置诸案头，以备不时稽察。一面严饬失事地方官选差干捕，悬立赏格，分路侦缉，一面责令邻近州县不分畛域，协力查拿，毋许彼此歧视，致使逸犯远扬漏网。如此随时告诫，刻刻督催，各属咸知认真奋勉，得以弋获频闻。计臣莅任两年有余，先后缉拿强盗、劫财、杀人、奸淫妇女之案与夫窃盗、临时同伙拒捕并白昼伙众抢夺、杀伤案件，应照盗案揭参疏防者共获有二十三起，共获首伙盗犯一百三十八名，均经臣逐起审拟，具题在案。其获盗各员，除连获邻境首伙盗犯三名之鲁甸通判朱绍曾，业经臣与督臣会折奏闻请旨外，其余所获，或系本任之案，例应缉拿，毋庸议叙。即有拿获邻境盗犯，因所获各止一名，例不专奏，已随案附请议叙，以示鼓励。

臣伏思为政莫要于安民，安民莫先于弭盗，而弭盗之法在乎缉捕认真。近年滇省盗案虽未能尽绝，而查缉加严，旋报旋获，或可望盗风渐息。臣身任封疆，有弭盗安民之责，惟有董率各地方官实心查办，始终如一，以期盗息民安，仰副圣主绥靖闾阎之至意。臣因地方盗案最蘆宸衷，虽有年终汇奏之例，而一年循例一奏，究觉散漫难稽。谨将滇省近年捕盗大概情形缮折陈奏，伏乞皇上睿鉴。谨奏。

朱批：实力为之，莫久而懈。

（《宫中档乾隆朝奏折》第五十四辑，第601页）

2496　云贵总督富纲《奏报滇省设法查缉金川军营逃兵折》
乾隆四十八年正月二十日

云贵总督臣富纲跪奏：为遵旨汇奏事。

窃照金川军营逃兵，钦奉谕旨，令原派省分各督抚于岁底将一年所获逃兵具折汇奏。嗣复奉谕旨："此等未获逃兵，如有自行投首者，加恩免死发遣，旋经一年限满，复奉恩旨再展一年之限，以明年九月为期，如不投首者，盘获即行正法，并承缉不力之地方官另行严定处分等因。钦此。"钦遵各在案。

臣等查云南省出师金川逃兵，除陆续拿获外，尚未获二十九名，内籍隶贵州、广西、江西者七名，业经分咨各原籍查缉。籍隶本省者虽止二十二名，而各省逃兵名数尚多，难保无潜窜滇境。如上年自首之陈希珍，即系陕西省逃兵，经臣等审明具奏在案。查此等逃兵罔知朝廷豢养深恩，胆敢乘间逃脱，情罪难容。屡蒙我皇上逾格施仁，准令自首免死，并加展限期，稍有人心，必当感激悔罪，相率自投，共得生全之路。

臣等节经钦奉谕旨，刊示晓谕，并摘叙简明告条于塘汛、村寨并各厂及各井灶、五方杂处奸良莫辨之区，饬令各厂员及提举大使，将砂丁、灶户年貌造册申送，比对逃兵册档，遇有无名路毙之案，亦令逐案查对。兹一年以来，未据有投首获报之犯，臣等不胜愧忿。现在再行加重赏格，谨将历奉恩旨另刊简明告示，饬令遍贴城乡市镇，务使家喻户晓，并檄饬各镇道督率查拿，专委员弁改装易服，分头出缉，以冀逃兵速获速首。仍将一年限内承缉不力之文武各员另照新例题参，并行黔省一体严缉，无使一名漏网外，所有乾隆四十七年分滇省设法晓谕查缉逃兵缘由，谨会同云南巡抚臣刘秉恬合词恭折具奏，伏祈皇上睿鉴。谨奏。

朱批：览，竟成具文矣。

（《宫中档乾隆朝奏折》第五十四辑，第769~770页）

2497　云贵总督富纲、云南巡抚刘秉恬《奏请以宾川州知州余益升署思茅同知折》

乾隆四十八年正月二十日

云贵总督臣富纲、云南巡抚臣刘秉恬跪奏：为烟瘴要缺同知亟需干员，恭恳圣恩升署，以裨边疆事。

窃查云南普洱府思茅同知许崇文烟瘴三年俸满，例应撤回内地候升。所遗员缺地处边徼，壤接外夷，控驭、抚循治理不易，且为烟瘴最盛之区，必须精明强干能耐烟瘴之员方克胜任。臣等于通省同知内逐加遴选，非现居要缺，即人地未宜，并无堪以调补之员。

惟查有大理府宾川州知州余益，年三十二岁，江苏监生，由皇朝太学志馆誊录议叙州同，拣选引见，奉旨补授广西太平府江州州同，烟瘴俸满，签升今职，于乾隆四十六年十月初十日到任。该员年富力强，办事干练，累任边缺，习耐烟瘴，以之升署思茅同知，必能胜任。惟历俸未满五年，与例稍有未符。谨遵人地相需之例，专折奏恳圣恩，俯准以余益升署普洱府思茅同知，该员感激天恩，自必倍加奋勉，而极边要缺得人，实于边疆有益。如蒙俞允，俟部复至日，给咨该员，赴部引见，恭候钦定。仍照例扣满年限，另请实授。

所遗宾川州知州员缺，滇省现有应补人员，容俟另行拣选请补。合并陈明。开具余益参罚清单，恭折具奏，伏祈皇上睿鉴。谨奏。

朱批： 该部议奏。

（《宫中档乾隆朝奏折》第五十四辑，第 770～771 页）

2498　云贵总督富纲《奏报委署新改副将员缺折》

乾隆四十八年正月二十日

云贵总督臣富纲跪奏：为委署新改副将员缺，循例具奏事。

窃查滇省增添额兵案内，经臣奏准将广罗协副将及都司移驻楚雄，改为楚雄协，以楚雄营游击、守备移驻广罗，改为广西营在案。

所有移驻之游、都、守备各员，除即行给委前往署事外，惟查广罗协副将德舒现署开化镇总兵官印务，所遗副将员缺，先经臣奏明，饬委抚标右营游击德克登布署理亦在案。今广罗协移驻楚雄，改为楚雄协，章程甫定，一切规划措置，必须明干之员方克胜任。德克登布在滇年久，熟悉营伍，堪以委令署理，并令将广罗协副将关防带往楚雄暂为行用，俟请给关防至日，再行送部查销。所有委署新改副将员缺缘由，理合循例具奏，伏祈皇上睿鉴。谨奏。

朱批： 览。

（《宫中档乾隆朝奏折》第五十四辑，第 772 页）

2499　云贵总督富纲、云南巡抚刘秉恬《奏报乾隆四十七年分滇省藩库实存银数无亏折》

乾隆四十八年正月二十四日

云贵总督臣富纲、云南巡抚臣刘秉恬跪奏：为循例汇奏事。

窃照年终汇奏事件内，藩库实存银数、盘查各属仓库二款，例应汇折具奏。

兹据署云南布政使许祖京详称："滇省乾隆四十七年分藩库实存银两，截至岁底，止现存银二百一十九万一千四百三十二两零，内除酌留经费并办公等银一万七千六百八十七两零，又封贮急需等银四十八万五千三百四十二两零，又已经报拨尚未奉准拨用银一百六十八万七千七百二十一两零，又尚未报拨银六百八十一两零，相应分晰，开造细册呈请奏咨。至年终盘查各属仓库钱粮，因滇省特奉谕旨清查，业经详请咨明户部并案办理。"等情前来。臣等随将册开实存各项银数逐一复核，均属相符。除册送部备查，其盘查各属仓库容俟并案查明，会折复奏外，所有乾隆四十七年分滇省藩库实存银数无亏，谨先循例具奏，并另缮清单恭呈御览，伏乞皇上睿鉴。谨奏。

朱批：览。

（《宫中档乾隆朝奏折》第五十四辑，第 807 页）

2500　署理云南巡抚刘秉恬《奏报特参疏纵未定罪名人犯越狱之典史、知县折》

乾隆四十八年正月二十六日

署理云南巡抚臣刘秉恬跪奏：为特参未定罪名人犯越狱之典史、知县，以儆玩愒而肃吏治事。

窃照监狱重地，理应严密防范，不容稍有疏纵。讵有管狱官署广通县典史杨殿荣、有狱官署广通县知县郝允杰者，缘该县监禁人犯内有苏兴一名，系听从逸贼向映宗行窃阿陋井大使衙署服物，赃逾满贯，业经该署县讯供通详，因首犯向映宗未获，尚未审解。又有杨发秀一名，因定远县民杨胜典具报被贼行窃，拒捕刃伤事主一案，经定远县缉获审讯，供系苏兴拒捕，刃伤事主脱逃。该犯听从行窃，并未帮同拒捕，因苏兴先经广通县另案拿获，遂将杨发秀移解质证，该署县甫行收禁，尚未质讯具详。讵杨发秀与苏兴拥开锁钮，于乾隆四十七年十月十七日五更时分，由监所挖洞越狱同逃。据该署典史杨殿荣报经该署县郝允杰，详报到臣。

臣查定例，未经拟定罪名人犯越狱脱逃，定限四个月题参疏防，初参不论名数多寡，将管狱官革职留任，有狱官一名至十名俱住俸，均勒限一年缉拿全获开复，逾限不获，管狱官革职，有狱官计名数多寡分别议处。

今广通县越狱人犯苏兴、杨发秀二名，系同案犯事，监候待质，其杨发秀所供苏兴行窃拒捕、刃伤事主重情究属一面之词，尚未质证明确，罪难悬拟，例应照未定罪名人犯越狱扣限查参。但滇省监狱，自臣于四十五年抵任以来，不时谆切诫饬，各属咸知加谨防守，从无监犯越狱之事，即有一二逃遣，如江川县之段黑苟、镇南州之蔡四在配脱逃，臣据报勒限查缉，或闻拿旋即投首，或旋即拿获，不致一名漏网。此案监犯二名拽锁挖洞，相率潜逃，臣接到报文，当经批司，转饬该署县，勒限两月全获究报，如限满无获，即照斩绞重犯越狱之例详揭请参，并经臣专札严饬，不啻再四。迄今两月之限已过，逃犯杳无弋获，是该管有狱各官既不能防闲于事先，又不能查拿于事后，均属怠玩不职。若因越狱之犯俱未审定罪名，谨照常例参处，无以儆玩愒而肃吏治。

兹据藩臬两司转据该管道府揭报前来，相应专折参奏，请旨将署广通县典史事试用从九品杨殿荣革职拿问，提同刑禁人等，严审有无贿纵及宽松刑具各情弊，从重按拟治罪。署广通县事按板井大使郝允杰，应请即行革职，留于该地方协缉，全获另办。其例有处分之该管各上司，俟究明禁卒有无受贿故纵，再行开参。除委员前往摘署广通县印捕事务，查明郝允杰任内经手仓库钱粮有无未清另报，仍严饬滇属各地方官将逃犯苏兴等上紧查拿，并通咨邻省一体协缉务获，照例办理外，臣谨会同云贵总督富纲合词恭折具奏，伏乞皇上睿鉴训示。谨奏。

朱批：该部知道。

（《宫中档乾隆朝奏折》第五十四辑，第 827～829 页）

2501　署理云南巡抚刘秉恬《奏报乾隆四十七年分滇省新旧逃遣人犯已未拿获数目折》

乾隆四十八年正月二十六日

署理云南巡抚臣刘秉恬跪奏：为循例汇奏事。

窃照本省发遣新疆及应发新疆改发内地人犯有无脱逃拿获，并外省通缉新旧逃遣有无拿获之处，例应年终汇折具奏。

兹据署云南按察使特升额详称："云南省乾隆四十七年分发遣新疆人犯共有十名，内王三等九名俱经陆续起解出境，并未在途脱逃；杨世奇一名已经起解在途，即在滇属境内病故。至别省应发新疆改发云南烟瘴遣犯本年在配脱逃者计有二名，内段黑苟一名因闻拿严紧，已在贵州省投首；蔡四一名甫经脱逃，尚未逸出滇境，旋即拿获解审，恭请王命正法。又历年在配脱逃者李连先等十五名现俱缉拿未获。再本年接准外省咨缉逃遣王顺等十四名口，内卢小舟等四名已准刑部、甘肃咨会拿获停缉。又外省历年咨缉逃遣刘三铁头等一百五十八名，内刘黑子一名已准刑部咨会拿获停缉，其余屡饬所属遍行缉拿，并无踪迹在境。"等情，详请核奏，并据分案，造送细册前来。臣复查无异，除册咨部查核外，仍严饬各地方官将本省、外省逃遣一体实力侦缉，务期按名弋获，照例办理。如有视为海捕具文，并不认真查拿，致有疏纵，一经发觉，即行严参治罪，决不稍为姑息。所有乾隆四十七年分云南本省应缉及外省通辑新旧逃遣已未拿获缘由，理合恭折汇奏，伏乞皇上睿鉴。谨奏。

朱批：览。

（《宫中档乾隆朝奏折》第五十四辑，第829～830页）

2502　署理云南巡抚刘秉恬《奏报乾隆四十七年分滇省命盗窃案已未拿获缘由折》

乾隆四十八年正月二十六日

署理云南巡抚臣刘秉恬跪奏：为循例汇奏事。

窃照年终汇奏事件内，命盗案已未审结，盗窃案已未拿获，承缉窃案记功、记过，以上三款，例应并折分单具奏。兹据署云南按察使特升额分晰，开单详送前来。

臣查云南省乾隆四十七年分各属新报承审命盗案，自四十六年十月起，截至四十七年九月止，共一百零九件，连旧案十八件，共一百二十七件内，已结新旧案一百零七件，未结新案二十件，核计均在审限之内，并未逾违。新报盗劫、抢夺及窃盗拒捕之案共十五起内，已全获者五起，获犯二十九名；获破者三起，获犯十四名，未获十二名；全未获者七起。旧盗案二十二起，全获者二起，获犯七名；获破者十六起，获犯八十五名，未获五十名；全未获者四起。以上未获各案，俱经按限分别查参。其有连获邻境行劫罗天德、王廷相两案为首巨盗杨胡子、伙盗唐老六、唐双娃三名，例得请旨送部引见者昭通府鲁甸通判朱绍曾一员，业经专折具奏在案。其余所获盗犯，或系本任之案，例应缉拿，毋庸议叙，即有拿获邻境盗犯，因所获各止一名，例不专奏，已随案附请议叙，此外并无强劫频闻，又不严缉捕获，应行议处之员。又新报窃案十九案，内已全获者七案，获犯十四名；获破者九案，获犯十八名，未获二十三名；全未获者三案，其中例有承缉处分之件，亦经按限分别查参。

至地方官承缉窃案记功、记过，例应统计一年内报窃之案，获不及半者，每五案记过一次；拿获及半之外复有多获者，每五案记功一次。今查昆明等十六厅州县一年内报窃之案，已未获贼各止有一二案不等，皆不及定例五案记功、记过之数，应毋庸议。除将未结命盗各案饬司上紧查催，依限审解，其未获盗窃各案，仍令该管文武严行缉拿，务获究报外,臣谨循例汇折具奏,并分案开列清单,恭呈御览。

再拿获寻常案犯,例应与命盗案已未审结等款并折具奏。今云南省乾隆四十七年分并无查出外境寻常逃人贼匪自一案至数案,应行分别等差之处,无凭汇奏,业经照例咨明吏、刑二部存案。合并陈明,伏乞皇上睿鉴。谨奏。

朱批: 览。

(《宫中档乾隆朝奏折》第五十四辑,第830~831页)

2503 云贵总督富纲、云南巡抚刘秉恬《奏请将省城宝云钱局仍归臬司兼管,以裨铸务折》

乾隆四十八年二月初三日

云贵总督臣富纲、云南巡抚臣刘秉恬跪奏:为省城宝云钱局请仍归臬司兼管,以裨铸务,仰祈圣鉴事。

窃查各省钱局年需鼓铸铜铅,皆另委员办运交局,局员止系收兑,发炉按卯督铸,责任本轻。惟滇省宝云局铜铅拨自本省各厂,即系局员催傸交收,是以宝云局自雍正四年责成臬司兼管,便于稽催,垂五十年并无误铸之事。迨乾隆四十五年春间,经前任督抚臣以臬司职任刑名,兼管驿站,且恐家人、书役夹带营私,奏准将宝云局改归云南府知府办理在案。三载以来,各厂应运铜铅,每以夫马难雇,不能迅速。近则竟有因铅斤到迟,不及应卯之处。推原其故,总由各厂员非尽该府所属,因之呼应不灵。虽经臣等加紧严催,赶运偿补,但该府办理既已时形掣肘,若不及早更正,将来必至误卯堕铸,办理更费周章。

伏查滇省僻处边徼,刑名事件本不为多,驿务更属无几,若令臬司兼管宝云局,尽可从容经理,且各厂员皆其属辖,所拨铜铅固不敢迟违误限,即驮运之脚户,知系臬司催提,亦俱心存凛畏,迅速运交,较之知府管办,实为妥善。至年需配铸铜铅,俱由臣等按数拨定,藩司另给印票,发交厂员,将发运斤两、块数填明,照内管押交局,复令经过州县、营汛层层盘验,到局之后,将票呈缴藩司核销,亦无虑臬司所用书吏人等或有恃势压买、夹带运局情弊。

臣等再四商筹,应请将宝云局仍循旧例,改归臬司兼管,则呼应灵而挽运速,于铸务较多裨益。至局中一切支用,向有定款,悉仍其旧,毋庸另议。理合恭折具奏,伏祈皇上睿鉴训示。谨奏。

朱批: 已有旨了。

(《宫中档乾隆朝奏折》第五十五辑,第36~37页)

2504　云贵总督富纲、云南巡抚刘秉恬《奏报壬寅三运一起京铜依限开帮折》

乾隆四十八年二月初三日

云贵总督臣富纲、云南巡抚臣刘秉恬跪奏：为恭报壬寅三运一起京铜依限开帮，仰祈圣鉴事。

窃查壬寅二运二起京铜，于上年十一月二十五日自泸开帮，业经臣等恭折奏闻在案。

维时将届年底，诚恐背夫、脚户及各厂炉户、砂丁托故迁延，臣等先期分饬派出查催之知府及参游各员加紧督催。去后，兹据署云南布政使许祖京详据泸店委员申报："壬寅三运一起正带铜七十九万七千六百五十八斤零，自上年十二月初八日开秤起，至十二月二十八日兑竣，运员署宣威州事候补知县骆炜即于是日自泸州开行。"等情前来。除飞咨沿途各省督抚臣加紧催儹，迅速抵京，并咨明户、工二部外，查壬寅京运正加共有八起，兹三运一起虽已开帮，此后尚有三起，而加运二起铜数较多，现在核计泸店存铜及在途铜斤，业已足敷兑发，不致误三月扫帮之限。除严饬运催各员加紧催儹，蜂拥抵泸，以资逐起兑发，并饬各厂店接续赶办赶运，癸卯京铜务于江水未涨之前积存泸店外，所有壬寅三运一起京铜自泸开帮日期，理合恭折奏闻，伏祈皇上睿鉴。谨奏。

朱批：好。知道了。

（《宫中档乾隆朝奏折》第五十五辑，第37~38页）

2505　云贵总督富纲《奏报委署镇将折》

乾隆四十八年二月初三日

云贵总督臣富纲跪奏：为委署镇将，恭折奏闻事。

窃照云南昭通镇总兵巴克坦布、贵州威宁镇总兵敬善，均于上年六月间奏请陛见，奉旨允准。嗣因该二镇所辖地方近在接壤，一切查缉逃匪、私铸、催儹京铜，向俱责成两镇督饬弁兵查催查缉，未便同时俱易生手。经臣奏明，请俟贵州威宁镇总兵敬善陛见回任后，再令巴克坦布赴京，蒙恩允准在案。兹敬善业已回任，应即委员接署昭通镇篆，以便巴克坦布交代起程。

查臣标中军玛尔洪阿，前曾署理昭通镇印务，办理一切均属妥协，自应仍委该员署理。惟现在正值增补新添兵额，虽经臣亲验挑选，而训练操演，正须该将勤加督率，方可渐臻纯熟，似难遽离。

兹查有曲寻协副将刘乘龙，熟悉营伍，办事奋勉，堪以暂委署理昭通镇总兵印务。所遗曲寻协副将员缺，查有武定营参将贡布札普，熟谙营伍，亦堪暂委署理。除檄饬递署，并令昭通镇总兵巴克坦布趋赴阙廷，跪聆圣训，理合恭折奏闻，伏祈皇上睿鉴。谨奏。

朱批： 该部知道。

（《宫中档乾隆朝奏折》第五十五辑，第38～39页）

2506　云贵总督富纲《遵旨密陈滇黔两省总兵等次折》
乾隆四十八年二月初三日

云贵总督臣富纲跪奏：为遵旨密陈滇黔两省总兵等次，仰祈圣鉴事。

窃查乾隆四十二年十月十七日，奉上谕："向来副参各员，每届五年，该督等分别一二等，密行咨部，具奏一次。而提镇因系专阃大员，向未之及。今思各省提督不过十余员，皆朕所深知者始行擢用，原无俟该督之甄核。至总兵员缺，为数甚多，间有经朕特加简用之员，其余或因副参等于保送引见时酌量记名升用，亦有因军营劳绩及资俸稍深从而升补者，其人之才具优劣及在任管辖操防是否与营伍有益，皆无由深悉。嗣后着各该督将所属总兵，亦照副参之例出具切实考语，分别等次，每届五年密为陈奏一次，即以今岁为始。其无总督省分，即着兼提督之巡抚遵照办理，务宜一秉至公，毋稍瞻徇。钦此。"钦遵。

伏查总兵为统辖大员，必须晓畅军务，才具优长，方与营伍有裨。况滇黔两省非控扼边隘，即弹压苗疆，尤非腹地可比。臣仰蒙皇上天恩，畀以边疆重任，滇省总兵六员，黔省总兵四员，时刻留心体察。

查云南昭通镇总兵巴克坦布，老成练达，纪律严明，操防认真，官兵畏服；普洱镇总兵德光，才情明敏，晓畅营伍，熟悉边情，办事精细；贵州镇远镇总兵保成，精明历练，纪律严明，办事实心，畅达营务；古州镇总兵乌大经，前臣由黔赴滇时，该镇赴京陛见，虽未晤面，但一年以来，查其办理一切，该镇才识明敏，约束严明，操防谙练，办事勤奋，俱堪列为一等。

云南临元镇总兵陈大绂，老成谙练，董率有方，办事勤慎；开元镇总兵孙起蛟，曾经出师带伤，才技兼优，为人诚实，训练勤谨；鹤丽镇总兵罗江鳞，年力壮盛，亦经出师受伤，办事勇往，留心操练；贵州威宁镇总兵敬善，才情明晰，办事谨饬，操练亦甚谨严，俱堪列为二等。

再云南腾越镇总兵高璞，为人明白，器局开爽，但甫经到任，尚须试看；贵州安笼镇总兵范建丰，人颇奋勉，办事详细，但到任未久，臣未经见面，未便遽行分别等次。

所有滇黔两省总兵等次，理合遵旨密奏。再查普洱镇俸满总兵喀木齐布，老成持重，练达有为，熟谙边情，前经臣奏明暂委署理腾越镇印务，办事宽严得当，该镇现已赴京陛见，自邀圣明洞鉴。合并陈明，伏祈皇上睿鉴。谨奏。

朱批：该部知道。

（《宫中档乾隆朝奏折》第五十五辑，第39~40页）

2507　云贵总督富纲《奏报筹办补实兵额情形折》
乾隆四十八年二月初三日

云贵总督臣富纲跪奏：为奏闻事。

窃查各省武职，钦奉恩旨赏给养廉，将裁改养廉名粮挑补实额。仰见我皇上加惠戎行、整饬军纪，为国家长治久安之至计。先经臣奏准部覆，当即通饬滇黔两省各标镇协营遵照。除楚雄营改为楚雄协，广罗协改为广西营，鹤丽镇标右营守备改为顺云营右军守备，分驻缅宁，改设副将、都司、守备各员，分别题缺、推缺，及裁改新添官兵应需衙署、兵房、配执军械各事宜，现在逐款分晰，详细妥议具题外，查云南省应补实兵五千四百六十名，贵州省应补实兵五千二百八十四名，荷蒙皇上天恩，不惜帑金，增补兵额，若不认真挑选，实力训练，不特帑项虚糜，于营伍仍属无益。况云贵两省边隘苗疆，更与腹地省分不同，尤应简练军实，以壮声势。是以经臣奏准，统限一年募补足额。

兹臣标应添兵一千二百四十二名，现已于守兵内择其年强技优者，拔补步兵三百二十名，募补守兵三百三十名；云南城守营应添兵一百六十五名，亦已于守兵内拔补步兵四十名，募补守兵四十名，均经臣逐加挑验，年力、汉仗俱属强壮可观。但此等新募兵丁，技艺未免生疏，必得赶紧操练，庶可一律纯熟。臣现在责成臣标中军副将玛尔洪阿，董率各营将备，勒限勤加操练。臣亦不时查考，内有不堪造就者，即行随时斥革另募，如将备等有不实力教演，其所辖兵丁限满，技艺仍不熟练，臣即严行查参。昨提臣海禄查阅迤东营伍，顺道来省，询悉提标及大理城守营应增兵额，现在亦陆续募补，责成教练，并据滇黔两省各营据报，俱已陆续招募。

臣查各营挑补新兵，大率先尽兵家子弟。盖因此等兵丁，一切技艺尚所习见，如果年力精壮，汉仗可观，则挑补之后操练易于纯熟，固与营伍有益。第恐各营将弁瞻徇情面，不论年力、汉仗，混以小弱无用及游惰无稽之人滥收充伍。臣现在严饬各镇协营，于招募时务择其年力精壮、汉仗可观者挑补，不得以老弱幼小及无用兵丁子弟影射冒饷。其余未挑兵额，亦俱陆续招募，固不得持久空额，亦断不可草率塞责，滥挑充数。并令按月将募补新兵年贯造册申报，随时稽考。至收伍之后，责令各该将弁不分操期，朝夕教演，并通饬各营，俱勒限三月，务期与旧兵一律可观。臣仍咨会抚提各臣，并行各镇，就近不时稽察，一俟挑补齐全。臣与两省提臣各就驻扎地方，分别远近，或亲往查验，或酌委诚实可信之大员前往较阅，倘有并不认真挑选，复不实力训练，即将该管将备据实分别严行参奏治罪，以昭惩创，以期仰副皇上散财恤下、足兵卫民之至意。

再查此项新兵，自挑补之日起，即应支给饷银。除省会标营随挑随可赴司支领，毋庸预发外，其离省窵远之各标镇协营，若待募补之后始行赴司关领，未免往返需时，甫募新兵难以久待。若竟照应增兵数，令其随同官兵饷银全数支领，则为数过多。久贮营中，又难保无那移侵蚀之弊。

臣悉心筹酌，檄饬滇黔两省藩司，于添募新兵各营，就其应添数目，先发一季饷银，存贮各该地方官库，俟招募新兵验准收伍，即知会文员，将应给饷银按名公同验放，并严饬道府大员就近稽查，庶入伍新兵即可按期支饷，而经手各员亦无所施其那移侵蚀之弊。

所有臣现在办理缘由，理合一并奏闻，伏祈皇上睿鉴。谨奏。

朱批：该部议奏。

（《宫中档乾隆朝奏折》第五十五辑，第 40～42 页）

2508 署理云南巡抚刘秉恬《奏报乘时筹酌修浚昆明六河，以裨农田折》
乾隆四十八年二月二十二日

署理云南巡抚臣刘秉恬跪奏：为乘时修浚昆明六河，以裨农田，仰祈圣鉴事。

窃照云南省城之六河，昆明一带田亩赖以灌溉。六河之中，最大者莫如盘龙江，由省城东北盘绕于城之东南西三面，至西北而入滇池，故曰盘龙江。其次如金汁河、银汁河，又其次如宝象河、海源河、马料河。支分派别，各有源流，随宜建设坝闸，以时启闭，资其蓄泄，旱潦无虞，水利甚为有益。前因历次岁修，但经培筑堤埂，久未挑浚河身，以致日渐壅塞。乾隆四十二年夏间，大雨时行，河水辄致满溢，水利转成水患。臣莅滇以来，思患豫防，每届六河岁修，均于冬深水涸之后，农事未兴之前，督令修浚河身，培堤筑埂，以为未雨绸缪之计。即如去夏雨多水大，滨江之楚雄等处猝有被淹，而昆明六河幸得及早疏治，水流顺轨，田稻丰收，其明验也。

查省城河工系粮储道专管。该道永慧在滇年久，熟悉河防。臣平日与之讲求水利，该道议论切当，迨遇鸠工修筑，无不竭尽心力，经画得宜，历已著有成效。此次应修河工，臣先于上冬，会同督臣富纲，董率该道豫期堪办。其金汁、银汁、宝象、海源、马料等五河工段不长，集事亦易，委员分段修理，业于春前一律完工。惟盘龙江为六河之巨津，彼时水势未退，难以施工，只可暂缓从事。目下积水已消，沙滩现露，正宜及时赶办。当饬该道永慧前往盘龙江及各支河逐加查勘，分定段落，派委干员，协同云南府水利同知，乘此春晴日暖，兴工修浚，将河身淤浅者挑挖深通，堤埂低薄者加培高厚，坝闸坍损者砌筑完固，分别工段大小，定限报竣。臣仍与督臣不时亲往察看，指示妥办，务使工归实用，料不虚糜，以御暴涨而卫田庐，仰副圣主爱育边黎之至意。

所有臣筹办昆明六河情形，理合恭折奏闻，伏乞皇上睿鉴。谨奏。

朱批：好。知道了。

（《宫中档乾隆朝奏折》第五十五辑，第 209～210 页）

2509　署理云南巡抚刘秉恬《奏报滇省雨水苗情折》

乾隆四十八年二月二十二日

署理云南巡抚臣刘秉恬跪奏：为奏闻事。

窃照滇省地方入春以后雨水调匀、麦豆畅茂缘由，经臣于正月二十四日具折陈奏在案。

时届仲春，正雷乃发声之候，省城于二月初二日亥刻鸣雷得雨，至初三日子时止，入土一二寸不等。初九日暨二十日，各得有阵雨。二十一日，雷雨交作，逾时始止。节次得雨虽未克臻透足，而去岁冬雪优沾，地气通泰。今复春泽频施，土膏殊觉滋润，甚于农功有益。他如澄江、曲靖、东川、楚雄、大理、永昌、武定等府州属，亦据报于初二三及初八九等日连得时雨，情形都与省城相仿。惟永昌雨势较大，入土有四五寸不等。各处所种大麦现当抽穗，小麦正在含苞。蚕豆为炎方最早之物，目下多已结实。从此晴雨一律调匀，又可卜春收丰稔。市卖粮食因上年秋获甚丰，闾阎藏粟较多，现皆纷纷出粜，是以价值不昂。民夷乐业，景象盈宁。臣谨恭折奏闻，仰慰圣怀，并将正月分粮价另缮清单敬呈皇上睿览。谨奏。

朱批：知道了。

（《宫中档乾隆朝奏折》第五十五辑，第 210～211 页）

夹片：再臣本日正在拜折间，阴云四布，细雨绵密，看来势甚广远，可期沾足。理合附片奏闻。谨奏。

朱批：欣慰览之。

（《宫中档乾隆朝奏折》第五十五辑，第 211 页）

2510　署理云南巡抚刘秉恬《奏请嗣后一等举人借补佐贰，应俟调补知县后推升折》

乾隆四十八年二月二十二日

署理云南巡抚臣刘秉恬跪奏：为请旨事。

窃照大挑一等举人，分发各省以知县用，如一时无合例之缺，准其以原衔借补佐贰，遇有相当县缺，仍准调补。此皆我皇上加惠寒畯，设法疏通，实为亘古所未有。

伏查一等举人借补佐贰，应照原衔升转。定例：借补佐贰各缺内有三年五年俸满即升者，概不准其借补。盖伊等未任县令，一经俸满，即可照知县原衔超升同知、知州，未免过优，遂于疏通壅滞之中而寓以杜绝躁进之意，立法自为公允。惟是此等借补举人，有遇三年大计，准其卓异，仍照原衔推升者。如滇省现任寻甸州知州王化皞，以一等举人分发湖北，借补藩库大使卓异，推升今职，即未任县令骤升州牧之员也。夫同此一等举人借补佐贰，未任县令之员，一则不准越次超迁，一则又准其越次超迁，一事两办，似欠均平。臣查一等举人借补佐贰之后，如果人材去得，原不妨即行调补知县，以示鼓励，何必于佐贰任内亟亟予以卓异，准其越次超迁？应请嗣后将借补佐贰之一等举人，统俟调补知县后，察其才具、政绩，堪膺卓异者方准荐举，其于借补任内卓异之处竟行停止，庶事例得归画一，亦可杜躁进之念矣。

再查试用人员大衔借补小缺者服满赴部候补，例准照原衔选用。惟一等举人借补佐贰，丁忧服阕，例须仍发原省，先以佐杂等缺补用，如果察看勘胜知县之任，再行调补，固属慎重官方之意。但此项一等举人，原系应用知县之员，其借补佐贰，乃为一时知县缺少，疏通举班而设，与不胜正印改用佐贰者不同。况各省分发佐贰，现有捐纳、议叙两项，人数既多，得缺亦难。而大挑举人又准轮班借补，其从前借补佐贰，服阕仍发原省之举人，若再循向例，必须先补佐贰后调知县，则分发佐贰益滋积薪之虑。臣思前项人员究系曾经出仕，试用已久，比之新发一等举人初入仕途径用知县者，其于一切政事较为历练，服阕仍赴原省，似可毋庸先补佐贰，遇有知县需人，准其暂行委署，详加察看，如果堪胜知县之任，即准遇缺请补。如此略为变通，较之大衔借补小缺，服满赴部，遽照原衔选用者仍不为优，而分发佐贰人多缺少，不复再被占补，需次可速，是亦推广皇仁，彼此疏通之一策也。

臣言是否有当，理合恭折奏请，伏乞皇上睿鉴，敕部议覆施行。谨奏。

朱批：该部议奏。

2511　云贵总督富纲《奏报滇黔两省雨泽应时、春花畅茂情形折》

乾隆四十八年二月二十五日

云贵总督臣富纲跪奏：为雨泽应时、春花畅茂，恭折奏闻事。

窃照滇黔两省瑞雪优沾、麦豆长发情形，节经臣恭折奏报在案。兹当东作方兴之始，正春田待泽之时，云南省城于二月初二三两日，得雨一二寸，初九暨二十、二十一二等日，复得有阵雨，土膏已属滋润。兹于二十三日下午，阴云四合，入夜雷鸣雨施，达旦未已，至二十四日午后，间带雪花，入土极为深透。适提臣海禄查竣东昭营伍，于二十五日回省，询悉迤东一路得雨深透，亦与省城无异。并据云南、澄江、曲靖、东川、楚雄、大理、永昌、武定等府州属申报，均于二月初二三及初八九等日，得雨三四五寸不等。查南豆现已收获，二麦、春荞正届升浆结实之际，得此渥泽涵濡，弥觉发荣滋长，丰收可必。市集粮食充盈，中米每仓石价银一两四钱五分，各属价值虽增减不同，均属平价。黔省贵阳等各府厅州属，据报雨水调匀，二麦茂盛，粮价每仓石价银自六钱至一两六钱五分不等，亦不为昂。

两省地方宁谧，民夷乐业，边关亦极宁静。理合一并恭折奏闻，仰慰圣怀，伏祈皇上睿鉴。谨奏。

朱批：知道了。

（《宫中档乾隆朝奏折》第五十五辑，第232～233页）

2512　云贵总督富纲《奏报委署副将印务折》

乾隆四十八年二月二十五日

云贵总督臣富纲跪奏：为委署副将印务，恭折具奏事。

窃照委署副将，例应随时奏闻。兹查云南龙陵协副将兆凤病故，遗缺先经臣饬委景蒙营游击王懋赏前往署理，恭折奏明在案。兹接准部咨，王懋赏准其调补昭通镇中军游击，发给札付，自应令其即赴新任。

所遗龙陵协副将员缺，查有顺云营参将富连升，才技优娴，熟悉边情，堪以暂委署理龙陵协副将印务。除檄饬遵照并委员接署顺云营参将外，理合缮折奏闻，伏祈皇上睿鉴。谨奏。

朱批：览。

（《宫中档乾隆朝奏折》第五十五辑，第233页）

2513 云贵总督富纲、云南巡抚刘秉恬《奏报拿获伪造印票假差吓诈之匪犯，审拟具奏折》

乾隆四十八年二月二十五日

云贵总督臣富纲、云南巡抚臣刘秉恬跪奏：为拿获伪造印票假差吓诈之匪犯，审拟具奏事。

窃查云南昭通府属地方，界连黔蜀，箐密路歧，奸匪每易潜踪。臣等节次严饬文武员弁设法盘缉，并示谕乡保、客头一体实力查拿，务使奸徒绝迹，整肃地方。兹据该府属大关同知申报，盐井渡巡检蒋攸銮，于乾隆四十七年十月初一日，协同汛弁盘获假充总督衙门差役吓诈民人之梁荣即梁方臣、彭贵隆等，并搜出假印、假票等物，录供通详。臣等当即批司，檄提至省，委员严审，由司招解前来。臣等随率同司道等提犯，复加严鞫。

缘梁荣即梁方臣，与彭贵隆俱籍隶四川，寄居滇省大关厅属地方，素相熟识。梁方臣粗知文义，曾学雕刻匠工，乾隆四十七年九月二十三日，欲赴厂营生，因无资本，见该处盘查匪犯严紧，辄起意冒差，讹诈银钱，又虑无凭据，不能恐吓乡愚，窃取臣富纲饬缉匪犯告示上印花，寻觅木板，买备胭脂、油朱等物，用小刀雕成假印，捏写查拿匪犯印票，用朱笔倒填七月二十四日差役梁荣字样。复思自携行李，难以取信，二十四日，往雇彭贵隆代负，诡称赴永善生理。是日下午至吉利铺，向客民周宇辉等盘诘，诈得钱三百文。彭贵隆始知伪造印票，利其分钱，代为容隐。次日，至黄荆坝，诈取客民钟云良钱一百文。二十八日，至太平场，又向客民钟明等诈得钱五百文。九月初一日，甫抵盐井渡，即被巡检蒋攸銮知会汛弁驰往盘获，搜出假印假票等物，解交大关同知，录供通详，提省审办。

臣等复鞫无异，随令当堂试雕印文，书写牌票，比对相符。恐所诈钱文不止此数，此外尚有为匪不法情事，知情同行者亦不止彭贵隆一人，严诘不移，委无遁情。查例载：伪造诸衙门印信者斩；又例载：盗用总督等官钦给关防及伪造，悉与印信同科；又例载：诈充各衙门人役，假以差遣缉捕盗贼为由，吓取财物，扰害军民者，除实犯死罪外，徒罪以上枷号一个月，发近边充军各等语。今梁方臣伪造总督衙门关防、信票，冒差查缉匪犯，吓取钱文，虽即经盘获，而数日之间叠次讹诈，实属扰害地方，大干法纪。梁荣即梁方臣，合依伪造诸衙门印信者斩律，拟斩监候，照例刺字。查昭通近川黔，向为匪徒出没之处，窃劫案犯较别属为多，节经严饬文武员弁查拿。而该犯梁方臣，胆敢伪造印票，冒差吓诈，若不从严办理，匪徒罔知畏惧，应请旨即行正法，以昭炯戒。彭贵隆虽未商同伪造，但知情同行，合依诈充各衙门人役，假以差遣缉捕盗贼为由，吓取财物，扰害军民，犯徒以上例，枷号一个月，发近边充军。梁方臣诈得钱文，照追入官。客民周宇辉等无知被诈，均已省释。假造印票等物，即行销毁。

所有审明定拟缘由，理合恭折具奏，另缮供单敬呈御览，伏祈皇上睿鉴。谨奏。

朱批：该部核拟速奏。

（《宫中档乾隆朝奏折》第五十五辑，第234~235页）

2514 云贵总督富纲、云南巡抚刘秉恬《奏报查明滇省已未获出师金川逃兵数目折》

乾隆四十八年二月二十五日

云贵总督臣富纲、云南巡抚臣刘秉恬跪奏：为遵旨具奏事。

窃臣等承准大学士公阿桂、尚书额驸公福隆安、尚书和珅字寄："乾隆四十八年正月十六日，奉上谕：从前金川军营脱逃兵丁，积年未经弋获，历经降旨通谕各督抚饬属严缉，并予各犯等以自首免死展限日期，并将承缉不力之地方官严定处分。乃自降旨以来，惟川省奏报拿获人数较多，自行投首者亦有一百余名，其余各省奏到拿获逃兵及自首到案者仍属寥寥。总由各该督抚不能督饬承缉之员实力擒捕，以致该犯等匿迹远扬。现在又降旨，将承缉地方官处分宽限一年，各该督抚务须严饬所属，设法实力查缉，并将各该省逃兵共有若干名，现在已获若干，未获若干，各省通计已获逃兵约有十分之几，详晰查明，开单具奏。将此传谕四川、陕甘、湖广、云贵各督抚知之。钦此。"遵旨寄信前来。

臣等伏查，云南省出师金川脱逃兵丁，原咨查缉共三十三名，内已获四名，奏明正法外，未获二十九名，内有籍隶贵州省五名，广西、江西省各一名，先经分咨各原籍一体查缉；其籍隶云南省二十二名，通计已获逃兵不及十分之二。查此等兵丁，军前乘间脱逃，情罪万无可逭。仰蒙皇上格外殊施，准令自首免死，并叠奉恩旨加展限期。各逃兵俱有人心，自宜相率投首，保全躯命。如四十七年，陕西省逃兵陈希珍，尚知赴云南县汛投首，曾经奏明，发遣免死。而本省未获逃兵，经臣等叠次遵旨刊示晓谕，务使穷村僻寨比户周知，何以一年之内竟无投首者？即使该逃兵等尚冀怙恶，匿迹远扬，若地方承缉文武各官果能实力搜拿，揆之情理，此等逃兵又焉能潜藏隐窜？臣等钦奉谕旨，申严各官处分，复明定规条，悬赏购缉，酌派弁兵改装侦访。更虑铜铅各厂及各井灶五方杂处，奸良莫辩，逃兵或易溷迹其中，饬令厂井各员留心密察，按季取具砂丁、灶户等籍贯，互结清册申送。查核逃兵册档，遇有路毙不知姓名之案，亦令将有无与逃兵年貌相符随案声报。臣等诚恐地方各官一有懈弛，即存隐饰，仍不时严檄督饬，密加体察，不敢稍事宽容。所有乾隆四十七年文武督缉、承缉逃兵不力各职名，业经臣等于开篆后恭疏题参在案。

兹恭读廷寄，敬悉复蒙恩旨，将承缉地方官处分宽限一年，实出圣主破格鸿慈。容俟奉到之日，再行剀切宣示。如该地方官再不知感戴，实力查拿，岂复尚有天良？臣等凛遵谕旨，惟有严督所辖文武各官再行设法尽力查缉，务期尽数早获，照例办理，以绝漏网而彰宪典。

除贵州省已未获逃兵分数，应听贵州抚臣李本查奏外，所有查明云南省已未获逃兵名数尚未及十分之二缘由，理合恭折具奏，敬缮清单恭呈御览，伏祈皇上睿鉴。谨奏。

朱批：外省诸事不认真，亦不只此也。

（《宫中档乾隆朝奏折》第五十五辑，第235～237页）

2515　云贵总督富纲、云南巡抚刘秉恬《奏报委署知府印务折》
乾隆四十八年三月初十日

云贵总督臣富纲、云南巡抚臣刘秉恬跪奏：为委署知府印务，循例具奏事。

窃照道府升迁事故悬缺，需员署理者，例应一面遴员委署，一面具折奏闻。兹查云南临安府知府阿敏降调员缺，业经奉旨："着石应璋补授。钦此。"

查石应璋系安徽广德州知州，到任尚需时日。又澄江府知府马可继因病，详请解任回籍调理，现在饬司委员查验，另行恭疏具题。所有临安、澄江二府员缺，均应即行委员接署。查有武定州直隶州知州常德，才识优裕，办事干练，堪以暂委署理临安府知府印务。普洱府思茅同知许崇文，老成历练，办事安详，现已俸满撤回省城，堪以暂委署理澄江府知府印务。除檄饬遵照外，理合循例缮折具奏，伏祈皇上睿鉴。谨奏。

朱批：览。

（《宫中档乾隆朝奏折》第五十五辑，第344～345页）

2516　云贵总督富纲《奏报春深撤汛情形折》
乾隆四十八年三月初十日

云贵总督臣富纲跪奏：为恭报春深撤汛情形，仰祈圣鉴事。

窃查腾越、龙陵以外杉木笼、干崖、三台山等处，经前督臣李侍尧奏准裁防设汛，冬初拨兵八百名，选派员弁带往汛地，分布关卡巡查，春深酌留弁兵三百名驻汛，余俱撤回，节年遵照办理。乾隆四十七年九月，臣查阅永昌、腾越营伍、边防，与提臣海禄酌派员弁、兵丁分起出汛，恭折奏明在案。本年三月初四日，节届清明，关外地方气候较早，所有撤汛事宜，自应预为筹办。

昨提臣海禄查阅迤东营伍，过省时，即与面商，酌定杉木笼、干崖二汛，于三月初一日为始，分起撤回。三台山气候较暖，于二月二十日全行撤回。除三台山一汛例不留驻弁兵外，其杉木笼汛应仍留将弁七员，兵二百名，马四十匹。干崖汛应仍留千把外委六员，兵一百名，马二十匹，分布关卡稽巡。并查游击苏尔相久驻边关，一切弹压巡逻尤为谙练，且该员感戴皇仁，颇知奋勉，应令仍留杉木笼驻汛，以资董率。其余将弁，亦经照会腾越镇总兵高璜详加遴选，务俱熟谙边情、能耐烟瘴及年壮技优之兵丁留驻汛地，率同抚夷弩手实力巡逻，仍于撤后，督饬留汛弁兵联络游巡，以昭严肃。并分饬该镇及龙陵协南甸营，照例挑派干练员弁，按月带兵前往杉木笼、干崖、三台山巡查一次，折报稽考，不得虚应故事。其余各关卡隘，责成官兵驻守盘查，现在防范俱各严密。臣不时檄饬各该将弁慎密盘诘，并密委员弁稽察，并无私贩偷越情弊。所有撤汛缘由，理合恭折奏闻。

再查腾越镇标左营都司分驻之南甸一营，距杉木笼、干崖两总汛均有二站。其杉木笼一路，中间有通龙陵之三台山及陇川之孟寅小路，逼近缅境；其干崖一路，中间有通神护关及止那隘小路，路通野夷，俱系偏僻小径，私贩最易偷漏，路远汛遥，官兵稽察难于周密。臣去年查阅时，拟于两路适中之处各设一汛，以期声气得以联络。随经面交腾越镇州详细筹堪，兹据勘明，南甸至杉木笼适中之蛮东地方至干崖适中之暮福地方，均有汉夷居住，隙地既多，气候亦正堪以驻兵设汛。

臣查南甸一营旧存额兵六百九十七名，亦已足敷差操。此次增补兵额案内新添兵一百二十二名，原可分驻各汛，但此项兵丁甫经入伍，自须随营操演。莫若按照新增兵数，即于该营旧存兵内拨驻蛮东六十名，暮福六十名，设为两汛，派令经制把总、外委各一员带领驻守。又蛮东以外之咧唻塘，相距蛮东五十余里，亦觉鞭长莫及，应于适中之蛮令地方添设一塘，即于蛮东汛兵内抽拨十名驻守。暮福内外旧有之黄岭冈、猛宋二塘，距汛亦俱五六十里，向止设兵三五名，兵数亦觉少单。应于暮福汛内抽拨，各补足十名，以资巡缉。庶由南甸以达杉木笼、干崖两汛，支脉相连，声气较为联络。至应建衙署、兵房，查南甸营此次新添额兵，本应建盖兵房，今移建蛮东、暮福两汛，亦无需另行动项。容臣另于增补兵额事宜案内声叙具题外，合并陈明，伏祈皇上睿鉴。谨奏。

朱批：知道了。

2517　云贵总督富纲、云南巡抚刘秉恬《奏报壬寅三运二起京铜依限开帮折》

乾隆四十八年三月初十日

云贵总督臣富纲、云南巡抚臣刘秉恬跪奏：为恭报壬寅三运二起京铜依限开帮，仰祈圣鉴事。

窃查壬寅三运一起京铜，于上年十二月二十八日自泸开帮，业经臣等恭折奏闻在案。其三运二起京铜，例应于本年正月内接续开帮。

兹据云南布政使费淳详据泸店委员申报："壬寅三运二起正带铜七十九万七千六百五十八斤零，于正月十三日开兑起，至二十九日兑竣，运员广通县知县欧阳金即于是日自泸州开行。"等情。除飞咨沿途各省督抚加紧催儹，迅速抵京，并咨明户、工二部外，伏查壬寅京铜正加四运，共有八起，兹三运二起虽已开帮，而此后尚有加运两起，铜数较多，必须源源滚运，方无贻误。核计各厂发运在途及泸店报收铜斤，业已足供兑发。现复飞饬迤东、迤西各店，将前途运到铜斤随收随发，络绎前进，并加派文武员弁梭织往来催儹，以期迅速抵泸济运外，所有壬寅三运二起京铜依限开帮日期，理合恭折奏报，伏祈皇上睿鉴。谨奏。

朱批：好。知道了。

（《宫中档乾隆朝奏折》第五十五辑，第 347 页）

2518　云贵总督富纲、云南巡抚刘秉恬《奏请以丽江府经历屠述濂升署文山县知县折》

乾隆四十八年三月初十日

云贵总督臣富纲、云南巡抚臣刘秉恬跪奏：为恭恳圣恩俯准升署极边要缺知县，以资治理事。

窃查云南开化府文山县知县王乃昀染病身故，业经臣等恭疏题报在案。所遗员缺系附郭首邑，兵民错处，政务殷繁，治理不易，非精明干练之员不克胜任，例应在外拣选调补。

臣等与藩臬两司于现任知县内逐加遴选，非现居要缺，即人地未宜，并无合例堪调之员。惟查有丽江府经历屠述濂，年四十岁，湖北监生，加捐府经历，分发云南试用，咨署临安府经历，调补今职，于乾隆四十五年七月初六日到任，四十六年六月初九日奉旨实授。该员才情干练，办事勤奋，历经委署州县，料理裕如，现署镇雄州印务，前因承运京铜迅速，曾邀特恩议叙，实为佐杂中出色之员，请以升署文山县知县，实堪胜任。惟历俸未满五年，且未报销试俸，与例稍有未符。谨遵人地相需之例，专折奏恳圣恩，俯准以屠述濂升署文山县知县，照例试署二年，另请实授。该员感深图报，自必益加奋勉，于边缺实有裨益。如蒙俞允，俟部复至日，给咨送部引见。理合恭折具奏，另缮屠述濂参罚清单恭呈御览，伏祈皇上睿鉴。谨奏。

朱批：该部议奏。

（《宫中档乾隆朝奏折》第五十五辑，第348页）

2519　云贵总督富纲、云南巡抚刘秉恬《奏请以候补知府陈孝升补授澄江府知府折》
乾隆四十八年三月二十一日

云贵总督臣富纲、云南巡抚臣刘秉恬跪奏：为奏请补授知府，以资表率事。

窃照云南澄江府知府马可继现在患病，呈请解任回籍调理，除俟委员查验取结至日另疏题报外，所遗澄江府知府员缺应归部选。

伏查定例：督抚题准以道府补用人员，遇有缺出，无论应题应调应选，悉准题请补授。臣等查有候补知府陈孝升，年四十八岁，浙江监生，由直隶延庆州知州升授广东潮州府知府，历任云南楚雄、东川等府知府，在东川府任内缘事革职，乾隆四十六年，经调任督臣福康安会同臣刘秉恬奏请捐复，留滇补用，钦奉特旨准行在案。该员才情干练，办事精详，且在滇年久，熟悉情形，实为奋勉得力之员，请以补授澄江府知府，实堪胜任有余，亦于定例相符。如蒙俞允，其原任内有降一级留任注册之案，照例带于新任，扣满年限另请开复。该员系革职捐复奏准留滇补用知府，今请补知府，应否送部引见，听候部议。臣等谨恭折会奏，伏乞皇上睿鉴，敕部议复施行。谨奏。

朱批：该部议奏。

（《宫中档乾隆朝奏折》第五十五辑，第456页）

2520　云南巡抚刘秉恬《奏报滇省雨水禾苗情形折》
乾隆四十八年三月二十一日

云南巡抚臣刘秉恬跪奏：为奏闻事。

窃照滇省地方春雨应时，麦豆畅茂情形，经臣于二月二十二日具折陈奏在案。滇中风多土燥，际兹东作方兴，全赖春泽频施，始于田功有益。省城于二月二十三四、二十七八及三月初六、十二、十三等日，叠沛膏霖，雷鸣雨大，入土二三寸至四五寸不等，高原下隰在在潴蓄有资，洵称沾足。首郡所属州邑禀报得雨情形大概相同。他如曲靖、临安、澄江、楚雄、东川、大理、丽江、永昌、广南、普洱、开化、昭通、蒙化、景东、武定、广西、镇沅等府厅州属，节据报到，二月二十一二三四暨二十五六七八并三月初六七、初九、十二等日连得时雨，入土均极深透。蚕豆正当收割，亦有上市出售者。大麦现俱黄熟，小麦都已扬花，将次结实，获此雨润日暄，颗粒更臻饱满。麦秋瞬至，可以预卜丰登。稻田次第浸种，其早者秧针出水已有寸许，山荞、园蔬亦皆茁发繁盛，农勤南亩，遍处欢呼。市卖粮价虽随地长落不齐，而通省核计，尚系中平，且各属额贮社仓谷石目下多有循例详借，以为出陈易新之计，尤足补助春耕，无虞市值腾贵。民夷乐业，四境粹宁。

臣谨恭折奏闻，仰慰圣怀，并将二月分粮价另缮清单敬呈皇上睿览。谨奏。

朱批： 知道了。

（《宫中档乾隆朝奏折》第五十五辑，第460～461页）

2521 云贵总督富纲、云南巡抚刘秉恬《奏报遵旨分限五年搭解挂欠京铜折》
乾隆四十八年三月二十六日

云贵总督臣富纲、云南巡抚臣刘秉恬跪奏：为遵旨分限五年搭解挂欠京铜，以裨鼓铸，恭折复奏事。

窃臣等接准户部钱法堂咨，以滇省额解户、工二局京铜，自乾隆三十八年以后，复挂欠户局正耗铜四十七万三千六百余斤，鼓铸紧要，未便久悬，奏请敕令臣等即于每年额运外搭解铜二十余万斤，分限二年完解。其挂欠工局铜斤，现咨工部，应听自行查奏等因。奉旨："此项挂欠铜斤，着宽限五年完解。钦此"移咨到滇。仰见我皇上洞鉴滇省铜运迩年甫有起色，宽以期限，俾得从容办理之至意。臣等职司其事，感戴弥深。

查滇省办运京铜，自乾隆三十八年头运起至四十四年二运一起止，共挂欠户、工二局正耗铜七十一万一千余斤。又自三十三年二运一起至三十七年头运一起，共沉溺挂欠铜三十六万五千一百八十余斤，于前次分年完解挂欠京铜案内声请，俟将来有无捞获及奉准豁免、买补之日另行分别办理。现已陆续完结，应一并计入挂欠数内。共计挂欠户、工二局正耗铜一百七万六千二百余斤零，内除应赔价买补铜三万一千三百三十七斤零，又沉溺未获铜三十二万五千六百八十四斤零尚在打捞，应俟有无全获并追到应赔价银，再行买补搭解外，其历年沉溺豁免及赔价买补共铜七十一万九千一百八十二斤零，均系挂欠户、工二局之项，应筹搭解还款。兹经户部钱法堂奏请将前项挂欠铜斤分限二年完解，仰蒙恩旨，宽予五年之限，圣慈体恤，备极周详。所有分年搭解铜数，自应凛遵钦定年限，分晰核计。

伏查前项沉溺豁免并赔价买补正耗铜七十一万九千一百八十二斤零，内应解户局正耗铜四十七万九千四百五十四斤零，工局正耗铜二十三万九千七百二十七斤零。遵照五年之限完解，每年应搭解正耗铜十四万三千八百三十六斤零，内分交户局正耗铜九万五千八百九十斤零，工局正耗铜四万七千九百四十五斤零。应请即委癸卯、甲辰、乙巳、丙午、丁未五年正运各员三十起，按起搭解，每员于应解额铜七十三万六千三百斤之外，应搭解户、工二局正耗铜二万三千九百七十二斤零，每百斤例带余铜三斤，应带余铜五百四十二斤零，共搭解正耗余铜二万四千五百一十五斤零，计三十起，共应带解余铜一万六千二百八十一斤零，连正耗，共铜七十三万五千四百六十四斤零。除将分限五年，每年按起搭解铜数先行咨明户、工二部暨钱法堂外，理合恭折复奏，伏乞皇上睿鉴。谨奏。

朱批：览。

（《宫中档乾隆朝奏折》第五十五辑，第 504~506 页）

2522　云贵总督富纲《奏报钦遵圣训，敬陈厂运无误情形折》
乾隆四十八年三月二十六日

云贵总督臣富纲跪奏：为钦遵圣训，敬陈厂运无误情形，仰慰圣怀事。

窃臣承准尚书额驸公福隆安、尚书和珅字寄："乾隆四十八年三月初六日，奉上谕：据富纲等奏省城宝云局请仍归臬司兼管一折，自当照所请行，准令臬司管理，以专责成。至折内称乾隆四十五年春间，经前任督抚臣以臬司职任刑名，兼管驿站，且恐家人、书役夹带营私，奏准将宝云局改归云南府知府办理等语。该省钱局鼓铸，虽系前任督臣李侍尧等奏准改归云南府知府办理，但是年查办该省私铸钱文，系福康安、刘秉恬任内之事，何以复奏折内并未将改归知府管理未便之处详悉声叙？而此次折内又未声明从前筹议疏漏并现在不敢回护，前奏稍为因循。着传谕刘秉恬，令其据实复奏。又折内称铜铅到迟，不及应卯，及加紧严催赶办，时形掣肘，若不及早更正，将来必致误卯堕铸等语。该省铜斤，经福康安在云贵总督任内极力整顿，催偾办理，颇有成效，现在各局鼓铸源源接济，不致如前办理周章。今富纲等欲酌改管理钱局人员，自是可行之事，但辄称催偾掣肘，恐致误卯堕铸，明系为运铜之员预存开脱地步，将来又致误运，此断断不可。将来如有铜斤堕运等事，则惟富纲、刘秉恬是问。着将此由四百里谕令知之。钦此。"钦遵寄信前来。

臣跪读之下，仰见我皇上俯念京铜紧要，谆谆训诫至意。除即移知抚臣刘秉恬另行遵旨复奏外，伏查滇省铜政，前因积年堕误，经前督臣福康安钦遵圣明指示，极力调剂，己亥、庚子两年既已全数清厘，辛丑头运亦能赶复原限。臣自蒙恩接任以来，迄今一载有余，实以铜运为滇省第一要务，设法督催，不敢稍遗余力。兼之历年赶补案内，不独厂运各员叠荷圣恩优叙，即商人、炉户亦蒙恩赏不拘一成通商之例，官民鼓舞奋兴，莫不争先恐后，是以辛丑八起京铜已于上年三月依限扫帮。而壬寅铜运，亦于上年八月起按月开运，现在仅剩加运两起。臣核计各厂发运铜数，不特壬寅俱报全完，已可无误三月扫帮之限。即癸卯京铜，已据宁台、大功等处具报，出厂者共有九十余万斤。相距八月开帮尚有四月，为日甚属宽裕。各厂源源采运，自可日增月盛，断不致有临时不给之虑。即各省采买鼓铸铜斤，亦已陆续按期发兑，节经奏报在案。臣幸荷圣慈广庇，际此铜斤日有起色之时，方筹多办底铜，以期有备无患。正不敢以无误京铜遂为了事，又安敢稍有懈弛，致复有堕运之事。

至滇省宝云局铸，臣留心察看，原无别项弊窦，惟近因所拨铅斤往往不能依限到局，累据该府禀请檄催，不能不预防掣肘。是以臣与抚臣刘秉恬再四熟商，奏请仍归臬司兼管，庶由各厂以及沿途均归统辖，以期呼应较灵。兹蒙圣明俞允，除即檄饬臬司许祖京接收管理，臣仍不时督饬妥办，不敢稍有懈忽，致滋弊端外，伏思臣仰沐高厚隆恩，畀以滇黔重任，铜运实为专责，厂运各员均蒙优渥殊恩，即使尽心竭力，尚不能少酬万一，倘敢稍有堕误，不但该员等立应严参治罪，即臣罪亦实无可逭，何敢稍事姑容，致滋怠玩。嗣后臣惟有仰遵圣训，严督厂运各员加紧筹办，始终勿懈，以期铜丰厂旺，仰慰圣怀。

所有钦遵圣训缘由，理合恭折奏闻，伏祈皇上睿鉴。谨奏。

朱批：已有旨了。

（《宫中档乾隆朝奏折》第五十五辑，第 506～508 页）

2523　云贵总督富纲《奏报滇黔两省晴雨应时、麦收丰稔情形折》
乾隆四十八年四月十三日

云贵总督臣富纲跪奏：为晴雨应时、麦收丰稔，恭折奏闻事。

窃照滇黔两省雨水春花情形，节经臣恭折奏报在案。兹查云南省城，于三月初六、十二、十三及二十三四等日，节次得沾时雨，入土二三寸至四五寸不等，近省各属据报得雨分寸、日期大概相同，其余各府厅州属均报于三月初六七、初九、十二等日连得透雨。查南豆业已收获，大小二麦渐次登场。前者既得甘雨滋培，兹复旬余晴霁，日暄雨润，颗粒更臻饱绽，其已种之秧苗亦觉发荣滋长，待种之秋田均各乘时翻犁播种，民情甚为欣悦。各属申报二麦收成分数，统计九分有余，南豆尤为异常丰足，现与大麦俱有入市者，市廛粮食充盈，价值平减。黔省节候较之滇省稍迟，现值二麦升浆结实，早禾插莳齐全之际，查核各属旬报，亦俱晴雨应候，粮价平贱。

伏思滇黔二省虽僻在边徼，而民依时廑宸衷，兹仰邀圣主洪福，雨旸时若，大有频书，四境敉宁，民夷乐业。臣职守封圻，听郊野之欢腾，曷胜额庆。理合恭折奏闻，仰慰圣怀，伏祈皇上睿鉴。谨奏。

朱批：欣慰览之。

（《宫中档乾隆朝奏折》第五十五辑，第 669~670 页）

2524　云贵总督富纲、云南巡抚刘秉恬《奏报壬寅加运一起京铜依限开帮折》

乾隆四十八年四月十三日

云贵总督臣富纲、云南巡抚臣刘秉恬跪奏：为恭报壬寅加运一起京铜依限开帮，仰祈圣鉴事。

窃查壬寅三运二起京铜，于本年正月二十九日自泸开帮，业经臣等恭折奏闻在案。其加运一起，例应于二月内接续开帮。臣等因加运两起京铜共计一百八十八万余斤，为数较多，惟恐各厂发运之铜，背夫、脚户借口春雨泥泞，以致迟滞，当即飞饬派出查催之文武员弁梭织查催。去后，兹据云南布政使费淳详据泸店委员申报："壬寅加运一起正耗铜九十四万九百九十一斤零，于二月初五日秤兑起，至二十八日兑竣，运员陆凉州知州白贻远即于是日自泸州开行。"等情前来。

除飞咨沿途各省督抚加紧催儧，并咨明户、工二部外，查每年正加京铜八起，例限自本年八月起至次年三月内扫帮。今加运一起业已依限开帮，此后仅有加运第二起，核计发运在途及泸店积存铜斤，业已足供兑发，不致延误。除仍加紧严催以供扫帮济兑外，所有壬寅加运一起京铜自泸开帮日期，理合恭折奏报，伏祈皇上睿鉴。谨奏。

朱批：好。知道了。

（《宫中档乾隆朝奏折》第五十五辑，第 672 页）

2525　云南巡抚刘秉恬《奏报乾隆四十八年滇省麦豆收成分数折》
乾隆四十八年四月十三日

云南巡抚臣刘秉恬跪奏：为恭报麦豆收成分数，仰祈圣鉴事。

窃照云南省二麦、蚕豆现在刈获登场，据布政使费淳将各属所报收成分数汇单呈送前来。臣逐一确核，内麦豆并种之武定等十二州县，高下俱收成十分；蒙化等三十六厅州县、州判，低处收成十分，高阜收成九分；大关等二十一厅州县、县丞，低处收成九分，高阜收成八分；止种二麦之中甸等一十一厅州县、州判，高下俱收成八分；止种蚕豆之思茅一厅，低处收成九分，高阜收成八分。合计通省收成，实得九分有余。至沿边各土司地方所种麦豆，据报收成合计八分，远近均称丰稔。

伏念滇省僻处万山，不通舟楫，全借本地所产，俾资闾阎生计。二麦、蚕豆虽非稻谷可比，而春熟多收，足为民食接济之需。去岁冬雪优沾，积厚一二三尺不等，为数十年来未有之瑞。今年自春徂夏，仰赖皇上福庇，雨旸时若，麦豆滋长，倍形硕茂，因而通省收成实得九分有余，屡丰告庆，比户盈宁。此际农事渐忙，靡不含哺鼓腹，尽力南亩。臣目击熙皞情形，实堪远慰圣慈念切边黎之至意。除一面饬司造册详报，照例另疏具题外，所有乾隆四十八年云南省麦豆收成分数，合先开列清单，恭折奏闻，伏乞皇上睿鉴。谨奏。

朱批：知道了。

（《宫中档乾隆朝奏折》第五十五辑，第 674~675 页）

2526　云南巡抚刘秉恬《奏报修理贡院及酌改誊录等事宜折》
乾隆四十八年四月十三日

云南巡抚臣刘秉恬跪奏：为奏闻事。

窃照本年八月，届当举行癸卯科乡试，一切事宜，均应次第查办。

伏念贡院为扃闱重地，全在墙垣完固，方足以资防卫而杜传递。滇中贡院枕山临水，地旷风高，外围墙垣尤易摧残剥落，向来每逢科场之年，俱派员查勘修葺。但临场期近，未免工繁限迫，草率从事，且维时正当夏令，雨水较多，更恐工程难以坚固，自当先期预为筹办，俾一切得以从容就理。今年春间，臣即亲诣详加查勘，贡院房屋、号舍固须照常修葺。至外围墙垣，最为紧要关键，其中有坍损者，应堵筑之，有低矮单薄者，应砌高而镶厚之，总令垣墉坚密，不留一毫罅隙，以绝弊窦。当经饬令粮储道永慧，督同承管之云南府知府全保，遵照所指做法，将一切应修之处先期动工，妥协经理。臣仍不时前往察看，务使工程一律完固，毋许潦草塞责，以仰副圣主辟门吁俊之至意。

再查历科乡试，誊录书手姓名，系令自注于朱卷之尾，以备磨勘查核。近经礼部议复御史梁景阳条奏弥封红号等事折内，议准嗣后誊录书手姓名，改注于本生墨卷尾，将朱卷尾停其注明等因，咨行到滇。诚属防闲之良法，自应遵照饬办。但查此外尚有对读生一项，向与誊录书手一体自注姓名于朱卷尾者，新例未经议及。因思对读与誊录事同一辙，若仅将誊录姓名改注墨卷，而对读姓名仍注朱卷，不惟办法互异，且于防闲之道亦觉欠周。自应将对读生姓名与誊录书手姓名俱令各自注于墨卷之尾，并列两行，以归画一而昭详慎。理合一并恭折奏闻，伏乞皇上睿鉴，勒部查照施行。谨奏。

朱批：该部速议具奏。

（《宫中档乾隆朝奏折》第五十五辑，第 676~677 页）

2527　云贵总督富纲、云南巡抚刘秉恬《奏报陕省委员办运滇铜扫帮出境日期折》
乾隆四十八年四月二十八日

云贵总督臣富纲、云南巡抚臣刘秉恬跪奏：为陕省委员办运滇铜扫帮出境日期，循例奏闻事。

窃照各省委员赴滇采买铜斤，往来俱有定限。钦奉上谕："嗣后到滇办运开行，即着该抚具奏，如有无故停留贻误者，即行指名参究。"等因，钦遵在案。

兹据云南布政使费淳详称："陕西委员凤翔府通判杜泰，领运采买狮子山等厂正耗余高低铜共三十七万七千六百五十斤，以该委员于乾隆四十七年九月十八日领竣狮子山等厂铜斤之日起限，除小建四日，扣至四十八年四月初八日届满。今该委员于本年三月二十八日，全数运抵宝宁县属剥隘地方扫帮出境，正在限内，并未逾违。"等情，详请核奏前来。臣等复查无异，除飞咨广西、湖南、湖北、河南、陕西各抚臣转饬接替催儹，依限交收供铸，并咨明户部外，所有陕省委员杜泰办运滇铜扫帮出境日期，理合恭折具奏，伏祈皇上睿鉴。谨奏。

朱批：览。

（《宫中档乾隆朝奏折》第五十五辑，第 833~834 页）

2528　云贵总督富纲、云南巡抚刘秉恬《汇核乾隆四十七年分滇省各厂岁获铜数折》

乾隆四十八年五月初一日

云贵总督臣富纲、云南巡抚臣刘秉恬跪奏：为汇核滇省各厂岁获铜数，循例恭折奏闻事。

窃查滇省新旧大小各厂通岁获铜数目，例应汇核恭折奏报。臣等行据云南布政使费淳查明，乾隆四十七年分各厂通共办获铜一千一百五十一万九千四百五十一斤零，汇造清册，详请核奏前来。

臣等检齐各铜厂逐月报折，悉心核对，内汤丹、碌碌、大水、茂麓四厂获铜五百一十七万九千八百四十斤，宁台等二十八厂获铜四百六十八万一千八百一十一斤零，大功等十五厂获铜一百五十五万二千九十九斤零，又新开拖海厂获铜一十万五千七百斤，通计获铜一千一百五十一万九千四百五十一斤零。查滇省各厂定额，每年共应办铜一千五十九万九千九百一十二斤，今四十七年分办获铜一千一百五十一万九千四百五十一斤零，较年额多办铜九十一万九千五百三十九斤零。除照例按月入于各厂考成案内分晰题咨查议外，所有乾隆四十七年分各厂办获铜数，理合循例恭折具奏，另缮清单敬呈御览。

再查汤丹厂新获裕源子厂，经臣富纲上年巡查东昭，勘明山势尚属丰厚，饬令委员、东川府知府萧文言于年额之外酌试加办铜四十万斤，附折奏明在案。兹据该府于年前如数办足，照例一成通商，实获铜三十六万斤。查裕源子厂现在仍属丰旺，业已饬令该府于年额外再行加办铜五十万斤，并饬藩司预发工本，令其尽力赶办，源源运存泸店，以作底铜，合并陈明，伏祈皇上睿鉴。谨奏。

朱批：知道了。

（《宫中档乾隆朝奏折》第五十六辑，第43~44页）

2529　云贵总督富纲、云南巡抚刘秉恬《奏请裁汰丽江府知事，改为昭通府知事，分驻该州下北里牛街地方折》

乾隆四十八年五月初一日

云贵总督臣富纲、云南巡抚臣刘秉恬跪奏：为州属地方紧要，酌请裁移冗员，以资弹压事。

窃查云南昭通府属之镇雄一州，雍正五年改土归流，始由四川改隶滇省，壤接川黔，幅员辽阔，命盗案件常视别属较多。缘该州四乡向分十里，其中西、下西、下东、下南四里，于彝良、威信、毋享等处设有州同、州判、巡检各一员分防弹压，其上南等六里向无分辖之员。查该处界连川省高珙、筠连等县，由州以达交界，相距数站，内下北一里牛街地方，地处适中，路通四面，离州既有四站，并与分防之彝良、威信、毋享等处远隔，向来虽设有千总一汛。而该处山深箐密，广产竹笋，黔蜀游棍托名采笋，往往潜匿肆窃，扰害地方，兵役巡查难于周密。该州知州接运东路京铜，由江直抵泸店，往来催偿日不暇给，遇有命盗等事，例应勘验者，往返必须旬日，势难兼顾。行据云南布政使费淳、按察使许祖京、迤东道特升额、迤西道杨以湲议请裁汰丽江府知事，改为昭通府知事，分驻该州下北里牛街地方等情前来。

臣等伏查，丽江府向设经历、知事各一员，迨乾隆三十五年增设附郭丽江县知县及典史各一员，而中甸、维西复有分防同知、通判，则经历一员，已足供该府差遣，知事一员实属冗设。莫若将丽江府知事裁汰，援照东川府经历分驻会泽县巧家营地方之例，改为昭通府知事，分驻镇雄州牛街地方，所有上南、上西、上东、中东、上北、下北六里地方，责成知事稽缉匪奸，遇有应参、缉捕处分，亦照捕官一例参处，户婚、田土、赌博、打降等事，即令该知事就近查办，详州批夺，命盗等案，亦令就近查拿勘验，申州复核通详，钱粮仍由该州经理，庶边要地方得有分防佐理之员，奸匪不致潜踪，地方可期宁谧。

丽江府知事原系极边在外拣调之缺，并无俸次，额设俸银三十三两一钱一分四厘，养廉银八十两，攒典、门子、马夫各一名，皂隶四名，共工食银三十六两。今移驻牛街，系属夷疆，应定为在外拣调，三年俸满，在任候升。年支养廉，照镇雄州吏目之例，岁给银二百两，其余俸薪、役食均仍其旧，各于俸廉役食册内增除造报。应建衙署工费，即将丽江府知事遗署变价抵补，不敷之数，循照修署之例借支公项，分年摊扣归款，毋庸另动正帑。应换印信，俟部复至日，再行拟定字样，咨请铸给。

臣等为夷疆辽阔，知州鞭长莫及起见，理合恭折具奏，伏祈皇上睿鉴。谨奏。

朱批：该部议奏。

（《宫中档乾隆朝奏折》第五十六辑，第44～46页）

夹片：再臣正在缮折拜发间，省城复于四月三十日亥时起，大雨如注，彻夜连朝，至五月初一日辰刻，雨势未已，入土极为深足。查前此虽得阵雨，陂塘借以蓄水，以资灌溉。今得十分透足，且现在阴云四合，沾被之处亦必普遍，民情甚为欢悦。除查明各属均沾情形另行具奏外，合先附片奏闻，仰慰慈怀。谨奏。

朱批：览。

（《宫中档乾隆朝奏折》第五十六辑，第46页）

2530 云贵总督富纲《奏报沿边春熟一律稔收，全省民夷乐业折》
乾隆四十八年五月初一日

云贵总督臣富纲跪奏：为沿边春熟一律稔收，全省民夷乐业，仰祈圣鉴事。

窃查滇省春雨频沾，春花畅茂，合计通省豆麦收成九分有余，洵称上稔，经臣恭折奏闻在案。旬余以来，风日晴和，二麦登场已毕，小民正在插莳晚稻。兹省城于四月二十七八、三十等日连得阵雨，陂塘蓄水充盈，足资引灌，而早种之秧苗欣欣向荣，日渐改观。市集粮食充盈，价值平减，腹地郡县大略相似。

至沿边一带土司，毗连外夷，尤赖岁庆稔收气象，方形丰足。查据种植豆麦之猛旺、整董、普藤等各土司地方，合计豆麦收成实有八分，且因三春晴雨应时，播种禾苗均极发荣滋长。即南甸、干崖两土司，上年五月偶被水淹，经臣奏蒙圣恩，着加抚恤，各土司感激自奋，于河身被沙填塞之处分段挑挖。昨据腾越州知州朱锦昌禀报，已于二月中工竣，统计疏浚两处河身约长一百余里，濒河沙压地亩亦已垦复十之七八，播种禾苗极为长发，秋成大有可望。并据腾越镇总兵高璨、普洱镇总兵德光照例巡查，先后禀报，各边卡隘口均极宁谧，防守官兵督率抚夷弩手梭织游巡瞭望，防范极为严密，并无私贩奸民偷越情弊。各土司遵示，团练亦俱认真，一切野夷畏威帖服，边外亦无所闻。

臣查各边关隘现当撤汛之后，正不得以现在宁静稍疏防范，且恐各该将弁或因夏雨时行，惮于远涉，除严檄该镇将务须遵照派定章程，督令按月带兵轮流稽察，毋使丝毫透漏外，所有沿边春熟稔收，边关宁谧缘由，理合恭折奏闻，仰慰圣怀，伏祈皇上睿鉴。谨奏。

朱批：欣慰览之。

（《宫中档乾隆朝奏折》第五十六辑，第46～47页）

2531 富纲《遵旨复奏断不敢稍存私见，当与
抚臣悉心商酌办理公务折》
乾隆四十八年五月十七日

奴才富纲跪奏：为恭折复奏事。

窃奴才承准尚书额驸公富隆安、尚书和珅字寄："乾隆四十八年四月十二日，奉上谕：本日富纲、刘秉恬各有四百里驰奏之折，朕意两人或有互相揭奏及患病情事，急为披阅，则俱系复奏铜厂无误情形。此事前因伊等折内声叙未明，且有将来恐致误卯堕铸等语，是以降旨申谕。富纲、刘秉恬于接到时自当联衔复奏，岂有同驻省城，共办一事，

各自由驿驰奏之理？看来伊二人竟是各怀私见，不能和衷办公，于地方公务大有关系。富纲、刘秉恬俱着传旨严行申饬。钦此。"遵旨寄信前来。奴才跪读之下，不胜惶悚。

伏念奴才知识短浅，仰沐天恩，畀以边疆重任，与抚臣刘秉恬同驻省城，凡遇公事，即和衷商确，尚虞陨越，安敢稍怀私见，致误地方公务，自干罪戾。只以前奏宝云局改归臬司管理一折，声叙未协，钦奉谕旨，令抚臣刘秉恬据实复奏。而奴才会同恭折具奏，未能声叙明晰，致烦圣明虑及铜运或有迟误，是以将滇省铜运不致稍有贻误情形亟欲奏慰圣念。是时，虽与抚臣彼此商会，同时并发，并不计及各自由驿驰奏，事涉形迹，实属糊涂疏忽。兹蒙圣慈训诲，嗣后惟有倍加谨慎，凡遇地方公事，务与抚臣悉心商确，协恭办理，断不敢稍存私见，有误公事，以冀仰酬高厚鸿慈于万一。

所有奴才感悚下忱，理合缮折复奏，伏祈皇上睿鉴。谨奏。

朱批： 览。

（《宫中档乾隆朝奏折》第五十六辑，第 176 页）

2532　云贵总督富纲、云南巡抚刘秉恬《奏报委署知府折》
乾隆四十八年五月十七日

云贵总督臣富纲、云南巡抚臣刘秉恬跪奏：为委署知府，循例具奏事。

窃查云南曲靖府知府龙舜琴蒙恩补授直隶通永道，所遗曲靖府知府员缺，奉旨："着巴尼珲补授。钦此。"

查通永道所属地方为京东孔道，本年秋间，恭逢圣驾巡幸盛京，大差紧要。该道龙舜琴曾任直隶通州知州，一切差务甚为熟练，自应即行委员接署，饬令交代清楚，速赴新任。兹查有丽江府知府罗宏漳，办事勤慎，堪以委署曲靖府知府印务。所遗丽江府知府员缺，查有候补知府孔继炘堪以委令署理。除檄饬遵照外，理合恭折具奏，伏祈皇上睿鉴。谨奏。

朱批： 览。

（《宫中档乾隆朝奏折》第五十六辑，第 177 页）

2533　云贵总督富纲、云南巡抚刘秉恬《奏报
壬寅京铜全数依限扫帮日期》
乾隆四十八年五月十七日

云贵总督臣富纲、云南巡抚臣刘秉恬跪奏：为恭报壬寅京铜全数依限扫帮日期，仰

祈圣鉴事。

　　窃照壬寅加运一起京铜，于本年二月二十八日自泸开帮，业经臣等恭折奏报在案。其加运第二起，例应即于三月内接续开帮。

　　臣等核计各厂发运在途铜斤，早已足供兑运，惟恐春雨缠绵，背夫、脚户借口泥泞，致有延滞，当即严饬派出差催之文武大员分头梭织督催。去后，兹据云南布政使费淳详据泸店委员申报："壬寅加运第二起正耗余铜九十四万九百九十一斤零，于三月初五日开兑起，至三月二十六日兑竣，运员禄劝县知县檀萃即于是日自泸州扫帮开行。"等情前来。

　　除飞咨沿途各省督抚加紧催偾，迅速抵京，并咨明户、工二部外，查滇省额运京铜每年八起，前因积压，屡厪宸衷，自己亥、庚子京运扫帮后，厂运各员叠蒙圣恩优叙，莫不感激思奋，不特自顾考成，抑且恐堕前功，倍加踊跃。是以辛丑京铜既已克复原限，而壬寅京运自上年八月开帮以来，按月兑发，毫无迟滞，复已依限扫帮。此皆仰赖皇上鸿慈广被，训示周详之所致。

　　至癸卯京铜，例于本年八月开帮，现据各厂禀报，发运在途及已抵泸店，合计共有一百数十余万，断可不误开帮例限。惟时当盛暑，大雨时行，厂运各员正不得以为时尚裕，稍有懈弛，且存店底铜亦须加紧筹办，方可有备无患。臣等严饬厂运各员益加奋励，实力采煎，运泸交兑。仍饬派出之文武各员加紧严催，不敢稍有懈忽外，所有壬寅正加八起京铜依限全数扫帮缘由，理合恭折奏报，伏祈皇上睿鉴。谨奏。

　　朱批：好。知道了。

　　　　　　　　　　　（《宫中档乾隆朝奏折》第五十六辑，第 177～178 页）

2534　云南巡抚刘秉恬《奏报断不敢稍存私见，当与督臣悉心商酌办理公务折》
乾隆四十八年五月二十日

　　云南巡抚臣刘秉恬跪奏：为钦奉上谕，恭折覆奏事。

　　窃臣接到尚书额驸公福隆安、尚书和珅字寄：乾隆四十八年四月十二日，奉上谕："本日富纲、刘秉恬各有四百里驰奏之折，朕意两人或有互相揭奏及患病情事，急为披阅，则俱系复奏铜政无误情形。此事前因伊等折内声叙未明，且有将来恐致误卯堕铸等语，是以降旨申谕，富纲、刘秉恬于接到时自当联衔复奏，岂有同驻省城，共办一事，各自由驿驰奏之理？看来伊二人竟是各怀私见，不能和衷办公，于地方公务大有关系。富纲、刘秉恬俱着传旨严行申饬。钦此。"钦遵寄信前来。臣跪诵之下，曷胜惶悚。

伏念臣前与督臣富纲会奏改管钱局一折，其中声叙未明之处，系臣任内之事，奉到谕旨，指名令臣据实复奏，是以臣单衔具折驰递，未与督臣会奏，然皆互相商确，彼此实无丝毫意见。至于督抚为封疆大吏，地方公务关系匪轻。臣与督臣均受皇上天恩，膺此重任，同城供职，虽随时随事和衷共济，尚恐才识未周，间有不到之处，何敢各自稍怀私见？今蒙圣慈训诲，嗣后惟有共相惕励，益加黾勉，凡事协力同心，务期与地方有益，借以仰报高厚鸿恩于万一。谨恭折复奏，仰慰圣怀，伏乞皇上睿鉴。谨奏。

朱批：览。

（《宫中档乾隆朝奏折》第五十六辑，第 220～221 页）

2535　云贵总督富纲《奏报滇黔两省甘泽频沾、禾苗长发情形折》
乾隆四十八年五月二十二日

云贵总督臣富纲跪奏：为甘泽频沾、禾苗长发，恭折奏闻事。

窃查云南省城于五月初一日甘霖大沛、十分透足缘由，经臣附片奏闻在案。旋于初二三四五、初九、初十等日，或微雨廉纤，或阵雨如注，随即晴霁，日暄雨润，于秧苗最为有益，发荣滋长，日渐改观。并据云南、曲靖、澄江、昭通、东川、楚雄、临安、广南、大理、永昌、丽江、永北、蒙化、广西、武定等各府厅州县禀报，均于五月初一二三四五及初九、初十、十一二三、十五六等日，先后普被甘霖，得以乘时播种晚稻，其早种之禾苗获兹润泽，欣欣向荣，弥望葱郁，秋成有望。粮食充盈，现在省城中米每仓石价银一两四钱五分，并不为昂。黔省贵阳等各府厅属据报四月下旬雨泽频沾，陂塘积水充裕，禾苗插莳亦将次齐全，粮价每仓石自六钱五分至一两七钱不等，尚属中平，民苗乐业。滇省会城金汁等六河，先经委员于农隙之时分段疏浚修筑，勘明一律深通坚固。兹当大雨时行之际，水流宣畅，堤岸坚实。现饬粮储道永慧，督同水利同知，不时巡察防护，以资巩固而利农田。所有滇黔两省雨水禾苗情形，理合恭折奏闻，仰慰圣怀，伏祈皇上睿鉴。谨奏。

朱批：欣慰览之。

（《宫中档乾隆朝奏折》第五十六辑，第 249～250 页）

2536 云贵总督富纲、云南巡抚刘秉恬《特参私开子厂隐匿不报之劣员，请旨革审折》

乾隆四十八年五月二十二日

云贵总督臣富纲、云南巡抚臣刘秉恬跪奏：为特参私开子厂隐匿不报之劣员，请旨革审，以肃铜政事。

窃照滇省岁办铜斤，攸关京局、外省鼓铸，全赖广踩子厂，设法采煎，以期铜务日就丰裕。岂容稍有隐匿，致滋遗误？讵有署云南曲靖府宣威州事顺宁县知县董继先者，貌似有才，性实欺诈。缘该州所属之大屯、白凹二厂，年额铜三万八千余斤，近年节据禀报，矿砂渐薄，随经严饬上紧调剂，踩觅子厂，报明试采，以供拨运。近来臣等访得该州获有新开子厂，（**夹批**：汝二人究系谁先访得，由何人报出？据实奏来。）随即密行专差驰往确查。嗣据查得，该州踩有新开之得禄子厂，设炉多张，产铜亦旺。此外复有核桃坪等十余厂，虽尚未得有真矿，然现已各设炉一二张不等，并将各厂砂丁人数以及管厂姓名访查属实前来。

臣等伏查，滇省铜斤最关紧要，该州既已得有新厂，自应立即禀报试煎。（**夹批**：所办甚可嘉。）乃胆敢私自开炉，匿不通报，且其所管大屯、白凹二厂岁获铜数亦未见加增，显有侵渔入橐情弊。随一面札饬藩司严查，一面檄调该员来省，亲加询问。乃该员尚一味支吾，饰词狡混，计图始终隐匿。似此欺诈劣员，若不严行参究，各厂委员皆从而效尤，于铜务大有关系。并据两司及该管道府揭报前来，相应据实参奏，请旨将署宣威州事顺宁县知县董继先革职，以便委员严审，是否该员侵吞饱橐，务使水落石出，从重究拟，以昭惩创而肃铜政。除委员摘印署理，查明经手仓库钱粮有无未清，另行具报，并饬勘明得禄各厂实在情形，妥协试办外，理合恭折参奏，伏祈皇上睿鉴。谨奏。

朱批：所奏是。有旨谕部。

（《宫中档乾隆朝奏折》第五十六辑，第250~251页）

2537 云南巡抚刘秉恬《奏报查明疏防重犯越狱之石屏州知州陆履吉，协缉五年仍未获犯，请旨遵办折》

乾隆四十八年五月二十八日

云南巡抚臣刘秉恬跪奏：为遵例查明请旨事。

窃查原任云南石屏州知州陆履吉，前因署镇雄州任内委赴川省督催运京铜斤，带印公出。有斩犯吴显寿一名，系湖北兴国州人，因殴死妻父丁佩，依律拟斩监候，于乾隆四十三年正月十七日在监脱逃，当经前抚臣裴宗锡会同前督臣李侍尧，以该署州虽于越狱之日因公出境，但不严饬官役加意防守，致有疏虞，未便仅照常例参处，奏请即行革职留缉，以示惩儆。钦奉谕旨："陆履吉即着革职，留于该地方协缉。钦此。"钦遵在案。

兹据按察使许祖京详称："州县疏防斩绞重犯越狱，革职留于地方协缉，五年限满，例应查明请旨。原参知州陆履吉，自革职留滇以来，协同地方文武悬立重赏，多方购线，实力查拿，并因帮同现任镇雄州知州催偿铜运之便，不时改装易服，亲历川黔两省交界地方以及东川、昭通二府所属各铜厂，到处留心认缉，期于限内获犯，得赎前愆，以冀有自新之路。其如吴显寿逃窜无迹，迄未弋获。计自乾隆四十三年正月十七越狱之日起，至四十八年正月十七日，五年限满，相应照例查明，详请具奏。"等情前来。

臣查参革知州陆履吉，于监犯吴显寿越狱之日，本系带印公出，因属拟斩重囚，是以当时从严参奏协缉。今该员于五年限内多方缉捕，不遗余力。现在五年之限已满，理合遵例查明奏闻，恭候谕旨遵行。臣谨会同云贵总督臣富纲缮折具奏，伏乞皇上睿鉴训示。谨奏。

朱批：该部议奏。

（《宫中档乾隆朝奏折》第五十六辑，第322页）

2538　云南巡抚刘秉恬《奏报滇省雨水禾苗情形折》
乾隆四十八年五月二十九日

云南巡抚臣刘秉恬跪奏：为奏闻事。

窃照滇省地方芒种节前秧雨沾渥情形，经臣于四月二十八日具折陈奏在案。省城一带于五月初一二、初三四五、初九、初十及十二、十四等日连得阵雨，丝丝入土，平原田亩多有积水，禾秧均已栽齐，惟高阜之田犹需透足雨泽，才可插莳周遍。

今自二十三四五至二十六七八等日，或昼或夜，虽间遇得雨，而雨势不大，且亦不久，高田仅能滋润，尚无积水。现冀大沛甘霖，（**夹批：**今沾足否？）以资及时耕种。至曲靖、临安、澄江、广南、开化、东川、昭通、大理、丽江、永昌、顺宁、楚雄、蒙化、永北、景东、广西、武定等府厅州属，节据禀报，五月初一二三四五及初七八九十暨十一二三、十五六等日，先后得有透雨，高下田畴俱经栽插齐全，黍苗芃茂，弥望青葱。各处市卖粮价，虽随时长落不同，而统计尚属中平，不为昂贵。民情安帖，边境粆宁。臣谨恭折奏闻，并将四月分粮价另缮清单，敬呈皇上睿览。谨奏。

朱批：知道了。

（《宫中档乾隆朝奏折》第五十六辑，第 323 页）

2539　云南巡抚刘秉恬《奏报拿获拒杀捕役之凶贼，审明定拟，请旨正法折》
乾隆四十八年五月二十九日

云南巡抚臣刘秉恬跪奏：为拿获拒杀捕役之凶贼，审明定拟，请旨即行正法，以示惩儆事。

案据云南府安宁州知州卫统详报："州属虎丘寺僧祝禧被贼窃去寺内放生猪一只，访系宝兴庄人史廷机偷窃，禀经该州票差捕役杨玉湘、王夔踩缉，探知史廷机潜匿在家，于乾隆四十七年八月十五日前往查拿。讵史廷机逞凶拒捕，将杨玉湘砍伤倒地，王夔奔回报知，杨玉湘即于次日身死。该州验明杨玉湘尸伤致命，额颅系斧背伤骨损致命，偏左不致命，眉丛、左腮颊均系斧砍，伤不致命，右胳膊、左膝、右臁肋均系小刀戳伤。凶贼先已脱逃，现在严行缉拿，务获另报。"等情。据此，臣查贼匪肆窃拒捕，竟敢砍伤捕役致死，藐法行凶，情节甚属可恶，若不拿获到案，立置重典，无以儆凶顽而昭法纪。当经臣批饬该州，会同营弁，选拨干练兵役，悬立赏格，不分畛域，上紧踩捕，并关会邻境州县一体协拿，务期速获究报，勿任远扬漏网。

因思滇省到处皆有矿厂，砂丁人众杂遝，诚恐该犯潜入厂地藏身，以为脱罪之计。臣复严饬各厂员，责成课长人等，在于厂内实力稽查，毋许容留面生可疑之人，致使该犯得以混迹其间，有稽显戮。如此三令五申，不时催缉。兹据云南府昆明县知县吴大雅差役王义等在县属石虎关地方拿获凶贼史廷机，讯自厂上逃回，就近移解安宁州审办，一面录供通禀。臣随批令该州卫统迅速审明定拟，解经云南府知府全保审转，现由按察使许祖京复审，招解前来。

臣即亲提该犯，当堂研讯，除另录供单恭呈御览外，该臣审看得安宁州贼犯史廷机砍伤捕役杨玉湘身死一案，缘史廷机系州属宝兴庄人，家有妻室，贫不安分，乾隆四十七年八月初一夜，独自一人行窃虎丘寺内放生猪一只，宰肉零卖，得钱三千文花用，经寺僧祝禧访知，系该犯所窃，报州缉拿，票差捕役杨玉湘、王夔踩缉，史廷机先已躲避无踪。八月十五日，杨玉湘等探知史廷机在家。二更时分，同往拘拿。杨玉湘先行，王

— 2165 —

夔后走。杨玉湘行抵史廷机门首，敲门入室。史廷机见系捕役，即转身上楼，杨玉湘追赶，走至半梯，史廷机惧其捉获，拾取柴斧迎砍杨玉湘偏左，杨玉湘滚跌下楼倒地。史廷机持斧下楼，恐复起捕，用斧砍殴杨玉湘额颅、眉丛、腮颊。维时月色正明，王夔踵至，瞥见史廷机拒捕逞凶，杨玉湘已被砍倒地，一人不能擒拿，奔回报州，添差协捕。适史廷机之妻陆氏在楼窗窥见王夔一转而去，遂下楼，欲向伊夫告知，即将柴斧夺取。史廷机复拔身佩小刀，连戳杨玉湘胳膊、臁肋、右膝等处，被伊妻陆氏拉住，告以有人一转即去之语。史廷机令陆氏出门探望，人已去远。史廷机因思走去之人定系杨玉湘伙捕，前往报官，必然添差擒捉。比见杨玉湘伤重，恐死在家中，更难走脱，当同伊妻陆氏将杨玉湘抬放门外沟内，自行黑夜奔逃。讵杨玉湘伤重，即于十六日夜殒命。捕役王夔报州验详，饬缉该犯。史廷机逃往迤东各厂行乞度日，因厂上盘查严紧，不能存身，又因杨玉湘生死未知，潜回探信，行至昆明县属石虎关地方，经该县知县吴大雅差役拿获，就近移解安宁州审办，由府司复审，定拟招解。臣提犯亲鞫，据供前情不讳。究系一人拒捕，并无帮同下手，逃后亦无行凶为匪及知情容留之人，严诘不移，似无遁饰。

查律载：待罪人拒捕，杀所捕人者斩监候等语。史廷机行窃寺僧猪只，本属有罪之人，奉官差拿，辄敢拒捕，砍伤捕役致死，实属不法。史廷机除行窃轻罪不议外，合依罪人拒捕，杀所捕人者斩监候律，拟斩监候，照例先行刺字。但该犯以窃贼逞凶拒捕，叠持金刃砍戳多伤，致毙捕人，较之寻常拒捕杀人者情罪尤重，应改为立决，请旨即行正法，以示惩儆。伊妻陆氏虽未帮同下手，亦非劝阻不力，但于杨玉湘未死之前，与夫共抬沟内，殊属不合，应照不应重律，杖八十，系妇人，照例收赎。寺僧祝禧被窃猪只，系放生畜养，仍于史廷机名下追价给领。尸棺饬令给属领埋，凶器案结销毁。

再查昆明县知县吴大雅，于邻境脱逃凶贼不存歧视，即能差拿弋获，尚属留心缉捕之员，仰恳圣恩交部议叙，以示鼓励。除备录全招咨部外，所有审拟缘由，臣谨会同云贵总督臣富纲恭折具奏，伏乞皇上睿鉴，敕部核复施行。谨奏。

朱批： 行在法司核拟速奏。

（《宫中档乾隆朝奏折》第五十六辑，第 324～326 页）

2540　云南巡抚刘秉恬《奏报省城得有时雨，高田现在栽插折》
乾隆四十八年六月初六日

云南巡抚臣刘秉恬跪奏：为恭报省城得有时雨，高田现在栽插，仰慰圣怀事。

窃照云南省城一带夏至过后，高田尚未栽禾，正在望雨之处，经臣于五月二十九日据实陈奏在案。数日以来，虽间得阵雨，而势仍不大。节近小暑，待泽弥殷。喜于六月初四、初五两日，澍雨滂沱，连宵达旦，入土极其深透，四乡高田多有积水，农民纷纷栽插，遍野欢呼。其已种低田黍苗沾润长养，愈形芃茂。初六日清晨，阴云密布，大雨如注，沟浍皆盈，可期十分沾足。高田插秧孔亟，得此透雨接济，两三日内便可一律栽完。

至此次连朝得雨，看来势甚广远，外郡各属是否同时普被，除俟陆续报到再行汇折奏闻外，所有云南省城得有时雨，高田现在栽插情形，臣谨恭折奏报，仰慰圣怀，伏乞皇上睿鉴。谨奏。

朱批：欣慰览之。

（《宫中档乾隆朝奏折》第五十六辑，第 389 页）

2541　云南巡抚刘秉恬《再请陛见折》
乾隆四十八年六月初六日

云南巡抚臣刘秉恬跪奏：为微臣恋主弥殷，再行吁请陛见，仰求恩准事。

窃臣自乾隆四十五年夏初于山东济宁途次恭聆圣训后来滇，计至上岁冬间已几三载，久违黼座，驰恋日深，当经沥情奏请陛见。奉到朱批："路远，且迟之。钦此。"臣敬闻天语，春温渥荷，恩垂体恤，而感激之私与依恋之情更无日不交萦五内。

伏念臣前此备员京职十有余年，随时随地均得接近龙光。乃自三十七年奉使西川，追届四十五年，由陕西调任滇省，期间瞻谒圣慈仅有数次，面承训诲亦只片时，身南心北，孺慕难名。去年乞觐未允，迄今又增一年，臣犬马恋主微忱实觉愈久而愈切，刻有不能自已者。为此再沥下情，吁恳圣恩，俯鉴臣愚，准予陛见。约计奉到朱批，正值办理乡试事宜，俟办竣后，即将巡抚印务移交督臣富纲兼署，于十月内起程进京。臣得早觐天颜，备聆圣训，不惟积年葵向之诚借以稍展，而地方一切益复有所遵循，则感沐教育生成更无纪极矣。臣不胜激切待命之至，伏乞皇上睿鉴，恩准施行。谨奏。

朱批：有旨准汝来。

（《宫中档乾隆朝奏折》第五十六辑，第 390~391 页）

2542 云贵总督富纲《奏报滇省甘霖大沛、晚禾插莳齐全折》

乾隆四十八年六月初十日

云贵总督臣富纲跪奏：为甘霖大沛、晚禾插莳齐全，仰慰圣怀事。

窃照云南省城五月望前雨水、禾苗情形，经臣于五月二十日恭折奏闻在案。旋据近省各属禀报节次雨泽，虽属普遍，于平畴已种之秋田大有裨益，而山阜高田积水未充，必须渥泽优沾，始能赶紧栽插。五月下旬虽得阵雨，为时不久，高田仍未能蓄水。节逾夏至，民望颇殷。兹于六月初四五等日，密雨如注，不疾不徐，彻夜连朝，十分沾足。初六、初九、初十等日，复得澍雨滂沱，早种禾苗时得滋培灌溉，弥望青葱，其未种高田得此积水充盈，农民插莳纷纷，莫不争先恐后，现已一律播种齐全，秋成有望，民情甚为欣悦。臣出郊查看，沟渠积水充盈，金汁等六河水流宣畅，堤岸坚固。四望雨势浓厚，此次甘霖，各属谅可普被。除俟查报至日再行具奏外，理合恭折奏闻。

再查黔省各属晹雨应时，二麦收成实有九分有余，禾苗播种已齐，粮价平减，民苗乐业。合并陈明，仰慰慈怀，伏祈皇上睿鉴。谨奏。

朱批： 欣慰览之。

（《宫中档乾隆朝奏折》第五十六辑，第420~421页）

2543 云贵总督富纲、云南巡抚刘秉恬《奏请以捐复奏蒙恩准留滇候补知府孔继炘补授顺宁府知府折》

乾隆四十八年六月初十日

云贵总督臣富纲、云南巡抚臣刘秉恬跪奏：为请补要缺知府，仰祈圣鉴事。

窃查云南顺宁府知府杨有涵奉旨升授云南盐法道，所遗员缺地处极边，壤接外域，稽查抚驭全赖知府督率经理。前经臣等以蒙化直隶同知庆格奏请升署，接准部覆，以庆格任内有降级留任等案，与例不符，行令另选合例之员具题等因。

臣等与两司于通省知府内逐加遴选，非现居要缺，即人地未宜，并无堪以调补之员。惟查有捐复奏蒙恩准留滇候补知府孔继炘，年六十二岁，山东贡生，由教职俸满保举，选授福建诏安县知县，调补闽县知县，拿获洋盗多名，送部引见，奉旨着回任，以同知题补。乾隆三十八年，奉旨："云南府知府员缺紧要，着该督抚于通省知府内拣选一员调补，所遗员缺，着孔继炘补授。钦此。"三十九年，奏补楚雄府知府，旋因估验军械不实，降一级调用，遵旨出具考语，送部引见，奉旨："孔继炘着发往云南，仍以知府用，其降级之案带于新任。钦此。"嗣经奏补云南府知府，于乾隆四十六年三月初七日到任，因护粮储道任内会审保山县刘天伟主使村众赴县求借社谷拟罪失出，部议降一级调用。奉旨："着出具考语，送部引见，再降谕旨。钦此。"臣等以滇省铜运紧要，节次饬委该员查催，颇属奋勉出力，当经奏请捐复留滇，俟壬寅京运铜斤扫帮后，如果始终不懈，遇有相当之缺，另行请补。钦奉朱批："着照所请行，该部知道。钦此。"钦遵在案。

今壬寅京运已于三月内全数扫帮。查该员老成持重，练达有为，督催铜运不辞劳瘁，且在滇年久，熟习边地夷情，以之补授顺宁府知府，实堪胜任。如蒙俞允，该员系捐复留滇补用知府，今请补知府，应否送部引见，听候部议。所有降级留任四案，照例带于新任，扣满年限，另请开复。合并陈明。谨会同恭折具奏，伏祈皇上睿鉴。谨奏。

朱批：该部议奏。

（《宫中档乾隆朝奏折》第五十六辑，第422~423页）

2544　云贵总督富纲《奏报委署提、镇、副将印务折》
乾隆四十八年六月十八日

云贵总督臣富纲跪奏：为委署提镇副将印务，恭折奏闻事。

窃臣于本年六月十八日，接准云南提臣海禄咨会："于六月十五日，钦奉谕旨：乌鲁木齐都统事务，着海禄径由云南驰驿迅速前往署理。所有提督印务，现在就近咨调鹤丽镇总兵罗江鳞暂为接署等因。"

臣查鹤丽镇总兵罗江鳞，晓畅营伍，为人谨慎，既经提臣咨调接署，自可毋须另委。所遗鹤丽镇总兵员缺，亦系边要，自当委员署理，俾罗江鳞专心办理提督事务。查有臣标中军副将玛尔洪阿，办事认真，约兵严肃，堪以暂委署理。臣即令其迅速起程，由大理接收镇篆，前赴鹤丽署事。至臣标中军副将员缺，查新嶍营参将德克进布，熟悉营务，堪以委令署理。除檄饬遵照外，再查大理提标新添兵丁甫经募补齐全，正资操练，臣并移会罗江鳞督率将备，将新募兵丁勤加训练，妥协料理，务使技艺与旧兵一律纯熟，以资实用。理合恭折由驿具奏，伏祈皇上睿鉴。谨奏。

朱批：知道了。

（《宫中档乾隆朝奏折》第五十六辑，第494页）

夹片：臣查云南省城五月下旬频得阵雨，早禾虽已插莳齐全，高田未能蓄水，民望颇殷。嗣于六月初四五六、初九、初十等日，大沛甘霖，十分深透，晚禾亦一律栽插齐全，经臣于六月初十日恭折奏闻在案。兹省城复于十三、十七等日连得澍雨，陂塘蓄水充盈，不特早种之禾苗欣欣向荣，异常长发，及续种之晚稻，日喧雨润，亦弥望青葱，日渐改观，秋成有望。舆情欣悦，边疆秌宁。谨附片奏闻，仰慰圣怀。谨奏。

朱批：欣慰览之。

（《宫中档乾隆朝奏折》第五十六辑，第495页）

2545　云贵总督富纲、云南巡抚刘秉恬《奏报盘查司道各库银两实存无亏缘由折》
乾隆四十八年六月二十八日

云贵总督臣富纲、云南巡抚臣刘秉恬跪奏：为循例盘查具奏事。

窃照司道库贮钱粮，例应于奏销时，督抚亲往盘查，缮折奏闻。兹届奏销乾隆四十七年钱粮之期，行据布政使费淳、粮储道永慧造册，详送前来。

臣等检查册案，核明应存确数，亲赴司道各库按款点验，抽封弹兑，实盘得布政司库存贮正杂各款银二百一十万二千七百九十二两零，又铜务项下工本、运脚及节省等银八万四千九百四十七两零；粮储道库存贮米价、河工等银二十一万四千七百三十两零，均与册开实存数目相符，并无那移亏缺情弊。除另疏题报外，所有盘查司道各库银两实存无亏缘由，臣等谨循例恭折具奏，伏乞皇上睿鉴。谨奏。

朱批：览。

（《宫中档乾隆朝奏折》第五十六辑，第619页）

2546　云南巡抚刘秉恬《奏报查明滇省乾隆四十七年钱粮完欠数目折》
乾隆四十八年六月二十八日

云南巡抚臣刘秉恬跪奏：为查明钱粮完欠总数，循例奏闻事。

窃照各省每年完欠钱粮，例应于奏销时分晰查明，据实具奏。兹据云南布政使费淳会同粮储道永慧，将乾隆四十七年分额征钱粮已未完数目，详请具奏前来。

臣查滇省乾隆四十七年分应征民、屯条丁、米折等银二十一万二千七百七十两零，均已如数征收完全。又应征税秋六款等麦、米、荞并条银改米二十万七千七百四十石零，实征商牲税课等银七万九千七百三十九两零，均已如数征收全完。又应征税秋六款等麦、米、荞并条银改米二十万七千七百四十石零，内收本色麦三千五百一十六石零，本色米一十一万五千九百九十石零，折色米、荞八万八千二百三十四石零，内有晋宁等一十三厅州县未完折色米一万三千八百四十三石零，该折征银一万三千八百四十三两零，实征折色米、荞七万四千三百九十石零，各折不等，该折征银七万三千九十一两零。除将未完米折银两另揭开参并缮黄册题报外，其余俱经征收全完。理合开列简明清单，恭折具奏，伏乞皇上睿鉴。谨奏。

朱批：览。

2547　云南巡抚刘秉恬《奏报滇省雨水禾苗情形折》
乾隆四十八年六月二十八日

云南巡抚臣刘秉恬跪奏：为奏闻事。

窃照云南省城小暑节前连得透雨，田禾遍插缘由，经臣于六月初六日具折陈奏在案。兹省城一带复于六月初九、初十及十三、十七、二十四、二十六等日，澍雨频施，禾苗滋长。臣与督臣富纲亲往课农，周行郊野，弥望青葱。他如曲靖、临安、澄江、广南、开化、东川、昭通、大理、丽江、永昌、顺宁、楚雄、永北、广西、元江、武定、镇沅等府厅州属，节据禀报得雨日期并禾苗情形，与省城大概相同，应时膏泽，洵称普遍均沾，从此宜晴宜雨，一律调匀，可卜秋成丰稔。市卖米价虽随地长落不等，而核计尚属中平，贵食无虞，闾阎宁谧。昆明六河为水利攸关，因先期修浚深通，值此大雨时行之候，河流顺轨，甚有益于农田。臣谨一并恭折奏闻，仰慰圣怀，并将五月分粮价另缮清单，敬呈皇上睿览。谨奏。

朱批：欣慰览之。

2548　云南巡抚刘秉恬《奏报乾隆四十七年分滇省耗羡、
公件等项银两收支动存数目折》
乾隆四十八年六月二十八日

云南巡抚臣刘秉恬跪奏：为核实耗羡、公件，循例奏闻事。

窃照滇省耗羡、公件等项充公银两，例应于奏销时随同地丁核实具奏。兹据云南布政使费淳，将乾隆四十七年分耗羡、公件等项银两收支动存数目，详请具奏前来。

臣查旧管银二十一万九千七百三十九两零，新收条编、耗羡、公件、溢额、商税、牙帖、铜价、官庄租折税款、心红纸张、奏销饭食、裁缺养廉等银一十九万七千三百三十二两零，管收共银四十一万七千七十二两零，开除支给养廉、公费等项银二十一万三千二百三十两零，存库银二十万三千八百四十一两零。浪穹、昆明、邓川三州县未完银二千五百四十五两零，另册开参外，余俱实支实销，并无亏缺那移情弊。除将收支动存各款数目造具清册送部外，理合恭缮黄册，另开简明清单，具折奏闻，伏乞皇上睿鉴。谨奏。

朱批： 览。

（《宫中档乾隆朝奏折》第五十六辑，第 629～630 页）

2549 云贵总督富纲、云南巡抚刘秉恬《奏请以丽江府知府罗宏漳调补临安府知府折》

乾隆四十八年七月初八日

云贵总督臣富纲、云南巡抚臣刘秉恬跪奏：为知府员缺紧要，恭恳圣恩俯准调补事。

窃查云南临安府知府阿敏降调遗缺，钦奉谕旨："着石应璋补授。钦此。"

伏查临安一府，地处边要，管辖八州县及纳楼等十一土司，地方辽阔，政务殷繁，且壤接安南，遇有交涉事件，必须熟谙之员方能料理，而所属铜铅各厂尤赖知府就近督办，实为迤南最要之缺。新任知府石应璋，由安徽广德州知州仰蒙特简，自必明干，现在尚未到任。但恐初来滇省，于边情、厂务未能熟悉，设有贻误，关系匪轻。随与藩臬两司悉心商酌，查有丽江府知府罗宏漳，年四十七岁，湖北举人，挑选一等，以知县试用，分发湖南，题补宁远县，调繁湘潭县，乾隆四十年，因拿获邻境盗首，赴部引见，奉旨以同知题补，是年大计卓异，丁忧服满，赴部补行引见，奉旨："留部以同知即用，准其卓异，加一级。钦此。"嗣选授湖南辰州府同知，四十六年八月内，奉上谕："云南府知府员缺紧要，着该督抚于通省知府内拣选一员调补，所遗员缺，着罗宏漳补授。钦此。"旋经奏补今职，于四十七年正月二十一日到任。该员才情练达，办事实心，边地情形亦渐熟悉，以之调补临安府知府，实堪胜任。

其所遗丽江府员缺，虽亦系边缺，但辖属既少，民俗亦淳，较之临安一府繁简迥殊，应请即以石应璋补授。如此一转移间，于地方、铜政均有裨益。惟罗宏漳历俸未满三年，且以繁调繁，与例稍有未符。谨遵人地相需之例专折奏恳，如蒙俞允，该员等均系知府，衔缺相当，毋庸送部引见。理合恭折具奏，并缮罗宏漳参罚清单恭呈御览，伏祈皇上睿鉴。谨奏。

朱批：该部速议具奏。

（《宫中档乾隆朝奏折》第五十六辑，第 704～705 页）

2550　云贵总督富纲、云南巡抚刘秉恬《奏报厂运兼司之员正在吃紧之际，仰恳天恩暂缓送部引见折》

乾隆四十八年七月初八日

云贵总督臣富纲、云南巡抚臣刘秉恬跪奏：为厂运兼司之员正在吃紧之际，仰恳天恩暂缓送部引见，以裕铜务事。

窃查滇省岁运八起京铜，半取资于汤丹一厂。前自委护东川府篆之萧文言管办以来，实能尽心经理，得以运速铜丰，偿复原限，仰蒙圣恩特加知府职衔。二载以来，该员感戴鸿慈，倍加奋勉。是以昨因东川府缺出，一时难以遽易生手，臣等奏请将萧文言升署东川府知府，仰蒙皇上格外天恩，准照所请升署，自应委员接替，即行给咨该员赴部引见。惟缘该厂岁办京铜三百数十余万，炉多夫众，一切采煎发运，必须熟手方能料理裕如。臣等与两司悉心遴选，通省知府、丞倅内实无堪以接办之员，且癸卯京运铜斤瞬届八月开帮，此时必须多办铜斤，源源运泸，多存铜店，按次开帮，方为有备。现在正当吃紧之际，若一易生手，势必交代需时，且炉户、砂丁未免迟延观望，稍有旷误，所关匪细。兹据藩司费淳具详请奏前来。

查该管理宁台厂务之同知曹湛，节年办铜出力，蒙恩赏给同知职衔，以相当之缺补用，复特蒙恩旨："仍俟接办有人，再行送部引见。"旋经奏请升补景东同知，亦以接办无人，尚未送部引见。臣等伏查汤丹、宁台两大厂均为出产京铜要地，萧文言与曹湛同属办铜熟手，合无仰恳皇上鸿慈，俯念京铜紧要，恩准暂缓给咨，俟接办有人，再行送部引见。该员得以一手经理，不特癸卯铜斤按月开帮可无缺误，而办理日臻宽裕，亦可积有盈余，陆续存泸作底，庶将来委员接替亦可无旷误之虞。

臣等因京铜紧要起见，谨合词恭折具奏，伏祈皇上睿鉴。谨奏。

朱批：该部知道。

（《宫中档乾隆朝奏折》第五十六辑，第 705～706 页）

2551　云贵总督富纲、云南巡抚刘秉恬《奏请以云龙井大使董元调补顺宁县知县折》

乾隆四十八年七月初八日

云贵总督臣富纲、云南巡抚臣刘秉恬跪奏：为边邑需员，恭恳圣恩俯准调补，以资治理事。

窃查云南顺宁府顺宁县知县董继先，于署宣威州任内私开子厂，业经臣等参奏，请旨革审。所遗顺宁县知县员缺，地处极边，汉少夷多，例应在外拣选调补，必得精明强干、熟悉夷情之员方克胜任。

臣等与藩臬两司于通省知县内逐加遴选，非现居要缺，即人地未宜，并无堪以调补之员。惟查有借补云龙井大使董元，年五十五岁，山西举人，挑选一等，以知县试用，分发云南，借补白石谷井大使，于乾隆三十九年十月内到任，委运京铜回滇，丁忧服满，仍来滇省试用，借补云龙井大使。该员才具干练，办事勇往，历经委署州县印务，办理裕如，且曾署理顺宁府云州知州，于该处夷情素所熟习，以之调补顺宁县知县，实属人地相宜。如蒙俞允，该员系试用知县借补大使，今调补知县，衔缺相当，毋庸送部引见。所遗云龙井大使员缺，滇省现有试用人员，容俟另行遴选请补。理合恭折具奏，并另缮董元参罚清单恭呈御览，伏祈皇上睿鉴。谨奏。

朱批：该部速议具奏。

（《宫中档乾隆朝奏折》第五十六辑，第707页）

2552　云贵总督富纲《奏报南掌国陈请事件，分别拟稿驳饬，恭请圣训折》

乾隆四十八年七月十六日

云贵总督臣富纲跪奏：为南掌国陈请事件，分别拟稿驳饬，恭请圣训事。

窃照南掌国遣使赍表谢恩入境，臣现在恭折具奏。此外，尚有该国王召翁咨呈督抚文一件，内称该国王妻妈鼎前蒙圣恩赏给完聚，其弟黄公缵投附天朝，荷蒙安插内地，如在佛国天堂。因其母女姊弟谊洽情深，恳请可否代奏，将黄公缵母子眷属人等赏给团聚，并称愿备驯象二只，因不谙规例，未敢遽为解呈等语外，附妈鼎求寄黄公缵书字一件。再该国头目叭先等呈督抚禀一件，内称该国王因上年使目回国，得知各方贡国咸得仰蒙大皇帝殊恩，诰授封典，感激之余，尤深幸望，欲为该国王陈乞封诰，仍以是否可行请示，并附呈礼部禀一件。经该镇道府译出，并声明该国前贡使头目叭整烘带送督抚镇道府杪子、树头酒等物，禀报前来。

臣查黄公缵本属安南莫氏之后，其父黄公舒与黎氏互相攻伐，黄公缵随父窜入附近临安之南掌、猛添地方。嗣黄公缵复被安南土目黎维稹攻破猛添，于乾隆三十四年，黄公缵率其眷属投诚内附。仰蒙皇上一视同仁，准令收留安插，始置普洱府属，继迁乌鲁木齐。前经安南国以黄公缵等负罪逋逃，请发回国，经前督臣等钦遵圣明指示，屡次申谕，以既经投附，天朝已经安插，不便赏还在案。兹南掌国以黄公缵之姊妈鼎前蒙皇上恩赏完聚，今复以其姊弟私情，吁请将黄公缵等赏给团聚，殊属无知。

查妈鼎既为该国王原聘，前蒙皇上天恩，不忍令其离散，赏给完聚，已属格外施恩。况天朝抚驭万方，内外一视。黄公缵既已内附，即与内地编氓无异，前此安南屡请赏还未准，岂有因系该国王妻党外戚，遂尔赏给之理？该国王冒昧呈请，实属不知分量。但外夷属国不知体制，措词尚属恭顺，且以是否可行请示，即其所称象只，亦无借词易换之语，自应将不便据情代奏之处明白檄谕，并将妈鼎求寄黄公缵书字发还，俾令识所遵循。

至该头目等请示赏给诰授封典之处，其意虽欲为该国王祗乞天恩，殊不思圣主怀柔万国，封诰自有一定体制，乃仅以该头目等冒昧率请，殊属不知分量。臣拟于该国王移文内一并明白驳饬，并将所呈礼部禀发还。其头目呈送臣等杪子、树头酒，向不收受，亦一并令其带回。所有译出该国文禀三件并妈鼎寄黄公缵书字一封及拟驳檄稿，一并恭呈御览。

臣愚昧之见，恐有未当，伏候皇上训示遵行。

至向来赍表使目入境，一面专差赍进，一面照例犒赏，先行遣令回国。此次既已另有照会移文，自当令其稍为等候，一并带回。合并陈明。谨会同云南巡抚臣刘秉恬恭折由驿具奏，伏乞皇上睿鉴。谨奏。

朱批：已改发矣。

（《宫中档乾隆朝奏折》第五十六辑，第 761~762 页）

2553　云贵总督富纲《奏报南掌国遣目赍表谢恩入境折》
乾隆四十八年七月十六日

云贵总督臣富纲跪奏：为南掌国遣目赍表谢恩入境，恭折奏闻事。

窃查乾隆四十六年，南掌国王遣使叭整烘恭赍例贡，并恭祝万寿。仰蒙皇上加惠远人，颁赐敕谕并人参、缎匹各项物件，于四十七年四月二十八日回滇，即于五月初八日自省，办令起程回国，恭折奏闻在案。

兹据普洱镇总兵德光、迤南道汤雄业会禀，该国王遣头目先贺猛、先遂等二人，带领后生三十余人，赍捧谢恩表文，由猛伴入境。随即查照向例，派拨员弁迎护。令该头目先贺猛等少带后生，由思茅至普洱，其余人众俱安插于猛腊地方等候，并饬猛腊土弁妥为安顿。兹该头目等带同后生九名，已于六月二十五日到普，随从人等沿途俱极安静。即饬土弁刀敬永，带同熟谙通事，将副表译出，呈送前来。

臣查南掌国远处天末，恭顺素著。上年仰沐皇上怀柔至意，恩施稠叠。兹该国王不远万里遣使赍表申谢，仰见圣主恩威遐播，异域弥征效顺，且该使目等不避暑瘴，迅速抵境，足征恪恭谨敬，实出至诚。臣自当于常例犒赏之外酌量稍加优厚，以示体恤。除檄饬该镇、道遵照，并将该国王呈进正副蒲叶表文敬谨封固，照例恭疏题进外，所有南掌国遣使恭赍谢恩表文入境缘由，理合会同云南巡抚臣刘秉恬恭折具奏，并另缮译出副表恭呈御览，伏祈皇上睿鉴。谨奏。

朱批：览。

（《宫中档乾隆朝奏折》第五十六辑，第 762～763 页）

2554　云南巡抚刘秉恬《奏报滇省铜盐两项事务现在情形及新兵添足缘由折》

乾隆四十八年七月十八日

云南巡抚臣刘秉恬跪奏，为附折奏闻事。

窃照滇省壬寅正加八起京铜，于本年三月二十六日依限全数扫帮，业经臣与督臣富纲会折奏报在案。其癸卯京铜，例于本年八月开帮，来年三月扫帮，按月开行一起，以副例限。

臣查滇省京铜从前递年积压，皆由泸店并无存铜，遂致开运稽迟。近年以来，虽已偿复原限，而壬寅京运于上年八月开兑时，泸店仅有存铜一百一十万二千六百余斤，备贮未为宽裕。今癸卯京铜，现据泸店折报，截至六月二十五日止，已收存铜一百一十五万五千二百余斤，较之去岁八月开兑时存铜数目已属加多，算来几敷两起兑用，此即将来底铜之渐。况自六月底至八月内开帮，尚有两月之期，各路源源运到，更见存铜日增，足供兑发裕如。向后年复一年，不但运限无虞违误，且可积有底铜数百万斤，以资辗转济运。是皆仰赖我皇上鸿慈广被，训示周详之所致也。

滇省额征乾隆四十七年民、屯钱粮，例于本年六月奏销，业经臣于六月二十八日，将催征完解各款依限题奏在案。其盐课钱粮为数最多，四十七年额征课项，例于本年七月奏销。臣与督臣凛遵年清年款之谕旨，早经分限勒催，各属咸知按限征纳，纷纷报解，现在将次全完。只缘黑盐井汲卤井座去夏被水淹没，先经奏明动项修理，工程重大，饬委盐法道杨有涵驻井督办。目下赶修工段正关吃紧之际，未便因盐课奏销届限，辄调该道回省，致有顾此失彼之虑。此项奏销文册繁多，须俟该道公旋，始能赶办详题，较之例定奏限，未免稍稽时日。容俟奏销出本，即将缘由于疏内据实声明，以备圣鉴。

再臣标左右两营，前准部复准添实兵四百四十二名，统限一年挑补足额，造册咨报。臣于本年正月间，挑补过新兵一百一十八名，已于筹办添兵事宜折内先行陈明在案。兹半载以来，臣督率各该将备陆续召募，仍亲自验充，又挑补过新兵三百二十四名，计已足四百四十二名之数。所挑新兵，年力、汉仗均属去得，且多兵家子弟，易于造就。但新兵技艺，究不如旧兵熟谙，臣随挑随令该管将备与存营旧兵合队操演，早补者已有可观，才补者尚在学习。臣现在严饬该将弁勒限上紧训练，俟各兵一律整齐，臣复加全阅后，再将情形奏闻。

臣缘滇省远在边末地方，一切事宜无不上厪宸衷，兹乘驰折之便，谨将铜盐两项现在情形及新兵添足缘由缕晰附折奏闻，伏乞皇上睿鉴。谨奏。

朱批： 览奏俱悉。

（《宫中档乾隆朝奏折》第五十六辑，第 770～771 页）

2555　云南巡抚刘秉恬《遵旨覆奏滇省五月以后连次得雨沾足、禾苗畅茂情形折》

乾隆四十八年七月十八日

云南巡抚臣刘秉恬跪奏：为钦奉朱批，恭折覆奏事。

窃臣于七月十七日，接到行在兵部由五百里发来夹板一副。当即敬谨拆阅，内有五月二十九日臣具奏雨水情形一折，于现冀大沛甘霖句旁奉朱批"今沾足否？钦此。"

臣伏查云南省城一带，本年夏至过后未得透雨，高田不能遍插，农望正殷，雨泽愆期，最厪慈虑。臣不敢稍事讳饰，爰于五月二十九日，据实陈奏在案。旋于六月初间，屡得阵雨，而势仍不大，迨初四、初五两日，澍雨滂沱，连宵达旦，初六日清晨，更复大雨如注，沟浍皆盈，可谓十分沾足，高田多有积水，禾苗尽可乘时栽插，已种低田益臻芃茂，臣即于六月初六日恭折奏报。复于六月初九、初十及十三、十七、二十四、二十六等日，大雨时行，田禾滋长。臣与督臣富纲亲往课农，周行郊野，弥望青葱。其外郡各属亦皆禀报雨水普沾，禾苗畅盛，又经臣于六月二十八日缮折奏闻在案。此臣两次续奏得雨沾足之情形也。

今我皇上于臣初次奉到望雨之折，即蒙朱批垂问，仰见圣主念切民依，无远弗届，滇南虽僻处万里之外，而闾阎休戚如在目前。臣职司守土，凛惕弥深。兹省城自七月初旬以来，或三日一雨，或间日一雨，且得雨之时多在夜间，昼则炎日薰蒸，势若催晚种之稻及早成熟。目下四乡田禾，凡在五月内栽插者均已抽穗，六月内栽插者亦俱含苞。询之土人，金云今夏得雨少迟，郁之较深，转觉发之愈畅。此外各府厅州属节据报到雨水禾苗情形，多与省城大概相同，看来本年滇省秋成仍可预占丰稔。此皆由我皇上敬天勤民，感召庥和，故得有以被及遐方。臣实不胜庆幸、不胜感戴之至。

缘钦奉五百里递到朱批，臣恐前此续奏两折一时未能齐至，谨将五月以后连次得雨沾足、禾苗畅茂情形，恭折由驿复奏，仰慰圣怀，伏乞皇上睿鉴。谨奏。

朱批： 欣慰览之。

（《宫中档乾隆朝奏折》第五十六辑，第 772～773 页）

2556　云贵总督富纲、云南巡抚刘秉恬《奏报广西委员办运滇铜扫帮出境日期折》
乾隆四十八年七月二十九日

云贵总督臣富纲、云南巡抚臣刘秉恬跪奏：为广西委员办运滇铜扫帮出境日期，循例奏闻事。

窃照各省委员赴滇采买铜斤，往来俱有定限。钦奉上谕："嗣后到滇办运开行，即着该抚具奏，如有无故停留贻误者，即行指名参究等因。钦此。"钦遵在案。

兹据云南布政使费淳详称："广西委员博白县知县张璐，采买宁台等厂正耗余高低共铜二十八万四千八百五十斤九两零，以该委员于乾隆四十七年十月二十一日领竣宁台等厂铜斤之日起限，除小建三日，应扣至四十八年五月二十一日限满。今该委员于五月十二日，全数运抵宝宁县属剥隘地方扫帮出境，正在限内，并未逾违。"等情，详请核奏前来。臣等复查无异，除飞咨广西抚臣转饬接替催攒，依限运回交收，以供鼓铸，并咨明户部外，所有广西委员张璐办运滇铜出境日期，理合恭折具奏，伏乞皇上睿鉴。谨奏。

朱批： 览。

（《宫中档乾隆朝奏折》第五十七辑，第 5 页）

2557　云南巡抚刘秉恬《奏报恩命宽免交部察议折》
乾隆四十八年七月二十九日

云南巡抚臣刘秉恬跪奏：为恭谢天恩事。

窃准礼部咨：议复臣附奏科场对读生姓名应与誊录姓名一体改注于墨卷之尾一折，以臣违例临场陈奏，并请交部察议等因。奉旨："依议。刘秉恬着免其察议。钦此。"抄录原奏，移咨到臣。除遵照办理外，伏思科场大典，对读与誊录防弊宜归画一，本年届逢乡试，爰就通行新例，补其所遗，附折陈奏。而临期及此，究与禁令有违，礼部请将臣交部察议，自为分所当然。乃蒙我皇上恩旨下颁，特予宽免。臣跪诵纶音，实不胜感激钦佩之至。理合恭折奏谢天恩，伏乞皇上睿鉴。谨奏。

朱批：览。

（《宫中档乾隆朝奏折》第五十七辑，第 5～6 页）

2558　云南巡抚刘秉恬《奏报滇省地方情形折》
乾隆四十八年七月二十九日

云南巡抚臣刘秉恬跪奏：为奏闻事。

窃照滇省地方立秋前后雨水禾苗情形，甫经臣于七月十八日具折，由驿复奏在案。节临处暑，正禾苗畅发之际。旬日以来，省城晴雨合宜，四乡田禾早种者正在抽穗，迟种者现已含苞，得此雨润日暄，弥臻畅遂，可卜秋成丰稔。外郡各属叠据报到七月上中两旬旸雨调匀，禾苗芄茂，咸谓屡丰有庆，民夷乐业，四境敉宁。

兹届乡场期近，应试士子云集，而赶考、贸易者亦接踵纷来。目下省城内外顿增千万人口，当此青黄不接，食指加繁之候，诚恐市侩居奇，粮价腾长。现据司道禀称，请饬云南府暨昆明县，各将存仓溢额兵米酌量开粜一二千石，以平市价而裨民食，仰副圣主惠济边黎之至意。臣谨恭折奏闻，并将六月分粮价另缮清单，敬呈皇上睿览。谨奏。

朱批：览。

（《宫中档乾隆朝奏折》第五十七辑，第 6～7 页）

2559　云贵总督兼署云南巡抚富纲《奏报遵旨接署抚篆折》
乾隆四十八年八月初一日

云贵总督兼署云南巡抚臣富纲跪奏：为遵旨接署抚篆，恭谢天恩事。

窃查抚臣刘秉恬奉旨前往贵州审办事件，其巡抚印务，着交臣兼署。兹抚臣刘秉恬即于八月初一日自滇起行，遵旨将云南巡抚关防委员移送前来。臣随望阙叩头，祗领任事讫。

伏念臣仰沐鸿慈，畀以边疆重任，二载以来，方以知识短浅，深切冰兢。兹复仰荷恩纶，兼署巡抚印务，虽约计抚臣刘秉恬往返程期不过一月有余，而一切案件，事事胥关紧要。臣断不敢以暂时兼署稍存怠忽之念，惟有益励驽骀，事事留心，以期仰报恩慈。

再查滇省自六月十八日，经臣奏报得雨沾足以后，晴雨应时，早稻晚禾现俱长发吐穗，市粮充裕，里闬恬熙。本年八月，系届癸卯科乡试，士子云集省城，诚恐宵小乘间窃发，先经臣派拨弁兵稽察弹压，现在甚为安静。惟臣兼署巡抚，自应照例入场监临。所有贡院事宜，臣已先期会同抚臣亲往查看，督率员弁逐号检点搜查，不使稍有埋藏等弊，并派拨文武员弁昼夜巡逻，以防弊窦。

兹正考官费南英、副考官吴俊已于八月初一日到省，照例关防公署，俟初六日一同入闱。惟现在正当每日进运什物之时，稽察尤宜严密。臣与司道等按日轮往，督率委员将所进物件及抬运人夫逐细检查，稍有作奸，定必严加惩创。并查照科场条例，指明滇省积习弊窦，分晰刊示晓谕，俾士子各知遵守，务使场规整肃，弊绝风清，以仰副圣主遴拔真才之至意。所有接署抚篆办理缘由，理合恭折由驿奏闻，伏祈皇上睿鉴。谨奏。

朱批：知道了。

（《宫中档乾隆朝奏折》第五十七辑，第 26～27 页）

2560 云南巡抚刘秉恬《奏报交卸抚篆起程赴黔日期折》
乾隆四十八年八月初一日

云南巡抚臣刘秉恬跪奏：为恭报交卸抚篆起程赴黔日期，仰祈圣鉴事。

窃臣接到尚书和珅字寄："乾隆四十八年七月初八日，奉上谕：据德保等奏，贵州瓮安县土县丞宋遵仁呈控伊家祖遗都挖山田土一所，先经作为苗田入官，将山地给还土官家。其后，复令土民开垦山地，均作为官田，仍令伊家交纳差赋。屡在督抚藩司衙门控告未准，复经该县知县董樑以擅告官庄，将伊父亲宋连锁禁酷打。再董樑征收银两加耗苛索，又折收仓谷，勒派喂马各款，请交贵州巡抚李本研审究拟等语。此案土官宋遵仁所控各情节，如果地方官办理不善及有苛派、私征等弊，自应澈底查究。倘该土官挟嫌诬告，希图泄忿，尤当严行惩治，以儆刁风。但所控系黔省官员，未便仍交该抚李本办理。着传谕刘秉恬，将抚篆交与富纲兼署，即前赴黔省秉公查审具奏。其原告宋遵仁，仍交刑部解往该省，以凭质审。将此传谕刘秉恬并都察院、刑部堂官知之。钦此。"钦遵，寄信前来。

臣于接奉谕旨后，当即将现在应行赶办及交代案件料理清楚，谨于八月初一日，遵旨将抚篆交与督臣富纲兼署，并将一切应办事宜详细告知，即于是日起程赴黔。其土官宋遵仁所控各情节，头绪繁多，必须派员分查。黔省官员未便委用，臣现于滇省属员内选有贤能素著之候补知府陈孝升、候补同知书图二员并明干佐杂三员随带前往，以资差遣。容臣抵黔后，钦遵谕旨，将此案所控前后各情节秉公查审，如地方官办理不善及有苛派、私征等弊，即当参究严办。倘该土官挟嫌诬告，希图泄忿，亦即从严惩治，以儆刁风，务期水落石出，悉归切当，且事关土司，尤非寻常控案可比，（**夹批：** 是。）断不肯稍留不实不尽之处，转致日后纠缠。所有臣交篆赴黔日期，理合恭折由驿奏闻，伏乞皇上睿鉴。谨奏。

朱批： 览。

（《宫中档乾隆朝奏折》第五十七辑，第28～29页）

2561　云贵总督兼署云南巡抚富纲《奏报省城应募新兵已经挑补足额折》

乾隆四十八年八月初六日

云贵总督兼署云南巡抚臣富纲跪奏：为省城应募新兵已经挑补足额，恭折奏闻事。

窃查云南省应补实兵五千四百六十名，经臣奏明，定限一年募补足额。咨行提镇，通饬认真挑选年力、汉仗可观者，勒限勤加训练，务使技艺悉臻纯熟，以归实济。当将办理缘由恭折奏闻在案。

兹查省城督抚两标及云南城守营，共应增实兵一千八百四十九名，经臣陆续亲行挑验，务择年力、汉仗强壮并兵家子弟堪以造就者，方准收伍，责成将备勤加训练。臣亦不时轮流抽考，并谕将备等时刻留心体察，即挑补后，如有素习游荡、不安本分及不堪造就者，即随时更换，现已挑补齐全。

臣查初挑各兵至今已将半年，每日练习，已渐可观，打牌、射靶虽不能如旧兵一律纯熟，然尚多能合式。续挑之兵，该将备等随时与旧兵合队操演，亦渐随群就绪，即弓箭、鸟枪，较前亦略觉可观。臣蒙恩接署抚篆，查看抚标新兵情形，大概亦与臣标相同。嗣后惟有严饬将弁上紧教习，勤加训练，务期冬季大操，与旧兵一律整齐，以仰副皇上简练军实之至意。

至省外各标镇协营，除提标及大理城守营已经募补足额外，其普洱、腾越以及维西、龙陵等镇协营，地处极边，土著夷猓居多，即兵家子弟亦复有限，必须由内地招募。现在募补者已有十分之九，经臣通饬将已募兵丁实力操练。其未募之兵，认真挑选，既不得心存欲速，稍为将就充数，亦不得任意稽迟，致滋悬延。现在为期尚宽，亦可不致逾限。所有省城标营新挑兵丁业已足额现在情形，理合恭折奏闻，伏祈皇上睿鉴。谨奏。

朱批：知道了。

（《宫中档乾隆朝奏折》第五十七辑，第 104～105 页）

2562　云贵总督兼署云南巡抚富纲《奏请以石屏州知州 蒋继勋升署元江直隶州知州折》

乾隆四十八年八月初六日

云贵总督兼署云南巡抚臣富纲跪奏：为烟瘴直隶州要缺需员，仰恳圣恩俯准升署，以资治理事。

窃臣接准部咨："云南元江直隶州知州韩濂，因前在湖广应城县任内失察邪教，降二级调用，钦奉谕旨：着该督抚出具考语，送部引见，再降谕旨。钦此。"钦遵。除委员接署，饬令韩濂交代清楚，出考给咨送部引见外，所遗员缺，地处迤南要冲，紧接普洱边境，烟瘴甲于他处，且有兼管铜厂之责，非年壮才优、熟谙铜务之员不足以资治理。

臣先与抚臣刘秉恬及藩臬两司悉心遴选，滇省直隶州同知内并无堪以调补之员。惟查有临安府属石屏州知州蒋继勋，年三十岁，江苏贡生，捐纳知州，由四库馆誊录期满议叙，选授今职，于乾隆四十五年四月二十二日到任。该员年壮才优，办事勤奋，能耐烟瘴，以之升署元江直隶州知州，实堪胜任。惟历俸未满五年，与例稍有未符。谨遵人地相需之例，专折奏恳皇上天恩，俯准以石屏州知州蒋继勋升署元江直隶州知州，该员自必倍加奋勉，于地方、厂务均有裨益。如蒙俞允，俟部复至日，给咨送部引见，仍俟扣满年限另请实授。所遗石屏州员缺，滇省现有应补人员，另容遴员请补，合并陈明。开具蒋继勋参罚清单，恭折具奏，伏祈皇上睿鉴。谨奏。

朱批：该部议奏。

（《宫中档乾隆朝奏折》第五十七辑，第 105～106 页）

2563　云贵总督兼署云南巡抚富纲《奏报委署知府印务折》

乾隆四十八年八月初六日

云贵总督兼署云南巡抚臣富纲跪奏：为委署知府印务，循例具奏事。

窃查云南府知府全保闻讣丁忧，所遗员缺政务殷繁，且时有发审事件，虽暂时委署，必得精明强干之员方克胜任。

臣先与抚臣刘秉恬逐加遴选，查有大理府知府本著，老成持重，办事实心，堪以暂委署理云南府知府印务。所遗大理府知府员缺，查有现署大理府弥渡通判之云南府同知沈锡三，办事勇往，人亦明白，堪以暂委兼署大理府知府印务。惟现届癸卯科文闱乡试，该府有点名弹压之责，且内外一切供给事宜，均系云南府督同昆明县料理，大理距省数站，本著到省约需旬余，场期伊迩，恐致贻误，臣现委因公在省之丽江府知府罗宏漳暂行代办。除檄饬遵照外，理合恭折具奏，伏祈皇上睿鉴。谨奏。

朱批： 览。

（《宫中档乾隆朝奏折》第五十七辑，第106页）

2564　云南巡抚刘秉恬《奏报到黔省办理土县丞宋遵仁京控案情形折》
乾隆四十八年八月十六日

云南巡抚臣刘秉恬跪奏：为奏闻事。

窃臣奉旨来黔查审土县丞宋遵仁具控瓮安县将伊家祖遗都挖山田地入官及该县董梁苛派、私征等款一案，当经臣以该土官所控各情节，头绪繁多，必须派员分查，业于滇省属员内选有知府陈孝升、同知书图二员并佐杂三员，奏明带往，以资差遣在案。

伏查该土官所控都挖山庄业，乃属兴讼张本，必应派员履勘明确，方足以服其心。至所控该县苛派私征等款，其中虚实全在质之花户里民，而花户里民人数众多，未便概行提问，亦当派员亲至各乡，就近查询，以省拖累而悉底里。臣现就所控情节查吊各项案册，逐一确核，并行提一干有名人证亲加审究。其应派员分头查办者，一面派往办理，务期水落石出，不使稍留不实不尽之处，以副圣主委任至意。惟此案总须俟原告解到，始能质明定谳。其原告宋遵仁，臣接到刑部所发七月初十日来咨，系转交兵部照例递解，由京至黔，计程七十余站。向来递解人犯，均系日行一站，臣恐沿途照常接递，有需时日，业经飞咨河南抚臣、湖广督臣、湖北、湖南各抚臣，饬令经过地方官如遇土官宋遵仁解到，应即迅速偾程转解，克期到黔，毋使稍有耽延。臣现将一切应行查办各款先行查办，一俟宋遵仁到黔后，即可质讯定案。所有现在办理情形，理合恭折奏闻，伏乞皇上睿鉴。谨奏。

朱批： 览。

（《宫中档乾隆朝奏折》第五十七辑，第152～153页）

2565 云南巡抚刘秉恬《奏报遵旨俟审案完后，即由黔省进京陛见折》
乾隆四十八年八月十六日

云南巡抚臣刘秉恬跪奏：为恭折复奏事。

窃臣久违黼座，依恋倍深，先经具折恳请陛见。今于八月十二日，途次贵州安顺府地方，奉到朱批："有旨准汝来。钦此。"并准尚书和珅字寄："乾隆四十八年七月十一日，奉上谕：据刘秉恬奏，到滇三载有余，恳请陛见等语，已于折内批示准来矣。昨因贵州土县丞宋遵仁具控瓮安县将伊土地入官及该县董梁苛派私征各款，曾降旨：刘秉恬亲至贵州查明审办，并令将云南巡抚印务交富纲兼署。该抚现在已至贵州，距京较近，自不必仍回滇省。着传谕刘秉恬，于审明宋遵仁控告一案完竣后，即由黔省起程，进京陛见。将此谕令知之。钦此。"钦遵寄信前来。

伏念臣前奉谕旨交篆赴黔审案，因已请觐在先，当将冬间应办事宜逐细面交督臣富纲接办，原拟在黔祗候朱批，事竣径行北上，一面再行专折奏明。兹蒙圣谕，以臣已至贵州，距京较近，即令由黔进京，不必仍回滇省。仰见圣慈体恤，无处不周，区区私拟下情，早已上烦睿计，心之所感，口不能宣。除遵旨俟审案完竣后，即由黔省进京陛见，另将起程日期奏报外，所有臣奉到谕旨钦遵缘由，理合先行附折复奏，伏乞皇上睿鉴。谨奏。

朱批：览。

（《宫中档乾隆朝奏折》第五十七辑，第 153～154 页）

2566 云贵总督兼署云南巡抚富纲《奏报办理科场事宜及出闱日期折》
乾隆四十八年八月二十一日

云贵总督兼署云南巡抚臣富纲跪奏：为办理科场事宜及出闱日期，恭折奏闻事。

窃查本年癸卯科乡试，臣蒙恩兼署巡抚，例应入闱监临，当将场前应办各事宜及臣入闱日期恭折奏闻。随督同提调粮储道永慧、监试迤南道汤雄业，将入场内外帘官并各执事人员、随带行李、家人、吏役以及誊录、对读、号军人等逐一严搜，并无违禁夹带。

查滇省定额，科举通计二千九百名，应需三场试卷。臣与提调、监试二道及收掌等官，将卷面分手揭印号戳，不经吏书之手，以杜联号等弊。至士子怀挟，尤为科场大弊。臣于场前预为谆切告诫，俾知怀刑自爱，并于点名时，督令搜检等官按名逐次详细搜检无弊，方许给卷，一经领卷，即令派出各员督送归号，不使在外等候。臣于每次点毕封门后，复与提调、监试二道，督率委员，分头逐号查对卷面字号是否相符，以杜换卷、乱号等弊。士子俱各恪遵功令，尚无弊窦。现在三场试卷，除违式按例贴出外，余俱誊录、对读清楚，陆续批解内帘，于八月二十日全数完竣，臣遵例即于是日出闱。除将场内一切事务交提调、监试二道妥为料理，并委抚标中军参将哈国祥带兵驻宿贡院门外，昼夜巡逻，加意稽察，臣仍不时亲往照料。

至臣现在兼署抚篆，一切案件均须依限查办。兹抚臣刘秉恬复钦奉谕旨："俟贵州控案查审事竣，即由黔省入都陛见。"是往返又需数月。臣自当倍加谨慎，事事留心，实力妥协办理，断不敢稍有怠忽，致滋丛脞。所有臣出闱日期，理合奏闻，并将三场题目缮具清单，恭呈御览，伏祈皇上睿鉴。谨奏。

朱批： 知道了。

（《宫中档乾隆朝奏折》第五十七辑，第 200~201 页）

2567　云贵总督兼署云南巡抚富纲《奏报滇黔两省晴雨应时、秋禾畅茂情形折》
乾隆四十八年八月二十一日

云贵总督兼署云南巡抚臣富纲跪奏：为晴雨应时、秋禾畅茂，恭折奏闻事。

窃查滇黔两省雨水禾苗情形，经臣节次恭折奏报在案。兹查云南省城自入秋以来时雨时晴，早晚二稻日暄雨润，均极发荣滋长，即一切杂粮亦俱畅茂，弥望郁葱。并据迤东、迤西、迤南各属禀报雨水禾苗情形，均与省城相等。兹于八月初六七及十一二等日，省城复得霖雨，不疾不徐，丝丝入土。现在早稻业已结实，晚稻正在含苞，得此时雨滋培，颗粒愈加饱绽，丰收在即，民情欣悦。

查应试士子云集省会之时，臣惟恐市侩居奇，粮价腾贵，先期即谕令司道，议饬云南府及昆明县，将存仓溢额兵米开粜三千石，委员分厂出粜，现在粮价并不增昂。至黔省雨水，查据各属旬报，亦俱应候沾濡，秋禾均极茂盛。该省节气比滇省较早，现已陆续登场。据藩司孙永清详报，通省秋禾约收九分有余，洵称上稔。此皆仰邀圣主慈福，是以滇黔两省秋禾均获丰稔，边关宁谧，民夷乐业。臣职司守土，目击熙皞情形，曷胜愉快。所有雨水、秋禾情形，理合恭折奏闻，仰慰圣怀，并另缮滇省七月分粮价清单恭呈御览，伏祈皇上睿鉴。谨奏。

朱批： 欣慰览之。

（《宫中档乾隆朝奏折》第五十七辑，第 201~202 页）

2568 云贵总督兼署云南巡抚富纲《奏报委署知府折》
乾隆四十八年八月二十一日

云贵总督兼署云南巡抚臣富纲跪奏：为委署知府，循例具奏事。

窃查知府升迁事故，悬缺需时者，例应一面委署，一面恭折具奏。

兹臣接准部咨，云南楚雄府知府张铭推升江苏盐法江宁道，行令出考，给咨送部引见等因。查有丽江府知府罗宏漳，甫经卸署曲靖府事，尚未回任。该员才情练达，办事实心，堪以委署楚雄府知府印务。除檄饬遵照前往接署，以便张铭交代清楚，领咨赴部引见外，理合循例恭折具奏，伏祈皇上睿鉴。谨奏。

朱批：览。

（《宫中档乾隆朝奏折》第五十七辑，第202~203页）

2569 云贵总督兼署云南巡抚富纲《奏请以腾越州知州
朱锦昌升补蒙化直隶同知折》
乾隆四十八年八月二十一日

云贵总督兼署云南巡抚臣富纲跪奏：为直隶同知员缺紧要，恭恳圣恩俯准升补，以裨边疆事。

窃查云南蒙化直隶同知庆格闻讣丁忧，所遗员缺，界在顺宁、景东之间，地广事繁，民夷交错，系繁、疲、难兼三要缺，例应在外拣选调补，必得精明强干之员方克胜任。

臣与藩臬两司悉心商酌，滇省现任同知及直隶州内并无堪膺其选之员。惟查有永昌府腾越州知州朱锦昌，年四十八岁，浙江举人，加捐知县，选授云南县知县，升署云州知州，调补今职，于乾隆四十七年四月十九日，奉旨实授。该员才具明干，熟悉夷情，以之升署蒙化直隶同知，洵属人地相宜，参罚亦在十案以内。惟本任历俸未满五年，与例稍有未符。查人地实在相需，例得专折奏请。合无仰恳圣恩，俯准以腾越州知州朱锦昌升署蒙化直隶同知，庶紧要员缺得人，足资治理，实于边疆有益。如蒙俞允，俟部复至日，给咨送部引见，仍俟扣满年限，另行题请实授。合并陈明，并开具朱锦昌参罚清单，恭折具奏，伏祈皇上睿鉴。谨奏。

朱批：该部议奏。

（《宫中档乾隆朝奏折》第五十七辑，第203~204页）

夹片：再查新任云南提督鄂辉由川赴任，已抵云南省城。臣于二十日出闸后，将滇省营伍情形及现在应办事宜俱详细告知，提臣鄂辉即于本日起身前往大理赴任。合并奏闻。谨奏。

朱批：览。

（《宫中档乾隆朝奏折》第五十七辑，第 204 页）

2570 云贵总督兼署云南巡抚富纲《奏报系与抚臣刘秉恬合参查前署宣威州事顺宁县知县董继先私开子厂隐匿不报折》

乾隆四十八年八月二十一日

云贵总督兼署云南巡抚臣富纲跪奏：为遵旨据实覆奏事。

窃查前署宣威州事顺宁县知县董继先私开子厂，隐匿不报，（**夹批**：今如何定罪？）经臣与抚臣刘秉恬会同恭折参奏，请旨革审。兹于本年八月十四日，奉到朱批："所奏是，有旨谕部。钦此。"又于臣等访得该州获有新开子厂句旁奉朱批："汝二人究系谁先访闻，由何人报出，据实奏来。钦此。"钦遵。

伏查滇省铜斤关系京局、外省鼓铸，欲期铜日加丰，全在广开子厂。即如年来汤丹厂开获之裕源子厂办有成效，经臣两次奏明加办共铜七十万斤。万象厂之他腊子厂，本年亦经臣加派试办铜十万斤，是子厂之为效实有明验。臣与抚臣刘秉恬身受殊恩，畀以封疆重任，均知铜斤为滇省第一要务，是以每逢有厂属员进见，莫不谆谕广踩子厂。而每当委员查催铜运之便，即密谕将各厂情形随时体察，是以凡有风闻，无不彼此互相商确。

本年四月间，臣与抚臣均闻宣威州属之大屯厂踩有子厂之信，检查该州并未具报，臣随札饬藩司严查，复密委千总刘德胜改装前往密访。果有新开之得禄厂设炉多张，产铜颇旺，此外尚有核桃坪等厂亦设炉一二张不等，开送前来。臣查滇省铜斤前因递年积压，仰蒙皇上训示，设法调剂，方克渐有起色，全赖厂员踊跃急公，方能济事。乃该署州董继先竟敢隐匿私开，无论侵渔饱橐，固属大干法纪，即仅有心延玩，亦属咎无可贷，岂敢稍事姑容，致各厂员莫知所儆。臣与抚臣刘秉恬面商，意见相同，是以合词参奏。此办理此案之实在情形也。

兹奉圣慈垂询，除抚臣刘秉恬业于本月初一日前赴贵州查审事件，当即恭录朱批知会外，谨遵旨据实复奏，伏祈皇上睿鉴。谨奏。

朱批：览。

（《宫中档乾隆朝奏折》第五十七辑，第 204～205 页）

2571 富纲《奏报奉旨交部议叙谢恩折》

乾隆四十八年九月初四日

奴才富纲跪奏：为恭谢天恩事。

窃奴才接准部咨，内开："奉上谕：据富纲等奏报壬寅京铜全数依限扫帮一折，所办好，已于折内批示矣。滇省额运京铜关系紧要，此次壬寅正运、加运八起京铜，富纲、刘秉恬严饬各厂上紧赶办，派委文武大员分路督催，于本年三月全数扫帮，为期尤早，办理甚属妥速。富纲、刘秉恬着交部议叙，所有在事办铜各员并着该督抚查明具奏，交部一并议叙。折并发。钦此。"钦遵移咨前来。奴才随即恭设香案，望阙叩头，恭谢天恩。

伏念滇省岁运铜斤，攸关京局鼓铸，厂运各员分应设法赶紧办运，以期各尽职守。即奴才仰沐圣恩，畀以边疆重任，督饬催偿，亦属分内应为之事，乃荷圣主鸿慈，以壬寅正运、加运八起京铜全数扫帮，特旨交部议叙，并令将在事办铜各员查明具奏，一并交部议叙，奴才闻命之下，感悚交深。嗣后惟有督饬厂运各员倍加奋勉，实力攻采偿运，源源转输，以供泸店按起兑发，不得稍有延误，并查明在事办铜各员，分别等级，另行开单具奏外，所有奴才感激下忱，理合恭折奏谢天恩，伏祈皇上睿鉴。谨奏。

朱批：览。

（《宫中档乾隆朝奏折》第五十七辑，第 312~313 页）

2572 云贵总督兼署云南巡抚富纲《遵旨奏呈办理 运京铜斤出力人员清单折》

乾隆四十八年九月初五日

云贵总督兼署云南巡抚臣富纲跪奏：为遵旨查明具奏事。

窃臣于本年八月二十八日，接准部咨："乾隆四十八年六月二十七日，奉上谕：据富纲等奏报壬寅京铜全数依限扫帮一折，所办好，已于折内批示矣。滇省额运京铜关系紧要，此次壬寅正运、加运八起京铜，富纲、刘秉恬严饬各厂上紧赶办，派委文武大员分路督催，于本年三月全数扫帮，为期尤早，办理甚属妥速。富纲、刘秉恬着交部议叙，所有在事办铜各员并着该督抚查明具奏，交部一并议叙。折并发。钦此。"钦遵。

臣伏查滇省岁运八起京铜，攸关京铜鼓铸，原不容稍有迟延。前因赶复原限，叠蒙皇上圣恩，将在事人员交部议叙，已叨格外鸿慈。今壬寅扫帮为期较早，虽由该员等感激天恩，一切赶办赶运，莫不实心竭力。然皆该员等分所当为之事，乃蒙恩旨饬查具奏，一体议叙，仰见圣明鼓励群工，有加无已。

臣悉心查核，藩司为厂运总汇之区，一切俱资经理。前任藩司江兰筹拨厂铜，裒益咸宜，得以铜裕运速；迤东道特升额督办总催，迤西道杨以瑗承运催偿，俱实力奋勉，不辞劳瘁；管理宁台厂署顺宁府知府事景东同知曹湛，管理汤丹厂署东川府知府萧文言，设法筹办，不遗余力。以上五员，应请列为一等。前署藩司事臬司许祖京，现任藩司费淳，俱经接办，虽仅一两月不等，然经放厂本、运费，随时督催，实力经理，调剂得宜，亦应仰邀甄叙。管理大功厂太和县知县王孝治，管理他腊狮子厂署宁州知州周鉴，虽所管系属小厂，然能实力筹办，克敷月额，现在臣饬令周鉴加办铜十万斤，该员踊跃趋事，殊堪嘉尚；他如粮储道永慧、盐法道杨有涵等十二员，或转输无误，或催偿勤劳；委管泸店之盐大使吕心哲等二员，收兑铜斤并无迟误，俱请列为二等。其余分运查催之员，虽均有奔驰输运之劳，但人数稍多，臣现在分别密记，俟其应升应补时，酌加声请，以示优异，不敢概渎宸聪。理合遵旨查明，恭折具奏，敬缮清单恭呈御览，伏祈皇上睿鉴。谨奏。

　　朱批：该部议奏。

（《宫中档乾隆朝奏折》第五十七辑，第313～314页）

2573　云贵总督兼署云南巡抚富纲《奏报特参疏纵免死发遣余丁之嶍峨县知县何昱折》

乾隆四十八年九月初五日

　　云贵总督兼署云南巡抚臣富纲跪奏：为特参疏纵免死发遣余丁之知县，仰祈圣鉴事。

　　窃查从前随征脱逃余丁被获，俱问拟死罪、监禁。嗣奉恩旨免死发遣，将陕甘两省余丁改发云贵等省安插。是此等人犯尤与别项遣犯不同，经臣屡次檄饬严加防范。兹据云南临安府嶍峨县知县何昱详报："安插遣犯丁魁，系甘肃宁夏镇标余丁，随征金川，脱逃被获，问拟死罪，于乾隆四十一年十二月内，免死发遣到配，兹于乾隆四十八年七月十八日，乘间潜逃。"等情前来。

　　臣查出师金川在军营脱逃兵丁，叠奉谕旨，饬令设法晓谕侦缉，毋使漏网。丁魁以脱逃余丁，蒙恩免死发遣，而其情罪重大，实与逃兵相去无几。乃该县何昱并不以事为事，平时既不能实力振作，致逃兵并无一名弋获，而于安插重犯，复不督同典史加意防范，以致乘间脱逃，似此玩愒，实非寻常疏纵可比，若仅照例俟百日限满始行咨参，殊不足以示儆。兹据云南按察司许祖京会同布政使费淳揭报前来，相应恭折参奏，请旨将嶍峨县知县何昱、典史徐岱一并革职，以示惩创，并将知县何昱留于任所协缉，如果能于一年内缉获，再行酌量请旨开复。除委员摘印署理，查明该员经手仓库钱粮有无未清另报，并檄饬所属文武员弁，悬立赏格，上紧设法严密侦缉，并飞咨甘肃省及经过沿途各省分一体查缉务获，照例办理，一面提讯看守人役有无贿纵情弊，分别治罪，并将不行查察之府厅照例咨参。合并陈明，伏祈皇上睿鉴，敕下原籍甘肃及经过之四川、陕西、贵州、湖南、湖北、河南等省一体查缉。谨奏。

朱批： 该部知道。

（《宫中档乾隆朝奏折》第五十七辑，第314~315页）

2574　云贵总督兼署云南巡抚富纲《奏报酌请裁撤冗设藤牌兵丁盔甲折》

乾隆四十八年九月初五日

云贵总督兼署云南巡抚臣富纲跪奏：为酌请裁撤冗设藤牌兵丁盔甲，以昭画一而节縻费事。

窃照滇黔两省新添实兵，现已将次募补足额，应需军装、器械，自应按名制给。经臣于各营存贮军需器械及裁改营制遗存器械内拨给，尚有不敷，请于各营公费项下通融添制，已于添兵事宜案内题报在案。

惟查藤牌兵一项，技艺全在跳舞轻捷，若概令穿用盔甲，其技艺反不克展舒便捷，未免徒滋累坠。是以滇省裁存各标镇协营旧额牌兵，向只制给青衣、虎衣，并未制有盔甲。惟腾越、龙陵二镇协额设牌兵，设有盔甲二百零六副，亦属从无用处，是向来办理本不画一。臣查此项牌兵，既有青衣、虎衣，操演排队亦足以壮观瞻，即从前派拨出师，亦从未配带盔甲。是牌兵盔甲实属冗设，应请一律裁撤，不特新添牌兵既可毋庸添制，即旧有牌兵盔甲亦可为拨给新添枪兵之用，庶营制既昭画一，而公项亦不致虚縻。

至黔省各标镇协营旧有牌兵共二千一百三十六名，全数均有盔甲，亦属冗设。除新添牌兵应照滇省概不制给外，所有旧兵盔甲，亦应裁撤，拨给新挑枪兵穿用，计可省制盔甲二千一百余副，较滇省节省尤多。臣现饬滇黔两藩司查明，画一拨补停制外，所有酌请裁撤滇黔两省牌兵盔甲缘由，理合恭折具奏，伏祈皇上睿鉴。谨奏。

朱批： 该部议奏。

（《宫中档乾隆朝奏折》第五十七辑，第316页）

2575 云贵总督兼署云南巡抚富纲《奏报委署道府印务折》

乾隆四十八年九月初五日

　　云贵总督兼署云南巡抚臣富纲跪奏：为委署道府印务，循例具奏事。

　　窃臣接准部咨，内开："奉上谕：沈世焘着调补云南迤南道，所遗广西左江道员缺，着汤雄业补授。钦此。"查新任迤南道到任尚需时日，汤雄业自应令其即赴新任。又准部咨："云南普洱府思茅同知许崇文推升湖北宜昌府知府，行令给咨送部引见。"等因。

　　许崇文前经臣奏明委署澄江府知府印务，今准部咨，亦应给咨送部，均应遴员接署，以便交卸起程。查迤南道驻扎普洱，为极边烟瘴最要之缺，虽暂时委署，亦必需精明干练、熟悉边情之员方克胜任。滇省道员均有专辖地方事务，而附近知府内又无堪以委署之员。惟查有经臣奏，蒙圣恩升补普洱府知府嵇玫，才情干练，办事谨慎，熟悉边地情形，该员现在来省，请咨赴部引见，堪以暂委护理迤南道印务。其澄江府知府印务，查有普洱府威远同知盛林基，才具优长，办事勇往，亦堪暂委署理。除檄饬遵照外，理合循例恭折具奏，伏祈皇上睿鉴。谨奏。

　　朱批：览。

（《宫中档乾隆朝奏折》第五十七辑，第 317 页）

2576 云南巡抚刘秉恬《遵旨奏复查访宣威州私开子厂隐匿不报实情折》

乾隆四十八年九月初七日

　　云南巡抚臣刘秉恬跪奏：为遵旨据实复奏，仰祈圣鉴事。

　　窃臣会同督臣富纲参奏署宣威州事顺宁县知县董继先私开子厂隐匿不报，请旨革职严审一折，兹臣在贵州审案，接准督臣恭录奉到朱批："所奏是，有旨谕部。钦此。"又于臣等访得该州获有新开子厂句旁，奉朱批："汝二人究系谁先访闻，由何人报出，据实奏来。钦此。"钦遵，知会到臣。

　　伏念臣与督臣富纲均蒙皇上天恩，畀任封疆重寄，滇省要务，莫如铜政，全在协力同心，随时调剂，俾裕京运，是以遇有新开子厂，无不互相稽察，以期厂无私弊，铜归实用。本年春夏之交，臣与督臣风闻宣威州一带有新开子厂之事，检查该州并未具报有案，恐其隐匿营私，必须遣人密访。臣随于素曾差惯之抚标营兵内，拣选明干兵丁李兴、姚开中二名，给以盘费，差令密往查访。维时适据署宣威州董继先具禀事件，臣以该州地方近闻踩有新厂，如果属实，乃是好事，批饬速行据实禀复。去后，意在诱之和盘托出，以俟差访人回，互为考证。讵该署州尚未复到，而臣差去兵丁李兴等回禀，该州果有新开子厂，将现采碴硐口数及所设炉座开单送阅。臣查该署州匿报既实，其中保无营私情弊，当经札司严查。旋据该署州禀复支吾，随即批饬揭参在案。此臣当日访闻其事，密遣标兵往查报出之实情也。

臣与督臣本属同在一城，平日和衷共济，从不稍存畛域之见。此案私开子厂，原系彼此俱有风闻，遂各差人密查，而晤面之时，又曾几次互相言及，是以访闻之孰先孰后，一时竟无从区别。缘奉朱批垂问，理合遵旨据实复奏，伏乞皇上睿鉴。谨奏。

朱批：览。

（《宫中档乾隆朝奏折》第五十七辑，第340~341页）

2577　云南巡抚刘秉恬《奏报奉旨交部议叙谢恩折》

乾隆四十八年九月初七日

云南巡抚臣刘秉恬跪奏：为恭谢天恩事。

窃臣在贵州地方接阅邸抄，内开：奉上谕："据富纲等奏报，壬寅京铜全数依限扫帮一折，所办好，已于折内批示矣。滇省额运京铜关系紧要，此次壬寅正运、加运八起京铜，富纲、刘秉恬严饬各厂上紧赶办，派委文武大员分路督催，于本年三月全数扫帮，为期尤早，办理尚属妥速。富纲、刘秉恬着交部议叙，所有在事办铜各员，并着该督抚查明具奏，交部一并议叙。折并发。钦此。"

伏念臣蒙恩畀任滇抚，办运京铜，本属分内之事，何功足录？前此两届额运，臣与调任督臣福康安办理全竣，重沐褒纶优叙，揣分已觉逾涯。今壬寅正运、加运八起，于上年八月开帮，本年三月全数扫帮，复荷温旨特颁，予臣议叙，以分所当为者而频叨异数，承命知忝，弥切难安。

查本年八月例应开运癸卯头起京铜，臣在滇起程时，据泸店报到收数已敷两起之用，此后源源运至，为数正复不少，京运有盈无绌，足堪仰慰慈怀。除在事办铜各员应听总督兼署巡抚臣富纲接到部文，遵旨查明具奏，一体邀恩议叙外，所有臣感悚下忱，理合恭折叩谢天恩，伏乞皇上睿鉴。谨奏。

朱批：览。

（《宫中档乾隆朝奏折》第五十七辑，第341~342页）